中国社会科学院创新工程学术出版资助项目

国家社科基金重大特别委托项目

西南边疆历史与现状综合研究项目·档案文献系列

中国社会科学院创新工程学术出版资助项目

国家社科基金重大特别委托项目
西南边疆历史与现状综合研究项目·档案文献系列

清前期云南督抚边疆事务奏疏汇编

（卷 六）

邹建达 唐丽娟◎主编

社会科学文献出版社
SOCIAL SCIENCES ACADEMIC PRESS (CHINA)

本卷目录

2578 云贵总督兼署云南巡抚富纲《奏报癸卯头运一起京铜依限开帮折》

乾隆四十八年九月十八日 …………………………………………………… 2193

2579 云贵总督兼署云南巡抚富纲《奏报冬初出汛日期折》

乾隆四十八年九月十八日 …………………………………………………… 2193

2580 云贵总督兼署云南巡抚富纲《奏报乾隆四十八年滇省秋成分数折》

乾隆四十八年九月十八日 …………………………………………………… 2194

2581 云贵总督兼署云南巡抚富纲《奏报甄别滇省大挑分发知县折》

乾隆四十八年十月初四日 …………………………………………………… 2195

2582 云贵总督兼署云南巡抚富纲《奏请移驻古寨巡检兼管司狱折》

乾隆四十八年十月初四日 …………………………………………………… 2196

2583 云贵总督兼署云南巡抚富纲《奏报增估裁拨官兵署房折》

乾隆四十八年十月初四日 …………………………………………………… 2196

2584 云贵总督兼署云南巡抚富纲《奏报循例借项兴修云南府属呈贡县水利折》

乾隆四十八年十月初四日 …………………………………………………… 2197

2585 云贵总督兼署云南巡抚富纲《奏报审拟自首逃兵折》

乾隆四十八年十月二十日 …………………………………………………… 2198

2586 云贵总督兼署云南巡抚富纲《奏报乾隆四十八年分滇省改修缓修船只及并无估变物料数在二百两以下之案折》

乾隆四十八年十月二十日 …………………………………………………… 2199

2587 云贵总督兼署云南巡抚富纲《奏报癸卯头运二起京铜依限开帮折》

乾隆四十八年十月二十日 …………………………………………………… 2199

2588 云贵总督兼署云南巡抚富纲《再请以宾川州知州余益升署思茅同知折》

乾隆四十八年十月二十日 …………………………………………………… 2200

2589 云贵总督兼署云南巡抚富纲《奏报省城晴雨应时、武闱宁静折》

乾隆四十八年十月二十日 …………………………………………………… 2201

2590 云贵总督兼署云南巡抚富纲《奏报估变裁汰衙署折》

乾隆十八年十月二十五日 …………………………………………………… 2201

2591 云贵总督兼署云南巡抚富纲《奏报州县委用乏员，恭恳圣恩拣发，以资差委折》
乾隆四十八年十月二十五日 …… 2202
2592 云贵总督兼署云南巡抚富纲《奏报乾隆四十八年分动用钱粮工程报销已未完结各案》
乾隆四十八年十月二十五日 …… 2203
2593 云贵总督兼署云南巡抚富纲《奏报贵州委员办运滇铜扫帮出境日期折》
乾隆四十八年十月二十五日 …… 2203
2594 云贵总督兼署云南巡抚富纲《奏报查明滇省通省城垣情形折》
乾隆四十八年十一月初七日 …… 2204
2595 云贵总督兼署云南巡抚富纲《奏报乾隆四十八年分滇省民数、谷数折》
乾隆四十八年十一月初七日 …… 2205
2596 云贵总督兼署云南巡抚富纲《奏报查明前署宣威州事顺宁县知县董继先私开子厂隐匿不报一案情形，审拟具奏折》
乾隆四十八年十一月初七日 …… 2205
2597 云贵总督兼署云南巡抚富纲《奏报遣犯在配脱逃折》
乾隆四十八年十一月初七日 …… 2207
2598 云贵总督兼署云南巡抚富纲《奏报验看白盐井截取知县罗道位难膺民社，请改教职折》
乾隆四十八年十一月初七日 …… 2208
2599 云贵总督兼署云南巡抚富纲《奏报本年滇省各属无换帖、宴会及门包、押席、承办筵席等事折》
乾隆四十八年十一月十二日 …… 2208
2600 云贵总督兼署云南巡抚富纲《奏报滇省设法收缴鸟枪情形折》
乾隆四十八年十一月十二日 …… 2209
2601 云贵总督兼署云南巡抚富纲《奏报甄别云贵两省年满千总情形折》
乾隆四十八年十一月十二日 …… 2210
2602 云贵总督兼署云南巡抚富纲《奏报甄别过滇省教职、佐杂员数及抚标千总并无应行甄别之员折》
乾隆四十八年十一月十二日 …… 2210
2603 云南巡抚刘秉恬《奏请变更土司袭职旧制，以示区别折》
乾隆四十八年十一月十二日 …… 2211
2604 云南巡抚刘秉恬《奏报黔省苗疆安设屯军，洵足永垂法守折》
乾隆四十八年十一月十九日 …… 2212

2605 云贵总督兼署云南巡抚富纲《奏报瑞雪应时、麦豆滋长情形折》
乾隆四十八年十一月二十日 …… 2213
2606 云贵总督兼署云南巡抚富纲《奏报续获盗犯，审明即行正法折》
乾隆四十八年十一月二十日 …… 2213
2607 云贵总督兼署云南巡抚富纲《奏报查阅省城营伍情形折》
乾隆四十八年十一月二十日 …… 2215
2608 云贵总督兼署云南巡抚富纲《奏报甄别难荫人员折》
乾隆四十八年十一月二十日 …… 2216
2609 云贵总督兼署云南巡抚富纲《奏报癸卯二运一起京铜依限开帮折》
乾隆四十八年十一月二十六日 …… 2216
2610 云贵总督兼署云南巡抚富纲《奏报滇黔两省瑞雪优沾情形折》
乾隆四十八年十一月二十六日 …… 2217
2611 云贵总督兼署云南巡抚富纲《奏请以太和县知县王孝治
升署镇沅直隶州知州折》
乾隆四十八年十二月初七日 …… 2217
2612 云贵总督兼署云南巡抚富纲《奏报学臣差满回京，循例据实奏闻折》
乾隆四十八年十二月初七日 …… 2218
2613 云贵总督兼署云南巡抚富纲《奏报滇盐新课全完并带完旧欠各数折》
乾隆四十八年十二月初七日 …… 2219
2614 云贵总督兼署云南巡抚富纲《奏报现署边要知府之同知
因公降调，一时遴委乏人，恳恩暂缓给咨送部折》
乾隆四十八年十二月初七日 …… 2219
2615 云南巡抚刘秉恬《奏报蒙恩准陛见，伸感慕诚悃折》
乾隆四十八年十二月初七日 …… 2220
2616 云贵总督兼署云南巡抚富纲《奏报癸卯二运二起京铜依限开帮折》
乾隆四十八年十二月二十四日 …… 2221
2617 云贵总督兼署云南巡抚富纲《奏报南掌国赍表使目回国出境日期折》
乾隆四十八年十二月二十四日 …… 2221
2618 云贵总督兼署云南巡抚富纲《奏报广东委员办运滇铜依限扫帮出境折》
乾隆四十八年十二月二十四日 …… 2222
2619 云贵总督兼署云南巡抚富纲《奏请以武定直隶知州常德升署顺宁府知府折》
乾隆四十八年十二月二十四日 …… 2223
2620 云贵总督兼署云南巡抚富纲《奏报滇黔两省雨雪频沾、麦豆滋长情形折》
乾隆四十八年十二月二十四日 …… 2223

2621 云贵总督兼署云南巡抚富纲《奏报遵旨拣选临安府知府罗宏漳调补云南府知府折》
乾隆四十八年十二月二十四日 …… 2224
2622 云贵总督兼署云南巡抚富纲《奏报委署知府折》
乾隆四十八年十二月二十四日 …… 2225
2623 云贵总督兼署云南巡抚富纲《奏报滇黔两省续获瑞雪折》
乾隆四十九年正月二十日 …… 2225
2624 云贵总督兼署云南巡抚富纲《奏报乾隆四十八年分滇省藩库实存银数无亏折》
乾隆四十九年正月二十日 …… 2226
2625 云贵总督兼署云南巡抚富纲《奏报乾隆四十八年分滇省发遣新疆人犯并无脱逃及安插改发烟瘴人犯脱逃并本省应缉外省通缉新旧逃遣已未拿获缘由》
乾隆四十九年正月二十五日 …… 2226
2626 云贵总督兼署云南巡抚富纲《奏报滇省更正御批〈通鉴纲目续编〉情形折》
乾隆四十九年正月二十六日 …… 2227
2627 云贵总督兼署云南巡抚富纲《奏报查明滇省乾隆四十八年分命盗案已未审结、盗窃案已未拿获、承缉窃案记功记过情形折》
乾隆四十九年正月二十六日 …… 2228
2628 云贵总督兼署云南巡抚富纲《奏报验看阿迷州截取知县吴昂难膺民社，请改教职折》
乾隆四十九年正月二十六日 …… 2229
2629 云贵总督富纲《奏报交卸抚篆日期折》
乾隆四十九年正月二十六日 …… 2229
2630 云贵总督富纲、云南巡抚刘秉恬《奏报癸卯三运一起京铜依限开帮折》
乾隆四十九年正月二十七日 …… 2230
2631 云南巡抚刘秉恬《奏报回任接印日期折》
乾隆四十九年正月二十七日 …… 2231
2632 云南巡抚刘秉恬《奏报由京赴滇经过地方沿途情形折》
乾隆四十九年正月二十七日 …… 2231
2633 云南巡抚刘秉恬《奏报奉旨办理会审镇雄州民人廖文明赴京控告绅约克扣运铜脚价一案情形折》
乾隆四十九年正月二十七日 …… 2232

2634 云南巡抚刘秉恬《奏请暂缓令云南按察使许祖京进京陛见折》

乾隆四十九年二月初二日 …………………………………………………… 2232

2635 云南巡抚刘秉恬《奏报滇省地方情形折》

乾隆四十九年二月初二日 …………………………………………………… 2233

2636 云贵总督富纲、云南巡抚刘秉恬《奏报应迅速审办镇雄州民廖文明、吴国远赴部具控二案折》

乾隆四十九年二月初四日 …………………………………………………… 2234

2637 云贵总督富纲《奏报遵旨遴选堪胜总兵之汉员副将折》

乾隆四十九年二月十五日 …………………………………………………… 2234

2638 云贵总督富纲《奏报乾隆四十八年分滇省设法晓谕查缉逃兵缘由折》

乾隆四十九年二月十五日 …………………………………………………… 2235

2639 云贵总督富纲、云南巡抚刘秉恬《奏报缉获逃遣之犯，审明即行正法折》

乾隆四十九年二月十五日 …………………………………………………… 2236

2640 云贵总督富纲《奏报增估撤遗衙署、兵房折》

乾隆四十九年二月十五日 …………………………………………………… 2236

2641 云南巡抚刘秉恬《奏请变更借项修署起扣之限，以期速清而免久悬折》

乾隆四十九年二月二十七日 ………………………………………………… 2237

2642 云南巡抚刘秉恬《奏报滇省地方情形折》

乾隆四十九年二月二十七日 ………………………………………………… 2238

2643 云贵总督富纲、云南巡抚刘秉恬《奏报癸卯三运二起铜斤依限开帮折》

乾隆四十九年二月二十九日 ………………………………………………… 2238

2644 云贵总督富纲、云南巡抚刘秉恬《奏请以威远同知盛林基升署丽江府知府折》

乾隆四十九年二月二十九日 ………………………………………………… 2239

2645 云贵总督富纲《奏报春深撤汛情形折》

乾隆四十九年二月二十九日 ………………………………………………… 2240

2646 云贵总督富纲、云南巡抚刘秉恬《奏报遵旨秉公审拟镇雄州民吴国元赴京呈控白梭土目陇如岱串通州书魏仲载挖补户册、霸夺田地一案情形折》

乾隆四十九年三月二十四日 ………………………………………………… 2240

2647 云贵总督富纲、云南巡抚刘秉恬《奏报遵旨秉公审拟廖文明控案情形折》

乾隆四十九年三月二十四日 ………………………………………………… 2243

2648　云贵总督富纲、云南巡抚刘秉恬《奏报癸卯加运一起京铜依限开帮折》
乾隆四十九年三月二十七日 …… 2246
2649　云贵总督富纲、云南巡抚刘秉恬《奏报滇省委员办运粤东铜斤扫帮出境日期折》
乾隆四十九年三月二十七日 …… 2247
2650　云贵总督富纲《奏报滇黔两省晴雨应时、春花畅茂情形折》
乾隆四十九年三月二十七日 …… 2247
2651　云南巡抚刘秉恬《奏报滇省雨水禾苗情形折》
乾隆四十九年三月二十七日 …… 2248
2652　云贵总督富纲《奏参疏防安插内地土目之跟役脱逃各官折》
乾隆四十九年闰三月十一日 …… 2248
2653　云贵总督富纲《奏报滇黔两省晴雨应时、春收丰稔情形折》
乾隆四十九年闰三月十一日 …… 2249
2654　云贵总督富纲、云南巡抚刘秉恬《奏请以河阳县知县符梦龙调补丽江县知县折》
乾隆四十九年闰三月十一日 …… 2250
2655　云南巡抚刘秉恬《奏请将轮年应修城垣酌情停办，以尽急工折》
乾隆四十九年闰三月二十七日 …… 2251
2656　云南巡抚刘秉恬《奏报考验亲标新旧兵丁技艺情形折》
乾隆四十九年闰三月二十七日 …… 2251
2657　云南巡抚刘秉恬《奏报滇省雨水粮价情形折》
乾隆四十九年闰三月二十七日 …… 2253
2658　云贵总督富纲、云南巡抚刘秉恬《奏报清查厂欠，并恳恩俯准分别追赔折》
乾隆四十九年四月十二日 …… 2253
2659　云贵总督富纲、云南巡抚刘秉恬《奏报癸卯京铜依限全数扫帮日期折》
乾隆四十九年四月十二日 …… 2256
2660　云贵总督富纲《奏报起程查阅东、昭等镇协营，顺道稽查厂运折》
乾隆四十九年四月十三日 …… 2256
2661　云贵总督富纲《奏报边要副将因公降调，恭恳圣恩俯准留任折》
乾隆四十九年四月十三日 …… 2257
2662　云贵总督富纲、云南巡抚刘秉恬《奏报委署司道印务折》
乾隆四十九年四月十三日 …… 2258
2663　云南巡抚刘秉恬《奏报淫恶凶犯情罪较重，应赶入本年秋审情实，以昭惩创折》
乾隆四十九年四月二十六日 …… 2259

2664 云贵总督富纲《奏报沿途雨水、禾苗及厂运情形折》
乾隆四十九年五月初二日 …… 2259
2665 云贵总督富纲、云南巡抚刘秉恬《奏报汇核乾隆四十八年分滇省各厂岁获铜数折》
乾隆四十九年五月初二日 …… 2260
2666 云贵总督富纲、云南巡抚刘秉恬《奏报缉获诬告案内作词人犯，审拟具奏折》
乾隆四十九年五月初二日 …… 2261
2667 云南巡抚刘秉恬《敬陈铜运现在情形折》
乾隆四十九年五月二十五日 …… 2262
2668 云南巡抚刘秉恬《奏报修浚剑川州水利情形折》
乾隆四十九年五月二十五日 …… 2263
2669 云南巡抚刘秉恬《奏报滇省得雨情形折》
乾隆四十九年五月二十五日 …… 2265
2670 云贵总督富纲、云南巡抚刘秉恬《奏报汇核滇省各厂岁获铜数折》
乾隆五十一年六月十八日 …… 2265
2671 云贵总督富纲《奏陈滇黔两省雨旸时若并禾苗栽插齐全情形折》
乾隆五十一年六月十八日 …… 2266
2672 云南巡抚刘秉恬《奏报丽江府裁汰知事，估变衙署银数折》
乾隆五十一年六月二十七日 …… 2266
2673 云南巡抚刘秉恬《奏报滇省得雨情形折》
乾隆五十一年六月二十七日 …… 2267
2674 云南巡抚刘秉恬《奏报拿获在途脱逃遣犯，审明正法折》
乾隆五十一年六月二十七日 …… 2267
2675 云贵总督富纲、云南巡抚刘秉恬《奏报盘查司道各库银两实存无亏缘由折》
乾隆五十一年六月二十八日 …… 2269
2676 云南巡抚刘秉恬《循例汇恳圣慈俯准贮封折》
乾隆五十一年六月二十八日 …… 2269
2677 云贵总督富纲《奏报委署副将印篆折》
乾隆五十一年七月初八日 …… 2270
2678 云贵总督富纲、云南巡抚刘秉恬《奏请以阿迷州知州徐孝标升署普洱府思茅同知折》
乾隆五十一年闰七月十八日 …… 2270
2679 云贵总督富纲《遵例据情奏恳圣恩俯准贮封折》
乾隆五十一年闰七月十八日 …… 2271

2680 云贵总督富纲、云南巡抚刘秉恬《奏报查封劣绅父子房产、银两、衣物数目折》
乾隆五十一年闰七月二十八日 …… 2271
2681 云贵总督富纲、云南巡抚刘秉恬《奏报委署臬司印篆折》
乾隆五十一年闰七月二十八日 …… 2272
2682 云贵总督特成额、云南巡抚谭尚忠《奏报广东委员办运滇铜扫帮出境日期折》
乾隆五十一年九月十二日 …… 2272
2683 云南巡抚谭尚忠《奏报乾隆五十一年滇省秋成分数折》
乾隆五十一年九月十二日 …… 2273
2684 云南巡抚谭尚忠《奏明臬司应罚养廉银两全数完缴折》
乾隆五十一年九月十二日 …… 2274
2685 云贵总督特成额、云南巡抚谭尚忠《奏报委护道篆折》
乾隆五十一年九月二十八日 …… 2274
2686 云南巡抚谭尚忠《奏报奉旨兼兵部侍郎衔谢恩折》
乾隆五十一年九月二十八日 …… 2275
2687 云南巡抚谭尚忠《奏报滇省地方情形折》
乾隆五十一年九月二十八日 …… 2275
2688 云南巡抚谭尚忠《奏请赏给报匣折》
乾隆五十一年九月二十八日 …… 2276
2689 云南巡抚谭尚忠《奏报乾隆五十一年滇省民数、谷数折》
乾隆五十一年十月十八日 …… 2276
2690 云南巡抚谭尚忠《奏报乾隆五十年新课全完及带征旧课各数折》
乾隆五十一年十月十八日 …… 2277
2691 云南巡抚谭尚忠《奏报甄别过乾隆五十一年分滇省教职、佐杂及抚标年满千总折》
乾隆五十一年十月十八日 …… 2277
2692 暂署云贵总督印务云南巡抚谭尚忠《奏报交代藩库钱粮折》
乾隆五十一年十月十八日 …… 2278
2693 云南巡抚谭尚忠《奏报委署府篆折》
乾隆五十一年十月十八日 …… 2278
2694 云南巡抚谭尚忠《奏报委署道篆折》
乾隆五十一年十月二十六日 …… 2279

2695 暂署云贵总督印务云南巡抚谭尚忠《奏报丙午头运二起
京铜依限开帮折》
乾隆五十一年十月二十六日 …………………………………………………… 2279
2696 暂署云贵总督印务云南巡抚谭尚忠《汇奏甄别云贵两省年满千总情形折》
乾隆五十一年十月二十六日 …………………………………………………… 2280
2697 暂署云贵总督印务云南巡抚谭尚忠《奏报滇黔两省得雪情形折》
乾隆五十一年十月二十六日 …………………………………………………… 2281
2698 云南巡抚谭尚忠《奏请定均匀发配徒犯之例折》
乾隆五十一年十一月初四日 …………………………………………………… 2281
2699 云南巡抚谭尚忠《奏报查明乾隆五十一年分通省城垣情形折》
乾隆五十一年十一月初四日 …………………………………………………… 2282
2700 云南巡抚谭尚忠《奏奉圣训，恭谢天恩折》
乾隆五十一年十一月初四日 …………………………………………………… 2283
2701 云南巡抚谭尚忠《奏报循例汇报乾隆五十一年分滇省改修、
缓修船只情形折》
乾隆五十一年十一月初四日 …………………………………………………… 2283
2702 云南巡抚谭尚忠《奏报本年滇省官员无换帖、宴会与上省
扣展公出日期等六款折》
乾隆五十一年十一月初四日 …………………………………………………… 2284
2703 云南巡抚谭尚忠《奏报滇省乾隆五十一年分动用钱粮工程报销
已未完结各案折》
乾隆五十一年十一月初四日 …………………………………………………… 2285
2704 暂署云贵总督印务云南巡抚谭尚忠《奏报滇省设法收缴鸟枪情形折》
乾隆五十一年十一月十一日 …………………………………………………… 2285
2705 暂署云贵总督印务云南巡抚谭尚忠《奏报甄别滇黔两省候补
武举及难荫人员折》
乾隆五十一年十一月十一日 …………………………………………………… 2286
2706 云南巡抚谭尚忠《奏报滇省去思德政等碑均已扑毁折》
乾隆五十一年十一月十一日 …………………………………………………… 2287
2707 云南巡抚谭尚忠《奏报调取俸满道员现署藩篆，暂缓给咨送部折》
乾隆五十一年十一月十一日 …………………………………………………… 2287
2708 云南巡抚谭尚忠《奏报遣犯在配脱逃折》
乾隆五十一年十一月二十日 …………………………………………………… 2288

2709　暂署云贵总督印务云南巡抚谭尚忠《奏陈滇黔两省续得雪泽情形折》

乾隆五十一年十一月二十日 …………………………………………………… 2288

2710　云南巡抚谭尚忠《奏报滇省查办〈通鉴纲目续编〉缘由折》

乾隆五十一年十一月二十日 …………………………………………………… 2289

2711　云南巡抚谭尚忠《奏报降调镇南州知州赵振铎年力就衰，难以给咨引见，应请勒令休致折》

乾隆五十一年十一月二十日 …………………………………………………… 2289

2712　暂署云贵总督印务云南巡抚谭尚忠《奏报丙午头运两起京铜依限开帮折》

乾隆五十一年十二月初二日 …………………………………………………… 2290

2713　暂署云贵总督印务云南巡抚谭尚忠《奏报盘获缅地脱回之广东民人，讯明请旨折》

乾隆五十一年十二月初二日 …………………………………………………… 2291

2714　云南巡抚谭尚忠《奏报学政差满，遵旨据实奏闻折》

乾隆五十一年十二月初十日 …………………………………………………… 2292

2715　暂署云贵总督印务云南巡抚谭尚忠《奏报委署副将折》

乾隆五十一年十二月十五日 …………………………………………………… 2293

2716　云南巡抚谭尚忠《奏报访获武场诓骗奸匪，现在审办，谨先奏闻折》

乾隆五十一年十二月初二日 …………………………………………………… 2293

2717　云贵总督富纲《奏报回滇接印日期及感激下忱折》

乾隆五十一年十二月二十一日 ………………………………………………… 2295

2718　云南巡抚谭尚忠《附奏省城雪雨情形折》

乾隆五十一年十二月二十一日 ………………………………………………… 2295

2719　云南巡抚谭尚忠《奏报交卸督篆日期折》

乾隆五十一年十二月二十一日 ………………………………………………… 2295

2720　云贵总督富纲《奏报委护总兵印篆折》

乾隆五十一年十二月二十八日 ………………………………………………… 2296

2721　云贵总督富纲、云南巡抚谭尚忠《奏报丙午二运二起京铜依限开帮折》

乾隆五十一年十二月二十八日 ………………………………………………… 2296

2722　云贵总督富纲、云南巡抚谭尚忠《奏请以腾越州分防南甸州判甘士谷升署顺宁县知县折》

乾隆五十一年十二月二十八日 ………………………………………………… 2297

2723　云贵总督富纲《奏报敬遵圣训，严督将备劝练兵丁折》

乾隆五十二年正月初六日 …………………………………………………… 2298

2724 云贵总督富纲、云南巡抚谭尚忠《奏报遵旨查明旧亏仓库钱粮，依限催追全完折》
乾隆五十二年正月初六日 …… 2299
2725 云贵总督富纲、云南巡抚谭尚忠《续获缅地脱回之广东民人，讯明供情，遵旨解回原籍查办折》
乾隆五十二年正月初九日 …… 2300
2726 云贵总督富纲、云南巡抚谭尚忠《奏报遵旨筹拨陕省铜斤折》
乾隆五十二年正月初九日 …… 2301
2727 云贵总督富纲、云南巡抚谭尚忠《奏报乾隆五十一年分滇省藩库实存银数并各属仓库旧亏数目均已依限弥补全完缘由折》
乾隆五十二年正月二十日 …… 2302
2728 云南巡抚谭尚忠《奏报奉到恩赏报匣谢恩折》
乾隆五十二年正月二十日 …… 2303
2729 云南巡抚谭尚忠《奏报滇省地方情形折》
乾隆五十二年正月二十日 …… 2303
2730 云南巡抚谭尚忠《奏报滇省乾隆五十一年分命盗案已未审结等四款情形折》
乾隆五十二年正月二十二日 …… 2304
2731 云南巡抚谭尚忠《奏报滇省起解遣犯、接递别省遣犯及由新疆改拨内地到配安插遣犯脱逃及已未拿获数目折》
乾隆五十二年正月二十二日 …… 2305
2732 云贵总督富纲、云南巡抚谭尚忠《奏报丙午三运一起京铜依限开帮折》
乾隆五十二年正月二十四日 …… 2306
2733 云贵总督富纲、云南巡抚谭尚忠《奏报新开银厂试采限满，酌定年额课银折》
乾隆五十二年二月初六日 …… 2306
2734 云贵总督富纲、云南巡抚谭尚忠《再请以马龙州知州谢景标调补普洱府分防威远同知折》
乾隆五十二年二月初六日 …… 2307
2735 云南巡抚谭尚忠《奏报循例代理学政印务折》
乾隆五十二年二月初七日 …… 2308
2736 云南巡抚谭尚忠《奏报滇省雨水禾苗情形折》
乾隆五十二年二月十九日 …… 2308
2737 云南巡抚谭尚忠《奏报更定报销考棚经费章程，以期速结而重钱粮折》
乾隆五十二年二月十九日 …… 2309

2738 云贵总督富纲、云南巡抚谭尚忠《奏报丙午三运二起京铜依限开帮折》
乾隆五十二年二月二十五日 …… 2310
2739 云贵总督富纲、云南巡抚谭尚忠《奏报委署府篆折》
乾隆五十二年二月二十五日 …… 2310
2740 云贵总督富纲《奏报春深撤汛事宜折》
乾隆五十二年二月二十五日 …… 2311
2741 云贵总督富纲《奏报盘明司道库贮银两无亏折》
乾隆五十二年二月二十五日 …… 2311
2742 云贵总督富纲、云南巡抚谭尚忠《奏报极边烟瘴道缺拣调乏员，恭恳圣恩简放折》
乾隆五十二年二月二十五日 …… 2312
2743 云贵总督富纲《奏请以顺云营参将苏尔相升署龙陵协副将折》
乾隆五十二年三月十二日 …… 2313
2744 云贵总督富纲《遵旨密陈滇黔两省总兵等次折》
乾隆五十二年三月十二日 …… 2314
2745 云贵总督富纲《奏报据情代奏宽免处分折》
乾隆五十二年三月十二日 …… 2315
2746 云贵总督富纲、云南巡抚谭尚忠《奏报遵旨审拟降调云南姚州普溯州判刘宗在步军统领衙门控告署知州周名炎一案情形折》
乾隆五十二年三月十二日 …… 2316
2747 云贵总督富纲、云南巡抚谭尚忠《奏报广西、贵州委员办运滇铜扫帮出境日期折》
乾隆五十三年三月二十一日 …… 2318
2748 云南巡抚谭尚忠《奏报好雨知时、农田沾润折》
乾隆五十二年三月二十一日 …… 2319
2749 云贵总督富纲《奏报旸雨应时及滇省春收分数折》
乾隆五十二年三月二十六日 …… 2320
2750 云贵总督富纲《奏报委署副将印篆折》
乾隆五十二年三月二十六日 …… 2321
2751 云贵总督富纲、云南巡抚谭尚忠《奏报丙午加运一起京铜依限开帮折》
乾隆五十二年三月二十六日 …… 2321
2752 云贵总督富纲、云南巡抚谭尚忠《奏报遵旨严审假冒抚署官亲诓骗包管中举一案情形折》
乾隆五十二年三月二十九日 …… 2322

2753　云南巡抚谭尚忠《奏报交卸学政印务日期折》
乾隆五十二年三月二十九日 …… 2324
2754　爱必达《题滇省官员清折》
无日期 …… 2324
2755　刘藻《题滇省官员清折》
无日期 …… 2325
2756　云贵总督富纲《奏报审明续获缅甸脱回广东民人，解交原籍办理折》
乾隆五十二年四月初六日 …… 2326
2757　云贵总督富纲、云南巡抚谭尚忠《奏报审拟原任江南丰县知县胡宁揽捐山东省元圣庙奉祀生执照，寄回原籍滇省宾川州卖银牟利案情形折》
乾隆五十二年四月初六日 …… 2327
2758　云南巡抚谭尚忠《奏报乾隆五十二年分滇省麦豆收成分数折》
乾隆五十二年四月初十日 …… 2329
2759　云贵总督富纲、云南巡抚谭尚忠《奏报应行引见之要厂委员酌请先后送部，以裨京运折》
乾隆五十二年四月二十八日 …… 2330
2760　云贵总督富纲、云南巡抚谭尚忠《奏报暂请停办粤盐，更定堕销迟误处分，以重公帑，以严考核折》
乾隆五十二年四月二十八日 …… 2331
2761　云贵总督富纲、云南巡抚谭尚忠《奏报丙午京铜依限全数扫帮折》
乾隆五十二年四月二十八日 …… 2332
2762　云贵总督富纲《奏报盘明藩库交代实存银数折》
乾隆五十二年四月二十八日 …… 2333
2763　云南巡抚谭尚忠《奏报滇省秧雨应时、农田遍插折》
乾隆五十二年四月二十八日 …… 2333
2764　云南巡抚谭尚忠《奏报本年秋录事宜折》
乾隆五十二年四月二十八日 …… 2334
2765　云南巡抚谭尚忠《奏报动支存公银两修辑〈赋役全书〉折》
乾隆五十二年四月二十八日 …… 2334
2766　云贵总督富纲、云南巡抚谭尚忠《奏请以候补知县萧霖补授宁洱县知县折》
乾隆五十二年五月十八日 …… 2335
2767　云贵总督富纲、云南巡抚谭尚忠《奏报乾隆五十一年分各厂岁获铜数折》
乾隆五十二年五月十八日 …… 2335
2768　云贵总督富纲《奏报滇黔两省栽插齐全及禾苗畅发情形折》
乾隆五十二年五月二十六日 …… 2336

2769　云贵总督富纲、云南巡抚谭尚忠《奏请以请补临安府同知吴兰孙调补景东直隶同知折》
乾隆五十二年五月二十六日 …… 2337
2770　云贵总督富纲、云南巡抚谭尚忠《奏报遣犯凶杀五命，复即自戕，严审犯属供情，定拟具奏折》
乾隆五十二年五月二十六日 …… 2337
2771　云南巡抚谭尚忠《奏报代按察使王懿德奏请分起缴纳应赔银两情形折》
乾隆五十二年五月二十七日 …… 2339
2772　云南巡抚谭尚忠《奏报滇省得雨情形折》
乾隆五十二年五月二十七日 …… 2340
2773　云贵总督富纲、云南巡抚谭尚忠《奏报亲讯过自缅逃回兵丁情形折》
乾隆五十二年六月十五日 …… 2340
2774　云南巡抚谭尚忠《奏报滇省雨水禾苗情形折》
乾隆五十二年六月二十六日 …… 2341
2775　云南巡抚谭尚忠《奏报乾隆五十一年分应征钱粮全完折》
乾隆五十二年六月二十八日 …… 2342
2776　云贵总督富纲、云南巡抚谭尚忠《遵旨奏报滇省部驳各案已俱题覆折》
乾隆五十二年七月十二日 …… 2342
2777　云贵总督富纲、云南巡抚谭尚忠《奏报特参怠玩废弛不职之署鹤庆州事恩安县知县韩培，请旨革职折》
乾隆五十二年七月十二日 …… 2343
2778　云贵总督富纲《奏报委署镇协印篆折》
乾隆五十二年七月十二日 …… 2344
2779　云贵总督富纲、云南巡抚谭尚忠《奏报陕西委员办运滇铜扫帮出境日期折》
乾隆五十二年七月二十八日 …… 2344
2780　云贵总督富纲、云南巡抚谭尚忠《奏报盘查司道各库银两实存无亏折》
乾隆五十二年七月二十八日 …… 2345
2781　云南巡抚谭尚忠《奏报滇省雨水粮价情形折》
乾隆五十二年七月二十八日 …… 2346
2782　云贵总督富纲、云南巡抚谭尚忠《奏请以顺宁府知府全保调补普洱府知府折》
乾隆五十二年八月初六日 …… 2346
2783　云贵总督富纲、云南巡抚谭尚忠《奏报滇省丞倅、州牧差委乏员，恭恳圣恩拣发折》
乾隆五十二年八月二十六日 …… 2347

2784 云贵总督富纲、云南巡抚谭尚忠《奏报遵旨查明滇粤两省铜盐互易事宜折》
乾隆五十二年八月二十六日 …… 2347
2785 云贵总督富纲、云南巡抚谭尚忠《奏报浙江委员办运滇铜扫帮出境日期折》
乾隆五十二年八月二十九日 …… 2349
2786 云南巡抚谭尚忠《奏报滇省田禾情形折》
乾隆五十二年八月二十九日 …… 2350
2787 云南巡抚谭尚忠《奏报乾隆五十二年滇省秋成分数折》
乾隆五十二年九月十二日 …… 2350
2788 云贵总督富纲《奏请以楚雄协都司百福升补督标右营游击折》
乾隆五十二年九月十八日 …… 2351
2789 奴才富纲《奏报遵旨自陈折》
乾隆五十二年十月十八日 …… 2351
2790 云贵总督富纲《奏报冬初官兵出汛日期折》
乾隆五十二年十月十八日 …… 2352
2791 云贵总督富纲、云南巡抚谭尚忠《奏报特参私设税口、肥己累民通海知县徐维城，请旨革审折》
乾隆五十二年九月二十六日 …… 2353
2792 云南巡抚谭尚忠《奏报遣犯在配脱逃折》
乾隆五十二年九月二十六日 …… 2354
2793 云南巡抚谭尚忠《奏报滇省地方情形折》
乾隆五十二年九月二十六日 …… 2355
2794 云贵总督富纲、云南巡抚谭尚忠《奏请以候升之蒙自县知县杨大观升补分防鲁甸通判折》
乾隆五十二年九月二十八日 …… 2355
2795 云贵总督富纲、云南巡抚谭尚忠《奏报丁未头起京铜依限开帮日期折》
乾隆五十二年九月二十八日 …… 2356
2796 云贵总督富纲《密陈滇黔两省提镇、司道、知府贤否折》
乾隆五十二年十月初十日 …… 2357
2797 云贵总督富纲、云南巡抚谭尚忠《奏报乾隆五十一年滇盐新课全完及带征旧课各数折》
乾隆五十二年十月十八日 …… 2357
2798 云南巡抚谭尚忠《奏报滇省雨水禾苗情形折》
乾隆五十二年十月十八日 …… 2358
2799 云南巡抚谭尚忠《奏报乾隆五十二年分滇省甄别过教职、佐杂员数折》
乾隆五十二年十月十八日 …… 2358

2800　云南巡抚谭尚忠《奏报乾隆五十二年分滇省民数、谷数折》
乾隆五十二年十月十八日 …… 2359
2801　云南巡抚谭尚忠《奏报验看截取举人不胜民社，请旨改用教职折》
乾隆五十二年十月十八日 …… 2360
2802　云贵总督富纲《奏报甄别过云贵两省年满千总折》
乾隆五十二年十月二十六日 …… 2360
2803　云贵总督富纲《奏报乾隆五十二年分滇省官员并无换帖、宴会及门包、押席、承办筵席等事折》
乾隆五十二年十月二十六日 …… 2361
2804　云贵总督富纲、云南巡抚谭尚忠《奏报丁未头运二起京铜开帮日期折》
乾隆五十二年十二月二十六日 …… 2361
2805　云贵总督富纲、云南巡抚谭尚忠《遵例奏报拟流官犯胡宁堂弟胡宽愿捐银代兄纳赎折》
乾隆五十二年十一月初三日 …… 2362
2806　云贵总督富纲《奏报甄别云贵两省候补武举及难荫人员折》
乾隆五十二年十一月初三日 …… 2363
2807　云贵总督富纲《奏报校阅省城营伍情形折》
乾隆五十二年十一月初三日 …… 2363
2808　云贵总督富纲《奏报滇省设法收缴鸟枪情形折》
乾隆五十二年十一月初三日 …… 2364
2809　云南巡抚谭尚忠《奏呈两司、道府贤否折》
乾隆五十二年十一月初三日 …… 2365
2810　云南巡抚谭尚忠《汇奏乾隆五十二年分滇省并无官员换帖、宴会与上省扣展公出日期等六款折》
乾隆五十二年十一月初三日 …… 2365
2811　云南巡抚谭尚忠《汇奏乾隆五十二年分改修、缓修船只折》
乾隆五十二年十一月初三日 …… 2366
2812　云南巡抚谭尚忠《奏报查明滇省城垣情形折》
乾隆五十二年十一月初九日 …… 2367
2813　云南巡抚谭尚忠《奏报滇省乾隆五十二年分动用钱粮工程报销已未完结各案折》
乾隆五十二年十一月初九日 …… 2367
2814　云南巡抚谭尚忠《奏报滇省查办去思德政碑情形折》
乾隆五十二年十一月初三日 …… 2368

2815　云贵总督富纲、云南巡抚谭尚忠《奏报丁未二运一起京铜依限开帮日期折》
乾隆五十二年十一月二十四日 …… 2368
2816　云南巡抚谭尚忠《奏报寿届百龄，请旨旌表，以昭人瑞折》
乾隆五十二年十一月二十七日 …… 2369
2817　云南巡抚谭尚忠《奏报省城得雪折》
乾隆五十二年十一月二十七日 …… 2369
2818　云贵总督富纲、云南巡抚谭尚忠《奏报查明粤盐积压情形及现在酌办缘由折》
乾隆五十二年十一月二十九日 …… 2370
2819　云贵总督富纲、云南巡抚谭尚忠《奏报查办永北厅越狱情形折》
乾隆五十二年十一月三十日 …… 2371
2820　云贵总督富纲、云南巡抚谭尚忠《奏请以临安府同知吴兰孙调补景东直隶厅同知折》
乾隆五十二年十二月初九日 …… 2374
2821　云贵总督富纲、云南巡抚谭尚忠《奏报遵例出具藩臬考语折》
乾隆五十二年十二月十八日 …… 2374
2822　云南巡抚谭尚忠《奏报滇省得雪情形折》
乾隆五十二年十二月十八日 …… 2375
2823　云贵总督富纲、云南巡抚谭尚忠《奏报丁未二运二起京铜开帮日期折》
乾隆五十二年十二月二十二日 …… 2375
2824　云贵总督富纲、云南巡抚谭尚忠《遵旨办理铜务情形折》
乾隆五十二年十二月二十二日 …… 2376
2825　云贵总督富纲《奏报极边烟瘴总兵俸满，更替乏员，恭恳圣恩俯准留任折》
乾隆五十三年正月初八日 …… 2377
2826　云贵总督富纲、云南巡抚谭尚忠《奏报委署道府印篆折》
乾隆五十三年正月初八日 …… 2378
2827　云贵总督富纲、云南巡抚谭尚忠《奏报永北厅越狱盗犯全行拿获折》
乾隆五十三年正月十六日 …… 2378
2828　云贵总督富纲、云南巡抚谭尚忠《奏报丁未三运一起京铜开帮日期折》
乾隆五十三年正月二十五日 …… 2379
2829　云贵总督富纲《奏报估变裁遗衙署兵房情形折》
乾隆五十三年正月二十五日 …… 2380
2830　云贵总督富纲、云南巡抚谭尚忠《奏报乾隆五十二年分滇省藩库实存银数及各属仓库无亏折》
乾隆五十三年正月二十五日 …… 2380

2831　云贵总督富纲、云南巡抚谭尚忠《奏报改遣在配军犯旋逃旋获，审明办理折》
乾隆五十三年正月二十五日 …… 2381
2832　云贵总督富纲《奏呈雨水豆麦情形折》
乾隆五十三年正月二十五日 …… 2382
2833　云南巡抚谭尚忠《奏报滇省雨水禾苗情形折》
乾隆五十三年正月二十五日 …… 2383
2834　云南巡抚谭尚忠《奏报乾隆五十二年分滇省起解遣犯与别省由新疆改发云南安插遣犯脱逃及各省通缉逃遣已未拿获缘由折》
乾隆五十三年正月二十七日 …… 2383
2835　云南巡抚谭尚忠《汇奏乾隆五十二年滇省命盗案已未审结、盗窃案已未拿获、承缉窃案记功记过、拿获寻常案犯等四款折》
乾隆五十三年正月二十七日 …… 2384
2836　云贵总督富纲、云南巡抚谭尚忠《奏报续获自缅脱回广东民人，讯明递籍安插折》
乾隆五十三年二月十八日 …… 2385
2837　云贵总督富纲、云南巡抚谭尚忠《奏报酌委藩司顺便验收已竣城工折》
乾隆五十三年二月十八日 …… 2386
2838　云贵总督富纲、云南巡抚谭尚忠《奏请以记名同知、以知州拣发来滇委用之霍费颜补授永昌府分防龙陵同知折》
乾隆五十三年二月十八日 …… 2387
2839　云贵总督富纲、云南巡抚谭尚忠《奏报丁未三运二起京铜开帮日期折》
乾隆五十三年二月二十四日 …… 2387
2840　云贵总督富纲《奏报笔帖式年满，遵旨出具考语，送部引见折》
乾隆五十三年二月二十四日 …… 2388
2841　云南巡抚谭尚忠《奏报滇省禾苗情形折》
乾隆五十三年二月二十七日 …… 2389
2842　云南巡抚谭尚忠《奏报增估应变各钱局裁减炉房情形折》
乾隆五十三年二月二十七日 …… 2389
2843　云贵总督臣富纲《奏报春深撤汛事宜折》
乾隆五十三年三月十二日 …… 2390
2844　云贵总督富纲、云南巡抚谭尚忠《奏报审拟通海县知县徐维城私设税口抽收过往骡马钱文一案情形折》
乾隆五十三年三月十二日 …… 2391
2845　云贵总督富纲、云南巡抚谭尚忠《奏报审拟永北厅越狱盗犯案情形折》
乾隆五十三年三月二十六日 …… 2392

2846　云南巡抚谭尚忠《奏报滇省得雨情形折》
乾隆五十三年三月二十六日 …………………………………… 2393
2847　云贵总督富纲、云南巡抚谭尚忠《奏请以楚雄府知府龚敬身升署迤南道折》
乾隆五十三年三月二十八日 …………………………………… 2393
2848　云贵总督富纲《奏报滇黔雨水豆麦情形折》
乾隆五十三年三月二十八日 …………………………………… 2394
2849　云贵总督富纲、云南巡抚谭尚忠《奏报丁未加运一起铜斤开帮日期折》
乾隆五十三年三月二十八日 …………………………………… 2395
2850　云贵总督富纲、云南巡抚谭尚忠《奏请以南宁县知县刘垲升授中甸同知折》
乾隆五十三年三月二十八日 …………………………………… 2395
2851　云贵总督富纲、云南巡抚谭尚忠《奏报滇省州县员缺繁简情形今昔不同，酌请更定选调，以裨实政折》
乾隆五十三年四月初十日 …………………………………… 2396
2852　云贵总督富纲、云南巡抚谭尚忠《奏报将原参革职仍留协缉、限满无获之官员请旨交部治罪折》
乾隆五十三年四月二十一日 …………………………………… 2397
2853　云南巡抚谭尚忠《奏报乾隆五十三年滇省麦豆收成分数折》
乾隆五十三年四月二十一日 …………………………………… 2397
2854　云南巡抚谭尚忠《奏报滇省雨水秧苗情形折》
乾隆五十三年四月二十一日 …………………………………… 2398
2855　云南巡抚谭尚忠《奏报本年秋录事宜折》
乾隆五十三年四月二十一日 …………………………………… 2398
2856　云南巡抚谭尚忠《奏报其子蒙恩赏赐谢恩折》
乾隆五十三年四月二十一日 …………………………………… 2399
2857　云贵总督富纲、云南巡抚谭尚忠《奏报丁未京铜依限全数扫帮日期折》
乾隆五十三年四月二十八日 …………………………………… 2399
2858　云贵总督富纲、云南巡抚谭尚忠《奏请以文山县知县屠述濂升署腾越州知州折》
乾隆五十三年四月二十八日 …………………………………… 2400
2859　云贵总督富纲、云南巡抚谭尚忠《奏报乾隆五十二年分滇省各厂办获铜数折》
乾隆五十三年五月十三日 …………………………………… 2401
2860　云贵总督富纲、云南巡抚谭尚忠《奏报委署司道印篆折》
乾隆五十三年五月十三日 …………………………………… 2401
2861　云贵总督富纲《奏报缅甸遣目纳款投诚折》
乾隆五十三年五月二十二日 …………………………………… 2402

2862 云贵总督富纲、云南巡抚谭尚忠《奏报福建、湖北两省委员运铜扫帮日期折》
乾隆五十三年五月二十九日 …… 2403
2863 云贵总督富纲《奏报委署道府印篆折》
乾隆五十三年六月初二日 …… 2404
2864 云贵总督富纲《敬陈沿途雨水情形折》
乾隆五十三年六月初二日 …… 2404
2865 云贵总督富纲《奏报查询缅目情形及探有杨重英信息折》
乾隆五十三年六月十三日 …… 2405
2866 云贵总督富纲、云南巡抚谭尚忠《奏报广东委员运铜扫帮日期折》
乾隆五十三年六月二十日 …… 2406
2867 云贵总督富纲、云南巡抚谭尚忠《奏报酌请展限奏销，以昭详慎折》
乾隆五十三年六月二十日 …… 2407
2868 云南巡抚谭尚忠《奏报晋宁州知州叶道治系藩司李承邺曾孙媳之祖，应否回避，请旨遵行折》
乾隆五十三年六月二十日 …… 2408
2869 云贵总督富纲《奏报遵旨传谕缅甸贡使及委员伴送起程日期折》
乾隆五十三年六月二十一日 …… 2408
2870 云贵总督富纲《遵旨覆奏奉到谕旨办理缅目纳表进贡事宜折》
乾隆五十三年六月二十二日 …… 2410
2871 云南巡抚谭尚忠《奏报缅甸贡使经过省城日期及从优宴赏缘由折》
乾隆五十三年六月二十八日 …… 2412
2872 云南巡抚谭尚忠《奏报举人重遇鹿鸣，请广皇恩一体与宴，以昭盛典折》
乾隆五十三年六月二十八日 …… 2413
2873 云南巡抚谭尚忠《奏报滇省雨水田禾情形折》
乾隆五十三年六月二十八日 …… 2413
2874 云贵总督富纲《奏报滇黔两省旸雨应时、田禾畅茂情形折》
乾隆五十三年七月初四日 …… 2414
2875 云贵总督富纲《奏报查阅滇省迤西营伍情形折》
乾隆五十三年七月初四日 …… 2414
2876 云贵总督富纲《奏报缅甸将杨重英等全行送出折》
乾隆五十三年七月初八日 …… 2415
2877 云贵总督富纲《奏陈据报杨重英病故缘由折》
乾隆五十三年七月十一日 …… 2416

2878 云贵总督富纲《遵旨覆奏到顺宁后未将查询缅目纳款输诚情形速行驰奏等缘由折》
乾隆五十三年七月十三日 …… 2416
2879 云贵总督富纲《奏报安南内讧，遵旨办理严防边境情形折》
乾隆五十三年七月二十四日 …… 2417
2880 云贵总督富纲、云南巡抚谭尚忠《奏报滇省委员督运湖北采买铜斤扫帮开行日期折》
乾隆五十三年七月二十八日 …… 2419
2881 云贵总督富纲、云南巡抚谭尚忠《奏报迤南道缺需员，恭恳圣恩简放折》
乾隆五十三年七月二十八日 …… 2419
2882 云贵总督富纲《敬陈雨水田禾情形折》
乾隆五十三年七月二十八日 …… 2420
2883 云贵总督富纲、云南巡抚谭尚忠《奏报续获越狱逃盗，审明办理折》
乾隆五十三年七月二十八日 …… 2420
2884 云贵总督富纲《奏报委署镇协印篆折》
乾隆五十三年七月二十八日 …… 2421
2885 云南巡抚谭尚忠《奏报滇省雨水田禾情形折》
乾隆五十八年七月二十八日 …… 2422
2886 云贵总督富纲《奏报委署镇协印务及提臣过省日期折》
乾隆五十三年七月二十九日 …… 2422
2887 云南总督富纲、云南巡抚谭尚忠《奏报接准两广督臣孙士毅咨会，办理护送安南国陪臣出境情形折》
乾隆五十三年八月初七日 …… 2423
2888 云贵总督富纲《奏报副将处分年限已满，请旨开复折》
乾隆五十三年八月初十日 …… 2424
2889 云贵总督富纲《奏报暂留边要普洱镇总兵朱射斗缓期陛见折》
乾隆五十三年八月初十日 …… 2425
2890 云贵总督富纲《奏报酌请缓修滇省城垣折》
乾隆五十三年八月十六日 …… 2425
2891 云贵总督富纲、云南巡抚谭尚忠《奏报委署知府印篆折》
乾隆五十三年八月十六日 …… 2426
2892 云南巡抚谭尚忠《奏请陛见折》
乾隆五十三年八月十六日 …… 2426

2893 云贵总督富纲《奏报安南陪臣业已出口及遵旨严防边境折》
乾隆五十三年八月二十一日 …………………………………… 2427
2894 云贵总督富纲、云南巡抚谭尚忠《奏报盘获自缅甸脱回福建民人，讯与粤民同赴暹罗贸易，仍解广东省查明办理折》
乾隆五十三年八月二十一日 …………………………………… 2428
2895 云贵总督富纲、云南巡抚谭尚忠《奏报讯明自缅同回兵丁、粤民供词折》
乾隆五十三年八月二十一日 …………………………………… 2429
2896 云南巡抚谭尚忠《奏报监临场务情形及出关日期折》
乾隆五十三年八月二十四日 …………………………………… 2430
2897 云南巡抚谭尚忠《奏报滇省雨水田禾情形折》
乾隆五十三年八月二十四日 …………………………………… 2431
2898 云南巡抚谭尚忠《奏报乾隆五十二年分滇省耗羡、公件等项银两收支、动存数目折》
乾隆五十三年八月二十八日 …………………………………… 2431
2899 云南巡抚谭尚忠《奏报盘查司道各库银两实存无亏缘由折》
乾隆五十三年八月二十八日 …………………………………… 2432
2900 云南巡抚谭尚忠《奏报乾隆五十二年分滇省额征钱粮数目折》
乾隆五十三年八月二十八日 …………………………………… 2432
2901 云贵总督富纲《奏报办送安南陪臣起程出口日期折》
乾隆五十三年九月初四日 …………………………………… 2433
2902 云南巡抚谭尚忠《奏报滇省本年乡试八十四岁之岁贡袁旻榜发未曾中式缘由折》
乾隆五十三年九月初五日 …………………………………… 2434
2903 云贵总督富纲、云南巡抚谭尚忠《奏请以易门县知县刘际时调补蒙自县知县缺》
乾隆五十三年九月初十日 …………………………………… 2434
2904 云贵总督富纲、云南巡抚谭尚忠《奏请以永善县知县邵伦清升授威远同知折》
乾隆五十三年九月初十日 …………………………………… 2435
2905 云贵总督富纲《奏报滇黔两省秋收分数折》
乾隆五十三年九月初十日 …………………………………… 2436
2906 云贵总督富纲《奏报边外安南近日情形折》
乾隆五十三年九月十六日 …………………………………… 2436
2907 云贵总督富纲《奏报遵旨办理檄谕安南边境夷目缘由折》
乾隆五十三年九月十六日 …………………………………… 2437

2908 云贵总督富纲《奏报探得安南嗣孙黎维祁下落及办理缘由折》
乾隆五十三年九月十八日 …… 2439
2909 云南巡抚谭尚忠《奏报乾隆五十三年滇省秋成分数折》
乾隆五十三年九月二十四日 …… 2440
2910 云南巡抚谭尚忠《奏报特参疏防绞候人犯一名越狱脱逃之署吏目、知州，请旨革职，分别拿问、留缉折》
乾隆五十三年九月二十四日 …… 2440
2911 云贵总督富纲《奏报安南夷目禀请号令集兵剿贼及现在酌筹办理情形折》
乾隆五十三年九月二十八日 …… 2441
2912 云南巡抚谭尚忠《奏报据情转达赛玛蒙恩赏给进士，恭谢天恩折》
乾隆五十三年九月二十八日 …… 2442
2913 云南巡抚谭尚忠《奏报滇省地方情形折》
乾隆五十三年九月二十八日 …… 2443
2914 云贵总督富纲《奏报查阅开化等镇营官兵情形折》
乾隆五十三年十月初六日 …… 2444
2915 云贵总督富纲、云南巡抚谭尚忠《奏报戊申头起京铜依限开帮日期折》
乾隆五十三年十月初六日 …… 2444
2916 云贵总督富纲、云南巡抚谭尚忠《奏报委署道府印篆折》
乾隆五十三年十月初六日 …… 2445
2917 云贵总督富纲《奏报遵旨办理进剿安南情形折》
乾隆五十三年十月初九日 …… 2445
2918 云贵总督富纲《奏报遵旨保举堪胜总兵之副将折》
乾隆五十三年十月二十四日 …… 2447
2919 云贵总督富纲《奏报查明滇省学政并无考试劣迹折》
乾隆五十三年十月二十四日 …… 2448
2920 云贵总督富纲《奏报滇省官员并无换帖宴会及门包押席、承办筵席等情形折》
乾隆五十三年十月二十四日 …… 2448
2921 云贵总督富纲《奏报冬初官兵出汛日期折》
乾隆五十三年十月二十四日 …… 2449
2922 云贵总督富纲、云南巡抚谭尚忠《奏报贵州委员办运滇铜扫帮出境日期折》
乾隆五十三年十月二十六日 …… 2449
2923 云南巡抚谭尚忠《奏报主试武闱事竣折》
乾隆五十三年十月二十六日 …… 2450
2924 云南巡抚谭尚忠《奏报乾隆五十三年分滇省民数、谷数折》
乾隆五十三年十月二十六日 …… 2450

2925 云南巡抚谭尚忠《奏报甄别滇省教职、佐杂、年满千总折》
乾隆五十三年十月二十六日 ………………………………………………… 2451
2926 云贵总督富纲、云南巡抚谭尚忠《奏报遵旨派道府二员驰赴京局铸钱并恳恩准提净铁砂再行鼓铸，以验折耗实数折》
乾隆五十三年十月二十九日 ………………………………………………… 2452
2927 云贵总督富纲《奏报遵旨筹办进兵事宜折》
乾隆五十三年十月三十日 ………………………………………………… 2453
2928 云贵总督富纲《奏报开化镇左营都司萧汉成患病难痊，请旨勒休，并恳圣恩俯准升署遗缺折》
乾隆五十三年十一月初六日 ………………………………………………… 2455
2929 云贵总督富纲《循例奏报滇省设法收缴鸟枪情形折》
乾隆五十三年十一月初六日 ………………………………………………… 2456
2930 云贵总督富纲《奏报乾隆五十三年分甄别过云贵两省年满千总及候补武举难荫人员折》
乾隆五十三年十一月初六日 ………………………………………………… 2457
2931 云贵总督富纲、云南巡抚谭尚忠《奏请以布政司库大使徐统藩升署文山县知县折》
乾隆五十三年十一月初六日 ………………………………………………… 2457
2932 云贵总督富纲、云南巡抚谭尚忠《奏报戊申头运二起京铜依限开帮日期折》
乾隆五十三年十一月初六日 ………………………………………………… 2458
2933 云南巡抚谭尚忠《汇奏滇省乾隆五十三年动用钱粮工程报销已未完结各案折》
乾隆五十三年十一月初六日 ………………………………………………… 2459
2934 云南巡抚谭尚忠《汇奏乾隆五十三年分滇省并无官员换帖宴会与上省扣展公出日期等六款折》
乾隆五十三年十一月初六日 ………………………………………………… 2459
2935 云贵总督富纲、云南巡抚谭尚忠《奏请将已革大理府知府本著开复折》
乾隆五十三年十一月初八日 ………………………………………………… 2460
2936 云南巡抚谭尚忠《汇奏查明通省城垣情形折》
乾隆五十三年十一月初八日 ………………………………………………… 2461
2937 云南巡抚谭尚忠《奏报滇省各属旧有去思德政等碑均已扑毁折》
乾隆五十三年十一月初八日 ………………………………………………… 2461
2938 云南巡抚谭尚忠《汇奏乾隆五十三年分滇省各项改修、缓修船只及估变物料数在二百两以下折》
乾隆五十三年十一月初八日 ………………………………………………… 2462

2939 云贵总督富纲《奏报酌定官兵起程出关日期及现在办理情形折》
乾隆五十三年十一月十一日 …… 2462
2940 云南巡抚谭尚忠《奏报乾隆五十二年滇省盐课全完折》
乾隆五十三年十一月二十四日 …… 2464
2941 云南巡抚谭尚忠《奏报滇省地方得雪情形折》
乾隆五十三年十一月二十四日 …… 2464
2942 云贵总督富纲、云南提督乌大经《敬陈官兵出口情形及酌筹分路前进缘由折》
乾隆五十三年十一月二十七日 …… 2464
2943 云贵总督富纲、云南提督乌大经《奏报官兵暂住安边，听候粤西知会再行前进缘由折》
乾隆五十三年十二月初七日 …… 2465
2944 云贵总督富纲、云南提督乌大经《奏报官兵拿获探信匪贼及河口土目具报杀贼情形折》
乾隆五十三年十二月初七日 …… 2467
2945 云南巡抚谭尚忠《遵旨覆奏督办粮运情形折》
乾隆五十三年十二月初十日 …… 2468
2946 云贵总督富纲《奏报遵旨酌筹办理军粮及弹压边关等事宜折》
乾隆五十三年十二月十一日 …… 2469
2947 云贵总督富纲《奏报遵旨筹办饷源并接济官兵情形折》
乾隆五十三年十二月十三日 …… 2472
2948 云南巡抚谭尚忠《以加恩赏给袁旻举人据情代为恭谢天恩折》
乾隆五十三年十二月二十一日 …… 2473
2949 云南巡抚谭尚忠《奏报戊申年二运一起京铜依限开帮日期折》
乾隆五十三年十二月二十日 …… 2474
2950 云南巡抚谭尚忠《遵旨陈奏学政官箴折》
乾隆五十三年十二月二十一日 …… 2474
2951 云贵总督富纲《奏报滇兵已赴黎城及现在办理情形折》
乾隆五十三年十二月二十九日 …… 2475
2952 云贵总督富纲《奏报驻扎安边办理接济粮运折》
乾隆五十四年正月初三日 …… 2476
2953 云贵总督富纲《奏报办理筹办官兵口粮情形折》
乾隆五十四年正月初六日 …… 2477
2954 云贵总督富纲《奏报接提臣乌大经来札，办理撤兵事宜折》
乾隆五十四年正月十二日 …… 2478

2955 云贵总督富纲《奏报滇省官兵全数进口日期折》
乾隆五十四年正月二十五日 …… 2479
2956 云南巡抚谭尚忠《汇奏乾隆五十三年分滇省命盗案已未审结、盗窃案已未拿获、承缉窃案记功记过、拿获寻常案犯等四款折》
乾隆五十四年正月二十五日 …… 2480
2957 云南巡抚谭尚忠《奏报乾隆五十三年分滇省藩库实存银数并盘查各属仓库无亏折》
乾隆五十四年正月二十五日 …… 2480
2958 云南巡抚谭尚忠《奏报滇省雨雪情形折》
乾隆五十四年正月二十五日 …… 2481
2959 云南巡抚谭尚忠《汇报乾隆五十三年分滇省起解遣犯、接递别省遣犯及由新疆改发内地到配安插遣犯情形折》
乾隆五十四年正月二十五日 …… 2482
2960 云贵总督富纲《奏报春雨应时、豆麦长发情形折》
乾隆五十四年二月初七日 …… 2483
2961 云贵总督富纲、云南巡抚谭尚忠《奏报戊申二运二起京铜依限开帮折》
乾隆五十四年二月初七日 …… 2484
2962 云贵总督富纲、云南提督乌大经《奏报遵旨查明关外宣光一路黄文桐等土目情形折》
乾隆五十四年二月十二日 …… 2484
2963 云贵总督富纲《奏报口外拿获改遣逃犯，审明办理折》
乾隆五十四年二月十二日 …… 2485
2964 云贵总督富纲、云南巡抚谭尚忠《再奏请以南宁县知县刘垲升补中甸同知折》
乾隆五十四年二月二十一日 …… 2486
2965 云贵总督富纲、云南巡抚谭尚忠《奏报戊申三运一起京铜依限开帮日期折》
乾隆五十四年二月二十一日 …… 2487
2966 云南巡抚谭尚忠《奏报遵旨查明滇省各属现在查无蠹役私设班馆、擅置刑具等弊缘由折》
乾隆五十四年二月二十七日 …… 2488
2967 云南巡抚谭尚忠《奏报滇省雨水情形折》
乾隆五十四年二月二十七日 …… 2488
2968 云贵总督富纲《奏报查阅马白等各关隘宁谧缘由折》
乾隆五十四年三月初二日 …… 2489

2969 云贵总督富纲《奏报遵旨节次讯过粤西官兵到滇行走道路情形折》
乾隆五十四年三月初九日 …… 2490
2970 云贵总督富纲《奏报遵旨酌量情形，裁撤沿边官兵情形折》
乾隆五十四年三月初九日 …… 2491
2971 云贵总督富纲、云南巡抚谭尚忠《奏请以督标右营游击百福升署广南营参将折》
乾隆五十四年三月十二日 …… 2493
2972 云贵总督富纲、云南巡抚谭尚忠《奏请将庸迂不职之边要同知勒休折》
乾隆五十四年三月十二日 …… 2494
2973 云贵总督富纲、云南巡抚谭尚忠《奏请以昭通府属分防威信州判赵煜宗升署保山县知县折》
乾隆五十四年三月十二日 …… 2494
2974 云贵总督富纲《奏报雨水豆麦情形折》
乾隆五十四年三月二十五日 …… 2495
2975 云贵总督富纲、云南巡抚谭尚忠《奏报戊申三运二起京铜依限开帮日期折》
乾隆五十四年三月二十五日 …… 2496
2976 云贵总督富纲、云南巡抚谭尚忠《奏报浙江委员办运滇铜扫帮出境日期折》
乾隆五十四年三月二十八日 …… 2496
2977 云南巡抚谭尚忠《奏报遣犯在配逃脱折》
乾隆五十四年三月二十八日 …… 2497
2978 云贵总督富纲、云南巡抚谭尚忠《奏请将力难称职知县勒休折》
乾隆五十四年四月初八日 …… 2498
2979 云南巡抚谭尚忠《奏报滇省豆麦收成分数折》
乾隆五十四年四月初八日 …… 2498
2980 云贵总督富纲《奏报留防卡隘官兵全数撤竣及边关宁谧情形折》
乾隆五十四年四月十六日 …… 2499
2981 云贵总督富纲《奏报查阅普洱镇官兵技艺及沿途地方情形折》
乾隆五十四年四月十六日 …… 2499
2982 云贵总督富纲、云南巡抚谭尚忠《奏报委护道篆折》
乾隆五十四年四月十六日 …… 2500
2983 云贵总督富纲《奏报膏泽应时、大田及时栽插折》
乾隆五十四年四月二十四日 …… 2500
2984 云贵总督富纲、云南巡抚谭尚忠《奏报边要道缺需员，恭恳圣恩简放折》
乾隆五十四年四月二十四日 …… 2501

2985　云贵总督富纲、云南巡抚谭尚忠《奏报戊申加运一起京铜依限开帮日期折》
乾隆五十四年四月二十四日 …………………………………… 2501
2986　云南巡抚谭尚忠《奏报督臣事竣回省，拟期入觐折》
乾隆五十四年四月二十四日 …………………………………… 2502
2987　云贵总督富纲、云南巡抚谭尚忠《奏参短缺承变官项之州牧，请旨各革职审办折》
乾隆五十年四月二十七日 …………………………………… 2502
2988　云南巡抚谭尚忠《奏报本年滇省秋录事宜折》
乾隆五十四年四月二十七日 …………………………………… 2503
2989　云贵总督富纲、云南巡抚谭尚忠《奏请以宝宁县知县刘大鼎升授普洱府分防威远同知折》
乾隆五十四年五月十五日 …………………………………… 2504
2990　云贵总督富纲、云南巡抚谭尚忠《奏报戊申京铜全数依限扫帮日期折》
乾隆五十四年五月十五日 …………………………………… 2504
2991　云贵总督富纲、云南巡抚谭尚忠《奏报通海等州县地震，起程前往查办折》
乾隆五十四年五月十九日 …………………………………… 2505
2992　云贵总督富纲《敬陈雨水栽插情形折》
乾隆五十四年五月二十八日 …………………………………… 2506
2993　云贵总督富纲、云南巡抚谭尚忠《奏报委署知府印篆折》
乾隆五十四年五月二十八日 …………………………………… 2507
2994　云贵总督富纲、云南巡抚谭尚忠《奏报广西、江西委员办运滇铜扫帮出境日期折》
乾隆五十四年五月二十八日 …………………………………… 2507
2995　云贵总督富纲、云南巡抚谭尚忠《请留办铜得力之降调阿迷州知州文都，恭恳圣恩俯准捐复原级，留滇补用折》
乾隆五十四年五月二十八日 …………………………………… 2508
2996　云南巡抚谭尚忠《奏报滇省地方情形折》
乾隆五十四年五月二十八日 …………………………………… 2509
2997　云贵总督富纲《奏报查明通海等州县地震情形，分别筹办折》
乾隆五十四年闰五月初七日 …………………………………… 2509
2998　云贵总督富纲《奏报委署总兵印篆折》
乾隆五十四年闰五月初八日 …………………………………… 2511

2999 云贵总督富纲、云南巡抚谭尚忠《奏请以奉旨发滇以知县补用之施廷良补授昆明县知县折》

乾隆五十四年闰五月初八日 …… 2512

3000 云贵总督富纲《奏报委署副将印篆折》

乾隆五十四年闰五月二十六日 …… 2512

3001 云贵总督富纲《奏报候补游击孚兰泰患病回旗调养折》

乾隆五十四年闰五月二十六日 …… 2513

3002 云贵总督富纲、云南巡抚谭尚忠《奏报乾隆五十三年分滇省各厂办获铜数折》

乾隆五十四年闰五月二十六日 …… 2514

3003 云贵巡抚谭尚忠《奏报滇省地方情形折》

乾隆五十四年闰五月二十六日 …… 2514

3004 云贵总督富纲《奏报临元镇总兵陈大绂病故，请旨简放，并委署镇协印务》

乾隆五十四年六月初二日 …… 2515

3005 云贵总督富纲、云南巡抚谭尚忠《奏报特参任催罔应之经征知县折》

乾隆五十四年六月初十日 …… 2515

3006 云贵总督富纲《奏报膏泽频沾、田禾畅茂情形折》

乾隆五十四年六月初十日 …… 2516

3007 云南巡抚谭尚忠《奏谢钦赐〈御制皇明试马图〉、〈太常仙蝶诗墨刻〉折》

乾隆五十四年六月初十日 …… 2516

3008 云贵总督富纲、云南巡抚谭尚忠《奏报缅目遣人到关领回赏还土夷及现在办理情形折》

乾隆五十四年六月十九日 …… 2518

3009 云贵总督富纲、云南巡抚谭尚忠《奏覆钦遵谕旨办理加赈情形折》

乾隆五十四年六月十九日 …… 2519

3010 云贵总督富纲、云南巡抚谭尚忠《奏报遵旨酌令提臣先行进京陛见及委署提镇、副将印篆缘由折》

乾隆五十四年六月十九日 …… 2520

3011 云贵总督富纲《敬陈雨水田禾情形折》

乾隆五十四年六月二十八日 …… 2521

3012 云贵总督富纲《为耆民寿逾百龄，奏请旌表，以昭人瑞折》

乾隆五十四年六月二十八日 …… 2522

3013 云贵总督富纲、云南巡抚谭尚忠《奏报盘查滇省司道各库银两实存无亏折》

乾隆五十四年六月二十八日 …… 2522

3014　云贵总督富纲、云南巡抚谭尚忠《奏报江苏、陕西两省委员办运滇铜扫帮出境日期折》
乾隆五十四年六月二十八日 …………………………………… 2523
3015　云南巡抚谭尚忠《奏报乾隆五十三年分额征钱粮全完折》
乾隆五十四年六月二十八日 …………………………………… 2524
3016　云南巡抚谭尚忠《奏报乾隆五十三年分滇省耗羡、公件等项银两收支、动存数目折》
乾隆五十四年六月二十八日 …………………………………… 2524
3017　云贵总督富纲《奏报遵旨裁撤驻边防兵，酌设塘汛折》
乾隆五十四年七月初四日 …………………………………… 2525
3018　云贵总督富纲《再请以督标右营游击百福升署广南营参将折》
乾隆五十四年七月初四日 …………………………………… 2528
3019　云贵总督富纲、云南巡抚谭尚忠《奏报湖北委员办运滇铜扫帮出境日期折》
乾隆五十四年七月二十七日 …………………………………… 2529
3020　云贵总督富纲、云南巡抚谭尚忠《奏请以业经俸满保荐之临安府经历王刚升补文山县知县折》
乾隆五十四年七月二十七日 …………………………………… 2529
3021　云贵总督富纲、云南巡抚谭尚忠《奏请以澄江府知府陈孝升调补永昌府知府折》
乾隆五十四年七月二十七日 …………………………………… 2530
3022　云南巡抚谭尚忠《奏报乡试场前查办事宜折》
乾隆五十四年七月二十七日 …………………………………… 2531
3023　云贵总督富纲、云南巡抚谭尚忠《奏报委署知府印篆折》
乾隆五十四年八月初四日 …………………………………… 2531
3024　云贵总督富纲《敬陈雨水禾稻情形折》
乾隆五十四年八月初四日 …………………………………… 2532
3025　云贵总督富纲、云南巡抚谭尚忠《再请以威信州判赵煜宗升署保山县知县折》
乾隆五十四年八月二十六日 …………………………………… 2532
3026　云贵总督富纲、云南巡抚谭尚忠《奏报查出井盐搀和硝石，请旨将该管不职之琅井提举革审折》
乾隆五十四年八月二十六日 …………………………………… 2533
3027　云贵总督富纲《奏报旸雨应时、田禾丰稔情形折》
乾隆五十四年八月二十六日 …………………………………… 2534

3028 云贵总督富纲、云南巡抚谭尚忠《奏报广西委员办运滇铜扫帮出境日期折》
乾隆五十四年八月二十六日 …… 2534
3029 云南巡抚谭尚忠《恭奏监临场务情形折》
乾隆五十四年八月二十六日 …… 2535
3030 云贵总督富纲、云南巡抚谭尚忠《奏报耄龄应试诸生榜发未中折》
乾隆五十四年九月初三日 …… 2536
3031 云贵总督富纲《奏报估变裁遗备弁衙署折》
乾隆五十四年九月十一日 …… 2537
3032 云贵总督富纲《恭报滇黔两省秋收分数折》
乾隆五十四年九月十一日 …… 2537
3033 云贵总督富纲、云南巡抚谭尚忠《奏请以拣发委用直隶州知州涂梁调补顺宁府属云州知州折》
乾隆五十四年九月十一日 …… 2538
3034 云贵总督富纲、云南巡抚谭尚忠《特参滥放运脚无着之署府折》
乾隆五十四年九月二十一日 …… 2539
3035 云贵总督富纲、云南巡抚谭尚忠《奏报贵州委员办运滇铜扫帮出境日期折》
乾隆五十四年九月二十一日 …… 2539
3036 云贵总督富纲、云南巡抚谭尚忠《为嘉谷丰登、双岐献瑞，恭呈御览折》
乾隆五十四年九月二十七日 …… 2540
3037 云贵总督富纲、云南巡抚谭尚忠《特参怠玩废弛、不职之署云南鹤庆州事嵩明州知州宋镳，请旨革职折》
乾隆五十四年十月初十日 …… 2540
3038 云贵总督富纲、云南巡抚谭尚忠《奏报己酉头起京铜依限开帮日期折》
乾隆五十四年十月初十日 …… 2541
3039 云贵总督富纲《敬陈地方旸雨情形折》
乾隆五十四年十月初十日 …… 2542
3040 云贵总督富纲、云南巡抚谭尚忠《奏报遵旨办理云南民人黄相武呈控州差刘国相等率众烧抢一案情形折》
乾隆五十四年十月二十二日 …… 2542
3041 云南巡抚谭尚忠《奏报遣犯在配脱逃折》
乾隆五十四年十月二十日 …… 2544
3042 云南巡抚谭尚忠《汇奏甄别乾隆五十四年分滇省教职、佐杂、年满千总折》
乾隆五十四年十月二十日 …… 2544

3043　云南巡抚谭尚忠《奏报主试武闱事竣折》
乾隆五十四年十月二十日 …………………………………………………… 2545
3044　云贵总督富纲《奏报甄别云贵两省候补武举及难荫人员折》
乾隆五十四年十月二十七日 ………………………………………………… 2545
3045　云贵总督富纲《奏报查明本年滇省官员无换帖宴会及门包押席、承办筵席等事折》
乾隆五十四年十月二十七日 ………………………………………………… 2546
3046　云贵总督富纲、云南巡抚谭尚忠《奏请以候补通判李焜补授普洱府分防他郎通判折》
乾隆五十四年十月二十七日 ………………………………………………… 2547
3047　云南巡抚谭尚忠《汇奏乾隆五十四年分滇省及估变物料数在二百两以下之案折》
乾隆五十四年十月二十七日 ………………………………………………… 2547
3048　云南巡抚谭尚忠《奏报滇省乾隆五十三年盐课全完缘由折》
乾隆五十四年十月二十九日 ………………………………………………… 2548
3049　云南巡抚谭尚忠《奏报乾隆五十四年分滇省民数、谷数折》
乾隆五十四年十月二十七日 ………………………………………………… 2548
3050　云南巡抚谭尚忠《奏报查明通省城垣情形折》
乾隆五十四年十月二十九日 ………………………………………………… 2549
3051　云南巡抚谭尚忠《汇奏本年滇省官员无换帖宴会与上省扣展公出日期等六款情弊折》
乾隆五十四年十月二十九日 ………………………………………………… 2550
3052　云南巡抚谭尚忠《汇报乾隆五十四年分滇省动用钱粮工程报销已未完结各案折》
乾隆五十四年十一月初十日 ………………………………………………… 2550
3053　云南巡抚谭尚忠《恭报寿民年届百龄，一堂五世，请旨旌表折》
乾隆五十四年十一月初十日 ………………………………………………… 2551
3054　云南巡抚谭尚忠《奏报乾隆五十四年分云南省并无挖补〈通鉴纲目〉挖出字迹缘由折》
乾隆五十四年十一月初十日 ………………………………………………… 2551
3055　云南巡抚谭尚忠《奏报各属旧有去思德政等碑均已扑毁折》
乾隆五十四年十一月初十日 ………………………………………………… 2552
3056　云贵总督富纲《奏报本年滇省设法收缴鸟枪折》
乾隆五十四年十一月十一日 ………………………………………………… 2553
3057　云贵总督富纲、云南巡抚谭尚忠《奏报己酉头运二起京铜依限开帮日期折》
乾隆五十四年十一月十一日 ………………………………………………… 2553

3058 云贵总督富纲《密陈云贵两省提、镇、司、道、府考语折》
乾隆五十四年十一月十一日 …… 2554

3059 云贵总督富纲《奏报甄别云贵两省年满千总折》
乾隆五十四年十一月十一日 …… 2554

3060 云南巡抚谭尚忠《奏报学政差满，遵旨据实详细奏闻折》
乾隆五十四年十一月二十九日 …… 2555

3061 云南巡抚谭尚忠《奏陈两司道府贤否折》
乾隆五十四年十二月初四日 …… 2556

3062 云贵总督富纲《奏报查阅滇省昭通等镇营伍及顺阅黔省威宁镇官兵情形折》
乾隆五十四年十二月初四日 …… 2556

3063 云贵总督富纲《恭报瑞雪应时、丰年兆庆折》
乾隆五十四年十二月初四日 …… 2557

3064 云贵总督富纲《奏报滇省学臣差满回京折》
乾隆五十四年十二月二十日 …… 2558

3065 云贵总督富纲、云南巡抚谭尚忠《奏报学政萧九成之子萧池计期不能赴京与考，据情代奏折》
乾隆五十四年十二月二十日 …… 2558

3066 云贵总督富纲、云南巡抚谭尚忠《奏报贵州委员办运滇铜扫帮出境日期折》
乾隆五十四年十二月二十八日 …… 2559

3067 云南巡抚李湖《奏陈滇省司、道、府考语清单》
无日期 …… 2560

3068 云南巡抚李湖《奏陈滇省司、道、府考语清单》
无日期 …… 2560

3069 云贵总督富纲《奏陈滇省司、道、府考语清单》
无日期 …… 2561

3070 云贵总督富纲《奏陈两省提督考语折》
无日期 …… 2562

3071 云贵总督富纲《奏报遵旨再行自议折》
无日期 …… 2563

附　录 …… 2565

2578　云贵总督兼署云南巡抚富纲《奏报癸卯头运一起京铜依限开帮折》

乾隆四十八年九月十八日

云贵总督兼署云南巡抚臣富纲跪奏：为恭报癸卯头运一起京铜依限开帮，仰祈圣鉴事。

窃照滇省壬寅年四运八起京铜，于本年三月内全数依限扫帮，业经恭折奏闻在案。其癸卯年头运一起京铜，例应于本年八月内自泸开帮。臣先期严饬厂运各员上紧办运，且恐夏秋之交大雨时行，道路不无泥泞，沿途贩夫、脚户得以借口稽延，一面檄饬地方官随时修治平坦，以利遄行，并派委文武员弁分路查催。去后，兹据云南布政使费淳详据泸店委员申报："癸卯头运一起正带铜七十六万八百一十五斤零，于八月初六日开兑起，至二十九日兑竣，运员署河阳县知县蔚柱即于是日自泸州开行。"等情。

除飞咨沿途各省督抚臣加紧催趱，迅速抵京，并咨明户、工二部外，伏查滇省岁运京铜攸关京局鼓铸，年来钦遵谕旨，设法筹办，得以趱复原限，依期扫帮。节蒙皇上加恩鼓励，饬令查明在事办铜各员，奏请交部议叙，不特厂运各员莫不鼓舞奋兴，即派出查催之文武员弁亦皆勇往趋事，惟恐后时。臣查核泸店委员旬报，收贮铜数，计至八月中旬，业已数逾二百万有零，除兑发头运一起外，尚余一百数十余万斤，较之历年头起开帮存店铜斤数逾两倍，此后按月开运，自更办理裕如。臣断不敢恃有充裕，稍事因循，惟有仍饬各员赶办赶运，上紧转输，俾抵泸铜数逾多，则兑发益觉宽裕，更为有备无患。所有癸卯头运一起京铜依限开帮日期，理合恭折奏报，伏祈皇上睿鉴。谨奏。

朱批：好。知道了。

（《宫中档乾隆朝奏折》第五十七辑，第427～428页）

2579　云贵总督兼署云南巡抚富纲《奏报冬初出汛日期折》

乾隆四十八年九月十八日

云贵总督兼署云南巡抚臣富纲跪奏：为恭报冬初出汛日期，仰祈圣鉴事。

窃查云南腾越、龙陵外杉木笼、干崖、三台山等处，经前督臣李侍尧奏准裁防设汛，冬初拨兵八百名，选派员弁带往汛地，分布关卡巡查，春深酌留弁兵三百名驻汛，余俱撤回，节年遵照办理。乾隆四十八年春深撤汛，经臣恭折奏明在案。自夏入秋，正大雨时行、烟瘴盛发之际，臣惟恐在汛弁兵巡防稍疏，便致私贩偷越，檄饬镇将，严饬在汛员弁，督率抚夷弩手实力巡逻。节据腾越镇总兵高瑹等按月挑派干练员弁，带兵前往各汛巡查，并无私贩偷漏情弊，边关极为宁谧。

查本年九月二十八日，节届霜降，正冬初出汛之时，臣先期照会腾越镇总兵高瑹，挑选精壮弁兵，勤加操演，务令整齐严肃，以壮军容。其杉木笼一路，查鹤丽镇标中营游击苏尔相，老成历练，熟悉边情，仍派令带领守备一员，千把外委十一员，兵丁五百名，马一百匹；其干崖一路，遴派腾越镇标署左营守备、千总熊冈，带领千把外委六员，兵丁二百名，马四十匹；又三台山一路，遴派龙陵协右营守备汪廷楷，带领千把外委六员，兵丁一百名，马二十匹，于十月初二、三、四、五等日，配带军械，分队起程赴汛，俟抵汛后，照依指定关卡，分派千把各带兵丁前往驻巡，仍责成苏尔相等督率弁兵，不时轮赴各关卡游巡，务使私贩绝迹。臣并于提臣鄂辉过省时，详细面嘱，届期前往各关隘处所亲加查验，以昭严肃。其应撤官兵，亦即令分起回营差操。所有冬初出汛日期，理合恭折奏闻。

至腾越镇标左营分驻之南甸一营新添兵额，前经臣奏明移于适中之蛮东、暮福地方，添设两汛，派拨勇干员弁带领驻扎，以资联络。现在已按数派拨前往驻巡，所需营署兵房，臣已严檄腾越镇州上紧赶建，以资栖止，不致稍有迟误。合并陈明，伏祈皇上睿鉴。谨奏。

朱批：知道了。

（《宫中档乾隆朝奏折》第五十七辑，第430～431页）

2580 云贵总督兼署云南巡抚富纲《奏报乾隆四十八年滇省秋成分数折》

乾隆四十八年九月十八日

云贵总督兼署云南巡抚臣富纲跪奏：为恭报滇省秋成分数，仰祈圣鉴事。

窃查滇省本年雨旸时若，通省禾稻杂粮均极畅茂，经臣节次恭折奏报在案。兹届次第登场，行据云南布政使费淳将各属申报收成分数查明，开单呈送前来。

臣逐一确核，收成十分者永北等十一厅州县，收成九分有余者蒙化等三十八厅州县，收成八分有余者龙陵等三十六厅州县、州判、县丞，统计通省秋收实获九分有余。至沿边各土司地方，田亩率皆沙砾，深耕易耨，亦未必能如腹地农民，然所种禾稻杂粮，据报收成亦得八分有余。通省一律丰登，洵称上稔。

伏查滇省跬步皆山，不通舟楫，民夷全以秋收为重。去年秋收丰稔，今岁又得接连丰收，民夷盖藏益觉充裕，莫不欣欣色喜。此皆仰赖圣主洪福，俾边方屡丰志庆，民气益觉恬熙。臣职司守土，目击年丰人乐情形，堪以上慰圣怀，曷胜愉快。除照例另疏题报外，所有乾隆四十八年云南省秋收九分有余情形，理合开列清单，并八月分粮价单恭呈御览，伏祈皇上睿鉴。谨奏。

朱批：欣慰览之。

（《宫中档乾隆朝奏折》第五十七辑，第432页）

2581　云贵总督兼署云南巡抚富纲《奏报甄别滇省大挑分发知县折》

乾隆四十八年十月初四日

云贵总督兼署云南巡抚臣富纲跪奏：为甄别滇省大挑分发知县，仰祈圣鉴事。

窃查吏部议复升任四川督臣福康安具奏，将挑发一等举人分为两班，心地明白、试有成效者即以知县补用，才识中平、尚堪学习者先以佐贰借补。果能有志向上，留心吏治，再以知县调补。则是才具较优者既得先膺民社，而才识稍绌者亦得各效驰驱，将来服官日久，渐次谙练，仍可调补正印，实于地方、人才均有裨益，应如所奏办理。至各省分发一等举人，可否敕下各直省督抚通行查明，视其才识优绌，即照此分别奏明办理等因。奉旨"依议。钦此。"钦遵移咨前来。

臣查知县为亲民之官，必须才识明敏，方足以资治理。若才具中平，尚未谙练，遽付以民社之任，多致贻误地方。查滇省分发一等举人，除陆续补缺外，现在仅有黄佾、刘邦殿、史褒、冯敬典、宋昌恂等五员，除宋昌恂一员前因亲老改掣湖南借补武冈州州同，丁忧服满，仍发滇省候补，应仍以佐贰补用，后察其能否有志向上，再行酌办外，其黄佾、刘邦殿、史褒、冯敬典等四员，臣平日留心察看，尚俱心地明白，先后委署州县印务，俱能黾勉称职，均堪以知县补用。

再四库馆议叙分发知县，前奉上谕，饬令一体留心体察，严行甄别在案。滇省四库馆议叙分发知县只有庞兆懋、周赞、王旭畅等三员，臣钦遵谕旨，时刻留心体察，庞兆懋等俱勤慎奋勉，有志向上，委署州县印务亦无贻误，均堪按照轮补班次补用知县。倘经臣奏后，有初终易辙，不堪造就之员，臣即随时分别查参，断不肯稍事姑容。理合恭折具奏，另缮清单恭呈御览，伏祈皇上睿鉴。谨奏。

朱批：该部知道。

（《宫中档乾隆朝奏折》第五十七辑，第583页）

2582　云贵总督兼署云南巡抚富纲《奏请移驻古寨巡检兼管司狱折》

乾隆四十八年十月初四日

云贵总督兼署云南巡抚臣富纲跪奏：为奏请移驻巡检兼管司狱，以专责成事。

窃查云南昭通府鲁甸通判所属之古寨地方，前因昭通镇标前营游击驻扎该处，兵民错处，需员弹压，于乾隆二年，部议将永善县副官村巡检移驻古寨在案。今查古寨距鲁甸城仅止五十里，年征秋米及支放兵粮，历系鲁甸通判征收经放，且边夷久沐圣化，耕凿安恬，极为绥靖，巡检一无所事。而鲁甸止有通判一员，兼管乐马银厂，时须亲身在厂督办，以防透漏懈弛，城内仓库、监狱需员防范，向来调令该巡检至城弹压稽查，是以现在反于鲁甸驻扎之日居多，虽为慎重起见，但究系在外通融办理，并未奏明立案，遇事恐滋推诿。

查滇省分防之龙陵、思茅、缅宁等各厅，俱有巡检兼管司狱。所有古寨巡检，应请即照龙陵等厅巡检之例移驻鲁甸，兼管司狱，以专责成。至所需衙署，鲁甸城内原有巡检旧署，毋庸另建。其古寨署房，本于仓房内拨给居住，现在仍作仓房，毋庸估变。俸廉役食，悉仍其旧。所有印信，应请改铸鲁甸巡检兼管司狱字样，以昭信守。俟颁发至日，将旧印缴销。再古寨巡检员缺，原定夷疆，在外拣调，三年俸满即升。今移驻鲁甸，仍系夷疆，亦请循照旧例办理。为此恭折具奏，伏祈皇上睿鉴。谨奏。

朱批：该部议奏。

（《宫中档乾隆朝奏折》第五十七辑，第584页）

2583　云贵总督兼署云南巡抚富纲《奏报增估裁拨官兵署房折》

乾隆四十八年十月初四日

云贵总督兼署云南巡抚臣富纲跪奏：为增估裁拨官兵署房，仰祈圣鉴事。

窃照云南元江、他郎、顺云、云州各营裁遗衙署、兵房，经前任督臣彰宝、李侍尧等先后奏准估变，嗣经调任督臣福康安行据各地方官造册估报，奏请变价充公。接准部复，以前项衙署、兵房俱系高大房间，其梁檩柱木多属大件物料，且甫经裁汰，非空闲日久者可比，何致估变短少？所遗地基是否可以开垦？行令再行详细确查，据实增估等因。当即转饬确查，据实增估，并节次严催。去后，兹据云南布政使费淳移准迤西、迤南二道勘明增估，结报前来。

臣按册复核，元江、他郎、顺宁、云州四处共估变署房四十八间，兵房二百八十四间，原估银一千一百六十七两七钱二分零。兹据详细查明，房间并非高大，木植亦属细小，且系松木枋板，建造年分虽远近不同，而地处瘴湿，易以朽蠹。奉部驳饬，复据增估银一百七十一两零，并查明地基共十四亩三分零，均属硗瘠，不能开垦，照下则时价，共估值银九十六两八钱六分零，原估加增连地基，共估变银一千四百三十五两五钱九分零，较之原销银数年久者业已过半，其为时稍近者，已有十分之九。既据该管道府查勘结报，似无捏饰短估情弊，应请准其照估变价，解司入册报拨。

至他郎倒塌署房九间、兵房八十九间，木料等项俱已损折，所有现估银三百二十五两二钱八分零，请着落历年不行保护之文武员弁各半分赔，饬取职名，分咨任籍着追。除册结送部并将估报迟延及督催不力职名咨部议处外，理合恭折具奏，伏乞皇上睿鉴，敕部议复施行。谨奏。

朱批：该部议奏。

（《宫中档乾隆朝奏折》第五十七辑，第585～586页）

2584　云贵总督兼署云南巡抚富纲《奏报循例借项兴修云南府属呈贡县水利折》

乾隆四十八年十月初四日

云贵总督兼署云南巡抚臣富纲跪奏：为循例借项兴修水利，以裨农田，仰祈圣鉴事。

窃查乾隆二年四月内，钦奉上谕："云南田号雷鸣，凡系水利，皆当及时兴修。钦此。"钦遵。历任督抚臣董率属员兴举，间有工费浩繁，民力不逮者，均经奏明借项兴修，分年缴还在案。

兹据云南府属呈贡县之化城等七村士民张云等，以七村田亩地势过高，无水引灌，必待雨水沾足，方能插莳。若遇雨泽愆期，即树艺失候，秋收便与下隰地亩厚薄迥殊。今踩得梁王山下有泉一股，春末夏初，水势微细，必待六七月大雨时行之候泉源方盛，节逾芒种，已属无用。向来听其满溢，殊为可惜。若汇聚一处，以时蓄泄，七村地亩即可咸资灌溉。随查相距六七里之老李冲地方，四面皆山，周围辽阔，堪为潴水之区。拟于梁王山开沟一道，约长一千三百余丈，顺山直流，即可引灌。又于附近老李冲口横开地沟一道，约长四十余丈，遇水旺时引聚冲内，并于山口出水处建筑坝埂一道，高二丈，长十九丈，进深三丈，并镶砌坝口沟道以资启闭。每年六七月间，将无用之水引聚塘中，以资次年春耕时引灌，放后复聚，源源盈满，即雨水偶尔愆期，亦可有备无患。惟冲内有田三十七亩，计田粮二石三斗一升五合，既作陂塘，不能栽植，需买价银五百九十二两。开沟一道，搭枧五道，并开挖沟道、筑坝及镶砌坝口等项工费、连地价共估需银一千九百三十三两零，七村士民已凑捐银一千一百三十三两零，并愿将冲内田粮公摊完纳，尚不敷银八百两。呈贡地瘠民贫，其余无力措办，恳请循照新兴、禄丰、东川等各府州县之例借项修筑，分作四年公摊完缴，经该县勘明详报。

臣复饬委署云南府知府本著前往履勘，开筑处所并无田园庐墓，照估开筑，必能成功，裨益农田，不致虚糜。士民公捐银两均系出自情愿，不经官吏之手，并无借端科派情弊。其不敷银八百两系必需之数。造册绘图，贴说结报，由布政使费淳会同粮储道永慧详请，循例奏明，于司库报部充公闲款内如数借给前来。

臣查兴修水利裨益农田，乃地方之要务，既据委员勘明，开筑成功，实资引灌。理合循例奏恳圣恩，俯准借给，俾得乘此农隙之时上紧开筑。仍令该县不时前往稽查，毋许胥役从中滋扰，俟工竣后，将所借银两按照得水田亩公摊，分作四年征解还款。其冲内田粮，亦如该士民等所请，公摊完纳。则从此七村之民永资利赖，顶沐皇仁于无既矣。为此恭折具奏，伏祈皇上睿鉴。谨奏。

朱批：知道了。

（《宫中档乾隆朝奏折》第五十七辑，第586~587页）

2585　云贵总督兼署云南巡抚富纲《奏报审拟自首逃兵折》

乾隆四十八年十月二十日

云贵总督兼署云南巡抚臣富纲跪奏：为审拟自首逃兵，恭折奏闻事。

窃查金川军营逃兵，乾隆四十六年，钦奉谕旨："如有自行投首者，加恩免其死罪，发遣伊犁等处。其不肯投首者，盘获即行正法，务须明切晓谕，查照道里远近，分立限期等因。"嗣叠奉恩旨展限。四十八年五月内，复奉上谕："着加恩再予展限一年，扣至明年九月为满。钦此。"钦遵。节经刊刻简明告示，剀切晓谕，俾穷乡僻壤一体周知。近复经臣通饬各属严切申谕，务使各逃兵及早投首，以仰副皇上法外施仁之至意。

兹据署恩安县知县屠绅、昭通镇标中军守备满禄详报，本年九月十八日，据四川省逃兵张天荣赴北门汛投首。臣随批饬臬司提解至省，率同司道亲提研讯。据张天荣供称："年四十四岁，四川泸州人，投充永宁协右营战兵。乾隆三十六年八月内，跟随福都司出师金川，攻打沃日等处，连次得功领赏。三十八年闰三月十五日，在空卡军营，因一时偷懒，被福都司责打，乘空逃出，并未拐带军器，仍在口外替人背粮度日。四十一年凯旋时，随众进口，向在四川山僻村庄佣工求乞。因闻云南各厂容易趁食，九月十七日才到恩安县猓猡寨中，听说查拿逃兵十分严紧，自首便可免死，就到恩安县北门汛投首的。逃后并未行凶为匪，亦无知情容留之人。"究诘不移，查对四川省咨缉文案，俱属相符。

查张天荣充当兵丁，不思效命疆场，胆敢于军前脱逃，实属法无可贷。今既畏罪于限内投首，应请遵照原奉恩旨，将张天荣免死，发遣伊犁等处，给种地兵丁为奴，照例刺字。除咨明四川及各省一体停缉，并通饬文武员弁勒缉未获逃兵，务获速报外，所有审拟自首逃兵缘由，理合恭折具奏，伏祈皇上睿鉴。谨奏。

朱批：览。

（《宫中档乾隆朝奏折》第五十七辑，第744～745页）

2586　云贵总督兼署云南巡抚富纲《奏报乾隆四十八年分滇省改修缓修船只及并无估变物料数在二百两以下之案折》

乾隆四十八年十月二十日

云贵总督兼署云南巡抚臣富纲跪奏：为循例汇奏事。

窃照各项改修、缓修船只及估变物料数在二百两以下者，例应于年底汇折，分单具奏。

兹届乾隆四十八年分汇奏之期，据云南布政使费淳查无估变物料数在二百两以下之案，将改修、缓修船只具详前来。

臣查滇省乾隆三十四年办理军需案内，保山县动项建造潞江渡船，裁存四只，遇有损坏，随时酌修，并无定限，现在尚属完固。又禄丰县动支军需余平银两添造星宿河渡船四只，复奉部驳，尚未准销，毋庸估修。罗平州属之江底河渡船一只，例系三年一修，自乾隆四十四年修理后，至四十七年已届应修之期，据该州勘明朽坏渗漏，业经动支官庄租米变价银两兴修完固。丽江府属金江阿喜渡船一只，亦系三年一修，自乾隆四十三年修理后至四十七年，已逾三年之限，据该府勘明朽坏渗漏，业经动支官庄租米变价银两修理完固。

所有乾隆四十八年分滇省改修、缓修船只及并无估变物料数在二百两以下之案，理合敬缮清单，汇折具奏，伏祈皇上睿鉴。谨奏。

朱批：览。

（《宫中档乾隆朝奏折》第五十七辑，第746页）

2587　云贵总督兼署云南巡抚富纲《奏报癸卯头运二起京铜依限开帮折》

乾隆四十八年十月二十日

云贵总督兼署云南巡抚臣富纲跪奏：为恭报癸卯头运二起京铜依限开帮，仰祈圣鉴事。

窃照癸卯头运一起京铜于本年八月二十九日自泸开帮，业经臣恭折奏闻在案。其头运二起，例应于九月内接续开帮。

兹据云南布政使费淳详据泸店委员申报："癸卯头运二起正带铜七十六万八百十五斤零，于九月初六日开兑起，至二十八日兑竣，运员署丽江府中甸同知王友莲即于是日自泸州开行。"等情前来。除飞咨沿途各省督抚臣加紧催趱，迅速抵京，并咨明户、工二部外，查滇省岁运京铜正加四运，共有八起，兹头运二起虽已开帮，而此后尚有六起。现值农事已毕，牛马渐多，天气晴和，易于趱运之际，臣檄饬厂运各员加紧赶办赶运，并饬派出查催之文武员弁分头梭织查催，勿使各路铜斤前进，源源交存泸店，以供逐起兑发。纵冬底春初，雨雪载道，亦不致有迟误之虞。

所有癸卯头运二起京铜依限开帮日期，理合恭折奏闻，伏祈皇上睿鉴。谨奏。

朱批：好。知道了。

（《宫中档乾隆朝奏折》第五十七辑，第746～747页）

2588　云贵总督兼署云南巡抚富纲《再请以宾川州知州余益升署思茅同知折》

乾隆四十八年十月二十日

云贵总督兼署云南巡抚臣富纲跪奏：为烟瘴同知要缺干员人地相宜，再恳圣恩俯准升署，以裨地方事。

窃查云南普洱府思茅同知员缺，先经臣会同抚臣刘秉恬奏请以宾川州知州余益升署。接准部复，以该员前署广西宜山县任内盗犯覃老五等强抢黄国屏牛只，殴伤事主，报县不详，失察前官讳抢，议以革职留任，与升署之例不符，行令另选合例之员题调等因。

臣与藩臬两司于通省同知内逐加遴选，非现居要缺，即人地未宜，并无堪以调补之员。臣再四熟商，惟有宾川州知州余益，年三十二岁，江苏监生，由皇朝太学志馆誊录议叙州同，拣选引见，奉旨补授广西太平府江州州同，烟瘴俸满，签升今职，于乾隆四十六年十月初十日到任。该员年富力强，办事干练，屡任边缺，习耐烟瘴，其革职留任之案已据在部具呈捐复，以之升署思茅同知，实堪胜任。惟历俸未满五年，与例稍有未符。臣为烟瘴要缺起见，不得不遵人地相需之例，再行专折奏恳圣恩，俯准以余益升署普洱府思茅同知。该员感激天恩，自必倍加奋勉，而极边要缺得人，实与边疆有益。如蒙俞允，俟部复至日，给咨该员赴部引见，恭候钦定。仍照例扣满年限，另请实授。所遗宾川州员缺，滇省现有应补人员，容臣另行拣选请补。合并陈明，开具参罚清单，恭折具奏，伏祈皇上睿鉴。谨奏。

朱批：该部议奏。

（《宫中档乾隆朝奏折》第五十七辑，第747~748页）

2589　云贵总督兼署云南巡抚富纲《奏报省城晴雨应时、武闱宁静折》

乾隆四十八年十月二十日

云贵总督兼署云南巡抚臣富纲跪奏：为省城晴雨应时、武闱宁静，仰祈圣鉴事。

窃照滇省本年秋稼，合计通省收成九分有余，经臣恭折奏闻在案。云南省城于九月二十五六七等日密雨如注，时当赶种，麦豆得此甘霖，正可翻犁播种。惟未割晚稻尚资日色晾晒。旋于二十八日即行晴霁，半月以来风和日暖，晚稻刈获已毕，麦豆弥望青葱。市集粮食充盈，价值平减，边关宁谧，闾巷恬熙。黔省本年秋成亦极丰稔，农有余粟，粮价日平，中米每仓石价银五钱七分至一两五钱六分不等。此皆仰赖圣主洪福，是以两省咸庆屡丰。理合恭折奏闻，并缮滇省九月分粮价清单恭呈御览。

再本年十月系届癸卯科武闱乡试，诸生云集省城。臣先期派委妥干员弁周流稽察弹压，照例督同藩臬两司及提调、监试二道，于十月初一日开考起，先阅马箭，次阅步箭，再次弓、刀、石技勇，分别密记，于十三日照例入闱扃试策论，严密防闲，认真校阅，外场内场均极宁静，即于十八日揭晓出闱。除恭疏题报外，合并陈明，伏祈皇上睿鉴。谨奏。

朱批：欣慰览之。

（《宫中档乾隆朝奏折》第五十七辑，第748~749页）

2590　云贵总督兼署云南巡抚富纲《奏报估变裁汰衙署折》

乾隆十八年十月二十五日

云贵总督兼署云南巡抚臣富纲跪奏：为估变裁汰衙署事。

窃查云南楚姚镇裁镇改协，遗存游、守、千、把衙署五所，计房一百一十三间四厦。前于乾隆三十七年，据楚雄县勘估银八百四十七两零，经原任督臣彰宝汇同昆明、南宁、永北、寻甸等处应变署房，奏准部覆，以一切木料、砖瓦等项并未逐件分晰，开造估变价值又属短少，行令另委大员详细确查，逐一分晰，据实增估，并将地基变价银两另款造册具奏等因。前因安插桂夷，复经彰宝奏明拨给住坐。嗣桂夷于四十二年改发新疆，所遗各署房仍应估变。节据估报，驳饬加增并叠催。去后，今据云南布政使费淳移准迤西道勘明确估，结报前来。

臣按册复核，楚姚裁镇改协遗存游、守、千、把衙署五所，原系康熙年间设镇时旧有之署，历年久远，修建年分及用过银数俱无案可稽。各房屋率多欹斜，兼之墙壁俱系泥土堆砌，并无砖石垫脚，一切木料均系细小松木，且多旧料杂凑，屡经驳饬，不能再行增估。四十七年六月初一日，该县城外龙川江水陡涨，漫淹入城，官署民房多被冲倒，此项应变衙署亦坍倒九十六间四厦。当据检存木料，因木植细小，年久朽腐，一经土瓦堕压，即成碎节断片，不能复作材料，其尚可改作器具者不及十分之一。此外，或过于细小零星，或本系旧料改作，朽腐不堪，只可充作柴薪，实难照旧售变。其未倒署房十七间，亦皆墙垣矬陷，房顶欹斜，俱属年久朽蠹。所有现在物料，同已倒房间各物件，逐一据实分别确估，共估变银四百七两一钱零，又地基共计十二亩八分零，照中时价，每亩估银十六两，共估银二百五两九钱三分零，通共估变银六百一十三两四分零。既据该管道府查勘结报，似无捏饰短估情弊，请准其照估变价解司，入册报拨。除册结送部并将估报迟延及督催不力各职名咨部议处外，理合恭折具奏，伏祈皇上睿鉴，饬部议复施行。谨奏。

朱批：该部议奏。

（《宫中档乾隆朝奏折》第五十七辑，第832～833页）

2591　云贵总督兼署云南巡抚富纲《奏报州县委用乏员，恭恳圣恩拣发，以资差委折》

乾隆四十八年十月二十五日

云贵总督兼署云南巡抚臣富纲跪奏：为州县委用乏员，恭恳圣恩拣发，以资差委事。

窃照滇省地处极边，幅员辽阔，不特距京遥远，部选之员到任需时，即岁运京铜八起，例委丞倅、牧令等官管解，往返必需两年有余，计需二十余员常川运送，兼有粤省铜盐互易及稽查厂运等事，在在需员差委。兹查乾隆四十五年拣发人员，或已补用，或已出差，遇有升迁事故及紧要差遣，委用乏人。合无仰恳圣恩，敕部于候补候选人员内拣发知州四员、知县六员来滇，以资差委。为此恭折具奏，伏祈皇上睿鉴。谨奏。

朱批：有旨谕部。

（《宫中档乾隆朝奏折》第五十七辑，第833页）

2592 云贵总督兼署云南巡抚富纲《奏报乾隆四十八年分动用钱粮工程报销已未完结各案》

乾隆四十八年十月二十五日

云贵总督兼署云南巡抚臣富纲跪奏：为循例汇奏事。

窃照直省一切动用钱粮及工程报销已未完结案件，例应于岁底汇折具奏。兹据布政使费淳将云南省动用钱粮及工程报销已未完结各案开报前来。

臣查云南省近年动用钱粮及工程报销各案，截至乾隆四十八年岁底，共计一十四案，内准销完结者二案，尚未完结者十二案，此内已遵部驳造册题咨未准部复者六案，其余六案，现饬承办各员遵照部驳逐一删减，另行造册，统俟造报至日，分晰题咨外，所有云南省乾隆四十八年分动用钱粮工程报销已未完结各案，理合分晰缮具清单，恭折汇奏，伏祈皇上睿鉴。谨奏。

朱批：览。

（《宫中档乾隆朝奏折》第五十七辑，第834页）

2593 云贵总督兼署云南巡抚富纲《奏报贵州委员办运滇铜扫帮出境日期折》

乾隆四十八年十月二十五日

云贵总督兼署云南巡抚臣富纲跪奏：为贵州委员办运滇铜扫帮出境日期，循例奏闻事。

窃照各省委员赴滇采办铜斤，往来俱有定限。钦奉上谕："嗣后到滇办运开行，即着该抚具奏，如有无故停留贻误者，即行指名参究等因。钦此。"钦遵在案。

兹据云南布政使费淳详称："贵州委员署天柱县知县朱龙藻领运金钗、宁台、万象等厂高低正耗余铜三十五万二百八十九斤零，以乾隆四十八年三月二十九日领竣金钗厂铜斤之日起限，除小建三日，扣至本年九月十五日限满。今该委员于九月十五日全数扫帮出滇省，正在限内，并未逾违。"等情，详请核奏前来。臣等复查无异，除飞咨贵州抚臣转饬接替催趱，依限运回交收，以供鼓铸，并咨明户部外，所有贵州委员署天柱县知县朱龙藻办运滇铜出境日期，理合恭折具奏，伏乞皇上睿鉴。谨奏。

朱批：览。

（《宫中档乾隆朝奏折》第五十七辑，第834～835页）

2594 云贵总督兼署云南巡抚富纲《奏报查明滇省通省城垣情形折》

乾隆四十八年十一月初七日

云贵总督兼署云南巡抚臣富纲跪奏：为查明通省城垣情形，遵旨汇奏事。

恭照乾隆二十八年七月二十九日，奉上谕："各省城垣是否完固，着于每年岁底汇奏一次等因。钦此"。又准工部咨："嗣后各省城垣，于年终汇奏折内，将急修、缓修各情形逐一分晰声叙。如果不可缓，实系应行急修之工，即令确估工料，具奏兴修，于次年汇奏折内，将已经奏办缘由据实声明。"等因在案。今乾隆四十八年分云南通省城垣，由布政使费淳转据各道府确勘，分别完固、修补，详报前来。

臣查滇省各府厅州县及佐杂各处，通共砖石土城九十一座，内大关等厅州县城垣八十座，门楼、垛口、墙垣均属完固；元江州、嶍峨县、他郎通判、宁洱县原坍城垣四座，均经抚臣刘秉恬专折奏明，次第兴修，宁洱县城工已据报竣，尚未验收，他郎通判城工现在修理，其元江、嶍峨二州县，俟他郎工竣后再行次第兴修；又乾隆四十六年分广西、安宁二州续坍城垣二座，应缓俟他郎等处城垣修竣后，再行确估，奏办在案。本年秋雨过多，续据腾越、保山、文山、永平、太和报坍城垣五座，内腾越、保山坍塌段落尤多。查腾越、保山均系极边重地，自应急为修整，以资边圉保障。而腾越界通外域，尤应首先办理。现饬该管道府勘估应需工费，俟造册至日，另行具奏，动项兴修。其文山、永平、太和三县，系在腹里地方，尚可从缓，应俟腾越、保山边城修竣后再行议请修理。其余各属土石砖城尽属完好，仍饬该管道府督令地方官加意保护，遇有些小坍塌，随时葺补，以期永固。

所有乾隆四十八年分云南通省城垣情形，理合恭折汇奏，并另缮清单敬呈御览，伏乞皇上睿鉴。谨奏。

朱批：览。

（《宫中档乾隆朝奏折》第五十八辑，第111～112页）

2595 云贵总督兼署云南巡抚富纲《奏报乾隆四十八年分滇省民数、谷数折》

乾隆四十八年十一月初七日

云贵总督兼署云南巡抚臣富纲跪奏：为钦奉上谕事。

窃照各省民数、谷数，定例于每岁仲冬缮写黄册，具折奏闻。其民数，例应分造民、屯丁口各一册进呈。

兹据布政使费淳会同粮储道永慧详称："云南省岁报民数，除番界、苗疆户口向不造入外，所有乾隆四十八年分通省民、屯户口，各就原编保甲逐一确查，实在大小民人二百六十七万三千一百四十九丁口，内男丁一百三十九万七千零一丁，妇女一百二十七万六千一百四十八口；屯民男妇大小六十二万九百九十八丁口，内男丁三十一万六千七百四十五丁，妇女三十万四千二百五十三口。应存常平社仓米、谷、麦、荞、青稞一百七十一万一千三百七十六石零。"分案造册，详请具奏前来。臣复加确核无异，理合恭折奏闻，并将民、屯丁口实在数目及存仓谷石总数，敬谨分缮黄册三本，恭呈御览，伏祈皇上睿鉴。谨奏。

朱批：册留览。

（《宫中档乾隆朝奏折》第五十八辑，第112页）

2596 云贵总督兼署云南巡抚富纲《奏报查明前署宣威州事顺宁县知县董继先私开子厂隐匿不报一案情形，审拟具奏折》

乾隆四十八年十一月初七日

云贵总督兼署云南巡抚臣富纲跪奏：为遵旨审拟具奏事。

窃臣于本年九月初十日，接准吏部咨："乾隆四十八年六月二十八日，奉上谕：富纲等奏署宣威州事顺宁县知县董继先所属得禄各厂新踩有采铜子厂，私自开炉，匿不通报，显有侵渔入橐情弊，请旨革职严审等语。董继先着革职，交该督等严审，定拟具奏。该部知道，折并发。钦此。"钦遵。

臣先期密饬曲靖府知府巴尼珲，督同接署宣威州知州程应璜，驰赴得禄等十一厂，将董继先所收铜斤查称封贮，开数具报，一面调齐收发铜数底簿，并勘明各厂情形，传集管厂人等，解省审办。去后，旋据该府州禀复，查得董继先任内所开子厂十一处内，得禄厂现聚砂丁一百十三名，开礌硐十二口，设煅炉二张，大炉一张，眼同砂丁试煎，每矿千斤可获铜七十一二斤不等。调齐各厂交铜底簿查对，得禄厂于本年三月二十日获矿起，至六月初三日止，共收过铜二千七百六十五斤，内给厂民通商铜八百三十一斤，实收交官铜一千九百三十四斤，给价银一百十六两四分。又添屋居厂，自本年二月初六日开采起，至四月二十八日停采，实收交官铜一千一十三斤，给价银六十两七钱八分。又扫星河厂，自二月初九日开采起，至三月二十六日停采，实收交官铜六百三十七斤，给价银三十八两二钱二分。又张家冲厂，自二月二十日开采起，至四月初三日停采，实收交官铜四百五十五斤，给价银二十七两三钱。以上添屋居、扫星河、张家冲三厂，共收过铜二千一百零五斤。因矿质微薄，煎炼折耗，每矿千斤仅获铜四十余斤，不敷工本之半，是以厂民星散，旋即停止。随酌带砂丁至各废硐内刨矿煎验属实。其余核桃坪、白土瓜、扯背沟、发红点、猪圈门等五厂，俱有引无矿，虽开有硐硐，随即废弃。马槽冲、母鸡沟两厂，矿多夹石，铜汁难分。此上七厂，并未收过交官铜斤。此董继先私开各新厂实在情形。

又赴州属铜店称兑，董继先收存得禄、添屋居、扫星河、张家冲四厂共收交官铜四千三十九斤，另屋存贮，查与各厂簿交官铜数相符。随照数封贮，并将各厂收矿、交铜、发价及铜店存铜各底簿一并封送呈核，并将管厂巡拦、厂书、课长等申解前来。臣随率同云南按察使许祖京、布政使费淳核对各底簿，均与该府州所禀无异。

复查董继先报获大屯、白凹铜数案卷，自四十七年六月二十二日到任起，至年底，应办铜二万三百十九斤，又报余铜九千一百二十五斤。本年正月起至六月初三日离任止，据报获额铜一万六千四百四十五斤，共铜四万五千八百八十九斤，其已运交威店若干，存厂未运若干，行据贵州威宁州于十月二十日申复，自上年八月起至本年十月初十日，共收过董继先运交大屯、白凹厂铜三万八千三十七斤，已将实收移交宣威州备案。又据宣威州申复，董继先交存大屯、白凹厂铜七千八百五十二斤，业已发运等情。当即提犯，隔别研讯明确，敬缮供单，恭呈御览。

缘董继先于乾隆四十七年六月二十二日委署宣威州知州，到任该州，经管大屯、白凹铜厂。自六月至年底，办出铜斤，照额有盈无绌，已尽数具报。迨至四十八年正月，该厂矿质渐薄，董继先曾经禀报，批饬上紧调剂，广觅子厂，报明试办。嗣据厂民陆登科、谢维住、沈桐、艾宗胜、吴开泰、朱起云、张尔海、马映、奉国栗、唐海宇、熊皆沾先后报获核桃坪、白土瓜、扯背沟、马槽冲、母鸡沟、发红点、猪圈门七厂，或有引无矿，或有矿不能分汁，旋即停采。其添屋居、扫星河、张家冲三厂，共办获铜二千一百零五斤，董继先照例每百斤发价银六两收买。厂民因矿质微薄，不敷工本，旋亦停辍。惟得禄一厂矿质较好，陆续共开硐硐十二口，设煅炉二张，大炉一张煎炼。自三月二十日起至六月初三日，共获铜二千七百六十五斤。厂民初因一分通商不敷工火，不愿开采。董继先随许给三分通商铜八百三十一斤，实收交官铜一千九百三十四斤，照例给价银一百十六两四分，连收买添屋居等三厂铜斤，共计四千零三十九斤。董继先因厂地办铜每裕于春晴之日，而绌于秋雨之后，大屯、白凹厂自本年正月以后仅能敷额，虑及秋雨硐淹，必致亏短，思将新厂获铜存留填补。而所开新厂十一处旋开旋停，均无成效。即得禄一厂能否日渐丰旺，亦难预必，恐一经具报，即不准抵补大屯、白凹厂月额，又增新厂之铜，愈滋后累，随起意匿不通报。嗣经臣访闻，檄调董继先来省询问，仍复支吾饰混。当即奏参革审，密饬曲靖府，督同现署宣威州知州程应璜勘验各厂情形，称收存厂铜斤，封贮吊验各厂交铜底簿，提集应讯人证，隔别研鞫，据供前情不讳。恐董继先有渔利入囊及采多报少情弊，再四究诘，佥供不移，案无遁情。

查例载：监守盗仓库钱粮自一百两以上至三百三十两，杖一百，流二千里等语。查滇省岁运京铜甫经趱复原限，全赖广开子厂以资腋凑。今董继先私开子厂十一处，先既匿不通报，复将收买铜斤私自存贮，思图抵补正厂之短缺，虽核对簿籍，质讯佥供，尚无入己情弊。设正厂有盈无绌，势必将收存之铜变价自肥，未便因现未入己，稍为宽纵，使各厂得以效尤。查董继先收买铜四千三十九斤，每百斤例价六两，共计银二百四十二两三钱四分。董继先合依监守盗仓库钱粮入己一百两以上至三百三十两，杖一百，流二千里例，杖一百，流二千里，至配所折责四十板。遇赦不得省释。至得禄新厂，现饬署知州程应璜试采一年，每月办获铜斤尽收尽报，俟果有成效，再行定额报部。

除另录供招咨部外，所有审拟缘由，理合恭折具奏，伏祈皇上睿鉴。谨奏。

朱批：该部议奏。

（《宫中档乾隆朝奏折》第五十八辑，第113～116页）

2597　云贵总督兼署云南巡抚富纲《奏报遣犯在配脱逃折》

乾隆四十八年十一月初七日

云贵总督兼署云南巡抚臣富纲跪奏：为遣犯在配脱逃，循例奏闻事。

恭照乾隆三十六年三月初三日，奉上谕："脱逃遣犯，自必潜归本籍，即应查明各乡贯，迅速移知本省，严行缉拿。而经过各省分，亦当知照，一体协缉。仍一面奏闻，便于降旨，并谕各督抚遵照办理等因。钦此。"钦遵在案。

兹据云南永平县知县周于德详报："安置改遣军犯米实、庞秃子与另案军犯刘仕山，于乾隆四十八年十月初六日，在配乘间同逃。"当即批饬臬司，通饬所属文武上紧悬赏勒缉，务获速报外，查遣犯米实即王成，系陕西临潼县人，因行窃孙积等家衣物案内，审依积匪猾贼例，改发云贵两广极边烟瘴地方充军，面刺"积匪""改遣"各字样，于乾隆四十四年七月初二日到配。又遣犯庞秃子即杨成，系甘肃秦安县人，因与恶匪杨八十子等混充麦客，结伙肆窃、夺犯伤差案内，审依积匪猾贼例，改发云贵两广极边烟瘴地方充军，面刺“改遣”二字，于乾隆四十五年正月初七日到配。又军犯刘仕山，系湖南芷江县人，因在四川丰都县殴抢刘伦等银钱衣物案内，审依川省啯匪在野拦抢，犯该徒罪以上，拟发云贵两广烟瘴地方充军，面刺“凶犯”二字，于乾隆三十五年五月十三日到配。并据按察使许祖京造具清册，详请奏咨前来。

除飞咨经过之贵州、湖南、湖北、河南、四川等省分及原籍邻省一体查缉务获，分别照例办理，届限不获，即将疏脱各职名照例查参外，所有改遣军犯米实等在配脱逃缘由，理合恭折奏闻，伏乞皇上睿鉴。谨奏。

朱批：览。

（《宫中档乾隆朝奏折》第五十八辑，第116～117页）

2598 云贵总督兼署云南巡抚富纲《奏报验看白盐井截取知县罗道位难膺民社，请改教职折》

乾隆四十八年十一月初七日

云贵总督兼署云南巡抚臣富纲跪奏：为验看截取知县难膺民社，恭折奏明事。

窃查云南白盐井截取知县罗道位，现年五十二岁，系乾隆丙子科举人，丁丑科会试后，经吏部拣选以知县注册在案。四十五年八月内，奉文截取，因丁父忧，未经赴验。兹据云南布政使费淳查明该员服满日期，详请咨部起复，并呈送验看前来。

臣查罗道位年力虽未就衰，但赋性迂拘，难膺民社之任，若令改就教职，尚堪司铎。查询该举人亦自揣限于才识，情愿改就教职。理合恭折奏明请旨，敕部将截取知县罗道位以教职注册，照例选用，伏乞皇上睿鉴，敕部施行。谨奏。

朱批：该部知道。

（《宫中档乾隆朝奏折》第五十八辑，第204页）

2599 云贵总督兼署云南巡抚富纲《奏报本年滇省各属无换帖、宴会及门包、押席、承办筵席等事折》

乾隆四十八年十一月十二日

云贵总督兼署云南巡抚臣富纲跪奏：为遵旨汇奏事。

恭照乾隆四十六年十二月二十四日，钦奉上谕：“年终汇奏之件，如换帖、谎会及门包、押席、承办筵席等事，俱着并为一折，于年终循例汇奏等因。钦此。”钦遵在案。

伏思上司有考察下属之责，全赖体统相维，整躬律己，以为属员表率。若略分言情，周旋结纳，必致吏治废弛。且欲自伸款洽，而复取给于下僚，甚至收受押席、门包，不特属吏得以挟制，即自问亦不胜其惭恧。至官员无故上省，鲜不旷废职业。家人约束稍疏，尤易渐滋弊混。

臣以菲材，荷蒙皇上天恩，畀以封疆重任，仰体圣明整饬官方之至意，时与抚臣刘秉恬、李本留心体察滇、黔两省官常，共敦职守，并无同官换帖、醵会及托故上省扣展公出日期之习。至臣衙门传事禀话，俱责成文武巡捕，并令中军不时查察。臣亦时刻留心，不令家人与属员见面，以杜门包积弊。即司道等官，亦查无收受门包情弊。间有酬酢，俱恪遵节奉谕旨，出资自办，并无派令首府、首县承值，亦无收受押席之事。除与两省抚臣督率司道加意稽查禁约，倘有复蹈陋辙者，即据实纠参，断不敢稍为徇隐外，谨遵旨恭折汇奏，伏祈皇上睿鉴。谨奏。

朱批：览。

（《宫中档乾隆朝奏折》第五十八辑，第204～205页）

2600　云贵总督兼署云南巡抚富纲《奏报滇省设法收缴鸟枪情形折》

乾隆四十八年十一月十二日

云贵总督兼署云南巡抚臣富纲跪奏：为滇省设法收缴鸟枪，遵旨汇奏事。

窃查民间私藏鸟枪，前奉谕旨，饬令“实力查禁，并将如何设法查办之处于每岁年终汇奏一次等因。钦此”。钦遵。业于乾隆四十七年，先后收缴八百四十余杆，节经臣会同抚臣刘秉恬恭折奏明在案。

查滇省跬步皆山，民间防御虎狼皆利用弩箭，并不专恃鸟枪，兼以硝磺禁绝私售，即有旧存鸟枪，亦不多用，是以上年查缴之枪率皆锈坏。惟是地方辽阔，深山僻壤，尚恐未尽周知，臣节次檄饬各属再行广为晓谕，复据各属陆续申报，收缴鸟枪六十六杆，移营查验，均属短小锈坏，不堪配用，随即销毁。乾隆四十八年分命盗案内，亦无失察私造鸟枪应行议处之员。除饬属再行剀切晓谕，设法查缴，务期净尽外，所有滇省乾隆四十八年分设法收缴鸟枪缘由，理合遵旨汇奏，伏祈皇上睿鉴。谨奏。

朱批：览。

（《宫中档乾隆朝奏折》第五十八辑，第205～206页）

2601　云贵总督兼署云南巡抚富纲《奏报甄别云贵两省年满千总情形折》

乾隆四十八年十一月十二日

云贵总督兼署云南巡抚臣富纲跪奏：为甄别云贵两省年满千总，循例汇奏，仰祈圣鉴事。

窃查绿营千总历俸六年为满，贵州苗疆千总历俸五年为满，例应随时考验甄别，于年底分晰汇奏。兹查乾隆四十八年分云贵两省千总，经臣饬调考验，详加甄别。云南省甄别过千总十八员，内保送者一员，留任者十二员，归入预保案内办理者一员，已经掣升者二员，勒休者一员，斥革者一员。贵州省甄别过千总二十三员内，留任者十五员，调回内地者一员，归入预保案内办理者一员，勒休者四员，斥革者二员。兹届年底，理合循例恭折汇奏，并分缮清单，敬呈御览。

再照云南省千总孙明现届俸满，尚未考验，应归入下年甄别案内汇奏。合并陈明，伏祈皇上睿鉴。谨奏。

朱批： 该部知道。

（《宫中档乾隆朝奏折》第五十八辑，第206～207页）

2602　云贵总督兼署云南巡抚富纲《奏报甄别过滇省教职、佐杂员数及抚标千总并无应行甄别之员折》

乾隆四十八年十一月十二日

云贵总督兼署云南巡抚臣富纲跪奏：为循例汇奏事。

案照年终汇奏事件内，甄别教职、佐杂、年满千总三款，例应汇折，分单具奏。兹据云南布政使费淳、按察使许祖京，将滇省乾隆四十八年分甄别过俸满教职、佐杂开单，汇详前来。

臣查本年甄别教职内，初次俸满循分供职者一员，二次俸满保荐者一员，循分供职者二员，三次俸满循分供职者一员，二次俸满勒休者一员，未届俸满勒休者三员，休致者二员。又甄别佐杂内，初次俸满留任者五员，二次俸满留任者三员，初次俸满参革者一员，二次俸满休致者一员，未届俸满参革者三员，勒休者一员。其俸满各员俱经陆续验看，随时咨部。至抚标两营千总四员，本年并无俸满应行甄别之员，亦经咨明兵部在案。所有乾隆四十八年分滇省甄别过教职、佐杂员数及抚标千总并无应行甄别之员，理合循例汇折具奏，并分缮甄别教职、佐杂清单，恭呈御览，伏乞皇上睿鉴。谨奏。

朱批：该部知道。

（《宫中档乾隆朝奏折》第五十八辑，第207页）

2603　云南巡抚刘秉恬《奏请变更土司袭职旧制，以示区别折》

乾隆四十八年十一月十二日

云南巡抚臣刘秉恬跪奏：为请更土司袭职旧制，以示区别，仰祈圣鉴事。

窃查黔省在在苗疆，设立土司，原为约束苗众，凡有管理地方村寨者，责成较重，体统宜优，无论文职武职，自应仍循旧制，以资弹压稽查。

乃有一种土司，并未管理地方村寨，不过催征钱粮，勾摄公事，与乡约、头人无异，而世袭土职则系通判、县丞、主簿、巡检等衔，俨与流官相埒。名器攸关，岂容虚授？即如瓮安县草塘司土县丞，原系草塘长官司，前明年间，以该土司及瓮水长官司之地改设瓮安县治，仍给以县丞土职，实则无地可辖，空有其官，甚属无谓。况土司奸良不一，在懦弱者尚知安分守已，不敢与流官抗衡，而强梁者难保无借端滋事。现任瓮安县土县丞宋遵仁，因流官县丞与知县例得平行，辄谓该管知县不照流官仪注相见，有心欺慢，哓哓争论，其明证也。伏思此等实去名存之土司，沿袭已久，当日之不尽归裁革者或自有因，若竟任其仍袭旧职，又觉滥觞。臣愚应请将黔省土司向无地方、村寨管辖者，世袭文职，如土通判改授六品土官，土县丞改授八品土官，主簿、巡检等衔，各按品改授。其世袭武职，如正长官司改授六品武土官，副长官司改授七品武土官，视其原职之大小，俟遇袭替之时，于号纸内填写几品土官，不必仍书通判、县丞、长官司等字样。内有原给号纸而兼有印信者，将印信追销，只准换给号纸。如此酌汰其衔，而仅予其品，庶与管理地方之土司有所区别，而于职制亦可免冗滥矣。

臣缘在黔查办土司控案，谨抒管见。其余边省有土司之处，似此虚授职衔者，想亦不免。应请敕下部臣定议，通行有土司省分画一办理。臣言是否可采，理合恭折具奏，并将黔省无地方管辖之土司另缮清单敬呈御览，伏乞皇上睿鉴，敕部议覆施行。谨奏。

朱批：军机大臣会同该部议奏。

（《宫中档乾隆朝奏折》第五十八辑，第320~321页）

2604 云南巡抚刘秉恬《奏报黔省苗疆安设屯军，洵足永垂法守折》

乾隆四十八年十一月十九日

云南巡抚臣刘秉恬跪奏：为黔省苗疆安设屯军，洵足永垂法守，溯源思流，恭陈圣鉴事。

窃臣在黔查审土司控案，因所争都挖山庄业系久经入官之叛苗绝产，爰考其叛产根由，始悉黔省苗疆安设屯军原委。

伏查雍正年间黔苗肆逆不法，官兵逐寨剿平。乾隆二年，经前任贵州总督兼管巡抚张广泗条奏苗疆善后事宜，议将内地新疆逆苗绝产安插汉民领种，钦奉上谕："与其招集汉人，不若添设屯军，俾无事则尽力南亩，有警即可就近抵御。钦此。"仰见我皇上睿算精详，不加粮饷，不劳挽运，而寓兵于农，遂使兵数较多，兵气倍奋，诚为至当不易、永远宁谧之良规。当经前督臣钦遵谕旨，将查出新疆逆苗绝产计上、中、下三则田六万三千一百五十余亩，于古州、八寨、台拱、丹江、清江等五厅分设一百二十堡，共安屯军八千九百三十九户，招募壮健之人承充，每军一户给以上田六亩，或中田八亩，或下田十亩。上田每亩岁约获米二石五斗，官征屯粮米一斗；中田每亩岁约获米一石八斗七升有零，官征屯粮米八升；下田每亩岁约获米一石五斗，官征屯粮米六升。附田山土尽其垦种，所授各军田亩，官给印照，永执为业。又于屯军内每十户设一小旗，每五十户设一总旗，每百户设一百户，责令管束稽查。其百户年给工食米十二石，总旗年给工食米六石，小旗年给工食米三石，俱于官征屯粮内照数支给，以资差遣办公之用。其屯军应需枪械、旗帜等项，查照绿营规制，按名给以腰刀一口，每百名给长枪四十根、火枪六十门、鸟机炮二位，每五十户给大旗一杆、小旗五杆，所需每年操演及备贮火药、铅弹，分别酌定数目，逐年动支屯粮变价银两照数制备，并于古州、台拱、丹江、清江各设卫千总二员，八寨设卫千总一员，共设卫千总九员，专司屯种、训练之事。各该处同知、通判加以清军衔，令其兼辖，总隶古州巡道统属。每于农隙之时，该管同知、通判等董率操演，该管巡道仍不时稽核点验，俾技艺纯熟，以资守御弹压。此黔省古州等处苗疆安设屯军之原委也。

臣思此项屯军与川省之屯练情形相似。查川省屯练，额设只有三千。前此办理金川之时，调拨攻剿，莫不奋勇争先，甚为得力。而黔省屯军设有八千九百余户之多，且各有恒产资生，若耕获之余认真演习，则寓兵于农，咸成劲旅，较之川省屯练，更觉多多益善。臣每见在黔年久之文武各员，询及屯军一事，佥称十年以前下江剿捕逆苗香么，曾经调遣屯军，极其出力，是屯军之足堪备用已有明征。但承平日久，屯军力田、戍守之外别无所事，诚恐性耽安逸，罔知勤习技艺，驯致生疏无用，正不可不防其渐。

臣愚以为，前项屯军，除照例责成该管厅员于农隙时董率操演，仍令统属之巡道不时察验外，嗣后凡遇督抚巡边阅兵所至，应将各堡屯军就近调集试操，稽其人材技艺是否壮健娴熟，以示劝惩。至屯田与器械，皆属军实攸关，并应查其原授田亩有无私相出售，验其各项器械是否整齐完固，据实分别办理。如此增一考核，则屯军共知畏顾，不敢因循怠废，可期一军备一军之用，俾良法美意永收其益于亿万年矣。

臣谨就管见陈奏，伏乞皇上睿鉴，训示施行。谨奏。

朱批：军机大臣会同该部议奏。

（《宫中档乾隆朝奏折》第五十八辑，第321～323页）

2605　云贵总督兼署云南巡抚富纲《奏报瑞雪应时、麦豆滋长情形折》

乾隆四十八年十一月二十日

云贵总督兼署云南巡抚臣富纲跪奏：为瑞雪应时、麦豆滋长，恭折奏闻事。

窃查滇黔两省雨水麦豆情形，前经臣恭折奏报在案。入冬以来，节据滇黔两省各府属州县禀报，或偏得阵雨，或普沾渥泽，虽气候不同，寒燠各异，而麦豆春花均得滋培长养。兹云南省城于十一月十九、二十等日，瑞雪缤纷，随落随消，土膏滋润，现犹天气凝寒，彤云四合，看来沾被必广。

臣查上年瑞雪优沾，今岁春收大获丰稔。今冬复幸寒暖应时，厚泽必能踵至，来岁春收又可预庆，民情欣悦。云南省城市集粮食亦尚充裕，惟因时近岁暮，粮价虽觉少增，而较之往年，尚为平减。黔省中米每仓石价银五钱七分至一两六钱五分不等。两省民夷乐业，边境敉宁。理合一并恭折奏闻，并缮具滇省十月分粮价清单，恭呈御览，伏祈皇上睿鉴。谨奏。

朱批：知道了。

（《宫中档乾隆朝奏折》第五十八辑，第323～324页）

2606　云贵总督兼署云南巡抚富纲《奏报续获盗犯，审明即行正法折》

乾隆四十八年十一月二十日

云贵总督兼署云南巡抚臣富纲跪奏，为续获盗犯，审明即行正法，恭折奏闻事。

窃查云南罗平州盗犯刘以妈等听从逸贼以旺行窃田霖沾家临时行强案内，逸盗刘以三等，经臣叠次檄饬文武员弁设法购缉在案。兹据署罗平州知州盛世臣禀报，于十月十六日，缉获刘以三到案。

臣查刘以三，系入室搜赃之犯，罪应斩决，稽诛已及三载，当即檄饬提犯来省，率同按察使许祖京悉心研讯明确，敬缮供单恭呈御览。缘刘以三即已正法，盗首刘以妈之胞弟与逸贼以旺熟识，以旺因怀恨雇主田霖沾相待刻薄，起意图窃田霖沾家。先与已获拟流之抱怨、以林商允，抱怨等邀刘以妈入伙，刘以妈转纠该犯及已正法之刘朝斌并逸盗刘以膩，同伙七人，于乾隆四十五年十一月初六日，先在事主堂兄田大业家会齐，刘以妈带有铁撬，余俱徒手。二更时分，抵事主后门，挖洞拔脱门栓，以旺与抱怨、以林在外接赃，刘以妈、刘朝斌、刘以膩、刘以三进内行窃，被事主之雇工以乖惊起声喊。刘以妈起意行强，顺拾板凳掷伤以乖胸膛，事主之母王氏闻声接应，亦被刘以妈用铁撬殴伤手腕。刘以妈推开房门，刘以膩点燃灯亮，与刘朝斌、刘以三进房，搜赃而出，偕至抱怨家住宿，次日分赃而散。事主田霖沾报州，缉获刘以妈、刘朝斌、抱怨、以林，将刘以妈、刘朝斌依律拟斩立决，抱怨、以林依律拟流，题准部复，奉旨："刘以妈、刘朝斌着即处斩，余依议。钦此。"钦遵在案。兹据续获刘以三，提省严讯，据供悉与原招吻合。恐此外尚有窝伙窃劫别案，逃后复有行凶为匪情事，究诘不移，案无遁情。

查律载："共谋为窃，临时行强，以临时主意及共为强盗者，不分首从论。又强盗已行而得财者，不分首从皆斩。"各等语。

刘以三因同伊兄刘以妈听从逸贼以旺行窃田霖沾家，刘以妈临时起意行强，刘以三共为强盗搜劫赃物，实属法所难宥。刘以三合依强盗已行而得财，不分首从皆斩律，拟斩立决，照例刺字。查该犯脱逃三年，稽诛已久，若循例具题，俟准到部覆，往返约需半载，未便再稽显戮。臣审明后，即于十一月十九日，恭请王命，饬委署云南府知府本著、抚标中军参将哈国祥，将刘以三绑赴市曹，即行处斩讫。田大业及失察之火头，前已究拟发落，毋庸再议。除饬缉逸盗刘以膩、逸贼以旺，务获究报外，所有续获盗犯审办缘由，理合恭折奏闻，伏祈皇上睿鉴。谨奏。

朱批： 该部知道。

（《宫中档乾隆朝奏折》第五十八辑，第 324～326 页）

夹片： 再臣复奏访闻查参前署宣威州知州董继先私开子厂隐匿不报一折，奉到朱批："今如何定罪？钦此。"查此案业经臣查审明确，董继先虽无侵蚀情弊，而现当调剂厂务之际，此风自不可长，已照监守盗仓库钱粮一百两以上至三百三十两律，问拟杖流，于本年十一月初七日恭折具奏。兹奉圣慈垂询，理合附片奏闻。谨奏。

朱批： 览。

（《宫中档乾隆朝奏折》第五十八辑，第 326 页）

2607　云贵总督兼署云南巡抚富纲《奏报查阅省城营伍情形折》

乾隆四十八年十一月二十日

云贵总督兼署云南巡抚臣富纲跪奏：为查阅省城营伍情形，恭折奏闻事。

窃照省城督抚两标、城守营官兵，为通省各标镇协营领袖，兼以新添兵额视各营为数较多，虽经臣随时饬令各该将领勒限演习，必须合操，方为核实。

臣于十一月十二三四五等日，调集臣标三营、抚标二营、城守一营新旧官兵合操，先令配队演阵，步伐、进止俱各整齐，鸟枪出声齐集，进步连环亦俱迅速齐整，新兵配队合阵亦不致参差错落。惟鸟枪、弓箭，最为军营利器，必须熟练有准，方克得心应手。臣分日阅看各兵打靶，每十名共打三十枪，中靶在二十枪以上者居多，间有一牌全行着靶者。藤牌技艺、兵丁跳跃亦俱便捷。弓箭自将备以至马步兵丁，臣俱逐细阅看，中靶三枝者十居六七，兼有中至四五枝者，六营官兵约略相同。至新添兵丁，其在始初收伍者，演习已将一年，一应弓箭、鸟枪皆能与旧兵无异。其续挑兵丁内有新近收伍者，为时尚浅，将备等赶紧操练，中靶之数虽俱能合式，而鸟枪施放、手眼步法尚欠纯熟，弓箭撒放亦欠结实妥当。臣严谕各将备等再行操练，自可与旧兵一律纯熟。新旧兵丁年力、汉仗亦俱精壮可观，并无老弱充数。军装、器械鲜明坚利，骑操马匹均属膘壮足额。至六营将备等，皆能仰体圣主优恤戎行，此次教练新兵均能实力认真，尚属有效。臣当与弓马技艺出色之弁兵分别奖赏，其年衰技庸之督标中营左哨二司外委把总何奇贵，抚标右营右哨头司外委把总胡谦城，守营左哨头司把总王尚贤，分别咨部斥革，以昭惩劝。仍严饬各营将领勤加教演，务使新旧兵丁技艺日臻纯熟。如有训兵不力，材技平庸，即行随时参处，断不敢稍事姑容，以期仰副我皇上足兵卫民之至意。

至云贵两省各标镇协营新添兵丁，现已据报陆续按数募足。云南迤西一路，现值提臣鄂辉前往腾越查边，臣已咨会，顺道详加考验。其余各标镇协营，臣亦遴委诚实大员前往阅看，如有滥收充数以及训练不力者，即行严揭请参，以归核实。贵州之提标、威宁、镇远、铜仁、古州、上江、遵义、贵阳、仁怀等各标镇协营新添额兵，昨据提臣敖成于查阅营伍之顺详加校阅，据称技艺渐觉可观，亦无老弱充数情事。统俟臣查阅营伍时，再行亲加考验，分别等差，据实具奏外，所有臣查阅云南省城营伍情形，谨缮折具奏，伏祈皇上睿鉴。谨奏。

朱批：知道了。

（《宫中档乾隆朝奏折》第五十八辑，第326~327页）

2608　云贵总督兼署云南巡抚富纲《奏报甄别难荫人员折》

乾隆四十八年十一月二十日

云贵总督兼署云南巡抚臣富纲跪奏：为甄别难荫人员，仰祈圣鉴事。

窃照乾隆三十九年四月内，奉上谕："令将分发学习之世职各员，分别应留、应斥，就其现有人数，据实甄别等因。钦此。"钦遵在案。

臣查滇黔两省现在并无分发学习世职人员，滇省惟有难荫把总一员郭栦，黔省难荫千总二员程必发、张朝楷，难荫把总二员李绍文、陈仁勇，随营俱已满三年，未经得缺，当经臣陆续调取考验，俱年力精壮，弓马合式，堪以仍留候补，照例咨部。尚有难荫把总一员陈锦，染患疯瘫，难以骑射，业经革退，追取执照缴部在案。除分饬该管镇将勤加训练，遇缺照例轮送考拔，倘有怠惰偷安者即行详请咨革外，所有乾隆四十八年分甄别过滇黔两省难荫人员，理合分缮清单，恭折汇奏，伏祈皇上睿鉴。

再照贵州省难荫把总王元顺，现已届满三年，尚未考验，应归入下年甄别案内汇奏，合并陈明。谨奏。

朱批：览。

（《宫中档乾隆朝奏折》第五十八辑，第 328 页）

2609　云贵总督兼署云南巡抚富纲《奏报癸卯二运一起京铜依限开帮折》

乾隆四十八年十一月二十六日

云贵总督兼署云南巡抚臣富纲跪奏：为恭报癸卯二运一起京铜依限开帮，仰祈圣鉴事。

窃查癸卯头运二起京铜于本年九月二十八日依限自泸开帮，业经臣恭折奏闻在案。其二运一起，例应即于本年十月内接续开帮。

兹据云南布政使费淳详据泸店委员申报："癸卯二运一起正带京铜七十六万八百一十五斤零，于十月初四日秤兑起，至本月二十九日兑竣，运员永北直隶同知谢洪恩即于是日自泸州开行。"等情前来。除飞咨沿途督抚臣加紧催趱，迅速抵京，并咨明户、工二部外，查二运一起现在虽已依限扫帮，而此后尚有五起，必须各路铜斤源源运贮泸店，方为有备。东川、昭通一带气候较寒，臣惟恐背夫、脚户以及水手人等借口寒冷，且时近岁暮，各厂砂丁设有托词度岁，或致稽迟，现已添派妥干员弁分头驰往各厂、运督办催趱，务使厂额有盈无绌，运程迅速无稽，以供泸店逐起兑发。所有癸卯二运一起京铜依限自泸开帮日期，理合恭折奏闻，伏祈皇上睿鉴。谨奏。

朱批：好。知道了。

（《宫中档乾隆朝奏折》第五十八辑，第420页）

2610 云贵总督兼署云南巡抚富纲《奏报滇黔两省瑞雪优沾情形折》

乾隆四十八年十一月二十六日

云贵总督兼署云南巡抚臣富纲跪奏：为恭报滇黔两省瑞雪优沾，仰慰圣怀事。

窃查云南省城于本年十一月十九、二十等日瑞雪缤纷，麦豆咸资润泽，经臣于本月二十日恭折奏报在案。兹据滇省丽江、顺宁等府属禀报，于十二月二十六七八、十一月初七八等日，得雪二三四寸不等。并据云南、曲靖、东川、昭通等府属禀报，均于本月十九日得有瑞雪，积厚二三四五寸。其黔省贵阳省城及安顺府属之普定、镇宁、安平，南笼府属之普安等各州县，亦据禀报于十一月十九等日得雪三四寸至六七寸不等，其余较远之各府州县，现虽尚未报到，看来沾被亦必普遍。一切麦豆春花得此雪泽涵濡，愈可发荣滋长。此皆仰赖圣主洪福，是以滇黔两省同日均沾瑞雪，春收丰稔可期。民夷乐业，边隘敉宁。理合恭折奏闻，仰慰慈怀，伏祈皇上睿鉴。谨奏。

朱批：欣慰览之。

（《宫中档乾隆朝奏折》第五十八辑，第421页）

2611 云贵总督兼署云南巡抚富纲《奏请以太和县知县王孝治升署镇沅直隶州知州折》

乾隆四十八年十二月初七日

云贵总督兼署云南巡抚臣富纲跪奏：为夷疆烟瘴直隶州要缺，恭恳圣恩俯准升署事。

窃查云南镇沅直隶州知州刘钟芳详请解任回籍，业经取结，题报在案。所遗员缺，汉少夷多，幅员辽阔，系烟瘴要缺，例应在外拣选调补，必得精明练达、熟习夷情、能耐烟瘴之员方足以资治理。

臣与藩臬两司于通省直隶州及应升之知州内逐加遴选，非现居要缺，即人地未宜，并无堪以升调之员。惟查有太和县知县王孝治，年五十八岁，湖南举人，签掣四川珙县知县，引见，奉旨调补云南广通县知县，于乾隆三十五年四月初二日到任，即于是年九月二十三日告病回籍，病痊赴补引见，奉旨“王孝治着仍发往云南，以知县用。钦此”。于四十一年十二月内到滇，委管大功、白羊铜厂，题补今职，于四十四年九月二十五日到任，四十六年办铜案内，曾奉恩旨议叙、纪录。查该员老成历练，办事稳妥，谙悉夷情，能耐烟瘴，以之升署镇沅直隶州知州，实堪胜任。惟历俸未满五年，与例稍有未符。谨遵人地相需之例，专折奏恳皇上天恩，俯准以太和县知县王孝治升署镇沅直隶州知州，该员感深图报，自必倍加奋勉，而夷疆烟瘴要缺得人，臣亦获收臂指之效。如蒙俞允，俟部覆至日，给咨送部引见，恭候钦定。仍俟接扣五年限满，另请实授。

至所遗太和县知县员缺，滇省现有应补人员，容臣另行遴员请补。理合开具王孝治参罚清单，恭折具奏，伏祈皇上睿鉴。谨奏。

朱批：该部议奏。

（《宫中档乾隆朝奏折》第五十八辑，第583~584页）

2612　云贵总督兼署云南巡抚富纲《奏报学臣差满回京，循例据实奏闻折》

乾隆四十八年十二月初七日

云贵总督兼署云南巡抚臣富纲跪奏：为学臣差满回京，循例据实奏闻事。

案照外省学政差满，其在任声名若何，办事若何，例应督抚据实具奏。兹新任学臣曹锡龄业于本月初三日到任，前任学臣王士棻即于是日交卸，自滇起行，驰赴行在复命。

查王士棻由刑部郎中京察一等，仰蒙恩准加衔留部，于乾隆四十五年八月，奉旨简放云南学政。臣莅任以来，与之共事已及二载。该员老成练达，才守兼优，办事结实，居心诚谨，洵为有体有用，并留心体察其岁科两试，场规整肃，办事极为认真，甲乙品评、校阅更属公当。询之各守令及采访舆评，均相符合。所取入学及前列各生，今科乡试中式亦多，实能不愧师儒之任，且其按试云南府及文武科场录遗，系在省城驻扎，每于试竣之后，因公接见，议论所及，识见开阔，心地细密，于刑名律例尤为熟悉。

兹已差满回京，所有学臣王士棻任内声名、办事缘由，理合循例据实密奏，伏祈皇上睿鉴。谨奏。

朱批：览。

（《宫中档乾隆朝奏折》第五十八辑，第585~586页）

2613　云贵总督兼署云南巡抚富纲《奏报滇盐新课全完并带完旧欠各数折》

乾隆四十八年十二月初七日

云贵总督兼署云南巡抚臣富纲跪奏：为滇盐新课全完并带完旧欠各数，恭折奏闻事。

窃照滇省盐课，例应秋间奏销。前值奏销乾隆四十七年盐课之期，因盐法道杨有涵先期委往黑井督办井座工程，正当吃紧之际，经抚臣刘秉恬奏明，俟该道旋省赶办，详题在案。嗣该道杨有涵将黑井各段工程督办将竣，于十月二十五日回省销差，臣即饬该道将奏销文册赶紧造报。

兹据云南布政使费淳会同盐法道杨有涵详称："各属应征乾隆四十七年分盐课、薪本、盈余等银四十二万六千六百九十一两零，又奏销乾隆四十六年盐课案内借发各井四十七年薪食银三十六万七千八百一十五两零，又续借本款薪食银五万八千三十五两零，俱经照数征解全完；又带征节年旧欠有着课款银一万四千零八十八两零，又征获另案堕运堕销盐课银二万九千六百六十两零。"分案造具细册，详请题销前来。臣复核无异，除缮疏具题外，所有乾隆四十七年新课全完及带征旧课各数，理合恭折奏闻，伏乞皇上睿鉴。谨奏。

朱批：好。知道了。

（《宫中档乾隆朝奏折》第五十八辑，第586～587页）

2614　云贵总督兼署云南巡抚富纲《奏报现署边要知府之同知因公降调，一时遴委乏人，恳恩暂缓给咨送部折》

乾隆四十八年十二月初七日

云贵总督兼署云南巡抚臣富纲跪奏：为现署边要知府之同知因公降调，一时遴委乏人，恳恩暂缓给咨送部，以裨边郡事。

窃臣接准部咨，以候补知府今补顺宁府知府孔继炘、临安府同知贺长庚，委审革弁马申火烤叶凤脚底致死，错拟流罪失出，例降一级调用，行令给咨送部引见等因。查孔继炘现在署理丽江府印务，除即遴员接署，给咨孔继炘赴部外，惟临安府同知贺长庚，前经臣奏明委署普洱府印务，该府管辖三厅一县暨十三版纳土司，幅员辽阔，兵民杂处，且逼近外夷，为极边烟瘴最要之缺，非熟悉之员不能料理裕如。查新补普洱府知府嵇玫，尚须赴部引见，新任迤南道沈世焘甫经到任，即思茅同知亦系甫经委署，均于该处情形未能深悉，若同时俱易生手，设遇地方紧要事件，办理必形竭蹶。而现在各府及同知直隶州内，非现居要缺，即人地未宜，求其熟练边情者，一时实不得人。

查贺长庚于乾隆二十四年拣发云南，由知州历升府道，旋因安插土司潜逃，参奏革职协缉，复奏留管办铜务。钦奉谕旨："贺长庚留滇派办铜务，俟三年无过，酌量以同知、知州题补。钦此。"嗣因委办铜务实心经理，不辞劳瘁，经前任督臣福康安等题补今职。该员老成干练，在滇二十余年，边地情形颇能熟悉，即今委署府篆已及一载，办理一切边务均能妥协。臣为边缺乏人起见，合无仰恳圣恩，将降一级调用之同知贺长庚暂缓送部，俟新补知府嵇玫赴部引见回任后，该员如能实心经理，始终不懈，臣再行据实具奏，庶边要知府员缺不致另易生手，于地方实有裨益。理合恭折奏明，伏祈皇上睿鉴，敕部施行。谨奏。

朱批：该部知道。

（《宫中档乾隆朝奏折》第五十八辑，第587~588页）

2615　云南巡抚刘秉恬《奏报蒙恩准陛见，伸感慕诚悃折》

乾隆四十八年十二月初七日

云南巡抚臣刘秉恬跪奏：

窃臣自乾隆四十五年趋赴济宁行在以来，违侍圣慈者三年有余。此三年中，无日不凛天颜之近，即无日不深孺慕之忱。近得蒙恩准臣陛见，抵京后，敬仰睿容雝穆，天日同辉，而至诚无息，气体亦征其乾健，就瞻之下，实深欢忭之至。连日伏见我皇上经理庶务，临莅群臣，凡所以发为议论、措诸施行者，莫不顺乎人情，协乎天理，仁之至而义之尽。臣心悦诚服，口不能宣，一时陈奏皆属由中而发，而其实管窥蠡测之见，岂能颂扬盛美于万一。至我皇上勤求治理，无逸作所，盖自临御以来，敕时敕几，数十年如一日，而一日总有一定章程，譬犹日月之经天，江河之行地，初无片刻之停。乃敬聆慈谕于几务稍简之日，圣心犹有欿然若不足者，是诚深念乎以一人而抚万邦，以四海而仰一人，必如是其兢兢业业，而后无歉乎天工人代之义。然臣窃谓政务殷繁之会，固已物来顺应，随事清厘。至于稍得燕闲，正宜以时颐养天和，留其有余，延国家亿万年景运之隆，贻苍生亿万世仁寿之福。此实臣悃款之愚所深祈而切祷者也。

至臣猥以庸材，渥膺天眷，忝任封圻，愧无报称。窃思滇省要务，无过于铜务、盐政、边防、营伍数大端，臣回任后，惟有敬绎圣训，益矢靖共，事无巨细，一皆本之以诚而将之以敬，庶几稍有以上答鸿恩而下尽臣分。

臣现已行次豫省，即日可达楚境，瞻望阙廷，倍增依恋。谨将臣感慕悃忱恭折具奏，伏乞皇上睿鉴。谨奏。

朱批：览。

（《宫中档乾隆朝奏折》第五十八辑，第674~675页）

2616 云贵总督兼署云南巡抚富纲《奏报癸卯二运二起京铜依限开帮折》

乾隆四十八年十二月二十四日

云贵总督兼署云南巡抚臣富纲跪奏：为恭报癸卯二运二起京铜依限开帮，仰祈圣鉴事。

窃查癸卯二运一起京铜于本年十月二十九日依限自泸开帮，业经臣恭折奏闻在案。其二运二起，例应即于本年十一月内接续开帮，经臣严饬派出查催之文武员弁分路督趱。去后，兹据云南布政使费淳详据泸店委员申报："癸卯二运二起正带京铜七十六万八百一十五斤零，于十一月初六日开兑起，至三十日兑竣，运员署云南府同知刘大聪即于是日自泸州开行。"等情。除飞咨沿途各省督抚臣加紧催趱，迅速抵京，并咨明户、工二部外，查滇省岁运京铜共有八起，兹二运二起虽已依限开帮，而此后尚有四起。现当节近交年，且各属频得瑞雪，惟恐道路泥泞，背夫、脚户得以借口稽延。臣仍飞饬各地方官随时修治平坦，以利遄行，并添派干弁分头前往各路严加督催，务使铜斤蜂拥抵泸，以供逐起兑发。所有癸卯二运二起京铜依限开帮日期，理合恭折奏报，伏祈皇上睿鉴。谨奏。

朱批：好。知道了。

（《宫中档乾隆朝奏折》第五十八辑，第801页）

2617 云贵总督兼署云南巡抚富纲《奏报南掌国赍表使目回国出境日期折》

乾隆四十八年十二月二十四日

云贵总督兼署云南巡抚臣富纲跪奏：为恭报南掌国赍表使目回国出境日期，仰祈圣鉴事。

窃照南掌国王召翁遣使先贺猛等于乾隆四十八年六月二十五日到普，赍表恭谢天恩并陈请事件，经臣奏蒙圣训。当即钦遵谕旨，将照会文稿缮写封固，专差妥弁，同应发还该国文禀，一并赍交普洱镇总兵德光，交给使目先贺猛等，并抄录照会底稿檄发该镇，选取熟习夷字、通晓文理之字识详细译出，明白谕知先贺猛等，俾各领会。照例筵宴、赏号，派拨文武员弁，带领兵役护送。兹据普洱镇德光等禀报，南掌使目先贺猛等于九月十二日自普起程，沿途甚属安静稳妥，已于十一月初四日护送出境。

再该国从前潜入车里人民，经该国王恳请，奏蒙皇上恩准发还，于乾隆四十七年七月二十日，交前次贡使叭整烘带回在案。兹据该镇道府禀据宣慰土司刀士宛禀称，自前次发还该国人民之后，今复有陆续来边者三十九丁口，业经报明安插。今使目先贺猛回国之便，情愿附便带回。臣查该国潜入内猛人民，不过系该国穷民觅食前来，查无别故，自应推广皇仁，钦遵前奉谕旨，一并发还，以昭圣主怀柔远人之至意。已据该镇道明白宣示，捐给口食，饬令宣慰司刀士宛，按名点交该使目先贺猛等带领回国讫。合并陈明，伏祈皇上睿鉴。谨奏。

朱批：览。

（《宫中档乾隆朝奏折》第五十八辑，第 802 页）

2618　云贵总督兼署云南巡抚富纲《奏报广东委员办运滇铜依限扫帮出境折》

乾隆四十八年十二月二十四日

云贵总督兼署云南巡抚臣富纲跪奏：为广东委员办运滇铜依限扫帮出境，循例奏闻事。

窃照各省委员赴滇采办铜斤，往来俱有定限。钦奉上谕："嗣后到滇办运开行，即着该抚具奏，如有无故停留贻误者，即行指名参究等因。钦此。"钦遵在案。

兹据云南布政使费淳详称："广东委员广粮通判张增领运宁台、松竹箐、者囊、金钗等厂高低正耗余铜一十六万八千斤，以乾隆四十八年四月二十五日领竣金钗厂铜斤之日起限，除小建三日，扣至本年十一月二十四日限满。今该委员于十一月二十日，全数运抵宝宁县属剥隘地方扫帮出境，并未逾违等情，详请核奏前来。"臣复查无异，除飞咨广东、广西抚臣，转饬沿途地方官加紧催趱，依限运回交收，以供鼓铸，并咨明户部外，所有广东委员张增办运滇铜扫帮出境日期，理合恭折奏闻，伏乞皇上睿鉴。谨奏。

朱批：览。

（《宫中档乾隆朝奏折》第五十八辑，第 803 页）

2619　云贵总督兼署云南巡抚富纲《奏请以武定直隶知州常德升署顺宁府知府折》

乾隆四十八年十二月二十四日

云贵总督兼署云南巡抚臣富纲跪奏：为边要知府、直隶州员缺，恭恳圣恩俯准升署，以裨地方事。

窃查云南顺宁府知府孔继炘因拟罪失出，部议降调，所遗员缺地处极边，壤接外域，稽查抚驭全赖知府督率经理，例应在外拣选调补。

臣与藩臬两司于通省知府内逐加遴选，非现居要缺，即人地未宜，并无堪以调补之员。惟查有武定直隶州知州常德，年五十岁，正红旗满洲，由监生补授工部笔帖式，京察一等，保送理事同知，引见，奉旨记名，旋补授稽查钦奉上谕事件处主事。乾隆三十五年拣选理事同知，引见，奉旨发往直隶差遣委用，借补喀喇河屯理事通判，丁忧回旗，签掣翰林院行走。四十五年四月，钦奉特旨，补授陕西乾州直隶州知州。因胞兄雅德调补陕西巡抚，回避，改掣河南，复因回避，改掣云南，补授今职，于乾隆四十七年六月初十日到任。该员明白强干，办事认真，节经委署开化、临安等府边缺，办理俱能裕如，任内并无违碍参罚案件，以之升署顺宁府知府，实堪胜任。所遗武定直隶州知州员缺，亦系繁、疲、难兼三要缺，地邻川省，民俗刁悍，亦须精明干练之员方足以资治理。滇省直隶州同知内并无堪以调补之员。

惟查有昆阳州知州杨有祜，年四十七岁，广东贡生，捐纳通判，选授直隶广平府通判，三十四年五月内升署沧州知州，三十七年三月内实授，四十年七月借补宣化府通判，丁忧服满，选补今职，于四十七年十二月二十日到任。该员才识明干，办事勤奋，参罚亦在十案以内，以之升署武定直隶州知州，亦堪胜任。

惟常德、杨有祜历俸俱未满五年，与例稍有未符。谨遵人地相需之例，专折奏恳圣恩，俯准以武定直隶州知州常德升署顺宁府知府，昆阳州知州杨有祜升署武定直隶州知州，则边要员缺得人，实于地方有裨。如蒙俞允，俟部覆至日，给咨送部引见，恭候钦定。仍俟扣满年限，另请实授。合并陈明，谨开具常德等参罚清单恭呈御览，伏祈皇上睿鉴。谨奏。

朱批：该部议奏。

（《宫中档乾隆朝奏折》第五十八辑，第803～805页）

2620　云贵总督兼署云南巡抚富纲《奏报滇黔两省雨雪频沾、麦豆滋长情形折》

乾隆四十八年十二月二十四日

云贵总督兼署云南巡抚臣富纲跪奏：为雨雪频沾、麦豆滋长，恭折奏闻事。

窃查滇黔两省瑞雪优沾情形，经臣于十一月二十六日恭折奏报在案。兹云南省城复于十二月十五六等日，始则细雨廉纤，继则雨雪相间，彻夜连朝，入土极为深透。并据云南、曲靖、昭通、东川、澄江、临安、武定、广西等府州属禀报，均于十一月二十六七、十二月初六七八九、十五六等日得雪四五寸至八九寸不等，一切豆麦春花频得雪泽滋培，均极发荣畅茂。省城市集，现在粮食充盈，节近交年，欢腾里巷。黔省贵阳、安顺、南笼、黎平、铜仁、思南等府属各州县，亦据报于十一月三十、十二月初一二三四、初九、十一二等日得雨、积雪情形，俱与滇省相等，春收丰稔可期。黔省中米每仓石价银五钱七分至一两六钱五分不等。两省民夷乐业，边境敉宁。理合一并恭折奏闻，并缮具滇省十一月分粮价清单恭呈御览，伏祈皇上睿鉴。谨奏。

朱批：欣慰览之。

（《宫中档乾隆朝奏折》第五十八辑，第 805 页）

2621　云贵总督兼署云南巡抚富纲《奏报遵旨拣选临安府知府罗宏漳调补云南府知府折》

乾隆四十八年十二月二十四日

云贵总督兼署云南巡抚臣富纲跪奏：为首府员缺紧要，遵旨拣选调补事。

窃臣接准部咨，奉上谕："云南云南府知府员缺紧要，着该督抚于通省知府内拣选一员调补，所遗员缺，着刁玉成补授。钦此。"钦遵。

伏查云南府系属首郡，管辖十一州县，为通省各府州之领袖，政务殷繁，且时有别属案件委令审办，非老成干练之员不克胜任。臣与藩臬两司于通省知府内逐加遴选，惟查有临安府知府罗宏漳，年四十七岁，湖北举人，由湖南辰州府同知，奉旨补授拣调云南府遗缺，奏补丽江府知府，调补今职。该员才情练达，办事实心，以之调补云南府知府，实堪胜任。臣现已令其先行接署，以便令现署云南府印务之大理府知府本著即回本任，以专责成。

所遗临安府员缺，地处边要，并有所属铜铅各厂，均须知府督率经理。臣查刁玉成明白稳妥，由知府降补滇省大理府分防弥渡通判，在滇年久，于边地厂运情形亦所熟悉，应请即以刁玉成补授。如蒙俞允，罗宏漳系现任知府调补知府，毋庸送部引见。合并陈明。谨开具罗宏漳参罚清单，恭折具奏，伏祈皇上睿鉴。谨奏。

朱批：该部知道。

（《宫中档乾隆朝奏折》第五十八辑，第 806 页）

2622　云贵总督兼署云南巡抚富纲《奏报委署知府折》

乾隆四十八年十二月二十四日

云贵总督兼署云南巡抚臣富纲跪奏：为委署知府，循例具奏事。

窃查知府升迁事故悬缺，委员接署，例应随时具折奏闻。

兹臣接准部咨："云南现署丽江府知府事顺宁府知府孔继炘，因委审革弁马申一案拟罪失出，照例降一级调用，行令给咨送部引见。"等因。所遗丽江府印务，即应委员接署，以便孔继炘交代清楚，请咨赴部。查有试用同知龚云鹤，明白谨饬，堪以暂委署理丽江府知府印务。除檄饬遵照外，理合循例恭折具奏，伏祈皇上睿鉴。谨奏。

朱批：览。

（《宫中档乾隆朝奏折》第五十八辑，第807页）

2623　云贵总督兼署云南巡抚富纲《奏报滇黔两省续获瑞雪折》

乾隆四十九年正月二十日

云贵总督兼署云南巡抚臣富纲跪奏：为续获瑞雪，仰祈圣鉴事。

窃查滇黔两省三冬瑞雪优沾，麦豆滋培长养，节经臣恭折奏闻在案。兹云南省城复于正月十一二日，瑞雪缤纷，积厚盈尺，旋即晴霁融化，入土极为深透。复于十九、二十等日，天气严寒，又得春雪二三寸，于二麦、荞麦甚有裨益，惟早种南豆正当扬花者不无少受冻压，然仅只十之一二，其迟种者尚未长发，询之农民，俱称毫无妨碍。并据云南、曲靖、东川、昭通、临安、广西等各府州属禀报，均于正月十一二等日得雪五六寸至尺许不等。现在市集粮价照常，并不昂贵。黔省贵阳、安顺、大定、镇远、南笼、思州、平越等府属，亦据禀报，于正月初九、十一二等日得雪三四寸至七八寸不等。黔省气候较寒，二麦借滋覆压，蓄根深固，一交春令，发荣滋长，自倍寻常。现在中米每仓石价银五钱七分至一两六钱五分不等，亦属平减。两省民夷乐业，边境敉宁。理合另缮滇省十二月分粮价清单恭折具奏，伏祈皇上睿鉴。谨奏。

朱批：欣慰览之。

（《宫中档乾隆朝奏折》第五十九辑，第130页）

2624　云贵总督兼署云南巡抚富纲《奏报乾隆四十八年分滇省藩库实存银数无亏折》

乾隆四十九年正月二十日

云贵总督兼署云南巡抚臣富纲跪奏：为循例汇奏事。

窃照年终汇奏事件内，藩库实存银数、盘查各属仓库二款，例应汇折具奏。

兹据云南布政使费淳详称："滇省乾隆四十八年分藩库实存银两，截至岁底止，现存银一百六十二万五千二百五两零，内除酌留经费并办公等银六十七万一千二百九十八两零，又封贮急需等银四十八万五千三百四十二两零，又已经报拨尚未奉准拨用银一百六十五万一千九百九十七两零内，除借放铜本兵饷银一百一十九万二千两，俟奉部酌拨，照数拨还归款外，实存银四十五万九千九百九十七两零，又尚未报拨银八千五百六十六两零。相应分晰，开造细册，呈请奏咨。至年终盘查各属仓库钱粮，滇省特奉谕旨清查，业经详请咨明户部，并案办理。"等情前来。臣随将册开实存各项银数逐一复核，均属相符。除册送部备查，其各属仓库，容俟并案查明复奏外，所有乾隆四十八年分滇省藩库实存银数无亏，理合循例具奏，并另缮清单恭呈御览，伏乞皇上睿鉴。谨奏。

朱批：览。

（《宫中档乾隆朝奏折》第五十九辑，第132页）

2625　云贵总督兼署云南巡抚富纲《奏报乾隆四十八年分滇省发遣新疆人犯并无脱逃及安插改发烟瘴人犯脱逃并本省应缉外省通缉新旧逃遣已未拿获缘由》

乾隆四十九年正月二十五日

云贵总督兼署云南巡抚臣富纲跪奏：为循例汇奏事。

窃照本省发遣新疆及应发新疆改发内地人犯有无脱逃拿获，并外省通缉新旧逃遣有无拿获之处，例应年终汇折具奏。

兹据云南按察使许祖京详称："云南省乾隆四十八年分发遣新疆人犯札若帕等共九名，并无逃脱。至别省应发新疆改发云南烟瘴遣犯，本年在配脱逃者三名，内丁魁一犯，已据四川省拿获，庞秃子一犯，现据贵州威宁州获报，饬提审办。惟米实一犯，现在缉拿。又历年在配脱逃者李连先等十五名，现俱缉拿未获。再本年接准外省咨缉逃遣丁阿喜即沈昌林等五名，又外省历年咨缉逃遣刘三铁头等一百五十八名，屡饬所属遍行缉拿，并无踪迹在境。”等情，分案造册，详请核奏前来。

臣复查无异，除册咨部查核，仍严饬各地方官将本省外省逃遣一体实力侦缉，务期按名弋获，照例办理，如有视为海捕具文，并不认真查拿，一经察出，即行严参治罪，断不敢稍为姑息。所有乾隆四十八年分云南省发遣新疆人犯并无脱逃及安插改发烟瘴人犯脱逃并本省应缉外省通缉新旧逃遣已未拿获缘由，理合恭折汇奏，伏乞皇上睿鉴。谨奏。

朱批：览。

（《宫中档乾隆朝奏折》第五十九辑，第174页）

2626　云贵总督兼署云南巡抚富纲《奏报滇省更正御批〈通鉴纲目续编〉情形折》

乾隆四十九年正月二十六日

云贵总督兼署云南巡抚臣富纲跪奏：为遵旨汇奏事。

窃臣承准廷寄，奉上谕：“前因披阅御批《通鉴纲目续编》内发明广义各条，于辽金元三朝时事，多有议论偏谬及肆行诋毁之处，特交诸皇子及军机大臣量为删润，改补粘签呈览，并遇便发交直省督抚各一部，令其照本抽改。现在将次办竣，陆续颁发各该督抚等，务须实力妥办，总在不动声色，使外间流传之本一体更正，不致遗漏，亦不得滋扰。至接奉颁发原书后，遵照抽改共若干部，仍着于年终汇奏一次，以凭查核。将此遇便各传谕知之等因。钦此。”钦遵，旋即承准军机处颁发样本两套到滇，臣随行司设局委员查办。

惟查御批《通鉴纲目续编》一书，滇省虽僻处边境，凡绅士藏书之家以及坊肆售卖者自必不少，且查明季陈仁锡等所刊《资治通鉴纲目》，俱备载发明广义，亦应一体更正。若概令调集省局挖补更改，办理既需时日，而调取发还，仍虑不免滋扰。

臣查核编内应改处所虽多，而字数尚属无几，悉心筹酌，饬令局员将应改之处指明某卷某页某行第几字起至第几字止，将应改之字刻成样本刷发各学，责成各该州县，会同教官，将各衙门存贮并绅士藏书之家及坊肆，如有《通鉴纲目续编》者，俱令呈报，照式挖改，由地方官验明发还，具报存案。如承办之员不实心经理，或少滋扰累，并有书之家隐匿不报，一经查出，即行分别参处，行司照办。去后，兹据云南布政使费淳详报，自遵奉设局后，据局员候补知县萧霖等查明，滇省并无此书翻刻板片，所有省城各衙门及府县二学所贮御批《通鉴纲目续编》三部，陈仁锡等所刊《资治通鉴纲目续编》八部，共计十一部，陆续更正呈验讫。其余各属，现在饬令详查，一面饬发样本，给令更正。仍俟年终将更改数目据实汇奏外，所有乾隆四十八年分云南省奉旨更正过《通鉴纲目续编》部数并办理缘由，理合恭折汇奏，伏祈皇上睿鉴。谨奏。

朱批：览。

（《宫中档乾隆朝奏折》第五十九辑，第175~176页）

2627 云贵总督兼署云南巡抚富纲《奏报查明滇省乾隆四十八年分命盗案已未审结、盗窃案已未拿获、承缉窃案记功记过情形折》

乾隆四十九年正月二十六日

云贵总督兼署云南巡抚臣富纲跪奏：为循例汇奏事。

窃照年终汇奏事件内命盗案已未审结、盗窃案已未拿获、承缉窃案记功记过等三款，例应并折分单具奏。兹据云南按察使许祖京分晰开单详送前来。

臣查云南省乾隆四十八年分各属新报承审命盗案，自四十七年十月起，截至四十八年九月止，共九十二件，连旧案二十一件，共一百一十三件内，已结新旧案九十九件，未结旧案二件，未结新案十二件，共十四件，核计均在审限之内，并未逾违。新报盗劫抢夺及窃盗拒捕之案共十七起，内已全获者十一起，获犯三十六名；获破者二起，获犯四名，未获十名；全未获者四起。旧盗案十九起，全获者二起，获犯八名；获破者九起，获犯四十四名，未获三十七名；全未获者八起。以上未获各案，俱经按限分别查参。其有拿获邻境寺僧祝禧被窃案内砍伤捕役杨玉湘凶贼史廷机一名，及缉获川省抢夺傅必题案内拟绞伙犯胡明、李仕鸿即李估眼二名，例得议叙之昆明县知县吴大雅，业经随案请叙。昭通府大关同知白秀、署镇雄州知州屠述濂，亦经咨部请叙在案。其余所获盗犯俱系本任之案，例无议叙。此外并无强劫频闻，又不严缉捕获应行议处之员。又新报窃案二十三案内，已全获者九案，获犯二十名；获破者三案，获犯八名，未获四名；全未获者十一案。其例有承缉处分者，亦经按限分别查参。

至地方官承缉窃案记功记过，例应统计一年内报窃之案，获不及半者，每五案记过一次，拿获及半之外复有多获者，每五案记功一次。今查昆明等二十一厅州县一年内报窃之案，已未获者各止一二案，皆不及记功记过之数，应毋庸议。除将未结命盗各案饬司上紧查催，依限审解，其未获盗窃各案，仍令该管文武严行缉拿，务获究报外，臣谨循例汇折具奏，并分案开列清单恭呈御览。

再拿获寻常案犯，例应与命盗案已未审结等款并折具奏。今云南省乾隆四十八年分，并无查出寻常逃人贼匪自一案至数案，应请议叙之员，业经照例咨部存案。合并陈明，伏乞皇上睿鉴。谨奏。

朱批：览。

（《宫中档乾隆朝奏折》第五十九辑，第176～177页）

2628　云贵总督兼署云南巡抚富纲《奏报验看阿迷州截取知县吴昂难膺民社，请改教职折》

乾隆四十九年正月二十六日

云贵总督兼署云南巡抚臣富纲跪奏：为验看截取知县难膺民社，恭折奏明事。

窃查举人截取知县，例应督抚详加验看，给咨赴选。兹云南阿迷州截取知县吴昂，现年五十岁，系乾隆癸酉科举人，前奉部文截取，因丁母忧，未经赴验。兹据云南布政使费淳查明该员服阕日期，详请咨部起覆，并呈送验看前来。

臣查吴昂年力虽尚未衰，而赋性迂拘，语言蹇涩，难膺民社之任，若令改补教职，尚堪胜任。查询该员亦自揣限于才识，情愿改就教职。理合恭折奏明，请旨敕部，将截取知县吴昂以教职注册，照例选用。伏祈皇上睿鉴，敕部施行。谨奏。

朱批：该部知道。

（《宫中档乾隆朝奏折》第五十九辑，第178页）

2629　云贵总督富纲《奏报交卸抚篆日期折》

乾隆四十九年正月二十六日

云贵总督臣富纲跪奏：为恭报交卸抚篆日期，仰祈圣鉴事。

窃臣蒙恩兼署云南巡抚印务，于乾隆四十八年八月初一日接印任事，恭折奏闻在案。兹抚臣刘秉恬已于本年正月二十六日自京回滇，臣出郊跪请圣安，即于是日委员，将云南巡抚银关防一颗、王命旗牌八面杆，同节次奉到上谕、书籍及文卷等项赍交抚臣刘秉恬接收讫。所有臣交卸抚篆日期，除照例恭疏题报外，理合恭折具奏，伏祈皇上睿鉴。谨奏。

朱批：览。

（《宫中档乾隆朝奏折》第五十九辑，第185页）

2630　云贵总督富纲、云南巡抚刘秉恬《奏报癸卯三运一起京铜依限开帮折》

乾隆四十九年正月二十七日

云贵总督臣富纲、云南巡抚臣刘秉恬跪奏：为恭报癸卯三运一起京铜依限开帮，仰祈圣鉴事。

窃查癸卯二运二起京铜，于上年十一月三十日依限自泸开帮，业经臣富纲恭折奏闻在案。其三运一起，例应即于上年十二月内接续开帮。经臣富纲严饬派出查催之文武员弁，分路督趱。去后，兹据云南布政使费淳详据泸店委员申报："癸卯三运一起正带京铜七十六万八百一十五斤零，于十二月初四日开兑起，至二十八日兑竣，运员昆明县知县吴大雅即于是日自泸州开行。"等情。除飞咨沿途督抚臣加紧催趱，迅速抵京，并咨明户、工二部外，查滇省岁运京铜正加八起，兹三运一起虽已依限开帮，而此后尚有三起。现当各属普得春雪之后，惟恐道路泥泞，背夫、脚户借口稽滞，臣等仍严饬各地方官随时修治平坦，以利遄行，并饬前次添派之员弁分头梭织严催，务使各路铜斤蜂拥抵泸，以供逐起兑发。所有癸卯三运一起京铜依限开帮日期，理合恭折奏报，伏祈皇上睿鉴。谨奏。

朱批：好。知道了。

（《宫中档乾隆朝奏折》第五十九辑，第186页）

夹片：再查滇省正月十九、二十等日，天气凝寒，复得春雪，早种南豆正值开花者不无少受冻压，经臣差弁恭折奏闻在案。查滇省气候常暖，刻下已交春令，若再雪后连阴，二麦固属无妨，豆苗诚恐不耐。兹自二十日以后，天气旋即晴明，雪消日暖。臣出郊遍加查看，二麦及迟种南豆倍觉滋荣，即前此受冻南豆亦已一律苏发，均可无碍收成。理合附片奏慰圣怀。谨奏。

朱批：知道了。

（《宫中档乾隆朝奏折》第五十九辑，第187页）

夹片：再查云南镇雄州民廖文明、吴国元赴部具控二案，钦奉谕旨，着交李本、刘秉恬会同臣秉公审拟具奏等因。臣先于正月十五日接准部咨，并准抚臣刘秉恬札会，即行司委员查提案卷、人证，于二十日差弁恭折覆奏在案。兹抚臣刘秉恬回任，原告廖文明、吴国元已押带到滇，所有应质人证不日亦可齐集。臣现在会同抚臣刘秉恬，知会贵州抚臣李本来滇，以便会同秉公迅速审办。合再附片奏闻。谨奏。

朱批： 览。

（《宫中档乾隆朝奏折》第五十九辑，第 187 页）

2631　云南巡抚刘秉恬《奏报回任接印日期折》

乾隆四十九年正月二十七日

云南巡抚臣刘秉恬跪奏：为恭报微臣回任接印日期，仰祈睿鉴事。

窃臣此次进京陛见后，即自京起程回任。兹于乾隆四十九年正月二十六日到滇，准兼署云南巡抚印务云贵总督臣富纲委署云南府知府罗宏漳、抚标中军参将哈国祥，将钦颁云南巡抚银关防一颗、王命旗牌八面杆并节次奉到敕谕、书籍、文卷等项移交到臣。臣随恭设香案，望阙叩头谢恩，即于本日接印视事讫。

伏念臣猥以庸材，荷蒙皇上天恩，由陕西巡抚调任云南，在任三年，毫无报称，问心时深愧悚。近沐鸿慈，准臣陛见。到京后，仰蒙我皇上训示周详，多方启迪，被恩纶之善诱，觉茅塞之顿开。所有臣感激微忱，业于河南途次恭折奏谢在案。现在回任视事，惟有益加勤慎，倍自策励，实力实心，勉供职守，以冀仰酬高厚隆恩于万一。除将任内应办事宜次第办理外，谨先将微臣接印任事日期恭折具奏，伏乞皇上睿鉴。谨奏。

朱批： 览。

（《宫中档乾隆朝奏折》第五十九辑，第 188 ~ 189 页）

2632　云南巡抚刘秉恬《奏报由京赴滇经过地方沿途情形折》

乾隆四十九年正月二十七日

云南巡抚臣刘秉恬跪奏：为恭报经过沿途地方情形，仰慰圣怀事。

窃臣于上年十一月二十四日出京，时届隆冬岁暮，所有经历各省地方，臣留心体访，民间俱各康阜盈宁。即豫省自河工合龙之后，臣往返经过，但见闾阎安堵，民物恬熙，绝无拮据之况。十二月二十四日，行抵湖南之澧州，瑞雪缤纷，积地二三寸不等。越二日，行近常德地方，得有雨泽，土膏滋润。嗣是或间日一雨，或两三日一雨，辰沅一带尤为沾足。新正初九、初十等日，行抵黔省之玉屏、镇远等处，又复雨雪兼施。此后经由各属，阴晴相间。二十二日，入云南境，询悉上年入冬以后滇省各属瑞雪普沾，正月十一二日，得雪盈尺，旋即融化，十九、二十等日，又得春雪二三寸，虽天气不无稍寒，早豆之扬花者略受冻压。但今年节候较迟，臣查看沿途豆麦，均各青葱无损。现在连日晴霁，土脉融和，于春花实多裨益，洵足上慰圣怀。所有臣经过各省地方情形，谨恭折具奏，伏乞皇上睿鉴。谨奏。

朱批：知道了。

（《宫中档乾隆朝奏折》第五十九辑，第189～190页）

2633 云南巡抚刘秉恬《奏报奉旨办理会审镇雄州民人廖文明赴京控告绅约克扣运铜脚价一案情形折》

乾隆四十九年正月二十七日

云南巡抚臣刘秉恬跪奏：为恭折复奏，仰祈圣鉴事。

窃查云南镇雄州民人廖文明赴京控告绅约克扣运铜脚价一案，又民人吴国元呈控土目陇如岱霸占地亩一案，奉旨："派出贵州抚臣李本、督臣富纲及臣刘秉恬会同审拟具奏，所有原告人犯，即交臣照例带往等因。钦此。"钦遵在案。

臣当即将具呈之廖文明、吴国元二人，派交随臣进京之千总李天绶管押来滇，现在已到云南省城。臣途次不时留心查察，尚无疏虞及滋事之处。至臣在京时钦奉谕旨，令臣"先到云南，将一切案卷、人证调齐，一面知会贵州抚臣李本来滇会讯，庶办理迅速，李本可即回任视事等因。钦此。"

臣伏查镇雄州距省道路较远，若俟臣到任后再行调取应讯人证，未免迟滞。臣即于途次札知督臣富纲，将两案卷宗及应行质审人证先期调取来省。兹臣回任后，查知两案应讯人证，业经督臣富纲于接到臣寄知之信及部文知会，即已派员前往调取，不日可以到齐。臣现在遵旨知会李本，俟其一到云南，即可公同审结，不致有稽时日。所有臣遵旨办理缘由，理合恭折复奏，伏乞皇上睿鉴。谨奏。

朱批：览。

（《宫中档乾隆朝奏折》第五十九辑，第190～191页）

2634 云南巡抚刘秉恬《奏请暂缓令云南按察使许祖京进京陛见折》

乾隆四十九年二月初二日

云南巡抚臣刘秉恬跪奏：为恭折奏闻事。

窃臣于回任后，据云南按察使许祖京详称："现已奏蒙恩准陛见，请委员接署，以便交代起程。"等因前来。

臣查臬司为通省刑名总汇，而办理秋审，尤为刑名中最要之件。向来滇省秋审，每年于二月内即行查办，逐案核定，于四月间公同确审具题，是目下正值办理秋审吃紧之时，况本年应入新案多系臬司许祖京承审，一切案情均所熟悉，今若另委他员更替，初经接手，究未免稍有隔碍。臣再四思维，所有臬司印务，自应暂缓委署，仍令许祖京在任办理秋审，俟各案核定审题之后，即令许祖京交卸起程，星驰诣阙，瞻觐天颜，计迟不过数月，而于公事实有裨益。除行臬司知照外，臣因办理秋审重务起见，不揣冒昧，谨恭折奏闻，伏乞皇上睿鉴。谨奏。

朱批：是。知道了。

（《宫中档乾隆朝奏折》第五十九辑，第 242 页）

2635　云南巡抚刘秉恬《奏报滇省地方情形折》

乾隆四十九年二月初二日

云南巡抚臣刘秉恬跪奏：为奏闻事。

窃臣自京回滇，即查明云南通省上冬瑞雪普沾，今正两次得雪，豆麦青葱，并经由沿途省分地方雨雪情形，恭折奏闻在案。省城浃旬以来风日晴暖，春荞豆麦得此煦育，弥觉芃芃茂发，葱郁可观，虽早种扬花之豆经雪不无冻压，然所损甚微，于春收应无妨碍。民气恬熙，地方极为宁谧。目下市卖粮价较之往岁稍昂，且距麦秋尚远，恐一时未能骤减。臣常留心体察，有需平粜接济，即照例动支官仓开粜，以平市价而裨闾阎。

至四十八年应征盐课各款，据盐道议详，分为八限征解。臣检卷稽核，各属有依期完纳者，亦有解不足数者，此系新课银两，自应年清年款，岂容延欠？臣已分檄严催，并责成本管知府、直隶州按限催提，务使奏销前如数全完，不致稍有堕误。

再查癸卯年八起京铜，例应本年三月扫帮，今五起铜斤业俱依限开行，尚有三起未发，通计现存泸店之铜及已起运在途者，足敷供兑。臣复严饬厂站各员加紧办运，并派弁分路稽催，总期早日抵泸，依次兑发，副扫帮限期，仰慰圣主垂念京铜之至意。理合一并恭折奏闻，伏乞皇上睿鉴。谨奏。

朱批：览奏俱悉。

（《宫中档乾隆朝奏折》第五十九辑，第 243 页）

2636　云贵总督富纲、云南巡抚刘秉恬《奏报应迅速审办镇雄州民廖文明、吴国远赴部具控二案折》

乾隆四十九年二月初四日

云贵总督臣富纲、云南巡抚臣刘秉恬跪奏：为奏明事。

窃查云南镇雄州民廖文明、吴国元赴部具控二案，奉旨："俱着交李本、刘秉恬会同富纲秉公审拟具奏，不得因系本省案件，稍存回护等因。钦此。"钦遵。

臣富纲于接准部咨并接臣刘秉恬札会，当即委员行提案卷、人证，现在俱已齐集，正在知会贵州抚臣李本来滇会审间，今李本忽因病身故。臣等再四商酌，查廖文明等具控二案，现在人证俱已提集来省，若臣等再行奏请特派，滇省道途窎远，未免往返须时，且查被控人证，率皆承办铜运之人，久稽在省，亦恐有误铜运，自应迅速审办，以免拖累。

至臣等荷蒙皇上天恩，畀以封疆重任，此案虽系本省案件，臣等惟有秉公核实，断不肯少存回护，致无以折服其心，另生枝节。臣等现在率同司道，秉公详细审讯，分别定拟具奏外，理合恭折奏明，伏祈皇上睿鉴。谨奏。

朱批：是。秉公办理可也。

（《宫中档乾隆朝奏折》第五十九辑，第251～252页）

2637　云贵总督富纲《奏报遵旨遴选堪胜总兵之汉员副将折》

乾隆四十九年二月十五日

云贵总督臣富纲跪奏：为遵旨遴选堪胜总兵之汉员副将，恭折奏闻事。

窃臣接准兵部咨开："乾隆四十八年十一月十九日，内阁奉上谕：现在记名副将竟无汉员，着各省总督及兼管提督之巡抚，于各省汉员副将内秉公遴选堪胜总兵者，出具切实考语，送部引见，候朕酌量记名简用等因。钦此。"钦遵，咨行到臣。仰见我皇上选备干城，恩周满汉之至意。

臣查云贵两省副将共有一十五缺，而汉员现止三人，内云南曲寻协副将富连升一员，甫准部咨，由顺云营参将推补今职，尚未领札到任，未便遽膺保送。惟查贵州平远协副将朱射斗，年四十岁，贵州安顺府人，由行伍出师滇川，节次打仗受伤，洊升广西融怀营参将，保列一等引见，蒙恩赏换花翎，旋即补授今职，于乾隆四十七年十月内到任。该员年壮技优，熟谙营伍，办事勤奋。定广协副将尹德禧，年五十三岁，顺天府人，原系镶黄旗包衣鹰手，派往绥远城镇守，由领催出师伊犁北路，递升防御，出旗，改补绿营守备，出师金川，累著劳绩，洊补荔波营游击，旋升贵州抚标中军参将，题升今职，于乾隆四十七年六月内到任。该员明白谙练，办事实心，约兵严明，熟悉营伍。

以上二员，均堪胜陆路总兵之任。除给咨送部引见，恭候钦定外，理合遵旨出具切实考语，恭折具奏，伏祈皇上睿鉴。谨奏。

朱批：该部知道。

（《宫中档乾隆朝奏折》第五十九辑，第 319～320 页）

2638　云贵总督富纲《奏报乾隆四十八年分滇省设法晓谕查缉逃兵缘由折》

乾隆四十九年二月十五日

云贵总督臣富纲跪奏：为遵旨汇奏事。

窃照金川军营逃兵，钦奉谕旨，令原派省分各督抚于岁底，将一年所获逃兵具折汇奏。嗣复奉谕旨："此等未获逃兵，如有自行投首者，加恩免死发遣。"旋于乾隆四十八年五月内，复奉上谕："着加恩再予展限一年，扣至明年九月为满。钦此。"钦遵各在案。

查云南省出师金川逃兵，除陆续拿获外，尚未获二十九名内，籍隶贵州、广西、江西者七名，业经分咨各原籍查缉，籍隶本省者二十二名。此等逃兵，皆罪不容诛，叠蒙皇上逾格施仁，准令自首免死，复叠次加恩展限，如果稍有人心，必当感激悔罪，相率投首，以全躯命。即承缉之文武员弁，蒙恩展限，自当感激奋勉，不遗余力，设法购缉，以赎前愆。乃一年之间，仅据四川省逃兵张天荣一名，闻拿紧急自赴恩安汛投首，经臣提解赴省审拟具奏，免死发遣在案。而籍隶本省者，仍无弋获投首，臣等实不胜其愧忿。

查本年九月即届限满之时，臣惟有申明节奉恩旨，再行严切晓谕，务使穷乡僻壤一体周知，并檄饬各镇道，督率该管员弁，上紧设法购线查拿，以冀逃兵速获速首。并行黔省一体严缉，无使一名漏网外，所有乾隆四十八年分滇省设法晓谕查缉逃兵缘由，谨会同云南巡抚臣刘秉恬合词恭折具奏，伏祈皇上睿鉴。谨奏。

朱批：览。

（《宫中档乾隆朝奏折》第五十九辑，第 320～321 页）

2639　云贵总督富纲、云南巡抚刘秉恬《奏报缉获逃遣之犯，审明即行正法折》

乾隆四十九年二月十五日

云贵总督臣富纲、云南巡抚臣刘秉恬跪奏：为缉获逃遣，审明即行正法，恭折奏闻事。

窃查云南永平县安插改发内地遣犯庞秃子等脱逃，先经臣富纲饬属悬赏勒缉，并飞咨原籍邻省一体协拿，照例恭折奏明在案。嗣据贵州威宁州盘获庞秃子，禀报前来。

查威宁虽属贵州，而距滇省较近，自应就近办理，以免疏虞。随经臣富纲委员提解至滇，会同臣刘秉恬，率同布政使费淳、按察使许祖京提犯研讯。缘庞秃子即杨成，籍隶甘肃秦安县，因与杨八十子等混充麦客，结伙肆窃，夺犯杀差案内，审依积匪猾贼例，停发新疆，改发云贵、两广极边烟瘴充军，于乾隆四十五年正月内咨解来滇，饬发永平县安插。讵该犯在配穷苦，起意潜逃，与另案遣犯米实、刘仕山商允，于四十八年十月初六日傍晚乘间逃走。刘仕山旋即日分路，该犯与米实日从山箐僻路行走求乞，夜宿空庙、岩硐，米实随亦分路。十二月十六日，该犯行至贵州威宁州，即被州役盘获。逃后并未行凶为匪，配所、乡保亦无知情贿纵情事，刑诘不移，案无遁情。查验年貌、箕斗及面刺“改遣”字样，均属相符。

查庞秃子系应发新疆改发内地之犯，胆敢怙恶不悛，在配与另案遣犯结伴同逃，实属罪不容诛。臣等审明后，即于二月十四日，恭请王命，檄委署云南府知府罗宏漳、云南城守营参将孙云鹏，将庞秃子即杨成绑赴市曹，即行处斩讫。除分咨停缉，仍饬所属文武员弁上紧勒缉逃遣米实等，务获速报，并将看守之乡保照例议拟，同疏纵各职名另行咨参。至缉获邻省逃遣一名之署贵州威宁州事黄平州知州袁治，例得议叙。合并陈明。

所有缉获逃遣审明正法缘由，理合另缮供单，恭折奏闻，伏祈皇上睿鉴。谨奏。

朱批：该部知道。

（《宫中档乾隆朝奏折》第五十九辑，第 321 ~ 322 页）

2640　云贵总督富纲《奏报增估撤遗衙署、兵房折》

乾隆四十九年二月十五日

云贵总督臣富纲跪奏：为增估撤遗衙署、兵房，仰祈圣鉴事。

窃查云南镇沅、新抚、威远、抱母、恩乐等汛撤遗衙署、兵房，均应估变。前经臣确估，造册奏咨。接准部复，以衙署、兵房俱系高大房间，其梁檩柱木等项多属大件，所估殊属短少，估变地基亦属短少，行令转饬确实详查增估等因。奉旨："依议。钦此。"钦遵，当即严饬迤南道切实增估，由云南布政使费淳汇核详报前来。

臣查原估署房二百八十五间，物料估值银一千二百七十三两九钱七分零，地基估值银一百三十三两五钱二分，共估银一千四百七两四钱九分零。今据该道督同该厅州县确查，复于物料项下增估银一百十七两三钱七分零，地基项下增估银三十七两八钱零，原估、加增共银一千五百六十二两六钱七分零。缘署房建自雍正六年暨乾隆初年，迄今四五十年之久，从未修葺，虽系五檩成造，而所用木料径不过四五寸，本非高大，又系松木，质复不坚，俱已朽蠹。所遗地基，非系山坡，即多砂石，难以垦种，且逼近边陲，地广人稀，不能与腹里州县地基价值相较。今通计所估变价，已逾原用十分之八，实无短少，应请准其照估变价值解司，入册报拨。

至倒塌兵房三十四间，应变银一百五十四两二钱二分零，应俟准变之日查明，于历任各员名下追赔归款。除册结咨部外，理合恭折具奏，伏乞皇上睿鉴，敕部议覆施行。谨奏。

朱批：该部议奏。

（《宫中档乾隆朝奏折》第五十九辑，第322～323页）

2641 云南巡抚刘秉恬《奏请变更借项修署起扣之限，以期速清而免久悬折》

乾隆四十九年二月二十七日

云南巡抚臣刘秉恬跪奏：为请更借项修署起扣之限，以期速清而免久悬，仰祈圣鉴事。

窃照定例：道府以下等官借项修理衙署，数在一千两以上者，以领银之日起限，六个月修竣；一千两以下者，限五个月修竣；二百两以下者，限三个月修竣。其所借银两，于修竣日起限，在于应得养廉银内按年坐扣等因，通行遵照在案。是借项修理衙署，工竣起扣，久已明定，限期立法，未尝不备。惟查工竣日起扣养廉之限，自三个月至六个月不等，为期未免稍宽，易滋悬宕，且借项承修之员，或有甫届工竣适逢卸事，转致全扣后任养廉，于事理亦未平允。

臣查滇省道府以下等官所借修署银两，依限工竣陆续扣还者固不乏人，而年限已逾尚未扣完，节年汇册开参者亦复不少。推原其故，皆由所借银两，工竣之日始行起扣，既得宽缓于前，遂致递压于后。臣愚以为，工竣起扣之限亟宜酌改，嗣后借项修署，应请无论银数多寡，概限领银一月后起扣养廉，庶扣限较近，则还项自速，而钱粮益昭慎重矣。

臣因查办及此，谨恭折具奏，伏乞皇上睿鉴，敕部核议施行。谨奏。

朱批：该部议奏。

（《宫中档乾隆朝奏折》第五十九辑，第413页）

2642　云南巡抚刘秉恬《奏报滇省地方情形折》

乾隆四十九年二月二十七日

云南巡抚臣刘秉恬跪奏：为奏闻事。

窃照滇省地方入春以后晴雨得宜、麦豆滋长情形，经臣于二月初二日恭折陈奏在案。

时届仲春，正雷乃发声之候，省城于初八日亥刻，鸣雷得雨，至初九日子时止，入土一二寸不等，又于十八、十九两日，连得阵雨，旋下旋止。节次得雨，虽未克臻透足，而去岁冬雪优沾，今复春泽频施，土膏殊觉滋润，甚于农功有益。外郡各属报到得雨日期，与省城大概相同。本年三月逢闰，气候稍迟，大麦甫届含苞，小麦出土亦才尺许，独蚕豆一项，为炎方最早之物，正在扬花，且有已经结角者，从此晴雨一律调匀，可卜春收丰稔。目下市卖粮价虽随地增减不齐，要皆常年中平市值，不为昂贵。民情豫顺，边境敉宁。

至癸卯全运京铜，将届三月扫帮之期，其在途铜斤，由黄草坪、豆沙关两路分运赴泸者，河宽水深，舟行顺利。惟罗星渡一路，每当春晴，河水不无消涸，铜船体重，撑驾维艰，若不先时筹办，滩高水浅，便有阻滞之虞。臣已饬承运之镇雄州，多为预备竹筏，凡遇应盘剥处所，随时接济，以速转输。现在水路铜斤抵泸迅捷，供兑裕如，京运即可依限扫帮，洵足仰慰圣怀。臣谨一并恭折奏闻，并将正月分粮价另缮清单敬呈皇上睿览。谨奏。

朱批：知道了。

（《宫中档乾隆朝奏折》第五十九辑，第414页）

2643　云贵总督富纲、云南巡抚刘秉恬《奏报癸卯三运二起铜斤依限开帮折》

乾隆四十九年二月二十九日

云贵总督臣富纲、云南巡抚臣刘秉恬跪奏：为恭报癸卯三运二起铜斤依限开帮，仰祈圣鉴事。

窃查癸卯三运一起京铜，于上年十二月二十八日依限自泸开帮，业经臣等恭折奏闻在案。其三运二起，例应即于本年正月内接续开帮。

兹据云南布政使费淳详据泸店委员申报："癸卯三运二起正带京铜七十六万八百一十五斤零，于正月初六日开兑起，至三十日兑竣，运员蒙自县知县杨大观即于是日自泸州开行。"等情。除飞咨沿途督抚臣加紧催趱，迅速抵京，并咨明户、工二部外，查滇省岁运京铜正加八起，兹三运二起虽已依限开帮，而此后尚有加运两起，铜数较正运加多。

臣等核计各厂月报，发运在途铜数业已足额。现值天气晴明，江水未涨，陆运、舟运均可遄行无滞，尤应迅速转输。业已严饬前次添派之文武员弁，分头梭织催趱，务使各路铜斤蜂拥抵泸，以供逐起兑发。所有癸卯三运二起京铜依限开帮日期，理合恭折奏报，伏祈皇上睿鉴。谨奏。

朱批：知道了。

（《宫中档乾隆朝奏折》第五十九辑，第423～424页）

2644 云贵总督富纲、云南巡抚刘秉恬《奏请以威远同知盛林基升署丽江府知府折》

乾隆四十九年二月二十九日

云贵总督臣富纲、云南巡抚臣刘秉恬跪奏：为边要知府员缺，恭恳圣恩俯准升署，以资治理事。

窃查云南丽江府知府石应璋领凭赴任，途次广南府病故，业经恭疏题报在案。所遗员缺，地处极边，界连西藏，管辖五厅州县，番夷错处，兼有承办厂务，控驭抚绥，责任綦重，必得精明强干、熟习情形之员方克胜任，例应在外拣选调补。

臣等与藩臬两司于通省知府内逐加遴选，非现居要缺，即人地未宜，并无堪以调补之员。惟查有普洱府分防威远同知盛林基，年五十岁，江苏举人，挑发江西，题补乐安县知县，加捐知州，签掣云南新兴州知州，升署今职，送部引见，于乾隆四十八年九月十三日到任。查该员才情干练，办事实心，在滇年久，熟悉厂务夷情，参罚亦在十案以内，以之升署丽江府知府，实堪胜任。惟本任尚未实授，且未满夷疆之俸，与请升之例未符。

查人地实在相需，例得专折奏请。合无恭恳皇上天恩，俯准以威远同知盛林基升署丽江府知府，该员感深图报，自必倍加奋勉，而边郡要缺得人，实与治理有益。如蒙俞允，仍照例扣满年限，另请实授。至该员甫于四十七年十二月内引见回滇，应否再行送部引见，听候部议。合并陈明，开具参罚清单，恭折会奏，伏祈皇上睿鉴。谨奏。

朱批：该部议奏。

（《宫中档乾隆朝奏折》第五十九辑，第424～425页）

2645　云贵总督富纲《奏报春深撤汛情形折》

乾隆四十九年二月二十九日

云贵总督臣富纲跪奏：为恭报春深撤汛情形，仰祈圣鉴事。

窃查腾越龙陵以外杉木笼、干崖、三台山等处，经前督臣李侍尧奏准裁防设汛，冬初拨兵八百名，选派员弁带往汛地，分布关卡巡查，春深酌留弁兵三百名驻汛，余俱撤回，节年遵照办理。乾隆四十八年九月，臣照会腾越镇总兵高瑹，挑选精壮弁兵，分起出汛，并经提臣鄂辉前往各关隘亲加查验，恭折奏明在案。

本年三月十五日，节届清明，关外地方虽气候较早，所有撤汛事宜，自应查照上届遇闰之年一例筹办。将杉木笼、干崖二汛应撤官兵，于三月初六日为始，分起撤回。三台山气候较暖，于二月二十五日，全行撤回差操。其杉木笼汛应仍留将弁八员，兵二百名，马四十匹。干崖汛应仍留千把外委六员，兵一百名，马二十匹，分布关卡稽巡。查游击苏尔相久驻边关，一切弹压巡查犹为谙练出力，昨复蒙皇上加恩赏给参将职衔，俟有相当缺出奏补。该员感激天恩，情辞恳切，情愿仍留杉木笼驻守。臣即令其带领留汛官兵实力巡防，其余留汛将弁，亦经照会高瑹，遴选年壮技优、能耐烟瘴之员，饬令督率兵丁及抚夷弩手严密巡逻，仍于撤汛后，令该镇及龙陵协、南甸营照例挑派干练员弁，按月带兵前往杉木笼、干崖、三台山巡查一次，折报稽考，不得虚应故事。其余各关卡隘口，责成官兵驻守盘查。臣仍不时密委员弁，并饬腾越州前往各关隘逐加查验，务使私贩绝迹，以昭严肃。

所有春深撤汛缘由，理合恭折奏闻，伏祈皇上睿鉴。谨奏。

朱批：知道了。

（《宫中档乾隆朝奏折》第五十九辑，第425～426页）

2646　云贵总督富纲、云南巡抚刘秉恬《奏报遵旨秉公审拟镇雄州民吴国元赴京呈控白梭土目陇如岱串通州书魏仲载挖补户册、霸夺田地一案情形折》

乾隆四十九年三月二十四日

云贵总督臣富纲、云南巡抚臣刘秉恬跪奏：为遵旨秉公审拟具奏事。

窃照云南镇雄州民吴国元赴京呈控白梭土目陇如岱串通州书魏仲载挖补户册、霸夺田地一案，臣等查与廖文明控案，提省人证众多，未便久羁拖累，将现在审拟缘由奏经奉旨交臣等秉公办理。

除廖文明案另折具奏外，臣等详核吴国元等与陇如岱历年控告卷宗，缘吴国元系陇如岱佃户、吴茂绍抚养义子，陇如岱远祖陇鸿玉，先为白梭土目，五且寨山地即白梭所辖，历系听佃开垦取租。吴国元祖辈共十六户，世佃五且之田，岁纳陇如岱家租米四十石。雍正五年镇雄改土设州，经前督臣鄂尔泰题明，将土知府官田以六分变价入官，许民承买，州给印照，四分仍给土目佃种。其寻常头目田亩无多，免其入官，概令升科为业。五且地方即系寻常头目之田。彼时委员清丈造册，因土夷不谙事例，皆以佃户姓名入册承粮，每年官粮即在应交租额内扣除，官发完粮印票，佃户仍交业主收执。是以五且田亩清丈册内，皆列吴国元祖辈十六户姓名，注有白梭字样。至雍正十一年，陇如岱祖母余氏因事赴黔，其父陇奉仪痴聋，不理家事，各佃遂心存觊觎，粮票未交，租亦不纳。乾隆三年，余氏回滇，赴州控理。时吴国元之伯吴茂公与同佃王国鼎等亦皆讦告，以五且田地，吴茂公等粮册有名，系由伊祖吴大海等十六户买自苗民易丑、易哇，自行开垦，执有明季嘉靖年间承买找价白契，并非代完土目田粮，节年争执为据。又乘控案屡翻，自乾隆十三年至三十五年间，吴茂绍等私将原佃地亩，或零星割卖，或全行出售得价，归与同佃吴国楼、曹文纪、王泽远等耕管，立有七契，赴官投税，官未查明，陇如岱亦不知情，益滋讼端。

臣等查历来道府州详断案卷，该佃张瑕等所执置买易姓夷人五且田契，开载嘉靖四十六年承买，四十七年找价。而嘉靖实止四十五年，并无四十六七年号，契属捏造显然可见，则彼时买田之说更不足为凭。至该户等所称粮册有名，则通查州境土目田地，均以佃名入册承粮，不止五且一处。现在陇如岱另佃高凤仪等，亦以佃户姓名入册报粮可证。据陇如岱呈出雍正七、八、十等年原佃十六户交收粮票，均注有白梭名目。查白梭为陇氏土目之号，吴国元等之租果系自置己业，不应将粮票交与陇如岱家，又注明白梭字样，且卷查乾隆七年该佃王甫安等曾控陇氏租重，经该州断令减租八石在案。是各佃完粮之外，原交陇氏租米，确有凭据。是以历来审断，俱将五且地亩归于陇如岱管业，追租给领。乃吴茂绍、吴思诚、张瑕等翻控不休，嗣经前督臣李侍尧批饬迤东道白玠审详，地归陇姓，并饬令改正己名入册完粮，将诬告之吴思诚监生斥革，同吴茂绍、张瑕一并拟以枷杖，批结完案。而张瑕等复赴臣等衙门具控，批据昭通府孙思庭审照前断详结。是五且地亩之为陇姓土目遗业，实无疑义。

再查吴国元呈控，有乾隆二年州书晋元珍在州册添写白梭字样，迨四十一年州书魏仲载，更将户册挖补，添改陇家姓名等语。事关书吏串弊，不可不彻底跟究。因查雍正六年委员清丈册内，原有改写五且地名及裁补处所，其骑缝处则均盖有委员印记，自系初丈造册间有舛错，因而改正，而于十六户田粮户名及各名下白梭字样并无更动。是册由委员查改，该州实未经手，州书晋元珍更何从添写？又查乾隆三年，前州杨于泽查审吴茂公控案时，曾将册内吴茂公一户改一字为佃字，意欲显别佃户名目。第册内佃户首名秦可聪，已注明白梭佃户，以下原不必再列佃名，亦非该州故将民户改为佃户，曾经昭通府来谦鸣饬查前情，详明结案。至乾隆十八年，昭通府漆启铣又以王国鼎等屡经翻控，委镇雄州吏目来俊查明五且之地原系陇姓产业，但经佃开荒已久，议令各佃出银给与陇姓，田归佃管，两造亦均未允。彼时只为息讼起见，并非因查出改册形迹，始有断给银两之事。此外，该州地粮册内前后并无挖改添补。至魏仲载承充州书，在乾隆二十七年。其于雍正六年委员清丈改册，该书既不知原委，即乾隆三年知州杨于泽改吴茂公一户为佃户，讵今已四十余年，该书亦不知情，况查丈册内，亦无如所控添列陇家姓名字样，则吴国元所控陇如岱串通魏仲载挖改户册，更无影响。

臣等复将以上情节逐层向吴国元究诘，并令如有确切柄据，并或有承买变价官田印照，即行呈出，据实查办。据称买田白契传自祖遗，是否捏造，不知细底。因系十六户原佃荒山，开垦成田，即同各家己产，又闻粮册有挖补痕迹，从前来知府曾经饬查，遂疑州书作弊，致将田亩断归陇如岱，是以心怀不甘，乘廖文明怂恿，赴京控告。遂浼熊应祥作词，偕同佃王纶进京具控。在京所供情节，俱照旧时状稿诉说，今蒙逐一究问，实在无可回答，此外亦无另有凭据。总是心疑错告，惟求宽典。质之原讼吴茂绍、张瑕、吴思诚，佥称屡蒙道府、本州讯明，五且地亩实系陇如岱家祖遗，已经输服，不敢再告。吴国元起身时，伊等被本州差押在城追租，并未知情等语。再四究诘，委无遁情。

查律载：侵占他人田一亩，笞五十，每五亩加一等，罪止杖八十，徒二年；又诬告人流徒杖罪，加所诬罪三等，罪止杖一百，流三千里各等语。今吴国元以久经审明断结之案，赴京翻控，殊属刁健。

查十六户原种田亩，按丈册所开，共田四百四十五亩零。如吴国元具控陇如岱占田属实，罪应杖八十，徒二年。今审系虚诬，应加三等，吴国元应照律于杖八十、徒二年上加三等，杖一百，流二千里，至配所折责四十板。王纶虽未出名递呈，但帮同敛费赴京，亦未便轻纵，应于吴国元流罪上减一等，杖一百，徒三年。该犯赴京后尚未回籍，俟缉获照拟发配。至五且地亩，为陇氏世业，委属确凿，自应断归陇如岱管业，听其另行招佃收租。惟是吴国元等十六户，耕种五且田亩已阅百有余年，且系伊等祖辈开垦成熟，借此资生已久，现在人丁蕃众，几及百十余户，俱环居五且地方，专借耕种以资衣食，今若因吴国元一人赴京捏控，即将各户所佃田亩尽行撤出，以致百十余户皆资生无术，必致别滋衅端，似亦未为允当。若仍令十六户佃种，按年交租，而该佃等拖欠田租已成积习，日后亦难保其逐年清纳，且据陇如岱供称，住处离五且地方窎远，亦不愿按年取租。臣等因事关民夷交涉，不得不因事制宜，少为变通，永除讼端。公同筹酌，莫若照陇如岱每年应得租息，计值银若干，于吴茂绍等十六户，按原佃田亩多寡，分别计息，酌追银两，给陇如岱收领，田归各佃，永远佃种纳粮，但不许私相售卖。在陇如岱得银生息，既与得租无异，而各佃亦不致有失业之虞，自可永杜葛藤。讯之陇如岱，亦情愿得银营运以抵租息，并取具两造遵结备案。吴国元、王纶所敛盘费，照追入官。熊应祥代作词状，俟拿获解省，归于代廖文明作词案内另行究办。吴茂绍、张瑕、王尧，讯系吴国元私写名字入呈，并不知吴国元赴京具控，应与讯无占田之陇如岱及无挖补粮册之州书魏仲载，均免置议。曹国良助给盘费，复与王纶担承吴国元、许谢、熊应祥代作词状银两，应照不应重律，杖八十。其余各户帮助盘费，事由吴国元等胁制，应免提质，以省拖累。至盗卖之王朝卿、张朝宣、吴茂绍、潘梦礼、曹文现、吴应现及盗买之曹文纪、吴国楼、王泽远、晋绲、张朝轸，除曹文纪已故，吴茂绍因控案枷责，应免重科，其余或因控案未结，或误认各家祖业，阅年已久，且在节次恩诏以前，均请免其究处。契纸涂销，田价银两，仍于王朝卿等名下照追入官。节年所得花利及吴茂绍等所欠租息，陇如岱既情愿让免，亦请免追。至五且田亩，久经控州有案，乃历任该管知州于曹文纪等盗卖税契之时，并不查实，混行印给契尾，殊属违例。现在饬司查取职名，另行咨部议处。

理合缮具各犯供单，恭折会奏，伏祈皇上睿鉴，敕部核覆施行。谨奏。

朱批：该部议奏。

（《宫中档乾隆朝奏折》第五十九辑，第571~576页）

2647 云贵总督富纲、云南巡抚刘秉恬《奏报遵旨秉公审拟廖文明控案情形折》

乾隆四十九年三月二十四日

云贵总督臣富纲、云南巡抚臣刘秉恬跪奏：为遵旨秉公审拟具奏事。

窃查云南镇雄州民廖文明与吴国元同时赴京具控二案，臣等因被控证佐率皆承运京铜之人，恐羁留日多，致滋贻误，奏请先行审讯。奉到朱批："是。秉公办理可也。钦此。"除吴国元具控一案另行审拟具奏外，臣等查廖文明所控短发正额运脚及侵蚀恩加脚价一万五千余两，并派修铜店各款，官吏绅士侵肥派敛，如果属实，俱属大干法纪，必须逐层彻底根究，务期水落石出，以成信谳。臣等蒙皇上委审此案，自当凛遵圣训，秉公办理，断不肯稍存回护之见，且转发加价，系前任督抚经办之事，更不必为前人回护。臣等随提集案卷底簿及案内人证并应质之运户、绅约人等到省，率同司道逐一研鞫。

缘滇省京铜，俱系官给脚价，雇觅车马承运。惟镇雄州铜运，取道于黔省之威宁州，向系委员在威宁设店，雇马运至罗星渡，计程十站，每铜一驮重一百六十八斤，除搭运八斤例不给价外，应给运脚银二两六分七厘。嗣因马匹稀少，威宁州又有承运京铅，不能兼顾，乾隆三十六年，改委镇雄州知州管理，即令雇夫背运。据前州汪丙谦具详，威店岁运京铜三百一十余万斤，需夫甚多，一时雇运不前，必致有误京运。而计丁拨运，又恐有累穷民，议以有粮之户出夫受雇承运，俾免偏枯，经前督臣彰宝批行照办。四十一年，前督臣图思德以例给脚银不敷雇夫之用，奏准自丙申年起，计每铜一驮加银四钱八分，于复炉铸息银内扣给。嗣因停止复炉加铸，此项加脚无可扣给，旋亦中止。前署镇雄州周翔千于奉文准加之后至檄行中止之日，已发给运户加脚银二千七百一十四两零，造报详明有案。迨后督臣李侍尧复经奏准，此项脚银于现获各局铸息银内支销。计丙申、丁酉两运，应加脚银一万七千九百五十两零，除周翔千先经发给加脚银二千七百一十四两零外，余银一万五千二百三十五两零。于四十五年，经前督臣李侍尧、前抚臣孙士毅据详，批令前署藩司徐嗣曾提取银两，派委通判鲍镇华解赴该州，会同署牧屠述濂散给取领，造册详报亦在案。嗣于四十六年，前督臣福康安等会奏镇雄村庄距威宁窎远，虽加给脚价，民夫仍艰于远涉，将自威宁至镇雄五站改归威宁州承运，其自镇雄州城至罗星渡五站，责成镇雄州承运，以节民劳，仰蒙俞允。至镇雄州城应设铜店，估需工料银八百六十五两零，造册咨部，照修署之例，在司库先行借给，仍于该州养廉内分年扣还。业据该州具报，于四十六年九月兴工，十一月工竣，现经按年扣银还款在案。此镇雄州民夫运铜及加脚减站，并建设铜店之原委也。

臣等查加价银两数至一万五千之多，当日有无补给，断难掩人耳目。现在发银领银之人俱在，提齐运户人等，诘其曾否照数具领及有无克扣短发其事，亦甚易明晰。随提运户杨登华等到案，逐一研讯，据供："补发四十一二两年加脚银两，经省城委员押解至州，屠署州将各运户应领银数花名先行出示，传集各乡约，带同众运户亲身赴州，当堂逐名散给，每铜一驮给加脚银四钱八分，并无丝毫短少。我等领银后，各具有领状属实。"并讯据绅士王廷桂、何发祥等供称："绅士们向与里民一体出夫受雇运铜，均有应领加价。因知州示谕不准代领，是以亲身赴州具领。至别户脚价，系本州眼同乡约、绅士们散给，从何侵蚀？如果有串通侵蚀情弊，本州运户众多，岂能隐瞒，转待未经运铜之廖文明等出头控告。"各等语。臣等以廖文明既控绅士侵蚀加价，自必确有指证之人，复谕令据实供指。又据供出，伊至戚王世珍、张旺、谢大祥三人，均系运户，可以作证。及提讯王世珍等当面质对，佥供："加脚银两，我等俱系照数亲领，并无短发，实不闻有官役、绅约侵蚀之事，不敢附和妄供。"是廖文明所控短发加价一节，非特众供全无影响，即其所指作证之亲戚人等，亦佥供俱已全领，其为捏控无疑。

臣等又以加价银两，虽经众证确凿，而廖文明在京供称昭通白知府审讯之时，将加价银一万五千余两情节，因恐连累多人，劝令勿究等语。既有此供，未便置之不问。臣等复向廖文明严诘，据供："从前告状，白本府审明虚捏，恼我谎告累人，把我枷责。我心里怀恨，要做成官绅朋吞情形，希图耸听，所以供说白知府劝令勿究的话，并非实有其事。"适原审之前署昭通府、现任大关同知白秀在省，臣等传至，当堂对众面询，据称："加价银两是从前委员会同知州按数发给的，我不过奉委承审此案，有何顾忌？向伊出此调停之词，既欲调停完结，就不应将伊当堂责打。”又复问拟枷号事无两可之理，只求详请，言之极其侃侃。而廖文明一见白秀，神色慌张，但向白秀叩头认罪。是其所供白知府劝令勿究一节，全属子虚。又廖文明所控威宁至罗星渡计程十八站，每铜一驮官给脚价二两六钱，该州只发银一两一钱一节，如果属实，则该州短价朘民，亦有应得之罪。复讯之运户人等，据供：“威宁至罗星渡计程十站，并非十八站，每铜一驮例给脚价二两六分七厘，亦非二两六钱。我等领铜背运，知州均系照数发给，并无克扣之事。廖文明并未运过铜斤，何由得知？”质之运铜之绅士等，供悉相符。卷查该州运铜程站，自威宁至罗星渡实系十站，例给脚价实系二两六分七厘，均属符合。是廖文明于铜运之程站银数尚未深知，其所控短发脚价之语，更属无稽。

再廖文明控称镇雄州官修铜店，该州听信绅士陈善嶷等，逐户科派，共派银一万余两一节。臣等因思地方官遇有承办公事，借口借资民力，绅士等希图结纳官长，从中敛银钱，亦事之所或有。是派修铜店一节，在廖文明所控，未必无因，自当从此详加根究。因提陈善嶷等严行诘讯，令将科派实情据实供吐。乃诘讯之下，不特陈善嶷等极口称冤，即讯之原控粘呈单内所开出钱各户，亦均称并无其事。臣等随询问廖文明：“尔从前在滇，原控派钱二十万串，今又称派银一万余两，因何数目互异，究属以何为凭？所呈派收钱单究系得自何人？均须逐一指实。”据供：“缘林虞现因与陈善嶷挟有夙嫌，纠同伊弟林奉耀、邻人刘建魁等图殴泄愤，致将陈善嶷之侄陈庆琮殴毙。林虞现又因酿命畏罪，随彼此商酌，连名具控派修铜店，庶可先发制人。因刘建魁曾当过保正，即令刘建魁捏开出钱名单，交林虞现写好，以陈善嶷下乡派钱起衅缘由粘呈具控。其实修理铜店，并未派钱，陈善嶷等亦无下乡科敛情事。至从前在滇，原控派钱二十万串，今又在京控派银一万余两，俱是我希图数多动听，随意混写的。现在盖起的铜店，不过二十几间房子，焉能用银至万余两呢？”质讯林虞现、刘建魁，亦自认捏造属实。

查廖文明以凭空无据、与已无干之事屡行渎告，业经本省审虚，又复赴京呈控，究系何所图谋，其中必有指使之人，且其在京讯供时有林虞现写给呈稿之语，是否即系林虞现浼令赴京控告，希图轻减罪名，尤须彻底追究。讯据廖文明供：“我从前屡告铜运，原希图告免运铜，可向众人索谢。至此次赴京告状，林虞现并不知情，系林虞现之母廖氏，因伊子与我伙告铜运，以致酿命问罪，时常向我吵闹。我亦以从前控告铜运脚价屡被审虚杖责，又屡遭绅约耻辱，心怀不甘，欲拖累众人泄忿，随乘机应允，赴京告状。如准了前告各款，即可轻减其子罪名，并向索取盘费银两。廖氏当即卖田得价，给我盘费银八十两，并令伊婿王世碧结伴同行。至我的呈稿，实系镇雄州人熊应祥代作，卓之怀代誊的。从前供说林虞现给我的话，实系妄供诿卸。今蒙质讯，只得实供以上各情节。”臣等反复究诘，悉属虚诬，不惟廖文明自知理屈词穷，无能置辨，即同案屡控之林虞现、刘建魁、萧良等，亦俱俯首无词，已无疑义。

查例载：蓦越赴京告重，事不实全，诬十人以上，发边远充军等语。今廖文明既未承运京铜，并无应领运脚，因图人酬谢，在本省屡行控告，且于已经审虚枷责之后，复挟绅约耻辱之嫌，诓骗林虞现之母银八十两，以侵短正加运脚、敛收铜店钱文重情赴京具控，实属刁健。廖文明一犯，合依蓦越赴京告重，事不实全，诬十人以上例，发边远充军。但该犯以不关己事挟嫌妄控，拖累多人，意在阻挠铜运，情节较重，应从重改发乌鲁木齐，给种地兵丁为奴。林虞现先经枷责发落，续又归于命案拟流。廖文明进京具控，讯不知情，亦无写给呈稿情事，毋庸再议。刘建魁已于命案拟徒。萧良先经枷责发落，此次廖文明赴京具控，系私列其名，均讯不知情，应免重科。林虞现之母廖氏给银往控，虽有不合，但为廖文明所愚，且系女流，爱子情切，应免提究。该氏幼子林奉碧历告无名，讯系廖文明进京具控，私行列入，并不知情，亦应免议。随同廖文明赴京之王世碧，获日另结。代作呈词之熊应祥及誊写呈词之卓之怀，现已专檄飞提。因镇雄州距省窎远，有需时日，是以先就现犯审拟具奏，俟提到日，另行审明办理。余俱无干，概行省释。署镇雄州知州屠述濂，并无短发脚价及侵蚀加价、派修铜店情事。该员在任数年，承运京铜亦无迟误，应与承审并无错误之前署昭通府知府白秀，现任昭通府知府孙思庭，均免置议。所有臣等会审廖文明控案缘由，谨恭折具奏，并另缮供单恭呈御览。

再镇雄州承运京铜，改用民夫背运，向因程站窎远，运脚稍有不敷，而该州粮户均知急公，依限挽运，并无迟误。自蒙圣恩轸念民艰，加增运脚，又复改减程站以来，民夫就近领运，既免远涉之劳，所得正加脚银尽敷所用，更无贴赔之累。臣等体察民情，无一不踊跃赴公，转输尤速。所有该州铜运章程，应仍照旧办理。合并陈明，伏乞皇上睿鉴，敕部核复施行。谨奏。

朱批：该部议奏。

（《宫中档乾隆朝奏折》第五十九辑，第576～581页）

2648　云贵总督富纲、云南巡抚刘秉恬《奏报癸卯加运一起京铜依限开帮折》

乾隆四十九年三月二十七日

云贵总督臣富纲、云南巡抚臣刘秉恬跪奏：为恭报癸卯加运一起京铜依限开帮，仰祈圣鉴事。

窃查癸卯三运二起京铜，于本年正月三十日依限自泸开帮，业经臣等恭折奏闻在案，其加运一起，例应即于二月内接续开帮。臣等因加运两起京铜，共计一百八十八万余斤，为数较多，惟恐各厂发运铜斤，背夫、脚户借口春雨泥泞，以致迟滞，当即飞饬各店，委员加紧转输，并饬查催之文武员弁分路督催。去后，兹据云南布政使费淳详据泸店委员申报："癸卯加运一起京铜九十四万九百九十一斤零，于二月初三日称兑起，至二十九日兑竣，运员鲁甸通判朱绍曾，即于是日自泸州开行。"等情前来。

除飞咨沿途督抚臣加紧催趱，迅速抵京，并咨明户、工二部外，查每年正加京铜八起，例限自八月起至次年三月扫帮。今癸卯加运一起业于二月内依限开帮，此后仅有加运第二起，核计发运在途及泸店积存铜斤，亦已足供兑发，三月必可扫帮，不致延误。所有癸卯加运一起京铜自泸开帮日期，理合恭折具奏，伏祈皇上睿鉴。谨奏。

朱批：好。知道了。

（《宫中档乾隆朝奏折》第五十九辑，第597页）

2649　云贵总督富纲、云南巡抚刘秉恬《奏报滇省委员办运粤东铜斤扫帮出境日期折》

乾隆四十九年三月二十七日

云贵总督臣富纲、云南巡抚臣刘秉恬跪奏：为滇省委员办运粤东铜斤扫帮出境日期，循例奏闻事。

窃照各省委员赴滇采买铜斤，往来俱有定限。钦奉上谕："嗣后到滇办运开行，着该抚具奏，如有无故停留贻误者，即行指名参究等因。钦此。"钦遵在案。

兹据云南布政使费淳详称："滇粤铜盐互易，委员滇省署恩乐县知县梁耀宸，领运宁台等厂高铜十万六千斤，金钗厂低铜六万二千斤，前往粤东易盐。以该员于乾隆四十八年五月二十二日领足金钗厂铜斤之日起限，除小建四日不计外，扣至四十九年二月十八日限满。今该委员于本年二月十六日，全数运抵宝宁县属剥隘地方扫帮出境，正在限内，并未逾违。"等情，详请核奏前来。臣等复查无异，除飞咨广东、广西抚臣转饬接替催趱，依限交收供铸，并咨明户部外，所有滇省委员梁耀宸办运粤东铜斤扫帮出境日期，理合恭折具奏，伏乞皇上睿鉴。谨奏。

朱批：览。

（《宫中档乾隆朝奏折》第五十九辑，第598页）

2650　云贵总督富纲《奏报滇黔两省晴雨应时、春花畅茂情形折》

乾隆四十九年三月二十七日

云贵总督臣富纲跪奏：为晴雨应时、春花畅茂，恭折奏闻事。

窃查滇省三冬瑞雪优沾，入春以来晴雨应时，一切麦豆春花均极发荣滋长。至三月初间，虽时有阵雨，不能涵濡浸润，春田不无望泽。兹于十六日，天气骤寒，午后雨中间带雪花，旋落旋消，入夜雪势较大，积厚二三寸不等，次日即天气晴暖，顷刻消融，入土极为深透。

臣出郊察看，弥望青葱，南豆二麦俱有益无损，稻秧甫经浸种，尚未抽针，亦无妨碍。现在南豆陆续登场，大麦亦将收割。省城中红米每仓石价银一两六钱，其余各属粮价虽长落不齐，亦不为昂贵。黔省各属雨旸时若，二麦俱各茂盛，二月二十七日及三月初五等日，复普得透雨，更滋长养，丰稔可期。市集中米每仓石价银五钱七分至一两六钱六分不等，核计虽有略增之处，较之往年尚不为昂。两省民夷乐业，边境敉宁。理合恭折奏闻，仰慰圣怀，伏祈皇上睿鉴。谨奏。

朱批：欣慰览之。

（《宫中档乾隆朝奏折》第五十九辑，第600页）

2651　云南巡抚刘秉恬《奏报滇省雨水禾苗情形折》

乾隆四十九年三月二十七日

云南巡抚臣刘秉恬跪奏：为奏闻事。

窃照滇省地方春分以前雨旸麦豆情形，经臣于二月二十七日恭折陈奏在案。三月初间，省城雨水稍稀，农田正在望泽。十六日，天气忽寒，雨中夹雪，昼则雨多雪少，旋落旋融，夜间雪势较大，积厚二三寸不等，次日天晴气暖，顷刻全消。

臣以滇处炎方，季春遇雪，恐非所宜。随亲赴郊外遍加察看，二麦、蚕豆不特毫无损伤，抑且愈滋畅茂。询之农人，咸称雪后即晴，融化又速，水流入土，比雨更觉透润，春花固可丰收，稻秧刚值浸种，田畴沾渥，尤为有益。附省之云南府属各州县报到雪雨情形，与省城大概相同。他如外郡各属节据具报，三月上中两旬膏澍频施，共欣时若，节候较早之区，秧针渐次出水，所种麦豆竟有已经收割者。目下市卖粮价，虽随地长落不齐，转瞬春田丰获，可期日臻平减。现在民夷乐业，边境敉宁。臣谨恭折奏闻，仰慰圣怀，并将通省二月分粮价另缮清单，敬呈皇上睿览。谨奏。

朱批：知道了。

（《宫中档乾隆朝奏折》第五十九辑，第608～609页）

2652　云贵总督富纲《奏参疏防安插内地土目之跟役脱逃各官折》

乾隆四十九年闰三月十一日

云贵总督臣富纲跪奏：为疏防安插内地土目之跟役脱逃，据实参奏事。

窃照木邦土司线瓮团，先系安插云南大理府，嗣经前督臣李侍尧奏明，改迁东川府城安插，饬交地方文武稽查管束在案。兹据会泽县具报：“线瓮团属下土目线五格，有跟役岩望，于乾隆四十九年二月十四日赴山砍柴，至晚未回，查缉无迹，显系脱逃。”等情。

臣查东川府在省城之东北，因离边较远，是以将该土司改迁安插，原因易于防范。今仍有跟役一名脱逃之事，则该管文武实为疏慢。除飞饬沿边之永昌、顺宁、丽江、普洱各处文武及经由各州县营汛一体上紧截拿，务获解究外，所有疏防土目跟役岩望脱逃之专管文职，系署会泽县事马龙州知州刘焯，统辖东川府知府萧文言；专管武职东川营守备杨大山，统辖东川营参将孚兰泰，相应一并开参，请旨交部分别议处。臣谨恭折具奏，伏祈皇上睿鉴。谨奏。

朱批：有旨谕部。

（《宫中档乾隆朝奏折》第五十九辑，第725页）

2653　云贵总督富纲《奏报滇黔两省晴雨应时、春收丰稔情形折》

乾隆四十九年闰三月十一日

云贵总督臣富纲跪奏：为晴雨应时、春收丰稔，仰祈圣鉴事。

窃照滇黔两省自冬及春雨雪应时、豆麦畅发，节经臣恭折奏报在案。兹查云南省城于三月二十八九及闰三月初四、初八等日，俱得阵雨，虽为时不久，亦足以资润泽，并据各州县具报，亦于三月下旬得雨一二次不等。大小二麦正当成熟之际，得此雨润日暄，颗粒更臻饱绽，所植稻秧俱已抽针秀发，其蚕豆一项业经刈获，豆粒亦极充实。本年麦豆收成，各属册报虽尚未齐全，而高低牵算，约可八分有余。即向种豆麦之车里等各土司，据报春收亦均在八分以上，洵称丰稔。惟现在麦未登场，省城市卖粮价较常时不无稍贵。臣已饬司，议动仓粮，照例开粜，以资接济，并查明各属中有应需粜借之处，饬令详办，以期一律平减。黔省气候较迟，二麦正在升浆结实，稽核各属册报，每旬俱得渥雨，土膏滋润，于春种更有裨益，市粮充裕，价值中平。两省民夷乐业，里巷恬熙，边境亦甚宁谧。此皆仰赖圣主鸿慈广被之所致，理合恭折奏慰慈怀。

再查云南省金汁等六河，附省田亩全资灌溉，所关最为紧要。臣亲加查勘，各河间有沙石淤积，堤岸亦有残缺之处，随饬粮储道永慧，于春初水落之时，督同管河厅员，于河道淤浅之处及堤岸损缺者，分段挑修，现已一律深通坚固，蓄水充盈，足资引灌，即将来夏雨时行，亦可宣泄，不致有泛溢之虞。合并陈明，伏祈皇上睿鉴。谨奏。

朱批：欣慰览之。

（《宫中档乾隆朝奏折》第五十九辑，第 726 页）

夹片：再臣前因祥符等三十八州县麦地被旱，奏请酌借籽种、口粮，并缓征银谷在案。兹查被旱各州县，均得雨二三四寸及深透不等，受旱稍轻之处，尚可望其有收。其麦苗黄萎地亩，亦可翻种秋粮。且省城于初九日复得甘雨，被旱各属自必一律均沾。臣现饬藩司江兰遴委妥员，确勘实在情形，撙节办理。合并附折奏闻。谨奏。

朱批：知道了。

（《宫中档乾隆朝奏折》第五十九辑，第 727 页）

2654　云贵总督富纲、云南巡抚刘秉恬《奏请以河阳县知县符梦龙调补丽江县知县折》

乾隆四十九年闰三月十一日

云贵总督臣富纲、云南巡抚臣刘秉恬跪奏：为恭恳圣恩调补边要知县事。

窃照云南丽江县知县任锡绂，因前署宜良县失察民人杨世奇隐匿成熟地亩，部议降一级调用。钦奉谕旨："着该督抚出具考语，送部引见，再降谕旨。钦此。"钦遵。除委员接署，饬令任锡绂交代清楚，另行给咨送部外，所遗丽江县缺，系附府首县，且地处极边，路通西藏，番夷错处，治理非易，是以例定在外拣调。

臣等与藩臬两司公同遴选，所属知县内，非现居要缺，即人地不宜，实无合例堪调之员。惟查有河阳县知县符梦龙，年四十六岁，河南宁陵县监生，捐纳知县，签掣江西靖安县，引见，奉旨调授云南河阳县，乾隆四十六年四月二十日到任，连闰扣算，历俸已满三年。该员心地明白，办事勤谙，于风土夷情尚为熟悉，以之调补丽江县知县，洵能胜任。惟任内参罚已逾十案，与例稍有未符。但人地相须，例得专折奏请。合无仰恳天恩，俯念员缺紧要，准以符梦龙调补丽江县知县，于边要地方实有裨益。该员由现任知县请调知县，衔缺相当，毋庸送部引见。如蒙俞允，所遗河阳县缺，例应试用人员题署，容另拣员请补。合并声明，谨开具符梦龙参罚清单，恭折具奏，伏祈皇上睿鉴。谨奏。

朱批：该部议奏。

（《宫中档乾隆朝奏折》第五十九辑，第 727～728 页）

2655 云南巡抚刘秉恬《奏请将轮年应修城垣酌情停办，以尽急工折》

乾隆四十九年闰三月二十七日

云南巡抚臣刘秉恬跪奏：为轮年应修城垣酌请停办，以尽急工，仰祈圣鉴事。

窃照滇省普洱、他郎、元江、嶍峨四处新旧坍塌城垣，先经臣专折奏明，分年次第兴修，钦奉朱批俞允在案。除临边之普洱、他郎二处城垣已于乾隆四十七八两年按次估报兴修外，其元江州城垣，本年轮应估修，明岁即应递修嶍峨县城垣，惟查上年秋雨过多，续据临边之腾越州、保山县报坍塌城垣两座，业经督臣富纲汇折奏请急修，以卫边圉，现饬该管道府分别勘估，另行核实办理。

臣伏思滇省地处边疆，城垣为保障之资，在在咸关紧要。但通省之中，有临边与不临边之别，城工宜急宜缓，仍当随时体察，斟酌妥办，以期工归有用，帑不虚糜。臣查腾越、保山二处，均系迤西极边要地，而腾越一州，则界联外域，更比保山为要，城垣坍塌，自应作速修整，以壮观瞻而资巩固。俟该道府估报到日，本年先尽腾越，俟腾越办竣后，再及保山。

至普洱、他郎二处，均系迤南极边要地，而元江一州，在普洱、他郎之内，距边颇远。今普洱、他郎两城现已按次兴修，本年既有临边之腾越州城垣应行亟为修理，若再将内地之元江州城垣同时估办，不惟大工并举，多费帑金，抑且熟谙匠作，在滇省地处偏远，本自无多，雇募亦非易事。臣通盘筹计，应将元江州城垣本年暂停估修，俟腾越、保山二处边城分年以次修竣，再请接续勘办。至嶍峨一县，尤居腹里，原议应修城垣，自元江而递，及今元江既请停办，则嶍峨更可从缓。臣以城工宜缓宜急，贵在随时权量，不敢因先自奏定有案，辄存回护之见。除于年终汇奏折内，将元江州及嶍峨县城垣概行列入缓修外，所有停办缘由，理合恭折奏明，伏乞皇上睿鉴。谨奏。

朱批：知道了。

（《宫中档乾隆朝奏折》第五十九辑，第 833 ~834 页）

2656 云南巡抚刘秉恬《奏报考验亲标新旧兵丁技艺情形折》

乾隆四十九年闰三月二十七日

云南巡抚臣刘秉恬跪奏：为考验亲标新旧兵丁技艺，恭折奏闻事。

窃照行军利器，弓箭与鸟枪二项最为得用。而绿营制胜，尤以鸟枪为要。是以臣标左右两营新添兵丁四百四十二名，臣派令专习鸟枪者三百三十九名，余则分习弓箭及各项杂技，均饬该管将备勒限训练，并将新兵与旧兵不时合队操演，俾知观法，可望一律娴熟。上年冬月，经督臣富纲于兼署巡抚任内，调集新旧兵丁合操。其新添之兵，在始初收伍者演习已久，鸟枪、弓箭皆能与旧兵无异，内有新近收伍者，为时犹浅，中靶之数仅能合式，尚欠纯熟，汇同省城营伍情形，奏蒙圣鉴在案。

兹臣回任后，于闰三月初六七八九等日，将两营新兵与旧兵，按技分日考验。鸟枪演打准头，每排十名，共打三十枪，旧兵三十四排有奇，中三十枪者三排，中二十九枪者六排，中二十八枪者八排，中二十七枪者十排，中二十六枪者五排，中二十五枪者二排。新兵三十三排有奇，中三十枪者十四排，中二十九枪者六排，中二十八枪者四排，中二十七枪者五排，中二十六枪者三排，中二十四枪者一排。核其中靶分数，俱在定例二十枪，堪列一等以上。新旧相较，新兵之举放轻便，及中靶成数，不但不逊于旧兵，转觉差胜。至马步骑射，驾式平正，撒放结实，步箭成数，每兵以五箭为率，旧兵一百零二名，中五箭、四箭、三箭，应列一等者，已有七十二名，计居十分之七。新兵七十一名，中五箭、四箭、三箭，堪列一等者五十二名，计居十分之七有余。是箭枝中靶，亦属新旧相埒。

臣体察其故，非旧兵材技转逊于新兵，实因新补兵丁悉系少年，不过在二十岁内外，又多兵家子弟，一经收伍食粮，无不专心学习，以图长进，遂致与旧兵竟无分别。当将应列一等之新旧各兵量予奖赏，该管官弁分别记功。此外，尚有炮手、藤牌、长枪、劘刀、弩弓、长矛等项杂技兵丁，合操阵式均能整齐如法，配队演试，更皆纯熟可观，亦即当场酌量奖赏，以示鼓励。臣仍严饬该管将备勤加教演，务使新旧兵丁精益求精，久而弗懈，咸成劲旅，以仰副我皇上养兵诘戎之至意。

再臣标此次添补新兵训练技艺，先经臣于筹办添兵折内，奏留已膺预保之中军参将哈国祥、左营守备周凯专司其事，并声明俟办有成效，再行给咨赴部。仍出具切实考语奏明，以便引见时恭候钦定。倘或始勤终怠，办理不善，即将预保原案咨部注销，奏蒙俞允在案。今两营新兵技艺已经训练纯熟，皆由该将备经理实心，不辞劳瘁，是以收效倍速。查参将哈国祥，年五十五岁，四川人，行伍出身，老成干练，管辖严明，且人甚通晓事体，不染绿营习气。守备周凯，年三十七岁，贵州人，兵丁出身，年壮技优，晓畅营务，人亦勤干。该二员俱曾出师金川，著有劳绩，实为绿营将备中出色之员。现于预保案内给咨送部引见，其人材何如，自能仰邀圣明洞鉴。

所有臣考验亲标新旧兵丁技艺缘由，理合恭折奏闻，并将鸟枪兵丁中靶分数另开清单敬呈御览，伏乞皇上睿鉴。谨奏。

朱批：知道了。

（《宫中档乾隆朝奏折》第五十九辑，第834~836页）

2657 云南巡抚刘秉恬《奏报滇省雨水粮价情形折》

乾隆四十九年闰三月二十七日

云南巡抚臣刘秉恬跪奏：为奏闻事。

窃照滇省地方谷雨以前雨旸时若、麦豆畅茂情形，经臣于三月二十七日具折陈奏在案。

云南省城续于三月二十八九及闰三月初四、初八、十二三、十八九、二十四五等日，连得时雨，入土深透。外郡各州县报到三月下旬暨闰三月上中两旬得雨日期，与省城大概相同。节交夏令，大小二麦正当结实之候，得此雨润日暄，颗粒更臻饱满。稻田浸种以来，秧针出水已有一二寸，渐觉葱郁可观。蚕豆为炎方最早之物，现已成熟，次第登场。惟市卖米价不无增长，皆由滇省僻处万山，不通舟楫，全赖本地所产供其食用，是以一遇青黄不接，价易高昂。目下远近各属有循例动支常平仓粮分别详请粜借者，有请借社仓谷石者，以资接济穷檐，先经司道详复，臣与督臣俱随时批准，俾市价可平，而民无贵食之虞。现在闾阎安舒，边境宁谧。臣谨恭折奏闻，仰慰圣怀，并将三月分粮价另缮清单敬呈皇上睿览。谨奏。

朱批：知道了。

（《宫中档乾隆朝奏折》第五十九辑，第836~837页）

2658 云贵总督富纲、云南巡抚刘秉恬《奏报清查厂欠，并恳恩俯准分别追赔折》

乾隆四十九年四月十二日

云贵总督臣富纲、云南巡抚臣刘秉恬跪奏：为清查厂欠，仰恳圣恩俯准分别追赔，以重帑项事。

窃查滇省各厂采办铜斤，供给京外鼓铸者岁以千万斤为率，利用甚夥，最关紧要。臣等随宜调剂，按限督催，不敢稍遗余力。故自辛丑赶复原限以来，壬寅、癸卯两年京运，俱系按月开行，并无迟逾。兹届三月全数扫帮，除另行恭折奏报外，臣等现在筹办泸店底铜，期于缓急有备，永远无误。惟铜斤固贵充裕，工本亦宜核计。

臣等博采密查，并稽核历年档案，缘滇省铜斤，官给之价自四两五六钱至七两四钱五分有奇，商卖之价则自十二三两至十四五两不等，较之官价，已多一二倍。若以蜀、楚、粤、黔等省官给八九两及十三两之价相较，滇省原定官价尤为独少。在厂炉户俱系无业穷民，弗克自措工本，全赖预领官银资其采办。土中求矿，衰旺不齐，以现今工费计之，即能破硖成堂，获铜丰裕，官本尚有不敷，若遇硐深矿薄，得不偿失，则工费虚縻，更多逋欠。是滇省有厂而即有欠，官给工本不能年清年款，乃事势使然，遽难挽回者也。

从前各厂欠项，总计终年无着之数，于奏销册内题请豁除。自停止按年豁除之例，三十七年，以东局加炉鼓铸，弥补银十三万九千二百余两；四十年，以复炉加铸铜价内弥补银十七万八千九百余两；四十三年，又查有前报未尽及四十一二两年新欠共银五十四万八千八百余两，分别恩免追赔在案。统计六年之内，三次清查，共厂欠银八十六万六千两有奇。近今油米日昂，炭山日远，礌硐日深，物力难齐，更非昔比，且京铜迟压，上廑宸衷。

臣等因趱办京铜起见，饬令厂员等广开子厂，发本稍从宽裕，又为立法劝惩，一时在事官民共相鼓励，毕力采煎，较之往岁，获铜加多。即本厂出铜未能溢额，间以商价购买，俾资腋凑，迩年以来，竟得趱复运限，职此之故。

惟是厂之有欠，久在圣明洞照之中。即如臣刘秉恬与升任督臣福康安于四十五年六月间到滇，彼时勾稽各厂工本，已有逋欠。迄今又越三年，所欠定覆不少。况先后六年之内，共计办获铜七千四万斤有奇，炉民额领官本入不敷出，厂员有不得不接济之势，若不及早清厘，将来愈积愈多，无所底止。臣富纲、臣刘秉恬当即遴委干员，分往各厂澈底清查，将预放炉户工本银两按年分任，分别有着无着，造册详报。如有不肖之员侵亏影射，亦即据实揭报。去后，兹据各委员查明，分晰造册，由藩司费淳具详："自四十三年起至四十八年止，各厂六年之内共欠银五十二万四百五十七两零，内有着银十二万二千九百二十七两零，无着银三十九万七千五百三十两零，并声明澈底确查，俱系实欠在民，并无官亏影射情弊。"等情前来。

臣等查此次清厘厂欠，比之从前节次清厘，相距年分较远。今据查出六年之内共有厂欠银五十二万四百五十七两零，统而计之，尚与从前清查之数有减无增。但厂有大小不等，欠亦多寡悬殊，且无着者为数较多于有着，恐此中有查报不实之处，帑项攸关，未可轻信。臣等复加明察暗访，委俱实欠在民，内有着者现系在厂办铜，力能分年措缴，无着者多已赤贫歇业，无产可变，均属真情，并无虚捏影混。第查四十三年，前督臣李侍尧等查办厂欠，奏明此后应年清年款，倘再积成厂欠，厂员以侵欺治罪。例禁森严，不容宽假。

臣等仰蒙皇上畀以封疆重任，万不敢稍存市惠之心，妄为陈吁。然明知例价难敷，厂欠势不能免，若复泥于成例，据实奏参，使管厂之员现在者均罹于法，继来者视若畏途，浸至厂铜又绌，京运仍迟。是臣等惟知避市惠之名，不复通筹大局，则辜负圣恩，获咎更大。伏查四十二年以前，厂欠银三十万一千余两，仰蒙恩准豁免。在前督臣李侍尧以旧逋既清，自应严定科条，以杜将来。今臣悉心体察，从前运限迟逾，尚且不能无欠，今则趱复原限，责令不准有欠，于事理实有难行。惟有仰恳皇上俯念办铜各厂预放工本实属事非得已，格外施恩，免其治罪，厂欠银两准其分别追赔，以归原款。

查有着银两，炉户现俱在厂办铜，应请于原领各户名下着追。无着银两，非系故绝逃亡，即属赤贫如洗，应请于原放之员名下着赔，此非寻常追项可比，未便照依例限。臣等酌拟，凡数在一千两以下者，勒限半年，一千两以上至三千两者，勒限一年，三千两以上至五千两者，勒限年半，五千两以上至一万两者，勒限两年，一万两以上者，勒限三年，如数清完，倘逾限不完，即将家产查封变抵，仍将厂员参奏革职，与炉户一并照例治罪。如此则各厂官民感沐皇仁，自必按限清完，帑项可期归补，不致虚悬矣。

所有现在查出各厂欠项，理合分列清单，恭折奏闻，伏祈皇上睿鉴训示。谨奏。

朱批：该部议奏。福康安亦着入议。

（《宫中档乾隆朝奏折》第六十辑，第69~71页）

夹片：再臣富纲、臣刘秉恬伏查，滇省办铜各厂无着欠项，于乾隆三十七年，查出银十三万九千二百余两，四十年，查出银十七万八千九百余两，两次共查出银三十一万八千余两，经前任督抚臣奏奉谕旨，于各局铸息内弥补过银二十三万三千八百余两。嗣因滇铜短缺，议请停铸，尚有未补银八万四千三百余两。至四十三年，复查出无着银二十一万六千九百余两，共银三十万一千余两，俱蒙恩准豁免。总计六年之内，筹补、豁免共银五十三万五千余两。今自四十三年起至四十八年止，又阅六年，共计无着厂欠银三十九万七千五百三十两零，较之从前节次清查，年分相同，而积逋之数尚觉有减无增，自应量为酌办，俾厂力从容，庶京铜可期充裕。臣等职司其事，早拟陈奏。前任藩司江兰、现任藩司费淳，亦俱先后禀请将现在情形入告，因细数尚须确查，是以暂缓具奏。臣刘秉恬于去岁冬间在京陛见，仰蒙圣谕，以滇铜宽发工本，自宜隔数年量为加恩，并令会同和珅、福康安等酌议在案。

兹臣刘秉恬回任后，与臣富纲按厂澈底查明，因不敢将邀恩之处叙入正折内，是以仍将无着欠项请令经放之员赔补。惟是滇省办铜竭蹶，厂欠实难杜绝，且京运递压有年，近以趱复原限，前项无着悬欠，若概令经放之员赔补，诚恐各该员挪新掩旧，借词赔累，于铜政转有妨碍。所有此次无着厂欠银三十九万七千五百三十两零，可否加恩豁免，以舒厂力而裨铜政之处，出自皇上天恩。臣等谨附折密奏，恭候皇上特降谕旨施行。谨奏。

朱批：览。

（《宫中档乾隆朝奏折》第六十辑，第72页）

2659　云贵总督富纲、云南巡抚刘秉恬《奏报癸卯京铜依限全数扫帮日期折》

乾隆四十九年四月十二日

云贵总督臣富纲、云南巡抚臣刘秉恬跪奏：为恭报癸卯京铜依限全数扫帮日期，仰祈圣鉴事。

窃照滇省岁运京铜八起，其癸卯正运六起及加运一起，业已按月开行，节经臣等恭折奏报在案。其加运二起，例应本年三月扫帮。

兹据云南布政使费淳详据泸店委员申报："癸卯加运二起正耗余铜九十四万九百九十一斤零，于三月初四日开兑起，至三月二十八日兑竣，运员楚雄县知县周名炎即于是日自泸州扫帮开行。"等情前来。除飞咨沿途各省督抚加意催趱，迅速抵京，并咨明户、工二部外，查滇省岁运京铜六百三十余万斤，自辛丑年趱复原限以来，厂运各员莫不鼓舞奋兴，倍加踊跃，是以壬寅、癸卯两年铜运亦俱依限扫帮，毫无迟误。此皆仰赖圣主鸿慈广被，训示周详之所致。

至甲辰铜运，例应本年八月开帮，现在核计各厂发运铜斤，业已百有余万，本年三月逢闰，较之往岁，为日更宽，此后源源办运，自必益形充裕。惟时当夏令，雨水较多，臣等先期饬令厂员宽备油米薪炭，上紧煎炼，并饬各地方官将沿途运道随时修治平坦，不得因开帮期限尚宽，稍生懈忽。仍严饬派出之文武员弁逐站迎催，运泸存贮供兑，断不致稍有迟逾外，所有癸卯正、加八起京铜依限全数扫帮缘由，理合恭折具奏，伏祈皇上睿鉴。谨奏。

朱批：览。

（《宫中档乾隆朝奏折》第六十辑，第73页）

2660　云贵总督富纲《奏报起程查阅东、昭等镇协营，顺道稽查厂运折》

乾隆四十九年四月十三日

云贵总督臣富纲跪奏：为恭报起程查阅东、昭等镇协营，顺道稽查厂运，仰祈圣鉴事。

窃臣接准部咨："本年轮应湖北、湖南、云南、贵州查阅营伍。钦奉谕旨：着该省督抚就近查阅。钦此。"钦遵。兹臣已将特旨交审事件赶紧办结，癸卯京运铜斤业已依限扫帮，经臣先后奏闻在案。即本年秋审事件，现据臬司陆续册报，臣俱逐一详晰核阅，内有应改各件，与抚臣刘秉恬悉心商确，务期悉归平允，即日亦可完竣。省城现在别无紧要事件，自应即往校阅。

现虽时当夏令，东、昭一带雨水较稀，且甲辰京运例于本年八月开帮，转瞬即届。东川府属之汤丹各厂拨供京运岁额较多，昭通府为各路铜运经由要地，厂运各员或以癸卯铜斤业已扫帮，稍生懈忽，关系良非浅鲜。兹臣拟于秋审事毕，即先赴东川、昭通两府查阅营伍，顺便亲赴厂地，督令上紧煎炼，并于各站查催，蜂拥转输，务于本年八月甲辰铜运开帮以前多抵泸店，以期充裕有备。

至开化、临元，俱系沿边大镇，界连安南，卡隘繁密，最为紧要。臣到任后，亦尚未亲至其地，且临安府所属新开他腊等厂铜色甚高，现拨京运，近日颇有起色，兼有金钗一厂并开化府所属之竜岜等厂拨供各省采买铜斤，岁约百十余万斤，亦须亲加查看，就近指示。臣拟于东、昭阅竣后，即顺赴开化、临安查阅，其经由之镇雄、曲寻、寻沾、广南、广西、新嶍、元江各协营，即可就近查阅。

伏查五年轮阅，大典攸关。臣仰荷鸿慈，畀以封疆重寄，整饬戎行，尤为专责。臣惟有悉心校阅，逐细考验，分别劝惩，断不敢少事草率姑容，务期营规整肃，纪律严明，以仰副我皇上修明武备之至意。除俟阅过各营分晰比较，另折据实奏报外，所有起程查阅东、昭等镇协营，顺道稽查厂运缘由，理合恭折具奏。

再臣轻骑前往，减带家人、书役，沿途夫马、食物价值，俱亲自给发，仍随处加意密察，严行约束，不使丝毫扰累。合并陈明，伏祈皇上睿鉴。谨奏。

朱批：览。

（《宫中档乾隆朝奏折》第六十辑，第87~88页）

2661 云贵总督富纲《奏报边要副将因公降调，恭恳圣恩俯准留任折》

乾隆四十九年四月十三日

云贵总督臣富纲跪奏：为边要副将因公降调，恭恳圣恩俯准留任，以裨边营事。

窃臣接准部咨："云南龙陵协副将定住、提标游击花连布，均因前在提标中军参将任内造报营田租息册籍迟延，分别议处。奉旨：'依议。其因造报营田租息册籍迟延，违限半年以上、议以降调之定住，违限一年以上、议以革职之花连步，俱着该督出俱考语，送部引见。钦此。"仰见我皇上矜恤营员，恩施格外之至意。除提标游击员缺先行委员署理，饬令花连布交卸来省，出具考语，给咨送部外，至龙陵协副将定住，自应遵旨一体送部。

但查龙陵远在极边，逼近外域，其三台山各要隘，每年专派该协弁兵分驻巡防，副将控驭绥靖，责任匪轻，且现当撤防之际，尤须该协督率巡查，现在实无人地相宜之员可以更替。

查定住年三十九岁，镶黄旗满洲，由护军出师滇省、金川，节次奋勇打仗，杀贼带伤，屡著劳绩，递擢健锐营前锋参领，蒙恩赏戴花翎，乾隆四十二年十月，奉旨发往云南，以参将差遣委用，题补提标中军参将。前因龙陵协副将兆凤病故，营伍不无懈弛，亟须干员整饬，经臣将定住奏请升补，于乾隆四十七年十月送部引见，仰蒙恩准补授。一载以来，该员尽心训练，严密防逻，不特士卒畏怀，营伍大有起色，而诸夷慑服，边围亦极镇静。臣查定住诚实强干，办事认真，在滇年久，熟谙夷情，凡遇差委及近年委令催趱铜运，均能不辞劳瘁，妥协经理，实系通省将官中能事得力之员。其前任内造册逾限，事本因公，亦与花连布处分轻重尚有区别。该员到京引见，自邀圣明恩施录用。惟念边营正资振作，少一熟谙之员，殊为可惜。

臣再三筹酌，合无仰恳天恩，可否将定住降二级调用改为革职留任，如果该员出力奋勉，始终不懈，俟满四年，臣再据实奏请开复，则该员感激鸿慈，必能倍加奋勉，而臣亦得借资指臂，于营伍、边疆均有裨益。

臣为边营必需干员起见，不揣冒昧，恭折奏恳，伏祈皇上睿鉴。谨奏。

朱批：着照所请行。该部知道。

（《宫中档乾隆朝奏折》第六十辑，第90～91页）

2662　云贵总督富纲、云南巡抚刘秉恬《奏报委署司道印务折》

乾隆四十九年四月十三日

云贵总督臣富纲、云南巡抚臣刘秉恬跪奏：为委署司道印务，恭折奏闻事。

窃照云南臬司许祖京，今春奏奉恩旨，允准陛见。时值秋谳届期，臬司系刑名总汇，应须一手办理。当令许祖京俟办明秋录再行交卸进京，并经臣刘秉恬奏蒙圣鉴在案。兹本年秋审各案，臣等公同司道逐一悉心商酌，俱已分别妥拟，不日即可竣事。所有臬司印务，自应委员接署，俾许祖京得以交代起程，进京陛见。

查迤东道特升额，明白谙练，办事详慎，上年臣等委令署理臬篆，一切案件，审办颇为妥速。今仍委该道接署臬司印务，洵能胜任。所遗迤东道事务，查有曲靖府知府巴尼珲，办事勤慎，堪以就近兼护。除檄饬遵照外，理合恭折具奏，伏祈皇上睿鉴。谨奏。

朱批：该部知道。

（《宫中档乾隆朝奏折》第六十辑，第91～92页）

2663 云南巡抚刘秉恬《奏报淫恶凶犯情罪较重，应赶入本年秋审情实，以昭惩创折》

乾隆四十九年四月二十六日

云南巡抚臣刘秉恬跪奏：为奏明事。

窃照秋审大典，民命攸关。臣职任綦重，只有一秉虚衷，确核办理，情重者不敢存宽纵之心，情轻者不敢存严刻之见，应缓应实，总视其案情之轻重，如分定拟，以仰副我皇上矜慎秋谳、明允协中之至意。

本年滇省应入秋审案件，俱经臬司会同各司道酌情定拟，造册呈送。臣逐加详核，所拟尚俱得当，间有轻重失平应行更改者，臣与督臣富纲往复相商，驳饬改拟。现在通案已定，分别情实、缓决、可矜，会疏具题，恭候睿裁。惟是淫恶凶犯情罪较重，应赶入本年秋审情实，以昭惩创。

今臣查有大姚县斩犯罗添秀一名，系因奸谋死本夫罗添，经审依奸夫谋死亲夫律，拟斩监候；又有镇雄州绞犯曹瘦子一名，系同已正法之傅贵，因奸谋死亲夫春受，审依谋杀人从而加功律，拟绞监候，均经督臣富纲于兼署巡抚任内先后具题。其罗添秀一案，尚未准部覆。至曹瘦子一案，虽接到部覆，已在秋审截扣日期之后，例应归入次年秋审办理。但此二案，俱系淫恶凶犯，情罪较重，未便拘泥成例，转使久系稽诛，无以示儆。除赶入本年秋审情实会题外，理合恭折奏明，伏乞皇上睿鉴。谨奏。

朱批：览。

（《宫中档乾隆朝奏折》第六十辑，第221～222页）

2664 云贵总督富纲《奏报沿途雨水、禾苗及厂运情形折》

乾隆四十九年五月初二日

云贵总督臣富纲跪奏：为沿途雨水、禾苗及厂运情形，仰祈圣鉴事。

窃臣遵旨查阅滇黔两省营伍，业将先赴云南之东川、昭通、临安、开化一带营伍校阅，顺查铜运缘由，恭折奏闻在案。

兹臣于四月十五日自省起身，由曲靖、寻甸、东川以至昭通，所经各处，豆麦俱已登场。询诸里民，佥称上冬今春雨雪沾足，借滋长养，收成八分以上，实属丰稔。自四月初旬以来，每旬得雨四五次，非特田间积水充盈，而一切沟堰陂塘亦俱潴畜盈满。臣目睹农民翻犁栽插极为踊跃，凡山头地脚，无不随宜种植，其早插禾秧业已长发，即迟种者亦觉葱郁可观。据省城及迤西、迤南各州县陆续禀报，俱得雨充足，一律普栽完竣。

臣查滇省本年豆麦已获丰收，今当栽插之际，又得渥沾膏雨，及时广种，洵属预兆农祥。一路民气恬熙，愈征康阜。积谷之家，见此雨旸时若，秋稔可期，各将余米出售，因之市粮充裕，价值称平。黔省各属节据禀报渥泽频沾，高下田禾栽莳将竣，粮价照常，间有略增处所，已饬司酌粜仓粮，以裕民食。均堪仰慰圣怀。

至每年运京铜斤，大半取给于东川所属之汤丹等厂，最关紧要。臣至东川阅兵后，即赴各该厂查察。在厂炉户、丁夫人数颇众，月办额铜并无短少，当即分别奖赏，示令加工、采办、发运，务于本年八月前多为运贮泸店，以供甲辰开帮之用。臣沿途留心察看，并带熟识引苗之人详细查问，见一路山势颇有丰厚之处，谆令地方各官于附近山场寻苗试采，冀得矿硐，俾资腋凑。查署东川府知府萧文言，厂运相兼，办事熟练，其原管汤丹厂采获额铜核计尚有盈溢，且四十六年，前督臣福康安令其于正额之外加办铜五十万斤，四十七年，因该府踩获裕源新厂，臣勘明山势丰厚，饬令调剂督采，并奏明于年额正数外加办铜四十万斤，俱已如数办足。上年四月，复令加办五十万斤，现已办获将竣。又碌碌、大水、茂麓三厂，从前年办铜斤屡有缺少，自统归该府管办以来，三厂额铜亦俱足数，厂势渐有起色。臣随面谕该府，照前上紧妥办，以期获铜日臻丰裕，裨益京运，余存泸店以备底铜。

其自寻甸以至下游昭通各站，臣逐一挨查，见驮铜牛马络绎前进，催运各员皆知急公奋勉，虽值多雨之时，而沿途尚无停积之铜。统计已到泸店及发运在途共铜一百四十余万斤，八月开帮例限不至迟误。

臣现赴临安、开化各镇营查阅，除仍不时严催外，惟该二处与各路运站相距道远，一切稽查催趱，总须时刻留心，庶可源源济兑。查藩司费淳，年来办理铜务诸事认真。现饬该司将迤东、迤西各路铜斤不时督催赶运，更可毋虞延滞。至臣考验过昭通、东川镇营弁兵，统俟阅竣各营，分别等次，另行汇折陈奏。

所有沿途查勘雨水、田禾、厂运情形，理合先行恭折奏闻，伏祈皇上睿鉴。谨奏。

朱批：好。知道了。

（《宫中档乾隆朝奏折》第六十辑，第268~269页）

2665 云贵总督富纲、云南巡抚刘秉恬《奏报汇核乾隆四十八年分滇省各厂岁获铜数折》

乾隆四十九年五月初二日

云贵总督臣富纲、云南巡抚臣刘秉恬跪奏：为汇核滇省各厂岁获铜数，循例恭折奏闻事。

窃查滇省新旧大小各厂通岁获铜数目，例应汇核恭折奏报。

臣等行据云南布政使费淳查明，乾隆四十八年分各厂通共办获铜一千一百三十二万四千八百七十八斤，汇造清册，详请核奏前来。臣等检齐各铜厂逐月报折，细加稽核，内汤丹、碌碌、大水、茂麓四厂获铜五百一十二万一千四百七十六斤零，宁台等二十八厂获铜四百五十六万七千九百六十八斤零，大功等十五厂获铜一百五十六万九千六百五十九斤零，又拖海等二厂获铜六万五千七百七十三斤，通计获铜一千一百三十二万四千八百七十八斤。查各厂定额，每年共应办铜一千五十九万九千九百一十二斤。今四十八年分办获铜一千一百三十二万四千八百七十八斤，较年额多办铜七十二万四千九百六十六斤。除照例按月入于各厂考成案内分晰，题咨查议外，所有乾隆四十八年分各厂办获铜数，理合循例恭折具奏，另缮清单敬呈御览。

再查滇铜岁供京运及外省采买、本省鼓铸，总须一千余万斤。年来仰邀鸿慈垂庇，获铜丰裕，虽俱足敷年额，而泸店底铜亦必需筹计储备，方为充裕。臣等时刻访查现开各厂情形，委员等虽能奋勉攻采，而开挖日久，势难额外增加，必需广开子厂，以资腋凑。现复通饬各属遍行踩勘，凡遇铜苗呈露之处，招集炉丁加意采挖，并随宜调剂鼓舞，俾知踊跃趋事，务期获铜日丰，以裕拨用，仰副圣怀。合并陈明，伏祈皇上睿鉴。谨奏。

朱批：好。实力妥为之。

（《宫中档乾隆朝奏折》第六十辑，第269～270页）

2666　云贵总督富纲、云南巡抚刘秉恬《奏报缉获诬告案内作词人犯，审拟具奏折》

乾隆四十九年五月初二日

云贵总督臣富纲、云南巡抚臣刘秉恬跪奏：为缉获诬告案内作词人犯，审拟具奏事。

窃查云南镇雄州民廖文明、吴国元赴京控告二案，业经臣等遵旨秉公确审，原控情词均属虚诬，究出州民熊应祥代作词状，卓之怀誊写，因镇雄距省窎远，提解需时，当将诬控本案分别定拟，声明熊应祥等俟拿解到日，另行审明办理等因，奏蒙圣鉴在案。臣等随饬司飞檄查拿，务获解究，不得稍有延纵。去后，兹据藩司费淳、署臬司特升额、粮储道永慧详称："行据镇雄州缉获熊应祥、卓之怀二名，又同廖文明进京之王世碧，现回本籍，一并获解，并于熊应祥家搜获吴国元原立欠银字约，差解到省，遵即提齐研讯。缘熊应祥系镇雄州生员，训蒙度日，与廖文明邻居交好，廖文明希图敛钱，在本省告免铜运，审虚枷责，因挟绅约耻辱之嫌，冀图捏控拖累，随怂恿林虞现之母凑给盘费，赴京具控，遂浼熊应祥代作呈词，该犯即照历次控词代作状稿。又另案吴国元与陇如岱争控田地未得，亦欲进京具控，廖文明约与同行，并央熊应祥作词，许谢银二十两。熊应祥贪得谢礼，亦为代作。吴国元当凭王纶、曹国良写立欠约，交其收存，言明告准后如数付给。嗣廖文明即将呈稿令教读伊子之卓之怀誊清，又向林虞现之母廖氏骗得盘费银两，于九月间起程。廖氏救子情切，恐廖文明中途逗遛，又令其婿王世碧随行进京。廖文明、吴国元到京递词后，即解滇查审，究出前情。饬据镇雄州缉获熊应祥、卓之怀，并将已经回籍之王世碧一并拿获解省，审认不讳。再四究诘，此外并无代作呈状情事。将熊应祥、卓之怀、王世碧等分别拟以军杖，录供详报。”前来。

臣等查熊应祥身列青衿，明知廖文明告款虚捏，乃辄代为作词，且贪图谢银，复为吴国元代写呈状，实属不安本分。查例载：代人捏写本状，奏告重罪不实并全诬十人以上者，发近边充军等语。今熊应祥为廖文明、吴国元代作呈词，虽无教唆情事，但廖文明词控侵吞科敛重款尽属虚捏，且又牵累多人，廖文明已从重拟发新疆为奴，熊应祥亦未便轻纵。除吴国元许谢银两尚未接受，轻罪不议外，熊应祥革去生员，合依代人捏写本状，奏告重罪不实并全诬十人以上例，发近边充军，到配折责四十板。卓之怀代廖文明誊写呈词，王世碧随同进京，均属不合，各照不应重律，杖八十，折责三十板。吴国元所许谢银二十两，虽未交付，业已立有欠约，应照例于吴国元名下照追入官。至该管教职，于熊应祥贪贿作词毫无觉察，例有处分。除饬司查取职名，另行咨部议处外，所有审拟缘由，理合恭折会奏，并另缮供单敬呈御览，伏乞皇上睿鉴，敕部核复施行。谨奏。

朱批：另有旨谕。

（《宫中档乾隆朝奏折》第六十辑，第271～272页）

2667　云南巡抚刘秉恬《敬陈铜运现在情形折》

乾隆四十九年五月二十五日

云南巡抚臣刘秉恬跪奏：为敬陈铜运现在情形，仰祈圣鉴事。

窃照滇省癸卯正、加八起京铜，业于本年三月二十八日依限全数扫帮，当经臣与督臣富纲会折奏闻在案。其甲辰正、加八起京铜，例于本年八月开帮，来年三月扫帮，按月开行一起，以副例限。惟自癸卯末起扫帮后，相距甲辰头起开帮为期久远，正应将各厂办出铜斤预为运泸备贮，以供逐起兑发。臣恐厂运各员或以旧运才得告竣，新运开帮尚早，意存懈缓，办理不前，节次与督臣富纲严檄饬催，并派委员弁分路督趱，期于迅速无滞。

兹查泸店折报，截至四月三十日止，已收存铜六十八万二千余斤。东川府、寻甸州两路，为拨运各厂铜斤承转之区，据报发运铜数，除泸店报收外，核计东川一路尚有已发在途铜二十九万二千一百余斤，寻甸一路尚有已发在途铜一百一十九万一千六百余斤，此两路共有在途铜一百四十八万三千七百余斤。此内有将次抵泸者，有尚在转运者，合算前项存店、在途铜斤，八月开帮以前，泸店可有存铜二百数十余万斤，约敷三起之用。况自五月初至七月底，中间尚有三月之期。如最大之汤丹、宁台等厂以及各小厂拨给东川、寻甸两路转运铜斤，已发未到者为数甚多，而续办未发者亦复不少，三月之中，更可源源运抵泸店，将见存铜日增，足供兑发裕如。

至运铜所经，凡有道路桥梁，咸关紧要，若不先期修整，一遇夏秋霖潦，未免泥泞难行。均已预饬各该地方官将道路修治平坦，桥梁整葺坚固。目下虽值大雨时行，而挽输均极便利，毫无稽阻之处。滇省办运京铜时廑宸念，就目前情形而论，不但泸店备贮日益宽舒，运限可保无误，且向后年复一年，即可积有底铜数百万斤，以资辘轳济运，洵堪仰慰慈怀。

所有铜运现在情形，臣谨恭折奏闻，伏乞皇上睿鉴。谨奏。

朱批：好。知道了。

（《宫中档乾隆朝奏折》第六十辑，第518～519页）

2668　云南巡抚刘秉恬《奏报修浚剑川州水利情形折》

乾隆四十九年五月二十五日

云南巡抚臣刘秉恬跪奏：为修浚剑川州水利，以裨农田而益民生，恭折奏闻事。

窃照水利乃农田之本，全在修浚得宜，始于民生有益。况滇省山多田少，水利之应讲求，尤为地方要务。臣前因邓川州之瀰苴河、太和县之响水溪、楚雄府之龙川江、澄江府之抚仙湖，水不为利而为害，督率各该地方官设法兴修，均已著有成效，节经缮折，奏蒙圣鉴在案。

伏查丽江府属剑川州境内，有剑湖一区，合境诸水咸汇于此，附近各村粮田每遭水患。臣以事关民瘼，一面留心体访情形，一面檄饬原署剑川州任锡绂确加履勘，此湖因何历年为害，如何疏导可以受益之处，务期穷源溯流，相机筹办，并叠次指示。去后，旋据原署州任锡绂会同现任知州金之昂详晰勘议具禀，并绘图呈核前来。臣阅其所议，参观绘图，筹办甚为合宜。

查剑川州之剑湖，在城东南五里，又名东湖，周围约四十余里，潆带西湖，汇纳金龙、螳螂、永丰、石莱、回龙、隔渼六河之水。湖以南有总水口，名曰湖尾大河，承湖水由海虹桥顺流而出，会同城西地角场旁流之水，迤逦而达蒙化厅属之合龙江。其六河皆在剑湖上游暨湖之左右，发源不一，内惟金龙、螳螂二河出水合流，为势较大。金龙河本系清水，螳螂河受远涧冲激之水，每遇夏秋潦发，挟砂带砾，建瓴而下，横流入金龙河，以致金龙河淤垫，水有漫溢。是金龙、螳螂二河，实为剑湖上游之要隘。至地角场，在城西十五里，发源甚远，一遇山水暴涨，挟数十里之沙石而来。其旧河形势，系由西而东，复折而南，归湖尾大河总口，因河身纡曲，是以每遇涨发之时，水即直冲而东，挟沙石灌入大河上游，不复折而南下达尾闾，且对岸有一小沙山，沙与沙遇，遂致淤塞六河去路，剑湖之水难免倒灌。是地角场尤为全湖下游之关键。从前疏治之法，言人人殊，道旁筑舍，迄无成功。今相度形势，通盘筹画，剑湖上游之金龙、螳螂二河，金龙本系清水，因螳螂之沙泥横冲而入，以致淤垫，金龙河身漫溢为患。为今之计，自应将金龙河大加挑挖，俾河身深通，清水得以畅流，庶可抵螳螂沙水之势。臣并示令于两水会归之处建一撇沙坝，以资捍御，使螳螂夹杂沙泥之水直达湖内，以免金龙河再受淤塞之害，兼将湖口受水之处开挖深通，俾两水得以畅泄。查金龙一河，挑挖河身计长五百三十一丈，宽三丈，深四尺四五寸不等，并就金龙、螳螂二河旧有堤埂加高培厚，共长五百八十一丈，其新建撇沙坝一座，计宽丈许，长一百二十余丈，均已如式办竣。地角场原有旧河，因由西而东，复须折而南，河形纡曲，是以水易直冲而东，挟沙石壅塞湖尾大河。今于西南一带另开新河一道，长三百三十丈，俾地角场之水自西而南一直下达河口，汇流入江。其地角场上游河身二百九十丈，亦一律疏浚深通，使之循轨畅流，直入新河，并于自西而东之旧有河处建石坝三座，以防地角场之水冲入湖尾大河。

以上开河筑坝诸费，各业户情愿自行措办。该二员捐资为倡，选派老练士民董理其事，众擎易举，踊跃赴公，遂得克期告蒇。现在剑川全湖，上流有归，下流有泄，水势安澜，各村被淹粮田数千亩均已涸出，曾栽春麦有收，近又翻种秋禾，沮洳之瘠土竟转而为沃壤，舆情极其欣悦。并据该员等禀称："湖边一带尚有涸出余地，现令附近居民用工开垦，丈给管业，俟成熟后再请升科。其河坝应行修补之时，金龙、螳螂二河及归湖口门，派上游各村居民分段承修，地角场湖尾各河，派下游各村居民分段承修，以专责成而均劳逸。"等语。

除饬该管府州不时前往查勘，并将一切善后事宜酌定章程，以垂永久外，臣查水利之于农田、民生攸赖，最关切要。该州金之昂、署州任锡绂，于频年为害之湖河，能不辞劳瘁，寻溯源流，出资倡捐，修浚有效，洵属崇尚实政、留心民事之员。可否将现任剑川州知州金之昂、原署剑川州事丽江县因公降调奉旨送部引见知县任锡绂量予议叙，以示鼓励之处，出自天恩。如蒙俞允，不惟该二员感而加勉，且使牧民群吏咸知所激劝矣。臣谨恭折奏闻，并绘图贴说，敬呈御览，伏乞皇上睿鉴。谨奏。

朱批：有旨谕部。

（《宫中档乾隆朝奏折》第六十辑，第519～521页）

2669　云南巡抚刘秉恬《奏报滇省得雨情形折》

乾隆四十九年五月二十五日

云南巡抚臣刘秉恬跪奏：为奏闻事。

窃照滇省地方夏至节前雨水田禾情形，经臣于四月二十六日具折陈奏在案。庄稼栽完之后，全赖晴雨协宜，方能发荣滋长。省城于五月初一、初七、初十等日，虽得有阵雨，仅资润土，尚未深透，农民正当待泽。十二、十三两日，大沛甘霖，连宵达旦，势甚沾足，高原下隰在在潴蓄充盈。此后天气晴日为多，即间得微雨，亦系旋雨旋霁。迨二十二三等日，又得澍雨滂沱，入土优渥，高下秧田内均复得有积水，宜晴宜雨，备极调匀，实有胜于去年。

臣亲历近郊，目击禾苗畅茂，弥望青葱。外郡各州县节次报到晴雨日期，核与省城大概相同，时和可期岁稔，洵堪为边黎预卜有秋。市卖粮食，因四月间刚值麦豆收割，入市犹少，各处粜价致多报增。自五月以来，省城粮价业已较前递减，他属可知。民夷乐业，气象熙宁。臣谨恭折奏闻，仰慰圣怀，并将四月分粮价另缮清单，敬呈皇上睿览。谨奏。

朱批：知道了。

（《宫中档乾隆朝奏折》第六十辑，第521～522页）

2670　云贵总督富纲、云南巡抚刘秉恬《奏报汇核滇省各厂岁获铜数折》

乾隆五十一年六月十八日

云贵总督臣富纲、云南巡抚臣刘秉恬跪奏：为汇核滇省各厂岁获铜数，循例恭折奏闻事。

窃照滇省新旧大小各厂每年办获铜斤数目，例应汇核奏报。乾隆五十年分各厂所办铜斤，据云南布政使谭尚忠查明，共办获铜一千七十二万五千四百四十五斤零，造册详报前来。

臣等检齐各铜厂逐月报折，细加稽核，内汤丹、碌碌、大水、茂麓四厂获铜五百七万九千七百十二斤，宁台等二十八厂获铜四百九万八千五百十斤零，大功等十三厂获铜一百四十五万九千九百六十七斤零，又拖海等三厂获铜八万七千二百五十五斤，通计获铜一千七十二万五千四百四十五斤零。查各厂定额，每年共应办铜一千五十九万九千九百十二斤。今五十年分办获铜数，较之原定年额，尚属有盈无绌。除照例入于各厂考成案内另行分晰，题咨查议外，伏念滇铜为京外所取资，岁需九百数十万斤方足供用。年来仰邀皇上洪福，额铜俱得有盈。惟需用数多，必须广觅新厂，采办腋凑，庶可源源相继，不致有匮乏之虞。是以臣等刻刻留心，稽查督办，不敢略存懈忽。近据各属具报，俱有踩获新厂之处，臣等皆就其厂势情形，督饬该管各员随宜调剂，实力办理，俾获铜日臻丰盛，以裕拨用，仰副圣主委任隆恩。

所有乾隆五十年分各厂办获铜数，理合缮具清单，恭折奏闻，伏祈皇上睿鉴。谨奏。

朱批：好。知道了。

（《宫中档乾隆朝奏折》第六十辑，第770～771页）

2671 云贵总督富纲《奏陈滇黔两省雨旸时若并禾苗栽插齐全情形折》

乾隆五十一年六月十八日

云贵总督臣富纲跪奏：为敬陈滇黔两省雨旸时若并禾苗栽插齐全情形，仰祈圣鉴事。

窃照云南地方本年夏至前后渥沾澍雨、大田栽插情形，业经臣缮折奏闻在案。时届小暑，不特未种山田尚需雨泽，即已插田禾亦资雨水涵濡，方能发荣滋长。兹省城自六月初旬以来时沛甘霖，入土既极深透，积水亦复充盈。

臣诣郊外察看，高原下隰俱已一律普栽，且早种禾苗得此时雨沾润，尤见葱郁长发，向后惟期晴雨均调，可望秋成丰稔。各属具报得雨日期，核与省城大概相似。目下虽值青黄不接，然豆麦丰收之后，市粮充裕，是以一切粮价在在称平，民情极为悦豫，边境亦甚宁静。至黔省各州县，节据禀报，于五月中下两旬连得透雨，田水充足，并不过多，所有早晚二禾及各项杂粮，业俱全行栽种，粮价照常，亦无增昂之处，各属苗民俱极宁谧。谨一并恭折奏闻，仰慰慈怀，伏祈皇上睿鉴。谨奏。

朱批：欣慰览之。

（《宫中档乾隆朝奏折》第六十辑，第772～773页）

2672 云南巡抚刘秉恬《奏报丽江府裁汰知事，估变衙署银数折》

乾隆五十一年六月二十七日

云南巡抚臣刘秉恬跪奏：为丽江府裁汰知事，估变衙署银数，循例奏闻事。

窃照各省估变裁汰衙署等项，凡银数在二百两以上者，例应专折具奏。

臣查丽江府知事裁改昭通府知事，移驻镇雄州牛街地方，准部行令将应变旧署作速勘估，造具册结，分别奏咨办理等因，饬遵。去后，兹据布政使谭尚忠详称："丽江府知事设自乾隆五年，系以经历所居之通判旧署改为知事衙署。其通判旧署原建年分及原用银数，事远年湮，均无案卷可稽。当饬丽江县知县符梦龙详加查勘，该署大小房屋共有三十间，连地基等项，通计估变银二百五十二两一钱九分四厘。缘所估短少，屡次驳增，据称委因历年久远，一切物料俱已朽坏，实难再行增估，并无以多报少之弊等情，造具册结，由该管道府递相复勘加结，送司转详。"前来。臣复加确查无异，除将册结分咨户、工二部，俟核复到日，即行照估变价外，所有丽江府裁汰知事、估变衙署银数，理合会同云贵总督臣富纲循例恭折奏闻，伏乞皇上睿鉴。谨奏。

朱批：该部知道。

（《宫中档乾隆朝奏折》第六十一辑，第 14～15 页）

2673　云南巡抚刘秉恬《奏报滇省得雨情形折》

乾隆五十一年六月二十七日

云南巡抚臣刘秉恬跪奏：为奏闻事。

窃照滇省地方本年夏至前后雨水沾足、田禾栽插情形，经臣于五月二十九日具折陈奏在案。月交季夏，正值大雨时行之候。兹省城一带，自六月初旬以来二十余日，晴雨相间，每逢得雨，势甚稠密，为时亦久，入土极其深透，积水益复充盈。

臣出郊周视，早种之低田禾苗芃茂，甫插之高田亦皆滋长，野无旷土，弥望青葱。节据远近各属报到得雨日期及田禾情形，核与省城大概相同。今夏甘澍频施，栽秧得以及时完竣，惟希从此日暄雨润，总合其宜，滇中庄稼自可预卜有秋。目下市卖粮价虽随地长落不齐，而汇计悉属中平，并无贵食之处。民情和乐，边境敉宁。臣谨恭折奏闻，仰慰圣怀，并将五月分通省米粮时价另缮清单，敬呈皇上睿览。谨奏。

朱批：知道了。

（《宫中档乾隆朝奏折》第六十一辑，第 15～16 页）

2674　云南巡抚刘秉恬《奏报拿获在途脱逃遣犯，审明正法折》

乾隆五十一年六月二十七日

云南巡抚臣刘秉恬跪奏：为拿获在途脱逃遣犯，审明正法，恭折奏闻事。

窃照永善县遣犯马卖铁，与已获正法之逃遣马卖刚、撒老三、马老四、马小么，均系恩安县回民，因在永善县地方抢夺侯正发、蔡觐霄马匹、衣物案内，审依回民抢夺，结伙三人以上例，不分首从，发黑龙江等处给兵丁为奴，面刺“改遣”字样，解部转发。该犯等于乾隆四十五年正月初九日，递至黔省贵定县黄丝铺住宿。是夜，马卖刚乘兵役睡熟，起意逃走，众皆允从，扯开屋后竹壁，磕断镣铐，各自分窜而散。当准升任贵州抚臣舒常咨滇饬缉，旋据昭通镇、恩安县先后缉获马卖刚、撒老三、马老四、马小么四名，经前署抚臣颜希深提省，审明正法，一面具奏在案。尚有马卖铁一名未获，臣屡次檄饬滇属各厅、州、县留心查缉，务期弋获抵法，毋任久窜稽诛。兹据原署鲁甸通判、现在告病知州余益，于本年四月二十一日，拿获逃遣马卖铁到案，讯供通详，批司提犯来省。于五月十九日解到，饬委东川府知府萧文言、威远厅同知盛林基会同审办。讵该犯翻供，名唤马小七，并非马卖铁。该委员等禀司，行提永善县，先经缉获该犯之差役李材于六月十四日到省，认明马卖铁正身属实，质之该犯，始据承认，录供定拟，由按察使特升额招解前来。

臣随提犯亲加研讯，该犯复又翻供，仍称为马小七，而非马卖铁。即提同原差李材质证，亦犹狡辨不承。适本案原问官、前任永善县现任罗次县知县李发源因公在省，臣传至当堂，令其识认。据李发源指称，实系马卖铁正身，该犯词穷色沮。从此严鞫，才据将犯事发遣在途，乘间同逃各情节逐一供认不讳。核之原案，悉属相符。臣诘其因何诡名狡赖，据供：“听闻前已拿获之马卖刚等四人均即正法，自知罪重，因此翻供，希冀耽延时日，并无别情，逃后亦无行凶为匪及知情容留之人，原解兵役人等亦无贿纵情弊。”反复推究，矢口不移，似无遁饰。

查例载：回民抢夺，结伙在三人以上者，不分首从，俱发黑龙江等处给兵丁为奴。如有脱逃被获，请旨即行正法等语。今马卖铁系属回民，与已获正法之马卖刚等四人抢夺侯正发等马匹、衣物，原拟发遣黑龙江为奴，胆敢在途乘间脱逃，实属怙恶不悛，应照例立正典型，以昭炯戒。臣于审明后，即恭请王命，派委按察使特升额、抚标中军参将哈国祥，将马卖铁绑赴市曹正法讫。此案原解兵役人等，业经黔省审拟完结，毋庸再议。拿获邻境逃遣马卖铁一犯之应叙职名，系原署鲁甸通判、现在告病知州余益，相应声明，听候部议。至黔省原参佥差不慎疏脱遣犯五名，革职留缉之署贵定县事、试用知州莫和元，因尚有马卖铁一名在逃，仍留地方协缉，今既被获，应听黔省核明原案办理。

所有拿获在途脱逃遣犯，审明正法缘由，臣谨会同云贵总督臣富纲恭折奏闻，并另缮供单敬呈御览，伏乞皇上睿鉴，敕部查照施行。谨奏。

朱批：该部知道。

（《宫中档乾隆朝奏折》第六十一辑，第16～17页）

2675　云贵总督富纲、云南巡抚刘秉恬《奏报盘查司道各库银两实存无亏缘由折》

乾隆五十一年六月二十八日

云贵总督臣富纲、云南巡抚臣刘秉恬跪奏：为循例盘查具奏事。

窃照司道库贮钱粮，例应于奏销时督抚亲往盘查，缮折奏闻。兹届奏销乾隆五十年钱粮之期，行据云南布政使谭尚忠、粮储道永惠，造册详送前来。

臣等检查册案，核明应存确数，亲赴司道各库按款点验，抽封弹兑，实盘得布政司库存贮正、杂各款银一百七十一万六千九百九十九两零，又铜务项下工本、运脚及节省等银一十八万九千二百二十四两零，粮储道库存米价、河工等银一十七万二千二百五十八两零，均与册开实存数目相符，并无那移亏缺情弊。除另疏题报外，所有盘查司道各库银两实存无亏缘由，臣等谨循例恭折具奏，伏乞皇上睿鉴。谨奏。

朱批：览。

（《宫中档乾隆朝奏折》第六十一辑，第26页）

2676　云南巡抚刘秉恬《循例汇恳圣慈俯准貤封折》

乾隆五十一年六月二十八日

云南巡抚臣刘秉恬跪奏：为循例汇恳圣慈，俯准貤封事。

窃照覃恩旷典，文职藩臬以下愿请貤封者，例应详报督抚，核明汇奏。乾隆五十年正月初一日，恭逢恩诏："内外大小各官，着照新衔封赠。钦此。"

兹据石屏州知州费广祚详称："知州系从五品，例封一代及本身妻室。职父原任知府，父职大于子职，嫡母、继母应从父官，例不准赠，只照子官请赠生母顾氏外，第思卑职年甫六龄，父即出仕，母皆随任，全赖兄嫂在家教育，得以成立。请将本身、妻室应得封典，貤封胞兄费戬华、嫂夏氏，以遂私忱。"又据前任河阳县调任丽江县知县符梦龙详称："知县系正七品，例封一代及本身妻室。职父暨嫡母、生母，已照胞兄符兆熊同知升衔，请过五品诰赠，例不重赠外，惟念卑职年才十二，父遽见背，复遭嫡母、生母相继而殁，全赖庶母抚养成立，恩情不异所生。请将本身、妻室应得封典，貤赠庶母李氏，俾展恩私。"各等情，由布政使谭尚忠转详前来。

臣查知州费广祚、知县符梦龙二员所请貤封兄嫂及庶母之处，均因受恩抚养，图报情殷，核与新定条例相符。可否准其貤封，出自天恩。除将册结送部外，臣谨循例汇折具奏，伏乞皇上睿鉴，敕部施行。谨奏。

朱批：该部知道。

（《宫中档乾隆朝奏折》第六十一辑，第29页）

2677　云贵总督富纲《奏报委署副将印篆折》

乾隆五十一年七月初八日

云贵总督臣富纲跪奏：为委署副将印篆，循例恭折奏闻事。

窃照云南楚雄协副将德舒，历俸已满五年，接准部文，行令给咨送部引见。所有副将印务，应须委员接署，以便德舒交卸起程。查楚雄为迤西一路冲衢，地广汛长，且宁台等厂运京铜斤，臣俱派副将督查催趱，以期迅速，署事之员必得明白妥干，方克办理无误。

查有现署新嶍营参将事之候补副将松阿里，办事勤奋，堪以委署。除檄饬遵照并将新嶍营参将员缺另行委员署理外，所有委署楚雄协副将印务缘由，理合恭折具奏，伏祈皇上睿鉴。谨奏。

朱批：知道了。

（《宫中档乾隆朝奏折》第六十一辑，第99～100页）

2678　云贵总督富纲、云南巡抚刘秉恬《奏请以阿迷州知州徐孝标升署普洱府思茅同知折》

乾隆五十一年闰七月十八日

云贵总督臣富纲、云南巡抚臣刘秉恬跪奏：为烟瘴边要同知乏员调补，恭恳圣恩俯准升署，以裨地方事。

窃照准升云南普洱府思茅同知余益因病呈请解任调理，业经臣等饬司委验，结报属实，缮疏具题在案。所遗员缺，例应在外拣调。

伏查思茅一厅尚在普洱以外，远处极边，所属各土司皆逼近外夷，控驭抚循责任綦重，且为烟瘴最盛之区，必得明练强干、能耐烟瘴之员方克资其治理。臣等公同藩臬两司于通省同知内详加遴选，非现居要缺，即人地未宜，并无堪以调补之员。惟查有阿迷州知州徐孝标，年四十七岁，江苏太湖厅人，由监生捐布政司经历，分发湖南，借补湘乡县县丞，署耒阳县，任内拿获要犯，遵旨送部引见回任，以应升之缺升用，签升今职，于乾隆五十年四月二十七日到任。该员才具明练，办事勤能，每遇差委，不辞劳瘁，参罚亦在十案以内，并无违碍，以之升署思茅同知，洵能胜任。惟历俸未满五年，与例稍有未符。谨遵人地相需之例，专折奏恳圣慈，俯念要缺需员，准以徐孝标升署思茅同知，仍照例扣满年限，另请实授。在该员感深图报，自必倍加奋勉，而边圉要区亦可收得人之效。如蒙俞允，俟部覆至日，给咨送部引见，恭候钦定。其所遗阿迷州知州一缺，滇省现有应补人员，另容拣选请补。理合开具徐孝标参罚清单，恭折具奏，伏祈皇上睿鉴。谨奏。

朱批：该部议奏。

（《宫中档乾隆朝奏折》第六十一辑，第324～325页）

2679　云贵总督富纲《遵例据情奏恳圣恩俯准貤封折》

乾隆五十一年闰七月十八日

云贵总督臣富纲跪奏：为遵例据情奏恳圣恩俯准貤封事。

恭照乾隆五十年正月初一日，钦奉恩诏："内外大小各官，除各以现在品级已得封赠外，凡升级及改任者，着照新衔封赠。钦此。"钦遵在案。

兹据云南城守营参将孙云鹏详据中军守备赵得功，愿将本身、妻室应得封典貤封外祖父贾忠明、外祖母刘氏；又据大理城守营都司杨忠详据中军守备胡邦胜，请将本身、妻室应得封典貤封胞兄胡邦宁、嫂朱氏各等情。臣查副将以下呈请貤封，例由督抚核明汇奏。今云南城守营守备赵得功、大理城守营守备胡邦胜等二员，或请貤封外祖父母，或请貤封兄嫂之处，臣逐加查核，该员等到任日期均在恩诏以前，亦无越级重封情事，谨遵例恭折汇奏。可否准其貤封，出自圣恩。伏祈皇上睿鉴。谨奏。

朱批：该部知道。

（《宫中档乾隆朝奏折》第六十一辑，第325～326页）

2680　云贵总督富纲、云南巡抚刘秉恬《奏报查封劣绅父子房产、银两、衣物数目折》

乾隆五十一年闰七月二十八日

云贵总督臣富纲、云南巡抚臣刘秉恬跪奏：为查封劣绅父子房产、金银、衣物数目，恭折奏闻事。

窃臣等前据署宾川州魏玲禀报："原任江南丰县知县胡宁及次子捐职同知胡尊仁，揽捐山东省元圣祠奉祀生，将执照带回滇省交长子贡生胡尊业卖银牟利。"等情。臣等查验照，有伪造情弊，饬司提犯来省，委员审明揽捐渔利属实。惟据供假照系栗宗文、栗宗武弟兄办给，是否伪造，伊实不知。当经臣等会折奏参，请将胡宁父子顶带斥革，飞咨河南、江苏两省速拿栗宗文弟兄，务获解滇，严审究办，并委迤西道杨以湲驰赴宾川州，将胡宁父子家产查封具报，奏蒙圣鉴在案。嗣据迤西道杨以湲督同该管大理府知府本著查明，该犯家产，除房产、田地、什物外，计查获金四百八十九两，银八千六百三十三两五钱九分，造册禀报前来。

臣等查胡宁前在江南，历任有年，且存金至四五百两之多，则其别项家资自应不止于此，其中有无隐匿寄顿情弊，复饬详加察讯。据供："我于乾隆五十年告病回籍时，因云南路途遥远，银两难以多带，是以将银易金，便于携带。因到家未久，尚未出售，实无另有隐匿寄顿情弊。"并据迤西道、大理府查复相同。

臣等现在复行咨催河南、江苏二省，作速将应质之栗宗文弟兄解滇确审，以成信谳。所有现在查获该犯家产、金银等项，先行提贮藩库，俟定案后，分别解京变价，报拨充公，并另造细册，随案咨部查核外，谨将查封房产、金银、什物数目缮具清单恭呈御览，伏祈皇上睿鉴。谨奏。

朱批：览。

（《宫中档乾隆朝奏折》第六十一辑，第 361～362 页）

2681 云贵总督富纲、云南巡抚刘秉恬《奏报委署臬司印篆折》

乾隆五十一年闰七月二十八日

云贵总督臣富纲、云南巡抚臣刘秉恬跪奏：为委署臬司印篆，恭折奏闻事。

窃照云南按察使特升额，系新任督臣特成额胞兄，例应回避。兹督臣特成额不日即可抵滇，自应令特升额先行离任，以符定例。所遗员缺，应即委员署理。

臣等公同商酌，查粮储道永惠，才情干练，办事实心，上年委署臬司印务，办理颇为裕如，此次仍委该道就近兼署，洵堪胜任。除檄饬遵照，并令特升额将一切交代清楚起程外，所有委署臬司印篆缘由，臣等谨合词恭折奏闻，伏祈皇上睿鉴。谨奏。

朱批：该部知道。

（《宫中档乾隆朝奏折》第六十一辑，第 363 页）

2682 云贵总督特成额、云南巡抚谭尚忠《奏报广东委员办运滇铜扫帮出境日期折》

乾隆五十一年九月十二日

云贵总督臣特成额、云南巡抚臣谭尚忠跪奏：为广东委员办运滇铜扫帮出境日期，循例奏闻事。

窃照各省委员赴滇采办铜斤，往来俱有定限。钦奉上谕："嗣后到滇办运开行，着该抚具奏。如有无故停留贻误者，即行指名参究等因。钦此。"钦遵在案。

兹据署云南布政使事粮储道永慧详称："广东委员惠来县知县余作沛领运东山哨、易得岭、万宝、万象、宁台、金钗等厂高低正耗余铜一十六万六千五百斤，以该委员于乾隆五十年十月十五日，领竣东山哨、易得岭两厂铜斤之日起限，正、展限期，扣至五十一年闰七月初五日届满。今该委员于闰七月二十七日，全数运抵宝宁县属剥隘地方扫帮出境，计逾限二十二日，迟延不及一月，例得免议。"等情，详请核奏前来。臣等复查无异，除飞咨广东、广西两抚臣转饬接替催趱，依限运回宝广局交收供铸，并咨明户部外，所有广东委员余作沛办运滇铜扫帮出境日期，理合恭折具奏，伏乞皇上睿鉴。谨奏。

朱批：览。

（《宫中档乾隆朝奏折》第六十一辑，第 490～491 页）

2683　云南巡抚谭尚忠《奏报乾隆五十一年滇省秋成分数折》

乾隆五十一年九月十二日

云南巡抚臣谭尚忠跪奏：为恭报秋成分数，仰祈圣鉴事。

窃照云南通省禾稻杂粮，现已刈获登场。行据署布政使事粮储道永慧将各属所报收成分数查明，开单呈送前来。臣逐一确核，永北等二十五厅州县，高下俱收成十分；景东等二十五厅州县、州判，低处收成十分，高阜收成九分；蒙化等三十五厅州县、州判、县丞，低处收成九分，高阜收成八分。合计通省秋收，实获九分有余。至沿边各土司地方所种禾稻杂粮，据报收成亦得九分有余，远近均称丰稔。

伏念滇省僻处万山，不通舟楫，全借本地所产俾资闾阎生计。今春二麦蚕豆丰收见告，已足为民食接济之需。乃自夏徂秋，尤复仰叨圣主洪福，雨旸时若，多稼如云，因之通省收成实得九分有余，边农利赖，莫不含哺鼓腹，共庆逢年，堪以远慰宸衷。一面饬司造册详报，照例另疏具题外，所有乾隆五十一年云南省秋成分数，合先开列清单，恭折奏闻，伏乞皇上睿鉴。谨奏。

朱批：欣慰览之。

（《宫中档乾隆朝奏折》第六十一辑，第 498～499 页）

2684 云南巡抚谭尚忠《奏明臬司应罚养廉银两全数完缴折》

乾隆五十一年九月十二日

云南巡抚臣谭尚忠跪奏：为奏明臬司应罚养廉银两全数完缴，仰祈圣鉴事。

窃照云南回避按察使特升额，前在迤东道任内，因金川逃兵未获，接督缉半年以上，部议照例罚云南按察使养廉一年。查云南按察使每年额编养廉银五千两，钦遵续奉恩旨，准其支给一半，仍分年带扣完缴，例得分限二年扣完。

兹据署云南布政使事粮储道永慧详称："前任臬司特升额，自乾隆五十年十月十八日到任起，至五十一年闰七月二十八日离任止，计于应支养廉内扣收过银二千三百七两零，又解过积存养廉银二千六百九十二两零，核其名下应罚养廉银五千两，已于一年限内全数清完，藩库现在入册报拨。"等情，详请奏咨前来。臣复查无异，除咨部酌拨外，所有云南回避按察使特升额应罚一年养廉银两全数完缴缘由，理合恭折奏闻，伏乞皇上睿鉴。再该员交代清楚，业于八月二十六日起程进京。合并陈明。谨奏。

朱批：览。

（《宫中档乾隆朝奏折》第六十一辑，第499～500页）

2685 云贵总督特成额、云南巡抚谭尚忠《奏报委护道篆折》

乾隆五十一年九月二十八日

云贵总督臣特成额、云南巡抚臣谭尚忠跪奏：为委护道篆，循例奏闻事。

窃照云南迤东道陈大文钦奉谕旨，补授贵州按察使。现经吏部发凭到滇，行令转给赴任，所有迤东道印务，亟应委员接署，俾陈大文迅速交卸，赴黔任事。

臣等公同商酌，查有东川府知府萧文言，明白谙练，前曾委护迤东道篆，办理裕如，堪以仍委护理。并据署藩司永慧具详前来，除饬委外，相应循例恭折奏闻，伏乞皇上睿鉴。谨奏。

朱批：知道了。

（《宫中档乾隆朝奏折》第六十一辑，第641页）

2686　云南巡抚谭尚忠《奏报奉旨兼兵部侍郎衔谢恩折》

乾隆五十一年九月二十八日

云南巡抚臣谭尚忠跪奏：为恭谢天恩事。

窃臣于本年九月二十四日，准吏部咨："乾隆五十一年闰七月十三日，奉旨：谭尚忠着兼兵部侍郎衔。钦此。"臣随恭设香案，望阙叩头谢恩讫。

伏念臣一介庸愚，才惭任巨，仰蒙皇上天恩，再畀封疆，授为云南巡抚，已叨非分之荣，尚乏涓埃之效。兹更渥承纶命，兼衔兵部侍郎，既荷提封重寄，复膺枢要崇衔，凡此恩宠之叠加，悉为梦想所不到。跪聆之下，感悚难名。臣惟有勉竭驽骀，益矢勤慎，随时随事实力实心，以期无忝职守，稍酬高厚鸿慈于万一。所有臣感激下忱，理合缮折奏谢天恩，伏乞皇上睿鉴。谨奏。

朱批：览。

（《宫中档乾隆朝奏折》第六十一辑，第645页）

2687　云南巡抚谭尚忠《奏报滇省地方情形折》

乾隆五十一年九月二十八日

云南巡抚臣谭尚忠跪奏：为奏闻事。

窃照云南地方本年通省秋成实获九分有余，远近均称丰获，业经臣于九月十二日开单陈奏在案。入冬以来，天气多晴，纳场禾稼崇墉比栉，咸得及时晒曝，早贮仓箱。尤喜日暄间逢雨润，高下田畴悉皆翻种，春花早者出土已有一二寸不等。边徼农人当此时和岁稔，莫不含哺鼓腹，共乐盈宁。各属市卖米价，缘新谷纷纷入市，较前更臻平減，洵堪仰慰圣怀，并将八月分通省粮价另缮清单，敬呈御览。

时近十月，乃值武闱乡试，应办场务现俱次第预备。目下应试诸生云集省垣，诚恐宵小潜踪，乘机肆窃，臣已派委文武员弁分段巡查，以严防范。其外场内场一切积弊，历有明禁者，亦经逐条指摘，大张晓谕，遍示通衢，俾作奸犯科之人触目警心，咸知怀刑自爱。武试首重外场，臣俟届期，会同督臣悉心校阅，即于会校事竣，遵例入闱，主试内场。惟有一秉虚公，甄录其尤，以副国家备选干城之典。

理合一并恭折奏闻，伏乞皇上睿鉴。谨奏。

朱批：知道了。

（《宫中档乾隆朝奏折》第六十一辑，第646页）

2688　云南巡抚谭尚忠《奏请赏给报匣折》

乾隆五十一年九月二十八日

云南巡抚臣谭尚忠跪奏：为请旨事。

案准吏部咨：大学士公阿桂等具奏，嗣后各省督抚遇有接任之员，未经赏过报匣者，即令其自行奏请赏给等因，奏准通行遵照在案。

今臣重沐天恩，补授云南巡抚，从前未蒙赏过报匣，相应循例请旨赏给，以备陈奏紧要事件之用。臣谨恭折奏请，伏乞皇上睿鉴准行。谨奏。

朱批：览。

（《宫中档乾隆朝奏折》第六十一辑，第647页）

2689　云南巡抚谭尚忠《奏报乾隆五十一年滇省民数、谷数折》

乾隆五十一年十月十八日

云南巡抚臣谭尚忠跪奏，为钦奉上谕事。

窃照各省民数、谷数，定例于每岁仲冬缮写黄册，具折奏闻。其民数，例应分造民、屯丁口各一册进呈。

兹据署云南布政使事粮储道永慧，会同护粮储道事曲靖府知府常德详称："云南省岁报民数，除番界、苗疆户口向不造入外，所有乾隆五十一年分通省民、屯户口，各就原编保甲逐一确查，实在大小民人二百七十五万五千五百二十七丁口，内男丁一百四十三万九千八百八十五丁，妇女一百三十一万五千六百四十二口；屯民男妇六十五万七千六百三十六丁口，内男丁三十三万五千二百二十六丁，妇女三十二万二千四百一十口。应存常平社仓米、谷、麦、荞、青稞一百七十二万七千三百八十九石四斗四升五合七勺。"分案造册，详请具奏前来。臣复加确核无异，理合恭折奏闻，并将民、屯丁口实在数目及存仓谷石总数，敬谨分缮黄册三本恭呈御览，伏乞皇上睿鉴。谨奏。

朱批：册留览。

（《宫中档乾隆朝奏折》第六十二辑，第25～26页）

2690　云南巡抚谭尚忠《奏报乾隆五十年新课全完及带征旧课各数折》

乾隆五十一年十月十八日

云南巡抚臣谭尚忠跪奏：为滇盐新课全完并带完旧欠各数，恭折奏闻事。

窃照滇省盐课钱粮，例于七月奏销。本年奏销乾隆五十年分盐课，因云龙州动项兴修金泉等井工程，据报六月内修竣，当委盐法道杨有涵亲往查勘，九月十八日始行旋省。臣即饬该道迅将前项奏销文册赶紧查造，由司会详。去后，兹据署云南布政使事粮储道永慧，会同盐法道杨有涵详称："各属应征乾隆五十年分盐课薪本、盈余等银四十二万六千六百九十二两零，又奏销乾隆四十九年盐课案内借发各井五十年分薪食银三十六万一千七百三十八两零，又续借本款、薪食银七万一千五百四十两零，俱经照数征解全完，年清年款。此外，又带征节年旧欠有着课款银二万一千八百一十四两零。"分案造具细册，详请题销前来。臣逐加复核无异，除分别缮疏具题外，所有乾隆五十年新课全完及带征旧课各数，理合恭折奏闻，伏乞皇上睿鉴。再督篆系臣兼署，毋庸会衔，合并陈明。谨奏。

朱批：该部知道。

（《宫中档乾隆朝奏折》第六十二辑，第26～27页）

2691　云南巡抚谭尚忠《奏报甄别过乾隆五十一年分滇省教职、佐杂及抚标年满千总折》

乾隆五十一年十月十八日

云南巡抚臣谭尚忠跪奏：为循例汇奏事。

案照年终汇奏事件内甄别教职、佐杂、年满千总三款，例应汇折分单具奏。兹据署布政使事粮储道永慧，会同署按察使事迤西道杨以湲，将云南省乾隆五十一年分甄别过俸满教职、佐杂开单汇详前来。

臣查本年甄别教职内，初次俸满勤职留任者三员，初次俸满循分供职留任者四员，二次俸满保荐者一员，二次俸满勤职留任者一员，二次俸满循分供职留任者一员，已届初次俸满休致者一员，初次俸满休致者一员，已经二次俸满留任、未届三次俸满勒休者一员，已经四次俸满留任、未届五次俸满休致者一员，未届俸满随时休致者三员。

又甄别佐杂内，初次俸满留任者五员，二次俸满留任者一员，三次俸满留任者二员，已届初次俸满休致者一员，已经初次俸满留任、未届二次俸满休致者一员，二次俸满勤休者一员，已经二次俸满留任、未届三次俸满休致者一员，已经三次俸满留任、未届四次俸满勒休者一员。

至臣标两营千总四员，初次六年俸满、曾经预保堪以留任者一员，此外并无年届六十以上，应予勒休千总。

其俸满各员，俱经陆续验看，随时咨部在案。所有乾隆五十一年分云南省甄别教职、佐杂及臣标年满千总，理合循例汇折具奏，并将甄别教职、佐杂、千总分缮清单，恭呈御览，伏乞皇上睿鉴。谨奏。

朱批：该部知道。

（《宫中档乾隆朝奏折》第六十二辑，第 27～28 页）

2692　暂署云贵总督印务云南巡抚谭尚忠《奏报交代藩库钱粮折》

乾隆五十一年十月十八日

暂署云贵总督印务云南巡抚臣谭尚忠跪奏，为奏明事。

窃照藩司升任本省巡抚，交代钱粮，例应总督保题。

臣仰荷天恩，由云南藩司升任本省巡抚，所有藩司任内经手收支、实存一切钱粮，业经移交署藩司永慧，逐款查收清楚。该署司依限两个月内造具册结，照例详送督臣盘核保题。适值督臣特成额缘事离任，未及办理，其云贵总督印务，现奉谕旨交臣暂行兼署，臣未便以本任交代钱粮自行保题。应请俟新藩司王昶到任，接收署藩司永慧交代之后，再行详请回任督臣富纲分案具题，以符体例而昭慎重。臣谨恭折奏明，伏乞皇上睿鉴，敕部查照施行。谨奏。

朱批：该部知道。

（《宫中档乾隆朝奏折》第六十二辑，第 27～28 页）

2693　云南巡抚谭尚忠《奏报委署府篆折》

乾隆五十一年十月十八日

云南巡抚臣谭尚忠跪奏，为委署府篆，循例奏闻事。

窃照丽江府知府郭愈博委解革职总督特成额进京，业经臣于遵旨办理由驿驰奏折内声明在案。所遗丽江府印务，应行遴员委署。

查有该府分驻中甸同知王友莲，居官谨饬，办事实心，堪以就近署理，并据署藩司永慧具详前来。除饬委外，臣谨循例恭折奏闻，伏乞皇上睿鉴。谨奏。

朱批：知道了。

（《宫中档乾隆朝奏折》第六十二辑，第29页）

2694 云南巡抚谭尚忠《奏报委署道篆折》

乾隆五十一年十月二十六日

云南巡抚臣谭尚忠跪奏：为委署道篆，循例奏闻事。

窃照迤南道沈世焘实历烟瘴三年俸满，现在照例具题，撤回内地，给咨送部引见，候旨升用。所遗该道员缺，例应在外拣选调补。

臣查回任督臣富纲来滇甚速，容俟到日，另行会商具奏。其迤南道印务，应先委员署理。臣与署藩臬两司公同筹酌，查有该道同城之普洱府知府贺长庚，堪以暂委，就近兼护。除饬委外，理合循例恭折奏闻，伏乞皇上睿鉴。谨奏。

朱批：该部知道。

（《宫中档乾隆朝奏折》第六十二辑，第103页）

2695 暂署云贵总督印务云南巡抚谭尚忠《奏报丙午头运二起京铜依限开帮折》

乾隆五十一年十月二十六日

暂署云贵总督印务云南巡抚臣谭尚忠跪奏：为恭报丙午头运二起京铜依限开帮，仰祈圣鉴事。

窃照丙午头运一起京铜，于本年八月在泸依限开帮，业经臣与前督臣特成额会折奏闻在案。其头运二起，例应九月内自泸领兑起行，所需铜斤，先已运贮泸店，当即饬催运员驰赴兑领，依限开帮。去后，兹据署云南布政使事粮储道永慧详据泸店委员申报："丙午头运二起正、带京铜七十六万八百一十五斤零，自九月初一日秤兑起，至九月二十八日全数兑竣，该运员维西通判鲍镇华即于是日在泸开行。"等情前来。

除飞咨沿途各省督抚臣加紧催趱抵京，并咨明户、工二部外，伏查丙午额运京铜正、加八起，今头运两起虽俱如限开帮，而此后尚有六起，均须挨次兑发，按月开行。臣核计泸店报收铜数，截至九月底止，除兑发两起外，尚存二百六十余万斤，又已发在途、陆续可到者二百三十余万斤，共有四百九十余万斤，加以各厂续发之数接踵运至，已足敷八起供兑，明岁三月扫帮，殊可从容副限，不致迟误。惟泸店积存底铜多多益善，督煎趱运不容一刻稍懈。臣现仍严饬厂、站各员，照前趱办运泸，以裕备贮外，所有丙午头运二起京铜依限开帮日期，理合恭折奏报，伏乞皇上睿鉴。谨奏。

朱批：览。

（《宫中档乾隆朝奏折》第六十二辑，第104页）

2696　暂署云贵总督印务云南巡抚谭尚忠《汇奏甄别云贵两省年满千总情形折》

乾隆五十一年十月二十六日

暂署云贵总督印务云南巡抚臣谭尚忠跪奏：为甄别云贵两省年满千总，循例汇折奏闻事。

窃查定例：绿营千总历俸六年为满，贵州苗疆千总历俸五年为满，随时考验甄别，年底分晰汇奏，节经遵办在案。

兹届乾隆五十一年分汇奏之期，伏查云南省各项年满千总，先经调任督臣富纲任内甄别过十三员，内保送者三员，留任者五员；前经预保注册，今届六年俸满，咨部换札，已升守备者一员；前经预保注册，尚未掣补得缺，今届三年，仍留候掣者三员；前经预保注册，今届六年俸满，咨部换札者一员。前任督臣特成额任内甄别过四员，内留任者一员；前经预保尚未得缺，今届三年，仍留候掣者二员；勒休者一员。以上云南省甄别年满千总十七员，又随时勒休千总二员，俱经先后分别咨部。

其贵州省各项年满千总，先经调任督臣富纲任内甄别过二十五员，内保送者二员；堪膺保送，任内有承缉逃兵未获，革职留任，限年开复之案，俟开复后再行升用者五员；调回内地者一员；留任者七员；前经预保注册，今届六年俸满，咨部换札者三员；前经预保注册，尚未掣补得缺，今二次届满三年，仍留候掣者二员；前经俸满保送，回任候题，今届三年，仍留候题，已题升守备，未准部覆者一员；前经俸满保送，回任候题，今届满三年，仍留候题者二员，勒休者二员。前任督臣特成额任内甄别过堪膺保送，任内有承缉逃兵未获，革职留任，限年开覆之案，俟开覆后再行升用者一员。臣接署督篆后，甄别过前经俸满留任，今届满三年，仍留原任者三员。以上贵州省甄别年满千总二十九员，又随时勒休千总二员，俱经先后分别咨部。兹届年底，理合循例恭折奏闻，并分缮清单，恭呈御览，伏乞皇上睿鉴。

再云南省尚有千总姚国勋、罗瑞、宋明三员，均届俸满，尚未考验，应归入下年甄别。合并陈明。谨奏。

朱批：该部知道。

（《宫中档乾隆朝奏折》第六十二辑，第105~106页）

2697　暂署云贵总督印务云南巡抚谭尚忠《奏报滇黔两省得雪情形折》

乾隆五十一年十月二十六日

暂署云贵总督印务云南巡抚臣谭尚忠跪奏：为恭报滇黔两省得雪情形，仰祈圣鉴事。

窃照滇省地方入冬以后晴雨调匀、麦豆滋长缘由，经臣于九月二十八日缮折陈奏在案。滇中四时协序，气候温和，向交冬令，雪不多见。兹于十月二十一日，云南省城同云密布，六出飞花，历辰巳两时而止，平地旋落旋融，高阜积厚一寸有余。正值大雪节后冬至节前，得此雪泽，洵为应时之瑞。外郡各属曾否同时得雪，虽未据报到，而是日天气凝寒，雪意广远，必有沾及之处。现在二麦、蚕豆益资长养，农民极其欣悦。至黔省地方，臣自十月十二日兼署督篆以来，叠据贵阳、安顺、大定、平越、都匀、遵义等府属各厅州县先后禀报，九月三十日暨十月初一、初三等日，连得瑞雪，积厚二三寸至四五寸不等，土膏滋润，甚于现种麦苗及菜蔬、杂粮各得其宜，来岁春收可期丰稔。

两省粮价平减，闾阎宁谧。均堪仰慰慈怀，理合恭折奏闻，并将滇省九月分米粮时价循例另缮清单敬呈御览，伏乞皇上睿鉴。谨奏。

朱批：欣慰览之。

（《宫中档乾隆朝奏折》第六十二辑，第106~107页）

2698　云南巡抚谭尚忠《奏请定均匀发配徒犯之例折》

乾隆五十一年十一月初四日

云南巡抚臣谭尚忠跪奏：为请定均匀发配徒犯之例，以归核实，以便约束，仰祈圣鉴事。

窃照定例内开：云南徒罪人犯，发本省多罗、松林等十二驿摆站。其有情重者，迤东各府则发诺邓等井煎盐，迤西各府则发个旧等厂熬铅。此滇省发配徒犯之专条也。

查滇省多罗、松林等十二驿，分设云南府属之昆明、嵩明二州县及曲靖府属之寻甸、马龙、沾益、宣威、南宁、平彝等六州县，俱在附省东隅，三迤徒犯总就此八州县驿发配，道里既远近不均，安插人数亦日积日多。若必令其杂于各驿站夫之中摆站当差，偶疏防范，非群集为匪，即起意脱逃。是以到配各犯，虽有摆站之名，并无摆站之实。

至例内所载罪重人犯，分别迤东、迤西，发往井、厂煎盐熬铅，似于充徒之中又示严儆。但援情引例，罪合拟徒似无庸再加区别。此等徒犯，均系作奸犯科之人，井、厂僻处山箐，灶丁、炉户人众杂遝，管束倍难。倘在井在厂故智复萌，转恐有勾串炉灶私煎私熬，致误额盐、课铅之事。是以虽有成例，并不敢轻易配发。

伏查军流人犯，因地方大小不同，配犯多寡不一，定有各就地方情形通融派拨之例，现在遵行已久，最为妥善。臣愚请嗣后滇省徒犯，不必仍前泥定多罗、松林等驿安置，竟照军流人犯派拨之例，于通省州县内，不拘有无驿站，核计道里，均匀酌配，递至该处，听其安顿防范，其文檄内竟称发某州县安插字样，其定发厂、灶煎盐熬铅之例，概予停止。如此则党类不聚，约束易周，名实更得相符矣。

臣因办理庶狱，于滇省实在情形有所见及，用是据实陈奏，伏乞皇上睿鉴，敕部议覆施行。谨奏。

朱批：该部议奏。

（《宫中档乾隆朝奏折》第六十二辑，第179~180页）

2699　云南巡抚谭尚忠《奏报查明乾隆五十一年分通省城垣情形折》

乾隆五十一年十一月初四日

云南巡抚臣谭尚忠跪奏：为查明通省城垣情形，遵旨汇奏事。

案准部咨，钦奉上谕："各省城垣是否完固，着于每年岁底汇奏一次等因。钦此。"又准工部议奏："嗣后各省城垣，于年终汇奏折内，将急修、缓修各情形逐一分晰声叙。如果必不可缓，实系应行急修之工，即令确估工料，具奏兴修，于次年汇奏折内，将已经奏办缘由据实声明。"等因在案。今乾隆五十一年分云南通省城垣，由署布政使永慧转据各道府确勘，分别完固、修补，复核详报前来。

臣查滇省各府厅州县及佐杂各处，通共砖石、土城九十一座，内大关等厅州县城垣七十六座，及甫经动项修竣之宁洱县、他郎厅城垣二座，共七十八座，均属完固。元江、嶍峨、广西、安宁、腾越、保山、文山、太和、永平、云州、鹤庆、陆凉等州县，原坍、续坍城垣十二座，内元江州、嶍峨县城垣二座，先经奏明次第兴修，嗣因腾越、保山边城亟须修理，改入缓修。今腾越州城修理将竣，其保山县城，俟腾越州城全工告竣，再行勘估办理。至改入缓修之元江州土城一座，业经迤南道查勘议覆，官民情愿共相捐资照旧修复，毋庸改建砖石，致滋糜费。其嶍峨县城垣一座，及上年列入缓修之广西、安宁、文山、太和、永平、云州、鹤庆、陆凉等州县城垣八座，概请缓修。又本年报坍昆明县城垣一座，省会重地，保障攸关，亟须修葺完固。已饬司委员勘估，需费不大，现在循照向例，动支办理。此外各属砖石、土城，悉俱完好，并无具报坍塌之处。臣仍责成该管道府督令地方官留心查勘，加意保护，遇有些小坍塌，随时鸠工修补，以期巩固而资捍卫。

所有乾隆五十一年分云南通省城垣情形，理合恭折汇奏，并另缮清单敬呈御览，伏乞皇上睿鉴。谨奏。

朱批：览。

（《宫中档乾隆朝奏折》第六十二辑，第 180 ~ 181 页）

2700 云南巡抚谭尚忠《奏奉圣训，恭谢天恩折》

乾隆五十一年十一月初四日

云南巡抚臣谭尚忠跪奏：为钦奉朱批，恭谢圣训事。

窃臣奉命补授云南巡抚，当经缮折奏谢天恩。兹赍折人回，奉到朱批：“汝系再用之人，宜改过勉力。钦此。”臣跪捧恩纶，仰承明训，不禁感激涕零，刻骨铭心。

伏念臣以谫陋庸才，猥蒙皇上特达之知，用至巡抚，虽心殷图报，而材识所限，屡获愆尤。乃沐天恩不即摈斥，仍加拔擢，圣主用人，如不得已之渊衷，固令臣感极而难安。而微臣愚钝，自惭之下悃，实则拜恩而滋惧。今荷圣慈曲赐裁成，指示真切，臣惟有凛遵圣诲，冀改过而自新，益勉力以自效，上求国计，下念民生，永守清操，整饬吏治，不敢稍务文饰，期于事有实济，借以仰副皇上加恩再用之至意于万一。所有微臣感激悚惕下忱，理合恭折奏谢天恩，伏乞皇上睿鉴。谨奏。

朱批：览。

（《宫中档乾隆朝奏折》第六十二辑，第 181 ~ 182 页）

2701 云南巡抚谭尚忠《奏报循例汇报乾隆五十一年分滇省改修、缓修船只情形折》

乾隆五十一年十一月初四日

云南巡抚臣谭尚忠跪奏：为循例汇奏事。

窃照各项改修、缓修船只及估变物料，数在二百两以下者，例应于年底汇折，分单具奏。兹届乾隆五十一年汇奏之期，据署布政使永慧具详前来。

臣查滇省保山县潞江渡裁存渡船四只，遇有损坏，酌以二年一修，动支租折银两办理。至乾隆三十七年起，至四十八年止，共修过六次，已据该县汇册，详请题销，经部驳饬，现在报销未定，应请缓修。又禄丰县星宿河添置渡船四只，现在船身完固，毋庸估修。此外，尚有罗平州属江底河渡船一只，丽江府属金江阿喜渡渡船一只，历系三年一修，所需工料银两，俱于官庄租米银内支用，汇册报销。查阿喜渡渡船一只，于乾隆四十七年修理，今五十一年，已逾三年之限，据该管署丽江府知府陈玉敦勘明朽坏渗漏，业经动支租米变价银两兴工修理，于本年三月初一日告竣。又江底河渡船一只，于乾隆四十八年修理，今五十一年，已届应修之期，据该管罗平州知州陶棻查明，实系朽坏渗漏，业经动支租米变价银两兴工修理，于本年四月二十六日告竣，现在一律完固，足资驾渡。所有乾隆五十一年分滇省改修、缓修船只，理合循例汇折具奏，并另缮清单敬呈御览。

再查乾隆五十一年分滇省并无估变衙署房屋物料，数在二百两以下之案。合并声明，伏乞皇上睿鉴。谨奏。

朱批：览。

（《宫中档乾隆朝奏折》第六十二辑，第182~183页）

2702　云南巡抚谭尚忠《奏报本年滇省官员无换帖、宴会与上省扣展公出日期等六款折》

乾隆五十一年十一月初四日

云南巡抚臣谭尚忠跪奏：为循例汇奏事。

窃照年终汇奏事件内，官员不准换帖、宴会与上省扣展公出日期，并各衙门不许收受门包及押席银两，派委属员承办筵席暨禁革坐省家人名目，以上六款，皆属事例相近，臣谨钦遵谕旨，汇为一折具奏。

伏查外省官员彼此换帖，动称愚兄愚弟，洵属仕途陋习。其同僚相见，偶然宴会，以通物我之情，原为礼所不废。惟上司与下属名分攸关，不宜宴会频频，致兹狎玩之渐。若夫庆典年节，开筵演戏，事非常有，所费亦属无几，总应出资自办，何得派委属员承值？既慊他人之慨，且开要结之门。

至督抚衙门随带在署家人，不过供其役使，凡遇传事禀话，俱有中军巡捕传禀，岂容家人与属员交接，需索门包？如因留待属员饭食，任由家人巧取押席银两，其事尤可鄙笑。他如州县官遇有紧要事件，偶赴省城，事毕即回，原毋庸扣展公出日期，致稽案牍。其有借称面禀公事，数数上省，固启钻营奔竞之端，即或派拨家人常川坐省，名为听差，实则窥探消息，更何以杜夤缘结纳之风。凡此诸弊，均为吏治之害。臣蒙恩简畀巡抚，莅任以来，时刻留心稽察，并嘱司道一体查访，尚无前项情弊。但有治人无治法，臣身任封疆，有考察群吏之责，惟当正己率属，严行饬禁，以期仰副圣主整肃官方之至意。

兹届乾隆五十一年分汇奏之期，理合循例汇折具奏，伏乞皇上睿鉴。

再督篆系臣兼署，毋庸分奏两折，合并声明。谨奏。

朱批：以实为之。

（《宫中档乾隆朝奏折》第六十二辑，第 183 ~ 184 页）

2703　云南巡抚谭尚忠《奏报滇省乾隆五十一年分动用钱粮工程报销已未完结各案折》

乾隆五十一年十一月初四日

云南巡抚臣谭尚忠跪奏：为循例汇奏事。

窃照直省一切动用钱粮及工程报销已未完结案件，例应各该督抚于岁底汇折具奏。兹据署布政使永慧，将云南省动用钱粮及工程报销已未完结各案开报前来。

臣查云南省近年动用钱粮及工程报销各案，截至乾隆五十一年岁底，共计十六案，内除已经接到部复准销完结者四案，尚未完结者十二案，此内已遵部驳，造册详请题咨，尚未接准部覆者四案，其余八案，现饬承办各员遵照部驳，逐一登答，统俟造报至日再行题咨外，所有云南省乾隆五十一年分动用钱粮工程报销已未完结各案，理合分晰，缮具清单恭折奏闻，伏乞皇上睿鉴。谨奏。

朱批：览。

（《宫中档乾隆朝奏折》第六十二辑，第 184 ~ 185 页）

2704　暂署云贵总督印务云南巡抚谭尚忠《奏报滇省设法收缴鸟枪情形折》

乾隆五十一年十一月十一日

暂署云贵总督印务云南巡抚臣谭尚忠跪奏：为滇省设法收缴鸟枪，遵旨汇奏事。

案照民间私藏鸟枪，钦奉谕旨："饬令实力查禁，于每岁年终汇奏一次等因。钦此。"

臣查滇省旧有鸟枪，业于乾隆四十七八九等年，共收缴过九百二十七杆。迨五十年分，并无呈缴，节经调任督臣富纲会同前抚臣刘秉恬，按年具奏在案。兹届乾隆五十一年分应行汇奏之期，据各属陆续申报，远近乡村夷寨俱已出示遍贴，并令乡保头人剀切传谕，迄无呈缴之家，实属无凭转缴等情，由署臬司杨以湲汇核具详前来。

伏查滇省民夷防御虎狼，皆利用弩箭，原不专恃鸟枪，且自硝磺禁绝私售以后，即有旧存鸟枪，亦无所用。今查缴已经五年，历时不为不久，自应日渐稀少。惟是滇省地方辽阔，诚恐深山僻壤，尚有未能周知，而日久最易玩生，更难保无潜行私造之事。臣不敢因现无报缴鸟枪，辄谓搜罗已尽，致有疏懈，仍通饬各属再行遍示晓谕，设法查缴，务期净尽，一面责成该管文武实力稽察，不致日久复行私造，以杜流弊。至本年通省命盗案内，查无失察私造鸟枪应行议处之员，合并陈明。

所有乾隆五十一年分滇省设法收缴鸟枪缘由，臣谨遵旨具折汇奏，伏乞皇上睿鉴。谨奏。

朱批：览。

（《宫中档乾隆朝奏折》第六十二辑，第235～236页）

2705　暂署云贵总督印务云南巡抚谭尚忠《奏报甄别滇黔两省候补武举及难荫人员折》

乾隆五十一年十一月十一日

暂署云贵总督印务云南巡抚臣谭尚忠跪奏：为甄别候补武举及难荫人员，仰祈圣鉴事。

案照乾隆三十九年四月内，钦奉上谕："令将分发学习之世职各员，分别应留、应革，就其现有人数，据实甄别等因。钦此。"历经遵行在案。

臣查云贵两省并无分发学习世职人员，无从甄别。所有云南省候补武举已逾五年，三年尚未得缺之刘秉健、张光笏，均经陆续调取考验，俱系年力强壮、弓马合式，堪以仍留候补。又贵州省候补武举已逾五年，三年尚未得缺之武举王万春、李三垣、张良吉、张良槐、冯振先、李绍谟及难荫把总李绍文、王元顺、王子锜、王璟，亦经陆续调取考验，俱系年力强壮、弓马合式，堪以留营候补。除分饬该管各镇将勤加训练，遇有缺出，照例轮送拔补，倘有怠惰偷安，即予斥革，以昭惩劝外，谨将乾隆五十一年分甄别过云贵两省前项人员汇折具奏，并分缮清单敬呈御览，伏乞皇上睿鉴。

再云南省本年未有应行甄别候补难荫人员，合并陈明。谨奏。

朱批：知道了。

（《宫中档乾隆朝奏折》第六十二辑，第236~237页）

2706　云南巡抚谭尚忠《奏报滇省去思德政等碑均已扑毁折》

乾隆五十一年十一月十一日

云南巡抚臣谭尚忠跪奏：为遵旨奏闻事。

窃照外省官员无论去任、在任，建立去思德政等碑，于吏治官方大有关系。钦奉谕旨："通行饬禁，并令将制造衣伞、脱靴等事一并禁止，每年年终奏闻。钦此。"当经前抚臣刘秉恬先后查明，省城暨外郡各属，共有历来文武官员去思德政等碑四百七十余座，逐一扑毁，奏蒙圣鉴在案。

臣叨恩简畀巡抚，莅任以来，率同司道留心查察，各属旧有之碑均已扑毁无遗，其现任、去任文武各官，并无违禁建立去思德政等碑，亦无制造万名衣伞及脱靴等事。兹届乾隆五十一年应奏之期，臣谨遵旨恭折奏闻，伏乞皇上睿鉴。谨奏。

朱批：览。

（《宫中档乾隆朝奏折》第六十二辑，第237~238页）

2707　云南巡抚谭尚忠《奏报调取俸满道员现署藩篆，暂缓给咨送部折》

乾隆五十一年十一月十一日

云南巡抚臣谭尚忠跪奏：为调取俸满道员现署藩篆，暂缓给咨送部，奏请圣鉴事。

窃臣接准吏部咨："以现任云南粮储道永慧，历俸已满八年，照例调取赴部引见，自应于接到部文后，即行出具考语，给咨送部，以符定例。"惟查该道永慧，先经臣会折奏明，委署藩篆。该员接办清查事务，勒催解缴，将次完竣；所办铜务，正值催趱厂店赶运赴泸，以供丙午扫帮，均关吃紧之际，难以骤易生手。

查新臬司王懿德甫于本月初七日抵任，而新藩司王昶约于年内即可到滇，若此时复改令臬司接署藩篆，为日无几，既多一番交代，且辗转更替，反于公事无益。臣悉心斟酌，所有粮储道永慧俸满引见之处，应俟新藩司王昶到任，该员卸署藩篆，交代清楚，再行给咨送部，俾免更番接替之烦。理合恭折奏明，伏乞皇上睿鉴，敕部查照施行。谨奏。

朱批：该部知道。

（《宫中档乾隆朝奏折》第六十二辑，第238页）

2708　云南巡抚谭尚忠《奏报遣犯在配脱逃折》

乾隆五十一年十一月二十日

云南巡抚臣谭尚忠跪奏：为遣犯在配脱逃，循例奏闻事。

案照乾隆三十六年三月内，钦奉上谕："脱逃遣犯自必潜归本籍，即应查明各乡贯，迅速移知本省，严行缉拿。而经过各省分，亦当知照，一体协缉，仍一面奏闻。"等因，钦遵在案。

兹据署禄丰县知县戴士琰详报："安置改遣军犯汪亮彩，系安徽宿松县人，在江西彭泽县奸拐妇女、驾船行窃案内，审依积匪猾贼例，改发云南极边烟瘴充军，左面刺'积匪猾贼'四字，右面刺'改遣'二字。乾隆五十年二月初七日到配，于五十一年十月二十六日乘间脱逃。"等情，详报到臣。除飞咨该犯逃回本籍应行经过各省分及原籍邻封一体根查协缉，并通饬滇属文武暨交界州县严密截拿，务期速获办理，如逾限无获，即将疏脱各职名照例查参外，所有改遣军犯汪亮彩在配脱逃缘由，理合循例恭折奏闻，伏乞皇上睿鉴。谨奏。

朱批：览。

（《宫中档乾隆朝奏折》第六十二辑，第313~314页）

2709　暂署云贵总督印务云南巡抚谭尚忠《奏陈滇黔两省续得雪泽情形折》

乾隆五十一年十一月二十日

暂署云贵总督印务云南巡抚臣谭尚忠跪奏：为敬陈滇黔两省续得雪泽情形，仰祈圣鉴事。

窃照滇黔地方应时得雪之处，业经臣于十月二十六日恭折奏闻在案。滇省气候较黔省温和，向来冬雪甚少。臣拜折后，节据云南府属之嵩明州，曲靖、昭通各府属之平彝、镇雄等州县报到，十月二十一日得雪二三寸不等。云南省城复于十一月初七日得雪，四郊普遍，高阜积厚二三寸，平原积厚一二寸。近省之武定州暨所属禄劝县，据报同时得雪，与省城情形相仿。其余各属雨水俱极调匀。正当麦豆长发之际，渥泽频施，倍形滋茂。至黔省地方，续据思南、石阡、思州、镇远、黎平、南笼、贵阳、安顺、大定、遵义、都匀等府属各厅州县先后具报，于十月十八、十九、二十暨十一月初四、初五等日，得雪二三寸至四五寸不等，通属咸沾，殊于春花有益。两省米粮市价在在平减，民情悦豫，地方宁谧，均堪仰慰圣怀。理合恭折奏闻，并将滇省十月分粮价，循例另缮清单敬呈御览，伏乞皇上睿鉴。谨奏。

朱批：欣慰览之。

（《宫中档乾隆朝奏折》第六十二辑，第314页）

2710　云南巡抚谭尚忠《奏报滇省查办〈通鉴纲目续编〉缘由折》

乾隆五十一年十一月二十日

云南巡抚臣谭尚忠跪奏：为遵旨汇奏事。

窃照《通鉴纲目续编》内发明广义各条，有持论偏谬之处，钦奉谕旨改正，发交各省督抚，将该省流传之本并坊间翻刻板片一体遵照抽改，仍于年终汇奏一次。当即行司转饬查办。业于乾隆四十八九、五十等年，将滇省更正过部数及挖出字迹数目按年汇折具奏，并将挖出字迹装集成帙，开单咨送军机处销毁在案。

伏查滇省僻居边徼，素鲜藏书之家，而坊间所售不过寻常书籍。其《通鉴纲目续编》一书，自奉发改正样本来滇，查办已越三载，凡有流传之本，悉皆缴出改正。乾隆五十一年分，各属并无呈明抽改及缴到挖出字迹。兹届年终，据署布政使永慧查明，申报前来。臣复加体察无异，除再饬各属留心访查，务使外间流传之本全行更正，不致稍有遗漏外，所有查办《通鉴纲目续编》缘由，理合遵旨恭折具奏，伏乞皇上睿鉴。谨奏。

朱批：览。

（《宫中档乾隆朝奏折》第六十二辑，第315页）

2711　云南巡抚谭尚忠《奏报降调镇南州知州赵振铎年力就衰，难以给咨引见，应请勒令休致折》

乾隆五十一年十一月二十日

云南巡抚臣谭尚忠跪奏：为降调知州年力就衰，难以给咨引见，应请勒令休致，以重地方事。

窃照云南镇南州知州赵振铎，河南举人，由广东连平州知州因公降调，援例开复原官补用，上年九月分选补今职，本年九月内到滇接印任事。

臣查该员履历，虽开五十八岁，而应对进退颇形衰迈。询据该员答称，长途远涉，染患病症，尚未复元等语。臣当饬该管道府留心察看，该员步履举动总形衰态，地方事务难望其振作有为。正在饬司详请勒休间，适准部文：该员因前在广东署理三水县任内，失察西洋人冯若望等潜往四川传教，经过沿途，议于现任内降二级调用，奉旨："出具考语，送部引见，再降谕旨。钦此。"

伏查该员年力就衰，本应勒休之员，若因现在降调，奉有引见之旨，辄行给咨赴部，转非我皇上量材录用之意。兹据司道府揭报前来，相应请旨，将镇南州降调知州赵振铎勒令休致，以重地方。臣谨恭折具奏，伏乞皇上睿鉴，敕部施行。谨奏。

朱批：该部知道。

（《宫中档乾隆朝奏折》第六十二辑，第316页）

2712　暂署云贵总督印务云南巡抚谭尚忠《奏报丙午头运两起京铜依限开帮折》

乾隆五十一年十二月初二日

暂署云贵总督印务云南巡抚臣谭尚忠跪奏：为恭报丙午二运一起京铜依限开帮，仰祈圣鉴事。

窃照丙午头运两起京铜于本年八、九两月依限开帮，节经缮折奏闻在案。其二运一起京铜，例应十月内接续起行，所需铜斤，先已运贮泸店，当即饬催运员赴泸兑领，依限开帮。去后，兹据署云南布政使永慧详据泸店委员申报："丙午二运一起正、带京铜七十六万八百一十五斤零，自十月初一日称兑起，至十月二十六日全数兑竣，该运员署会泽县拣发知县耿人麟即于是日在泸开行。"等情前来。除飞咨沿途各省督抚臣饬属催趱抵京，并咨明户、工二部外，伏查丙午额运京铜正、加八起，现已解运三起，尚有正、加五起，共需铜四百十余万斤，核计存泸及发运在途铜数，已足敷用，此后各起均可逐月依限开帮，不致迟误。

惟泸店底铜必须充裕，诚恐厂地炉丁、运铜脚夫稍有迁延，臣现饬厂站各员并专派员弁加紧趱办，源源催运，以裕泸店备贮外，所有丙午二运一起京铜依限扫帮日期，理合恭折奏报，伏乞皇上睿鉴。谨奏。

朱批：知道了。

（《宫中档乾隆朝奏折》第六十二辑，第430～431页）

2713　暂署云贵总督印务云南巡抚谭尚忠《奏报盘获缅地脱回之广东民人，讯明请旨折》

乾隆五十一年十二月初二日

暂署云贵总督印务云南巡抚臣谭尚忠跪奏：为盘获缅地脱回之广东民人，讯明请旨事。

窃臣接准云南提臣乌大经来札，并据腾越镇总兵孙起蛟、腾越州知州瑭琮等禀称："邦中山汛弁于十月十八日，盘获外来四人，讯系广东潮州府人，名唤林阿新、罗阿寅、翁阿米、陈阿富，自广东出口赴暹罗贸易，船至长本，被缅匪掳去，现在脱回。"等情。当经飞饬提解来省，以凭审办间，又据署楚雄县知县席庆年禀报："巡街兵役于十月三十日，盘获缅地脱回民人陈阿奇一名，亦系广东人，赴暹罗贸易，为缅匪所掠者。"并即批饬解省，一并审办，兹据先后押解前来。

臣随率同在省司道亲提研讯，缘林阿新、罗阿寅、翁阿米、陈阿富、陈阿奇，均系广东潮州府属澄海等县民人，原籍各有亲属。乾隆五十年十二月间，各备资本置买食货，附搭海阳县人陈岱船只前赴暹罗国贸易，在澄海县东泷地方纳税挂号，十二月二十五日开行出口，货客水手共有三百余人。五十一年正月十三日，行至暹罗国长本地方，被风吹折大桅，将船收入汊内休整。适缅匪与暹罗打仗，已将长本占据，辄即抢货烧船，并掳获在船之人，分为两起押赴阿瓦，经由水路程途，随处耽延，多有病故。五月二十一日甫抵阿瓦，缅匪将被掳诸人发交头人林阿告收管。二十八日，林阿告带同通事出向查问，缅匪知系天朝贸易之人，即令林阿告分付被掳诸人在阿瓦乡村各自佣趁谋生。林阿新因受苦不过，日想逃回，遂与同难之翁阿米、陈阿富商允。九月初八日，从阿瓦起身，途遇罗阿寅，一共四人，由山僻小路逃走。十月十八日，行至邦中山，被官兵盘住。其陈阿奇即系船主陈岱之叔，另与同难之钟阿八、陈独眼、朱阿罗、林阿定，于八月初六日，结伴潜逃，俱在途中患病，钟阿八、陈独眼、朱阿罗相继物故，林阿定病愈先行，不知去向。陈阿奇病体稍痊，独自行走，十月十四日，到云州地方，三十日，行至楚雄被获。此林阿新、陈阿奇等所供情节也。

臣以伊等被掳之后既在阿瓦数月，缅匪情形自宜悉知，杨重英下落亦必有所闻，逐加诘问，佥供："头人林阿告嘱在乡村觅活，缅匪情形无从得知，亦无从知有杨重英其人。"臣察看林阿新等人皆老实，所供似非虚假。伊等既不知缅匪情形，毋庸解京备讯。惟出赴暹罗贸易一节，不可不严加查究。如系私越外境，例应治罪。若果出口有凭，被掳脱回，尚属不忘故土，只须递籍安插。臣严切根究，虽据坚称船主陈岱领有执照，纳税挂号，以及出口月、日、地名历历可稽，亦无携带违禁货物，但系一面之词，安知不因滇省无可质证，交口支饰？

臣查云南相距广东省城计程五千七百余里，而潮州一郡又离广东省城千有余里，与其咨查往返动需时日，莫若解归该省，就近查办较为便易。相应请旨将林阿新等五名解交两广督臣就近查明，分别办理，以成信谳而昭速捷。（**夹批：**甚是。）至同时被缅掳去之广东民人，为数尚多，滇省路通缅境，又不止一处，恐有四散奔逃、潜行进口者，臣已分饬沿边各关卡员弁及内地州县严密巡查，遇有脱回之人，即行截获报解，毋任疏漏。（**夹批：**好。）其陈阿奇入口之处，虽据供系云州，其实从何处关口而入，不能指定地名。第查云州系在缅宁之内，而缅宁为通边隘口，失察入口之关卡员弁例有处分，容俟查明，另行开参。（**夹批：**妥当。）

所有盘获缅地脱回之广东民人现在讯明缘由，臣谨会同云南提臣乌大经恭折由驿奏闻，并另缮供单敬呈御览，伏乞皇上睿鉴训示。谨奏。

朱批：览。

（《宫中档乾隆朝奏折》第六十二辑，第431～433页）

2714　云南巡抚谭尚忠《奏报学政差满，遵旨据实奏闻折》

乾隆五十一年十二月初十日

云南巡抚臣谭尚忠跪奏：为学政差满，遵旨据实具奏事。

案照乾隆四十二年十一月内，钦奉上谕："从前令各该督抚于学政差满时，将其是否不愧师儒之席及仅系循分供职，或有通晓吏治，勘胜道府两司者，各就所见，秉公密奏。现在各该督抚陆续奏到之折，虽尚属公当，但恐行之日久，转不免有流弊。着传谕直省督抚，嗣后学政差满，止将其在任考试声名若何，办事若何，据实具奏，其能否堪胜道府两司之处，毋庸奏及。"等因，钦遵在案。

伏查云南学政曹锡龄，由翰林院编修奉命视学滇中，于乾隆四十八年十二月到任。臣自上年六月抵滇，与该学政同官载余，察其人品端方，学术纯正，在任三年，历试各郡，公正严明，声名甚好。迨旋省科试云南、武定等属并考录通省遗才，臣复近在同城，不时体访，该学政去取公平，士心悦服，办理本分事宜亦极勤慎周细，似不愧师儒之席。兹值差满回京，所有该学政曹锡龄在任考试声名及办事情形，臣谨遵旨据实具奏，伏乞皇上睿鉴。谨奏。

朱批：览。

（《宫中档乾隆朝奏折》第六十二辑，第567～568页）

2715　暂署云贵总督印务云南巡抚谭尚忠《奏报委署副将折》

乾隆五十一年十二月十五日

暂署云贵总督印务云南巡抚臣谭尚忠跪奏：为委署副将，循例奏闻事。

窃照云南龙陵协副将富连升，先经调任督臣富纲保列一等，应行送部引见。嗣因出汛届期，正资控驭巡查，未便转易生手，复经前督臣特成额奏请暂留在滇，俟明春撤防时再行给咨赴部，钦奉朱批俞允在案。兹准提臣乌大经来咨，以该副将巡查边隘，途次染受风寒，转成脾虚泄泻之症，现在延医调治，边防营伍难资料理，商请委员暂署，予限调养等因前来。

臣查龙陵一协地处极边，时值官兵驻汛，一切稽察巡防及营伍事宜，均关紧要。该副将现既患病，自应委员暂行接署，以重职守而免旷误。查有提标右营游击恒禄泰，在滇年久，熟悉边营，堪委暂署龙陵协副将印务。除檄饬遵照，其副将富连升病症是否解任后可以克期医痊，抑须回籍调理之处，现在照会腾越镇就近确查，约计复到，督臣富纲已经抵滇，应听核实另办外，所有副将患病委员暂署缘由，理合循例恭折奏闻，伏乞皇上睿鉴。谨奏。

朱批：知道了。

（《宫中档乾隆朝奏折》第六十二辑，第633页）

2716　云南巡抚谭尚忠《奏报访获武场诓骗奸匪，现在审办，谨先奏闻折》

乾隆五十一年十二月初二日

云南巡抚臣谭尚忠跪奏：为访获武场诓骗奸匪，现在审办，谨先奏闻事。

窃臣于主试武闱揭晓后，闻有开化府傅姓武生，因费用财物，领得臣衙门佥给印照，包伊中举，嗣见榜发未中，知系被人诓骗，现在省城根寻之事，臣不胜诧异。当经遴委干员，会同地方官查拘武生傅殿扬到案。讯据供称："我是开化府文山县人，年二十岁，乾隆四十九年岁考，取入府学武生。本年来省乡试，场前有一陈姓到寓，自称平彝县人，名唤陈升，跟随抚署官亲钱姓，若要中举，有门路可替打点。我不肯信，他就走了。后来陈升同他主人钱姓到寓，钱姓就说，你以功名为重，还以银钱为重？我答说，即来下场，自以功名为重。钱姓又说，既重功名，可预备银两，包管中举。那时讲定银一千两，写给名单，填发执照，先交银三百五十两，又交金条三十二两五钱，算价十五换半，都是钱姓同陈升收去，言明中后补足，现有大人印照为据。谁想出榜无名，知是被骗，不敢回家，正在找寻。"等语。并据缴出执照一张，列臣衔姓，内有收到开化府学武生傅殿扬自备束金银两，准取题名，汇册报部，照给该生收执，听候揭晓呈缴字样。所用云南巡抚关防，系油朱色而非紫花色。当将臣衙门关防比对，边模较小，篆文亦有舛错，其为伪造显然。随向傅殿扬讯明钱姓、陈升二犯年貌、服色，开单飞饬平彝县，并通行滇属文武一体查拿。去后，旋据平彝县复无其人，各属亦有以查缉未获，先行具复者。

臣思诓骗之徒，莫不诡诈百出，预存避罪地步。此案指撞之钱姓、陈升二犯，保非捏改姓名，设局伙骗，事败潜逃，若非设法侦拿，一时恐难踪迹。查云南府知府蒋继勋暨因公来省之东川府知府萧文言，均系在滇年久，办事能干。臣面嘱该府等，即商同购线密访，务获解究。兹于十二月十一日，据该府等禀称："访有省城南门外居民顾麒家内，九十月间，曾住有二人，年貌、服色与傅殿扬所供之钱姓、陈升相同。当晚即将顾麒密拘查讯，据供：假冒官亲钱姓者，系贵州人崔升，假充长随陈升者，系南宁县人辛焕。今崔升躲在晋宁，辛焕已回原籍。"等语。随饬差星夜飞拿崔升到案，唤同傅殿扬识认属实。其伪印、执照，据崔升供，系顾麒所为。讯之顾麒，始而抵赖，继则承认，惟照内伪印，坚称系属描摸而非雕刻。当令顾麒试做，比验相符。搜查该犯家内，亦实无私雕器具等项。

臣查武场大典，辄敢伪造巡抚印照，诓骗多赃，不法已极，必应从严究办，以昭惩创。但此案何人起意诓骗，从中有无他人说合过付及实在得赃确数，如何俵分，此外有无指撞别人？现在犯供狡展，且核之傅殿扬原供，亦有不实不尽，尚须悉心推鞫，方成信谳。除行司速饬该府等详加研审，彻底穷究，务使案无遁情，并提拿辛焕归案质讯，分别定拟，另行具奏外，所有访获缘由，合先恭折奏闻，伏乞皇上睿鉴。谨奏。

朱批：从重严审，速奏。

（《宫中档乾隆朝奏折》第六十二辑，第634～635页）

2717 云贵总督富纲《奏报回滇接印日期及感激下忱折》

乾隆五十一年十二月二十一日

云贵总督奴才富纲跪奏：为恭报回滇接印日期，恭折奏谢天恩，仰祈圣鉴事。

窃奴才仰蒙圣恩，仍回云贵总督之任，当即趋附阙廷，跪觐天颜。荷蒙皇上格外隆恩，周详训诲。奴才赋性庸愚，得蒙造就成全，不啻耳提面命，俾奴才回任，得以敬谨遵守，仰戴高深，莫可名状。兹奴才于十二月二十日黎明，已抵云南省城，准署督臣谭尚忠将印信各项饬委督标中军副将定住、云南府知府蒋继勋赍交前来。奴才随恭设香案，望阙叩谢天恩，即于是日接印任事。

奴才惟有益励丹诚，倍加谨慎，时时凛遵圣训，事事实力实心，不敢丝毫懈忽，稍存隐饰，诸事务期整顿，以冀仰报皇上鸿慈于万一。除一切应办事宜，容奴才次第查办并另疏题报外，所有奴才回滇接印日期及感激下忱，谨缮折恭谢天恩，伏祈皇上睿鉴。谨奏。

朱批：览。

（《宫中档乾隆朝奏折》第六十二辑，第695～696页）

2718 云南巡抚谭尚忠《附奏省城雪雨情形折》

乾隆五十一年十二月二十一日

云南巡抚臣谭尚忠跪奏：为附奏省城雪雨情形，仰祈圣鉴事。

窃照滇省地方冬雪普沾、春花畅茂缘由，节经臣缮折陈奏在案。入腊以后，云南省城复又连得大雪，平原积厚七八寸，高阜积厚一尺余寸，炎中获此腊雪，洵为应时之瑞。交春已阅数日，膏雨频施，土脉尤极透润，二麦、蚕豆发荣滋长，弥望青葱，来岁春收可以预占丰稔。外郡各属叠据报到情形，与省城大概相同。粮价称平，闾阎宁谧。臣谨附折奏闻，仰慰圣怀，伏乞皇上睿鉴。谨奏。

朱批：欣慰览之。

（《宫中档乾隆朝奏折》第六十二辑，第696页）

2719 云南巡抚谭尚忠《奏报交卸督篆日期折》

乾隆五十一年十二月二十一日

云南巡抚臣谭尚忠跪奏：为恭报交卸督篆日期，仰祈圣鉴事。

窃臣钦奉谕旨，云贵总督印务，着臣暂行兼署。当经恭折奏谢天恩，并将署篆日期缮疏题报在案。兹督臣富纲于十二月二十日抵滇，臣即于是日，谨将云贵总督关防等项，差委云南府知府蒋继勋、督标中军副将定住赍交督臣富纲接受任事，臣仍专办巡抚事务。所有交卸督篆日期，除循例另疏具题外，理合恭折奏闻，伏乞皇上睿鉴。谨奏。

朱批：览。

（《宫中档乾隆朝奏折》第六十二辑，第697页）

2720　云贵总督富纲《奏报委护总兵印篆折》

乾隆五十一年十二月二十八日

云贵总督臣富纲跪奏：为委护总兵印篆，循例恭折奏闻事。

窃准部咨，钦奉上谕："云南腾越镇总兵员缺着刘之仁调补，孙起蛟着仍回开化镇本任，所有鹤丽镇总兵员缺，着窦瑸调补。钦此。"

臣查腾越、开化、鹤丽三镇相距均属窎远，必须于此三处内先委一员暂接印篆，方可递相交替。而腾越现值官兵在汛之时，地方尤为紧要，总兵刘之仁自应先行赴任。查维西协附近鹤丽，该副将德克进布前曾署理鹤丽镇篆，办理无误，今仍令德克进布就近暂行护理，以便刘之仁驰赴腾越任事，则孙起蛟、窦瑸均可递相交印，各赴本任。该镇等往来接替，计期不过月余，所有维西协副将印务毋庸另行委署。合并声明。除分檄饬遵外，所有委护镇篆缘由，谨恭折具奏，伏祈皇上睿鉴。谨奏。

朱批：该部知道。

（《宫中档乾隆朝奏折》第六十二辑，第744页）

2721　云贵总督富纲、云南巡抚谭尚忠《奏报丙午二运二起京铜依限开帮折》

乾隆五十一年十二月二十八日

云贵总督臣富纲、云南巡抚臣谭尚忠跪奏：为恭报丙午二运二起京铜依限开帮，仰祈圣鉴事。

窃照丙午头运两起及二运一起京铜，业俱依限开帮，经前督臣特成额暨臣谭尚忠节次奏闻在案。其二运二起应于十一月内自泸领兑起程。兹据署云南布政使事粮储道永慧详据泸店委员申报："丙午二运二起正、带铜七十六万八百十五斤零，自十一月初二日开兑起，至十一月二十九日，全数兑竣，该运员署宣威州事师宗县知县周薰，即于是日在泸开行。"等情前来。除飞咨沿途各省督抚臣加紧催趱抵京，并咨明户、工二部外，伏查滇省年解京铜六百三十余万斤，分为八起解运，今丙午额运，除头、二两运四起业经依限开帮外，尚需三运一二起及加运两起，共铜三百四十万斤零。

臣等核计，泸店现在存铜并东、寻两路已发在途陆续可到者共有四百六万二千余斤，足敷供兑，是明岁三月扫帮之限断可无误。此时各厂现办铜斤，俱应运作泸店底铜。诚恐厂站各员以京运业俱足额，略存懈弛，臣等现仍严饬照前趱办运泸，以裕备贮外，所有丙午二运二起京铜依限开帮日期，理合恭折具奏，伏祈皇上睿鉴。谨奏。

朱批：好。知道了。

（《宫中档乾隆朝奏折》第六十二辑，第745页）

2722　云贵总督富纲、云南巡抚谭尚忠《奏请以腾越州分防南甸州判甘士谷升署顺宁县知县折》

乾隆五十一年十二月二十八日

云贵总督臣富纲、云南巡抚臣谭尚忠跪奏：为边要知县调补乏人，恭恳圣恩俯准升署，以裨地方、铜务事。

窃照云南顺宁县知县一缺，例应在外拣调。该县为顺宁府附郭首邑，地处边徼，汉少夷多，且宁台铜厂坐落县境，并有稽煎趱运之责，非精明强干，熟悉夷情、厂务之员，弗克资其治理。

臣等与藩、臬两司在于通省知县逐加遴选，非现居要缺，即人地不宜，并无堪以调补之员。惟查有腾越州分防南甸州判甘士穀，年五十一岁，江西宜春县人，由拔贡就职州判，加捐分发，签掣来滇，咨补今职。该员才情干练，办事稳实，委署顺宁县印务业已四年，随事化导整饬，民情极为帖服。前因宁台厂管理需人，经臣富纲奏委甘士穀就近接办，声明如果出力，遇有应升知县缺出，奏请升用，仰蒙圣鉴在案。

兹查该员自管办以来，一切采煎挽运，尚知奋勉办理，颇为实心。历俸五年有余，任内亦无参罚案件，以之升署顺宁县知县，洵能胜任。合无仰恳天恩，准以甘士穀升署顺宁县知县，不特要缺得人，可期有裨地方，而该员升任正印，管理铜厂呼应更灵，于厂务实有裨益。如蒙俞允，俟部复至日，给咨送部引见，恭候钦定。仍照例扣足试俸，另请实授。其所遗南甸州判一缺，滇省现有应补人员，容俟遴员，另行咨补。谨合词恭折具奏，伏祈皇上睿鉴。谨奏。

朱批：该部议奏。

（《宫中档乾隆朝奏折》第六十二辑，第746页）

2723　云贵总督富纲《奏报敬遵圣训，严督将备劝练兵丁折》

乾隆五十二年正月初六日

云贵总督臣富纲跪奏：为敬遵圣训，恭折复奏事。

乾隆五十一年十二月三十日，接准大学士公阿桂、大学士和珅字寄："十二月初四日，奉上谕：朕恭阅皇考《朱批谕旨》，雍正十年，普洱镇属思茅地方有苦葱聚众不法，并勾通猓夷煽动滋事，经高其倬调兵筹剿，分路扑灭。其贵州古州苗民，亦经鄂尔泰戡定。目今承平日久，边境极为宁谧。但普洱、思茅、古州等处，为苗民错处之所，不可不于平时预为留心防范。现在滇省铜盐诸务俱已遵循办有章程，地方无事。富纲不过谨饬之人，只能循分办事，于军旅非其所长。若因该省地方无事，遂心存疏懈，竟至文恬武嬉，设猝有似雍正年间梗化滋事，办理必形支绌，所关甚重。富纲务须平时会同该提、镇等留心讲求，训练士卒，整饬营伍，于边防事务时刻加意，以期苗疆永靖。即或无知蠢类偶有不逞，亦无难随时惩办，不致临事周章。所谓兵可百年不用，不可一日不备者，此也。富纲接奉此旨，惟当督率文武，实心查察，先事预防。仍须不动声色，抚绥镇静，无得稍涉张皇，转致苗民惊惧，则获戾滋重也。将此遇便谕令知之。钦此。"钦遵，寄信到臣。仰见皇上绥靖边隅，训诲成全，无微不至。臣跪诵之下，感激悚惶，钦佩靡既。

伏查云贵两省地方辽阔，在在非苗即猓。而云南普洱之思茅，贵州之古州，尤为极边紧要之区。自雍正七年改土归流之后，初时或尚有野性未驯，致有煽惑蠢动之事。今涵濡圣泽五十余年，多有薙发衣冠，读书入泮，其语言、服食悉与内地人民无异，余则尽属务农，非若从前之专以射猎打牲为事，实属久道化成，无远弗届。然治夷之道固在镇静，而稽查防范，诚如圣训，尤须预为留心。臣蒙天恩畀任滇黔，数年以来，时与该管文武加意讲求，因事劝惩，遇有苗民控案，立即秉公剖断，毋许延搁滋累。如或逞刁滋讼，亦即按律严惩，从不少存姑息，致启骄顽。

至通省营伍，原以备靖地安民、缉捕保护之用，务在平时教练，庶为有备无患。臣前因滇黔两省各标、镇、协、营所操阵式、鸟枪、弓箭多系沿习旧规，未能尽善，经臣遵旨悉照京营式样，绘图颁发，酌定操练、考核勤惰章程，移会提镇，督同该管将弁勤加操练。嗣于遵旨挑备战兵案内，选择年技最优之兵，两省各挑备二万名，专派教习及本营千把督同训练，其一切军装器械，即于所挑兵内分派经管，设遇地方缓急，闻调即行，不致临事周章，均经奏蒙圣鉴在案。

臣上年查阅官兵及此次自京回滇，留心察看各营兵技，较前实俱纯熟。第臣才庸质陋，忝任封圻，况滇黔两省在在夷境苗疆，营伍边防尤关紧要。以臣庸愚，每念及此，时虑疏虞，又何敢以现在地方无事，稍存懈忽？嗣后惟有凛遵训诲，时与提、镇各臣勤加讲求，刻刻留心，严督将备，勤练兵丁，仍处之镇静，不动声色，勿涉张皇。总之，无事固不敢稍有懈弛，致滋贻误，遇事则妥速办理，亦不敢稍存轻忽，以期苗疆永靖，仰副圣主谆谆训诫之至意。臣谨恭折具奏，伏祈皇上睿鉴。谨奏。

朱批：以实为之，不在虚应。

（《宫中档乾隆朝奏折》第六十二辑，第827～828页）

2724　云贵总督富纲、云南巡抚谭尚忠《奏报遵旨查明旧亏仓库钱粮，依限催追全完折》

乾隆五十二年正月初六日

云贵总督臣富纲、云南巡抚臣谭尚忠跪奏：为查明滇省旧亏仓库钱粮，依限催追全完，遵旨具奏事。

窃照滇省各属旧亏仓库钱粮，分别追缴弥补，已完未完各项，先经臣富纲会同前抚臣刘秉恬，于乾隆五十一年五月间查明复奏，除节年追获及弥补外，尚未完银十八万三千六百余两，钦奉谕旨："务于年内一律全完，不使丝毫亏欠，毋得稍有累及闾阎，加结具奏等因。钦此。"当即通饬遵照。半年以来，经臣谭尚忠同司道及委办清查局之署粮道事曲靖府知府常德、东川府知府萧文言认真催提，不遗余力，而各员亦深知感激畏惧，共矢天良，上紧完补，以赎前愆。嗣据署藩司永慧等详报："原奏未完银十八万三千六百余两，俱已一律全完，取结、加结具报。"前来。

值臣富纲奉命回滇，查核报完银数内，除臣谭尚忠奏明委员赍赴各地方官会同公平采买米谷，及各该员将原亏米谷价银交明现任收清买补外，实存藩库银八万七千六百二十八两七钱零，为数既多，必须逐细查明，方足以昭核实。臣富纲当将据报依限全完缘由先行附片奏闻，随即会同臣谭尚忠亲赴藩库，将解存银两逐封弹兑，并无短缺；其解交各州县采买价银，检核领状报文，数俱符合，并据各州县将应买米谷荞石陆续报收。臣等现在派委别属府厅分往盘查，切实具结呈送，仍于巡查往来之便，随处亲自抽盘，以杜饰混。是前项未完银十八万三千六百余两，实已全数清完，并无丝毫亏欠，亦无累及闾阎情事。惟是旧亏钱粮虽俱按款追补足数，而此后稽察尤须加意綦严，方可杜将来续亏之弊。

查向例：本管道府只于年终及到任时盘查属库，兼有多不亲往者，日久相沿，视为故套。但道府与州县最为切近，如果认真盘察，虚实即可立见。臣等现惟责成各该管道府不时就近密查，如有丝毫亏缺，即行揭报请参，仍按季亲往盘验，具结报查，毋得虚应故事。臣等仍与在省司道刻刻留心察访，倘有不肖之员暗中亏短，毋论数目多寡，一经得实，立即指名严参，查封任籍家产，以备变抵，并将徇隐不报之道府一并参究，断不敢稍有轻纵，自干咎戾。如此层层考察，有犯立惩，庶各属咸知凛畏，不致续有亏挪矣。除会加印结送部外，所有滇省旧亏仓库钱粮催追全完缘由，臣等谨遵旨具折复奏，伏祈皇上睿鉴。谨奏。

朱批：既清其前，慎防其后可也。

（《宫中档乾隆朝奏折》第六十二辑，第829～831页）

2725 云贵总督富纲、云南巡抚谭尚忠《续获缅地脱回之广东民人，讯明供情，遵旨解回原籍查办折》

乾隆五十二年正月初九日

云贵总督臣富纲、云南巡抚臣谭尚忠跪奏：为续获缅地脱回之广东民人，讯明供情，遵旨解回原籍查办事。

窃臣富纲奉命回滇，于到任后，即卷查腾越镇州报获广东民人林阿新等五名自缅甸脱回一案，业经臣谭尚忠提省确讯，因林阿新等贩货赴暹罗贸易，被缅子裹往阿瓦，旋即脱出等情，录供具奏，候旨遵行。臣富纲以林阿新等所供同船三百余人俱被缅匪裹往，除沿途受瘴身故外，为数尚多，则欲回内地者正不止此数人。遂飞饬沿边关卡员弁及内地州县留心盘诘，遇有脱回之人，即行好为解送，毋许稍涉张皇，过示威吓，转恐无知愚民闻拿畏避，不敢前进，反逗留边外，别滋事端。嗣据腾越镇总兵孙起蛟、腾越州知州瑭瑸禀报："猛坝卡汛弁盘获缅地脱回粤民陈元声、刘德耀、刘德合三名。"又顺宁营参将花连布、云州知州范栩具禀："两次盘获脱回广东民人邱石保、林运、余阿里、陈海、陈集及吕梁喜、曹来、曹黄约、黄举、黄畅，共十名。”并准提督臣乌大经咨会前来。

臣等当即分檄提解来省，督同在省司道逐加研审，除另缮供单敬呈御览外，臣等查陈元声等，或系贩货前往暹罗，或系在船受雇帮工，均被缅匪裹往，各自窜回，冀归本土，并无滋事不法。究诘至再，亦不知缅匪情形，俱与初次获解之林阿新等供情吻合。惟伊等前往暹罗，虽坚称船主陈岱领有执照，于乾隆五十年十二月二十五日，在潮州东泷关纳税，挂号出口，各领有税票，历历可稽，亦无携带违禁货物，究属一面之词。其是否私越外境，滇省无凭质讯，自应解交广东省就近查办，较为妥速。

臣等正在缮折具奏，兹奉谕旨：“林阿新等出赴暹罗贸易，如系私越外境，例应治罪。今据供船主陈岱领有执照，纳税挂号，以及出口月日、地名，历历可稽。粤省自有档册，无难质对得实。着传谕孙士毅，俟滇省将林阿新等解到，即严切查究，照例办理等因。钦此。”今续获之陈元声等，与林阿新等均属同案之人，供情亦无歧异，自应钦遵谕旨一体照办。臣等现在委员，将先后盘获之林阿新等共十八名一并妥解广东，交督臣孙士毅严切查办外，臣等仍饬沿边关隘各员及内地州县实力巡查盘诘，遇有此等脱回之人，即行截解来省审办，毋许稍有疏漏。

至此次获解之陈元声等，俱系关卡员弁盘获具报，应免查议。再昨据龙陵协副将富连升禀报，三台山汛弁于芒市地方复续获脱回粤民吴里臣、刘阿陈、刘阿罗、彭阿空等四名。臣等现在檄令作速解省，俟解到讯明，如无别项情事，供情与此相合者，亦即解交广东督臣孙士毅一体办理。合并陈明。

所有续获缅地脱回广东民人，遵旨办理缘由，谨会同恭折具奏，伏祈皇上睿鉴。谨奏。

朱批：知道了。

（《宫中档乾隆朝奏折》第六十二辑，第845～846页）

2726　云贵总督富纲、云南巡抚谭尚忠《奏报遵旨筹拨陕省铜斤折》

乾隆五十二年正月初九日

云贵总督臣富纲、云南巡抚臣谭尚忠跪奏：为遵旨筹拨陕省铜斤，恭折复奏事。

窃臣等接准大学士公阿桂、大学士和珅字寄：“乾隆五十一年十二月十五日，奉上谕：据巴延三奏，陕省宝陕局鼓铸钱文需用铜斤，请敕下滇省督抚，查照向例赶办酌拨，以便委员赴领等语。此项铜斤，向系滇省预为拨定，咨陕赴领。道路遥远，亟须鼓铸，未便稽迟。着传谕富纲等，即将陕省应买第十五运铜斤，查照向额数目，于近省各厂拨定，迅即咨会陕省，一俟委员到日，即行兑领运回，以资鼓铸。将此谕令知之。钦此。"钦遵，寄信前来。

臣等查陕省每次买运滇铜，额拨高铜二十四万七千四百五十斤，低铜十三万二百斤。今该省应买第十五运铜斤，业经藩司查照向额，除专运京铜各厂例不动拨外，其供办外省采买各厂乾隆五十一年分报获铜斤，业已分拨先期到滇之江苏、湖北、广东、广西、贵州、浙江等省委员领运。其陕西省应买十五运铜斤，即于近省之万宝、大美、后所、竜岜、白羊、宁台、金钗等厂应办高低铜内如数拨定，正在咨会陕西抚臣，委员赴滇领运。兹奉谕旨，臣等现在督饬各厂员预为办齐，一俟陕省委员到日，即可如数兑发，领运开行，断不致稽迟守候。

再陕省十四运铜斤，先经臣等如数拨给，现据委员翟绪祖已将全运铜斤运抵宝宁县，不日即可出境。除严催该委员及地方官上紧趱运，迅速回陕，不得恃有常限，片刻稽延，致干参究外，所有酌拨陕省采买铜斤缘由，理合恭折复奏，伏祈皇上睿鉴。谨奏。

朱批：知道了。

（《宫中档乾隆朝奏折》第六十二辑，第847页）

2727 云贵总督富纲、云南巡抚谭尚忠《奏报乾隆五十一年分滇省藩库实存银数并各属仓库旧亏数目均已依限弥补全完缘由折》

乾隆五十二年正月二十日

云贵总督臣富纲、云南巡抚臣谭尚忠跪奏：为循例汇奏事。

窃照年终汇奏事件内藩库实存银数、盘查各属仓库二款，例应汇折具奏。兹据署云南布政使事粮储道永慧分晰，具详前来。

臣等伏查，滇省藩库实存银数，乾隆五十一年分，截至岁底止，该署司造送细册，现存银一百六十三万三千三百七十二两零，内存酌留经费并办公等银八十六万一千八百二十一两零，又封贮急需等银四十八万五千三百四十二两零，又已经报部酌拨、尚未准复拨用银一百四十二万一千八十六两零，内除借放铜本银七十二万九千两，又除借放兵饷银三十万两，又除拨备武职各员养廉并各营应需公费等银一十万七千三百五十一两零，三共银一百一十三万六千三百五十一两零，俟部酌拨并奏销核实，照数拨还归款外，实存银二十八万四千七百三十五两零，又尚未报拨银一千四百七十二两零，逐一按册复核，均属相符。除册送部备查外，至年终盘查各属仓库钱粮，前因滇省特奉谕旨清查节年咨明户部并案办理，并于汇奏折内附陈圣鉴在案。今通省各属旧亏仓库数目，乾隆五十一年五月间，原奏未完银十八万三千六百余两，俱已钦遵谕旨，于年内一律全完，依限结报。

臣等亲赴藩库，逐细盘核，实已全数清完，并无丝毫亏欠。当经会折复奏，并酌定此后稽察章程，以杜续亏之弊，一面加具印结咨部在案。所有乾隆五十一年分滇省藩库实存银数，理合另缮清单，同各属仓库旧亏数目均已依限弥补全完缘由，循例汇折奏明，伏乞皇上睿鉴。谨奏。

朱批：览。

（《宫中档乾隆朝奏折》第六十三辑，第75～76页）

2728　云南巡抚谭尚忠《奏报奉到恩赏报匣谢恩折》

乾隆五十二年正月二十日

云南巡抚臣谭尚忠跪奏：为恭谢天恩事。

窃臣奉命升任云南巡抚，循例奏请赏给报匣，以备陈奏紧要事件之用。

兹折差旋滇，钦奉朱批俞允，并据该差赍捧恩赏报匣二个，钥匙一把，黄绫袱二块到臣，当即郊迎至署，望阙叩头祗领讫。除敬谨收贮，遇有陈奏紧要事件随时备用外，所有臣祗领缘由及感激微忱，理合恭折奏谢天恩，伏乞皇上睿鉴。谨奏。

朱批：览。

（《宫中档乾隆朝奏折》第六十三辑，第80页）

2729　云南巡抚谭尚忠《奏报滇省地方情形折》

乾隆五十二年正月二十日

云南巡抚臣谭尚忠跪奏：为奏闻事。

窃照滇省地方上年冬雪优沾、春花畅发情形，经臣叠次缮折陈奏在案。省城届当元旦，风和日丽，三农预庆丰年，巷舞衢歌，万姓胥游寿宇。年前立春，节候较往岁为早。新正以来，天气晴暖，草木无不萌动。雨水、惊蛰之交，甘澍应时，土膏融润，大小二麦，早者将次含苞，迟者亦皆茁长青茂。蚕豆为滇中最早之物，竟有扬花结实者。从此五风十雨，可望春收告稔。省会人烟稠密，食指浩繁，度岁之际，市粮充裕，粜价照常平减。通省时和人乐，景象恬熙，洵堪远慰圣怀。理合恭折奏闻，并将十二月分粮价另缮清单敬呈皇上睿鉴。谨奏。

朱批：欣慰览之。

（《宫中档乾隆朝奏折》第六十三辑，第80~81页）

2730　云南巡抚谭尚忠《奏报滇省乾隆五十一年分命盗案已未审结等四款情形折》

乾隆五十二年正月二十二日

云南巡抚臣谭尚忠跪奏：为循例汇奏事。

窃照年终汇奏事件，内命盗案已未审结、盗窃案已未拿获、承缉窃案记功记过、拿获寻常案犯等四款，例应并折分单具奏。兹据云南按察使王懿德分晰开单，详送前来。

臣查云南省乾隆五十一年分各属新报承审命盗案共九十八件，连旧案五件，共一百零三件内，已结新旧案八十二件，未结新案二十一件，核计均在审限之内，并未逾违。新报盗劫抢夺及窃盗拒捕之案共十一起，内已全获者四起，获犯十名；获破四起，获犯十五名，未获十五名；全未获者三起。旧盗案，未满四参之限者二十四起，内获破十二起，获犯六十五名，未获四十九名，全未获十二起；已满四参之限者三十起内，获破十六起，获犯七十三名，未获八十四名，全未获十四起。以上未获各案，现照新例，分别已满、未满参限，另造清册开列专、兼、统辖各职名，并声明盗首曾否拿获，咨送军机处暨吏、刑等部核议。

又新报窃案三十一起，全获者二十起，获犯四十名；获破五起，获犯十二名，未获九名；全未获者六起。其已未获案数，亦照新例，另造细册，开列专、兼、统辖各职名，咨送军机处及吏、刑等部核议。

至地方官承缉窃案记功、记过，例应统计一年内报窃之案，获不及半者，每五案记过一次，拿获及半之外复有多获者，每五案记功一次。今查昆明等十九厅州县一年内共报窃三十一案，昆明县报窃六案全获，承缉文职，系署昆明县事马龙州知州谢景标，例得记功。其余各厅州县已未拿获窃案，皆不及记功、记过之数，应毋庸议。至拿获寻常案犯，归入年终汇奏，分别等差议叙者，系指逃徒及贼匪逃人而言。新例拿获五名以上者，列为一等，准其纪录二次；获至三名以上者，列为二等，准其纪录一次；其三等之员，仍照向例，毋庸议叙。今查有署昆明县事马龙州知州谢景标、署马龙州事试用知县董枢、署鲁甸通判事思茅同知余益、署广通县事试用知县黄佾，各拿获邻属逃犯一名，均经随案开报职名，应听部议，毋庸遽列等差。除将未结命盗各案严饬各属上紧查催，作速依限审结，其未获盗窃各案及境内有无逃人贼匪，仍令各该管文武严行缉拿，务获究报外，臣谨循例汇折具奏，并分案开列清单恭呈御览，伏乞皇上睿鉴。谨奏。

朱批：览。

（《宫中档乾隆朝奏折》第六十三辑，第112~113页）

2731 云南巡抚谭尚忠《奏报滇省起解遣犯、接递别省遣犯及由新疆改拨内地到配安插遣犯脱逃及已未拿获数目折》

乾隆五十二年正月二十二日

云南巡抚臣谭尚忠跪奏：为循例汇奏事。

窃照本省起解遣犯、接递别省遣犯及由新疆改发内地到配安插遣犯有无脱逃，并各省通缉逃遣已未拿获之处，例应年终汇折具奏。

兹据云南按察使王懿德详称："云南省乾隆五十一年分发遣新疆及改发内地遣犯杨世安等七名，俱经严饬各该文武员弁小心管解出境，并无在途脱逃。至别省应发新疆、改发滇省安插遣犯，本年在配脱逃者六名，内王老儿、魏芳伯、梁亚上、谢麻子四名，俱经拿获，审明正法；金双六一名，已在原籍拒捕，被格身死；尚有汪亮彩一名未获。又节年在配脱逃未获遣犯李连先等十六名，现在一并缉拿。再本年奉准各省咨缉脱逃遣犯，除已经拿获咨滇停缉外，计有未获者十六名，现在缉拿。又各省历年通缉逃遣，均已查照军机处议奏，陆续造册咨滇，共计未获逃遣二百二十四名口，现在汇造细册详咨，并据声明，云南省地非冲途，并无接递别省遣犯过境。"等情，分案造册，详请核奏前来。臣复查无异，除册咨送军机处暨刑部查核外，仍严饬各地方官将本省、外省未获新旧逃遣一体实力侦缉，务期按名弋获，照例办理。如有视为海捕具文，并不认真查拿，致有疏纵，一经查出，即行严参示儆，决不稍为姑息。

所有乾隆五十一年分云南本省起解遣犯，与别省由新疆改发云南安插遣犯，查明有无脱逃及各省通缉逃遣已未拿获缘由，理合恭折汇奏，伏乞皇上睿鉴。谨奏。

朱批：览。

（《宫中档乾隆朝奏折》第六十三辑，第113～114页）

2732　云贵总督富纲、云南巡抚谭尚忠《奏报丙午三运一起京铜依限开帮折》

乾隆五十二年正月二十四日

云贵总督臣富纲、云南巡抚臣谭尚忠跪奏：为恭报丙午三运一起京铜依限开帮，仰祈圣鉴事。

窃照丙午头二两运四起铜斤，俱已依限兑发运京，节经臣等缮折奏闻在案。其三运一起京铜，应于上年十二月领兑开行，委运之员业已先期赴泸，随饬泸店委员作速开兑。去后，兹据署云南布政使事粮储道永慧详据泸店委员具报："丙午三运一起正、带京铜七十六万八百十五斤零，自十二月初二日秤兑起，至十二月二十七日全数兑竣。该运员署嶍峨县知县徐俊德即于是日在泸开行。"等情前来。除飞咨沿途各督抚臣加紧催趱抵京，并咨明户、工二部外，查滇省每年办解正、加八起京铜，今丙午年额运，业经依限兑发五起，仅有三起，臣等稽核各店折报，已经抵泸及在途陆续可到者，共有四百余万斤，足敷供兑之用，此三起运员亦俱自省赴泸，一俟领竣，即可依次开行，断不致有误三月扫帮之限。

所有丙午三运一起京铜依限开帮缘由，理合恭折具奏，伏祈皇上睿鉴。谨奏。

朱批：好。知道了。

（《宫中档乾隆朝奏折》第六十三辑，第140页）

2733　云贵总督富纲、云南巡抚谭尚忠《奏报新开银厂试采限满，酌定年额课银折》

乾隆五十二年二月初六日

云贵总督臣富纲、云南巡抚臣谭尚忠跪奏：为新开银厂试采限满，酌定年额课银，恭折具奏，仰祈圣鉴事。

窃照云南开化府属之三家地方产有银矿，先经臣富纲奏明试采，嗣因一年期满，止抽获课银一千一百三十二两零，诚恐厂地新开，采办未能尽力，或有不实不尽，复经臣富纲奏请再行试采一年，均蒙圣鉴在案。计自乾隆五十年六月起，至五十一年五月底止，展限一年限满，共抽获课银一千四百九十四两八钱七分八厘。正在确查核办，适臣富纲交卸，起程赴京，接任督臣特成额因甫经到任，未悉厂情，当即会同臣谭尚忠复委迤南道沈世焘前往三家厂，勘明结报。该厂现开碏硐十口，内惟一口出矿较旺，其余尚未得有旺矿。厂员报解课银，核对炉民完课底薄，数目相符，并无侵隐捏饰情弊。由署藩司永慧议详，请以每年抽解课银一千五百两为额，呈请具奏前来。

时臣富纲奉命回滇，复与臣谭尚忠细加密察，该厂现在出矿抽课情形，均与迤南道沈世焘查报无异，并查自五十一年六月起至年底止，连闰计八个月，共抽课银九百九十二两三钱五分五厘，核之六月以前每月所抽之课，多寡亦不相悬，自应如该署司所议，每年即以一千五百两作为额课抽收，报解藩库，拨充兵饷，遇闰之年，照数增加。臣等就此时出矿而论，所定课额已属有增无减。但该厂山势丰隆，地利自广，现饬开化府督率该管厂员多集丁夫，广为开采，如能矿旺课丰，即行核实请增，不得因已经定额，稍有欺隐，至干参究。

所有酌定三家厂年收课银额数缘由，理合恭折奏闻，伏祈皇上睿鉴。谨奏。

朱批：该部议奏。

（《宫中档乾隆朝奏折》第六十三辑，第293~294页）

2734　云贵总督富纲、云南巡抚谭尚忠《再请以马龙州知州谢景标调补普洱府分防威远同知折》

乾隆五十二年二月初六日

云贵总督臣富纲、云南巡抚臣谭尚忠跪奏：为夷疆要缺同知实在乏员调补，再恳圣恩俯准升署，以裨地方事。

窃照云南普洱府分防威远同知员缺，前经臣富纲会同臣刘秉恬，以马龙州知州谢景标前后历俸已满五年，当将该员题请升授。接准部议，因其本任历俸尚不满五年之限，未便前后接算，行令另选合例之员题调等因。

查威远地方夷猓错居，民情犷悍，兼有烟瘴，且远处临边，路通外域，一切抚驭稽查责任綦重，必得老成明干又能耐瘴之员方克资其治理。

臣等复与藩、臬两司于现任同知内再四遴选，非本缺紧要，即人地不宜，实无堪以调补之员。惟查马龙州知州谢景标，年五十岁，安徽歙县人，捐知州即用，签掣广西永宁州知州，调边东兰州，丁忧回籍，服满赴补，掣补今职，于乾隆五十年正月到任。该员才具明干，办事实心，历任参罚亦止五案，且前在广西曾任边要，耐习烟瘴，以之请升威远同知，洵能胜任。惟马龙本任历俸未满五年，与例稍有未符，但人地实在相需，例得专折奏请。臣等公同商酌，要缺未便久悬，不得不再恳圣恩，俯准将谢景标升署威远同知，仍俟扣足前俸，再请实授，则夷疆要地得有妥员，诸事可期整理。如蒙俞允，俟部覆到日，给咨该员，送部引见，恭候钦定。其所遗马龙州知州员缺，滇省现有应补人员，另容拣员请补。谨合词恭折具奏，并另缮谢景标参罚清单敬呈御览，伏祈皇上睿鉴。谨奏。

朱批：该部议奏。

（《宫中档乾隆朝奏折》第六十三辑，第 294～295 页）

2735　云南巡抚谭尚忠《奏报循例代理学政印务折》

乾隆五十二年二月初七日

云南巡抚臣谭尚忠跪奏：为循例带理学政印务，恭折奏闻事。

窃照滇省学政，向来遇有事故，将印信交巡抚暂署。

兹云南学政臣吴俊在省闻讣，报丁母艰，例应回籍守制，于正月二十九日，委员将提督学政关防一颗及书籍、册卷等项，照例交臣兼管。臣即于是日望阙叩头，接收带理。伏查提督云南学政，已奉旨简放翰林院修撰汪如洋接任，该学政由京来滇，为期迅速，容俟到日，即行转交，祗领任事。所有臣循例带理学政印务日期，除另疏题报外，理合恭折奏闻，伏乞皇上睿鉴。谨奏。

朱批：览。

（《宫中档乾隆朝奏折》第六十三辑，第 303～304 页）

2736　云南巡抚谭尚忠《奏报滇省雨水禾苗情形折》

乾隆五十二年二月十九日

云南巡抚臣谭尚忠跪奏：为奏闻事。

窃照滇省地方本年春雨应时，麦豆畅茂情形，经臣于正月二十二日缮折陈奏在案。春分节后清明节前，远近各属雷既发声，雨复叠沛，地气通而土膏润，洵称时若。大麦现俱抽穗，小麦亦已含苞，高原下隰弥望青葱，蚕豆成熟最早，目下正皆结实，颗粒极其饱绽，春收丰稔已可预占。通省市价米粮，虽随地长落不齐，而计价中平，闾阎无虞贵食，含哺鼓腹，共乐恬熙。臣谨恭折奏闻，仰慰圣怀，并将正月分米粮时价另缮清单，敬呈皇上睿鉴。谨奏。

朱批：欣慰览之。

（《宫中档乾隆朝奏折》第六十三辑，第419页）

2737　云南巡抚谭尚忠《奏报更定报销考棚经费章程，以期速结而重钱粮折》

乾隆五十二年二月十九日

云南巡抚臣谭尚忠跪奏：为更定报销考棚经费章程，以期速结而重钱粮，仰祈圣鉴事。

窃照滇省学政考棚，分设云南、曲靖、临安、澄江、广西、大理、永昌、楚雄、景东等九府厅州，应需岁、科两试经费，雍正六年，经前督臣鄂尔泰奏准，按各州县之大小、生童之多寡，于公件项下，每年酌留银数自三四五十两至八十两不等，共银三千余两，岁六科四分支，以为修理考棚及一切供应之用。其造册报销，向俟岁科四试告竣，汇册咨销一次。嗣于乾隆三十年，奉有动支存公银两数在千两以上具题请销之例，遂将咨销改为题销，而岁科四试汇销一次，迄今仍沿用其旧。

臣伏思各省学政莅任，例系一岁一科，三年报满。乃滇省题销考棚经费，转以岁科四试为限，计需六年之久，学政已易其二，公帑攸关，殊非克期速结之道。况每届题销，部中往返驳查，多有核减，应于承办之员名下勒追还项，该员现任在滇者，尚可就近追缴，易于清款，遇有事故离任者，必须移咨原籍着追，动稽时日，设或人亡产尽，报以无力完项，又须辗转行查取结，援例题请豁免，尤于钱粮无益。

臣愚，应请嗣后云南等九棚，学政按试岁科，用过经费，凡一棚考完，一岁即将此棚所用岁试经费，于事竣一月内造具销册，申送藩司，由司逐细核实，汇齐九棚之册，详院题销。科试亦复如之。倘有造报迟延，照例查参。似此更定章程，则题销加紧，完结自速，而于钱粮得昭慎重矣。如蒙俞允，查自乾隆四十六年起至五十一年止，九棚岁科四试经费尚未题销，现在饬司催齐各册，详请汇题，以销旧案。其自五十二年岁试为始，即照新定章程办理。

臣管见所及，为此恭折具奏，伏乞皇上睿鉴，敕部议复施行。谨奏。

朱批：该部议奏。

（《宫中档乾隆朝奏折》第六十三辑，第419～420页）

2738 云贵总督富纲、云南巡抚谭尚忠《奏报丙午三运二起京铜依限开帮折》

乾隆五十二年二月二十五日

云贵总督臣富纲、云南巡抚臣谭尚忠跪奏：为恭报丙午三运二起京铜依限开帮，仰祈圣鉴事。

窃照丙午头二两运四起及三运一起铜斤，俱已依限兑发运京，节经臣等缮折奏闻在案。其三运二起京铜，应于本年正月开帮。

兹据云南布政使王昶详据泸店委员具报："丙午三运二起正带京铜七十六万八百十五斤零，自正月初二日秤兑起，至正月二十五日，全数兑竣。该运员署嵩明州事试用知县傅翰邦即于是日自泸开行。"等情前来。除飞咨沿途各督抚臣加紧催趱抵京，并咨明户、工二部外，查丙午年滇省应运八起京铜，除正运六起业俱依限开帮，仅有加运两起，虽铜数比正运较多，而核计现存泸店铜斤，已敷供兑，则依次领运，三月扫帮尽可从容副限。臣等复饬泸店委员作速开兑，接续起行，毋许稍有延缓，并将已发在路铜斤催趱运泸，以裕贮备外，所有丙午三运二起京铜依限开帮缘由，理合恭折具奏，伏祈皇上睿鉴。谨奏。

朱批：好。知道了。

（《宫中档乾隆朝奏折》第六十三辑，第441～442页）

2739 云贵总督富纲、云南巡抚谭尚忠《奏报委署府篆折》

乾隆五十二年二月二十五日

云贵总督臣富纲、云南巡抚臣谭尚忠跪奏：为委署府篆，循例恭折奏闻事。

窃照云南昭通府知府孙思庭、中甸同知王友莲，前经臣富纲遵旨保奏堪胜道府，仰蒙圣鉴在案。兹已准到部文，应即给咨送部引见。所有昭通府印篆及王友莲现署之丽江府事务，均应委员接署，以便该员等交卸起程。

臣等查昭通府狱讼繁多，兼司铜运，丽江府逼近川藏，亦有厂务之责，皆非明干妥员弗克胜任。查有永北直隶厅同知谢洪恩，办事勤妥，且曾任知府，堪以委署昭通府印务。请补云南府同知朱绍曾，人尚明白，堪以委署丽江府印务。除分檄饬遵，并将所遗各缺另行遴委外，所有委署府篆缘由，理合恭折会奏，伏祈皇上睿鉴。谨奏。

朱批：知道了。

（《宫中档乾隆朝奏折》第六十三辑，第 442 ~443 页）

2740　云贵总督富纲《奏报春深撤汛事宜折》

乾隆五十二年二月二十五日

云贵总督臣富纲跪奏：为恭报春深撤汛事宜，仰祈圣鉴事。

窃照腾越、龙陵以外之杉木笼、干崖、三台山等处，前于裁防设汛案内议定，冬初拨兵八百名，选派员弁带往汛地，分布关卡巡查，春深酌留弁兵三百名驻汛，余俱撤回，历年遵照办理。上年九月，届当出汛之期，经前督臣特成额具折奏明。嗣臣奉命回滇，于到任后，节经檄据腾越镇州查报，驻汛官兵俱系实力巡防，并无疏懈，各关隘亦无私贩偷越，边圉极为宁谧。查向例，撤汛总以清明前为期。本年二月十八日，节届清明，为时较早，且现有缅甸脱回广东民人，正须留心查截，自应暂为缓撤，以重边防。臣酌定杉木笼、干崖二汛应撤官兵，于三月初一日为始，分起撤回。三台山气候较暖，于二月二十日全撤回营。杉木笼应留备弁七员，兵二百名，马四十匹。干崖应留千把、外委六员，兵一百名，马二十匹。臣已照会腾越镇总兵刘之仁，即在派出员弁内择其年力尤壮、能耐烟瘴者留驻汛卡，督率兵丁、抚夷弩手，分布关隘巡逻防守，并令熟谙边情之顺云营参将苏尔相仍驻杉木笼，统领弁兵巡查稽察，以专责成。

第是边关要地，必须刻刻严防，庶不致有偷越之事。臣现饬腾越镇、龙陵协、南甸营，自撤汛为始，各派干练员弁，酌带兵丁，每月前赴杉木笼、干崖、三台山巡查一次具报，不得虚应故事。臣仍不时委员密赴各关隘，逐加稽查，务期私贩绝迹，以昭严肃。

所有春深撤汛日期及边关宁谧缘由，理合恭折奏闻，伏祈皇上睿鉴。谨奏。

朱批：以实为之，毋久而懈。

（《宫中档乾隆朝奏折》第六十三辑，第 443 ~444 页）

2741　云贵总督富纲《奏报盘明司道库贮银两无亏折》

乾隆五十二年二月二十五日

云贵总督臣富纲跪奏：为盘明司道库贮银两无亏，恭折奏闻事。

窃照司道库贮钱粮，督抚于到任后例应亲盘，缮折具奏。

臣查滇省藩司、粮盐道库，甫经前督臣特成额、抚臣谭尚忠会同盘明奏报，而臣系陛见回滇，原可无事再盘，但各属库款正值清理之后，查办不厌其详，随行据署云南布政使永慧、护粮储道常德、盐法道杨有涵，各将库贮银两按款造册，呈送前来。

臣逐细复核，内布政使库实存正、杂各款并铜务等项共银一百七十四万六千六百二十三两零，粮储道库实存粮务、河工等款银二十二万二千五百六十三两零，盐法道库实存各井盐价课款银六十二万二千七百三十两零。臣于二月十二日，会同抚臣谭尚忠，亲赴司道各库逐款点验，抽封弹兑，数俱符合，并无缺少。惟盐道每年支发各井薪本、运脚及官役廉食等项，约需银四十余万两，可以敷用，毋庸多为存贮。臣盘明后，即于盐道库存银内拨出十二万两，交贮藩库充饷，以免堆积。

所有盘查司道库贮银两无亏缘由，理合恭折具奏，伏祈皇上睿鉴。谨奏。

朱批：览。

（《宫中档乾隆朝奏折》第六十三辑，第444～445页）

夹片：再查腾越、龙陵、顺宁等镇协营，先后盘获缅甸脱回广东民人林阿新等二十二名，节经臣与抚臣谭尚忠讯供具奏，委员管押，解交两广督臣孙士毅查究办理，均蒙圣鉴在案。嗣据龙陵副将、同知禀报，续获广东民人陈阿迈、陈阿达、吕阿细、吕阿强、吕阿朝、蔡阿陋、尤阿寸等七名，又永昌协、保山县会禀，盘获邱丹、陈光、宋讲、江明、陈时、杨显、陈木等七名，又顺宁文武获报刘茂雄、刘文才、刘日升、桓温、刘道、刘刚等六名，均经臣提解来省，会同抚臣谭尚忠，率同司道逐一细讯。陈阿迈等，均系广东潮州府属人民，贩货前赴暹罗贸易，附搭陈岱船只，由东泷关查明，纳税出口，飘至长本地方，被缅子裹往阿瓦，于闰七月十日起身，各自纠伴脱回，因在乡村佣工趁食，俱不不知缅匪情形，核与节次获解之林阿新等供俱吻合。除钦遵前奉谕旨，将陈阿迈等二十名仍解交两广督臣孙士毅一并查办，并备录供词，咨部存核，臣仍严饬沿边文武及内地州县留心查截，毋许懈忽疏漏外，所有续获陈阿迈等讯明办理缘由，理合附片奏闻。谨奏。

朱批：览。

（《宫中档乾隆朝奏折》第六十三辑，第445～446页）

2742 云贵总督富纲、云南巡抚谭尚忠《奏报极边烟瘴道缺拣调乏员，恭恳圣恩简放折》

乾隆五十二年二月二十五日

云贵总督臣富纲、云南巡抚臣谭尚忠跪奏：为极边烟瘴道缺拣调乏员，恭恳圣恩简放，以裨地方事。

窃照云南迤南道沈世焘三年俸满，业经照例撤回，给咨送部引见。所遗员缺，例应在外拣调。臣谭尚忠先因难得妥员，奏明俟臣富纲回滇，再行会商办理。臣富纲于回任后，即会同商酌，并与藩、臬两司详慎选择。

伏查迤南道驻扎普洱府城，地处极边，兼有烟瘴，所属车里土司及十三版纳，皆与外夷壤接，各卡隘派练驻巡，均资该道调度督率，往来稽查，必得老成明练、兼能耐瘴之员方克胜任。滇省道员共止五缺，除粮、盐二道有经管通省仓粮盐务，迤西道督办宁台诸厂京铜，专司挽运，俱甚紧要，且人地亦不甚相宜，迤东道恩庆甫经到任，均未便调补。即应升知府内，如现任普洱府知府贺长庚，在滇年久，熟谙夷情，从前曾任迤南道，论其才具，虽能胜任，但该员知府边俸未满三年，历任参罚亦有违碍，（**夹批：**此何确？）既与请陞之例不符，且贺长庚由候补同知，仰蒙皇上高厚鸿慈，简放普洱府，迄今甫及年余，若即以之请陞，亦觉过优。此外，现在各员求其合例堪胜是缺者一时实难得人。边疆要缺未便久悬，相应仰恳圣恩简放一员来滇，庶治理得人，地方可期有裨。谨合词恭折具奏，伏祈皇上睿鉴。谨奏。

朱批：有旨谕部。

（《宫中档乾隆朝奏折》第六十三辑，第446页）

2743　云贵总督富纲《奏请以顺云营参将苏尔相升署龙陵协副将折》

乾隆五十二年三月十二日

云贵总督臣富纲跪奏：为边要副将亟需干员，恭恳圣恩俯准升署，以裨营伍事。

窃照云南龙陵协副将富连升染瘴身故，业经题报在案。所遗员缺，例应拣选请补。

查副将管辖全营，有表率训练之责，且龙陵地处极边，兼有烟瘴，每年官兵出汛及平时守卡、防查皆须副将调拨，往来巡查实为紧要，必得精明强干、熟谙夷情而又能耐瘴者方克资其经理。现在滇省虽有候补副将松阿里一员，于边地情形尚未练习，难膺斯任。此外，现任副将非所居要缺，即人地不宜，复于应升参将内逐加遴选。惟查有顺云营参将苏尔相，年六十三岁，甘肃灵州人，由行伍出师著绩，递拔千把，历升都司、游击，预保参将，因历年派委驻防杉木笼，未能送部引见，仰蒙特恩，赏给参将职衔，续经奏补顺云营参将，于乾隆五十年八月任事，上年七月引见，奉旨："苏尔相准其补授云南顺云营参将。钦此。"

该员老成谙练，办事克勤，现仍派驻边关，巡防严密，实为认真出力，其于该处夷情更所熟悉，亦能耐习烟瘴，以之请升龙陵协副将，洵能胜任，且龙陵毗联腾越，呼吸相通，一切巡防诸务，仍可责成就近办理，不致贻误。惟该员历俸计自引见起扣至今未满二年，与例稍有未符，理合专折奏恳圣恩，俯念员缺紧要，准以苏尔相升署龙陵协副将，不特该员感深图报，自必倍加奋勉，而要地得人，实于边圉、营伍均有裨益。如蒙俞允，仍俟扣满前俸，另请实授。

再苏尔相甫于上年七月引见回滇，计今未满三年，毋庸送部引见。合并声明。谨会同云南巡抚臣谭尚忠、云南提督臣乌大经合词恭折具奏，伏祈皇上睿鉴。谨奏。

朱批：该部议奏。

（《宫中档乾隆朝奏折》第六十三辑，第603～604页）

2744　云贵总督富纲《遵旨密陈滇黔两省总兵等次折》

乾隆五十二年三月十二日

云贵总督臣富纲跪奏：为遵旨密陈滇黔两省总兵等次，仰祈圣鉴事。

窃照乾隆四十二年十月十七日，奉上谕："向来副、参各员，每届五年，该督等分别一二等，密行咨部，具奏一次。而提镇因系专阃大员，向未之及。今思各省提督不过十余员，皆朕所深知者，始行擢用，原无俟该督之甄核。至总兵员缺，为数甚多，间有经朕特加简用之员，其余或因副、参等，于保送引见时酌量记名升用，亦有因军营劳绩及资俸稍深从而升补者，其人之才具优劣及在任管辖操防，是否与营伍有益，皆无由深悉。嗣后，着各该督将所属总兵，亦照副、参之例，出具切实考语，分别等次，每届五年密为陈奏一次。即以今岁为始，其无总督省分，即着兼提督之巡抚遵照办理，务宜一秉至公，毋稍瞻徇。钦此。"钦遵在案。

伏查总兵身膺专阃，表率是资，苟非练达有为、才具出众，即难望其展布裕如，裨益营伍。况云贵在在苗疆边境，非比腹里地方，训练操防尤关紧要。臣蒙天恩畀任总督，数年以来，于两省总兵，或因公接见，察其言论性情，或就所办事件，核其才具优绌，俱系密为存记，复又随时稽考，以期核实。兹届五年奏报之期，臣敢不秉公办理，仰副圣训？

查云南昭通镇总兵巴克坦布，老成练达，才具优长，纪律严明，营伍整肃。普洱镇总兵朱射斗，才情明敏，办事安详，训练有方，官兵惮服。腾越镇总兵刘之仁，明白干练，熟悉边情，勤慎操防，地方镇静。开化镇总兵孙起蛟，习练营伍，约束严明，办事勤奋。贵州古州镇总兵马诏蛟，干练老成，办事勤慎，营规整肃，苗疆绥辑。威宁镇总兵许世亨，晓畅营伍，实心办事，训练勤明。镇远镇总兵李杰龙，老成持重，练达营伍，虽年逾七十，而精力强健，尚能骑射。以上七员，均堪列为一等。又云南临元镇总兵陈大绂，老成端谨，董率有方，训练勤明。贵州安笼镇总兵范建丰，才具明敏，办事勤能，训练官兵亦属认真。以上二员，均堪列为二等。再云南鹤丽镇总兵窦琯，甫经到任，臣向未识面，昨由开化前赴鹤丽新任，路过省城，臣接见之下，察其言论，人甚明白，营伍亦甚熟练。但到滇不久，臣尚未能深悉，不敢遽列等次，容臣留心查看数月，于年底具奏提镇考语折内，再行出考具奏，合并陈明。所有滇黔两省总兵等次，臣谨恭折密奏，伏祈皇上睿鉴。谨奏。

云南省总兵考语清单：

云贵总督臣富纲跪奏，谨将云南省总兵六员密填考语，敬缮清单恭呈御览。

昭通镇总兵巴克坦布，年五十一岁，正蓝旗满洲，由护军参领出师乌什、云南、四川，历升今职。该镇老成稳练，纪律严明，操防认真，办事谨饬，前经臣保列一等在案。

普洱镇总兵德光，年四十六岁，镶白旗满洲，由侍卫发往贵州补用参将，历升今职。该镇才情明练，晓畅营伍，熟悉边情，办事颇知轻重，亦经臣保列一等在案。

临元镇总兵陈大绂，年六十三岁，陕西南郑县人，由侍卫发往福建补用游击，历升湖北副将，出师四川，升授今职。该镇老成谙练，董率有方，营务熟悉，办事勤慎，曾经出师。现在该镇奉调进京陛见，自邀圣鉴。

开化镇总兵孙起蛟，年五十五岁，甘肃武威县人，由行伍出师西路四川著迹，历升今职。该镇为人诚实，训练勤谨，约兵亦严，曾经出师带伤。

鹤丽镇总兵罗江鳞，年四十二岁，湖南桃源县人，由武举拔补贵州千总，出师四川著迹，递升今职。该镇为人诚谨，办事勇往，操练亦属认真，曾经出师带伤。

腾越镇总兵高璨，年五十岁，镶黄旗汉军，由侍卫补授贵州都司，出师滇川著迹，递升今职。该镇明白历练，熟习边情，约束巡防，均皆严慎。

（《宫中档乾隆朝奏折》第六十三辑，第605～607页）

2745　云贵总督富纲《奏报据情代奏宽免处分折》

乾隆五十二年三月十二日

云贵总督臣富纲跪奏：为据情代奏，恭谢天恩事。

窃臣接准部咨："钦奉上谕：前因各省承缉金川逃兵，屡经展限，拿获寥寥，将承缉、接缉、督缉之文武员弁俱着革职留任，分别年限，方准开复；限内准调，不准升用。原因外省查缉要犯全不认真，不得不明定处分，俾知儆惕。第念承缉、督缉之文武官员，挂议停升者甚多，此内不无可用之才，若因碍于处分，不得升用，亦觉可惜。所有此案各省承缉、接缉、督缉之文武官员逃兵处分，俱着加恩宽免。此朕爱惜人才、恩施格外之意。嗣后各该地方文武遇有查缉事件，倍当认真，毋谓恩泽可以屡邀，处分可以幸免，仍不改诲捕，因循陋习，以致自干重戾等因。钦此。”钦遵。臣跪诵之下，仰见我皇上储材任使、宥过矜全之至意。

查现任文武，除应扣养廉各员前已蒙恩宽免处分，现在按限扣缴外，统计此次邀免处分者，滇省副将、参将、游击、都司、守备共三十二员，千、把三十六员，道、府、同知、提举、州、县二十六员；又黔省副将、参将、游击、都司、守备共五十一员，千、把八十三员，当即转行遵照。去后，兹准云南提督臣乌大经、贵州提督臣保成咨：“据副将定住、岳玺等，又据云南布政使王昶详据粮储道永慧等各呈称：职等仰蒙皇上豢养生成，叨膺秩禄，凡遇缉捕事件，自应加意搜拿。况此等金川逃兵，胆敢于军营临阵退缩潜逃，尤为罪不容诛。职等非其原籍，即系原营承缉、督缉，各有专责，乃数年以来，不能全数弋获，负职旷官，自知咎无可逭。前者仰荷恩慈予以限年复职，已出圣主格外深仁，兹复以挂议人多，停升日久，温纶再沛，共复原班。凡此逾格之栽培，实荷如天之帱覆，恩施稠叠，感愧难名。嗣后惟有益励驽骀，各勤职守，凡有查缉事件，务期实力奋勉，断不敢稍涉因循，致滋贻误，以期仰报高厚鸿慈于万一。”等情。由提督、藩司转请代奏前来。臣不敢壅于上闻，理合会同云南巡抚臣谭尚忠，据情缮折，恭谢天恩，伏祈皇上睿鉴。谨奏。

朱批：览。

（《宫中档乾隆朝奏折》第六十三辑，第608～609页）

2746 云贵总督富纲、云南巡抚谭尚忠《奏报遵旨审拟降调云南姚州普溯州判刘宗在步军统领衙门控告署知州周名炎一案情形折》

乾隆五十二年三月十二日

云贵总督臣富纲、云南巡抚臣谭尚忠跪奏：为遵旨审明定拟具奏事。

窃照降调云南姚州普溯州判刘宗在步军统领衙门控告，因署知州周名炎贻误迤西道杨以湲过境夫马，迁怒于伊，于补行四十六年大计案内揭参才力不及，降级调用；又四十六年九月，拿获川匪胡大汉案内越狱来滇匪犯李荣华一名，头面两膀验有刀痕，据供通禀，解送姚州知州黄韶音覆审无二，讵料楚雄县知县周名炎，恐经过楚雄，欲避处分，耸动本府张鸿恩，将伊差委外出，周名炎与大姚县盖天祥串唆改供，竟将李荣华释放各等情，经步军统领衙门讯供，奏明解滇，交新任总督、巡抚彻底严行审究，秉公定拟具奏等因，并将刘宗递解到滇。适臣富纲奉命回任，随会同臣谭尚忠检集原案，详加稽核。

查乾隆四十六年九月内，刘宗禀报盘获陕西凤翔县人李荣华，讯在四川贸易，到荣经县，途遇啯匪胡大汉，年约四十七八岁，抢夺受伤，拘留入洞，乘间脱逃来滇，面有刀痕数处，搜查包袱内，有宽刀一把，小刀二把，是否啯匪伙犯，抑系另案潜逃，现已解州审办等情。续据楚雄府知府张鸿恩、姚州知州黄韶音、楚雄县知县周名炎、署定远县盖天祥会禀，讯明李荣华先在四川黎雅营充兵，出师救火，跌伤后，因辞粮，在川贸易，遇匪抢夺受伤，逃至会理州，切面营生，访亲来滇，行至普淜被获等语。经前署督臣刘秉恬饬司，提解来省，发交昆明县知县吴大雅、署宾川州王乃畇会讯。

李荣华于辞粮后，初在面店帮工，继至云南找寻亲友，住歇省城同乡张文学店中数月，因赴永昌寻亲，路经普淜被获。其头脸伤痕，系从前当兵出师时营内失火，抢救军械跌伤，并无被啯匪抢夺受伤拘留之事，亦不认识胡大汉其人。前供实因州判将通缉啯匪姓名逐一指诘，再三刑讯，是以随口承认。后在州府究审，俱系畏刑照供，并提张文学质讯属实。查验所带之刀，内宽刀一把，系切面所用，其余小刀二把，俱系寻常佩用之物，并非凶徒器械。检查历年逃兵册内，亦无李荣华之名。李荣华实属平民，由升任按察使许祖京详请省释在案。是刘宗原禀，并未指实李荣华确系啯匪伙犯，亦无越狱字样。而李荣华畏刑，妄认供情，又系昆明县吴大雅等讯详，并非楚雄县周名炎等串唆改供，均与刘宗现控情节不符。但刘宗于事隔数年之后，忽又在京控告，自必另有确据。如果当日刘宗并无刑逼，或系委员吴大雅等偏听率详，亦未可定。自当彻底穷究，断不敢因案已久结，稍涉回护。

至四十七年补行四十六年大计，系臣富纲与前抚臣刘秉恬会同办理。其刘宗才力不及之处，先由州府密揭，与各司道确核填报，并非迤西道杨以湲一人所揭。今刘宗既称杨以湲有迁怒揭参之事，如果属实，则上司挟嫌枉揭，殊干功令，尤应从严究办，以昭法纪。随饬司查提应讯人证到省，由按察使王懿德、布政使王昶审拟，详解前来。臣等提齐犯证，率同藩臬两司覆加虚衷亲审。如刘宗所控贻误迤西道杨以湲过站夫马，迁怒被揭一节，据普淜站号书潘忠供称："四十七年五月，迤西道奉委盘查仓库，需夫二十名，马六匹，因普淜有夫无马，迤西道发银十两，札嘱本官先期雇备。因夫马一时雇备不齐，迤西道到站耽搁一日，现有用夫印簿可查，并无用夫一百余名，马四十余匹。"随查验印簿，与所供相符。质讯刘宗，据称："普淜站夫马原是姚州管办，杨巡道往迤西盘查仓库，因夫马不齐，在普淜耽搁一日，说我近在一处，并不帮同雇办，把我申饬。随后补行四十六年大计，将我填作才力不及，疑心必是杨巡道因误夫马迁怒，把我揭参，故此具控。普淜只有站夫，原无马匹。那日实用夫马若干，我本不知。呈内所说夫百余名，马四十余匹，实是意想混开。"等语。是刘宗怀疑妄控，已据自认不讳。又据控盘获啯匪伙犯李荣华被楚雄县周名炎等串唆改供释放一节，讯据原拿兵役杨文正、刘永贤，佥供："李荣华起初原说在四川面店帮工，来云南找寻亲戚，刘州判疑是啯匪，用刑严讯，才说在四川荣经县被胡大汉抢夺，受伤拘留山洞，乘空脱逃，也无越狱逃走的话。"质之刘宗，据称："因见李荣华头面露有伤痕，所带止有刀三把，并无行李，疑是啯匪。

因他先不承认，才用刑讯，说被胡大汉抢夺，受伤拘留在洞，逃走来滇。他是否啯匪伙党，那时原信不真，是以通禀内不敢指实。后来解交州府，如何查审，我不知道。听说本府率同楚雄县周名炎、定远县盖天祥审详解省，就把李荣华释放。原疑周名炎畏避失察处分，串唆改供，故此指名控告。今蒙发阅原案，才知李荣华在昆明县吴大雅们跟前供出，系畏刑妄认，并不是啯匪伙党。又有李荣华同乡张文学认识李荣华，实系平民，我还有何说。从前原禀并无越狱字样，此次告呈内实是我记错写上的。”等语。

臣等查刘宗原禀李荣华供情，即或属实，李荣华系被匪所伤，拘留山洞，旋即脱逃，尚知畏法，亦非真正伙党，况系刑逼之供，刘宗尚不自信，乃经委员审实，确系平民，于案结省释。数年之后，忽行控告，是属何意？此外，有无李荣华为匪确据？复又再四究诘，据称：“我拿获李荣华，供认啯匪伙党，原想见功讨好，不料楚雄府县覆审解省，竟行释放，心里实是不甘。从前原无告状念头，因在京数年，候补无期，穷苦不过，一时糊涂，想借这啯匪题目，见得我能办事，或者开复原官，故此告状，并没别的意思，也没另有凭据，只求恩典。”臣等又恐李荣华曾经当兵出师，是否脱逃，前次委员查审，或有疏漏。复细拣历年逃兵册档，并无其名，并提歇家张文学到案，讯供李荣华实系辞伍来滇，并不为匪，亦非逃兵。是李荣华之实系平民，畏刑妄认，而刘宗之冀复原官，借题妄告，均属确凿无疑。

查例载：曾经考察，被劾人员怀挟私忿，摭拾不干己事，奏告以图报复，革职为民；又蓦越赴京告重事不实者，发边远充军各等语。此案刘宗因大计案内以才力不及被劾，例应降调，乃候补无期，辄于数年之后冀复原官，敢于摭拾旧事，挟嫌诬控，实属不法。应将刘宗革去职衔，请照蓦越赴京告重事不实例，发边远充军，至配所杖一百，折责安置。迤西道杨以湲委查仓库，例得动用夫马，且查明普溯之马系发价代雇，并无多用，亦无迁怒枉揭情事。委员吴大雅等审释李荣华，并无舛错，均毋庸议。前任楚雄府知府张鸿恩、姚州知州黄韶音、楚雄县知县周名炎、署定远县知县盖天祥，查系据供禀报，并无串唆改供情事，亦请免议。余属无干，概先省释。

是否允协，理合恭折具奏，并另缮供单敬呈御览，伏祈皇上睿鉴。谨奏。

朱批：该部议奏。

（《宫中档乾隆朝奏折》第六十三辑，第609～613页）

2747　云贵总督富纲、云南巡抚谭尚忠《奏报广西、贵州委员办运滇铜扫帮出境日期折》

乾隆五十三年三月二十一日

云贵总督臣富纲、云南巡抚臣谭尚忠跪奏：为广西、贵州两省委员办运滇铜扫帮出境日期，循例奏闻事。

窃照各省委员赴滇采买铜斤，往来俱有定限。钦奉上谕：“嗣后到滇办运开行，着该抚具奏，如有无故停留贻误者，即行指名参究等因。钦此。”钦遵在案。

兹据云南布政使王昶详称：“广西委员梧州府同知陆受丰领运万宝、金钗等厂高低正耗余铜二十六万六百六十三斤零，除沿途磕碰折耗铜二千二百一十三斤外，实领运铜二十五万八千四百五十斤，以乾隆五十一年三月十六日领竣竜岜厂铜斤之日起限，正展限期，扣至五十一年十月二十七日届满。今该委员于乾隆五十二年正月初十日，全数运抵宝宁县属剥隘地方扫帮出境，除扣患病日期外，计逾限十三日，例得免议。又据该司详称贵州委员候补知州黄熙中领运万宝、金钗等厂高低正耗余铜三十五万二百八十九斤零，以乾隆五十一年六月初六日领竣红石岩厂铜之日起限，除小建二日，扣至五十一年十月二十四日限满。今该委员于乾隆五十二年正月二十日全数扫帮，运出平彝县境，除扣患病日期外，计逾限二十日，例得免议。”各等情。先后详请核奏前来。

臣等逐一覆查无异，除经飞咨广西、贵州各抚臣转饬接替催儧，依限运局交收，以供鼓铸，并咨明户部外，所有广西委员陆受丰、贵州委员黄熙中办运滇铜扫帮出境日期，理合恭折具奏，伏乞皇上睿鉴。谨奏。

朱批：览。

（《宫中档乾隆朝奏折》第六十三辑，第679～680页）

夹片：再湖北委员谷城县知县吕日永来滇采买正耗铜二十万八千斤，业经指厂拨给，尚未领竣起限。今该员在省患病，于三月十四日身故。向来各省委员采办滇铜，如有病故，均系咨明该省，另行委员到滇接运。现已照例飞咨湖北抚臣查照办理。其吕日永已未领运铜斤，查该省现有周方炯、李继孟二员在滇办铜，饬令暂为代管督催，并将领过运脚银两是否实领实用，查明详报。所有楚省运员吕日永在滇病故日期及委员接办催运缘由，除循例具题外，相应附片奏闻。谨奏。

朱批：览。

（《宫中档乾隆朝奏折》第六十三辑，第680页）

2748　云南巡抚谭尚忠《奏报好雨知时、农田沾润折》

乾隆五十二年三月二十一日

云南巡抚臣谭尚忠跪奏：为好雨知时，农田沾润，恭折奏闻事。

窃照滇省地方本年春分前后雨水麦豆情形，经臣于二月十九日缮折陈奏在案。臣拜折旬余，天气晴多雨少，正当蚕豆结实，二麦扬花之候，却于暄曝为宜。惟节交谷雨，稻秧茁发，又须膏泽应时，始于农功有益。今省城自三月初五、六，初七、八、九暨十一五、十七八九等日，或雷鸣大雨，或密雨如丝，入土既极深透，田畴亦有潴蓄。得此好雨滋培，不但麦豆结秀，愈臻饱绽，而秧针出水弥见青葱。

首郡所属之富民、宜良、昆阳、安宁、嵩明、易门、罗次等州县，及迤东之澄江、曲靖、广南、昭通、武定，迤西之楚雄、丽江，迤南之临安等府州属地方，陆续报到三月望前连次得雨情形，与省城大概相同。春花现俱成熟，立夏以后即可刈获登场，丰收在目，庆洽边农。通省市卖粮价咸称平减，食贵无虞，闾阎宁谧。臣谨恭折奏闻，仰慰圣怀，并将二月分米粮时价另缮清单，敬呈皇上睿鉴。谨奏。

朱批：欣然览之。

（《宫中档乾隆朝奏折》第六十三辑，第685页）

2749 云贵总督富纲《奏报旸雨应时及滇省春收分数折》

乾隆五十二年三月二十六日

云贵总督臣富纲跪奏：为旸雨应时及滇省春收分数，仰祈圣鉴事。

窃照云贵两省今春雨水调匀、豆麦畅发情形，节经臣缮折奏闻在案。滇省地处炎方，气候较早，时届立夏，蚕豆业已登场，二麦亦将结实，尤宜雨润日暄，俾资长养。

查省城自三月初旬连得渥泽之后，半月以来又得雨数次，甚属相宜。臣察看近郊，二麦俱已成熟，粒满穗长，极为茂盛，现在次第收割，随后即可全完。稽核各属具禀晴雨日期，与省城大概相同。似本年通省春收分数，虽尚未报到齐全，而附近州县已经报到者，计自八九分至十分不等，均属丰稔。迤南各府州现已种植秧苗，余亦赶紧翻犁，乘时栽插。

至黔省地方，向须四月内外收割，目下二麦正在升浆结实，据各府州县禀报，三月上中两旬俱得雨二三次，获此膏泽应时，更于麦田有益，自可期一律丰稔。

两省市卖粮价尚俱照常，并无昂贵之处。民夷乐业，边境亦极宁谧，均堪仰慰慈怀。理合恭折具奏，伏祈皇上睿鉴。谨奏。

朱批：欣慰览之。

（《宫中档乾隆朝奏折》第六十三辑，第734页）

2750 云贵总督富纲《奏报委署副将印篆折》

乾隆五十二年三月二十六日

云贵总督臣富纲跪奏：为委署副将印篆，循例恭折奏闻事。

窃照云南永昌协副将孝顺阿，于保列一等案内应行送部引见，时因沿边关卡官兵出汛届期，经前督臣特成额奏明，俟今春撤汛后给咨在案。兹查边关驻汛官兵，业经臣酌定日期，分别撤回，奏蒙圣鉴。所有永昌协印务，自应委员署理，以便孝顺阿交卸起程。

查有候补副将松阿里，办事勤勉，历经委署副、参各缺，均无贻误，应即委该员往署，堪以胜任。除檄饬遵照外，所有委署副将印篆缘由，理合恭折具奏，伏祈皇上睿鉴。谨奏。

朱批：览。

（《宫中档乾隆朝奏折》第六十三辑，第735页）

2751 云贵总督富纲、云南巡抚谭尚忠《奏报丙午加运一起京铜依限开帮折》

乾隆五十二年三月二十六日

云贵总督臣富纲、云南巡抚臣谭尚忠跪奏：为恭报丙午加运一起京铜依限开帮，仰祈圣鉴事。

窃照丙午正运六起铜斤，俱已依限兑发运京，节经臣等缮折奏闻在案。其加运一起京铜，应于本年二月开帮。

兹据云南布政使王昶详据泸店委员具报："丙午加运一起京铜九十四万九百九十一斤零，自二月初一日称兑起，至二月二十九日，全数兑竣，该运员丽江县知县符梦龙即于是日自泸开行。"等情前来。除飞咨沿途各督抚臣加紧催趱抵京，并咨明户、工二部外，臣等查滇省每年解京铜斤正、加共需八起，今丙午年已兑发七起，所需只有一起。查泸店现存铜数，业已有盈无绌，运员亦先期赴泸，即可领兑开行，断不有误三月扫帮之限。

臣等现仍严饬各厂上紧办发，并饬催各站员将在途铜斤赶运泸店交收，以裕贮备外，所有丙午加运一起京铜依限开帮缘由，理合恭折具奏，伏祈皇上睿鉴。谨奏。

朱批：知道了。

（《宫中档乾隆朝奏折》第六十三辑，第736~737页）

2752　云贵总督富纲、云南巡抚谭尚忠《奏报遵旨严审假冒抚署官亲诓骗包管中举一案情形折》

乾隆五十二年三月二十九日

云贵总督臣富纲、云南巡抚臣谭尚忠跪奏：为遵旨严审速奏事。

窃臣谭尚忠于臣富纲未回任之先，访获开化府武生傅殿扬被贵州人崔升假冒抚署官亲钱姓、南宁县人辛焕假充长随陈升，诓其包管中举，讲定银一千两，先交现项，余俟中后补足，给有巡抚印照为凭，起出伪照一张，系省城居民顾麒描摸假捏，试做相符。臣谭尚忠因事关武场大典，辄敢伪造巡抚印照，诓骗多赃，不法已极，必应从重究办，以昭惩创。此案何人起意诓骗，从中有无他人说合过付及实在得赃确数，如何俵分，此外有无指撞别人，现在犯供狡展，尚须悉心推鞫，方成信谳。一面行司，速饬委员云南府知府蒋继勋、东川府知府萧文言详加确审，彻底穷究，务使案无遁情，并提拿已回原籍之辛焕归案质讯，分别定拟，一面将访获缘由先行恭折奏闻。

兹于三月十五日，奉到朱批："从重严审速奏。钦此。"当即行司饬遵。去后，臣等伏查，此案逸犯辛焕已据委员饬拿到省，并向各犯究出彼时诓骗，系傅殿扬之叔、捐职州同傅廷瑶从中说合，尚有傅廷瑶之子武生傅开扬即傅殿扬堂弟，亦在营干之中。原讲定银一千两，包中二名，傅开扬另有执照一张。随备文开化府，行提傅定瑶父子，并起获假照，来省归案质讯，录供通报。今据该委员等审明定拟，由按察使王懿德解勘前来。

臣等亲提各犯，复加研鞫。缘顾麒籍隶昆明县，曾充藩司清书，误卯革役，与充当长随之贵州人崔升、南宁人辛焕素识交好。乾隆五十一年八月间，辛焕来省觅地，借寓顾麒家内。崔升亦闲居在省，时往叙谈，彼此各道贫苦。顾麒以武闱期近，各处武生来省乡试，或有营求中试之人，可以乘机诓骗，嘱令辛焕、崔升在外探听，均皆允从。九月初间，适有开化府捐职州同傅廷瑶，率领子侄武生傅开扬、傅殿扬来省应试，脚夫海东为其挑送行李到省。辛焕与海东素相认识，在街撞遇，询及来由，并问知傅姓家道殷实，归向顾麒告知。顾麒以凭空诓骗恐难取信，因开化地产肉桂，主使辛焕改名陈升，假充抚署跟随官亲之人，借买肉桂为由，前往傅姓寓所，用言探听。九月十二日，辛焕至傅廷瑶寓所，佯言向买肉桂。从此认识顾麒，辄起意伪造巡抚差查撞骗假票，私扯旧示关防，用油纸描摸，印于票上。十七日，令辛焕带往傅廷瑶寓所，与之闲谈。辛焕询知傅廷瑶带同子侄应试，即以何不营求中式之言向探。傅廷瑶答以无门可通。辛焕捏称现奉抚院差票，密查撞骗，可向官亲商量打点。随将假票给看，并许其请出官亲面讲。傅廷瑶误信为实，遂央其营干，辛焕归告顾麒。二十一日，顾麒即令崔升假冒官亲钱姓，乘轿同辛焕前往商办，傅廷瑶益加相信。遂议定包中傅开扬、傅殿扬二名，每名银五百两，共银一千两，订期九月二十八、十月初十两次交兑。崔升许以交清银两，给发执照为据。嗣顾麒复描摸巡抚关防，假捏收银准取执照两张，以备给付。九月二十八日，崔升仍假冒官亲钱姓，带同辛焕至傅廷瑶寓中，傅廷瑶先交银三百五十两。十月初十日，崔升携带假照复同前往，傅廷瑶交金三十二两五钱，合银五百二两七钱有零，先后共银八百五十二两零，不敷之数，傅廷瑶因凑办不足，许俟中式后补给。崔升以所骗已多，当将假照两张交给，借为取信。其两次收回金银，均付顾麒接受。顾麒分给辛焕银一百五十两，金十两，分给崔升银七十两，金五两，其余金银，俱系顾麒收用。崔升、辛焕分赃之后，各自潜逸。顾麒以未经出面，不行逃避。迨至揭晓，傅廷瑶见傅开扬、傅殿扬俱未中式，始知被人诓骗。先同伊子傅开扬起身回籍，留伊侄傅殿扬在省根查局骗之人。经臣谭尚忠访闻，饬拘傅殿扬到案，追出假照，讯悉被骗情由，委员购线密访，先后拿获顾麒、崔升、辛焕到案，并究出傅廷瑶从中说合，为其子傅开扬一并营求中举，追出假照，归案审办。

臣等提犯亲鞫，各供前情不讳。随复当堂试令顾麒描摸关防，默写伪照，与伪印执照比验相符，究无另有知情同谋、说合过付之人，此外亦无串骗不法情事。臣等又因首先被获之傅殿扬原供包管中举，讲定银一千两，系指伊一名而言，今审出傅开扬与傅殿扬均在其内，恐系趋少避多，串供狡饰，严加穷诘，不惟说合之傅廷瑶坚称只有此数，且据傅殿扬供称："因买求中式是犯法的事，我已被访拿，不能脱身，叔子堂弟何苦连累？故此只供我自己出面讲定，连堂弟名下银五百两也并在自己名下，不曾说出实话。后蒙提同质问，都已供明，并没别的情弊。"矢口不移，似无遁饰。

查例载：伪造诸衙门钦给关防，止图诓骗财物，为数多者，拟斩监候，为从杖一百，流三千里。又例载：诓骗生员人等财物，指称买求中式，如诓骗已成，不分首从，枷号三个月，发烟瘴地面充军；其央浼营干，致被诓骗者，免其枷号，亦照前发遣各等语。

此案顾麒起意设局诓骗，指称买求中式，伪造巡抚关防、执照，肆其奸欺，虽关防确系描摸而非雕刻，但既可假诈行事，即与伪造无异，况诓骗得赃竟至八百余两，为数亦不为不多。顾麒应请比照伪造诸衙门钦给关防，止图诓骗财物，为数多者，拟斩监候例，拟斩监候。查滇省民风淳朴，此等诈伪之事向不多见。今顾麒以革退书役，胆敢于武场大典伪造巡抚印照，诓骗中式，得赃累累，实属目无法纪，未便稍稽显戮。相应请旨即行正法，以昭炯戒。辛焕、崔升听从顾麒局骗分赃，狼狈为奸，情殊可恶。应请照诓骗生员人等财物，指称买求中式，诓骗已成，不分首从，枷号三个月，发烟瘴地面充军本例，从重改发乌鲁木齐，给种地兵丁为奴，面刺"外遣"二字，仍尽本法，各枷号三个月，俟满日发遣。傅廷瑶为其子侄央浼营干，致被诓骗，应照例免其枷号，发烟瘴地面充军，照名例，改发极边四千里充当苦差，系职员，免其刺字。傅殿扬、傅开扬听从傅廷瑶营干中式，未便照一家人共犯之律罪坐尊长，应于傅廷瑶军罪上减一等，杖一百，徒三年。各犯所得赃银，按数追缴入官。伪印假照两张，案结销毁。挑夫海东讯不知情，免其提质。傅廷瑶所捐州同职衔，已追照咨革。傅殿扬、傅开扬武生，亦已褫革衣顶，均毋庸议。

所有审拟缘由，臣等谨合词具奏，并另缮供单敬呈御览，伏乞皇上睿鉴，敕部核覆施行。

再此案因奉有速奏之旨，滇省离京较远，专差赍折有稽时日，是以由驿三百里驰递。合并陈明。谨奏。

朱批：该部核拟速奏。

（《宫中档乾隆朝奏折》第六十三辑，第765～768页）

2753　云南巡抚谭尚忠《奏报交卸学政印务日期折》

乾隆五十二年三月二十九日

云南巡抚臣谭尚忠跪奏：为恭报交卸学政印务日期事。

窃照前任学臣吴俊丁忧，臣遵例带理学政印务，当经奏闻在案。兹新任学臣汪如洋由京到滇，臣谨将提督云南学政关防一颗及书籍、卷册等项，于三月二十六日，委员赍交汪如洋接受视事。所有臣交卸学政印务日期，除另疏具题外，理合恭折奏报，伏乞皇上睿鉴。谨奏。

朱批：览。

（《宫中档乾隆朝奏折》第六十三辑，第769页）

2754　爱必达《题滇省官员清折》

无日期

云南省

布政使傅靖，人有才干，办事亦甚奋勉实在，识力如何尚须详察。

按察使吴绍诗，识练才优，守清政敏，一切刑名案件细心，平反均属允协。

粮储道罗源浩，心地明白，才亦可用，管理铜厂事务，调剂有方。

驿盐道刘谦，明达谙练，持重老成，驿盐政务经理得宜。

迤东道廖瑛，为人谨饬，办事实心，表率有方，政无丛脞。

迤西道陈树蓍，质地笃实，人亦老成，地方一切事务颇能留心整饬。

云南府知府陈镳，居心谨厚，敷政和平，虽非干济之才，而历练老成，事有条理。

曲靖府知府黄修忠，才情明达，办事勤敏，率属亦尚有方，堪胜冲繁之任。

临安府知府方桂，持躬端谨，办事明练，董率得宜，亦能整饬。

元江府知府陈齐襄，才具干练，识见老成，熟悉风土民情，汉夷安辑。

广南府知府富松，英锐果决，明敏精详，有守有为，循良之选。

开化府知府汤大宾，明白干练，爽直有为，勇往中又能详慎，事多中肯。

镇沅府知府王曰仁，才具明晰，办事亦勤，绥辑夷疆咸称安堵。

东川府知府义宁，人颇强干，亦有才情，地方事务尚能勇往办理。

昭通府知府郑廷建，为人笃实，办事精细，虽才思未能开展，而抚驭苗疆洵为相宜。

大理府知府王杲，久历外任，人尚明白，办理地方事务俱属稳妥。

永昌府知府佛德，才识明干，办事勤练，表率有方，抚绥得宜。

顺宁府知府耀安，有才而精细，有识而老成，悃愊无华，实心任事之员。

永北府知府马淇珣，年力强壮，才具明白，地方事务尚能留心整理。

楚雄府知府蒋赐棨，姿性聪敏，人亦明白，办理一切事务并无迟误。

（《宫中档乾隆朝奏折》第六十三辑，第769~770页）

2755 刘藻《题滇省官员清折》

无日期

布政使永泰，年虽望七，而精力强健，人亦鲠直，管钥出纳极为谨慎。

按察使张逢尧，坦白和平，办理详慎，可称明允之司。

粮储道罗源浩，仓储兵糈俱能尽心料理，经管铜厂，调剂颇有成效。

驿盐道廖瑛，办事细心，于各井盐务实力稽查，无堕煎堕销等弊。

迤东道塞钦，人尚奋勉，近来因染痰症，详禀案件多不留心，地方情形亦不明析，经督臣与臣会折参奏在案。

迤西道费元龙，升任湖北臬司，李希贤尚未到任。

云南府知府龚士模，有猷有为，才堪肆应，查核属吏不少瞻徇，知府中之杰出者。

曲靖府知府陈大吕，到任未久，而人极干练，办事勇往，能胜表率之任。

临安府知府双鼎，安详谨饬，于地方政务俱留心查办。

澄江府知府曹理，为人循谨，政事克勤。

广南府知府富松，升任湖北安襄道，现系委员署理。

广西府知府嵇瑛，厚重不浮，外貌质朴而心地明白，堪以胜任。

元江府知府尹侃，由鹤庆府调任，该员悃愊无华，尽心民事，鹤庆民夷无不爱戴，允推循良之选。

开化府知府赵珮，该员在滇最久，明敏安详，于边地夷情尤为熟悉。

普洱府知府汪坦，年力壮盛，办事奋勉，夷疆要地亦镇静得宜。

镇沅府知府李承邺，人极明白，政事勤慎。

武定府知府行有偁，臣来黔时遇于途次，此时甫经到任。

东川府知府李豫，臣来黔时尚未到任。

昭通府知府傅圣，朴实无伪，办运铜斤亦无迟误。

大理府知府张瞻洛，到任未久，人最淳厚，所办事件俱属尽心。

鹤庆府知府漆启铣，该员坐补原缺，甫经到任，人颇钝滞，办事间有疏忽之处。督臣与臣随事指导，冀其奋勉改观。

丽江府知府朱绍文，尚未到任。

永昌府知府杨重谷，心地明白，再加老练方能出色。

顺宁府知府刘埥，为人循谨恬退，不欲以才能自居，而筹办土司事宜安静不扰，具有条理，洵老成持重之员。

永北府知府陈奇典，到任未久，该员久任畿辅，政事明练，边地事简，办理裕如。

楚雄府知府朱履忠，任事勇往，若更加以细致，当有可观。

姚安府知府徐祖焘，谨饬有余，供职无误。

（《宫中档乾隆朝奏折》第六十三辑，第770～772页）

2756 云贵总督富纲《奏报审明续获缅甸脱回广东民人，解交原籍办理折》

乾隆五十二年四月初六日

云贵总督臣富纲跪奏：为审明续获缅甸脱回广东民人，解交原籍办理，恭折奏闻事。

窃照云南腾越、龙陵、顺宁、永昌各文武先后盘获缅甸脱回广东民人林阿新等四十二名，节经臣讯明供情，凛遵谕旨，委员解交两广督臣孙士毅查办，奏蒙圣鉴在案。嗣据顺宁府营报获彭阿代、陈阿继、林阿斗、郭阿湘、蔡阿七、陈里仁等六名，解省提讯，均系广东潮州府属人民，搭陈岱船只贩货，赴暹罗贸易，由东泷关完税出口，飘至长本地方，被缅子裹往阿瓦，于上年十二月及本年正月，各自纠伴脱出，俱因在乡佣工趁食，不知缅匪情形，与节次获解之林阿新等供俱符合，自应一体解交两广督臣孙士毅查收审办。查续解陈阿迈等二十名，委员正在起身，即将续获彭阿代等六名并交该委员管押赴粤，以免守候。

兹又据龙陵协报获张通礼、邱国举、刘和合三名，云州知州报获陈照一名，现在行提解省，如供情审讯无异，及此后再有续获脱回之人，讯无别项情节者，均当仰遵圣训，即行咨解两广督臣孙士毅查明办理，另容汇折奏报，以归简易。

臣查近来报获渐少，诚恐沿边关卡查察懈弛，伊等或隐匿土境，或稽留厂地，亦未可定。经臣密遣妥弁前赴各处稽查，沿边官弁、兵役巡防尚为严紧，此外并无遗漏。除将彭阿代等六名供词备录咨部外，理合恭折具奏，伏祈皇上睿鉴。谨奏。

朱批：览。

（《宫中档乾隆朝奏折》第六十三辑，第822～823页）

2757　云贵总督富纲、云南巡抚谭尚忠《奏报审拟原任江南丰县知县胡宁揽捐山东省元圣庙奉祀生执照，寄回原籍滇省宾川州卖银牟利案情形折》

乾隆五十二年四月初六日

云贵总督臣富纲、云南巡抚臣谭尚忠跪奏：为审明定拟，恭折奏请圣鉴事。

窃照原任江南丰县知县胡宁及次子捐职同知胡尊仁揽捐山东省元圣庙奉祀生执照，寄回原籍滇省宾川州，交长子贡生胡尊业卖银牟利。先据署宾川州魏玲禀报，经臣富纲与前抚臣刘秉恬查验，照有伪造情弊提省，委员审明，揽捐渔利属实，惟照系长随栗宗文、栗宗武兄弟办给，不知是否伪造等情。当经会折奏参，将胡宁父子顶戴斥革，移知江苏省速拿栗宗文弟兄务获，解滇严审究办，并将查封胡宁父子财产衣物开单具奏，均蒙圣鉴在案。嗣准江苏抚臣闵鹗元缉获栗宗文弟兄，究明前项执照系胡宁旧日跟随之胡景士转托执事官孔君重所办，因胡景士先期物故，将彼时往来赍送信照之丁凤，同栗宗文弟兄，于本年正月二十八日，一并咨解到滇。随饬发云南府知府蒋继勋等确审定拟，由布政使王昶、按察使王懿德覆审，照拟详解前来。

臣等亲提犯证，逐加研鞫。缘胡宁籍隶云南宾川州，由举人挑选知县，分发江南，补授丰县知县。该处界连山东，时值山东曲阜县元圣庙坍塌，博士东野崇铄欲借捐充奉祀生，以助工费。有胡宁旧日跟随之胡景士，寄居丰县，与管门长随栗宗文言及其事，并称外省人捐银十两五钱，一体给照，顶戴荣身。胡宁随任亲戚饶以宽，念及滇省充当保甲及支更看栅等项差役，凡有顶戴，俱准优免，即备银十两五钱，告知胡宁，托栗宗文为子饶呈瑞捐办。栗宗文知胡景士素与执事官孔君重熟识，转托胡景士差雇工丁凤赍持银信送交孔君重，买回执照一张。胡宁见照语内不过勤谨供役，并无免差字样，声言照系无用，令饶以宽将照退还。迨后，胡景士向孔君重换有免差字样执照。胡宁以所费无多，兼可优免差役，遂起意揽捐，带回原籍售卖。比值饶以宽回滇，即令次子胡尊仁寄字与长子胡尊业，向亲友揽捐，每名连盘费，议需银三十两。四十七八九等年，有宾川州民人朱灿斗、赵霆、周祺、狄渤若、萧汉翼、杨芳、赵杰、戴宽、周元甲、彭仟等十人，陆续托胡尊业捐办，内周元甲、彭仟系属戚谊，每名只收原价银十两五钱，其余八名，每名银三十两，俱交胡尊业收用。胡尊业先后雇田茂川、官惠民、饶以厚赴丰县送信与胡宁，办照寄回。田茂川、官惠民照备原价，亦托胡宁为子田湘、官世钦各捐一名，并有在署长随张灿云，恳求胡宁垫发银十两五钱，捐办一名，计共十三名，均系栗宗文转托胡景士差丁凤送交孔君重买获执照，寄回分给。乾隆五十年，胡宁告病回籍，适伊堂弟胡定信至，托为戚友杨廷栋等办照四张，许俟照到还银。胡宁垫出银两，交栗宗文往办，虑及日后难以归价，嘱买空白，毋庸填名。时胡景士已故，栗宗文自赴孔君重家代为买获，交胡宁携带至家。所有杨廷栋、王恕、吴成执照三张，均系胡定作保，先行填给，尚未交价，其余一张，因其人已故，未经填给。嗣知本州查拿，胡宁当将杨廷栋等执照收回，同余剩空白一并烧毁。又与胡宁同里之祝天贶，于四十九年，伴送举人赵姓赴河南，带有胡宁长随张灿云家信，行至贵州龙里县，适遇张灿云回籍，付信拆看，知其父嘱代王俊、杨国秀捐办奉祀生。张灿云因已回归，转托祝天贶向栗宗文商办。祝天贶送赵举人至河南，旋赴山东曲阜县，闻知胡宁已经离任，即自用银二十一两，托歇家李姓向元圣府书识杨姓买获执照两张带回，王俊给银十八两，取回执照。杨国秀无银，尚未取回。业经署宾川州魏玲访闻查追，各照具禀提省，审明胡宁父子揽捐渔利属实等情，兹由司审拟，详解前来。

臣等提犯亲讯，供悉前情。查饶呈瑞等执照钤记篆文既有模糊，且有免差字样，与祝天贶代杨国秀等所捐之照语句不符，显系伪造。而胡景士之更换执照，又因胡宁以无用退还所致，亦明有授意知情之事。至胡宁于回籍时，令栗宗文赴孔君重家代办空白执照，则其渔利心殷，断不止四张之数，即伊子在籍揽捐数年，亦未必止于朱灿斗等十名。复又严加究诘，据胡宁坚供："饶以宽为子饶呈瑞捐充奉祀生，原为图免差役，因照内并无免差字样，故此说是无用。叫饶以宽退还后，见胡景士换到免差执照，问是执事官孔君重办来，定然不错。是否孔君重伪造，那时没有跟究明白。我起初并不知照可更换，故叫退还，实无授意的事。但我身为职官，捐揽渔利，实属惛愦糊涂，只求治罪。本乡亲友要捐奉祀生的原有，都因无力，希图赊欠，只有朱灿斗们十二人先交现银，所以数年来捐得不多。末后，杨廷栋们执照就没有现银，因是堂弟胡定托办，不好推却，才垫银叫栗宗文买得带回，实在止有四张，并无多买。"等语。质之栗宗文、丁凤，佥供节次执照系孔君重向元圣府办来，并所供孔君重年貌住址，甚为凿凿。臣等前准部咨，知会山东省审办东野崇轿滥捐奉祀生得银给票案内本有孔君重其人代为办照之事，则胡宁等所供照系孔君重办给，不知伪造之处，尚属可信。诚恐尚有不实不尽，再四究诘，矢供不移，似无遁饰。

查律载：诈欺官私，取财计赃，准窃盗论，窃盗一百二十两以上绞；又凡称准者，与实犯有间，罪止杖一百，流三千里。

此案胡宁揽捐奉祀生执照，计共十七张，除周元甲、彭仟、田湘、官世钦、张灿云等五名俱照原价每名十两五钱报捐，及带回空白四张尚未卖获银两外，其卖给朱灿斗等八名执照八张，每名银三十两，共获银二百四十两，除每张本银十两五钱，共银八十四两外，实渔利银一百五十六两。虽据称田茂川等三次送信至江南，及丁凤往来山东赍送信照，给过盘费银一百余两，并据田茂川等供认属实，但赃已入手在先，且胡宁身任知县，明知私捐违例，乃敢渔利揽捐，殊属藐玩，未便计除赃数，致有轻纵。

胡宁一犯，除讯无知情伪造执照外，其将执照卖获余利银一百五十六两，应依诈欺官私取财，准窃盗律，计赃一百二十两以上，罪止杖流，拟以杖一百，流三千里，到配折责安置。栗宗文虽不知伪造执照，亦无分肥情事，但节次买获执照，俱系该犯经手，亦属不法，应于胡宁流罪上减一等，杖一百，徒三年，递回原籍，定驿折责摆站。胡尊仁寄信胡尊业在籍揽捐，虽有不合，但均系听从父命，业已革去职衔贡生，免其再议。祝天贶虽据供止代王俊、杨国秀捐照两张，并无多捐。其垫用银二十一两，亦止收过王俊银十八两，尚有赔贴。但渔利混捐，亦属不合，应照不应重律，杖八十，折责三十板。胡定为杨廷栋等托买执照，讯因亲友所嘱，并无图利，应与代为送信之田茂川、官惠民、饶以厚、丁凤及误听人言买照之朱灿斗、赵霆、周祺、狄渤若、萧汉翼、杨芳、赵杰、戴宽、周元甲、彭迁、田湘、官世钦、张灿云、杨廷栋、王恕、吴成、王俊、杨国秀，均请免议，朱灿斗等并免提质，以省拖累。栗宗武讯无帮办捐照情事，应与已故之胡景士，均毋庸议。饶以宽于取供后，在昆明县监病故，刑禁人等讯无凌虐情弊，亦毋庸议。胡宁家产业已入官，所得捐银免其追缴。祝天贶得受王俊银两，照追入官。追起各照，案结销毁。此外有无私捐，现复通饬各属晓谕，速令自首，如有续缴执照，究明揽捐之人，随时据实查办，以期尽净。除咨明山东抚臣，将前项免差执照是否孔君重私自伪造，并歇家李姓、书识杨姓如何为祝天贶买照之处就近严审办理外，所有臣等审明定拟缘由，理合恭折具奏，并另缮供单敬呈御览，伏祈皇上睿鉴。谨奏。

朱批：该部议奏。

（《宫中档乾隆朝奏折》第六十三辑，第824~827页）

2758　云南巡抚谭尚忠《奏报乾隆五十二年分滇省麦豆收成分数折》

乾隆五十二年四月初十日

云南巡抚臣谭尚忠跪奏：为恭报麦豆收成分数，仰祈圣鉴事。

窃照云南省二麦蚕豆现届刈获登场，据布政使王昶将各属所报收成分数汇单，呈送前来。臣逐一确核，内麦豆并种之武定等一十九州县，高下俱收成十分；蒙化等四十二厅州县、县丞，高下俱收成九分；大关等八厅州县、州判，低下收成九分，高阜收成八分；只种二麦之中甸等一十一厅州县、州判，低下收成九分，高阜收成八分；只种蚕豆之思茅一厅，低下收成九分，高阜收成八分。合计通省收成，实得九分有余。至沿边各土司地方所种麦豆，据报收成，合计八分有余，远近均称丰稔。伏念滇省僻处万山，不通舟楫，全借本地所产俾资闾阎生计，二麦蚕豆，虽非稻谷可比，而丰收见告，足为民食接济之需。

去岁冬雪优沾，根荄培护已深，今年自春徂夏，仰赖圣主洪福，雨旸时若，长发倍形硕茂，因之通省麦豆收成实得九分有余。边农乐利，莫不含哺鼓腹，尽力西畴，堪以远慰慈怀。除一面饬司另造细册，俟详送到日即行照例缮疏具题外，所有乾隆五十二年云南省麦豆收成分数，合先开列清单，恭折奏闻，伏乞皇上睿鉴。谨奏。

朱批：欣慰览之。

（《宫中档乾隆朝奏折》第六十三辑，第 861～862 页）

2759 云贵总督富纲、云南巡抚谭尚忠《奏报应行引见之要厂委员酌请先后送部，以裨京运折》

乾隆五十二年四月二十八日

云贵总督臣富纲、云南巡抚臣谭尚忠跪奏：为应行引见之要厂委员酌请先后送部，以裨京运事。

窃照云南顺宁县知县员缺，前经臣等请以委管宁台铜厂之腾越州州判甘士觳升署，奏奉谕旨，交部议复准行，应即照例给咨送部引见。惟查通省铜厂之大，莫如汤丹、宁台。每年办运京铜六百数十余万，取给于该二厂者十居八九，所关最为紧要，管理之员苟非精明熟练，难期妥协无误，是以每遇接替，遴委维艰。即如前管宁台厂之曹湛及现管汤丹厂员萧文言，因办铜出力，克复原限，叠荷鸿慈赏给同知、知府职衔，留滇补用，俟接办有人，再行送部引见等因在案。臣富纲与前抚臣刘秉恬奏蒙俞允，曹湛补授景东同知，萧文言补授东川府知府，均因趱办京铜，正资熟手，奏明缓期送部引见。迨五十年办竣甲辰额铜之后，厂运稍觉从容。其时正拟给咨萧文言先行赴部，适值宁台厂员曹湛病故，因一时未得接手之员，经臣富纲奏委迤西道杨以湲驻厂管办，嗣又遴委甘士觳接管，仍令杨以湲督率办理，而宁台既易厂员，汤丹即难再易，是以萧文言复又暂停送部。

今年来京运俱系如期兑发，丙午额铜现亦依限扫帮，且核计泸店底铜岁有存积，就目下情形而论，京运似觉较前实形宽裕，即应行引见厂员，均宜乘此给咨，俾得早沾圣泽。但汤丹、宁台均系最大之厂，铜额较多，若两厂委员同时送部，究于铜运大局未能放心。况迤西道杨以湲于卓异案内业经送部引见，宁台一厂亦无人督办。

臣等再四商酌，自应分别先后送部。查萧文言系早应引见之员，未便再缓。所有汤丹厂及东川府印务，查有署蒙化同知黄大鹤，办事认真，尚悉厂务，现在饬委接署，并令萧文言作速交代，领咨赴部引见。至请升顺宁县知县甘士穀，合无仰恳圣恩，俯准暂缓送部，俟管理汤丹厂之萧文言及迤西道杨以湲回滇后，再令甘士穀赴部引见，庶要厂不致均易生手，实于京运铜斤大有裨益。谨合词恭折具奏，伏祈皇上睿鉴。谨奏。

朱批：知道了。

（《宫中档乾隆朝奏折》第六十四辑，第175～176页）

2760　云贵总督富纲、云南巡抚谭尚忠《奏报暂请停办粤盐，更定堕销迟误处分，以重公帑，以严考核折》

乾隆五十二年四月二十八日

云贵总督臣富纲、云南巡抚臣谭尚忠跪奏：为暂请停办粤盐，更定堕销迟误处分，以重公帑，以严考核事。

窃查滇省自乾隆二十二年，前任广东抚臣鹤年奏请铜盐互易以来，广南、开化等府属至今年办正耗盐二百三十七万余斤，两省轮年委员办运，分拨该二府及所属文山、宝宁二县领销，奏定于领竣盐斤之日起扣限一年销完解课，再扣四个月造册，详请咨部核销。

缘滇省委员办铜，赴粤领盐，视粤省委员办盐来滇，多需时日，滇员一次铜易之盐未到，粤员两次易铜之盐已来，年分既已参差，盐斤又先后拥至。该府县领到盐斤，虽应按次行销，而所领盐斤之内往往有卤耗太甚，不得不先行售卖者，销售搀越，则前后率多牵制，待其销完解课，业已延压年分。当初办时，即已不能依限咨部报销。至乾隆三十五年，两广督臣李侍尧因收买小钱足敷五年鼓铸，奏请停办滇铜，仍令粤省运盐来滇，较之两省隔年办运，盐到尤多。迨至四十一年，粤省停办年满，复行互易。其时粤运之盐已积至五年，挨年递压，以致四十三年之盐直至本年销完，始行详请咨报。比年以来，虽屡经部议，查取职名，无可诿托，而奏定之限势难赶复。

臣等因递年积压，恐盐斤或有亏那，遴委候补知州富常泰前往百色、剥隘盐店，逐细盘查。除四十四五两年，现据该府县领到发售外，其存店者尚有四十六七九等年之盐四百八十五万余斤，而滇员办运四十八年之盐二百三十七万余斤又将次运到，是滇省现存粤盐积存有七百二十二万余斤。就现在两省年办之数计算，已敷三年行销之用。若不亟为疏通，仍复照常办运，则旧盐未售，新盐复来，陈陈相因，走卤、折耗固所不免。而积存愈多，销售愈难，且盐既未销，课遂悬宕。计此数年之中，办盐之铜本未能归款者已有一十九万余两，殊非慎重帑项之道。臣等再四筹画，请自本年为始，将两省委员互易之盐暂停三年，俟积盐销竣，铜本归清，再行奏请，庶滇省盐得销清，银可归款，不致汗漫莫稽，易滋弊窦。

至粤省需铜鼓铸，仍令该省委员来滇采买，于公务亦无窒碍。抑臣等更有请者，向来委员办运粤盐，总在广西百色地方交卸，盐道即据报，分饬行销府县赴领。盐斤运到本有稽考，惟各府县运回之后，销盐收课以及存盐存银数目并不按月造报，其中不肖之员设有侵那，无从查察。

臣等现于委员查明存盐之后，檄饬行销粤盐之各府县领竣年额盐斤，即具文通报开称，即于此日起限，划分十二个月行销，每月销盐若干，收课若干，按月造册通报，盐道逐一细核，有无堕误，汇册转送臣等备查，仍责成经销之员三个月一解课银，统俟一年限满，销竣盐斤，收完课银，解归铜本。即接扣四个月造册，由道汇核，详请咨部报销。只论盐到之先后，不拘年分之次序，以杜藉延。如有堕销、误解、迟报等弊，即照盐法定例查参议处。永立章程，俾行销府县各知自顾考成，不致怠忽从事矣。理合专折奏明，伏乞皇上睿鉴，训示施行。谨奏。

朱批：该部知道。

（《宫中档乾隆朝奏折》第六十四辑，第177～178页）

2761 云贵总督富纲、云南巡抚谭尚忠《奏报丙午京铜依限全数扫帮折》

乾隆五十二年四月二十八日

云贵总督臣富纲、云南巡抚臣谭尚忠跪奏：为恭报丙午京铜依限全数扫帮，仰祈圣鉴事。

窃照滇省应解丙午正加八起京铜，业已依限兑发七起，自泸开行，节经臣等缮折奏闻在案。其加运第二起铜斤，为数较多，应于本年三月扫帮。核计泸店存铜，尽足供兑，运员亦先期赴泸。随饬泸店委员作速兑发，去后，兹据云南布政使王昶详据泸店委员申报：“丙午加运二起京铜九十四万九百九十一斤零，自三月初一日称兑起，至三月二十八日全数兑竣，该运员镇雄州知州张能祐即于是日自泸开行。”等情前来。

除飞咨沿途督抚臣上紧催趱，迅速抵京，并咨明户、工二部外，伏念滇省年运京铜六百三十余万斤，必得泸店贮有底铜，方可供兑充裕。今查泸店铜数，除扫帮之外，现存及已发在途接续可到者共二百六十余万斤，计已敷丁未三起应运之需。其各厂应办丁未额铜，臣等业经分饬厂员上紧采煎，照数办发，并令各站仍前趱运赴泸，不得因八月开帮之期为日尚早，略存懈弛外，所有丙午京运额铜全数扫帮缘由，理合恭折具奏，伏祈皇上睿鉴。谨奏。

朱批：好。知道了。

（《宫中档乾隆朝奏折》第六十四辑，第179页）

2762　云贵总督富纲《奏报盘明藩库交代实存银数折》

乾隆五十二年四月二十八日

云贵总督臣富纲跪奏：为盘明藩库交代实存银数，恭折奏闻事。

窃照云南抚臣谭尚忠由本省藩司蒙恩升授巡抚，其藩司任内经手库款交代，例应总督盘核。因前督臣特成额缘事进京，抚臣谭尚忠兼署督篆，不便自行保题，当经奏明，俟臣回滇，再行造册详题。

臣查藩库为钱粮总汇，项款本繁，兼之藩司王昶亦经到任，正、署两任交代，一切出纳，数更繁杂，稽核少有不精，即恐易滋牵混。臣先行饬令藩司王昶详稽档册，按款兑明，务须针孔相合，丝毫无错，勿致稍有遗漏。去后，兹据该司将两任收发实存各数按款造册具结，详报前来。

查升任藩司谭尚忠接管经收正杂钱粮、铜本等银，除支发外，应实存银二百八万七百五十二两零。署藩司永慧接管经收各项，除支发外，实存银一百八十九万三百七十两零。臣细加查核，数俱相符，并于四月十六日亲至藩库，逐款抽验弹兑，毫无短缺。除加具印结，照例分案题报，并将册结送部外，所有盘明藩库交代存银无亏缘由，理合恭折具奏，伏祈皇上睿鉴。谨奏。

朱批：览。

（《宫中档乾隆朝奏折》第六十四辑，第179～180页）

2763　云南巡抚谭尚忠《奏报滇省秧雨应时、农田遍插折》

乾隆五十二年四月二十八日

云南巡抚臣谭尚忠跪奏：为秧雨应时、农田遍插，奏慰圣怀事。

窃照滇属地方本年自春徂夏雨水调匀，麦豆丰熟，通省收成实得九分有余，经臣于四月初十日开单陈奏在案。芒种前后，正值秧苗茂发，翻犁插莳之际，全赖雨勤水足，始于田功有益。

兹查远近各属节据禀报，四月初旬以来，每旬得雨五六次不等，入土极其深透。省城一带甘澍频施，尤为沾渥。高原下隰在在积水充盈，获此膏泽顺时，农人现皆分秧栽插，不待夏至之期，可以一律栽完。臣出郊周视，青葱溢目，预祝西成。刻下市卖粮价，虽随地长落不齐，而汇计中平，无虞贵食。民情乐业，气象恬熙，洵堪仰慰圣怀。臣谨恭折奏闻，并将三月分米粮时价另缮清单敬呈皇上睿鉴。谨奏。

朱批：知道了。

（《宫中档乾隆朝奏折》第六十四辑，第 182 页）

2764　云南巡抚谭尚忠《奏报本年秋录事宜折》

乾隆五十二年四月二十八日

云南巡抚臣谭尚忠跪奏：为奏闻事。

窃照秋审攸关民命，臣职司刑谳，虚衷核办，不敢存轻重之见，只求得实缓之宜，以仰副我皇上矜慎秋录之至意。

本年滇省秋审案件，旧事原有一百七十六起，人犯一百七十八名口。因缓决三次以上人犯，钦奉恩旨减等发落，经刑部核其情节，议减军流者七十九名口，现于秋审案内照数开除。尚有旧事九十七起，人犯九十八名口。此中原拟情实者十起，人犯十名，缓决者八十七起，人犯八十八名口，覆核情罪，无可更定。其新事，已准部覆者五十八起，人犯五十九名口。又情罪重大、原题声明赶入者一起，人犯一名。共计新事五十九起，人犯六十名口，均经臬司王懿德会同各司道酌情定拟，造册呈送。臣逐加详核，所拟尚皆得当，间有轻重未平者，臣与督臣富纲往复相商，驳饬改拟。通计新案情实十五起，人犯十六名口，缓决四十三起，人犯四十三名，可矜一起，人犯一名。除分别由道勘转，亲提会鞫，汇疏具题外，所有本年秋录事宜，恭折具奏，伏乞圣鉴。谨奏。

朱批：览。

（《宫中档乾隆朝奏折》第六十四辑，第 182～183 页）

2765　云南巡抚谭尚忠《奏报动支存公银两修辑〈赋役全书〉折》

乾隆五十二年四月二十八日

云南巡抚臣谭尚忠跪奏：为循例具奏事。

窃照耗羡章程案内，凡有常例之外动用银两，例应专折奏闻。

兹据布政使王昶详称：“《赋役全书》，每逢十年例动存公银两修辑一次。滇省《赋役全书》，自乾隆三十九年修辑之后，扣至四十九年，已届十年，应行修辑。详奉咨部复准，将十年内田地、钱粮、俸工、税课等项增除各数逐加修辑，刊刻成书，咨行颁发在案。实用工料银三百八十四两零，应于存公银内动支报销。查乾隆五十年奏销存贮节年公件、耗羡银一十六万二千九百九十余两，所有修辑《全书》银三百八十四两零，应请于前项存贮银内动支。”等情。详请具奏前来。臣复查无异，除支销细册送部外，理合循例缮折奏闻，伏乞皇上睿鉴。谨奏。

朱批：该部知道。

（《宫中档乾隆朝奏折》第六十四辑，第183～184页）

2766　云贵总督富纲、云南巡抚谭尚忠《奏请以候补知县萧霖补授宁洱县知县折》

乾隆五十二年五月十八日

云贵总督臣富纲、云南巡抚臣谭尚忠跪奏：为请补极边要缺知县，仰祈圣鉴事。

窃照云南宁洱县知县凃焕，因佥差协解威远厅绞犯那木帕中途疏脱，业经臣等会折奏参在案，所遗员缺，例应在外拣选调补。

伏查宁洱系普洱府附郭首县，地处极边烟瘴，必得明白强干而又能耐烟瘴之员方克胜任。臣等公同藩臬两司，于通省知县内逐加慎选，非现居要缺，即人地不宜，求其堪以调补之员，实乏其选。惟查有候补知县萧霖，年四十九岁，江苏江都县人，由举人挑选一等，分发云南，以知县试用，乾隆四十一年题署易门县，期满实授，因经管义都厂办铜缺额，部议降调，嗣派委催运京铜出力，经臣富纲奏请捐复原级，留滇补用。钦奉朱批：“着照所请，该部知道。钦此。”查该员才识明敏，办事安详，历经委署州县，均能妥协无误，且其在滇有年，于边圉风土夷情俱所熟悉，以之补授宁洱县知县，实属人地相宜。如蒙俞允，该员系候补知县请补知县，衔缺相当，毋庸送部引见。其从前历任内有降一级留任之案，应照例带于新任，扣满年限，再请开复。谨合词恭折具奏，伏祈皇上睿鉴。谨奏。

朱批：该部议奏。

（《宫中档乾隆朝奏折》第六十四辑，第399页）

2767　云贵总督富纲、云南巡抚谭尚忠《奏报乾隆五十一年分各厂岁获铜数折》

乾隆五十二年五月十八日

云贵总督臣富纲、云南巡抚臣谭尚忠跪奏：为恭报丙午年各厂岁获铜数，仰祈圣鉴事。

窃照滇省新旧大小铜厂每年办获铜斤数目，例应汇核奏报。

查乾隆五十一年分各厂所办铜斤，据云南布政使王昶查明，共办获铜一千一百七十万五千二百九十九斤零，造册详报前来。

臣等检齐各该厂开报月折，逐一细核，内汤丹、碌碌、大水、茂麓四厂获铜五百十五万五千二十一斤，宁台等二十八厂获铜四百八十六万三千四百九十五斤零，大功等十三厂获铜一百五十九万七千八百五十七斤零，拖海等三厂获铜八万八千九百二十六斤零，通计获铜一千一百七十万五千二百九十九斤零，较年额多办铜一百十万五千三百八十七斤零。除照例按月入于各厂考成案内分晰题咨查议外，所有乾隆五十一年分各厂办获铜数，理合恭折奏闻，并另缮清单敬呈御览，伏祈皇上睿鉴。谨奏。

朱批：知道了。

（《宫中档乾隆朝奏折》第六十四辑，第400页）

2768 云贵总督富纲《奏报滇黔两省栽插齐全及禾苗畅发情形折》

乾隆五十二年五月二十六日

云贵总督臣富纲跪奏：为两省栽插齐全及禾苗畅发情形，仰慰圣怀事。

窃照云贵两省本年雨水栽插情形，节经臣缮折奏闻在案。查滇省今夏得雨较早，亦复充足，各属田禾无论下隰高原，俱于夏至前栽插完竣，较之往年尤为普遍。惟秧苗新插，尤借雨泽沾濡，方足以资长养。兹省城自五月以来，时有阵雨，入土深透，甚于农田有益。臣赴郊外察看，其早插之禾固已芃芃畅发，即迟种者亦俱秀色可观，弥望青葱，实为应时膏泽。

查省城六河，原为浇灌宣泄，每值大雨时行之候，恐有淤塞涨漫，臣去冬自京回滇，赶趁春晴，即将近省之金汁等六河及昆阳、海口，派委干员，分段督夫大加挑挖深通，其有河各州县，亦俱令该管道府亲往查勘，凡有淤积之处，乘时督饬，一律深浚，以资宣泄。是以今夏雨泽虽勤，而各处河流均为畅顺，并无壅滞漫溢。现在市卖粮价照常称平，民情倍形欣跃。沿边关卡，节据留防将备及腾越镇、州禀报，甚属严紧宁谧，并无私贩偷越之事。至黔省各属，据报五月上中两旬频沾渥泽，禾苗乘时长发，正当二麦登场，闾阎借资接济，现在粮价不昂，民苗乐业，地方亦极镇静，均堪仰慰慈怀。理合恭折奏闻，伏祈皇上睿鉴。谨奏。

朱批：欣慰览之。

（《宫中档乾隆朝奏折》第六十四辑，第507页）

2769 云贵总督富纲、云南巡抚谭尚忠《奏请以请补临安府同知吴兰孙调补景东直隶同知折》

乾隆五十二年五月二十六日

云贵总督臣富纲、云南巡抚臣谭尚忠跪奏：为要缺同知需员，恭恳圣恩俯准调补，以裨地方事。

窃照云南景东直隶同知书图，于署威远厅任内，因绞犯那木帕在途脱逃，业经臣等会折奏参在案。所遗景东同知，系疲、繁、难三项相兼要缺，例应在外调补。

臣等与藩、臬两司，于通省同知内逐加遴选，非现居边要，即人地不宜，实无合例堪以调补之员。惟查有请补临安府同知吴兰孙，年五十岁，江苏吴县人，由贡生捐通判，选授广西柳州府通判，乾隆三十一年六月到任，派赴云南军前办差，委办军务，大兵凯旋，给咨回任，调繁太平府龙州通判，大计卓异，引见，奉旨回任候升，题升思恩府百色同知，因龙州通判任内失察私越出口，降二级调用，遵例捐复，仍发广西候补，奏补太平府明江同知，期满实授，旋丁母忧，服满赴补，拣选引见，奉旨："发往云南差遣委用。钦此。"五十一年六月到滇，题补临安府同知。

查该员历练老成，办事勤勉，委署寻甸、会泽等州县印务，均属妥协无误，以之调补景东同知，洵能胜任。其历任参罚，除未准部覆者例不并计外，现止未完罚俸七案，并无违碍。虽临安府同知该员尚未到任，但吴兰孙本系发滇候补之员，例得请补题调繁缺。合无仰恳天恩，俯念要缺需员，准以吴兰孙调补景东直隶同知，则要地得人，诸事可资整饬。如蒙俞允，该员系同知请补同知，衔缺相当，毋庸送部引见。所有临安府同知，滇省现有应补人员，另容遴员请补。理合恭折具奏，并另缮该员参罚清单敬呈御览，伏祈皇上睿鉴。谨奏。

朱批：该部议奏。

（《宫中档乾隆朝奏折》第六十四辑，第508～509页）

2770 云贵总督富纲、云南巡抚谭尚忠《奏报遣犯凶杀五命，复即自戕，严审犯属供情，定拟具奏折》

乾隆五十二年五月二十六日

云贵总督臣富纲、云南巡抚臣谭尚忠跪奏：为遣犯凶杀五命，复即自戕，严审犯属供情，定拟具奏事。

窃据署云南新平县知县庞兆懋验详：“在配遣犯林亚青，于本年三月二十日晚，因民人吴启向索借欠口角，用刀戳死吴启夫妇及帮同索欠之邻人张伟，并拒捕，戳死县役李祥、徐超，即自抹颈身死。”等情。臣等接阅之下，不胜骇异！

查林亚青系广东窃匪，发滇安插之犯，今在配连杀五命，凶恶已极。是否实系索欠起衅，有无预谋加功及该犯果否自戕身死，案关重大，必须迅速究办。随委因公在省之顺宁府知府全保驰赴覆验，一面提解犯属人等到省确审。兹据该府全保具禀，验明林亚青实系抹断咽喉身死，其面貌、箕斗亦与原案开载相符，并据委员云南府知府蒋继勋、曲靖府知府常德审明定拟，由按察司王懿德招解前来。

臣等会同亲提，逐加覆讯。缘林亚青系广东西宁县人，因屡次行窃，审依积匪猾贼例，改发云贵极边烟瘴充军，咨解来滇，酌拨新平县安置，乾隆三十四年七月到配。该犯住居城内，屠宰营生，与吴启毗邻而居，并无仇隙。近因生意平淡，消乏资本，曾向吴启借钱经营。业经本利依期清楚，嫌其取利过重，常有怨言。上年十二月及本年正月，林亚青因有急用，又两次向吴启共借钱四千文、米八斗，许至三月一并清还。吴启夫妇不俟届期屡往索讨，至三月二十日晚，吴启因屡讨不还，投诉乡约陶君佐、中证张伟，邀同往索。林亚青无力偿还，央求宽缓。吴启不允，欲先剥衣抵欠，张伟亦斥责其非。林亚青出言詈骂，吴启用拳向殴，林亚青避入家内，吴启随即赶入。讵林亚青辄取宰猪尖刀戳伤吴启小腹倒地，张伟、陶君佐上前救护，林亚青复刀戳张伟左乳，透入后左肋，陶君佐畏避喊救。吴启之妻彭氏闻声，赶出哭喊，林亚青用刀连戳彭氏右乳、前后胁倒地，欲行逃走，适县差李祥、徐超巡更至彼，即往追捕。林亚青刀戳李祥肚腹，并戳伤徐超小腹。比有街民向正、秦英闻声起视，同陶君佐赶上喊捉，其时街邻俱出查问。林亚青见人势已众，即用刀自抹咽喉，倒地身死。吴启、彭氏、张伟、李祥、徐超等均因受伤深重，旋即毙命，报经该署县验讯通详。臣等提集覆讯，供悉前情。恐另有加功及知情谋杀情事，严行究诘，实系林亚青登时起意，逞凶杀死，别无加功之人，该犯妻子亦无知情同谋情事，矢口不移，似无遁饰。

查例载：杀一家非死罪三人，为首监故者仍剉尸，枭首示众。又杀一家非死罪四命以上，致令绝嗣，凶犯依律凌迟处死，其子毋论年岁大小，概拟斩立决，妻女发伊犁，给厄鲁特为奴，死者尚有子嗣，将凶犯之子俱拟斩监候，年在十一岁以上者入于秋审办理，十岁以下者永远监禁，遇赦不准减释。又本年三月初六日，奉旨：“嗣后如有发遣伊犁给厄鲁特为奴人犯，着发往伊犁，分给该处察哈尔及驻防满洲官兵为奴。”各等因。

此案林亚青杀死吴启、彭氏、张伟、李祥、徐超五命，虽非一家，但系改遣重犯辄挟索债微嫌，胆敢戳死吴启夫妇一家二命，张伟、李祥、徐超三人，顷刻之间连毙五命，凶恶已极，若照杀一家非死罪二人定拟，固不足以蔽辜。即比照杀一家非死罪三人，而该犯业已自戕，不能明正极刑，亦觉罪浮于法。林亚青一犯，应比照杀一家四命以上，凌迟处死。已经自抹身死，照例剉尸枭示。臣等即委原验之顺宁府知府全保驰往新平，将林亚青死尸剉碎枭首，于该县地方示众。至吴启夫妇，有子吴小寿，未致绝嗣，且所杀五命究非一家，所有该犯九岁之子小广生、两岁之子小广元，应照死者尚有子嗣拟斩例，均拟斩监候，永远监禁，遇赦不减。犯妻林高氏，女小兴玉、小兴弟，均应钦遵谕旨发往伊犁，给察哈尔等为奴。该犯家产，饬县确切查明，照例给付被杀之家收领，所欠钱米免其再追，无干省释。

再配所遣犯，定例责成典史专管，自应严加约束，方不致滋生事端。今遣犯林亚青凶杀五命，虽事起仓猝，而平日之不能约束防范，实属疏玩。除将署新平县典史张宝材咨部斥革，至署新平县知县庞兆懋，近在同城，不能督率稽查，亦难辞咎，应请旨交部严加议处，以示惩儆。是否有当，理合恭折具奏，并另缮供单敬呈御览，伏祈皇上睿鉴。谨奏。

朱批：该部议奏。

（《宫中档乾隆朝奏折》第六十四辑，第509～512页）

2771 云南巡抚谭尚忠《奏报代按察使王懿德奏请分起缴纳应赔银两情形折》

乾隆五十二年五月二十七日

云南巡抚臣谭尚忠跪奏：为据情转奏，仰祈圣鉴事。

窃臣接准户部咨："前任安徽庐凤道兼管凤阳关税务升任云南按察使王懿德，应赔乾隆四十八九两年分盈余少收案内应缴四五两限银一万四千两，又五十一年征收税银少收案内应缴造办处养廉办公银一万一千两，应咨云南巡抚转饬，在于该臬司名下按限催追，分别解交，以清款项。"等因。并准户部将该司奏明每年应赔银两，于五十二年起，匀作二次解交清款一折，抄录原奏，行文云南巡抚遵照办理。均经臣转饬，按限解交在案。

嗣据按察使王懿德禀称："职司应赔凤阳关乾隆四十八九两年盈余短少案内未完银一万四千两，并造办处养廉办公银一万一千两，又阜阳县监犯越狱案内认交江宁藩库未完银八千两，共银三万三千两。前经职司奏明，于五十二三两年清缴，自应依限完解，曷敢稽延？惟是职司蒙恩擢用滇臬，抵任未久，岁得养廉虽属丰厚，而办公费用有需，每年缴银一万六千五百两，实属力难措理。仰恳据情转奏，将五十二三两年认缴银三万三千两，自本年起，分作四限解交，每年缴银八千二百五十两。"并据声明，应解户部及江宁藩库二项，就近解交本省藩库报拨，应解造办处银两，仍自行设措批解等情到臣。当即批饬藩司查议。去后，兹据布政使王昶查明，详议前来。

臣查云南臬司每年额支养廉银五千两。滇省现有摊捐军需一项，原奏自督抚提镇以至州县将备，按照额支养廉，分作十年摊扣全完，例有定限，未便停扣。该臬司年支养廉银五千两，除扣捐军需银六百九十余两外，实支银四千三百余两，一切养赡、办公，悉皆取给于此。现在该臬司名下应缴银三万三千两，可否准其分为四限完缴，每限应完银八千二百五十两内，将应解户部及江宁藩库银五千五百两，在滇省藩库按限完交，咨部候拨；应解造办处银二千七百五十两，仍令该臬司自行解交之处，出自皇上天恩。为此据情具奏，伏乞睿鉴训示。谨奏。

朱批：知道了。

（《宫中档乾隆朝奏折》第六十四辑，第526~527页）

2772　云南巡抚谭尚忠《奏报滇省得雨情形折》

乾隆五十二年五月二十七日

云南巡抚臣谭尚忠跪奏：为奏闻事。

窃照云南地方本年芒种前后通省秧雨情形，经臣于四月二十八日缮折陈奏在案。滇省跬步皆山，旱田多而水田少，栽禾之际，全赖雨泽霶霈，才能及时遍种。

兹省城一带，自五月初旬以来连得时雨，大小相间，入土极其深透，高下田畴咸有积水，农人莫不尽力翻犁，分秧赶插，夏至节后小暑节前，均已一律栽完，田无旷亩。现在油云叠作，甘澍频施，洵称优渥。臣出郊察看，新苗滋茂，弥望青葱。外郡各州县气候较省城为早，据报雨勤水足，田禾插莳已周，从此宜晴宜雨，暄润有资，可卜秋成丰稔。市卖粮食价俱中平，民情和乐，地方宁谧。理合恭折奏闻，仰慰圣怀，并将四月分粮价另缮清单，敬呈皇上睿鉴。谨奏。

朱批：欣慰览之。

（《宫中档乾隆朝奏折》第六十四辑，第527~528页）

2773　云贵总督富纲、云南巡抚谭尚忠《奏报亲讯过自缅逃回兵丁情形折》

乾隆五十二年六月十五日

云贵总督臣富纲、云南巡抚臣谭尚忠跪奏：为奏闻事。

窃据署云南龙陵协副将恒禄泰禀称：“三台山撤汛之后，遵奉檄饬，每月派弁带兵前往各卡隘巡查。本年四月二十五日，官兵查至三台山，有一人到汛，自名张正，原系开化镇兵丁，三十二年四月在木邦打仗，被缅子裹去，今得脱回等语。除将张正差押送省外，相应具禀。”等情。臣等检查从前档册，木邦打仗迷失兵丁项下，载有开化镇右营兵丁张正之名。随饬司作速提省审讯，一面饬令文山县查传张正亲属，送省质认。去后，兹据委员云南府知府蒋继勋、曲靖府知府常德审认明确，由臬司王懿德、藩司王昶详解前来。

臣等复加亲讯，据张正供称：“原系开化镇右营兵丁，乾隆三十一年奉派出师木邦，三十二年四月，跟随将军杨宁打仗冲散，被缅子裹去，将右耳尖割去少许，安置附近阿瓦的核桃嘴地方后，听见大兵进剿，把我复送往附近海边晏共地方，交头人孟断管束，叫我铡草舂米。前年冬间，我乘空从小路逃走，一路虽有几处关口，却没人盘问。走到波竜厂，盘费用完，痨病又发，就在厂上讨吃度日。病好后，又帮姓赵的下硐挖矿。住了年余，积得几两盘费。今年二月，从厂上起身，四月二十五日，走到三台山，遇见官兵，我就据实告诉，才押解来省的。”

臣等查张正在缅多年，因何早不投回，且于缅甸情形自必熟悉。复又逐细究诘，据称：“先在核桃嘴住日无多，后在晏共，虽有十余年，初被头人管束严紧，不能走脱，今年因我老病，做不动生活，才渐渐宽松，是以方得脱身。至缅地情形，我因不会说夷话，不敢向人多问。又离阿瓦路远，缅子光景，本地夷人也不听见说起。只有几年前，缅子与暹罗打仗，到晏共按户派人当兵、出银子。晏共只有二三百户人，俱穷苦，甚是怨恨。前年，我从小路逃至波竜厂，不走阿瓦城，故此缅子阿瓦城里的事也一些不知。”等语。臣等察看张正，人甚糊涂，其所供不知缅匪情形，尚属可信，并据文山县将伊弟张得、伊子张石安差送来省，认明实系张正，并无冒混。

查乾隆四十二三年，自缅投回兵丁杨发、王天祐二名，经前督臣李侍尧等奏，奉谕旨仍给原营充伍在案。今张正拘留缅地，不忘故土，乘间投回，自应遵照一体办理。惟该兵年已六十，兼复多病，未便复令入伍，应行释回原籍，并饬令该管地方官稽查管束。再张正既不知缅甸情事，似可毋庸解京备讯。合并声明。

除另缮供单敬呈御览外，所有臣等讯过供情，理合恭折具奏，伏祈皇上睿鉴。谨奏。

朱批：览。

（《宫中档乾隆朝奏折》第六十四辑，第690～692页）

2774　云南巡抚谭尚忠《奏报滇省雨水禾苗情形折》

乾隆五十二年六月二十六日

云南巡抚臣谭尚忠跪奏：为奏闻事。

窃照滇省地方本年夏至节后小暑节前雨水沾足、田禾栽竣缘由，经臣于五月二十七日缮折陈奏在案。

兹云南省城自六月以来大雨时行，正值禾苗长发之际，得此润泽，畅茂条达，弥望青葱。外郡各属节据报到情形，与省城大概相同。惟气候最早之临安、开化、普洱、景东、元江等府厅州，田禾已多抽穗，且有扬花者。现交秋令，农人无不各勤耘耨，以期收成丰稔。市粮充裕，粜价称平，民情极其宁谧。臣谨恭折奏闻，仰慰圣怀，并将五月分粮价另缮清单，敬呈皇上睿鉴。谨奏。

朱批：知道了。

（《宫中档乾隆朝奏折》第六十四辑，第734页）

2775　云南巡抚谭尚忠《奏报乾隆五十一年分应征钱粮全完折》

乾隆五十二年六月二十八日

云南巡抚臣谭尚忠跪奏：为查明钱粮全完，循例奏闻事。

窃照各省每年完欠钱粮，例应于奏销时分晰查明，据实具奏。兹据云南布政使王昶，会同护粮储道事曲靖知府常德，将乾隆五十一年分额征钱粮数目详请核奏前来。

臣查滇省乾隆五十一年分应征民、屯条丁、米折等银二十一万三千六百二两零，内存留各府厅州县坐放官役俸工银五万三千九百六十三两零，实征银一十五万九千六百三十九两零，实征商牲税课等银九万四千三百一十三两零。又应征税秋六款等麦米荞并条银改米二十万七千一百四十七石零，内收本色麦三千五百一十六石零，本色米一十二万八千四百三十六石零，折色米荞七万五千一百九十四石零，各折不等，该折征银七万三千八百九十三两零，俱经征收全完。除缮造细数黄册，并将例应议叙各官职名另疏具题外，臣谨开列简明清单，恭折奏闻，伏乞皇上睿鉴。谨奏。

朱批：览。

（《宫中档乾隆朝奏折》第六十四辑，第755页）

2776　云贵总督富纲、云南巡抚谭尚忠《遵旨奏报滇省部驳各案已俱题覆折》

乾隆五十二年七月十二日

云贵总督臣富纲、云南巡抚臣谭尚忠跪奏：为遵旨明白回奏事。

乾隆五十二年六月二十四日，接准工部咨：“五十二年三月二十九日，奉旨：工部奏各省工程报销应驳应准各案，分别开单进呈。此内有云南省各营办解硝磺及黑盐井地方修理井座、炮岸，楚雄县修理兵房，直隶省丰宁县移建墩台、营房，山西省大同镇等营新添兵丁应需操演药铅，江南省沛县移建新城等六款，俱系乾隆五十年驳查之后，迄今未据造报。应令该督抚即行查参，并催办完结等语。此等工程，照例报销之案，既经该部驳查，各该督抚自应据实查核，上紧完结，何致迟逾一年有余？均属迟缓。着即令各该督抚明白回奏，并将部驳各案分别查明，迅速报部核销，毋得再行延宕。其逾限各员，着照例查参，交部议处。钦此。”臣等跪读之下，不胜悚惶。

伏念臣等仰荷圣恩，畀以封疆重任，事无巨细，均当上紧查办。况云南距京遥远，而各州县离省又自数百里至一二千里不等，文行往返动需时日，尤应迅速办理，庶无丛脞。诚恐各属漫不经心，是以随事提催，不遗余力，期于依限速结。所有滇省黑盐井修理井座、炮岸各项工程一案，先经抚臣刘秉恬具题请销。工部以所开丈尺做法及炮岸跟脚宽厚，核与成案不符，驳令另造妥册送部。当即转行该道府逐一查覆具详。因造册未协，复经臣等叠次指驳，该员等遵照声覆，并将工料据实删减，已于本年二月二十八日会核具题。又楚雄县修理兵房，以挑檐檩木所开不合，经部驳查。臣等行令遵照，分晰声叙，另行造册，于本年三月二十六日具题。又各属煎解营用硝磺，请销脚价，部议以未开明工料细数，制办木桶亦未开载圆径尺寸，驳减另造。因承办硝磺州县共有二十一处，其中册开价值既有参差，声叙亦未明晰，而宣威州所造册籍尤多舛错。

臣等再四驳减，以致往返需时，稍逾例限。业于本年六月二十日，核实题销，并将迟延之宣威州知州周熏等照例开参，声请议处在案。兹接准部文，钦奉谕旨训饬，臣等惟有倍加凛惕，凡遇工程案件，刻刻留心稽查催办，俾其妥协造销，赶紧完结，勿致稍有迟逾，以仰副皇上清厘庶务之至意。

所有部驳各案业俱题复缘由，谨明白恭折具奏，伏祈皇上睿鉴。谨奏。

朱批：这所奏情节，该部实议具奏。

（《宫中档乾隆朝奏折》第六十五辑，第16~18页）

2777　云贵总督富纲、云南巡抚谭尚忠《奏报特参怠玩废弛不职之署鹤庆州事恩安县知县韩培，请旨革职折》

乾隆五十二年七月十二日

云贵总督臣富纲、云南巡抚臣谭尚忠跪奏：为特参怠玩废弛不职之县令，请旨革职，以肃吏治事。

窃照州县身膺民社，必须勤慎办公，实心整理，方为无忝厥职。讵有署鹤庆州事恩安县知县韩培者，貌似有才，心实懈怠。从前尚知黾勉，乃自委署鹤庆州印务以来，意满心骄，日图安逸，于地方政务及民间词讼，并不上紧办理，多有稽延，兼之应解钱粮、盐课，无不稽延迟缓。臣等屡加训饬，仍不悛改，以致公事渐见废弛。似此怠玩不职之员，实难望其振作，未便因无别项劣迹情弊，稍事姑容，致滋贻误。

兹据该管道府揭报，由藩臬两司具详前来。相应请旨，将恩安县知县韩培革职，以肃吏治。除委员摘印署理，查明任内经手钱粮有无未清，另行办理。谨合词恭折具奏，伏祈皇上睿鉴。谨奏。

朱批：该部知道。

（《宫中档乾隆朝奏折》第六十五辑，第18页）

2778　云贵总督富纲《奏报委署镇协印篆折》

乾隆五十二年七月十二日

云贵总督臣富纲跪奏：为委署镇协印篆，循例恭折奏闻事。

窃照云南开化镇总兵孙起蛟，业经臣遵旨酌令赴京陛见，奏蒙圣鉴在案。所遗印务，应即遴员委署，以便孙起蛟交卸起程。

臣查曲寻协副将恩福，明白勤奋，且该员前任广南营参将，附近开化，于彼处情形素所熟悉，即委恩福往署，堪以胜任。其所遗曲寻协副将事务，查有候补参将勒尔谨，办事勤勉，堪以前往署理。除分檄饬遵外，所有委署镇协印篆缘由，理合恭折具奏，伏祈皇上睿鉴。谨奏。

朱批：知道了。

（《宫中档乾隆朝奏折》第六十五辑，第19页）

2779　云贵总督富纲、云南巡抚谭尚忠《奏报陕西委员办运滇铜扫帮出境日期折》

乾隆五十二年七月二十八日

云贵总督臣富纲、云南巡抚臣谭尚忠跪奏：为陕西委员办运滇铜扫帮出境日期，循例奏闻事。

窃照各省委员赴滇采办铜斤，往来俱有定限。钦奉上谕：“嗣后到滇办运开行，着该抚具奏，如有无故停留贻误者，即行指名参究等因。钦此。”钦遵在案。

兹据云南布政使王昶详称：“陕西委员吴堡县知县翟绪祖，领运白羊、金钗等厂高低正耗余铜三十七万七千六百五十斤内，除沿途磕碰折耗铜二千八百三十二斤，实领运铜三十七万四千八百一十八斤，以乾隆五十一年三月初八日领竣他腊厂铜斤之日起限，正展限期，扣至五十二年二月初三日届满。今该委员于本年四月二十八日，全数运抵宝宁县属剥隘地方扫帮出境。除扣患病日期外，计逾限二十五日，例得免议。”等情。详请核奏前来。

臣等覆查无异，除飞咨广西、湖南、湖北、河南、陕西各抚臣转饬接替催趱，依限运局交收，并咨明户部外，所有陕西委员翟绪祖办运滇铜扫帮出境日期，理合恭折具奏，伏乞皇上睿鉴。谨奏。

朱批：览。

（《宫中档乾隆朝奏折》第六十五辑，第149～150页）

2780　云贵总督富纲、云南巡抚谭尚忠《奏报盘查司道各库银两实存无亏折》

乾隆五十二年七月二十八日

云贵总督臣富纲、云南巡抚臣谭尚忠跪奏：为循例盘查具奏事。

窃照司道库贮钱粮，例应于奏销时，督抚亲往盘查，具折奏闻。本年六月，届当奏销乾隆五十一年钱粮之期，行据云南布政使王昶、护粮储道事曲靖府知府常德造册，详送前来。

臣等检查册案，核明应存确数，亲赴司道各库按款点验，抽封弹兑，实盘得布政使司库存贮正杂各款银一百七十一万八千七百八十五两零，又铜务项下工本、运脚及节省等银二十三万七千八百五十两零，粮储道库存贮米价、河工等银二十九万七千六百四十四两零，均与册开实存数目相符，并无那移亏缺情弊。除经缮疏题报外，所有臣等盘查司道各库银两实存无亏缘由，理合循例恭折具奏，伏乞皇上睿鉴。谨奏。

朱批：览。

（《宫中档乾隆朝奏折》第六十五辑，第150页）

2781　云南巡抚谭尚忠《奏报滇省雨水粮价情形折》

乾隆五十二年七月二十八日

云南巡抚臣谭尚忠跪奏：为奏闻事。

窃照滇省地方本年立秋以前雨水、田禾情形，经臣节次具奏在案。滇处万山，高田多而低田少，全赖晴雨得宜，始于庄稼有益。云南省城自七月初旬以来宜晴宜雨，极其调匀，正值秋禾吐穗扬花之际，得此雨润日暄，更足以资长养。

臣出郊周视，高下田畴无不倍臻畅茂，西成在望，喜溢三农。外郡各属报到情形与省城大概相似，其有栽插较早之区现已结实，次第刈获，据报约收分数核有八九十分不等，洵为丰稔。各属市卖粮价在在称平，并无昂贵之处。闾阎乐业，边宇敉宁。理合恭折奏闻，仰慰圣怀，并将六月分通省米粮时价另缮清单敬呈皇上睿鉴。谨奏。

朱批：欣慰览之。

（《宫中档乾隆朝奏折》第六十五辑，第152页）

2782　云贵总督富纲、云南巡抚谭尚忠《奏请以顺宁府知府全保调补普洱府知府折》

乾隆五十二年八月初六日

云贵总督臣富纲、云南巡抚臣谭尚忠跪奏：为极边要缺知府需员，恭恳圣恩俯准调补，以裨地方事。

窃照云南普洱府知府贺长庚，仰蒙恩旨升授迤南道，所遗员缺，例应在外拣调。查普洱远处极边，兼有烟瘴，所辖三厅一县暨十三版纳土司，幅员辽阔，逼近外夷，知府有表率抚绥之责，职任綦重，苟非精明强干又能耐瘴之员弗克资其整饬。

臣等公同藩臬两司，于通省知府内逐加遴选，惟查有顺宁府知府全保，年四十九岁，镶白旗满洲，由笔贴式保送理事同知、通判，引见，记名补授广东广州府理事同知，大计卓异，推升刑部员外。乾隆四十五年七月，奉上谕云南：“云南府知府员缺紧要，该督抚于通省知府内拣选一员调补，所遗员缺，着全保补授。钦此。”奏补广南府知府，于四十六年四月到任，调补云南府知府。四十八年七月，丁忧回旗，服满引见，奉旨补授云南曲靖府知府，奏调今职，于五十一年七月到任。该员才具优裕，办事勤明，前后在滇有年，于边势夷情皆所熟悉，以之调补普洱府知府，洵能胜任。惟参罚在十案以外，且顺宁亦系边要之缺，与例稍有未符。但普洱为极边烟瘴之区，较之顺宁尤为紧要。臣等再四筹酌，合无仰恳圣恩，俯准将全保调补普洱府知府，则要地得人，一切可资整理，实于边缺有裨。

再该员系对品调补，毋庸送部引见。其所遗顺宁府员缺，另容遴员请补，合并陈明。除将该员参罚另缮清单敬呈御览外，谨合词恭折奏恳，伏祈皇上睿鉴。谨奏。

朱批：该部议奏。

（《宫中档乾隆朝奏折》第六十五辑，第211～212页）

2783　云贵总督富纲、云南巡抚谭尚忠《奏报滇省丞倅、州牧差委乏员，恭恳圣恩拣发折》

乾隆五十二年八月二十六日

云贵总督臣富纲、云南巡抚臣谭尚忠跪奏：为丞倅、州牧差委乏员，恭恳圣恩拣发，以资委用事。

窃照滇省每年办运京铜，例派丞倅、牧令等官，分作八起解送，长途往返，计需两年有余，前起未回，后运复往，必得二十余员方敷运送。此外尚有管理厂务、稽催铜运与夫事故，委署在在需员。臣富纲于乾隆五十年，奏请拣发同知、知州八员，业俱陆续委用补缺，现在并无空闲，遇有紧要差事以及员缺委署，每致乏人，不得不于佐杂中酌量选派，而堪以任使者又不可多得。

臣等公同商酌，查知县一项，尚有分发未补且本年又有大挑举班分发来滇之员可以敷用，惟丞倅、州牧实在乏员。合无仰恳圣恩敕部，于候补人员内拣选同知四员、知州四员、通判二员，带领引见，恭候钦定，发来滇省以资差委，庶于公事有裨。谨合词恭折具奏，伏祈皇上睿鉴。谨奏。

朱批：有旨谕部。

（《宫中档乾隆朝奏折》第六十五辑，第393～394页）

2784　云贵总督富纲、云南巡抚谭尚忠《奏报遵旨查明滇粤两省铜盐互易事宜折》

乾隆五十二年八月二十六日

云贵总督臣富纲、云南巡抚臣谭尚忠跪奏：为遵旨查明，据实覆奏事。

窃臣等接准大学士和珅字寄："乾隆五十二年六月十二日，奉上谕：据富纲等奏暂请停办粤盐，更定堕销、迟误处分一折，已批交该部议奏矣。折内称滇省委员办铜，赴粤领盐，视粤省委员办盐来滇易铜多需时日，滇员一次铜易之盐未到，粤员两次易铜之盐已来，递年积压，现在粤盐已存有七百二十二万余斤，已敷三年行销之用，请暂停三年，俟积盐销竣，铜本归清，再行奏请，并更定堕销处分等语。滇粤两省铜盐互易，自应年清年款，方不致积压堕销。今粤省易铜之盐先后拥至，积存七百余万斤，自系滇省办铜未能依期迅速，而运到之盐，各属又不能赶紧行销，以致陈陈相因，愈积愈多，且粤盐不能行销，则民间将食淡乎？抑更有私盐乎？今既已挨年递压，不得不亟为疏通。所有暂停运盐及更定堕销处分，自应听候部议。但粤省以盐易铜，行之已久，现在滇省地方官销售盐斤何以迟误积压，并致课项悬宕，且粤省运到之盐即不能依限报销，间有存积，亦应于积存之盐约计逾年即当奏明，设法办理，何以积至七百余万斤，足敷三年行销之用，始行奏请停运？此等情节，折内牵引繁絮，总未详悉声叙。着传谕富纲等，将粤盐积压是否因滇省办铜迟延及地方官何以行销延缓，并该督等何以不及早设法筹办之处，一并查明，据实覆奏。钦此。”钦遵，寄信前来。

伏查云南开化、广南二府及所属文山、宝宁二县行销粤盐，始于乾隆五年，向系滇省委员赴粤买运。至二十年，经前任广东抚臣鹤年奏定铜盐互易之例，由滇粤两省轮年委员办运。因滇省先须办铜解粤，然后买盐运回，视粤省之先盐后铜，不免多需时日。但自铜盐互易以来，至乾隆五十年止，共计运到粤盐三十一次，而滇省解往铜斤内，除粤省将收买小钱改铸，停止五年滇铜外，共运过铜二十六次，与此相较，则滇铜尚无缺误。至地方官因何行销延缓之处，臣等详稽档卷，查乾隆五年定例之初，其应销额盐即至次年运到，八年始行销竣，造册咨部，是办理之初业已逾期两载，且原定每年销盐一百二十万斤，嗣于乾隆十六年及三十二、四十二等年，节次加增盐八十万斤，共成二百万斤之额，为数较多，历系销旧压新，递相陈积。兼自三十七年起至四十一年止，此五年中，粤省因收买小钱，足敷鼓铸，停办滇铜，止系办运盐斤，到来较早，以致存积益多，愈难销售。该府县又因近年所到盐内有卤耗太甚者，即先售卖，不能照依年分挨次行销，至有搀前越后，岁额牵混，造报稽迟之事。此系粤盐积压实在情形也。

查前督臣福康安、抚臣刘秉恬清厘通省盐课积欠，查明前项存盐原系实贮，非同欠缺，即经严饬趱销。旋值福康安调任，臣富纲于四十六年冬间到滇，其时尚有四年额盐八百数十万斤存贮未销。当与刘秉恬会饬盐道，勒限催趱，设法广售，并恐邻私充斥，复严定赏罚，檄饬该管文武多拨兵役分路巡缉，仍不时密查，以防松懈。原期一二年间即可趱销清楚，是以未敢上渎圣聪。去冬奉命回滇，又会同臣谭尚忠上紧稽催，不遗余力。无如边氓日食有数，每年止能于应销额数之外加销三四十万斤。数年以来，虽旧堕已清，而新盐不免壅积。核计存仓及在途未到，尚共有七百二十二万余斤，已足敷三年行销之用。臣等细加体察，既因限于民食，不能广销，尚非地方官承销不力。若复照常办运，非特仍虞壅滞，且盐积课悬，帑本亦多延压，不得不设法另筹，以为疏通之计。

故前折议将粤盐暂停三年，俟积盐销竣，盐本归清，再行奏请，又恐地方官或因向无处分，不以销盐为事，酌定处分章程，以杜懈玩。惟折内不将从前递年积压及年来趱办疏销所以未经具奏之处详悉声叙，致未明晰。臣等跪诵谕旨，实切悚惶。谨将查明缘由据实恭折覆奏。

再查每年运销粤盐二百万斤，除归盐本之外，应获羡余银一万余两，解交藩库，报拨充公。今议请停运三年，所有应获余羡，未便无着，自应在历任承销各员及督催不力上司分赔，以归帑项。容臣等查明核实，另行咨部办理外，合并陈明，伏祈皇上睿鉴。谨奏。

朱批：该部议奏。

（《宫中档乾隆朝奏折》第六十五辑，第394～396页）

2785 云贵总督富纲、云南巡抚谭尚忠《奏报浙江委员办运滇铜扫帮出境日期折》

乾隆五十二年八月二十九日

云贵总督臣富纲、云南巡抚臣谭尚忠跪奏：为浙江委员办运滇铜扫帮出境日期，循例奏闻事。

窃照各省委员赴滇采办铜斤，往来俱有定限。钦奉上谕："嗣后到滇办运开行，着该抚具奏，如有无故停留贻误者，即行指名参究等因。钦此。"钦遵在案。

兹据云南布政使王昶详称："浙江委员石门县知县朱麟，征领运白羊、金钗等厂高低正耗余铜三十二万一千一百二十五斤内，除沿途磕碰折耗铜二千九百一十三斤外，实领运铜三十一万八千二百一十二斤，以乾隆五十一年三月二十九日领竣后所山厂铜斤之日起限，正展限期，扣至五十二年正月初二日届满。今该委员于本年四月二十九日，全数运抵宝宁县属剥隘地方扫帮出境，除扣除患病日期外，计逾限二十八日，例得免议。"等情。详请核奏前来。臣等覆查无异，除飞咨经过之广西、湖南、湖北、江西暨浙江各抚臣转饬接替催趱，依限运回供铸，并咨明户部外，所有浙江委员朱麟征办运滇铜扫帮出境日期，理合恭折具奏，伏乞皇上睿鉴。谨奏。

朱批：知道了。

（《宫中档乾隆朝奏折》第六十五辑，第427页）

2786　云南巡抚谭尚忠《奏报滇省田禾情形折》

乾隆五十二年八月二十九日

云南巡抚臣谭尚忠跪奏：为奏闻事。

窃照滇省地方本年白露节前雨水田禾情形，经臣于七月二十八日具折陈奏在案。秋分前后，正当禾稻成熟之际，日暄雨润，各得其宜。臣出郊察看，高下田畴重穗交垂，黄云遍野，实坚实好，有胜往年。此时将次刈获，天气晴和，约计九月中旬即可普律登场，田夫野老莫不含哺鼓腹，共庆盈宁。外郡各州县，西成较早者陆续报到约收分数，自八九分至十分不等，洵称丰稔。容俟通省报齐，另行开单汇奏。

目下市卖粮价在在平减，转瞬新谷出市，更可日臻减落。民情悦豫，边境安恬。理合恭折奏闻，仰慰慈怀，并将七月分滇属米粮时价另缮清单，敬呈皇上睿鉴。谨奏。

朱批：知道了。

（《宫中档乾隆朝奏折》第六十五辑，第429～430页）

2787　云南巡抚谭尚忠《奏报乾隆五十二年滇省秋成分数折》

乾隆五十二年九月十二日

云南巡抚臣谭尚忠跪奏：为恭报秋成分数，仰祈圣鉴事。

窃照云南通省禾稻杂粮现已刈获登场，行据布政使王昶将各属所报收成分数查明，开单呈送前来。臣逐一确核，蒙化等三十厅州县，高下俱收成十分；景东等二十二厅州县，低处收成十分，高阜收成九分；龙陵等三十三厅州县、州判、县丞，低处收成九分，高阜收成八分。合计通省秋收，实获九分有余。至沿边各土司地方所种禾稻杂粮，据报收成亦有九分，远近均称丰稔。

伏念滇省僻处万山，不通舟楫，全借本地所产俾资闾阎生计，今春麦豆丰登，已足为民食接济之需。自夏徂秋，尤复仰叨圣主洪福，雨旸时若，多稼如云，因之通省收成实得九分有余。边农乐利，户庆盈宁，堪以远慰慈怀。除一面饬司造册详报，照例另疏具题外，所有乾隆五十二年云南秋成分数，合先开列清单，恭折奏闻，伏乞皇上睿鉴。谨奏。

朱批：欣慰览之。

（《宫中档乾隆朝奏折》第六十五辑，第532页）

2788　云贵总督富纲《奏请以楚雄协都司百福升补督标右营游击折》

乾隆五十二年九月十八日

云贵总督臣富纲跪奏：为恭恳圣恩俯准升补游击，以裨营伍事。

窃照臣标右营游击刘惠，业经升授镇雄营参将，所遗员缺，接准部咨：轮用候补人员，行令拣选请补等因。

伏查臣标为通省各营表率，一切训练、营规固须倍加整肃，且挑备战兵，为数亦与别营较多尤，借将备认真督率，兼之臣衙门时有差委查办事件，苟非明白勤干之员弗克资其整理。现在虽有候补游击，或到滇不久，或人地未宜，均难堪膺是选。

惟查有云南楚雄协都司百福，年四十八岁，正蓝旗满洲，由前锋校拣发云南以守备委用，于乾隆三十五年二月到滇，题补昭通镇守备，历升今职，四十八年七月领札任事。该员才技兼优，办事干练，前经节次委署臣标游击、都司各印务，颇为认真。先于四十八年，经臣以游击预保，续又题补腾越镇游击，已经部议覆准，给咨引见。该员领咨到部，适因逃兵案内革职留任，部议停升，退回本任。嗣逃兵处分，钦奉恩旨宽免。昨于预保案内，臣又将该员堪胜游击之处恭疏具题在案。任内止有接督缉抢夺吴义臣银物贼犯未获一案，咨参职名未准部覆，此外并无违碍，以之升补臣标右营游击，实能胜任。虽此次应用候补人员，但现在候补者人地既不相宜，若少事迁就，将来未免复滋更调之繁。相应仰恳圣恩，准以都司百福升授臣标右营游击，不特于营伍有益，臣亦可资臂指之效矣。谨会同云南巡抚臣谭尚忠、提督臣乌大经恭折具奏，伏祈皇上睿鉴。谨奏。

朱批：该部议奏。

（《宫中档乾隆朝奏折》第六十五辑，第578页）

2789　奴才富纲《奏报遵旨自陈折》

乾隆五十二年十月十八日

奴才富纲跪奏：为遵旨据实自陈，明白回奏事。

窃奴才接准大学士和珅字寄："乾隆五十二年八月初四日，奉上谕：据李侍尧奏盘获私磺一折，内称漳州一带有私贩硫磺之人，并有出产之处。节据镇将等拿获挑磺民人，所贩私磺，自八十斤至四百余斤不等，当经该府等讯究，供词支吾。而上杭县知县恩古达禀称，该县郭车乡大岩背山内产有土磺，该地居民私挖煎卖，当经拿获三名，并搜出煎就硫磺及铁凿铁锤等物。是闽省匪徒私贩硫磺，或卖与海洋盗贼，或透入贼中，现在一面提讯，并饬拿在逃各犯务获解究等语。硫磺一项，为军火要需，该犯等胆敢私行煎挖贩卖，或被海洋盗贼买制火药，以供劫掠，或奸民辗转贩售，透入贼中，皆所必有，不可不从重治罪。所有拿获之地方官，亦当记功升用，已于折内批示。至该省既有产磺地方，自应开采煎用。乃历任督抚并未查办，而营中额用硝磺转向湖南远省采买，其本地土磺一任奸民私行煎挖，辗转售卖，以供盗贼劫掠之用。雅德、富纲、富勒浑俱任闽浙督抚，于此等地方事务、关系军营火器者，既未能查出，就近采办，而于奸民挖煎售卖又漫无觉察，以致私贩纷纷，所司何事？除富勒浑业经革职治罪，令留京办事王大臣就近传谕询问，令其自行登答外，至雅德、富纲前在闽省时，于地方事务废弛若此，试令扪心自问，应如何稍赎前愆之处，均令其自行议罪，并据实明白回奏。将此传谕雅德、富纲，并谕李侍尧知之。钦此。”遵旨寄信前来。奴才跪诵之下，感愧惭惶，莫知所措。

伏念奴才满洲世仆，至愚极陋，即使竭尽驽骀，未足仰酬高厚。乃前在福建巡抚任内，诸事废弛，荷蒙皇上不即治罪，仅令自议，已出圣主逾格生成。兹奉谕旨，知漳州一带竟有产磺处所，并有奸民私挖贩卖。硫磺为军火所关，最为紧要。奴才在任两年，亦竟漫无觉察，疏玩之咎，更难自逭。乃蒙圣主鸿慈，仍许自行议赎，矜全曲宥，至再至三。奴才具有天良，感愧何能名状？查奴才前两次奏恳罚交银四万两，蒙恩准令总交李侍尧收充军需。奴才上紧措办，当于本年八月初一日，专差家人管押，起程赴闽在案。今悉心思议，奴才岁食总督养廉原额支银二万两，奴才于四十六年到任之时，即奏明减半支领。合无仰恳天恩，俯准奴才照现食之数，罚停二年养廉。虽积愆已深，固不足稍赎万分之一，而奴才扪心自问，庶觉寝食稍安。嗣后益当凛遵慈训，于地方诸事，毋论巨细，倍加留心，勤慎办理，以期仰副圣主覆载深仁。

再逃兵案内，奴才应罚养廉银四万两，蒙恩分限于应支养廉内分年扣半完缴，除完过银一万七千一百七十九两零，其余未完之数，奴才仍按限措交，不敢因停支养廉，少事延缓。所有奴才自议缘由，谨遵旨明白回奏，伏祈皇上睿鉴。谨奏。

朱批：览。

（《宫中档乾隆朝奏折》第六十五辑，第579～580页）

2790　云贵总督富纲《奏报冬初官兵出汛日期折》

乾隆五十二年十月十八日

云贵总督臣富纲跪奏：为冬初官兵出汛日期，仰祈圣鉴事。

窃照云南腾越、龙陵近边之杉木笼、干崖、三台山等处裁防设汛，每年于冬初，选派员弁，带兵八百名分往驻巡，春深酌留弁兵三百名，余俱撤回差操，历年遵照办理。今春应撤应留官兵，经臣具折奏明，照例分别撤留。但边关要地，防范不容疏懈，屡饬在汛将备，督率弁兵实力巡查，并不时派员密往稽察。节据腾越镇、州及委员具报，巡防严密，各关隘甚属宁静。

查本年九月十三日霜降，应照往例，于霜降后即行出汛。所有一切事宜，臣先期照会腾越镇总兵刘之仁，于挑备战兵内，择其精健熟练者，如数选派，同应带军械各项，预备整齐。惟领兵之员，尤须熟练强干，方克资其董率。查龙陵协副将苏尔相，屡蒙皇上特恩擢用，感激奋勉，比年驻巡边隘，办理颇为认真。此次仍派该副将，带领守备汤相并千把、外委十员，兵五百名，马一百匹，驻巡杉木笼一路。又派腾越镇左营守备戚连新，带千把、外委六员，兵二百名，马四十匹，驻巡干崖。其三台山一路，地近龙陵，遴派署龙陵协守备姚国勋，带千把、外委六员，兵一百名，马二十匹，前往驻巡。饬令于九月二十及二十四六等日，配带军械，分队起程，各俟抵汛后，照依指定关卡，分派驻守。责成苏尔相等，不时带兵亲往各关游巡查缉，并令腾越镇州逐月轮往督察，以防疏懈。臣仍随时差员往查，倘有偷安懈怠，即行据实参究。其应撤原留弁兵，均即令回本营，以供差操。

再查守备汤相，接准部文，推升贵州平远协都司，行令给咨引见。臣查汤相于未奉部文之前，经臣派令带兵出汛。今准部调取，自应给咨赴部。但该员于边防事务最为熟悉，且平远协，除操练之外尚无别事，现在有委员署理，不致旷误。臣拟留该员仍住汛所，俟来岁撤汛后再行给咨赴部，庶于边防有益。除咨明兵部外，合并陈明。

所有冬初出汛日期，臣谨恭折具奏，伏祈皇上睿鉴。谨奏。

朱批：知道了。

（《宫中档乾隆朝奏折》第六十五辑，第581~582页）

2791　云贵总督富纲、云南巡抚谭尚忠《奏报特参私设税口、肥己累民通海知县徐维城，请旨革审折》

乾隆五十二年九月二十六日

云贵总督臣富纲、云南巡抚臣谭尚忠跪奏：为特参私设税口、肥己累民之知县，请旨革审，以肃吏治事。

窃照知县一官身任地方，必须洁己爱民，乃为无忝厥职。讵有临安府属通海县知县徐维城者，貌似有才，性实贪诈。通海一邑僻处迤南，并非牲货往来要道，向无官设税口。该员忽于城外大桥头兴造马柜房一所，凡遇骡马经过，每匹收钱二十文。有监生董清臣、差头梅亮、乡约周德仲在彼经管，侵收饱橐，殊为商贩之累。

臣等访闻其事，正在行提人证确审间，兹据司道府等揭报前来，似此私设税口、肥己累民之劣员，断难一日姑容。相应汇折奏参，请旨将通海县知县徐维城革职，以便提问。同案内有名人证，严审实情，并究明此外有无赃款，从重定拟具奏，以肃吏治。除委员前往摘印署理，一面饬提来省看守，并查明经手仓库钱粮有无未清另报外，臣等谨合词参奏，伏乞皇上睿鉴训示。

再通海县知县系部选之缺，滇省现有应补人员，另容照例题补。合并陈明。谨奏。

朱批：即有旨谕。

（《宫中档乾隆朝奏折》第六十五辑，第638页）

2792　云南巡抚谭尚忠《奏报遣犯在配脱逃折》

乾隆五十二年九月二十六日

云南巡抚臣谭尚忠跪奏：为遣犯在配脱逃，循例奏闻事。

案照乾隆三十六年三月内，钦奉上谕："脱逃遣犯自必潜归本籍，即应查明各乡贯，迅速移知本省严行缉拿。而经过各省分，亦当知照，一体协缉，仍一面奏闻。"等因。钦遵在案。

兹据署云南府属晋宁州知州萧鸿翰详报："安置改遣军犯江玉友，系江西高安县人，因在丰城县地方行窃同船客民熊永茂银一百二十两以上，依律，拟绞监候，秋审减等，改发云南极边烟瘴充军，面刺'改遣'字样，乾隆三十六年九月二十七日到配，于五十二年九月初十日乘间脱逃。"等情。详报到臣。除飞咨该犯逃回本籍应行经过各省分及原籍、邻封一体根查协缉，并通饬滇属文武暨交界州县严密截拿，务期速获办理。如逾限无获，即将疏脱各职名照例查参外，所有改遣军犯江玉友在配脱逃缘由，理合循例恭折奏闻，伏乞皇上睿鉴。谨奏。

朱批：今获否？

（《宫中档乾隆朝奏折》第六十五辑，第639页）

2793　云南巡抚谭尚忠《奏报滇省地方情形折》

乾隆五十二年九月二十六日

云南巡抚臣谭尚忠跪奏：为奏闻事。

窃照云南地方本年通省秋成实获九分有余，洵称丰稔，业经臣于九月十二日开单汇奏在案。筑场纳稼之候，正须天气晴和，方可乘时晒曝，早贮仓箱。今自九月中旬以来，晴多雨少，甚于收获为宜。

臣出郊察看，崇墉比栉，景象盈宁，农人极其欢庆。现值开征新赋，臣恐不肖吏胥趁此时和年丰，辄于花户完粮，恣意浮收，致滋苛累，先已剀切出示，刊颁各属，遍行晓禁，务期弊绝风清，以副圣主惠爱边黎之至意。目下市卖米石，因新谷刚在砻碾，未得蜂拥入市，价尚中平。一俟农功全竣，市米云集，可望大减。民夷熙皞，共乐春台。臣谨恭折奏闻，仰慰宸衷，并将八月分粮价另缮清单，敬呈皇上睿鉴。谨奏。

朱批：知道了。

（《宫中档乾隆朝奏折》第六十五辑，第639页）

2794　云贵总督富纲、云南巡抚谭尚忠《奏请以候升之蒙自县知县杨大观升补分防鲁甸通判折》

乾隆五十二年九月二十八日

云贵总督臣富纲、云南巡抚臣谭尚忠跪奏：为夷疆要缺通判遴调乏员，恭恳圣恩俯准升用，以裨地方事。

窃照云南昭通府分防鲁甸通判朱绍曾升任云南府同知，所遗员缺，前经臣等请以维西通判鲍镇华调补。接准部覆，以该员参罚在十案以外，与例不符，行令另选合例人员调补等因。

伏查鲁甸系属夷疆，且地近川黔，习俗强悍，必得精明干练之员，方克资其整理。滇省通判共止六缺，非现居边要，即参罚有碍，以及人地不宜，实无堪以调补者。兹公同藩臬两司于应升知县内逐加遴选，查有候升之蒙自县知县杨大观，怀宁县贡生，捐纳知县，拣发江西，补授吉水县，调繁南昌县，乾隆三十一年大计卓异，引见，奉旨准其回任候升，题升景德镇同知，尚未到任，缘事革职，遵例捐复，选授今职，于四十三年二月到任，试俸期满实授，四十七年补行四十六年大计卓异，委运京铜，于五十年十一月内引见，奉旨："杨大观准其卓异，加一级注册，回任候升。钦此。"

查该员老成谙练，办事实心，在滇年久，于一切风土夷情均所熟谙，历俸已逾五年，且系奉旨回任候升之员，以之升补鲁甸通判，洵能胜任。其任内参罚，除现据完解及咨参职名未准部覆者例不并计外，止有五案。惟承追不力，降俸二级带罪督催一案尚未开复，与请升之例稍有未符。谨遵人地相需之例，仰恳皇上天恩，俯准以杨大观升授鲁甸通判，庶夷疆要地可收得人之效。该员由知县请升通判，虽应给咨引见，但杨大观于卓异案内引见回滇，未满三年，照例毋庸送部。如蒙俞允，其所遗蒙自县知县员缺，滇省现有应补人员，另容遴选请补。谨合词恭折具奏，并另缮参罚清单敬呈御览，伏祈皇上睿鉴。谨奏。

朱批：该部议奏。

（《宫中档乾隆朝奏折》第六十五辑，第 662 ~663 页）

2795　云贵总督富纲、云南巡抚谭尚忠《奏报丁未头起京铜依限开帮日期折》

乾隆五十二年九月二十八日

云贵总督臣富纲、云南巡抚臣谭尚忠跪奏：为恭报丁未头起京铜依限开帮日期，仰祈圣鉴事。

窃照丙午年八起京铜，俱已如限兑发扫帮，节经臣等缮折奏闻在案。其丁未头运一起铜斤，应于本年八月开行。先经臣等派拨各厂预期办发，并令运催员弁迅速运泸贮栈，一面遴派委员依次赴泸领兑。去后，兹据云南布政使王昶详据泸店委员具报："丁未年头运一起正带京铜七十八万六千三百八斤零，于八月初二日开兑起，至八月二十八日如数兑竣，运员赵州知州唐世厚即于是日自泸州开行。"等情。

除咨会沿途各督抚臣加紧催趱，迅速抵京，并咨户、工二部外，伏查滇省年解京铜共需八起，今除头起之外，核计泸店存铜及已发在途者为数充裕，则其余七起均可挨次兑发，逐月开帮，断不致有误例限。臣等仍饬厂站各员照前赶紧采煎，迅速运泸，以裕供兑，不敢稍有懈延。所有丁未头起京铜依限开帮缘由，理合恭折奏报，伏祈皇上睿鉴。谨奏。

朱批：好。知道了。

（《宫中档乾隆朝奏折》第六十五辑，第 663 ~664 页）

2796　云贵总督富纲《密陈滇黔两省提镇、司道、知府贤否折》

乾隆五十二年十月初十日

云贵总督臣富纲跪奏：为密陈滇黔两省提镇、司道、知府贤否，仰祈圣鉴事。

窃照前奉谕旨："各省总督，每年将该省提督是否胜任及总兵能否整饬营伍、防范地方之处，据实密奏一次。其两司、道府贤否，亦着各该督抚每年陈奏一次等因。钦此。"钦遵在案。

臣查滇省提督一员、总兵六员，黔省提督一员、总兵四员，多系在任日久，其才具办事，大率臣所稔知。即两省藩、臬、道、府，人数虽多，内惟贵州省有甫经到任知府尚须察看外，其余各员贤否，亦俱得有梗概，密为存记。伏念臣蒙天恩，畀以总督重任，课绩程材，责无旁贷。况边徼苗疆，尤非腹里地方可比，苟其才不称职，甚或懈于所司，均于吏治兵防关系非浅。臣不敢以现任各员多系平昔所知，略存疏忽，故自奉命回任以来，刻刻留心，随处体访，或核其所办事件，或察之营伍地方，其固有材具出众之员，余亦均能各尽职守，克称其任。此后臣仍凛遵圣谕，不时留心，倘有改易前辙，始勤终怠，当即据实参奏，断不敢稍涉瞻顾，有负圣主委任隆恩。所有现任滇黔两省提镇、司道、知府，臣谨出具考语，分别另缮清单，恭折密奏，伏祈皇上睿鉴。谨奏。

朱批：折留览。

（《宫中档乾隆朝奏折》第六十五辑，第754～755页）

2797　云贵总督富纲、云南巡抚谭尚忠《奏报乾隆五十一年滇盐新课全完及带征旧课各数折》

乾隆五十二年十月十八日

云贵总督臣富纲、云南巡抚臣谭尚忠跪奏：为滇盐新课全完并带完旧欠各数，恭折奏闻事。

窃照滇省岁征盐课钱粮，例应于次年奏销时查明完欠，分晰具奏。

兹据云南布政使王昶会同盐法道杨有涵详称："各属应征乾隆五十一年分连闰盐课、薪本、盈余等银四十五万四千九百七十一两零，又奏销五十年盐课案内借发各井五十一年分薪食银三十五万九千四百六十五两零，又续借本款、薪食银六万二千九百二十四两零，俱经照数征解全完，年清年款。此外，又带征从前节年旧欠有着课款银七千五百六十四两零。”分案造具细册，详请题销前来。臣等逐加覆核无异，除分别缮疏具题外，所有乾隆五十一年新课全完及带征旧课各数，（**夹批**：此旧课再几年方完清?）理合恭折奏闻，伏乞皇上睿鉴。谨奏。

朱批：知道了。

（《宫中档乾隆朝奏折》第六十五辑，第840~841页）

2798 云南巡抚谭尚忠《奏报滇省雨水禾苗情形折》

乾隆五十二年十月十八日

云南巡抚臣谭尚忠跪奏：为奏闻事。

窃照滇省地方本年秋禾丰获情形，经臣节次缮折陈奏在案。立冬以后天气晴和，纳场禾稼咸得及时晒曝，早贮仓箱。边农力作维勤，告成穑事，即皆翻种春花，野无旷土。惟日暄之余又宜雨润。兹省城一带，于十月初间连朝得雨，高下田畴新种之麦荞、蚕豆，出土已有一二寸不等，获此润泽，弥觉发荣滋长，殊于来岁春收有益。各属市卖米价，缘新谷纷纷入市，较前更臻平减。民情悦豫，景象盈宁，洵堪远慰慈怀。理合恭折奏闻，并将九月分通省米粮时价另缮清单，敬呈皇上睿鉴。谨奏。

朱批：知道了。

（《宫中档乾隆朝奏折》第六十五辑，第844~845页）

2799 云南巡抚谭尚忠《奏报乾隆五十二年分滇省甄别过教职、佐杂员数折》

乾隆五十二年十月十八日

云南巡抚臣谭尚忠跪奏：为循例汇奏事。

案照年终汇奏事件内甄别教职、佐杂、年满千总三款，例应汇折分单具奏。兹据云南布政使王昶，会同按察使王懿德，将云南省乾隆五十二年分甄别过俸满教职、佐杂，开单汇详前来。

臣查本年甄别教职内，初次俸满保荐者一员，初次俸满勤职留任者五员，循分供职留任者三员，二次俸满勤职留任者一员，三次俸满循分供职留任者一员，四次俸满勤职留任者一员，未届俸满随时休致者一员，已经初次俸满休致者一员，已经二次俸满留任、未届三次俸满休致者一员，勒休者一员，已经三次俸满留任、未届四次俸满勒休者一员。又甄别佐杂内，初次俸满留任者十员，二次俸满留任者一员，未届俸满随时参革者一员，勒休者一员，已届初次俸满随时参革者一员，已经二次俸满留任、未届三次俸满休致者一员，已经三次俸满随时参革者一员。其俸满各员，俱经陆续验看，逐一咨部。至臣标两营千总四员，本年并无俸满应行甄别之员，先经咨明兵部在案。

所有乾隆五十二年分滇省甄别过教职、佐杂员数及臣标千总并无应行甄别之员，理合循例汇折具奏，并分缮甄别教职、佐杂清单，恭呈御览，伏乞皇上睿鉴。谨奏。

朱批：该部知道。

（《宫中档乾隆朝奏折》第六十五辑，第845～846页）

2800　云南巡抚谭尚忠《奏报乾隆五十二年分滇省民数、谷数折》

乾隆五十二年十月十八日

云南巡抚臣谭尚忠跪奏：为钦奉上谕事。

窃照各省民数、谷数，定例于每岁仲冬缮写黄册，具折奏闻，其民数应分造民、屯丁口各一册进呈。

兹据云南布政使王昶会同护粮储道事曲靖知府常德详称："云南省岁报民数，除番界、苗疆户口不造入外，所有乾隆五十二年分通省民、屯户口，各就原编保甲逐一确查，实在大小民人二百七十八万七千六百五十六丁口，内男丁一百四十五万六千八百一十五丁，妇女一百三十三万八百四十一口；屯民男妇六十七万三千三十九丁口，内男丁三十四万二千七百五十四丁，妇女三十三万二百八十五口。应存常平社仓米、谷、麦、荞、青稞一百七十二万八千二百一十七石四斗六合六勺。"分案造册，详请具奏前来。臣覆加确核无异，理合恭折奏闻，并将民、屯丁口实在数目及存仓谷石总数，分缮黄册三本敬呈御览，伏乞皇上睿鉴。谨奏。

朱批：册留览。

（《宫中档乾隆朝奏折》第六十五辑，第846页）

2801　云南巡抚谭尚忠《奏报验看截取举人不胜民社，请旨改用教职折》

乾隆五十二年十月十八日

云南巡抚臣谭尚忠跪奏：为验看截取举人不胜民社，请旨改用教职，以重官方事。

窃照截取举人备用知县，必须才品明妥，方堪赴选。兹据布政使王昶将部行截取之云南县壬午科举人任佺造册，送验前来。

臣详加验看，该员履历虽开四十五岁，年力未衰，而视听迟钝，语言蹇涩，讯以吏治，更茫无以对。似此才具，实不胜任民社之司，未便因其已经截取，辄行给咨赴选，致滋滥竽。相应据实奏明，请旨将截取壬午科举人任佺改用教职，以重官方。再该员验看之后，旋即起程回籍，如不甘就教，情愿赴京引见，容俟奉到朱批，传讯明确，再行照例给咨赴部，合并陈明。臣谨恭折具奏，伏乞皇上睿鉴训示。谨奏。

朱批：该部知道。

（《宫中档乾隆朝奏折》第六十五辑，第847页）

2802　云贵总督富纲《奏报甄别过云贵两省年满千总折》

乾隆五十二年十月二十六日

云贵总督臣富纲跪奏：为甄别云贵两省年满千总，循例汇奏，仰祈圣鉴事。

窃查绿营千总历俸六年为满，贵州苗疆千总历俸五年为满，例应随时考验甄别，于年底分晰汇奏。

今将乾隆五十二年分云贵两省年满各项千总，臣先后饬调考验，详加甄别。云南省千总十四员内，保送者四员，留任者一员，前经预保注册今届六年俸满咨部换札者六员，前经六年俸满保送尚未得缺、今届三年仍留候题者一员，前经预保尚未得缺、今届三年仍留后掣者一员，两次军政卓异、今届俸满仍留候升者一员，又本年军政案内参劾者三员。贵州省甄别过千总二十二员，内保送者五员，调回内地者二员，前经俸满保送、今届二次甄别仍留候题者一员，前经预保、今届三年仍留候掣者二员，前经预保、今届五年俸满咨部换札者三员，前经预保、今届二次甄别仍留候掣者八员，初次六年俸满勒休者一员，又本年军政案内参劾者一员，又随时勒休者一员。兹届年底，理合循例恭折汇奏，并分缮清单恭呈御览。

再照云南省尚有千总程文韬、黄君绣、江鳞、萧祚远、张元勋等五员，现届俸满调考，尚未调到省，应归入下年甄别。合并陈明，伏乞皇上睿鉴。谨奏。

朱批： 该部知道。

（《宫中档乾隆朝奏折》第六十六辑，第67页）

2803 云贵总督富纲《奏报乾隆五十二年分滇省官员并无换帖、宴会及门包、押席、承办筵席等事折》

乾隆五十二年十月二十六日

云贵总督臣富纲跪奏：为循例恭折汇奏事。

窃照前奉上谕："年终汇奏之件，如换帖、宴会及门包、押席、承办筵席等事，俱着并为一折，于年终汇奏等因。钦此。"钦遵在案。

伏思督抚管辖全省，藩臬有察吏之责，全在体统相维，躬行实践，庶可以整饬官方。若略分言情，周旋结纳，则体制已乖，政务必致废弛。至于偶有酬酢而取给于下僚，甚或收受门包、押席，致令属员有所挟持，以及官员无故上省，旷职废时，家人约束稍疏，乘间滋弊，凡此皆为吏治之害。

臣以庸愚，仰荷天恩畀以总督重任，诚恐久而生懈，陋习复滋，日切冰兢，惟凛遵圣训，以饬躬为率属之先，时与抚臣留心体察，刻刻防闲。现在滇黔两省官常，俱能恪遵功令，并无同官换帖、宴会及托故上省扣展公出日期之习。

至臣衙门传事禀话，俱责成文武巡捕，并令中军查察，臣复加意严防，总不令家人与属员见面，以杜流弊。其司道等官，亦俱查无收受门包、押席及令首府首县承值等事。除与两省抚臣督率司道，照前实力查禁，一有违犯，即当参究，以期永绝弊端。

兹届年终，理合恭折汇奏，伏祈皇帝睿鉴。谨奏。

朱批： 览。

（《宫中档乾隆朝奏折》第六十六辑，第68页）

2804 云贵总督富纲、云南巡抚谭尚忠《奏报丁未头运二起京铜开帮日期折》

乾隆五十二年十二月二十六日

云贵总督臣富纲、云南巡抚臣谭尚忠跪奏：为恭报丁未头运二起京铜开帮日期，仰祈圣鉴事。

窃照丁未年头运一起铜斤，于本年八月自泸开帮运京，业经臣等缮折奏闻在案。其头运二起，应于九月内接续开行。

兹据云南布政使王昶详据泸店委员申报："头运二起正带铜七十八万六千三百八斤零，于九月初三日开兑起，至九月二十六日，俱已全数兑竣，该运员宁州知州萧附凤即于是日自泸开行。"等情。详报前来。除咨会沿途各省督抚臣加紧催趱抵京，并咨明户、工二部外，伏查滇省每年应解京铜，正加共有八起，今已解运二起，其余六起应需铜斤，核计现存泸店及发运在途者已足敷用。臣等仍饬店员作速秤兑，接续开行，不许少有延滞外，所有丁未年头运二起京铜依限开帮缘由，理合恭折具奏，伏祈皇上睿鉴。谨奏。

朱批：知道了。

（《宫中档乾隆朝奏折》第六十六辑，第68～69页）

2805　云贵总督富纲、云南巡抚谭尚忠《遵例奏报拟流官犯胡宁堂弟胡宽愿捐银代兄纳赎折》

乾隆五十二年十一月初三日

云贵总督臣富纲、云南巡抚臣谭尚忠跪奏：为请旨事。

窃照乾隆元年，钦奉上谕："赎罪一条，原系古人金作赎刑之义。况在内由部臣奏请，在外由督抚奏请，皆属斟酌情罪，有可原者，方准纳赎。其事尚属可行，嗣后仍照旧例办理。钦此。又七品官以下犯军流者，赎银一千五百两。"等因。遵照在案。

兹据云南按察使王懿德会同布政使王昶详称："宾川州拟流官犯胡宁，系前任江南丰县知县，年老患病，告休回籍。因先在丰县任内为本籍亲邻揽捐山东省元圣庙奉祀生执照，得获余利一百五十六两，审依诈欺官私取财计赃，准窃盗论，一百二十两以上，罪止杖一百，流三千里，虽年已七十，不准收赎。接准部覆，行令定地佥配。兹据胡宁堂弟胡宽呈称：'窃宽兄胡宁揽捐祀生执照，问拟流罪，实所应得，自应祗候起解。惟兄前因年老，染患中风痰症，告休回籍，业已动履维艰。自上年被参革审，羁禁囹圄，日夜愧悔，以致衰病益增。近更转侧皆难，竟成瘫痪。似此待毙之躯，即勉强前往，亦难远抵配所。而兄家产业悉已查变入官，无力求赎。宽谊切同气，心实不忍。今情愿变产，并向亲友告贷，照例凑办银一千五百两及应解公费，缴贮昆明县库，代兄赎罪。'等情。当即亲诣司监，验明该犯胡宁实在染患瘫痪，举动艰难，精神恍惚，言语糊涂，已成笃疾，并无捏饰。"详请核奏前来。

臣等查胡宁因揽捐奉祀生执照，转卖渔利，问拟流罪，尚非侵盗钱粮可比。今伊堂

弟胡宽因该犯年老瘫痪，已成笃疾，难以赴配，情愿变产告贷，照例缴银一千五百两，代为捐赎，核与例款相符。但可否准其赎罪之处，出自圣主鸿恩。谨据情恭折具奏，伏祈皇上睿鉴。谨奏。

朱批：该部议奏。

（《宫中档乾隆朝奏折》第六十六辑，第138～139页）

2806 云贵总督富纲《奏报甄别云贵两省候补武举及难荫人员折》

乾隆五十二年十一月初三日

云贵总督臣富纲跪奏：为甄别云贵两省候补武举及难荫人员，仰祈圣鉴事。

窃照乾隆三十九年四月内，奉上谕："令将分发学习之世职各员，分别应留应革，就其现有人数，据实甄别等因。钦此。"遵行在案。

臣查云贵两省并无分发学习世职人员，所有云南省候补武举已逾五年、三年尚未得缺之陈龙勷、王天赋、吴布猷、李涛，及难荫徐上选、杨培之、朱朝相、潘文源、洪永祥、段大伦、王荩臣、钟文华，均经陆续调取考验，俱系年力强壮，弓马合式，堪以仍留候补。又贵州省候补武举已逾五年、三年尚未得缺之陈时发、熊廷相、徐元臣、周赐荣、陈世英、谢扬声、刘思睿，及难荫罗德麟、姜荣、王志德、孙学柱、曾鸿灏、萧贵、陈泰、杨得明，亦经陆续调取考验，俱系年壮，技可堪以留营候补。除分饬该管各镇将勤加训练，遇有缺出，照例轮送拔补，倘有怠惰偷安，随时即予斥革，不敢少事姑容，以昭惩劝。所有乾隆五十二年分甄别过云贵两省前项人员，理合分缮清单敬呈御览，伏乞皇上睿鉴。

再滇省难荫杨培之，于甄别后，已经拔补千总。合并陈明。谨奏。

朱批：该部知道。

（《宫中档乾隆朝奏折》第六十六辑，第139～140页）

2807 云贵总督富纲《奏报校阅省城营伍情形折》

乾隆五十二年十一月初三日

云贵总督臣富纲跪奏：为校阅省城营伍情形，仰祈圣鉴事。

窃照臣标为通省各营领袖，且备战兵丁为数亦多，尤须技艺精熟，方克以肃军容而资实用。所有一切训练之法，经臣奏定章程。

臣自奉命回任以来，复与三营将备时刻讲求，督饬按期勤练，不容少有懈怠。兹于十月二十四五六等日，臣与抚臣谭尚忠亲至教场，将督抚两标及城守营兵丁合同配对，操演先看阵式次及枪箭并刀牌各项杂技，连日细心校阅。如九进十连环等阵，步伐较前更为整齐，施放枪炮皆不拘出数，听候指挥，起住俱皆应手，声亦齐截。马兵过队，驰骤均皆迅速勇往。鸟枪打靶以十名为一排，每兵三枪。弓箭射靶以五名为一排，每兵各射五矢。统计三枪全着者十居六七，其余俱有两枪，每排着靶总有二十六七枪。而弓箭着靶者，每排多在十七八箭不等，间有数排至二十箭以上。核之例定枪箭着靶成分，俱能逾于头等。此外，藤牌挑刀、盘旋扑打亦颇结实，即过马、骗马、撩交、跑解等杂技，亦俱较前熟练可观。以上各项兵艺，较臣上次操阅之时，实觉更有进益。

查臣标中军副将定住、抚标中军参将哈国祥等，皆能仰体恩训，协同各将弁等教练严勤，当将技艺最优之兵并管领弁目，分别从优奖赏记名，俟有应拔缺出，尽先拔补，以励戎行。其将备、千把、外委弓马，逐一考验，其娴熟者，臣亦量加奖赏，用昭勤勉。间有弓力软弱，艺亦生疏之弁，另容咨部斥革。嗣后臣惟凛遵慈训，持久弗懈，饬令将备照前勤练，不敢因少有进益即有疏懈，务期兵艺益底精纯，咸成劲旅，以仰副圣主谆谆训诫，修明武备之至意。

所有阅过省城营伍缘由，理合恭折具奏，伏祈皇上睿鉴。谨奏。

朱批：知道了。

（《宫中档乾隆朝奏折》第六十六辑，第 140～141 页）

2808　云贵总督富纲《奏报滇省设法收缴鸟枪情形折》

乾隆五十二年十一月初三日

云贵总督臣富纲跪奏：为滇省设法收缴鸟枪，循例恭折汇奏事。

窃照民间私藏鸟枪，前奉谕旨："饬令实力查禁，年终汇奏一次等因。钦此。"

臣查滇省旧有鸟枪，业于四十七八九等年，共收缴过九百二十七杆。迨五十、五十一两年，均无报缴，节经臣暨前署督臣谭尚忠按年缮折奏闻在案。

臣自奉命回滇以来，留心察核，仍无报缴处所。因查滇民防御虎狼，虽皆利用弩箭，原不专恃鸟枪，且已查缴多年，自应稀少。第恐各属视同具文，因循懈弛，致有疏漏，甚或日久玩生，复行私造，均难保其必无，臣又叠檄严饬，并刊示遍发，务令僻远村乡家喻户晓，俾无隐匿。

兹届五十二年分汇奏之期，据各属陆续申报，所管村寨俱已出示遍贴，并令保甲、头人再四传谕，并无呈缴之家。其防边土练执操者，俱系查明编有字号，此外亦无违禁私造之事等情，由按察司王懿德汇核，具详前来。臣再饬各属广行晓示，设法查缴，务期净尽，一面责成该管文武实力稽察，不致日久私造，以杜流弊。至本年通省命盗案内，亦无失察鸟枪应行议处之员。合并声明。

所有五十二年分滇省设法收缴鸟枪缘由，理合恭折具奏，伏祈皇上睿鉴。谨奏。

朱批：览。

（《宫中档乾隆朝奏折》第六十六辑，第141～142页）

2809　云南巡抚谭尚忠《奏呈两司、道府贤否折》

乾隆五十二年十一月初三日

云南巡抚臣谭尚忠跪奏：为遵旨陈奏事。

案照钦奉上谕："两司、道府贤否，着各该督抚每年陈奏一次。钦此。"仰见我皇上澄叙官方，周咨博采之至意。

伏念臣重叨简擢，备职封疆，首以察吏为要。通省两司道府贤否，臣随时随事留心体察。现届应奏之期，理合据实出具考语，另缮清单，恭折陈奏，伏乞皇上睿鉴。谨奏。

朱批：折留览。

（《宫中档乾隆朝奏折》第六十六辑，第142页）

2810　云南巡抚谭尚忠《汇奏乾隆五十二年分滇省并无官员换帖、宴会与上省扣展公出日期等六款折》

乾隆五十二年十一月初三日

云南巡抚臣谭尚忠跪奏：为循例汇奏事。

窃照年终汇奏事件内，官员不准换帖、宴会与上省扣展公出日期，并各衙门不许收受门包及押席银两，派委属员承办筵席暨禁革坐省家人名目，以上六款，皆属事例相近，臣谨钦遵谕旨，汇为一折具奏。

伏查外省官员彼此换帖，动称愚兄愚弟，洵属仕途陋习。其同僚相见，偶然宴会，以通物我之情，原为礼所不废。惟上司与下属，名分攸关，不宜宴会频频，致滋狎玩之渐。若夫庆典年节，开筵演戏，事非常有，所费亦属无几，总应且开要结之门？至督抚衙门随带在署家人，不过供其役使，凡遇传事禀话，俱有中军巡捕传禀，岂容家人与属员交接，需索门包？如因留待属员饭食，任由家人巧取押席银两，其事尤可鄙笑。他如州县官遇有紧要事件，偶赴省城，事毕即回，原无庸扣展公出日期，致稽案牍，其有借称面禀公事，数数上省，固启钻营奔竞之端，即或派拨家人常川坐省，名为听差，实则窥探消息，更何以杜夤缘结纳之风？凡此诸弊，均为吏治之害。

臣与督臣富纲平日时刻留心稽察，并嘱司道一体查访，尚无前项情弊。但有治人无治法。臣身任封疆，有考察群吏之责，惟当正己率属，严行饬禁，以期仰副圣主整肃官方之至意。

兹届乾隆五十二年分汇奏之期，理合循例汇折具奏，伏乞皇上睿鉴。谨奏。

朱批：览。

（《宫中档乾隆朝奏折》第六十六辑，第143页）

2811 云南巡抚谭尚忠《汇奏乾隆五十二年分改修、缓修船只折》

乾隆五十二年十一月初三日

云南巡抚臣谭尚忠跪奏：为循例汇奏事。

窃照各项改修、缓修船只及估变物料数在二百两以下者，例应于年底汇折，分单具奏。兹届乾隆五十二年分汇奏之期，据云南布政使王昶具详前来。

臣查保山县潞江渡裁存渡船四只，遇有损坏，酌以二年一修，动支租折银两办理。现在报销未结，应请缓修。又禄丰星宿河添置渡船四只，原未定有修理年限，现在船身完固，应请缓修。又罗平州江底河渡船一只，丽江府金江阿喜渡船一只，历系三年一修，所需工料，俱于官庄租息银内支用，汇册报销。查前项渡船二只，均于五十一年甫经修理完固，正在限内，毋庸估修。所有乾隆五十二年分滇省改修、缓修船只，理合循例汇折具奏，并另缮清单敬呈御览。

再查乾隆五十二年分，滇省并无估变衙署房屋物料数在二百两以下之案，合并声明，伏乞皇上睿鉴。谨奏。

朱批：览。

（《宫中档乾隆朝奏折》第六十六辑，第144页）

2812　云南巡抚谭尚忠《奏报查明滇省城垣情形折》

乾隆五十二年十一月初九日

云南巡抚臣谭尚忠跪奏：为查明通省城垣情形，遵旨汇奏事。

案准部咨，钦奉上谕："各省城垣是否完固，着于每年岁底汇奏一次。钦此。"又工部议奏："嗣后各省城垣于年终汇奏折内，将急修、缓修各情形逐一分晰声叙。如果必不可缓，实系应行急修之工，即令确估工料，具奏兴修。于次年汇奏折内，将已经奏办缘由据实声明等因在案。"今乾隆五十二年分云南通省城垣，据布政使王昶转据各府州确勘，分别完固、修补，复核详报前来。

臣查滇省各府厅州县及佐杂各处，通共砖石、土城九十一座，内大关等厅州县城垣七十七座，均属完固；元江、嶍峨、广西、安宁、腾越、保山、文山、太和、永平、云州、鹤庆、陆凉等州县原坍、续坍城垣十二座，内元江州、嶍峨县城垣二座，前经奏明次第兴修，因腾越、保山二州县边城应先修理，改入缓修。今腾越州城业经修理完竣，其保山县城现饬勘估造册，照例核实奏办。至改入缓修之元江州原坍土城一座，已据迤南道议覆，官民情愿捐资修复，毋庸改建砖石，致滋糜费。又同时请改缓修之嶍峨县城垣一座，及上年列入缓修之广西、安宁、文山、太和、永平、云州、鹤庆、陆凉等州县城垣八座，应仍概请缓修。又上年昆明县报坍城垣一座，因地处省会，亟须修葺完固，以资保障，列入急修。现在循照向例，一面估报，一面动支岁修银两办理。又本年南宁县报坍城垣一座，系属内地，尚非急应估修之工，应请列入缓修。此外，各属砖石、土城现皆一律完好。仍责成该管道府州，督令地方官留心查勘，加意保护，遇有些小坍塌，随时鸠工修补，以期巩固，而资捍卫。

所有乾隆五十二年分云南通省城垣情形，理合缮具清单，恭折汇奏，伏乞皇上睿鉴。谨奏。

朱批：览。

（《宫中档乾隆朝奏折》第六十六辑，第230～231页）

2813　云南巡抚谭尚忠《奏报滇省乾隆五十二年分动用钱粮工程报销已未完结各案折》

乾隆五十二年十一月初九日

云南巡抚臣谭尚忠跪奏：为循例汇奏事。

窃照直省一切动用钱粮及工程报销已未完结案件，例应各该督抚于岁底汇折具奏。兹据布政使王昶将云南省动用钱粮及工程报销已未完结各案开报前来。

臣查云南省近年动用钱粮及工程报销各案，截至乾隆五十二年岁底，共计十四案，内已经接到部覆准销完结者六案，尚未完结者八案，此中已遵部驳，行令造册详请题咨，尚未接准部覆者六案。其余二案，现饬承办各员遵照部驳，逐一登答，统俟造报到日，再行题咨。所有云南省乾隆五十二年分动用钱粮工程报销已未完结各案，理合分晰，缮具清单恭折奏闻，伏乞皇上睿鉴。谨奏。

朱批：览。

（《宫中档乾隆朝奏折》第六十六辑，第231页）

2814　云南巡抚谭尚忠《奏报滇省查办去思德政碑情形折》

乾隆五十二年十一月初三日

云南巡抚臣谭尚忠跪奏：为遵旨奏闻事。

窃照外省官员，无论去任在任，建立去思德政等碑，于吏治官方大有关系。钦奉谕旨："通行饬禁，并令将制造衣伞、脱靴等事一并禁止，每年年终奏闻。钦此。"历经钦遵办理在案。

伏查云南省城暨外郡各属旧有去思德政碑，自奉旨查办之后，均已扑毁无遗。臣会同督臣富纲不时留心查察，现任、去任文武各官并无违禁立碑，亦无百姓制造衣伞、脱靴等事。兹届乾隆五十二年应奏之期，据布政使王昶具详前来。理合遵旨恭折奏闻，伏乞皇上睿鉴。谨奏。

朱批：览。

（《宫中档乾隆朝奏折》第六十六辑，第232页）

2815　云贵总督富纲、云南巡抚谭尚忠《奏报丁未二运一起京铜依限开帮日期折》

乾隆五十二年十一月二十四日

云贵总督臣富纲、云南巡抚臣谭尚忠跪奏：为丁未二运一起京铜依限开帮日期，仰祈圣鉴事。

窃照丁未头运一二起京铜，已经本年八九两月依限兑发运京，节经臣等缮折奏闻在案。其二运一起，应于十月内接续开行。

兹据云南布政使王昶详据泸店委员具报："丁未年二运一起应需正、带铜七十八万六千三百八斤零，于十月初一日称兑起，至十月二十九日，俱已全数兑足。该运员安宁州知州卫统，即于是日在泸店开行。"等情前来。

除分咨沿途各省督抚臣加紧催趱，迅速抵京，并咨明户、工二部外，查滇省每年应解八起京铜，今已兑发三起，其余五起应需铜斤，核计现存泸店及发运在途者，足可供兑。臣等仍饬泸店委员作速依次兑交，俾各起接续开行前进，毋许稍有迟逾外，所有丁未二运一起京铜依限开帮缘由，理合恭折具奏，伏祈皇上睿鉴。谨奏。

朱批：好。知道了。

（《宫中档乾隆朝奏折》第六十六辑，第408～409页）

2816　云南巡抚谭尚忠《奏报寿届百龄，请旨旌表，以昭人瑞折》

乾隆五十二年十一月二十七日

云南巡抚臣谭尚忠跪奏：为恭报寿届百龄，请旨旌表，以昭人瑞事。

窃惟虞庠以养经垂，尚齿之文，泮水来游，颂叶介眉之雅，惟一人膺万年之永祚，斯群黎享百岁之遐龄。臣查有大理府属浪穹县给顶生员施光烈，生于康熙二十七年戊辰，届今乾隆五十二年丁未，现年一百岁，赋性淳良，持躬谨饬。沐三朝之雨露，椿树长荣；抚奕叶之孙曾，兰枝并茂。在昔年登耄耋，已蒙长养深仁，于今岁届期颐，宜荷旌扬巨典。兹据布政使王昶取具册结，详报前来。

臣伏惟我久道化成，惠心元吉，熙台共上，偕一十七省而人乐舒，长寿寓咸登，历五十二年而日加沦浃，喜遂呼嵩之愿。延禧凤纪，适当千载一时，欣闻击壤之歌，锡福鲐颜，远及九隆三竹，洵属边方人瑞，实为盛世庥征。除将册结另行送部外，臣谨恭折具奏，伏乞皇上睿鉴敕部施行。谨奏。

朱批：有旨谕部。

（《宫中档乾隆朝奏折》第六十六辑，第458～459页）

2817　云南巡抚谭尚忠《奏报省城得雪折》

乾隆五十二年十一月二十七日

云南巡抚臣谭尚忠跪奏：为恭报省城得雪事。

窃照滇省地方四序皆春，每逢冬令，雪不多见。兹省城于十一月十七日，同云密布，微霰先飘，雪花继飏，虽旋集旋融，而节交长至，得此雪泽，实为应时之瑞。麦陇青葱，预占丰稔。附近各属报到情形大概相仿。现在晴雨攸宜，粮价平减，民情欢庆，均堪远慰慈怀。臣谨恭折奏闻，并将十月分通省米粮时价另缮清单，敬呈皇上睿鉴。谨奏。

朱批：欣慰览之。

（《宫中档乾隆朝奏折》第六十六辑，第459页）

夹片：再十一月二十七日，臣正在封折间，省城六出飞花，逾时而止，平地旋集旋融，高阜积厚盈寸。小寒节前后，复沾瑞雪，喜溢边农，理合附片奏闻。谨奏。

朱批：览。

（《宫中档乾隆朝奏折》第六十六辑，第459页）

2818 云贵总督富纲、云南巡抚谭尚忠《奏报查明粤盐积压情形及现在酌办缘由折》

乾隆五十二年十一月二十九日

云贵总督臣富纲、云南巡抚臣谭尚忠跪奏：为钦遵谕旨，查明据实覆奏事。

窃臣等接准大学士和珅字寄："乾隆五十二年十月二十二日，奉上谕：本日户部议覆富纲等奏粤盐递年积压情形，并请将停运三年应获羡余着落分赔一折，已依议行矣。但滇省本有产盐之地，何以又需粤东之盐运滇接济？从前既经铜盐互易，办理多年，何以复迟误积压，并致课项悬宕？且粤东运到之盐与滇省本地产盐向系如何分销？粤东之盐运到后即不能依限报销，间有存积，又何至积存七百余万斤之多？保无该省私盐充斥，以致官盐壅积，疏销阻滞。粤东运到盐斤既多壅积，则滇省本地之盐恐亦必有滞销之事。况停运三年，民间食盐恐不无缺乏，又将如何办理？着传谕富纲等，将该省既产盐斤，何以又向粤东以铜盐互易及历年何以积压甚多，并停运后该处食盐作何筹办及有无私盐充斥之处，分晰查明，据实具奏，毋得稍存讳饰。将此谕令知之。钦此。"钦遵寄信前来。臣等跪诵之下，仰见皇上睿虑周详，轸念民食之至意。臣等钦遵谕旨，据案分晰奏覆，何敢稍事讳饰，上廑圣怀？

伏查滇省产盐，多在迤西地方。其迤东之广南、开化二府距井最远，不下二三千里，且俱陆路，挽运维艰。乾隆五年以前，向系听从民便，买食粤盐。继因粤盐时有短缺，经前任督抚题明，自乾隆五年为始，每年买运粤东盐一百二十万斤，交广南、开化二属分销。后又陆续加添，至今共运销粤盐二百万斤，资民食而裕课款。此滇省行销粤盐之原委也。

定例之初，原系滇省按年委员赍银赴粤买盐，粤省委员来滇买铜。嗣于乾隆二十年，经原任广东巡抚鹤年奏定滇粤铜盐互易之后，即系两省轮年委员办运。彼时如果运销依限，原不应有堕积。乃乾隆五年应销之盐即迟至次年运到，于乾隆八年始行销竣，业经逾期两载，而续到六七两年之盐皆已停待，因之递年存积，愈难销售。至四十六年冬间，臣富纲到滇时，尚有积盐八百数十万斤存贮未销，当与前抚臣刘秉恬设法疏通。及臣谭尚忠接任后，复又会同严督稽销。无如边氓日食有数，每年只能于额销之外加销三四十万斤。数年以来，虽旧堕渐清，而新盐仍复壅滞，以致存店未销及委员买运未到者，当臣等查奏时，尚有七百余万斤。此又递年积压之实情也。

至粤东之盐运至滇省，只令广南、开化二属行销。其滇省本地之盐，系于附近盐井各州县行销，各有疆界，不容私贩。从前地方官经理不善，懈于防查，民间贪便食私，实所不免。自前督臣福康安等奏定章程，各于入境要口设卡驻兵，责成员弁盘验稽查。臣等恐日久玩生，复又严定赏罚，檄饬该管文武认真巡缉，是以近年粤盐得于额销之外岁有增销。而滇盐更系年清年款，节经奏报有案，尚无私盐充斥，致有壅滞官盐之事。

又臣等前奏停运三年，原就该处近年民间食盐成数，核算现存之盐，可供三年销售，民食不致缺乏，并声明俟销竣后再行奏请。臣等初意，若可改销滇盐，既省委员赴粤买运，而一切销解章程亦得归于画一。及经通盘细核，实有未能。缘滇省各井所产，除额配分属行销之外，余盐不能岁有二百万斤，且滇盐均须陆运，粤盐多属水运，不特价脚有轻重之别，即课款亦有盈绌之殊，自应仍销粤盐，较为妥便。查前项积盐，计至五十四年可以一概销竣。其向后应销额盐，若当年赴粤买运，粤东距滇路遥，輓运需时，诚恐远不及济。臣等拟于明岁，即饬各厂预办铜斤，先期委员赴粤运盐回滇，庶积盐将及销竣，而新盐早已抵滇，则民食接济有资，课款亦可无误矣。

所有查明粤盐积压情形及臣等酌办缘由，理合由驿据实恭折具奏，伏祈皇上睿鉴。谨奏。

朱批：该部议奏。

（《宫中档乾隆朝奏折》第六十六辑，第483～485页）

2819　云贵总督富纲、云南巡抚谭尚忠《奏报查办永北厅越狱情形折》

乾隆五十二年十一月三十日

云贵总督臣富纲、云南巡抚臣谭尚忠跪奏：为永北厅获案盗犯越狱五名，旋经拿获二名，格杀二名，尚有未获一名，就现犯审办并参疏纵之管狱各官，以肃功令事。

臣等于十月二十二日，据署永北直隶厅同知徐埏禀称："职奉藩司委赴蒙化厅监盘交代，带印出公。十月初五日途次，接阅经历曾守约具禀：'监内新收行劫事主张沛一案盗犯，内有张禧、单学义、杨德、陈宗义、王有义五名，于本月初二日三更时候，越狱同逃。旋于次早，协同营员拿获陈宗义一名，现有四名未获。'等语。职查此案盗犯业已全获，只因公出，尚未审解。今忽越狱，实深骇惧。随星夜趱程驰回，亲率经历赴监，勘明张沛被劫案内，盗犯十名，内在狱之王四等五名，系收禁南监，越狱之张禧、单学义、杨德、陈宗义、王有义等五名，系收禁北监。其北监内贴墙栅木撬断二根，墙上挖有窟洞，通入更道，遗下红衣五件，扭损项圈锁铐五分，西北监墙上验有踏碎瓦片。讯之已获之陈宗义，指系踏肩扒墙，跳过夹墙而逸。又查验西门附近城墙，垛上有扒越形迹。还诘陈宗义，据称系由西路脱逃。现在督令经历，会同营员跟踪追捕。"等情。禀报前来。

臣等查张禧、单学义、杨德、陈宗义、王有义五名，均系行劫厅民张沛家财物，殴伤事主之妻徐氏身死案内首伙盗犯，先据该署厅于四个月疏防限内，同本案伙盗王四等共十名，全行拿获，讯供通详收禁，尚未招解之犯。因此案首伙盗犯系限内全获，例得免参疏防，是以尚未报部。今越狱五名之多，谨据拿获一名，疏玩已极。臣谭尚忠正与臣富纲会商参奏，一面亲往查办间，适据该署厅徐埏禀报："十三日，追至腊木地箐口，遇见张禧、单学义二犯，兵役上前擒拿，被该二犯飞石掷打。兵役直前追擒，开弩向射，中伤张禧、单学义毙命。又搜拿至皮纸箐地方，拿获杨德一名。仅有王有义一名，搜捕无踪，现在四路严拿，务获另报。"等情。

臣等查永北距省计程十六站，往返需时。此案越狱五名，先既拿获一名，续经格杀二名，拿获一名，现在未获者止有一名。该署厅徐埏平日缉捕颇属勇往，即如本案首获盗犯十名，半多夷猓，事主并未指名控告，踪迹维艰。该署厅能于疏防限内全获，而此时越狱五名亦即拿获四名，仅止一名未获，似不难于捕得。若遽行参革离任，转恐另易生手，愈难物色，似不若原办之员路数熟悉，搜捕更为得力。臣等当经勒限二十日，令其务获解究，一面通饬各该地方文武协力查拿，期于速获。其越狱情形是否相符，拒捕格杀之二犯是否正身，有无别故，必须大员覆加确查，方成信谳。随即驰檄该管迤西道就近前往查办，并将全案盗犯及刑禁人等，派委员弁解省审究，仍委员迅赴前途迎提。去后，嗣于十一月十九日，据该道禀称："该署厅所报拒捕格杀之张禧、单学义二犯，未奉檄饬之先，因在大功厂催办京铜，已委宾川州知州张大本就近先往验明，将该二犯尸棺起验，并提集刑书、禁卒及同监人犯，令其指认，委系张禧、单学义正身，被弩射死。该道仍由厂驰抵永北，起棺覆验，与张大本所验并刑禁及同监人犯指供无异，仍饬入棺，封固看守。复诣监所，细勘各犯越狱情形，亦与该署厅原禀相符。现在督同该署厅严缉未获逸犯，一面将全案盗犯及刑禁人等，分起派委员弁押解赴省，听候审办。"等情。旋于二十五六等日，据委员逐起押解到省。

除盗劫全案现经审明另办外，臣等随率同司道府等，亲提已获逃盗杨德、陈宗义及刑禁人等，逐加研讯。据杨德、陈宗义供称：“本年四月二十五日，小的们行劫张沛家银物，是单学义起意，约了小的们，同张禧、王有义及现在禁中的王四们，共是十人前去打劫。小的们随同单学义、张禧、王有义们入室搜赃，小的杨德拳伤事主之妻徐氏，过后身死。小的陈宗义点火照亮，得赃分散，后来都被拿获。因厅官公出，还没审解，小的们与张禧、单学义、王有义同禁北监。十月初二日夜，经历进来验明锁链、镣铐，封监去后，听得张禧与单学义讲摆夷话，商量逃走。三更时候，张禧问小的们可要同逃，还说此时不走，厅官回来就没命了。小的们该死，允从。王有义听说也愿同逃。那时各号禁卒、犯人都已睡熟。张禧向来力大，先把自己的项链、手铐挣脱，又拱开拄棍的锁，替小的们扭开手脚、镣铐，各将红衣、锁镣丢弃，同把木栅扳开，用铁拄棍挖开墙洞，先后扒出更道，到夹道墙下，张禧先叫单学义踏着他的肩甲扒上墙去，小的们两人同王有义都踏着他的肩甲上墙，张禧自己跳上，大家从墙上走到西北角墙根，跳下街心，趋至西门城边，从土堆上城，扳住垛口扒了出去。小的陈宗义走了三四十里就被兵役拿住。小的杨德总在山箐藏躲，十三日到皮纸箐被获的。实是张禧起意，商同潜逃，因监内人等熟睡，得以走脱。小的们都是穷人，那有银钱贿通禁卒的事，不敢冤赖。”等语。诘以王有义踪迹，坚供脱出之后各自逃散，实不知去向。并严讯刑书禁卒人等，佥称实因困乏熟睡，并未听见声息。这都是盗案重犯，那敢受财卖放的事。矢口不移，似无遁饰。

查杨德系听从单学义行劫张沛家，殴伤事主之妻徐氏身死，罪应斩枭之犯；陈宗义系随同行劫入室，持火搜赃，罪应斩决之犯，辄敢越狱同逃，实属憝不畏法。臣等于审明后，即恭请王命，饬令臬司，会同标员，将杨德、陈宗义二犯绑赴市曹，均行处斩，仍传首枭示，以昭炯戒。张禧系越狱为首，行劫为从，单学义系越狱为从，行劫为首，均因越狱被拿，拒伤兵役，罪应斩枭，业经拒捕被射致死，仍照例枭其尸首示众。

至监狱重地，防范最宜严密，况当印官公出，专司之员尤应加意巡防。乃竟漫不经心，以致重囚五人同时越狱潜逃，虽已拿获二名，格杀二名，但案已审明，而王有义一名尚未弋获。该经历曾守约专司狱务，固属罪无可逭。而该署厅徐埏，既未督察于平时，又未全获，于事后不便因越狱之日正值公出，稍为宽假。相应请旨，将管狱官永北直隶厅经历曾守约照例革职拿问，提同刑禁人等严审究拟。有狱官署永北直隶厅同知事彝良州同徐埏，即行革职，留于该地方协缉，以为玩视监狱者戒。其余该管文武员弁及上司，应议职名，俟再行严审禁卒，有无贿纵，分别开参。

除饬悬立重赏，多派干练兵役购线根缉，并檄本省各属及邻省接壤州县一体查拿，务获逸犯王有义究报外，所有越狱盗犯五名，已获二名，格杀二名，先就现犯审明办理及指参管狱各官缘由，理合恭折具奏，伏乞皇上睿鉴训示。谨奏。

朱批：该部议奏。

（《宫中档乾隆朝奏折》第六十六辑，第498~502页）

2820 云贵总督富纲、云南巡抚谭尚忠《奏请以临安府同知吴兰孙调补景东直隶厅同知折》

乾隆五十二年十二月初九日

云贵总督臣富纲、云南巡抚臣谭尚忠跪奏：为要缺同知需员，恭恳圣恩俯准调补，以裨地方事。

窃照云南景东直隶厅同知，路通边境，地广民稠，兼有管辖土司之责，原定为疲、繁、难三项相兼要缺，必得精明干练之员方克资其治理。前因同知书图参革员缺，无合例勘调之员，经臣等汇折具奏请，以临安府同知吴兰孙调补。嗣准部议，以吴兰孙补授临安府同知，尚未到任，与例不符，行令另选调补等因。

臣等复同藩臬两司于通省同知内再四遴选，非现居边要，即人地不宜，或于例不符，实无堪调之员。惟查临安府同知吴兰孙，历练老成，节经委署寻甸、会泽等州县印务，办理均属妥协，前因补授临安府同知，尚未到任，是以部臣议驳。今该员已于乾隆五十二年七月到同知之任，佐贰不计俸次，例得调补。其历任罚俸，除已完缴并咨参职名未准部覆者不计外，尚在十案以内，调补景东直隶同知，洵能胜任。相应再恳天恩，准以吴兰孙调补景东同知，庶要缺不致久悬，并可收得人之效。如蒙俞允，该员系同知调补同知，衔缺相当，毋庸送部引见。其所遗临安府同知，虽应归部铨选，但滇省现有应补同知，另容遴选请补。谨缮该员参罚清单，合词恭折具奏，伏祈皇上睿鉴。谨奏。

朱批：该部知道。

（《宫中档乾隆朝奏折》第六十六辑，第609页）

2821 云贵总督富纲、云南巡抚谭尚忠《奏报遵例出具藩臬考语折》

乾隆五十二年十二月十八日

云贵总督臣富纲、云南巡抚臣谭尚忠跪奏：为遵例出具藩臬考语，仰祈圣鉴事。

案照乾隆三十八年二月内，奉上谕："嗣后遇大计之年，着该督抚于藩臬考语另折具奏声明，交部存案，无庸再于本内夹单，以昭画一。着为令。钦此。"钦遵在案。

今乾隆五十二年十二月，届当举行大计之期。云南通省应举劾各官，均经臣等公同商定，除分别缮疏会题外，伏查布政使王昶，年六十四岁，江苏青浦县进士，由陕西按察使升授今职，于五十二年二月十三日到任。该员持躬端谨，历练察吏，理财精明详慎。按察使王懿德，年六十岁，正白旗汉军进士，由安徽庐凤道升授今职，于五十一年十一月初七日到任。该员为人爽直，才情勤练，办理刑名详慎细心。所有云南省藩臬两司考语，臣等谨遵旨缮折具奏，伏乞皇上睿鉴，敕部存案施行。谨奏。

朱批： 该部知道。

（《宫中档乾隆朝奏折》第六十六辑，第720~721页）

2822　云南巡抚谭尚忠《奏报滇省得雪情形折》

乾隆五十二年十二月十八日

云南巡抚臣谭尚忠跪奏：为奏闻事。

窃照云南省城于十一月十七日及二十七日两次得雪情形，业经臣具奏在案。续据曲靖、昭通、广南、丽江、永北、武定、广西等府厅州属禀报，十一月二十五六七等日，雪泽均沾，积厚自一二寸至三四五寸不等，洵为应时之瑞。其余各属虽未同时得雪，而雨泽频施，土膏透润。通省二麦、荞豆际此冬深，非雪即雨，咸获滋培，弥觉青葱长发，来岁春收又可预占丰稔。目下市卖粮价在在称平，廛货亦极流通。岁除伊迩，民情欢洽，气象盈宁。臣谨恭折奏闻，仰慰圣怀，并将十一月分市粮时价另缮清单，敬呈皇上睿鉴。谨奏。

朱批： 知道了。

（《宫中档乾隆朝奏折》第六十六辑，第724页）

2823　云贵总督富纲、云南巡抚谭尚忠《奏报丁未二运二起京铜开帮日期折》

乾隆五十二年十二月二十二日

云贵总督臣富纲、云南巡抚臣谭尚忠跪奏：为恭报丁未二运二起京铜开帮日期，仰祈圣鉴事。

窃照丁未年头运两起及二运一起铜斤，俱已依限兑发运京，节经臣等缮折奏闻在案。其二运二起，应于十一月内开行。

兹据云南布政使王昶详据泸店委员申报："丁未年二运二起正带铜七十八万六千三百八斤零，于十一月初一日开兑起，至十一月二十七日，业俱如数兑发完竣，该运员易门县知县刘际时，即于是日自泸开行。"等情。具详前来。

除分咨沿途各省督抚臣上紧催趱，迅速抵京，并咨明户、工二部外，查滇省每年应解八起京铜，今丁未年业已兑发四起，其余四起，核计现存泸店及在途铜数，足敷供兑，承运委员亦俱依次赴泸，总可接续领兑，起行不致有逾定限。臣等仍饬厂站各员照前趱办，运泸备贮，断不敢因年额已敷，稍有懈忽。所有丁未二运二起京铜依限开帮缘由，理合恭折附奏，伏祈皇上睿鉴。谨奏。

朱批：览。

（《宫中档乾隆朝奏折》第六十六辑，第756页）

2824　云贵总督富纲、云南巡抚谭尚忠《遵旨办理铜务情形折》

乾隆五十二年十二月二十二日

云贵总督臣富纲、云南巡抚臣谭尚忠跪奏：为钦奉上谕事。

窃臣等接准大学士和珅字寄："乾隆五十二年十一月二十日，奉上谕：据谭尚忠题参前任禄劝县知县檀萃亏欠厂铜，请旨革审一本，已另降谕旨将檀萃革职严审，并将督抚司道等交部分别议处严议矣。至该省铜务，甫经大加清理，赶复原限，该厂员等自应从此年清年款，毋致再有迟逾。乃前任禄劝县知县檀萃，管理厂铜，亏欠铜斤至一万五千余斤之多，以至又不能按期拨运。若似此积压迟延，日复一日，必致复误原限，又需大加整顿，且亏缺至一万五千余斤，必非一两月之事。该管督抚司道等平日所司何事，不可不严行惩治。除交部分别议处严议外，所有此项亏缺铜斤，如该参员力不能赔，即着该管之督抚分赔一分，两司道府分赔一分归款，并着该督等通饬各厂员，务须按限拨运，毋得稍有亏缺迟误，致干严遣。将此谕令知之。钦此。"钦遵寄信前来。臣等跪诵之下，曷胜惶悚。

伏查滇铜为京外所取资，最关紧要。从前京运堕误，荷蒙圣主多方训诲，俾获遵循，年来甫得趱复原限。臣等仰沐鸿慈，敢不悉心筹画？与司道等共相戒勉，期于年额无愆，以供拨运。

查通省铜厂四十余处，其年运京铜六百数十万斤，皆责成汤丹、碌碌、大水、茂麓、宁台等诸大厂办运。年来仰赖皇上洪福，出矿较丰。该厂员萧文言等荷蒙特恩优叙，益矢感奋，尽心经理，是以比岁京铜俱系如限开帮。体察现办情形，官民极为踊跃。是京运一项，实可无虞贻误。此外各小厂，虽年额无多，而供备外省采买及本省局铸之需，所关亦重，承办厂员并当竭力采煎，以资腋凑，方可源源不竭。臣等随时稽核，逐月比较，果能办铜丰裕，即与大厂一体请叙，如有短缺，立予严参，以示劝惩，冀有裨于铜政。讵禄劝县知县檀萃，所管狮子尾厂额铜本少，而该员经理不善，以致缺额致一万五千余斤，是以臣等一面查明，据实题参革审，一面严行勒追，以供拨兑。但臣等未能先期觉察，及早查参，疏忽之咎实难自逭。兹已仰蒙恩旨交部分别严议，除听候部臣核议外，臣等现将檀萃及经手书役提齐到省，其因何亏短情由，另容彻底严审，定拟办理，一面将所短铜斤上紧勒追完缴。倘该参员追不足数，臣等即遵旨，与两司道府如数分赔，以清公款。

至铜务，为滇省最要之件，臣等忝任封圻，责无旁贷，何敢少存懈忽，自干咎戾？嗣后惟有仰遵慈训，倍加凛惕，督率司道府州刻刻稽查，并通饬各厂员，务须按额办足，依限发运。仍不时派委员弁分厂催趱，倘有亏短迟延，立即据实严参，勒追赔补，务期额铜毫无短缺。断不敢以一参卸责，罔顾大局，致使京外铸铜略有缺误，上廑圣怀。

所有奉到谕旨及臣等办理缘由，谨合词由驿恭折覆奏，伏祈皇上睿鉴。谨奏。

朱批：知道了。勉为之。

（《宫中档乾隆朝奏折》第六十六辑，第757～758页）

2825　云贵总督富纲《奏报极边烟瘴总兵俸满，更替乏员，恭恳圣恩俯准留任折》

乾隆五十三年正月初八日

云贵总督臣富纲跪奏：为极边烟瘴总兵俸满，更替乏员，恭恳圣恩俯准留任，以重地方事。

窃臣接准部咨，以云南普洱镇总兵朱射斗将届三年俸满，行令照例预行拣选副将，拟定正陪，送部引见，请旨简用等因。

伏查普洱地多烟瘴，是以该处总兵例限三年撤回更替，原所以均劳逸，自应循照办理。惟普洱为临边要镇，控驭抚绥责任綦重，现在滇黔两省副将非无一二才具出色之员，然或年例未合，或人地不宜，且总兵为专阃重寄，必得才识练达，有守有为，方克胜任。臣实不敢拘泥成例，稍为迁就。

查总兵朱射斗，于乾隆五十年八月到普洱镇之任，迄今两年有余，服习水土，能耐烟瘴，办理一切营伍边防尤能事事留心，镇静妥协。今一时既不得人，且同城之迤南道贺长庚现又降调离任，一时亦未便均易生手。合无仰恳圣恩，准将朱射斗再留三年，于边防重镇实有裨益。该镇仰沐鸿慈擢用总兵，正当年力强壮，即于烟瘴边缺再住三年，亦不为过，而该镇感深图报，自必倍加奋勉。

再朱射斗蒙恩调补普洱镇时奏请陛见，钦奉谕旨，令于到任后酌量奏请。经臣奏明，俟该镇俸满交替之后，再令进京陛见。奉朱批“是。知道了。钦此”。计至本年八月届满三年，此次如蒙恩允，臣届期酌量该镇可以交替时，遴委妥员前往暂行接署，即令朱射斗星驰赴京叩觐天颜。其可否留任之处，恭候钦定。

臣为极边要镇乏员起见，并与抚臣谭尚忠、提臣乌大经酌商，意见均属相同。谨不揣冒昧，恭折具奏，伏祈皇上睿鉴。谨奏。

朱批：该部知道。

（《宫中档乾隆朝奏折》第六十七辑，第 11 ~ 12 页）

2826　云贵总督富纲、云南巡抚谭尚忠《奏报委署道府印篆折》

乾隆五十三年正月初八日

云贵总督臣富纲、云南巡抚臣谭尚忠跪奏：为委署道府印篆，循例恭折奏闻事。

窃照云南迤南道贺长庚于普洱府任内，因所属威远同知疏脱解犯，部议降一级调用。钦奉上谕，行令出具考语，送部引见，再降谕旨等因。

伏查贺长庚仰蒙特恩，甫由普洱府升授迤南道，今以知府任内，因所属疏脱解犯，部议降调，复蒙恩旨，行令送部引见，自应即令交卸赴京，未便少有迟滞，所有迤南道及兼摄之普洱府印务，均须遴员署理。查普洱府员缺，前经臣等请以顺宁府知府全保调补，业蒙圣恩俞允。缘顺宁亦系临边要缺，现在遴员请调，一时未能即往更替，且全保甫经调补普洱，亦难遂行兼护道篆，而此外各府，或现居要缺，或人地未宜。

臣等再四筹酌，惟粮储道永慧，历练老成，在滇年久，从前曾任临安、元江等府州，皆系壤接普洱，于彼处边势夷情均所熟悉，以之署理迤南道并兼摄普洱府篆，洵能胜任。所遗粮道印务，上年永慧署理布政司时，曾经奏委曲靖府知府常德护理，此次原可仍行委护，惟现值开运戊申年京铜之际，曲靖府专司京运，诸凡顾觅车马，挑验铜色，以及收发稽查，皆资知府往来督办，势难兼顾。查有云南府知府蒋继勋，办事勤练，堪以就近兼护。除分檄饬遵外，所有委署道府印篆缘由，理合恭折具奏，伏祈皇上睿鉴。谨奏。

朱批：该部知道。

（《宫中档乾隆朝奏折》第六十七辑，第 12 ~ 13 页）

2827　云贵总督富纲、云南巡抚谭尚忠《奏报永北厅越狱盗犯全行拿获折》

乾隆五十三年正月十六日

云贵总督臣富纲、云南巡抚臣谭尚忠跪奏：为永北厅越狱盗犯全行拿获，恭折奏闻事。

窃照永北厅民张沛家被劫财物、殴死事主之妻徐氏案内，全获盗犯十名，内张禧、单学义、杨德、陈宗义、王有义五名，于上年十月初二日越狱同逃，旋经拿获陈宗义、杨德二名，格杀张禧、单学义二名，尚有王有义一名未获。臣等先就现犯审明正法，一面将管狱官永北直隶厅经历曾守约、有狱官署永北知直隶厅同知事彝良州同徐埏参请革职，分别拿问留辑，于十一月三十日会折具奏，尚未奉到朱批。兹据徐埏禀称："参员因王有义脱逃未获，深切悚惧。永北厅接壤四川，参员当选干役前赴川省严密缉拿。于本年正月初四日，据差役吴添锡等禀报，十二月十八日，同营兵方起瑞等缉至四川会理州地方，遇见一人，面貌与王有义相同，向彼盘问，彼即形色慌张，细看右眼上有小痣一颗，颈脖微粗，当即拿住，脱衣看其肚腹，有艾火疤痕四五个，与该犯家属所供吻合，实系王有义无疑。恐有疏虞，禀请会理州添差解回，现经齐州主审讯寄监。"等情。通禀到臣。

臣等伏查，四川会理州与滇省之武定直隶州连界，相距云南省城甚近，而离成都省城较远。该犯王有义一名，本系入室搜赃，法所难宥之犯，辄敢越狱同逃，尤应决不待时。臣等现在备录原案，飞咨四川督臣查照，如会理州已将该犯解赴成都，应听其就近审办，若将该犯起解回滇，即当迎提来省审明办理。所有永北厅越狱盗犯五名，原参未获一名，现于四个月疏防限内全获缘由，合先驰折奏闻，仰慰圣怀，伏乞皇上睿鉴。谨奏。

朱批：另有旨谕。

（《宫中档乾隆朝奏折》第六十七辑，第84~85页）

2828　云贵总督富纲、云南巡抚谭尚忠《奏报丁未三运一起京铜开帮日期折》

乾隆五十三年正月二十五日

云贵总督臣富纲、云南巡抚臣谭尚忠跪奏：为恭报丁未年三运一起京铜开帮日期，仰祈圣鉴事。

窃照丁未年头二运四起铜斤，俱已依限兑发运京，节经臣等缮折奏闻在案。其三运一起，应于十二月内领兑开行。

兹据云南布政使王昶详据泸店委员具报："丁未年三运一起，应需正带铜七十八万六千三百八斤零，于十二月初一日秤兑起，至十二月二十五日，俱已全数兑足，该运员石屏州知州费广祚即于是日自泸州开行。"等情前来。

除分咨沿途各省督抚臣加紧催趱，迅速抵京，并咨明户、工二部外，伏查滇省每年应解八起京铜，今丁未年已依限兑发五起，其余正加三起应需铜斤，核计现存泸店及发运在途者，已敷供兑。臣等仍饬泸店委员作速依次兑交，接续开行前进，毋许稍有迟逾外，所有丁未三运一起京铜依限开帮缘由，理合恭折具奏，伏祈皇上睿鉴。谨奏。

朱批：览。

（《宫中档乾隆朝奏折》第六十七辑，第135页）

2829　云贵总督富纲《奏报估变裁遗衙署兵房情形折》

乾隆五十三年正月二十五日

云贵总督臣富纲跪奏：为估变裁遗衙署兵房，循例恭折奏闻事。

窃照云南移设腾越等镇协营案内，所有裁移各标营存城防汛官兵应存衙署、兵房，先经逐一细查，除从前本无官建及应拨给现设官兵住坐外，尚余衙署九所，计瓦草房二百八间，瓦草兵房八百九间，应行变价，报解充公。行据各厅州县估计，造册呈送。

臣因所估银数均属短少，节经驳饬加增，并委该管道府亲往查验，督率大加增估。去后，兹据布政使王昶详称："前项房屋，据各厅州县遵照指驳，逐一增估，共估银四千二百六十一两七钱五分五厘，又地基三十六亩零，估银五百三十九两三钱九分六厘，由该管道府逐层覆勘具结，并声明各署房屋并非高大，一切梁柱本属细小，均无大件木料，兼之建盖年久，多有朽坏，委系据实增估，并无捏饰。"等情。由司核实，详报前来。

臣按册覆核，内有雍正元年、九年及乾隆三年所建瓦草房三百四十七间，除匠工灰饰外，现估银数较原用数目已有十分之六及十分之八九不等。其余房署，因建盖年远，均无原用银数可查，就现有物料核计，亦俱照时估值，比之例价有增。既据该管道府勘明结报，并无捏饰情弊，应请准其照估，作速变价，以抵另案新建兵房之用。除将细册印结及估变逾限职名一并咨部查议外，理合会同云南巡抚臣谭尚忠恭折具奏，伏祈皇上睿鉴。谨奏。

朱批：该部知道。

（《宫中档乾隆朝奏折》第六十七辑，第135～136页）

2830　云贵总督富纲、云南巡抚谭尚忠《奏报乾隆五十二年分滇省藩库实存银数及各属仓库无亏折》

乾隆五十三年正月二十五日

云贵总督臣富纲、云南巡抚臣谭尚忠跪奏：为循例汇奏事。

窃照年终汇奏事件内藩库实存银数、盘查各属仓库二款，例应汇折具奏。

兹据云南布政使王昶详称："滇省藩库实存银数，乾隆五十二年分，截至岁底止，现存银一百八十二万八千一百九十五两零内，存酌留经费并办公等银九十四万三千五百八十七两零，又封贮急需等银四十八万五千三百四十二两零，又已经报部酌拨尚未准覆拨用银一百三十三万五千八百三十三两零，内借放铜本银五十八万二千两，又借放兵饷银三十万两，又拨备武职各员养廉并各营公费等银五万六千九百五十九两零，三共除银九十三万八千九百五十九两零，俟部酌拨及奏销核实，照数拨还归款，实存银三十九万六千八百七十四两零。又尚未报拨银二千三百九十一两。至各属仓库钱粮及各井盐款，先经详明，循照往例，截至本年八月底止，责令该管道府州实力盘查。旋准护粮储道常德、迤东道恩庆、护迤西道本著、迤南道贺长庚暨云南等府州，将所属仓库钱粮逐一盘查结报，均无亏空，并准盐法道杨有涵查明，井属盐款无亏，具结移送。"各等情。由司汇核，具详前来。

臣等覆加确查无异，除盘查无亏印结先已咨部，其藩库实存银数细册现在送部外，伏思各属仓库钱粮，丝毫皆关国帑，今虽据各道府州逐一盘明，结报无亏，臣等仍当不时密察，倘有侵那情弊，即行据实参究，并将盘查不实之该管上司一并严参办理，断不敢稍存回护，自取其咎。所有乾隆五十二年分滇省藩库实存银数，理合另缮清单，同盘查各属仓库无亏缘由，循例汇折具奏，伏乞皇上睿鉴。谨奏。

朱批：览。

（《宫中档乾隆朝奏折》第六十七辑，第136～137页）

夹片：再臣等会奏乾隆五十一年分滇盐新课全完折尾，有带征旧课句旁，钦奉朱批："此旧课再几年方完清？钦此。"遵。查此项分年带征旧课银，原系十四万一千一百余两，截止五十一年奏销，除催追已完及离滇各员咨追银一万七千八百余两应归各该省追完报拨外，其在滇各员勒追未完银一万五百余两，现在追解，约计本年盐课奏销前可以完清。缘奉垂询，理合附片奏覆。谨奏。

朱批：览。

（《宫中档乾隆朝奏折》第六十七辑，第137页）

2831　云贵总督富纲、云南巡抚谭尚忠《奏报改遣在配军犯旋逃旋获，审明办理折》

乾隆五十三年正月二十五日

云贵总督臣富纲、云南巡抚臣谭尚忠跪奏：为改遣在配军犯旋逃旋获，审明办理，恭折奏闻事。

窃照新疆改遣内地人犯，如有在配脱逃，拿获，例应随时奏闻。先据署马龙州知州朱士鳌详报，安置改遣军犯帅应祥，于乾隆五十二年十一月初二日乘间脱逃等情。

臣等以帅应祥系改遣重犯，一经脱逃，即应正法。滇省遣犯最多，必须上紧拿获，立置重典，方足示惩。当即勒限，严饬该署州缉拿务获，并通饬滇属文武暨交界州县协力堵捕，一面分咨各省通缉。正在循例具奏间，据该署州朱士鳌详报，逃遣帅应祥一犯，业经原差魏国祥等于十一月二十三日，追至昭通府属大关厅地方，协同该厅兵役拿获，现在解犯赴省审办等情。随批司，委员前往迎提，于本年正月初八日到省，饬委云南府知府蒋继勋承审。兹据该府审拟，由按察使王懿德转解前来。

臣等亲率司道提犯覆鞫，缘帅应祥籍隶河南汝州，因听从陈四等在磁州等处行窃过客申国彦等银两，审照积匪猾贼例，改发极边烟瘴充军，左面刺“积匪猾贼”四字，右面刺“改遣”二字，解滇发马龙州安置，于乾隆五十年九月初五日到配。讵该犯在配穷苦，起意逃走，于五十二年十一月初二日乘间潜逃，日行山僻小路，夜宿古庙岩洞，二十三日，行至大关厅地方，即被州差协同该厅兵役拿获。严究该犯，逃后并无行凶为匪及知情容留之人，配所、乡保亦无受贿纵放情弊，矢口不移，似无遁饰。

查定例，应发新疆改发内地之积匪猾贼，如有脱逃被获，请旨即行正法等语。今帅应祥系积匪猾贼，应发新疆改遣来滇之犯，胆敢在配潜逃，实属怙恶不悛，应照例立正典刑，以昭炯戒。臣等于审明后，即恭请王命，派委按察使王懿德、抚标中军参将哈国祥，将该犯绑赴市曹处斩讫。除将配所看守、乡保按例议拟，同应送职名另行咨部外，所有拿获逃遣审明办理缘由，理合恭折奏闻，并另缮供单敬呈御览，伏乞皇上睿鉴，敕部查照施行。谨奏。

朱批：该部知道。

（《宫中档乾隆朝奏折》第六十七辑，第137～138页）

2832 云贵总督富纲《奏呈雨水豆麦情形折》

乾隆五十三年正月二十五日

云贵总督臣富纲跪奏：为敬呈雨水豆麦情形，仰祈圣鉴事。

窃照云贵两省上冬优沾雪泽及豆麦滋长情形，节经臣缮折奏闻在案。入春以后，风日融和，豆麦借资煦育，甚为合宜。

兹云南省城于正月十六七等日又连得雨泽，土膏滋润，更于农功有益。臣诣郊察看，蚕豆高已盈尺，其早种之区并有扬花结粒，入市售卖者；二麦、杂粮亦俱荣发，弥望青葱，从此旸雨一律均调，则今岁春收又可预期丰稔。近省各属据报晴雨日期，与省城大概相似，市廛居积，惟粮食为最多，因之米价有减无增。而节届上元，衢歌巷舞，民情倍形煦皞，沿边关隘据报甚属宁谧。至黔省各属地方于十二月上中两旬续得雨雪一二次，入土深透，一切春种均得乘时长发，市卖粮价照常平减，民苗亦甚乐业。理合一并恭折奏闻，仰慰慈怀，伏祈皇上睿鉴。谨奏。

朱批：知道了。

（《宫中档乾隆朝奏折》第六十七辑，第139页）

2833 云南巡抚谭尚忠《奏报滇省雨水禾苗情形折》

乾隆五十三年正月二十五日

云南巡抚臣谭尚忠跪奏：为奏闻事。

窃照滇省地方去冬雪雨频沾、麦豆滋长情形，经臣叠次具奏在案。省城序逢元旦，风和日丽，三农预庆丰年，巷舞衢歌，万姓偕游寿宇宇。年前立春，节候较早，新正上旬天气暄暖，草木无不萌动。一交雨水，膏泽应时，土脉咸臻融润，大小二麦早者将届含苞，迟者亦俱茁发青茂。蚕豆为炎方最早之物，现有扬花结实者，从此宜晴宜雨，一律调匀，可期春熟稔收。省会人烟稠密，食指殷繁，岁除之候市粮云集，粜价照常平减。通省时和民乐，景象盈宁，洵堪远慰宸衷。理合恭折奏闻，并将上年十二月分粮价另缮清单，敬呈皇上睿鉴。谨奏。

朱批：欣慰览之。

（《宫中档乾隆朝奏折》第六十七辑，第146页）

2834 云南巡抚谭尚忠《奏报乾隆五十二年分滇省起解遣犯与别省由新疆改发云南安插遣犯脱逃及各省通缉逃遣已未拿获缘由折》

乾隆五十三年正月二十七日

云南巡抚臣谭尚忠跪奏：为循例汇奏事。

窃照本省起解遣犯、接递别省遣犯及由新疆改发内地到配安插遣犯，有无脱逃并各省通缉逃遣已未拿获之处，例应年终汇折具奏。

兹据云南按察使王懿德详称："云南省乾隆五十二年分发遣新疆遣犯李小狗一名，业经严饬文武员弁小心管解出境，并无在途脱逃。至别省应发新疆改发滇省安插遣犯，本年在配脱逃者二名，内帅应祥一名旋逃旋获，现已审明办理。尚有江玉友一名未获。又节年在配脱逃未获遣犯李连先等十七名，现在一并缉拿。再本年奉准各省咨缉脱逃遣犯，除已经拿获咨滇停缉外，计有未获者十三名，现在缉拿。又各省历年通缉逃遣，均已查照军机处议奏，陆续造册咨滇，共计未获逃遣二百三十二名口，现在汇造细册详咨，并据声明云南省地非冲途，并无接递别省遣犯过境。"等情。分案造册，详请核奏前来。

臣覆查无异，除册咨送军机处暨刑部查核，一面严饬各地方官将本省、外省未获新旧逃遣一体实力侦缉，务期按名弋获，照例办理外，所有乾隆五十二年分云南本省起解遣犯与别省由新疆改发云南安插遣犯，查明有无脱逃及各省通缉逃遣已未拿获缘由，理合恭折汇奏，伏乞皇上睿鉴。谨奏。

朱批：览。

（《宫中档乾隆朝奏折》第六十七辑，第168页）

2835　云南巡抚谭尚忠《汇奏乾隆五十二年滇省命盗案已未审结、盗窃案已未拿获、承缉窃案记功记过、拿获寻常案犯等四款折》

乾隆五十三年正月二十七日

云南巡抚臣谭尚忠跪奏：为循例汇奏事。

窃照年终汇奏事件内，命盗案已未审结、盗窃案已未拿获、承缉窃案记功记过、拿获寻常案犯等四款，例应并折，分单具奏，兹据云南按察使王懿德分晰，开单详送前来。

臣查云南省乾隆五十二年分各属新报承审命盗案共八十七件，连旧案二十一件，共一百零八件内，已结新旧案九十件，未结新案十八件，核计均在审限之内，现在饬催审办，并未逾违。新报盗劫、抢夺及窃盗拒捕之案共六起内，已全获者三起，获犯十六名，获破三起，获犯十六名，未获十一名。旧盗案未满四参之限者二十五起内，获破十六起，获犯七十七名，未获六十名，全未获者九起。已满四参之限者三十六起，内获破十七起，获犯八十四名，未获八十六名，全未获者十九起。以上未获各案，现照新例，分别已满、未满参限，另行造册，开列专、兼、统辖各职名，咨送军机处及吏刑等部核议。

至地方官承缉窃案记功、记过，例应统计一年内报窃之案，获不及半者，每五案记过一次，拿获及半之外，复有多获者，每五案记功一次。今查昆明等九厅州县一年内共报窃二十案，昆明县报窃十一案，全获十案，例得记功，承缉文职系署昆明县事马龙州知州升任威远同知谢景标。其余各厅州县已未拿获窃案，皆不及记功记过之数，应毋庸

议。除将未结命盗各案饬司上紧查催，依限审结，其未获盗窃各案仍令各该管文武严行查拿，务获究报外，臣谨循例汇折具奏，并分案开列清单，恭呈御览，伏乞皇上睿鉴。

再查乾隆五十二年分滇省各属并无拿获寻常案犯，例应归入年终汇奏，分别等差议叙之案，是以未经开单附陈。合并声明。谨奏。

朱批：该部知道。

（《宫中档乾隆朝奏折》第六十七辑，第169~170页）

2836　云贵总督富纲、云南巡抚谭尚忠《奏报续获自缅脱回广东民人，讯明递籍安插折》

乾隆五十三年二月十八日

云贵总督臣富纲、云南巡抚臣谭尚忠跪奏：为续获自缅脱回广东民人，讯明递籍安插，恭折奏闻事。

窃照云南永昌、顺宁、龙陵、腾越等处，上年节次盘获自缅脱回广东民人林阿新等五十二名，均经臣等审供具奏，解回粤省查办。嗣准广东抚臣图萨布咨会，查明林阿新等实系贩货前赴暹罗贸易，搭坐陈永盛即陈岱船只，于乾隆五十年十二月二十五日，由东泷关纳税出口，并非私越，均交各该亲属领回安插在案。

臣等查此案同船贸易粤民被缅匪裹往未出者为数尚多，永昌沿边一带秋深瘴退，当有脱出投归之人，复于官兵出汛之际，谆饬在防将备及该管地方文武加意查察，如有盘获，即行解究，毋许稍有遗漏。兹据龙陵协副将、龙陵同知会禀，在芒市关口盘获粤民黄春凤、彭奕捷二名。当即行提到省，据委员云南府知府蒋继勋讯供，由藩臬两司详解前来。

臣等亲提研讯，黄春凤、彭奕捷俱系广东潮州府属民人，各买茶叶等物，附搭陈永盛即陈岱船只，于乾隆五十年十二月二十五日，由东泷关挂号纳税出口，前赴暹罗贸易。行至长本地方，遭风守泊。适缅甸与暹罗打仗，即被裹往阿瓦。于五十二年七月初七日起身同回，因系在乡佣趁，不知缅匪情形，（**夹批：**定有□不知之理。）核与前次所获之林阿新等供情吻合。其附搭船户姓名及挂号出口月日，亦与广东省前次查复相符。则非私越外境，确凿无疑。

查黄春凤等在暹罗被缅匪裹去，今不忘故土，远涉脱回，情殊可悯。据供原籍俱有亲属，自应解回，交属收领。滇省由剥隘地方出境至广西一路解送广东，较从贵州、湖南转解道路近便。臣等除将黄春凤、彭奕捷二名，即从便道递交广东抚臣图萨布，转发各该地方官，查传亲属，到案认明，领回安插，以免纡道稽延。一面仍饬沿边文武实力巡查，不得少有懈忽，并将审供咨部查核外，所有审办续获自缅脱回粤民缘由，理合恭折具奏，并另缮供单敬呈御览，伏祈皇上睿鉴。谨奏。

朱批：览。

（《宫中档乾隆朝奏折》第六十七辑，第353～354页）

2837 云贵总督富纲、云南巡抚谭尚忠《奏报酌委藩司顺便验收已竣城工折》

乾隆五十三年二月十八日

云贵总督臣富纲、云南巡抚臣谭尚忠跪奏：为酌委藩司顺便验收已竣城工，仰祈圣鉴事。

窃照云南腾越、保山二州县城垣，均于乾隆四十八年据报年久倾圮，列入急修项下。嗣因腾越州界通外域，尤宜首先办理，当经奏明，俟该州工竣之后，再将保山城工确估兴修在案。兹腾越州城工，业据该州知州朱锦昌具报依限修竣，则保山县亦属边要，自应接续估修。

查城工例应藩司勘估，且现在省城并无紧要事件，自应令其照例前往，逐细覆堪，撙节确估。惟腾越州城工虽经报竣，尚未验收。缘彼处夏秋多雨，新修工段必须经历雨水，方可验其是否稳固，且北门城河为众水汇归之处，历久淤塞，前经臣富纲覆勘奏明，将城河俱加挑挖宽深，并添筑护城磡岸。此项工程亦应俟山水畅发之后，看其有无壅滞、冲刷之处，方可一律核实。上年入夏以后，腾越地方大雨时行，节据查报，新工并无损动，而河身堤岸亦无漫溢、冲刷，是该州城工正须验收。今藩司前赴保山，相距腾越不远，即令该司往验，既属顺便，且此案改修工段系臣富纲勘明具奏，臣谭尚忠于藩司任内遵旨前往覆勘估报。今该司王昶非原估之员，一切验收更无回护，自可益臻切实。（**夹批：**督抚所勘，藩司能无回护乎？何必为此欺语。）臣等现委该藩司于勘估保山城工之后，顺便即赴腾越，将所修新工逐一查验，如有偷减草率，不符原估，据实详揭，即当从严参办。若果料实工坚，另行饬取册结，臣等再加确核，具题请销。

所有酌委藩司验收腾越州城工缘由，理合恭折奏闻，伏祈皇上睿鉴。谨奏。

朱批：知道了。

（《宫中档乾隆朝奏折》第六十七辑，第354～355页）

2838　云贵总督富纲、云南巡抚谭尚忠《奏请以记名同知、以知州拣发来滇委用之霍费颜补授永昌府分防龙陵同知折》

乾隆五十三年二月十八日

云贵总督臣富纲、云南巡抚臣谭尚忠跪奏：为边要同知亟需干员，恭恳圣恩俯准补授，以裨地方事。

窃照云南永昌府分防龙陵同知耀昌报丁母忧，所遗员缺，例应在外调补。

伏查龙陵地处极边，夷多汉少，且外通缅甸，有控驭抚绥之责，必得老成明干之员方克资其整理。臣等公同藩臬两司，在于通省同知内逐加遴选，非现居要缺，即人地不宜，实无堪以调补之员。

惟查有记名同知、以知州拣发来滇委用之霍费颜（**夹批：**□），年五十岁，系正黄旗满洲，由光禄寺笔帖式考中翻译生员，乾隆三十七年考取国子监满教习，期满议叙，补授工部制造库司匠，四十九年十一月保送引见，奉旨记名，以抚民同知用，五十二年十二月附入拣发知州班内引见，奉旨："霍费颜着发往云南，交与该督等差遣委用。钦此。"于五十一年五月到滇。该员才具明白，办事勤谙，委署昭通府大关同知一年有余，于地方诸务经理俱能妥协，以之补授龙陵同知，洵能胜任。虽该员拣发来滇以知州差委，但原系同知记名之员，尚非越级。合无仰恳圣恩，俯准以霍费颜补授龙陵同知，则要地得人，诸可无误，实于边圉多有裨益。再霍费颜系拣发人员请补实缺，毋庸送部引见，合并陈明。

臣等为边要需员起见，谨合词恭折具奏，并另缮参罚清单敬呈御览，伏祈皇上睿鉴。谨奏。

朱批：该部议奏。

（《宫中档乾隆朝奏折》第六十七辑，第355页）

2839　云贵总督富纲、云南巡抚谭尚忠《奏报丁未三运二起京铜开帮日期折》

乾隆五十三年二月二十四日

云贵总督臣富纲、云南巡抚臣谭尚忠跪奏：为丁未三运二起京铜开帮日期，仰祈圣鉴事。

窃照丁未头二运四起及三运一起铜斤，俱已依限兑发运京，节经臣等缮折奏闻在案。其三运二起，例应本年正月开帮。

兹据云南布政使王昶详据泸店委员申报："丁未年三运二起共需正带铜七十八万六千三百八斤零，于乾隆五十三年正月初四日开兑起，至正月二十九日如数兑足，运员宜良县知县李淳即于是日自泸州开行。"等情。详报前来。

除飞咨沿途督抚一体饬催，迅速趱运抵京，并咨明户、工二部外，伏查滇省每年应解京铜正加共有八起，今丁未年正运六起业俱如期兑发，仅有加运两起，需铜不及二百万斤，核计存店、在途铜数，已可供兑无误。臣等仍饬厂店各员照前赶办，上紧挽运，并饬泸店委员作速秤兑，务使接续开行前进，克副三月扫帮定限外，所有丁未三运二起京铜依限开帮缘由，理合恭折具奏，伏祈皇上睿鉴。谨奏。

朱批：览。

（《宫中档乾隆朝奏折》第六十七辑，第403页）

2840　云贵总督富纲《奏报笔帖式年满，遵旨出具考语，送部引见折》

乾隆五十三年二月二十四日

云贵总督臣富纲跪奏：为笔帖式年满，遵旨出具考语，恭折奏请送部引见，仰祈圣鉴事。

窃照乾隆四十六年九月二十五日，奉上谕："嗣后各省督抚衙门笔帖式，概不许委署地方印务。其中有才具优长、堪膺地方之选者，不妨出具考语，据实奏请，送部引见，候朕酌量录用等因。钦此。"钦遵在案。

兹查臣衙门笔帖式德胜，年四十岁，正红旗满洲，由翻译生员考取笔帖式，补授景陵内关防衙门笔帖式，六年期满，补授兵部笔帖式，调补户部颜料库大使，期满，补授太仆寺笔帖式，乾隆四十五年十一月保送引见，奉旨："云贵总督衙门笔帖式员缺，着德胜补授。钦此。"于四十六年五月到滇，连闰扣至五十二年六月期满。今新任笔帖式庆昭已经到滇更替，德胜例应赴部补用。除给咨即令起程外，臣查该员才具明白，人亦体面，六年以来，凡遇委催铜运、督修河工以及交办事件，俱能认真，不辞劳瘁，且于吏治民情随处留心，实属有志向上，堪膺地方之选。理合遵旨出具考语，据实奏请，送部引见，恭候钦定。臣谨恭折具奏，伏祈皇上睿鉴。谨奏。

朱批：知道了。

（《宫中档乾隆朝奏折》第六十七辑，第404页）

2841　云南巡抚谭尚忠《奏报滇省禾苗情形折》

乾隆五十三年二月二十七日

云南巡抚臣谭尚忠跪奏：为奏闻事。

窃照滇省地方入春以后雨旸麦豆情形，业经臣于正月二十五日缮折陈奏在案。滇属蚕豆一项，为春花中成熟最早者，新豆上市阅时已久，所种大麦现俱抽穗，小麦亦已含苞。二月初旬以来虽晴多雨少，而霡霂之施，土膏借以滋润。臣出郊察看，麦浪翻风，青葱溢目，转瞬扬花结实，可卜春收丰稔。各属市卖粮价在在称平。民情悦豫，边宇敉宁。臣谨恭折奏闻，伏乞皇上睿鉴。所有正月分通省米粮时价，理合另缮清单，敬呈御览。谨奏。

朱批：知道了。

（《宫中档乾隆朝奏折》第六十七辑，第425页）

2842　云南巡抚谭尚忠《奏报增估应变各钱局裁减炉房情形折》

乾隆五十三年二月二十七日

云南巡抚臣谭尚忠跪奏：为增估应变各钱局裁减炉房，据实奏闻事。

窃照滇省保山等各钱局裁减炉房应行变价一案，接准部文，以所估价值短少，应令该抚遴委妥员详加确勘，增估到日，再行核办等因。当即行司遵照，去后，旋经藩司详委附近之楚雄等府分赴各局，将应变房间料件确勘增估，造具册结呈报。复恐所估尚有不实，添委各该管道员覆加履勘，据实增估，取具册结，加结移司。兹据布政使王昶汇核，详请奏咨前来。

臣逐一确查，保山局拆变炉房八十三间，增估银四十七两三钱零，连原估共银一千一百七十四两三钱零，较原用银一千三百余两已有十分之九。曲靖局拆变炉房二百十间，增估银一百四两一钱零，连原估共银二千六百十九两三钱零，较原用银三千六百九十余两，已有十分之七五。大理局拆变炉房二百一间，增估银六十二两四钱零，连原估共银二千七十九两六钱零，较原用银二千四百七十余两，已有十分之八。临安局拆变旧有炉房一百二十六间，增估银三十三两二钱零，连原估共银九百三两八钱，较原用复修物料银六百九十余两，计长银二百四两零，系于旧存原建铁石等项内加估。东川旧局拆变炉房六十间，增估银二十两三钱零，连原估共银四百十两九钱零，较原用银六百八十余两，已有十分之七。东川新局拆变炉房四百五间，增估银一百八十六两零，连原估共银三千九十四两零，较原用银四千六百三十余两，已有十分之七。广西局拆变炉房一百九十九间，增估银九十七两三钱零，连原估共银一千三百十四两零，较原用银一千五百七十余两，已有十分之八。既经所委之附近各知府及各该管道员层递，确勘增估，取结加结，并无短少捏饰情弊，应请准其照估变价解司，另款存库备用。除将委员勘明增估缘由同送到册结咨部核办外，臣谨循例，会同云贵总督臣富纲恭折具奏，伏乞皇上睿鉴，敕部核覆施行。谨奏。

朱批：该部议奏。

（《宫中档乾隆朝奏折》第六十七辑，第425~426页）

2843　云贵总督臣富纲《奏报春深撤汛事宜折》

乾隆五十三年三月十二日

云贵总督臣富纲跪奏：为恭报春深撤汛事宜，仰祈圣鉴事。

窃照云南腾越、龙陵以外之杉木笼、干崖、三台山等处，前于裁防设汛案内，议定冬初拨兵八百名，选派员弁带往汛地，分布关卡巡查，春深酌留弁兵三百名驻汛，余俱撤回，历年遵照办理。上年冬初出汛官兵，经臣如数派拨，并遴委干练将备带领前往驻巡，当经缮折奏闻在案。半年以来，节据腾越镇州查报，各关隘巡防严密，并无疏懈，边圉极为宁静。

查本年二月二十八日，节届清明，所有撤汛事宜，自应查照往例，酌筹办理。臣酌定杉木笼、干崖二汛应撤官兵，于三月初一日为始，分起撤回。其三台山地方气候较暖，应于二月二十日全撤回营。至杉木笼应留备弁八员，兵二百名，马四十匹；干崖应留千把外委六员，兵一百名，马二十匹，臣先已照会腾越镇总兵刘之仁，即在派出员弁内，择其尤能耐瘴者留驻汛卡，督率兵丁抚夷弩手分布巡防，但必得大员统领，庶不致有名无实。

查龙陵协副将苏尔相，感沐圣恩，连年领兵驻汛，办理颇能认真，应仍令该员管领巡查，毋庸更换。（**夹批：**另有旨谕。）自撤汛为始，责成腾越、龙陵等镇协，每月派员弁酌带兵丁前赴杉木笼、干崖、三台山巡查一次。臣并不时委员密赴各关隘逐加稽察，以免疏懈而重边防。

所有春深撤汛日期及边关宁谧缘由，理合恭折奏闻，伏祈皇上睿鉴。谨奏。

朱批：知道了。

（《宫中档乾隆朝奏折》第六十七辑，第516~517页）

2844 云贵总督富纲、云南巡抚谭尚忠《奏报审拟通海县知县徐维城私设税口抽收过往骡马钱文一案情形折》

乾隆五十三年三月十二日

云贵总督臣富纲、云南巡抚臣谭尚忠跪奏：为遵旨严审定拟具奏事。

窃照云南通海县知县徐维城私设税口抽收过往骡马钱文一案，经臣等具折奏参，革职严审。接准部咨，钦奉谕旨："徐维城着即革职拿问，交该督等提同案内犯证，严审定拟具奏等因。钦此。"查徐维城一犯，臣等于参奏后，即委员摘去顶戴，拿解来省，饬发臬司收禁，并行提应讯犯证到省，严行确究。兹据委员云南府知府蒋继勋、楚雄府知府龚敬身讯供定拟，由按察使王懿德、布政使王昶详解前来。

臣等复督同亲加审讯，缘徐维城系镶黄旗汉军，由举人分发来滇，以知县试用，补授通海县知县，于乾隆五十年八月到任。该县每年额征牲畜税课，向于洋广村街场，遇民间买卖牲畜，按例抽收，解贮藩库，报拨充公。五十二年六月，徐维城以税额短少，疑有偷漏。因大桥地方为往来要路，遂建房三间，拨役稽查漏税，费用工料银四十两。因此项无可开销，谕令乡约周得仲、差头梅亮，传知该处过往客民，凡有骡马，每匹纳钱二十文，为抵还盖房之费，并延本处贡生董清臣在彼登帐。各客民因为数无多，亦俱照数捐纳。自八月十一日起至九月十八日止，共收钱四十五千八百二十文，均由约差送交管门长随卢质忠转交徐维城收受。当经臣等访闻，据实参奏革审。兹提讯犯证，各据供认不讳。臣等以徐维城既敢私设税口，并借建房为名收钱肥己，则私设税房未必止于大桥一处，即所收钱文亦恐不止此数。再四研诘，坚供不移。复查对收钱底簿，核数相符，似无遁饰。

查律载：非奉上司明文，擅自科敛，所属财物入己者，计赃以枉法论，枉法赃四十五两，杖一百，流二千里等语。

此案已革通海县知县徐维城，因税课不敷，另于大桥要路设口稽查，既不详明候示，并以建房工费无处开销，辄令约差收取过往骡马钱文，实属因公科敛。计收钱四十五千八百二十文，照例每钱一千合银一两，该银四十五两八钱零。徐维城合依因公科敛入己，照枉法赃四十五两，杖一百，流二千里律，杖一百，流二千里。但其身为职官，因稽查漏税建房需费为名，敛收往来骡马钱文，累民肥橐，实属卑鄙。应请从重发往乌鲁木齐等处，自备资斧效力赎罪，以为旗员营私藐法者戒。其所收钱文，仍于该参员名下照追入官。董光彦即董清臣，虽讯无迎合分肥情事，但身系贡生，干预官事，殊不安分，应照违制律，杖一百，责折发落，追销贡照。长随卢质忠、县差梅亮、乡约周得仲，奉官差遣，讯无染指，但违例私收，并不禀阻，亦有不合，均应照不应重律，杖八十，折责三十板。卢质忠递籍管束，梅亮、周得仲革役。其大桥新设税房，饬令现任知县先行拆去，毋许借名稽查，致滋扰累。臣等仍不时留心密察，倘有违犯，立即严行参究。

除另缮供单敬呈御览外，所有审明定拟缘由，谨合词恭折具奏，伏祈皇上睿鉴。谨奏。

朱批：该部议奏。

（《宫中档乾隆朝奏折》第六十七辑，第518～519页）

2845　云贵总督富纲、云南巡抚谭尚忠《奏报审拟永北厅越狱盗犯案情形折》

乾隆五十三年三月二十六日

云贵总督臣富纲、云南巡抚臣谭尚忠跪奏：为审明覆奏事。

窃照永北厅越狱盗犯五名，原参未获王有义一名，于四个月疏防限内，据参革署同知徐埏转据差役吴添锡等禀报，已同营兵方起瑞等缉至四川会理州地方拿获，交州寄监解回等情通禀。臣等以四川会理州与滇省武定直隶州连界，相距云南省城甚近，而离成都省城较远，当经录案，飞咨四川督臣查照，一面饬探会理州，如将该犯起解回滇，即速迎提来省审办，一面先行奏闻在案。

嗣据武定直隶州接准会理州将王有义押解来滇。臣等饬司，行委云南府知府蒋继勋审办。先提该犯查验，年貌、疤痣俱与永北厅册报相同，并无刺过字迹及私拷伤痕。遂加研讯，据供："名叫王怀顺，是永北厅清水驿人，父母俱故，有妻徐氏，因家无产业，出外挑担营生，有三四年了，从不为匪。上年六月里，到四川会理州，在鹿厂挑炭。十二月十八日，遇见永北差，向我盘问，说我是什么王有义，我就分辩，他们不依，把我送到州里，押解回来，并没被他们拷打的事。我家现有邻人彭文华、刘显高，还有妻父徐云周，都可提来质认的。那王有义是什么人，我也不认得。"等语。反覆推问，矢口不移。随提同案行劫未经越狱、现禁省监听候部覆之伙犯王四等五名与之面认，咸称实非王有义，不敢妄指。复又飞饬永北厅，提解供出之邻属及原拿差役兵丁到省，即将邻人彭文华、刘显高，伊妻徐氏、妻父徐云周隔别讯问，所供相符。复令面为质认，实系王怀顺，而非王有义。其为差役吴添锡、瓦承先妄拿无疑。臣等恐系有心诬指，希图邀功塞责，再四究诘，据该役等坚称，因与王有义年貌相仿，口音是永北人，肚腹上疤痣相符，不敢轻纵，故此拿交会理州寄监解审，并非有心诬拿，想要邀功，也没拷打逼认的事。质之兵丁方起瑞、陈廷玉，佥供原不认识王有义，因差役指认，协同拿获。各等情。由司详覆前来。

臣等亲鞫无异，除将王怀顺立予省释，酌量盘费，交伊妻父徐云周等领回外，伏查越狱盗犯王有义，情罪重大，同时脱逃五名，只有该犯一名未获，原应无分疆界，严密缉拿，速获抵法。今差役吴添锡、瓦承先越境侦捕，辄将平民王怀顺指为逃囚王有义，妄行拿获，例应不分首从，治以诬良为盗，发边远充军之罪。但因年貌、口音、疤痣相似，一时误认，拿交会理州寄监，实无拷逼邀功情事。应请将吴添锡、瓦承先革役，照诬良为盗例，量减一等，杖一百，徒三年，以示惩儆。兵丁方起瑞、陈廷玉与王有义本不认识，因差役指认协拿，其情尤属可原，应发回归伍，免其置议。（**夹批：**只可如此。）参革署同知徐埏，本系留缉之员，既经差役禀报获犯，自应即时转禀，且犯未解到，真伪莫辨，尚无不是。除勒令该参员严缉逸犯王有义务获解究，如限满无获，再行照例请旨外，所有审明缘由，理合恭折覆奏，伏乞皇上睿鉴。谨奏。

朱批：知道了。

（《宫中档乾隆朝奏折》第六十七辑，第633～635页）

2846　云南巡抚谭尚忠《奏报滇省得雨情形折》

乾隆五十三年三月二十六日

云南巡抚臣谭尚忠跪奏：为奏闻事。

窃照滇省地方本年清明以前雨旸、麦豆情形，业经臣于二月二十七日缮折陈奏在案。时届春深，蚕豆早已成熟，二麦正当吐穗扬花，将次结实，天气晴多雨少，颇为合宜。惟稻谷浸种之后又须雨水优沾，资其茁发。

兹据云南首郡暨曲靖、澄江、临安、广南、大理、楚雄、普洱、元江、广西等属各州县先后禀报，三月十二三及十四五六七八等日，甘澍频施，入土透润。谷雨节候，得此应时膏泽，田有潴蓄，喜溢三农。市卖粮价在在称平，闾阎亦宁谧。臣谨恭折奏闻，并将二月分通省米粮时价另缮清单，敬呈皇上睿鉴。谨奏。

朱批：知道了。

（《宫中档乾隆朝奏折》第六十七辑，第636页）

2847　云贵总督富纲、云南巡抚谭尚忠《奏请以楚雄府知府龚敬身升署迤南道折》

乾隆五十三年三月二十八日

云贵总督臣富纲、云南巡抚臣谭尚忠跪奏：为极边烟瘴道缺需员，恭恳圣恩俯准升署，以裨地方事。

窃照云南迤南道贺长庚于普洱府任内因公降调，除钦遵谕旨出具考语，送部引见外，所遗员缺，接准部文，行令拣选调补。

伏查迤南道驻扎普洱府城，逼近外夷，兼有烟瘴，控驭抚绥责任綦重，实为临边最要之缺，苟非明练老成、兼能耐烟瘴者难期胜任。滇省道员共止五缺，内粮、盐二道有经管通省仓粮、盐务，迤东、迤西二道各有专、督办运京铜，均属紧要，未便调补。

臣等公同藩臬两司，复于应升知府内逐加遴选，查有楚雄府知府龚敬身，年四十九岁，浙江仁和县人，由举人教习期满，中式己丑科进士，补授内阁中书，保送引见，奉旨补授宗人府主事，递升吏部员外，礼部郎中，推升今职，乾隆四十九年二月到任。查该员守洁才优，办事勤慎，凡遇差委，不辞劳瘁，俱能认真妥办，在滇四年有余，于边势夷情亦所熟悉，任内参罚在十案以内，并无违碍。上年大计案内，业经臣等会疏保荐，以之升授迤南道，洵堪资其整理。惟历俸未满五年，与例稍有未符。谨遵人地相需之例，专折奏恳圣恩，俯念要缺需员，准以楚雄府知府龚敬身升署迤南道，不特该员感沐鸿慈，倍当奋勉，而臣等借资臂指，实于极边要区多所裨益。如蒙俞允，仍扣足前俸，另请实授，并俟部覆至日，给咨送部引见，恭候钦定。其所遗楚雄府缺，照例归部铨选。理合另缮该员参罚清单，恭折具奏，伏祈皇上睿鉴。谨奏。

朱批：该部议奏。

（《宫中档乾隆朝奏折》第六十七辑，第656～657页）

2848　云贵总督富纲《奏报滇黔雨水豆麦情形折》

乾隆五十三年三月二十八日

云贵总督臣富纲跪奏：为滇黔雨水豆麦情形，仰祈圣鉴事。

窃照云贵两省今春雨水调匀、豆麦畅茂情形，业经臣缮折奏闻在案。滇省气候较早，时届立夏，蚕豆业已登场，颗粒极为饱满，大小二麦将次成熟。昨于谷雨前后，省城地方及外郡各州县复得阵雨三四次，土膏湿润，不特有裨麦田，且谷秧初发，得此沾濡，并可借滋长养。近省各属已据报春收分数八九分不等，其较远处所虽尚未报齐，而体察情形，均属丰稔。至黔省各州县，节据禀报，于三月上中两旬均得渥泽，目下二麦正在升浆，有此膏雨滋培，亦可期一律稔收。两省市卖粮价尚俱照常，并无昂贵之处，民夷乐业，气象恬熙，边境亦甚宁谧。理合恭折奏闻，仰慰慈怀，伏祈皇上睿鉴。谨奏。

朱批：欣然览之。

（《宫中档乾隆朝奏折》第六十七辑，第657页）

2849　云贵总督富纲、云南巡抚谭尚忠《奏报丁未加运一起铜斤开帮日期折》

乾隆五十三年三月二十八日

云贵总督臣富纲、云南巡抚臣谭尚忠跪奏：为丁未加运一起铜斤开帮日期，仰祈圣鉴事。

窃照丁未年正运六起铜斤俱已依限兑发运京，节经臣等缮折奏闻在案。其加运一起，应于本年二月开行。

兹据云南布政使王昶详据泸店委员申报："丁未年加运一起，需铜九十四万九百九十一斤零，于乾隆五十三年二月初一日开秤起，至二月二十八日，俱已全数兑发完竣，该运员江川县知县黄澍即于是日自泸州开帮。"等情。详报前来。

除咨会沿途各督抚臣一体上紧催趱，迅速抵京，并咨户、工二部查照外，伏查滇省应解丁未京铜正加八起，今已依限兑发七起，所余一起，臣等现饬泸店委员速将到店铜斤上紧秤兑，接续开行，三月扫帮例限断可无误。所有丁未加运一起铜斤依限开帮缘由，理合恭折具奏，伏祈皇上睿鉴。谨奏。

朱批：知道了。

（《宫中档乾隆朝奏折》第六十七辑，第658页）

2850　云贵总督富纲、云南巡抚谭尚忠《奏请以南宁县知县刘垲升授中甸同知折》

乾隆五十三年三月二十八日

云贵总督臣富纲、云南巡抚臣谭尚忠跪奏：为边要同知需员，恭恳圣恩俯准升用，以裨地方事。

窃照云南丽江府分防中甸同知王友莲，钦奉恩旨简放广西省以知府补用，所遗中甸同知员缺，例应在外拣调。该处界连西藏，番夷错杂，且境内各寺喇嘛每年赴藏学经及商贩往来，皆由该同知查验出口，责任綦重，必得老成明干之员方克资其整理。

臣等与藩臬两司公同遴选，非现居要缺，即人地不宜，实无堪以调补之员。惟查有曲靖府南宁县知县刘垲，年四十三岁，直隶通州人，由副榜就职州判，加捐知县，拣发云南，乾隆四十三年正月到滇，题署今职，四十五年十二月到任，期满实授，销去试俸在案。该员才情明练，办事安详，历署蒙化、思茅、他郎、晋宁、建水、宁洱等厅州县印务，均能办理裕如，于地方风土情形亦所熟悉，历俸已满五年，以之升授中甸同知，洵能胜任。惟历任参罚在十案以外，与请升之例稍有未符。谨遵人地相需之例，专折奏恳圣恩，准以刘垲升授中甸同知，则边要地方实可收得人之效。如蒙俞允，该员由知县请升同知，仍俟部覆至日，给咨送部引见，恭候钦定。其所遗南宁县知县，虽应归部铨选，但滇省现有候补人员，另容遴员请补。谨另缮该员参罚清单，恭折具奏，伏祈皇上睿鉴。谨奏。

朱批：该部议奏。

（《宫中档乾隆朝奏折》第六十七辑，第763~764页）

2851　云贵总督富纲、云南巡抚谭尚忠《奏报滇省州县员缺繁简情形今昔不同，酌请更定选调，以裨实政折》

乾隆五十三年四月初十日

云贵总督臣富纲、云南巡抚臣谭尚忠跪奏：为员缺繁简情形今昔不同，酌请更定选调，以裨实政，仰祈圣鉴事。

窃照各省州县繁简久经定有章程，原不得轻议更易。惟情形今昔悬殊，又未便因循迁就，有误地方。

伏查云南临安府属之蒙自一邑，地广民稠，兼有经管金钗铜厂之责，事务本繁。向因出矿较旺，办铜亦无定额，管理尚易，是以乾隆八年，题明定为繁字中缺，归部铨选。今四十余年以来，不特生齿益众，政治倍繁，且金钗厂于四十三年奏定岁须办铜九十余万，以供各省采买之用，责成该县采办，并协同雇运，职任繁重，迥异曩时，兼之开挖年久，厂势就衰，全在承办之员刻刻留心调剂督采，方可年额无愆。兹知县杨大观升任昭通府分防鲁甸通判，所遗蒙自县员缺，例应以试用人员补用。惟详查现在试用知县，皆系未谙厂务。办铜为滇省最要之件，而金钗厂年额数多，兼司雇运，实不敢以未经历练之员迁就补用，致滋贻误。若仍归部选，亦恐本员初至，人地生疏，难资整理。臣等公同商酌，应请将蒙自县知县改为繁难要缺，在外拣选调补，庶于地方铜务可期有裨。

第以选缺请改调缺，例应以调缺酌量抵换。查永昌府属之永平县，原系简缺，于乾隆三十三年军兴之际，经前任督抚奏准，改为冲繁难兼三要缺，在外选调。查该县地居腹里，只通永昌一处，事简民淳，并非难治，自军务告竣之后，已无所谓繁难之处。莫若将永平县仍旧改为专冲简缺，听部铨选。如此一转移间，既于铨法无碍，而繁简亦各得宜。如蒙俞允，所有蒙自县缺，臣等另行拣员调补。

是否有当，谨合词恭折具奏，伏祈皇上睿鉴。谨奏。

朱批：该部知道。

（《宫中档乾隆朝奏折》第六十七辑，第764～765页）

2852 云贵总督富纲、云南巡抚谭尚忠《奏报将原参革职仍留协缉、限满无获之官员请旨交部治罪折》

乾隆五十三年四月二十一日

云贵总督臣富纲、云南巡抚臣谭尚忠跪奏：为请旨事。

窃照威远厅解审抢夺满贯案内发回绞候人犯那木帕一名，于上年正月初六日，由宁洱县解至蛮谷地方，投宿歇店，乘间潜逃。臣等因该厅县佥差不慎，以致绞犯疏脱，若谨照定例查参，无以示儆，当将佥差长解官、署威远同知事景东直隶厅同知书图，添差护解官宁洱县知县凃焕一并参奏革职，声明仍留原地方协缉，如能一年限内拿获，另行奏闻请旨。钦奉朱批："该部知道。钦此。"钦遵在案。

臣等伏查，书图、凃焕二员，自参革留缉以来，不惜重资悬赏购线，遣丁分路根拿，并自行改装易服，亲赴矿厂、盐井等处严密侦捕。计其留缉一年之限，自上年正月初六日起，至本年正月初六日止，早已届满，只于限内，协同威远厅陆续拿获听从那目帕抢夺在逃之伙犯扎蔽利、扎过、奴奴三名，业经审明，拟流咨部，其那木帕一名，迄今尚未弋获。兹据臬司王懿德会同藩司王昶详请核奏前来。所有原参革职，仍留协缉在逃绞犯一名，限满无获之书图、凃焕，相应请旨交部照例治罪，以儆疏玩。臣等谨合词恭折具奏，伏乞皇上睿鉴训示。谨奏。

朱批：该部议奏。

（《宫中档乾隆朝奏折》第六十八辑，第34～35页）

2853 云南巡抚谭尚忠《奏报乾隆五十三年滇省麦豆收成分数折》

乾隆五十三年四月二十一日

云南巡抚臣谭尚忠跪奏：为恭报麦豆收成分数，仰祈圣鉴事。

窃照云南省二麦、蚕豆现届刈获登场，据布政使王昶将各属所报收成分数汇单呈送前来。臣逐一确核，内麦豆并种之威远等一十六厅州县，高下俱收成十分；蒙化等三十五厅州县、县丞，低下收成十分，高阜收成九分；武定等一十八州县、州判，低下收成九分，高阜收成八分；只种二麦之中甸等一十一厅州县、州判，高下俱收成八分；只种蚕豆之思茅一厅，高下俱收成八分。合计通省收成，实得九分有余。至沿边土司地方所种麦豆，据报收成合计八分有余。远近均称丰稔。除一面饬司造册详报，照例另疏具题外，所有乾隆五十三年云南省麦豆收成分数，合先开列清单，恭折奏闻，伏乞皇上睿鉴。谨奏。

朱批：欣慰览之。

（《宫中档乾隆朝奏折》第六十八辑，第37页）

2854 云南巡抚谭尚忠《奏报滇省雨水秧苗情形折》

乾隆五十三年四月二十一日

云南巡抚臣谭尚忠跪奏：为敬陈秧雨情形，仰祈圣鉴事。

窃照滇省本年自春徂夏雨暘应时，通计麦豆收成实得九分有余，现经臣开单，另折奏报。小满前后，农事正殷。

滇中跬步皆山，旱田多而水田少，分秧插莳，全赖雨勤水足，始于耕作有裨。兹云南首郡所属州县暨迤东、迤西、迤南各属地方，均据报于四月初间连朝得雨，备极优渥，高原下隰潴蓄充盈。省城一带复于中旬以来，或廉纤夜雨，或昼雨缠绵，不骤不徐，丝丝入土，益为深透。各属栽田，较早之区现将告竣，其稍迟之处，芒种节候，亦可完功。

臣出视近郊，询之农人，咸称今岁秧雨早沾，栽插及时，又得预占丰兆。市卖粮价在在中平。舆情欢洽，边宇敉宁，堪以远慰慈怀。臣谨缮折具奏，并将三月分通省粮米粮时价另缮清单，恭呈皇上睿鉴。谨奏。

朱批：知道了。

（《宫中档乾隆朝奏折》第六十八辑，第37页）

2855 云南巡抚谭尚忠《奏报本年秋录事宜折》

乾隆五十三年四月二十一日

云南巡抚臣谭尚忠跪奏：为奏闻事。

窃照秋录大典，民命攸关。臣职司刑谳，敢不准情酌理，期无枉纵，仰副皇上矜慎之至意。

伏查滇省本年秋审，旧事一百三十一起，人犯一百三十二名口，原拟情实未至十次，照例仍请情实者八名，有关服制情实，两次未勾，照例拟改缓决者两名，仍拟缓决者一百二十二名口，俱毋庸另行置论。其新事已准部覆者七十二起，人犯七十三名，又情罪重大原题声明赶入者三起，人犯三名，共新事七十五起，人犯七十六名，均经臬司王懿德会同各司道分晰定拟造册呈送。

臣逐加详核，所拟尚皆得当，间有迹涉疑似者，臣与督臣富纲往复相商，签驳再议，务使情与罪符，胥归平允。通计新事情实十四起，人犯十五名，缓决六十起，人犯六十名，可矜一起，人犯一名。除分别由道堪转，亲提会鞫，汇疏具题外，所有本年秋录事宜，臣谨恭折奏闻，伏乞皇上睿鉴。谨奏。

朱批：览。

（《宫中档乾隆朝奏折》第六十八辑，第 38 页）

2856　云南巡抚谭尚忠《奏报其子蒙恩赏赐谢恩折》

乾隆五十三年四月二十一日

云南巡抚臣谭尚忠跪奏：为恭谢天恩事。

窃本年二月，恭遇圣驾巡幸津淀各省，进赋诸生荷蒙召试，臣子谭光祥欣逢盛典，叩接銮舆，蒙恩准进诗册，赏宁绸一匹，又蒙特试诗章，加赏宁绸二匹。叨被恩施，实深荣幸。

伏念臣子前于乾隆四十九年，恭应南巡召试，钦取一等一名，赏赐举人，一体会试，上荷殊恩，已为逾分，兹者载抒瞻就之城叠拜缣缃之锡臣敬闻恩命，衔感难名。惟有切督臣子光祥读书向上，勉副生成，力图报效，以冀仰酬高厚鸿慈于万一。所有臣感激下忱，理合缮折具奏，叩谢天恩，伏乞圣明睿鉴。谨奏。

朱批：览。汝子不当来试，所谓知进而不知退矣。

（《宫中档乾隆朝奏折》第六十八辑，第 38～39 页）

2857　云贵总督富纲、云南巡抚谭尚忠《奏报丁未京铜依限全数扫帮日期折》

乾隆五十三年四月二十八日

云贵总督臣富纲、云南巡抚臣谭尚忠跪奏：为恭报丁未京铜依限全数扫帮日期，仰祈圣鉴事。

窃照丁未年正运六起及加运一起铜斤，业俱依限兑发运京，节经臣等缮折奏闻在案。其末起一运，应于本年三月扫帮，所需运员，已先期赴泸领兑，并饬泸店委员作速秤发。去后，兹据云南布政使王昶详据泸店委员申报："丁未年加运二起铜九十四万九百九十一斤零，于乾隆五十三年三月初二日开兑起，至三月二十六日如数兑足，该运员罗次县知县李发源即于是日自泸州开行。"等情。详报前来。除咨会沿途督抚，臣转饬上紧催趱迅速抵京并咨明户、工二部外，伏查滇省丁未年应解正、加八起京铜，自上年八月升帮以后，俱系逐月兑发，依次扫帮，并无迟误。

至应需戊申铜斤，臣等业经预饬各厂按照拨定数目赶紧采煎，现已源源发运，并饬运催员弁照前趱办，速交泸店存贮，俟本年八月依期备兑开行，不得以开帮为期尚早，略有懈忽外，所有丁未京铜全数扫帮缘由，理合恭折具奏，伏祈皇上睿鉴。谨奏。

朱批：好。知道了。

（《宫中档乾隆朝奏折》第六十八辑，第122～123页）

2858　云贵总督富纲、云南巡抚谭尚忠《奏请以文山县知县屠述濂升署腾越州知州折》

乾隆五十三年四月二十八日

云贵总督臣富纲、云南巡抚臣谭尚忠跪奏：为极边要缺知州遴调乏员，恭恳圣恩俯准升署，以裨地方事。

窃照云南腾越州知州朱锦昌升任遗缺，前经请以鹤庆州知州瑭琮调补，业已准部议覆。兹瑭琮具报丁忧，例应回旗守制，所有腾越州员缺，应须另行选调。

该州幅员辽阔，汉少夷多，所辖各土司皆与外域接壤，实为极边最要之区。臣等公同藩臬两司详加遴选，通省知州内，非现居要缺，即人地不宜，或参罚有碍，实无堪以调补之员。惟查有文山县知县屠述濂，年四十六岁，湖北孝感县人，由监生捐府经历，分发云南试用，于乾隆四十年十一月到滇，历署禄丰、罗次、晋宁、镇雄各州县印务，补授临安府经历，调补丽江府经历，奏升今职，给咨送部引见，奉旨："屠述濂准其升署文山县知县。钦此。"于乾隆五十一年二月到任，试署期满，业经题请实授在案。该员才情明练，办事认真，且在滇年久，于边势夷情均所熟悉，参罚亦在十案以内，并无违碍。现委该员接署腾越州印务，数月以来，办理颇能裕如，以之升授腾越州知州，洵能胜任。惟历俸未满五年，与例稍有不符。谨遵人地相需之例，恭恳圣恩，准以屠述濂升署腾越州知州，则要地得有妥员整理，一切控驭抚绥，自可期有裨益。仍扣足五年前俸，另请实授。如蒙俞允，该员由知县请升知州，应俟部覆至日，给咨送部引见，恭候钦定。理合另缮该员参罚清单，恭折具奏，伏祈皇上睿鉴。谨奏。

朱批：该部议奏。

（《宫中档乾隆朝奏折》第六十八辑，第123～124页）

2859　云贵总督富纲、云南巡抚谭尚忠《奏报乾隆五十二年分滇省各厂办获铜数折》

乾隆五十三年五月十三日

云贵总督臣富纲、云南巡抚臣谭尚忠跪奏：为恭报丁未年各厂办获铜数，仰祈圣鉴事。

窃照滇省新旧大小铜厂每年办获铜斤数目，例应汇核奏报。兹据云南布政使王昶查明，乾隆五十二年分各厂共办获铜一千九十二万八千四百八十七斤零，造册详报前来。

臣等检齐各该厂月报清折，逐一确核，内汤丹、碌碌、大水、茂麓四厂获铜四百八十九万七千七百九十五斤零，宁台等二十八厂获铜四百五十五万三千八百六十六斤零，大功等十三厂获铜一百四十二万三千四十斤零，拖海等三厂获铜五万三千四百八十七斤零，较年额多办铜三十二万八千五百七十五斤零。除照例入于各厂考成案内分晰题咨查议外，所有乾隆五十二年分各厂办获铜数，理合恭折奏闻，并另缮清单敬呈御览，伏祈皇上睿鉴。谨奏。

朱批：好。知道了。

（《宫中档乾隆朝奏折》第六十八辑，第259页）

2860　云贵总督富纲、云南巡抚谭尚忠《奏报委署司道印篆折》

乾隆五十三年五月十三日

云贵总督臣富纲、云南巡抚臣谭尚忠跪奏：为委署司道印篆，循例恭折奏闻事。

窃照云南按察使王懿德奏蒙允准陛见，兹本年秋审业经办理事竣，据该司禀请，委员接署前来。

臣等查迤西道杨以湲才情明练，前经委署臬篆，于一切案件，颇能细心。此次应仍委该员署理，以便王懿德交卸起程。至所遗迤西道印务，查有楚雄府知府龚敬身，办事认真，堪以就近兼护。除分檄饬遵外，所有委署司道印篆缘由，理合恭折具奏，伏祈皇上睿鉴。谨奏。

朱批：知道了。

（《宫中档乾隆朝奏折》第六十八辑，第261页）

2861 云贵总督富纲《奏报缅甸遣目纳款投诚折》

乾隆五十三年五月二十二日

云贵总督臣富纲跪奏：为缅甸遣目纳款投诚，恭折奏闻，仰祈圣鉴事。

乾隆五十三年五月初二日，据顺宁府知府全保、署顺云营参将花连布会禀，据耿马土司罕朝瑗报称："耿马所管之滚弄江大渡，隔岸即系缅甸木邦地方，朝瑗奉委带练驻巡，以防偷越。兹于四月二十日，有缅甸酋孟陨遣大头目业渺瑞洞、细哈觉控、委卢撒亚三名，小头人十二名，跟役一百余人，恭赍金叶表文，金塔一座，驯象八只，宝石、金箔、檀香、大呢、象牙、漆盒等物，又具咨文一件，绒毡、洋布等物四种，齐至江边，恳求进贡，并称老官屯一路山高瘴大，象只难行，故从木邦前来。朝瑗当即查明属实。令来人暂住等候，先将文书接收转呈。"等情。臣当将孟陨咨呈缅文译出，据称："伊系甕藉牙第四子，自幼为僧，因兄懵驳死后，侄赘角牙袭职，淫恶不法，殄灭身亡，头人迎我掌管国事。我深知从前懵驳父子行事错谬，蒙大皇帝恩德，如天自撤兵以后不加征剿，感激实深，屡欲乞求进贡，因暹罗国时相侵扰，并移建城池，未得备办。今荷大皇帝洪福远庇，缅地得享安宁。特差心腹大头目业渺瑞洞、细哈觉控、委卢撒亚等，遵照古礼，赍送表文、象只、贡物，恳乞转奏送京，叩觐天颜，稍申下悃。"等语。

伏查孟陨系缅酋懵驳之弟，赘角牙之叔。乾隆四十七年，因孟鲁致死赘角牙，复被国人将孟鲁杀害，公立孟陨，经臣具折奏明。数年以来，毫无动静。臣惟恪遵前奉谕旨，督饬沿边文武严密巡防，不使稍有疏懈。今孟陨差遣头目具表纳款，虽情词恭顺诚恳，但缅夷性情猜疑，游移狡诈，是此来虚实，犹不可不详慎办理。（**夹批：**何必如此过虑。）臣标中军副将定住，熟谙边情，人亦细致，当即先令带同通事都司翁得胜驰赴耿马详细询问，察看情形飞报。去后，兹据该将等驰禀，"面询来目业渺瑞洞等所覆情词，均与孟陨来咨无异，且大头目内之细哈觉控，即系四十二年得鲁蕴遣令赍禀进关之孟干；又随来之小头目内之孟团，系与孟干同时进内。又孟矣系三十七年为得鲁蕴差遣入关之人，从前皆分别监禁，仰蒙特旨省释遣回，定住、翁得胜均曾认识。伊等曾受天恩，所禀祈求入贡，更为真切，并将译出表文及验明贡物录报。"前来。臣查懵驳父子跳梁不法，嗣后自相戕贼，俱伏冥诛。而孟陨自幼出家，于懵驳滋扰抗拒之处并未与闻，自为国人迎立后，即已深知悔惧。惟因内难甫平，旋与暹罗打仗，是以至今始行遣目进贡。

臣详查情形，其纳款抒诚似属真实可信，自应据情驰奏，仰候圣明训示遵行。

查现在滚弄江一带烟瘴盛发，所有来目人等以及象只、什物，不便听其驻居江外，难以稽防，致滋散失。臣当经飞饬该副将定住，会同顺宁文武点验明白，先行带至顺宁地方暂行安顿，严密防守，妥为照料，并准提督臣乌大经、腾越镇总兵刘之仁咨报，就近派拨弁兵，分段设卡，严密防范稽查。臣现奉谕旨查阅营伍，今即自省起程，驰赴该处查看情形，面向来目详询一切，亲加料理。恭候奉到谕旨准其进贡，臣即派妥干大员伴送来目，酌带跟役，恭赍表文、贡物先行起程，象只亦另派员管解送京，其余同来人众，均留郡城等候，毋庸随行，致多糜费。所有译出表文、文书，同贡物清单，一并恭呈御览。谨会同云南巡抚臣谭尚忠、提督臣乌大经恭折由驿驰奏，伏祈皇上睿鉴，训示遵行。谨奏。

朱批： 自应准来。好事，何必动疑。

（《宫中档乾隆朝奏折》第六十八辑，第312～313页）

夹片： 再查贡目三名内之业渺瑞洞一名，据称因不服水土，现患疟疾，病势颇重，虽上紧医治，未能即日就痊，恐难随同前进，并随来跟役，亦有十余人患病，今情愿带回耿马居住调理，等候事完，一同再回本国。臣查看属实，随即派员送赴耿马，并饬该土司罕朝瑷好为照料，加意防查，毋许稍有懈忽。合并附片奏闻，仰祈圣鉴。谨奏。

朱批： 即有旨谕。

（《宫中档乾隆朝奏折》第六十八辑，第312～313页）

2862　云贵总督富纲、云南巡抚谭尚忠《奏报福建、湖北两省委员运铜扫帮日期折》

乾隆五十三年五月二十九日

云贵总督臣富纲、云南巡抚臣谭尚忠跪奏：为福建、湖北两省委员运铜扫帮日期，循例奏闻事。

窃照各省委员赴滇采办铜斤，往来俱有定限。钦奉上谕："嗣后到滇办运开行，着该抚具奏，如有无故停留贻误者，即行指名参究等因。钦此。"钦遵在案。

兹据云南布政使王昶详称："福建委员大田县知县林锡龄，采买宁台等厂正耗余高铜四十四万二千五百七十五斤内，除沿途磕碰折耗铜三千八百七十七斤，实运铜四十三万八千六百九十八斤。以上年五月三十日领竣下关店宁台厂铜斤起限，扣至本年三月初三日届满，该委员林锡龄即于是日在宝宁县属剥隘地方全数扫帮出境，并未逾违。”又据该司详称：“湖北委员长乐县知县汪景苏，接运故员吕日永采买白羊等厂正耗余高铜二十万八千斤，内除沿途磕碰折耗铜一千二百斤，实运铜二十万六千八百斤。该委员汪景苏来滇接运，在宝宁县属剥隘地方照数收清，于本年四月十八日全行扫帮出境。此起铜斤并非赴厂领运，毋庸扣限。”各等情。先后详请核奏前来。臣等逐一覆查无异，除随时飞咨经过省分暨福建、湖北各抚臣。转饬接替催趱，迅速运回本省供铸，并咨明户部外，所有福建委员林锡龄、湖北委员汪景苏运铜扫帮出境日期，理合恭折具奏，伏乞皇上睿鉴。谨奏。

朱批：览。

（《宫中档乾隆朝奏折》第六十八辑，第369～370页）

2863　云贵总督富纲《奏报委署道府印篆折》

乾隆五十三年六月初二日

云贵总督臣富纲跪奏：为委署道府印篆，循例恭折奏闻事。

窃照云南迤西道杨以湲委署臬司印篆，所遗事务委楚雄府知府龚敬身兼护，当经臣缮折奏明。兹臣于途次，据龚敬身具报闻讣丁忧，例应回籍守制。查迤西道专司京运，楚雄府亦有催运之责，均应作速委署，以重责成。

查大理府知府本著，前曾委署迤西道篆，办理尚属妥协，此次仍委该员就近兼护，堪资整理。又楚雄府辖属较多，地处迤西冲要，亦必得妥员署理，方无贻误。查有澄江府知府陈孝升，办事干练，堪以委署。其所遗澄江府事务，查有候补知府孔继炘堪以委往署理。除分檄饬遵外，所有委署道府印篆缘由，臣谨会同云南巡抚谭尚忠恭折具奏，伏祈皇上睿鉴。谨奏。

朱批：知道了。

（《宫中档乾隆朝奏折》第六十八辑，第404～405页）

2864　云贵总督富纲《敬陈沿途雨水情形折》

乾隆五十三年六月初二日

云贵总督臣富纲跪奏：为敬陈沿途雨水禾苗情形，仰祈圣鉴事。

窃照云贵两省本年入夏以后旸雨、栽插情形，业经臣缮折奏闻在案。滇省四月内雨勤水足，高下田亩俱已赶插齐全，较往年早种一月。夏至前又得透雨两次，足资沾润。

兹臣查阅迤西营伍，所经云南、楚雄、大理各府属地方留心察看，禾苗已高至盈尺，葱郁可观，凡山头地角，从前未耕之土，亦俱随宜栽种，广植无遗。昨于五月二十九、三十等日，复得连宵澍雨，更与农田有益。从此旸雨一律均调，则今岁秋成又可预期丰稔。目下虽届青黄不接，而户有盖藏，食粮充裕，价值仍得平减。至黔省各属据报，二麦收成通计九分有余，洵属丰稔。芒种前后，均已得有渥泽，禾苗亦乘时栽齐，所报粮价尚属照常，并无昂贵之处。

两省民夷乐业，闾里恬熙，边关亦甚宁谧，均堪仰慰慈怀。理合恭折具奏，伏祈皇上睿鉴。谨奏。

朱批：欣慰览之。

（《宫中档乾隆朝奏折》第六十八辑，第406页）

2865 云贵总督富纲《奏报查询缅目情形及探有杨重英信息折》

乾隆五十三年六月十三日

云贵总督臣富纲跪奏：为查询缅目情形及探有杨重英信息，恭折奏闻，仰祈圣鉴事。

窃照缅酋孟陨遣目业渺瑞洞、细哈觉控、委卢撒亚等具表纳贡，臣体察情形，尚属真诚，当即据情驰奏，恭请圣训在案。臣于发折后，即自省起程，兹于六月初十日行抵顺宁，该目等率领小头目及随来人役张设缅乐，于道旁跪迎。臣查看该目情形，极为诚敬，随将该目等传至行寓，面加查询，所称感恩进贡之处，与孟陨来咨大概相符，并查验象只各务，俱与单开无异。臣正在缮折具奏间，于十二日，据耿马土司罕朝瑷禀报："遵谕于贡使遣回头目过江之后，土司复选派妥干土目司成学密赴江外探听，兹据赶回禀称：行至木邦，前途盘查严紧，不便前进，随于木邦附近地方打探，适有该处头目、跟役从阿瓦回来，探闻缅甸已将杨重英送出，于六月初一日自阿瓦起身，并尚有原留云南兵丁四名、广东客民七名一同送出。因杨重英有病，且雨水甚大，沿途行走迟漫"等语。

臣查所禀情词，虽系得自探闻，但既有起程日期，并带出兵丁、粤民人数凿凿有据，似非全虚。臣按程约计，到边需在月底月初，计期尚需时日。臣恐在彼坐守，或至该目等重视居奇，又生更变。（**夹批：**用心太过，不着要。）查大理亦系必经之路，较由顺宁程站亦无纡折，臣现将贡目人等并象只什物先行带赴大理妥为安置，恭候谕旨遵行。臣现在加派妥干员弁，仍前不动声色，密驻江边，相机办理，俟有抵江确信，即行飞报，另折具奏外，所有探闻杨重英信息缘由，合先恭折由驿奏闻，伏祈皇上睿鉴。谨奏。

朱批： 即有旨谕。

（《宫中档乾隆朝奏折》第六十八辑，第 525 ~ 526 页）

夹片： 再查此次缅酋纳贡，臣详细体察其言语举动，尚属真诚。但杨重英历年风闻现在缅甸，自当向来目等切实根究。臣随将应询机宜详晰指示定住，令其驰赴江边，面向来目逐层究诘。兹据覆称："讯据业渺瑞洞等，始以该国长孟陨掌管国事未久，不知其事为词。复诘以从前官兵攻围老官屯，尔国长懵驳恳求罢兵，各头目定议，情愿奉表纳贡，送还留人，得鲁蕴又顶经罚咒，始准撤兵，此系众目昭彰之事，即或尔国长不知详细，尔孟干系四十二年代得鲁蕴前来投禀，办理还人，何得亦推不知？随据细哈觉控即孟干供称：'从前被拘内地，蒙大皇帝释放还国。今孟干已得大头目，有生之日，皆系大皇帝天恩，孟干感激图报，尤非他人可比。此番孟陨着我进贡时，实因杨重英年老患病，诚恐中途设有事故，我等反无以自明，得罪更大，且杨重英初到我国时，得鲁蕴原要将他送出，因杨重英那时通信内地，意欲谋害缅甸，众头目再三拦阻，是以未敢放出。今我国长孟陨实恐杨重英同来，于中有阻，是我国一片诚心，仍不得邀恩收纳，终外生成。今既蒙谕，杨重英出来，于事并无妨碍。我如今即着小头目回去，详悉禀知我国长，自然送来。只求先将象只、贡物点验查收。'"该目等言明，之后即派小头目信戛觉抓、细立觉抓、南广傲矛三人，带跟役九人，由木邦一路回国。

查四十二年苏尔相回至永昌，原称有杨重英初到阿瓦，曾带信，为缅甸搜获疑忌，不敢送出，大学士公阿桂曾经奏闻。今孟干仍称恐同来偾事之说，是缅性糊涂，始终疑惧，借词迁延。现在虽据该目等遣人回国，而能否即行送出，尚难遽信。（**夹批：** 汝竟不晓事，用心于无用之地，诚思杨重英有何紧要？恐汝糊涂，一言偾事，大错了。）臣现在派委妥干员弁，不动声色，密驻江边探听该目等回信，再行奏请圣训办理。

查现在滚弄江一带烟瘴盛发，且地方散漫，诚恐难于拘束，臣即酌令该副将协同顺宁文武，将来目人等及象只、贡物暂行安插顺宁地方，严加防范，妥协照料。仍饬耿马土司罕朝瑗，于沿边要隘，照前督练严防，毋许稍有疏懈外，所有臣据报办理缘由，理合附片奏闻，恭候训示。谨奏。

朱批： 已有旨了。

（《宫中档乾隆朝奏折》第六十八辑，第 527 ~ 528 页）

2866 云贵总督富纲、云南巡抚谭尚忠《奏报广东委员运铜扫帮日期折》

乾隆五十三年六月二十日

云贵总督臣富纲、云南巡抚臣谭尚忠跪奏：为广东委员办运滇铜扫帮日期，循例奏闻事。

窃照各省委员赴滇采买铜斤，往来俱有定限。钦奉上谕："嗣后到滇办运开行，着该抚具奏，如有无故停留贻误者，即行指名参究等因。钦此。"钦遵在案。

兹据调任布政使王昶详称："广东委员广宁县知县张泳领运万宝等厂高低正耗余铜一十六万八千斤，除沿途磕碰折耗铜一千五百斤外，实运铜一十六万六千五百斤。以该委员于乾隆五十二年九月二十二日领竣下关店白羊、宁台二厂铜斤之日起限，扣至乾隆五十三年五月初九日限满。今该委员于五月初二日全数运抵宝宁县属剥隘地方扫帮出境，正在限内，并未逾违。"等情。详请核奏前来。臣等覆查无异，除飞咨广西、广东抚臣转饬接替催趱，依限运抵宝广局交收供铸，并咨明户部外，所有广东委员张泳办运滇铜扫帮出境日期，理合恭折具奏，伏乞皇上睿鉴。谨奏。

朱批：览。

（《宫中档乾隆朝奏折》第六十八辑，第601～602页）

2867　云贵总督富纲、云南巡抚谭尚忠《奏报酌请展限奏销，以昭详慎折》

乾隆五十三年六月二十日

云贵总督臣富纲、云南巡抚臣谭尚忠跪奏：为酌请展限奏销，以昭详慎，仰祈圣鉴事。

窃查滇省地丁钱粮，例应六月奏销，盐课钱粮，例应七月奏销，又藩司接收交代，例限两个月清查结报，历经遵行在案。兹新任云南藩司李承邺甫于本年六月内到滇，适当地丁钱粮奏销之期，虽一切册籍业经调任藩司王昶赶紧造办，将次齐全，而款项纷繁，需时稽核，即盐课钱粮亦均应由司核转。

臣等伏思，新官到任，首重交盘。藩库系通省钱粮总汇，历年支放，动盈百有余万，为数甚大，况滇省藩司兼理铜政，款目更属繁多，收支尤为冗杂，新旧交代之际，必须逐加磨对，彻底清厘，俾免舛错。今藩司李承邺抵任方新，六七两月之内，正值清查交代之时，所有地丁、盐课奏销，若复泥于定限，责令同时核办，头绪纷纭，限期迫促，期间综核或疏，致有错讹，所关匪细，必须宽予时日，俾该司逐案厘查，以次办理，始于帑项有裨。

臣等公同商酌，惟有仰恳圣恩，俯准递展两月之限，容将地丁、盐课奏销于八九月内分别具题，似此稍宽时日，庶藩库交代与钱粮奏销胥得次第查办，从容集事，益足以昭详慎矣。理合恭折会奏，伏乞皇上睿鉴训示。谨奏。

朱批：该部知道。

（《宫中档乾隆朝奏折》第六十八辑，第602页）

2868　云南巡抚谭尚忠《奏报晋宁州知州叶道治系藩司李承邺曾孙媳之祖，应否回避，请旨遵行折》

乾隆五十三年六月二十日

云南巡抚臣谭尚忠跪奏：为请旨事。

窃照外官回避例载：本身儿女姻亲，分属至亲，应令官小者回避；又定例：亲族、师生，例应回避者，仍照例回避，其例不回避者，不得奏请回避各等语。今据新任布政使李承邺以滇省所属晋宁州知州叶道治，系该司曾孙媳之祖，应否回避，例内并无明文，详请核示前来。

臣查本身儿女姻亲，例应官小者回避，循行已久。至曾孙媳之祖，向来鲜有同官一省者，是以例无回避之条。但藩司为通省考核大员，上下衙门防闲宜密，曾孙媳之祖虽与本身儿女姻亲有间，而曾孙媳则四代一堂，恩义綦重，于其内戚往来，尤人情所不能禁。况查乡会试主考官，向例不必回避者，近奉新例，亦应回避，则凡姻谊所关，似当就其分之未疏者以示远嫌。所有晋宁州知州叶道治，既系藩司李承邺曾孙媳之祖，应否回避之处，理合会同云贵总督臣富纲恭折具奏，伏乞皇上睿鉴训示。谨奏。

朱批：该部议奏。

（《宫中档乾隆朝奏折》第六十八辑，第606页）

2869　云贵总督富纲《奏报遵旨传谕缅甸贡使及委员伴送起程日期折》

乾隆五十三年六月二十一日

云贵总督臣富纲跪奏：为遵旨传谕缅甸贡使及委员伴送起程日期，恭折覆奏，仰祈圣鉴事。

窃照缅甸国长孟陨遣目具表恳求进贡，经臣据情缮折奏请圣训。兹于本年六月十九日，接准大学士伯和珅字寄：“六月初五日，奉上谕：该督接奉此旨，即一面遴派妥员护送该头目等迅速前来行在，呈进表物。如能于万寿以前赶到热河固好，若计算日期，八月初旬前后不能赶到，即于出哨前赶到热河祗候。维时，蒙古诸王公皆扈跸山庄，俾远国贡使同入筵宴瞻觐，尤为盛事。其所进象只，若沿途累重难行，不妨另委妥员按程护送至京，以免迟滞。惟须饬令派出之员带同大头目等亲赍表文、贡物赶紧行走，如期赶赴，勿误为要。至根究杨重英一节，富纲所办甚属大错，并着该督即传知该头目等，以此事系伊办理错误，前已具折奏闻，今大皇帝旨到，将伊严行申饬。所有该国恳请进贡，业经具奏，荷蒙大皇帝加恩允准，即令该头目等起程进京。如此旨到时，其续派回国之小头目已经带同杨重英到滇，即另委妥员解京。如此旨到日，杨重英尚无送出之信，并着该督传知该头目等，令遣小头目速回该国，告知该国长，以杨重英职分甚小，又系无足轻重之人，此次送出与否，均无关紧要。况杨重英在该国居住多年，亦无颜再回，竟不必复行送出之语，恺切晓谕，使之不生疑畏，方为妥善，仍一面先送该头目等速来行在，不必等候此信。将此由六百里加紧传谕知之。仍将接到谕旨后如何遵谕传知该国贡使及何日派员伴送该头目等起程，约于何时可到热河之处，仍由六百里迅速先行覆奏。钦此。”钦遵。寄信前来。

伏查缅甸遣目具表纳款，昨臣亲抵顺宁察看情形，实属恭顺诚敬。当将贡物查验，一面带同来目先至大理府城祗候，并将缘由缮折奏闻在案。兹钦奉谕旨，臣当即传集缅目细哈觉控、委卢撒亚等，将皇上恩准收贡及申饬臣办理错误缘由详晰面为宣示，并令通事都司翁得胜反覆传谕。该头目等跪聆之下，连连叩首，据称："蒙大皇帝如此加恩，非特头目等镂心刻骨，即国长孟陨闻知此信，亦必倍加感激，永戴天恩。"臣体察该头目等言词光景，其欢欣鼓舞实出于至诚。

查此次缅甸遣来正使大头目业渺瑞洞、细哈觉控二人，副使头目委卢撒亚一人，前因业渺瑞洞在顺宁染患疟疾，禀恳回至耿马居住，经臣差弁送交耿马土司罕朝瑷好为调养，迄今尚未痊愈。应即令正副使细哈觉控、委卢撒亚二人，带头目四名、跟役二十二名，内能作缅乐者六名，一同带领，恭赍表文、贡物，分起间日行走赴京。其沿途一切，必须大员伴送，方可妥速。查原任迤南道贺长庚，现须送部引见。该员前曾委送南掌国贡使，诸事熟练，今即委令会同署顺云营参将花连布，带同通事都司翁得胜、副通事兵丁冶在朝小心伴送。于六月二十一日，臣亲加照料，遣令起程，所需夫马、日食各项及护送兵役，臣一面飞咨沿途督抚臣转饬一体预备应付，臣于该目等起程之先，各加筵宴、赏赉，并知会云南抚臣谭尚忠、贵州抚臣李庆棻，沿途派员照料，并俟该目等到省，酌量宴赏，以仰副皇上柔远绥来之至意。

至自滇抵京，道途遥远，而大理又距省十二站，计至八月初旬仅五十日，贡使头目人等恐难依期赶赴。恭计圣驾出哨之期为日尚宽，臣现在切嘱委员，率同来目赶紧遄行，务于八月底驰抵热河敬谨祗候，断不致稍有迟误。所有象只，臣现亦派员随后起程解京。其余遣回头目及跟役人等，臣亦逐加赏给，另派妥员送赴耿马，同患病之大头目业渺瑞洞，一并先行回缅。

再该国长孟陨有送臣绒毡、缅布等物四种，虽例不准受，但该头目等情词恳切，若竟拒而不纳，诚恐转滋猜疑。臣已作为照数留存，随同贡物一并恭呈御览，仍即从优备物，交先回之头目人等带送该国长，以答其将敬之忱。合并声明。

所有臣钦遵谕旨传谕缅目及委员伴送贡目等起程日期，谨恭折由驿六百里先行迅速覆奏，伏祈皇上睿鉴。谨奏。

朱批：知道了。

（《宫中档乾隆朝奏折》第六十八辑，第609～611页）

2870　云贵总督富纲《遵旨覆奏奉到谕旨办理缅目纳表进贡事宜折》

乾隆五十三年六月二十二日

云贵总督臣富纲跪奏：为遵旨恭折覆奏，仰祈圣鉴事。

乾隆五十三年六月二十一日，接准大学士伯和珅字寄："六月初六日，奉上谕：昨因富纲奏缅甸遣使赍表进贡纳款一折，另片奏称该头目等此次未带杨重英同来，向其跟究，现经该头目等遣人回国，未稔能否即行送出等语。所办大错，已降旨严饬，并谕令传知该头目等遣小头目速回该国，告知该国长，以杨重英无关紧要，竟不必复行送出矣。朕反覆思之，该督此奏实属错误，无谓之极！虽该国遣来之头目人等及象只、贡物现已送至顺宁安顿，断无虞其复有翻悔，但该国既已悔罪投诚，赍表纳款，此系好事，何所用其猜疑？而杨重英又何足重轻？乃复向其根究。设该国长见该督因其未经送出，差人回国索取，心怀疑畏，殊觉阻其向化之心。富纲饬令该头目等遣人回国，目下谅早已起程。如此旨到时，该国已将杨重英送出，亦属好事。若尚无送出之信，即着该督遵照昨降谕旨，恺切传知该头目等，以此事系伊办理错误，业经具折奏闻，今大皇帝旨到，将伊严行申饬。该督再令遣派小头目一名，星速回国，若能赶上前次遣回之小头目，告知杨重英系无关紧要之人，已有旨不必复行送出等语，恺切晓谕，使该国长不致心生疑畏，更为妥善。至此次缅甸遣来之大头目止有三名，而此外小头目及跟役人等尚有百余人。该督不可以大头目系紧要之人，伴送来京，其余人等即留于滇省。该国遣来之人，总计其留看行李一半，其来者一半，亦不过五十余名，沿途派员护送，有何不可？使之同赴行在，瞻仰中国富庶，伊等回国，转相传述，必更畏威怀德，更足以坚其孝顺之诚。至贡使等前赴行在，昨已有旨，令其迅速行走，若能于万寿前到来固好。但思顺宁距热河已及万里，即以每日一百五十里核算，行走亦须七十余日，八月初间必不能赶到。况沿途过于催趱，设大小头目中有不耐劳顿，致形疲乏者，亦非体恤怀柔之道。着再传谕该督，饬令伴送之员妥为照料，竟于九月初旬赶到热河。维时蒙古诸王公皆扈跸山庄，使之同入筵宴瞻觐，尤为盛事。或即令其赶进木兰，俾观秋狝巨典，共知天朝骑射娴熟，益仰武威，亦无不可。将此由六百里加紧发去，再行谕令知之。仍将接到谕旨如何遵照传知及前次遣回小头目计算能否赶上传谕之处，仍由六百里覆奏。钦此。"钦遵，寄信前来。伏查缅甸遣日纳款输诚臣于六月十九日接奉谕旨，当将钦遵传谕来目及委员伴送于二十一日自大理起程日期，由驿迅速奏闻在案。兹复恭诵圣谕，仰见皇上加惠远人，谆谆训诫之至意。

查此次缅甸差来大小头目十五名，跟役一百八名，内该头目先在滚弄江遣回小头目三名，跟役九名。臣前在顺宁留心察看，其随来之跟役中，半系抬送贡物、喂养马匹及象只奴人等，率皆粗蠢。其头目实在跟丁原不及半，所有贡物、头目人等，于进顺宁时，俱以内地人夫接替，即将原来抬夫先行遣回。又大头目业渺瑞洞因病先回耿马，带去小头目二名，跟役及患病者共十余名。其余大头目二名，小头目七名，跟役连象奴共四十七名，臣俱带至大理。昨蒙恩旨，准令送京。当即面询该目细哈觉控，据称伊等行李无多，各皆随身携带，毋庸留人看守，且蒙大皇帝如此加恩，急须遣人回缅告知该国长，使之及早闻信，欢欣感激等语。是以臣令其余小头目中择其言语明白者二名，带同跟役十二名，于本月二十日起身先行回去，并派小头目一名、象奴十三名照料象只。其送京大头目二名，小头目四名，跟役二十二名，皆系臣于其中择其明白、尚董事体者，带同赴京，昨已开单奏闻。兹蒙谕旨，不妨多遣送京。仰见恩施普被。计昨遣回目役起程不过二日，原可拨添数名送京，但该目等业已起程，若于中途复令赶回，恐致反滋疑虑。（**夹批：**是。）臣现飞饬委员贺长庚等，总须沿途察看情形，若该目等力量尚能加紧，即率领尽力趱行，赶赴木兰，俾得与观皇上秋狝巨典，益仰盛世武威。即或行程未能过速，恭计圣驾出哨以前，总可赶抵热河，敬谨祗候，断不致稍有迟误。

至蒙垂询此次遣回之人能否赶上前次遣回小头目传谕之处，臣查缅目细哈觉控初次遣人回国，系五月十一日，从滚弄江起程，昨遵旨遣回头目，系于本月二十日起程，相隔已一月有余，且前据耿马土司罕朝瑗探报，缅甸于六月初一日，已将杨重英送出。如果此信不虚，是前次遣去之人已抵本国。该国长业已倾心顺服，似又须酌看情形，期归妥善。（**夹批：**有何酌看处？汝竟糊涂至此乎？）但臣按程约计，须于七月初方可送抵边界。而自边至大理又相距二十站，即使如期送至，别无稽迟，亦须七月中旬方得信。臣惟有凛遵圣训，倍加谨慎，断不敢稍纵轻率外，所有奉到谕旨及臣办理缘由，理合恭折由驿六百里先行覆奏。

再此次贡象，臣现亦派委署臣标游击事候补都司成文管解，于二十四日自大理起程。合并陈明。谨奏。

朱批：已有旨了。

（《宫中档乾隆朝奏折》第六十八辑，第617～619页）

夹片：再此次缅甸遣目到边输诚纳款，臣于具奏后不即委员送京，而杨重英系无足重轻之人，不关紧要，乃臣拘泥糊涂，（**夹批：**诚然。）复向来目查询，办理实属错谬。兹蒙圣明指示训饬，臣跪诵之下，惶悚靡宁。查杨重英自缅送出信息，昨据耿马土司禀报，经臣于本年十三日附折奏闻，现在尚无别信。臣惟有凛遵圣训，诸事倍加谨慎，不敢稍涉矜张，以期仰报高厚鸿慈。仍俟探有的音，再行恭折具奏外，合并附片奏闻。谨奏。

朱批：览。

（《宫中档乾隆朝奏折》第六十八辑，第620页）

2871 云南巡抚谭尚忠《奏报缅甸贡使经过省城日期及从优宴赏缘由折》

乾隆五十三年六月二十八日

云南巡抚臣谭尚忠跪奏：为缅甸贡使经过省城日期及从优宴赏缘由，恭折奏闻，仰祈圣鉴事。

窃照缅甸国长孟陨遣目赍表到边恳求进贡，经督臣富纲据情会奏，钦奉恩旨允准，令即遴派妥员护送该头目等迅速前来行在，呈进表物，务于出哨前赶到热河祗候等因。仰见我皇上柔远绥来，仁周义洽。督臣奉到谕旨，当即派委原任迤南道贺长庚，会同署顺云营参将花莲布，带同通事都司翁得胜、副通事兵丁冶在朝，伴送正副使细哈觉控、委卢撒亚二人、头目四名、跟役二十二名，恭赍表文、贡物于六月二十一日自大理府起程，加紧行走，务期八月底赶赴热河，一面驰折奏报，一面知会前来。

臣查迤西各属州县所需夫马供亿，督臣早已就近饬备。其自省以东至出境之平彝一路应需人夫马匹及尖宿公馆，臣先准贵州抚臣李庆棻咨会廷寄上谕，着令沿途妥速预备护送。即经飞檄各该地方官预为宽备停妥，并责成该管知府往来董理，俟该贡使等到境，迅速照料遄行，毋许稍有迟滞。嗣接督臣知会起程日期，复又驰檄饬遵，可期应付无误。

伏念云南省会为督抚司道驻扎之地，际此边外远人倾心向化纳款，奉琛宣德意而示华风，一切礼仪须从优厚。臣先将到省筵宴及各项赏赉常例之外宽为备办，经过塘汛，添拨弁兵，鸣锣击柝，进城出城之西南两郊，摆列队伍，仍酌派省标将备分投弹压稽查，以昭整肃而壮观瞻。

臣思此次缅目趋诣行在，计期已届深秋，北地早寒，皮衣在所必需，而道出黔楚等省，气候犹热，又需单夹衣服，现俱逐一备办齐全，（**夹批：**太过了。）同应赏各项，亲加验明贮候。兹据派委之该道将于六月二十七日酉刻伴送贡使人等及表物抵省，安顿城内高大公馆，悬灯结彩，款以酒食。臣于次早，饬传该贡使等至署，率同司道面见，极其恭敬。随于大堂张筵演戏，加倍赏赉。该贡使等望阙叩谢，欢声喜色盈溢耳目，其感激天朝优待，忻悦之意实出至诚。臣即令该道将于二十八日伴送前行，沿途派员照料。六月小建，约计七月初一二可出滇境入黔省首站。除再檄饬滇属经过州县妥速照料护送，一面飞咨贵州抚臣一体接护外，所有缅甸贡使经过省城日期及从优宴赏缘由，臣谨恭折驰驿奏闻，伏乞皇上睿鉴。谨奏。

朱批：览。

（《宫中档乾隆朝奏折》第六十八辑，第685～686页）

2872　云南巡抚谭尚忠《奏报举人重遇鹿鸣，请广皇恩一体与宴，以昭盛典折》

乾隆五十三年六月二十八日

云南巡抚臣谭尚忠跪奏：为举人重遇鹿鸣，请广皇恩一体与宴，以昭盛典事。

窃照乾隆己酉乡试正科，钦奉恩旨，于五十三年八月预先举行。兹有临安府属石屏州举人赛玙，由府学附生中式雍正己酉科乡试举人，曾任四川珙县知县，回籍以来，已经三十余载，现年九十二岁。（**夹批**：有旨赏进士矣。）届当本年八月，再遇举行己酉科乡试。据该州详请重赴鹿鸣筵宴，批司详核前来。

臣钦惟我皇上日星为纪，云汉作人，五十三年之雨润风和，群安寿宇，一十八省之珠联璧合，共庆熙台。兹值宾兴，喜征人瑞。如临安府举人赛玙者，志奋丁年，名题乙榜，宰邑而思明试，吏版曾登，归田而励纯修，乡评适协，夙辉夙览。岁将近乎，期颐鹿宴今开，序适周乎甲子。遴嘉辰以合衎，命宿德以偕游。鼓瑟吹笙，令典荣符于千叟。需云湛露，恩光愿奉于万年。臣职备监临，心钦乐恺。

窃念文闱盛事颂溢边隅，均因圣泽遐敷，光增斗极。所有该举人吁请重赴鹿鸣筵宴缘由，合先据实恭折具奏，伏祈皇上睿鉴。谨奏。

朱批：好。知道了。

（《宫中档乾隆朝奏折》第六十八辑，第686～687页）

2873　云南巡抚谭尚忠《奏报滇省雨水田禾情形折》

乾隆五十三年六月二十八日

云南巡抚臣谭尚忠跪奏：为奏闻事。

窃照滇省地方本年夏至前后雨水田禾情形，经臣于五月二十九日缮折陈奏在案。六月以来，省城大雨时行，高原下隰无不潴蓄有资，较之往年尤为雨勤水足。禾苗沾润，早者现已抽穗扬花，迟者亦多含苞，远近各属报到情形均与省城相仿。臣亲诣农郊，循行劝课，目击庄稼茂好，遍野青葱。立秋伊迩，从此时雨时旸，咸臻顺叙，则边徼收成，今岁可期倍稔。兹当青黄不接之候，粮价虽易增长，而户有盖藏，纷纷运粜，市值仍称平减。闾阎熙皞，四境敉宁。臣谨恭折奏闻，仰慰圣怀，并将五月分通省粮价另缮清单敬呈皇上睿鉴。谨奏。

朱批：知道了。

（《宫中档乾隆朝奏折》第六十八辑，第687页）

2874　云贵总督富纲《奏报滇黔两省旸雨应时、田禾畅茂情形折》

乾隆五十三年七月初四日

云贵总督臣富纲跪奏：为旸雨应时、田禾畅茂，仰慰圣怀事。

窃照滇黔两省今夏雨勤水足，栽种及时，并臣经由之云南、楚雄、大理等府属地方禾苗情形，业经臣缮折奏闻在案。查小暑以后晴雨相间，极为调匀，不特平畴积水充盈，即山田亦多潴蓄。正当禾苗盛长之际，得此雨润日暄，甚于农功有益。

臣由顺宁至大理，复赴永昌、腾越、龙陵、鹤丽查阅营伍，沿途留心察看，高下田禾均极茂盛，其早种者已有含苞吐穗。而近边土司地方气候较暖，所种之禾并多扬花结实，弥望青葱，可卜秋成丰稔。目下虽届青黄不接，而余粮出售者多，市米充裕价值称平。闾阎咸知缅甸纳款输诚，共颂圣德覃敷，莫不欢欣鼓舞。至贵州各属，据报得雨沾足情形，与滇省大概相似。禾苗获此滋培，自更乘时畅发。市卖粮价亦俱照常。

两省民夷乐业，地方宁谧，均堪仰慰慈怀。理合恭折具奏，伏祈皇上睿鉴。谨奏。

朱批：知道了。

（《宫中档乾隆朝奏折》第六十八辑，第733页）

2875　云贵总督富纲《奏报查阅滇省迤西营伍情形折》

乾隆五十三年七月初四日

云贵总督臣富纲跪奏：为查阅滇省迤西营伍情形，分别等次，恭折具奏，仰祈圣鉴事。

窃臣自省起程，查阅迤西营伍，业经附折奏闻在案。臣先至顺宁，阅看顺云营官兵，次阅景蒙提标、城守营，并于委员伴送缅甸贡目起程赴京之后，即驰赴永昌、腾越、龙陵、鹤丽等镇协，依次考验。其附近之维西、剑川、永北三协营，亦俱调至鹤丽合同操演。

臣逐一留心校阅，所有该标镇协营，阵式、步伐整齐，连环枪炮不特声势齐截，抑且施放捷速，即各项杂技亦俱纯熟。其弓箭、鸟枪两项，箭兵每名射五矢，枪兵每名打三枪，其中着靶成数均能逾于定例，内提标、鹤丽镇、腾越镇、维西协、大理城守营均堪列为一等。此外永昌、龙陵二协，顺云、景蒙、永北、剑川四营，虽按排均足成分之数，然较之提标，究属少逊，应列为二等。至将备、千把、外委员弁，年俱壮健，骑射可观，询以行军纪律，各能登答详明。惟龙陵协外委马升，弓马软弱，人亦平常，现在咨部斥革。凡技艺最优之兵，臣俱逐加奖赏，内有技艺生疏者，当场责处，以示劝惩，并饬交该管营员勒限学习，务期一律纯熟。至各处汛塘兵丁，或臣便道亲看，或委员分路查验，兵技尚不生疏，亦无老弱、缺额之弊。应贮军装钱粮，逐处点盘，俱系完整足数。马匹亦俱膘壮，并无缺额。臣仍谆饬各该将备照前认真训练，勿稍疏懈，俾技艺益底精纯，咸成劲旅，以仰副皇上谆谆训诫、修明武备之至意。所有臣阅过提标等镇协营官兵，理合分别等次，恭折具奏。

再楚雄协、武定营二处，容臣于回省时，再行顺道阅看具奏。合并陈明，伏祈皇上睿鉴。谨奏。

朱批：知道了。

（《宫中档乾隆朝奏折》第六十八辑，第734页）

2876　云贵总督富纲《奏报缅甸将杨重英等全行送出折》

乾隆五十三年七月初八日

云贵总督臣富纲跪奏：为奏闻事。

窃臣前据耿马土司罕朝瑗探报杨重英自缅甸起程信息，业于六月十三日缮折由驿奏闻在案。兹于七月初八日戌刻，据土司及臣前差驻边景蒙营游击固宁阿禀报：“缅甸差前次回缅之小头目细立觉抓等将杨重英送出，于六月二十五日过滚美江，七月初二日已抵耿马，并带出兵丁祝希恺、刘耀宗、高应贵、赵升逵四名，又广东民人七名，除在途受瘴病故两名外，已到陈觐可、余春、罗送、林赐、陈极等五名。职等俱已按名接收，查看杨重英，现患痢疾，尚未痊愈，气体甚弱，手足不能动履，其所穿衣服，俱系内地式样，现在照料小心管押前进。”等情。臣查缅甸于具表纳款之后，又将杨重英及迷失兵丁、广东民人等赶紧全行送出，益见该国长倾心向化、恭顺感戴之忱。

至送出兵丁，臣检查档册，从前造报失迷项下实有该兵等姓名。臣现飞饬该员弁好为照料防护，迅速送至大理。臣即将杨重英亲加查询，并遵旨派委妥员迅速送京。其同出之兵丁及广东民人，亦即确加详讯。另折具奏外，所有杨重英业已接收缘由，理合先行恭折由驿奏闻，伏祈皇上睿鉴。谨奏。

朱批：好。知道了。

（《宫中档乾隆朝奏折》第六十八辑，第764页）

2877　云贵总督富纲《奏陈据报杨重英病故缘由折》

乾隆五十三年七月十一日

云贵总督臣富纲跪奏：为奏闻事。

窃臣昨据前委驻边景蒙营游击固宁阿禀报，缅甸送出杨重英并兵丁四名、广东客民五名过江到耿日期，即经臣缮折由驿驰奏在案。兹于七月初十日，续据游击固宁阿并委赴接递杨重英之云州知州范栩禀报："杨重英于六月二十五日过江，职等带同认识杨重英之标弁张禧寿、兵丁杨发等认明接收，见其染患痢疾，气体甚弱，遍体浮肿，不能动履。接收后，沿途小心照料，加意调理。奈病势沉重，饮食减少，时发昏迷。于初二日行抵耿马，至夜病势益重，痰忽上壅，延至七月初三日辰刻身故。"等情前来。

臣查杨重英，前据探报虽系带病起程，但沿途行走已及一月，尚能支持，乃一入内地，甫经委员等接收，行未数日即至身故，是否实系病毙，自应详加查询，以归确实。臣当即饬委护迤西道本着，带同谙练仵作驰赴耿马，详细查验，务得实情。臣俟该护道验详，并将同出兵丁等押解至日，再行确讯，详细取供，据实具奏。一面将同出兵丁祝希恺等四名，委员管押送京备讯外，所有据报杨重英病故缘由，理合先行恭折由驿具奏，伏祈皇上睿鉴。

朱批：览。

（《宫中档乾隆朝奏折》第六十八辑，第776～777页）

2878　云贵总督富纲《遵旨覆奏到顺宁后未将查询缅目纳款输诚情形速行驰奏等缘由折》

乾隆五十三年七月十三日

云贵总督臣富纲跪奏：为遵旨恭折覆奏事。

乾隆五十三年七月十二日，接准大学士伯和珅字寄："六月二十五日，奉上谕：据富纲奏缅甸遣使赍表进贡纳款一事，发折后即自省驰赴顺宁。计顺宁至省不过一千二百里，以行走八九日核计，该督自早已前抵该处。若到彼查询一切后即行由驿具奏，计此时早当奏到，何以尚未据富纲将查询情形续行奏及？岂伊欲俟该头目等将杨重英送出确信再行具奏？抑欲俟前次奏到之折发回，接奉后再行覆奏耶？则更糊涂，不知事矣。此事自富纲奏到后，朕深切系念，富纲岂不知之？何不晓事、不知缓急若此？着传谕该督，即将到顺宁后因何不速行驰奏缘由，及该头目等现在是否业经起程，约于何时可抵行在之处迅速由驿驰奏，勿致延缓，自干咎戾。将此由六百里加紧再行传谕知之。钦此。”钦遵，寄信前来。臣跪诵之下，仰见我皇上筹念边隅、谆谆训诫之至意。

臣查云南省至顺宁府路程，诚如圣谕，不过一千二百余里，原可无需多日。缘臣于五月二十二日拜折后起程适逢阴雨连绵，而自蒙化厅以西，跬步坡岭，山水盛涨之际，处处河流涌急，渡涉需时，更有必须纡道前进之处，是以行程未能加速，于六月初十日始抵顺宁，当将查询缅目情形及带同前赴大理缘由，于十三日缮折由驿奏闻。（**夹批：**不通。糊涂之极！不料汝不晓事至此也。）嗣奉谕旨恩准收纳，臣即于大理委员伴送，料理来目恭赍表文、贡物，于二十一日自大理起程，一面缮折由驿驰奏各在案。

查贡目起程以来，节据滇黔二省经由州县禀报，缅目一路欢欣，行走踊跃，于本月初八日已抵贵阳，刻下应已入湖南省境，计期尽可赶进木兰，瞻仰皇上行围盛典。惟臣前次奏报稍迟，以致仰廑慈怀。臣跪诵圣谕，实深惶悚。所有臣前奏迟延缘由，谨遵圣谕，恭折由驿覆奏，伏祈皇上睿鉴。谨奏。

朱批：览。

（《宫中档乾隆朝奏折》第六十八辑，第798～799页）

2879　云贵总督富纲《奏报安南内讧，遵旨办理严防边境情形折》

乾隆五十三年七月二十四日

云贵总督臣富纲跪奏：为钦奉上谕，恭折覆奏，仰祈圣鉴事。

乾隆五十三年七月二十二日戌刻，接准大学士伯和珅字寄：“七月初十日，奉上谕：前据孙士毅等奏，安南嗣孙黎维祁眷属，因被土酋追杀，叩关吁诉，现将该眷属等移入南宁安插，已于附近地方营分战兵内密为挑选一千名，协同龙州兵丁分布关口，并挑选二千名在本营伺候，以备饬调。本日，又据孙士毅奏，广西太平府、广东廉州府，云南开化、临安二府，均与安南壤地相接，请敕令左江镇、高廉镇及开化、临元二镇，各于本处整饬兵马船只，操练扬威，以壮声势等语。安南虽被阮岳攻占黎城，黎维祁现赴山南等处纠集兵民恢复，但恐该国匪犯有逸入内地关隘情事，太平、廉州、开化等府属与安南境壤，俱属毗连，各该关隘处所即应严为防范。除左江、高廉二镇为孙士毅所辖，已谕令孙士毅饬知该二镇妥为遵办外，着传谕富纲，即饬令陈大绶、孙起蛟，于开化、临元二处与安南相接隘口多派弁兵，备齐器械，分为布置，以壮黎维祁等恢复声势。并着严密防堵，如该国贼匪竟敢有拦入边境之事，该镇等即率领弁兵四路截杀，其或有潜行逸入者，亦即尽数擒拿，勿使得有一人纵逸，但不得稍事张皇为要。仍着将开化、临元二镇作何调度防诸之处即行覆奏。将此传谕富纲，并谕陈大绶、孙起蛟知之。又此事与缅甸无涉，富纲办理此事，不可令缅甸致疑。贡使才行内地，有备兵之事，则误事之罪，富纲担不起。若急切不得主意，速与孙士毅商之。钦此。”钦遵。寄信前来。

查安南国嗣孙黎维祁眷属被土酋阮岳追杀，臣前准广西抚臣孙永清咨会，当即驰檄开化、临元二镇府及广南文武，督饬沿边汛卡、兵练加紧巡防，并将办理缘由附折奏闻在案。臣复密派干弁分往各汛卡逐一查察，据报防查兵练甚为严紧，现在边外亦无动静，地方亦极宁谧。兹恭诵圣谕，仰见我皇上柔远绥边、谆谆训诫之至意。

臣查滇省开化、临安、广南三府地方，地居安南国西北二面，均与安南之宣光、兴化等处相通，俱系该国偏僻处所，离内地边界自三四百里至八九百里不等，且烟瘴最盛，向来人鲜往来。但该国嗣孙黎维祁现在纠集兵民以图恢复，自应于内地沿边关卡多派兵练严加防范，遥为声势，且将来贼匪溃散，保无窜入内地之事，则防范堵御倍应加严，庶可备截杀而防窜越。查开化一镇，多与安南地方联界，原设卡汛亦多驻兵自数十名至百余名不等，共计一千余名，内惟马白一汛为通边总路，尤为紧要。今臣拟于开化镇备战兵内，择其勇健能耐烟瘴者五百名，于马白汛加派二百五十名，连本汛兵丁，合共四百名，足资防守。并派现署开化镇中军游击之候补参将勒尔谨带干练守备一员，率同原驻千把前往巡查，其余二百五十名，分派各汛，俱选干练千把、外委率领驻巡，并令参将勒尔谨就近督率稽查。此外，各卡向俱拨练巡查，今每卡亦俱酌量加添土练，以资严密。其临元镇地方通边较少，向只分设二汛三卡。今拟于备战兵内每汛加添一百五十名，广南三汛，每汛加添兵五十名，其余原有各卡亦俱添派土练协同防守。所需器械、旗帜，务择锐利鲜明，分配带往，并多备火药、铅丸，令带领备弁在汛不时操练、会哨，务期声势相联，互有照应，以壮边威。

查开化镇总兵孙起蛟，临元镇总兵陈大缐，办事尚属干练，且俱曾经行阵。臣现在飞札该镇，令其迅速照数拣选派拨，前往驻防。该镇等亦不时带领将备亲赴巡查，如有安南贼匪拦入，即率弁兵四路截杀，或有潜行逸入，亦即尽数擒拿，勿使一名纵逸。如在汛弁兵少有怠惰情弊，立即参处。至该二镇存城兵内尚多备战兵丁，臣拟每镇再行挑备五百名，更加勤练，既可以备添拨之需，而边外一带亦可以壮声威。此系仰蒙皇上矜恤外藩，为安南嗣孙黎维祁恢复之计。在沿边声势，自当加意宣扬，而内地办理总宜镇静，不得少涉张皇。（**夹批：**是。）

至此次备战，系在滇省东南，与缅甸之远在省西者绝不相干，况贡使缅目现已出境，即解象目役亦俱由省接替，派员伴送回国，自可不致猜疑。（**夹批：**何用说。）惟臣识见短浅，荷蒙皇上体恤矜全，令将不得主意之处与孙士毅商之。（**夹批：**是。）臣将现在办理情形札知孙士毅，并嘱其将广西省现在如何布置随时寄知。此后，臣或一时有不得主意之处，亦即遵旨札商孙士毅。总期事归妥协，有裨边防。

所有奉到谕旨及臣办理缘由，谨恭折由驿具奏，伏祈皇上睿鉴。谨奏。

朱批：览奏俱悉。

（《宫中档乾隆朝奏折》第六十九辑，第43~46页）

2880　云贵总督富纲、云南巡抚谭尚忠《奏报滇省委员督运湖北采买铜斤扫帮开行日期折》

乾隆五十三年七月二十八日

云贵总督臣富纲、云南巡抚臣谭尚忠跪奏：为滇省委员督运湖北采买铜斤扫帮开行日期，循例奏闻事。

窃照湖北委员、黄州府通判周方炯来滇接运已故委员于兆熊采买竜岜、白羊等厂正耗余铜二十万八千斤，俱经依限领竣，运抵宝宁县属之剥隘地方。该员在境患病，先将铜斤发运百色，旋即身故。

当查各省委员采办滇铜，未报扫帮出境以前，如有病故，向系咨明该省，另行委员来滇接运。今湖北省需铜孔亟，且周方炯系接办已故于兆熊承运之铜，若待该省另行委员到滇接运，未免益滋迟滞。经臣等会疏，方炯承运铜斤，督同该家属先行赶运扫帮出境，一面飞咨湖北抚臣委员星驰起程，由湖南岳州、长沙、衡州、永州一带迎赴粤西境内交替接运，以期迅速在案。兹据云南布政使李承邺详称："委员王溥押运该故员周方炯前项滇铜二十万八千斤，除沿途磕碰折耗铜一千二百斤，实运铜二十万六千八百斤，于乾隆五十三年五月三十日自百色接收清楚，全数扫帮前进等情，详请核奏。"前来。

臣等覆查无异，此起铜斤，已准湖北抚臣委员李英迎赴接运，咨会到滇。除飞咨经过之广西、湖南两省暨湖北抚臣转饬沿途催趱，仍令王溥无论行至何处，一遇李英迎到，即行交替接运，俾得速供宝武局鼓铸，并咨明户部外，所有滇省委员王溥督运湖北故员周方炯承运铜斤扫帮开行日期，理合恭折具奏，伏祈皇上睿鉴。谨奏。

朱批：览。

（《宫中档乾隆朝奏折》第六十九辑，第109页）

2881　云贵总督富纲、云南巡抚谭尚忠《奏报迤南道缺需员，恭恳圣恩简放折》

乾隆五十三年七月二十八日

云贵总督臣富纲、云南巡抚臣谭尚忠跪奏：为极边道缺需员，恭恳圣恩简放，以裨地方事。

窃照云南迤南道贺长庚因公降调，前因拣调乏员，经臣等会折，奏请以楚雄府知府龚敬身升授，仰蒙圣鉴在案。兹查龚敬身已经丁忧，例应回籍守制，所有迤南道一缺，又须另行选补。

伏查该道驻札普洱府城，地处极边，兼有烟瘴，一切控驭抚绥责任綦重，非老成明练之员弗克资其整理。臣等公同藩臬两司逐加拣择，通省道员共止五缺，或现居紧要，或人地未宜，固属无可遴调，即应升知府中求其堪膺是缺者，一时亦实不得其人，边疆要缺未便久悬。臣等再四筹酌，惟有仰恳皇上天恩，简放一员来滇，庶治理得人，地方可期有裨。谨合词恭折具奏，伏祈皇上睿鉴。谨奏。

朱批：已有旨了。

（《宫中档乾隆朝奏折》第六十九辑，第110页）

2882　云贵总督富纲《敬陈雨水田禾情形折》

乾隆五十三年七月二十八日

云贵总督臣富纲跪奏：为敬陈雨水田禾情形，仰祈圣鉴事。

窃照云贵两省今夏雨水充足，禾苗畅茂，及臣所经迤西各属田禾情形，节经缮折奏闻在案。交秋以后，正禾苗吐穗扬花之际，尤赖雨泽调匀，方足以资长养。

兹查滇省自立秋至今，或阵雨经时，或阴晴相间，旸雨极为合宜。臣于七月二十日由大理回至省城，察看沿途，高下田禾俱已抽穗扬花，一律茂盛，瞬届秋成，洵可预卜丰稔。本年预行己酉乡试，目下多士云集，保无匪徒混杂，乘间绺窃之事，臣先派拨弁兵分路巡查，现在省城内外甚属宁静。而闾阎知丰收在即，乐业安恬，倍形熙皞。至黔省各属节据具报，七月上中两旬，每旬得雨二三次不等，禾苗获此济润，更与农功有益。两省市卖粮价尚俱照常，并无昂贵。民情悦豫，边关亦甚宁谧，均堪仰慰慈怀。臣谨恭折具奏，伏祈皇上睿鉴。谨奏。

朱批：知道了。

（《宫中档乾隆朝奏折》第六十九辑，第110～111页）

2883　云贵总督富纲、云南巡抚谭尚忠《奏报续获越狱逃盗，审明办理折》

乾隆五十三年七月二十八日

云贵总督臣富纲、云南巡抚臣谭尚忠跪奏：为续获越狱逃盗，审明办理，恭折奏闻事。

窃照永北厅民张沛家被劫财物、殴死事主之妻徐氏案内，全获盗犯十名，内张禧、单学义、杨德、陈宗义、王有义五名，于上年十月初二日越狱同逃，旋经拿获陈宗义、杨德二名，格杀张禧、单学义二名，尚有王有义一名未获。臣等先就现犯审明正法，一面将管狱官永北厅经历曾守约、有狱官署永北厅同知事彝良州同徐埏参请革职，分别拿问留缉，会折奏蒙圣鉴在案。

兹于六月十八日，据署永北厅同知周名炎、革职协缉之前署厅徐埏会禀："逃盗王有义一名，悬立重赏，多差干役分投严密缉拿，经兵役闫学俸等于本月初一日，在厅署黑坞大山石洞内拿获王有义到案，讯认属实，复又查唤素与该犯相识之罗添才指认无异，现在录供详解，合先禀报。"等情。时值臣富纲巡阅营伍公出，臣谭尚忠以此案越狱逃盗王有义，原系听从行劫，持棍入室搜赃，法所难宥之犯。查该犯同案内现有未经越狱伙盗杨伏老六、叶洪义、杨老七、李生保四名，审拟情有可原，发遣，甫准部覆，尚留省监未解，又有参革拿问之管狱官曾守约、刑书徐亮东、禁卒刘邦佐等，亦俱收禁在省，均系认识王有义之人。永北相距省城计程一十六站，当饬署按察使杨以湲派员前往，迎提该犯来省，遴委云南府知府蒋继勋、曲靖府知府常德提齐一干人证，面同质认佥供，实系王有义正身无疑。

臣谭尚忠正在亲提审办，适臣富纲巡阅事竣旋省，臣等随会同亲率司道府等提犯研鞫。据该犯王有义供认，听纠行劫张沛家月日、赃数、首伙姓名及随同越狱情形，悉与原案相符。严究逃后并无行凶为匪及知情容留之人，矢口不移，似无遁饰。除另录供单敬呈御览外，查王有义，系听从越狱格杀之首盗单学义行劫张沛家财物，持棍入室搜赃，罪应斩决。法所难宥之犯，辄敢越狱同逃，久窜稽诛，实属愍不畏法。臣等于审明后，即恭请王命，饬委署按察使杨以湲、抚标中军参将哈国祥，将该犯王有义绑赴市曹，立行处斩，仍传首枭示，以昭炯戒。

至参革拿问之管狱官经历曾守约，先已提同刑禁人等，审无受贿、纵放及宽松刑具情弊，照例拟罪报部，应听核覆。其参革留缉之有狱官署同知事州同徐埏，于越狱盗犯五名疏防限内获有四名，复于限外协拿一名，犯已全获，毋庸再留该地方协缉，应请释放回籍。

所有续获越狱逃盗审明办理缘由，理合恭折奏闻，伏乞皇上睿鉴。谨奏。

朱批：知道了。

（《宫中档乾隆朝奏折》第六十九辑，第111～113页）

2884　云贵总督富纲《奏报委署镇协印篆折》

乾隆五十三年七月二十八日

云贵总督臣富纲跪奏：为委署镇协印篆，循例恭折奏闻事。

窃照云南昭通镇总兵巴克坦布奏蒙恩准，于本年十月到京陛见。兹据该镇呈请委员接署，以便交卸起程等情前来。

臣查昭通镇地处夷疆，与川黔两省壤接，实属紧要之区，虽暂时署理，亦必得妥员前往，方可无误。查臣标中军副将定住，营务练达，办事勤能，堪以委往署理。所遗副将事务，即委臣标左营游击孙大猷就近兼署，亦能胜任。除分檄饬遵外，所有委署镇协印篆缘由，理合恭折具奏，伏祈皇上睿鉴。谨奏。

朱批：知道了。

（《宫中档乾隆朝奏折》第六十九辑，第113页）

2885　云南巡抚谭尚忠《奏报滇省雨水田禾情形折》

乾隆五十八年七月二十八日

云南巡抚臣谭尚忠跪奏：为奏闻事。

窃照滇省地方本年立秋以前雨水田禾情形，经臣于六月二十八日缮折陈奏在案。七月初间，节交秋令，正禾苗吐穗扬花之候，全赖雨泽调匀，始于农功有益。

兹喜省城一带，兼旬以来甘澍频施，大小相间，且雨润之后即继以日暄，高下田畴咸资长养。出郊周视，弥觉芃茂可观。迤东、迤西各属报到情形，都与省城相仿。惟迤南州郡地处炎方，气候较早，稻田已有结实者。今岁时雨时旸，最称顺叙，通省收成又可豫占丰稔。现在乡试届期，士人云集省中，食指虽增，而市粮充足，粜价仍平，远近民情均极宁谧。臣谨恭折奏闻，仰慰慈怀，并将六月分通省粮价另缮清单敬呈皇上睿鉴。谨奏。

朱批：知道了。

（《宫中档乾隆朝奏折》第六十九辑，第113～114页）

2886　云贵总督富纲《奏报委署镇协印务及提臣过省日期折》

乾隆五十三年七月二十九日

云贵总督臣富纲跪奏：为委署镇协印务及提臣过省日期，恭折奏闻事。

窃臣接准云南提臣乌大经咨会："本年七月二十四日，钦奉谕旨：速赴广西署理提督印务，驻札龙州弹压一切。其云南提督印务，交窦瑸暂署。并着许世亨于接奉谕旨后，迅速知照乌大经。乌大经亦于沿途留心探听，若得有许世亨先赴广西之信，即于途次一面奏闻，一面仍回云南本任。钦此。钦遵咨会，并声明即于二十五日自大理起程。”等因前来。

臣查鹤丽镇总兵窦琸奉旨署理提督印务，虽属暂署，所有总兵事务，自应委员接署，以重责成。查有维西协副将德克进布，前曾署理鹤丽镇篆，办理尚属妥协，此次即委该员就近往署，洵能胜任。其所遗副将印篆，即令该协都司德兴就近暂行护理，亦可无误。臣当即飞檄饬遵，以便递相交接。兹提臣乌大经于七月二十九日行抵云南省城，即日兼程，由广南剥隘一路前赴广西。合并声明。所有臣委署镇协印务及提臣过省日期，谨恭折由驿具奏，伏祈皇上睿鉴。谨奏。

朱批：知道了。

（《宫中档乾隆朝奏折》第六十九辑，第116～117页）

2887　云南总督富纲、云南巡抚谭尚忠《奏报接准两广督臣孙士毅咨会，办理护送安南国陪臣出境情形折》

乾隆五十三年八月初七日

云南总督臣富纲、云南巡抚臣谭尚忠跪奏：为准咨办理缘由，恭折奏闻事。

乾隆五十三年八月初六日，臣等接准两广督臣孙士毅咨会：“委员伴送安南国陪臣二员、跟役八名，由广西之百色赴云南临安府蒙自县一路出边回国，探听伊主黎维祁消息。”等情。

臣等查滇省广南府地方与百色联界，随飞饬该府宋成绥，会同营员驰赴滇粤交界处所等候接替，好为照料护送，所需夫马、日食，令经由州县预备应付，不许缺误。惟查临安府由蒙自一路出口，虽系安南兴化镇所属地方，但约计程计十九站，始抵该国交界，不特道途纡远，且须从八猛夷境行走，山程尤为险峻。查开化府之马白税口，本系商民赴安南都竜厂大道，其自府至马白仅止两站，而马白以外过江，即系安南宣光镇境界，若由此路出边，更为近便。（**夹批：**好。）该陪臣或因未悉马白路径，故欲远从蒙自一路出边，亦未可定。臣等并饬令广南府知府宋成绥，俟接见该陪臣，即将以上路径详晰示知，其应由何路出口，仍听该陪臣等自行酌量，毋庸勉强。（**夹批：**竟明白了。）该陪臣定于何路行走，即送交该管知府会营转送，务须亲身伴送，妥为照料，出口前进。并饬防边汛卡弁兵，如将来该陪臣等有信息递到，飞速转送臣富纲拆看，一面据实驰奏，恭请圣训，一面飞咨孙士毅查照。又孙士毅咨送檄谕安南宣光、兴化、山西等镇府印文，当即分发开化、临元二镇，专遣妥干兵役赍送出口，并交彼处守卡夷目接收转送。务须交付明白，即取收据呈送，以备稽核。

除俟该陪臣到滇，送出边外交明之后另行具奏外，再安南内讧一事，臣富纲于七月二十二日钦奉谕旨，即于沿边汛卡原驻兵一千一百八十余名之外，加派兵九百五十名，遴委干练将备分赴紧要各汛，督同驻汛千把勤练枪炮，加意扬威，严密巡防，以备截杀擒捕，并于开化、临元二镇存城备战兵内挑派一千名，勤加训练，以备调用。当将办理情形，于二十四日缮折具奏在案。现据开化镇总兵孙起蛟、临元镇总兵陈大绂具禀，业已如数挑备，现在亲自带往，按照汛卡，酌视地方险要，分别安设，并将各处边关隘口逐一稽查，均属宁谧，亦无别项消息等语。

查本年系奉旨查阅营伍之年，昨臣富纲前赴顺宁办理缅甸纳贡，已将迤西各营伍逐加查阅。原拟俟本年乡试事竣再往校阅东南两路，今开化、临元一带边界俱添派兵弁分段防守，虽此时并无动静，而防范稽查总宜倍加严密。臣富纲先将省中应办事件上紧料理，即先赴该二镇查阅官兵，就近赴边亲加查察，期于边防声势益臻严肃。合并陈明。

所有臣等准咨办理缘由，谨恭折由驿具奏，伏祈皇上睿鉴。谨奏。

朱批：知道了。

（《宫中档乾隆朝奏折》第六十九辑，第176～178页）

2888　云贵总督富纲《奏报副将处分年限已满，请旨开复折》

乾隆五十三年八月初十日

云贵总督臣富纲跪奏：为副将处分年限已满，请旨开复，仰祈圣鉴事。

窃照臣标中军副将定住，前于提标参将任内，因造报营田租息册籍迟延，部议降二级调用。经臣专折奏请，将其因公降调改为革职，仍留滇效力。该弁始终不懈，俟满四年，据实奏请开复。钦奉朱批："着照所请行，该部知道。钦此。"钦遵在案。

计自乾隆四十九年七月十一奉旨之日起，至五十三年七月十一日，已满四年。兹据藩司详报："该副将应缴革职俸银俱已按年截扣造报，其督缉逃兵未获处分之案，业蒙恩旨宽免，所有革职俸银，亦据如数报解清完，此外并无参罚违碍事件，与开复之例相符。"详请查核，具奏前来。

臣查定住熟谙营伍，办事认真，凡遇委办事件，不辞劳瘁，即如此次臣差往顺宁照料进贡缅目，该将甚属奋勉。现委署理昭通镇篆，实为通省副将中出色之员。其从前因公降级改为革职留任之案，业已四年限满，自应仰恳皇上天恩准予开复，以示鼓励。臣谨据实恭折具奏，伏祈皇上睿鉴。谨奏。

朱批：览。该部议奏。

（《宫中档乾隆朝奏折》第六十九辑，第200～201页）

2889 云贵总督富纲《奏报暂留边要普洱镇总兵朱射斗缓期陛见折》

乾隆五十三年八月初十日

云贵总督臣富纲跪奏：为暂留边要总兵缓期陛见，以重地方事。

窃照云南普洱镇总兵朱射斗三年俸满，应行照例撤回。经臣专折奏请，将朱射斗留任三年，并声明本年八月酌量该镇可以交替时委员接署，令朱射斗赴京叩觐天颜，恭候钦定，仰蒙圣鉴在案。

此时业已届期，应即委员往署，以便朱射斗交卸起程。惟查普洱沿边关隘，每年交冬之后，例应总兵酌派兵练分驻巡防，并须亲往九龙江一带稽查督率。现在瞬届防期，正资料理，且昭通镇总兵巴克坦布遵旨进京陛见，鹤丽镇总兵窦琸奉旨署理提督，该镇等所遗印务，俱经委员接署，具折奏闻。其普洱镇篆一时实无妥员可委，兼之普洱府知府甫经到任，系属生手，若再令朱射斗赴京，于边疆要地似觉非宜。臣悉心筹酌，惟有仰恳圣恩，俯准朱射斗暂缓陛见，俟来岁春间该镇查边事竣，臣再行遴员前往署理，令朱射斗驰诣阙廷，叩请圣训，庶边要地方不致贻误。

臣与抚臣谭尚忠暨提臣乌大经过省时面加商酌，意见均属相同。理合恭折具奏，伏祈皇上睿鉴。谨奏。

朱批：览。

（《宫中档乾隆朝奏折》第六十九辑，第201~202页）

2890 云贵总督富纲《奏报酌请缓修滇省城垣折》

乾隆五十三年八月十六日

云贵总督臣富纲跪奏：为酌请缓修城垣，仰祈圣鉴事。

窃照云南保山县城垣，于乾隆四十八年坍塌膨裂。该处地临边境，经臣于年终汇奏案内列入急修项下，因腾越州城垣亦于该年坍塌，请俟腾越州城工修竣后，再将保山县城接续兴修在案。

今腾越州城垣业经工竣，本年即应修葺保山县城。先经调任藩司王昶前往勘估，除以旧料抵用外，实需银七万六千四百二十余两。臣因工繁费重，办理尤宜详慎。时臣正应查阅永昌营伍，再行亲加查看，期归确实，是以暂缓具奏。昨臣于贡使起程之后，由大理驰赴永昌，阅兵之便，环城逐细查看。该县城垣建自明季洪武年间，后虽屡加修补，而历年久远，城墙、垛座以及墩台、城楼各项均有坍坏损裂之处，是以前次列入急修项下。今按段确估，若必兴修，工费实难减省。臣再四筹度，该城四面皆傍山砌筑，即以山脚为土牛内护，本属结实，其东南北三面包皮砖块，虽多坍损，然城身土牛尚俱坚固，于捍卫之处并无妨碍。

伏思城垣攸关保障，固属紧要，而需费帑项亦宜慎重，且查滇省一切工程，向例俱支铜息银两，前因藩库所存铜息为数不多，而腾越州城为极边保障，未便延待，是以请动地丁正项兴修。今保山虽亦近边，究在腾越以内，尚非刻不可缓之工，现在铜息亦未充裕。查钦奉谕旨："遇有动项应修工程，如可缓办，即酌量从缓。"等因。则此处城垣，似不妨暂从缓办。臣不敢以从前奏请急修，略存回护。所有保山城工，应俟藩库铜息银两积存充裕，再行请旨办理。除饬保山县及该管永昌府将已坍之处现有砖块物料检收存贮，毋致遗失，其未坍处所加意保护，勿使续有坍卸，即将来办理亦不致有多费。

臣回抵省城，与抚臣谭尚忠面加商酌，意见相同。理合恭折具奏，伏祈皇上睿鉴。谨奏。

朱批：该部知道。

（《宫中档乾隆朝奏折》第六十九辑，第245～246页）

2891　云贵总督富纲、云南巡抚谭尚忠《奏报委署知府印篆折》

乾隆五十三年八月十六日

云贵总督臣富纲、云南巡抚臣谭尚忠跪奏：为委署知府印篆，循例恭折奏闻事。

窃照云南顺宁府知府员缺，业经臣等会疏具题，请以仍发滇省候补知府孔继炘补用，尚未接准部覆。查该员现在署理澄江府印篆，且委办乡闱监试事务，未能即赴新任，所有顺宁府印务，应须另行委署。

查有云南府同知朱绍曾，办事尚属明白，前经委署丽江府印务，于地方一切均能料理妥协，应委该员往署顺宁府，堪以胜任。除檄饬遵照外，所有委署知府印篆缘由，理合恭折具奏。伏祈皇上睿鉴。谨奏。

朱批：知道了。

（《宫中档乾隆朝奏折》第六十九辑，第246页）

2892　云南巡抚谭尚忠《奏请陛见折》

乾隆五十三年八月十六日

云南巡抚臣谭尚忠跪奏：为恭恳圣恩俯准陛见，以纾恋悃事。

窃臣钦奉恩命补授云南巡抚，于乾隆五十一年八月初六日接印视事，当经具折奏请陛见。奉到朱批：“且迟一二年再奏。钦此。”钦遵在案。

伏念臣蒙皇上简畀，由滇藩擢升巡抚，仰荷矜全，叠邀任用，拊衷循省，倍切悚惶。虽无时不惮竭愚诚，以图报效，而才庸识浅，非面奉训诲，总觉一切无所禀承。前次陈请陛见，因奉有且迟一二年再奏之谕旨，不敢遽行复请。

计自五十一年至今，已经三载，犬马恋主之诚实与岁时俱积。现届监临文闱乡试，十月间考试武场事毕，臣照例将巡抚印务移交督臣富纲兼署，即行起程赴京，叩觐天颜，跪聆圣训，俾积年依恋下忱藉以少为申展，而于地方一切事宜尤得有所遵守，则感沐造就鸿慈益无纪极。臣谨恭折陈奏，伏祈皇上睿鉴，俯准施行。谨奏。

朱批：览。且候之。

（《宫中档乾隆朝奏折》第六十九辑，第251～252页）

2893　云贵总督富纲《奏报安南陪臣业已出口及遵旨严防边境折》

乾隆五十三年八月二十一日

云贵总督臣富纲跪奏：为奏闻事。

窃前准两广督臣孙士毅咨会，安南陪臣拟由滇省蒙自地方回国，探听伊主黎维祁消息。（**夹批：**此事全杖孙士毅料理，所有彼知会，汝尽心应付，不可乱出主意。汝若胜他，自然以此批谕于彼。）臣当查此路程站道远路僻，且由八猛土境，行走纡迟，开化府之马白出边较为近便。随驰檄广南府知府宋成绥前往滇粤交界接替护送，俟迎遇陪臣，将两路远近情形详细示知，仍听其便，并将缘由缮折奏闻在案。兹据该府宋成绥禀报：“安南陪臣阮廷枚带跟役四名，于八月初十日抵境。当即遵照，面为详述。据阮廷枚覆称：‘此去原赴宣光镇，既从马白出口，即抵该镇地方自应由此前进，更为径捷。前在广西欲从蒙自出口，实因不知路径之故。’等语。察其光景，知可早抵宣光，不胜欢欣感激，即于次日伴送起程，前赴开化，交替指引出口。”等情。臣当即飞檄开化府知府吴超好为照料，护送出口，仍令不时查探，如有该陪臣出口后递到信息，即行呈送，以便奏请训示。

再臣续奉谕旨：“内地各要隘自当整顿兵威，以壮该国声势。传谕富纲，仍遵前旨，督饬开化、临元二镇严密巡防，如有匪徒窜入，立即擒拿。不妨酌调数千名兵丁虚张声势，以寒贼胆。但富纲材具只宜尽所当为，不可见长生事，遇事张皇等因。钦此。”仰见皇上矜恤外藩，谆谆训诫，无微不至。

伏查滇省开化、临安等府虽与安南相通，但临安离安南之兴化镇界路隔三江，计程十有余站，即开化马白汛外距边较近，而至彼国之宣光镇城路亦尚远。惟宣光所属之都竜银厂，离开化马白汛外甚近，且系人烟聚集之所。昨据开化镇府禀报，遣人密赴彼处察探，该厂现在照常开采，即询之彼处民人，亦尚不知该国实在情形。总缘宣光、兴化皆为安南偏僻处所，是以彼国信息，急切无从探闻。

臣前奉谕旨，即于沿边关隘原驻汛兵一千一百余名之外，加拨兵九百五十名，分派将备带领前往各汛，酌量分段安设，不时操演枪炮，并于开化、临元二镇备战兵内复行挑派一千名，配给器械，勤加操练，以备调拨。是就现拨兵数，已有三千余名，足资防堵，兼壮声威。设或将来尚有需用，而附近营分各备战之兵均可闻调即行。

以臣愚见，现在近边一带并无动静，此时似可毋庸先行多调，致滋劳费。兹抚臣谭尚忠现已监临事竣出闱，臣拜折后，即于本日自省起程，先赴临元、开化二镇查阅营伍，并赴各边关逐加查察，以臻严肃。

惟臣才识庸愚，（**夹批：**实然，不过自守之材。）遇此边防要务，即小心办理，尚恐未能周妥，何敢意存见长，致滋轻率？臣惟有时凛圣训，诸事倍加谨慎，严饬在防将备督率弁兵实力巡查，操练防堵，（**夹批：**仍然不实不到。）务使沿边声势互相联络，兵威外扬，庶寒贼胆，以壮边威。如有贼匪窜人，即行截杀擒拿。固不敢稍有疏懈，亦不致少涉张皇，以仰副圣主教诲成全之至意。臣谨一并恭折具奏，伏祈皇上睿鉴。谨奏。

朱批：知道了。

（《宫中档乾隆朝奏折》第六十九辑，第 307 ~ 308 页）

2894　云贵总督富纲、云南巡抚谭尚忠《奏报盘获自缅甸脱回福建民人，讯与粤民同赴暹罗贸易，仍解广东省查明办理折》

乾隆五十三年八月二十一日

云贵总督臣富纲、云南巡抚臣谭尚忠跪奏：为盘获自缅甸脱回福建民人，讯与粤民同赴暹罗贸易，仍解广东省查明办理，仰祈圣鉴事。

窃照永昌、顺宁、腾越、龙陵等处，上年节次盘获自缅脱回广东民人林阿新等五十四名，均经臣等先后审供具奏，钦遵谕旨，解交广东督抚臣查明并非私越，均交各该亲属领回安插在案。臣富纲昨在大理，据腾越镇总兵刘之仁、署腾越州知州屠述濂会禀，在邦中山盘获福建民人李实、李永清、李光、江大、庄德彰、庄楫材等六名，均自缅甸脱出等情。当即饬令径解省诚，俟臣富纲回省亲讯核办。兹据该镇州差押到省，随发交云南府知府蒋继勋讯供，由藩臬两司详报前来。

臣等随亲提覆讯，缘李实等均籍隶福建漳州府属之诏安、南靖二县，向在邻境之广东澄海等县贸易，闻知暹罗易于获利，各买柿饼、茶叶等物，同粤民林阿新搭坐陈岱船只，于乾隆五十年十二月二十五日，由广东泷关纳税出口。船至暹罗长本地方，被缅子抢去货物，裹往阿瓦。该国长孟陨知系天朝百姓，不加拘束，听自谋生。李实等随赴厂地，佣趁觅路脱回，冀归故土，并无在彼滋事别情。臣查从前节次自缅脱回，均系粤省民人，今李实等六名系福建漳州府人，诚恐或系台匪余党匿迹窜逃，（**夹批：**用心于无用之地，定是见长。）再四究诘，坚供实系久经在粤贸易，搭船出口，其所供出口月日及船户名姓均属相符。并令与现在缅甸送回之粤民罗送等质认，俱各相识，且查核年月，李实等贸易出口系在台匪未经滋事以前，其非逃窜党伙似无疑义。但所供与粤民同船纳税出口之处，滇省究无档册可稽，且福建之诏安、南靖二县，皆与粤东境界毗连，即由广东转解，亦甚近便。现将李实等六名与粤民罗送等三名，一并委员解交广东督抚臣就近查明，分别递交各该原籍，给属收领，并咨明闽浙总督查照。

臣等仍谆饬沿边文武加意稽查，如续有脱回之人，即行获报解送，毋许稍有疏漏外，所有盘获缅甸脱回福建民人讯供办理缘由，谨恭折具奏，并另缮供单敬呈御览，伏祈皇上睿鉴。谨奏。

朱批：览。

（《宫中档乾隆朝奏折》第六十九辑，第308～309页）

2895　云贵总督富纲、云南巡抚谭尚忠《奏报讯明自缅同回兵丁、粤民供词折》

乾隆五十三年八月二十一日

云贵总督臣富纲、云南巡抚臣谭尚忠跪奏：为讯明自缅同回兵丁、粤民供词，恭折奏闻，仰祈圣鉴事。

窃照杨重英自缅甸回至耿马土司地方及在耿病故缘由，均经臣富纲缮折奏闻，并委护迤西道本著驰往查验，一面催提同回兵丁、粤民解省亲讯，声明另行具奏在案。嗣据该护道本著结报，前抵耿马验明，杨重英实系患病身死，并无别故等情。其兵丁四名、广东人五名，俱因沿途染瘴成病，随处调养，行走稽迟，途间又病故粤民林赐、陈极二名外，余据差弁押送到省。

臣等随督同司道及委员云南府知府蒋继勋逐加亲讯，据兵丁祝希恺、赵升逵、刘耀宗、高应贵各将从前随征木邦，被缅子裹往阿瓦，旋因大兵进剿，缅子畏惧，复将伊等迁至海边宴工等处，嗣大兵撤后，又陆续调回阿瓦。此次该国长孟陨将伊等同杨重英一并送出，并杨重英带病起程至耿马地方身故情由逐一指供，极为明晰。其所称扬重英在彼并未娶妻生子之处，再三究诘，俱供实无闻见，亦属切实可信。至广东客民罗送、余春、陈觐可三名所供同赴暹罗贸易，搭坐陈岱船只，由澄海县东泷关挂号出口，在长本地方被缅子裹去各情节，核与从前节次投回林阿新等供情均属吻合，并非私越，亦无在外滋事之处。此案昨奉谕旨，令“将该兵丁、民人等问明后，查明原籍州县，分别发回安插，毋庸送京等因。钦此。”今臣等业已讯明，自应遵旨，分别发回安插。

查兵丁祝希恺等四名，年力俱已衰惫，不能再行入伍，自应发交该管州县给属收领。其粤民罗送等三名，讯系广东潮州府属民人，仍照前咨送广东督抚臣，查明挂号出口日期，如果相符，即转发原籍州县，给属领回，并将各供另缮清单敬呈御览外，所有讯明该兵丁、民人等供情及遵奏伏祈皇上睿鉴。谨奏。

朱批：知道了。

（《宫中档乾隆朝奏折》第六十九辑，第 310 ~ 311 页）

2896　云南巡抚谭尚忠《奏报监临场务情形及出关日期折》

乾隆五十三年八月二十四日

云南巡抚臣谭尚忠跪奏：为奏报监临场务情形及出关日期，仰祈圣鉴事。

案照乾隆四十五年九月内，钦奉上谕：“乡试为抡才大典，欲拔真才，先清弊窦。该抚等职任监临，摘弊防奸是其专责。嗣后各省巡抚，凡遇大比之期，必须实力稽查，慎密防闲，如有弊端，即当立时查获，严加究治，从重核办。务令闱中积弊肃清，士子怀刑自爱，庶足以甄别人才，振兴士习。并令于每科引此旨覆奏，着为例等因。钦此。”

今云南省本年戊申八月预行己酉正科乡试，钦点正考官翰林院编修翟槐、副考官户部主事张德懋来滇主试。臣职任监临，派委迤东道恩庆为提调，署澄江府知府孔继炘为监试，共勷闱务。伏思科场首严剔弊，近蒙谕旨频颁，敢不实心防察，以杜弊端，仰副我皇上寿考作人、抡拔真才之至意！

臣于入闱之先，详查历禁条例与新奉例禁，逐款胪列，遍示通衢，俾知触目警心。贡院各堂所，恐有墙屋不固及号舍内预将文字埋藏，臣亲诣察勘，并就各号舍刨验数处，均属完善无弊。惟场内间有巡更巷道毗连号舍之处，遵照新例，概用墙垣截断，作为空地，禁止在场人役往来行走，无从沟通舞弊。复于贡院前后左右，相度情形，安设堆拨，会商督臣富纲，预为派定各标营官兵，临期分驻巡查，并遴委府厅等员，于开考之日在外围严行巡查，以资防范。至应用内外帘官，臣于通省科甲出身州县等官内调取居官谨饬者，先期扃试。初六日，循例入闱，即将内外帘并各项执事分别派定，搜检各员随带行李、家人、吏役以及誊录、对读、号军人等，令其各归各所，并督率提调、监试等员，将试卷及弥封各号戳搀搅眼，同外帘各官分手截印，不假吏胥之手，以杜联号换倩等弊。

自初八日起，头二三场点名入闱，正值天气晴和，士子鱼贯而入，层递严搜。臣亲驻龙门，督同覆检。滇中士习淳朴，尚知怀刑自爱，并无夹带之弊。随令各学教官逐名指认明确，给领试卷，派员押送归号，亦无顶名、冒替、易号、喧哗等事，场规极其肃静。十六日，三场试竣，每场墨卷，除违式贴出外，一切合式之卷，臣督令外帘各官上紧誊录完毕，详加对读，照式点句勾股，于二十日，全数封送内帘分校，即于是日出闱回署。其场内事务，遵例交提调、监试二员董率办理，并委臣标中军参将哈国祥驻宿贡院门外，巡逻稽查，以昭严肃。

所有臣监临场务情形及出闱日期，理合恭折奏报，伏乞皇上睿鉴。谨奏。

朱批：知道了。

（《宫中档乾隆朝奏折》第六十九辑，第333～334页）

2897 云南巡抚谭尚忠《奏报滇省雨水田禾情形折》

乾隆五十三年八月二十四日

云南巡抚臣谭尚忠跪奏：为奏闻事。

窃照滇省地方本年入秋以后雨水田禾情形，经臣于七月二十八日缮折陈奏在案。节届秋分，正庄稼成熟之候，八月初旬以来，日暄雨润，各得其宜。

臣亲诣近郊查看，高低稻田重穗交垂，黄云遍野，实坚实好，胜于往时。现在天气晴和，颗粒益臻饱满，登场伊迩，力田农人莫不欣然色喜，咸庆有秋。外郡各属刈获较早者报到收成分数，自八九分至十分不等，洵为丰稔，容俟申报齐全，另行开单汇奏。

目下市卖粮价在在称平，转瞬新谷出售，更可日就平减。民情悦豫，气象安恬。臣谨恭折奏闻，仰慰圣怀，并将通省七月分米粮时价另缮清单，敬呈皇上睿鉴。谨奏。

朱批：欣然览之。

（《宫中档乾隆朝奏折》第六十九辑，第335页）

2898 云南巡抚谭尚忠《奏报乾隆五十二年分滇省耗羡、公件等项银两收支、动存数目折》

乾隆五十三年八月二十八日

云南巡抚臣谭尚忠跪奏：为核实耗羡、公件，循例奏闻事。

窃照滇省耗羡、公件等项充公银两，例应于奏销时随同地丁核实具奏。兹据云南布政使李承邺将乾隆五十二年分耗羡、公件等项银两收支动存数目详请核奏前来。

臣查旧管银一十五万九千一百二十七两零，新收条编耗羡、公件、溢额、商税、牙帖、铜价、官庄租折、税款、心红纸张、奏销饭食、裁缺养廉等银二十二万九千八十七两零，管收共银三十八万八千二百一十五两零，开除支给养廉公费等项银一十七万八千五百六十三两零，实在存库银二十万九千六百五十二两零。除将收支动存各款数目造具清册送部外，臣谨另缮黄册，并开列简明清单，恭折奏闻，伏乞皇上睿鉴。谨奏。

朱批：览。

（《宫中档乾隆朝奏折》第六十九辑，第 363 ~364 页）

2899　云南巡抚谭尚忠《奏报盘查司道各库银两实存无亏缘由折》

乾隆五十三年八月二十八日

云南巡抚臣谭尚忠跪奏：为循例盘查具奏事。

窃照司道库贮钱粮，例应于奏销时督抚亲往盘查，缮折奏闻。兹届奏销乾隆五十二年分钱粮之期，行据云南布政使李承邺、护粮储道事云南府知府蒋继勋造册，详送前来。

时值督臣富纲巡阅营伍公出，未及会同盘查。臣检稽册案，核明应存确数，亲赴司道各库按款点验，抽封弹兑，实盘得布政司库存贮正杂各款银一百七十八万一千七八二十五两零，又铜务项下工本、运脚及节省等银四十七万五百五十六两零，粮储道库存贮米价、河工等银二十七万九千四百八十三两零，均与册开实存数目相符，并无那移亏缺情弊。除另疏题报外，所有臣盘查司道各库银两实存无亏缘由，理合循例恭折具奏，伏乞皇上睿鉴。

再查滇省地丁钱粮，例应六月奏销，因藩司李承邺抵任方新，六七两月正当清查交代之时，该年地丁奏销势难同时核办，致有错讹，先经臣会折，陈请展限两月，于八月内具题在案。合并声明。谨奏。

朱批：览。

（《宫中档乾隆朝奏折》第六十九辑，第 364 页）

2900　云南巡抚谭尚忠《奏报乾隆五十二年分滇省额征钱粮数目折》

乾隆五十三年八月二十八日

云南巡抚臣谭尚忠跪奏：为奏闻事。

窃照各省每年完欠钱粮，例应于奏销时分晰查明，据实具奏。兹据云南布政使李承邺会同护粮储道事云南知府蒋继勋，将乾隆五十二年分额征钱粮数目详请核奏前来。

臣查滇省乾隆五十二年分应征民、屯条丁、米折等银二十一万三千五百八两零，又实征商牲税课等银八万二千九百一十八两零，又应征税秋六款等麦、米、荞并条银改米二十万七千一百七十七石零，内收本色麦三千五百一十六石零，本色米一十二万九千三百二十五石零，折色米、荞七万四千三百三十四石零，各折不等，该折征银七万三千三十三两零，俱经征收全完。除缮造细数黄册，并将例应议叙各官职名另疏具题外，臣谨开列简明清单，恭折奏闻，伏乞皇上睿鉴。谨奏。

朱批：知道了。

（《宫中档乾隆朝奏折》第六十九辑，第364～365页）

2901 云贵总督富纲《奏报办送安南陪臣起程出口日期折》

乾隆五十三年九月初四日

云贵总督臣富纲跪奏：为办送安南陪臣起程出口日期，仰祈圣鉴事。

窃照安南陪臣阮廷枚带领跟役四名自粤西至滇，询明由开化之马白出边，及臣自省起程前赴迤南查阅营伍边关汛卡各缘由，业经缮折奏闻在案。臣于八月二十九日行抵开化时，该陪臣业于前二日到郡，因跟役人等患病，略须调养，尚在开化。臣随传至行署，面加询问，据称："蒙大皇帝天恩，准令回国探听嗣孙黎维祁消息，又恐出口以后食用无资，复赏盘费银一百两。如此体恤周至，铭心刻骨，顶颂难名。"臣查其情词，实属欢欣感激。

查该陪臣等经过内地州县，俱系人夫抬送，一出马白边外，该国正值慌乱之际，脚力恐不能备，且陪臣回国觅嗣孙，亦必须潜密前进，步行必致迟缓。臣随各给鞍马一匹，以资出口，到彼国后，乘骑前进。并酌加犒赏，专派开化府同知万廷石、开化镇守备常格照料防护，指引出口，于九月初一日自开化起程。兹据在汛驻防参将勒尔谨具报，于本月初三日，送至马白以外，即令该陪臣等自赴都竜，觅路前进讫。

再据开化镇总兵孙起蛟、开化府知府吴超禀称："前因附近边外都竜厂探无信息，复遣人密赴都竜城察探，该处安静如常。惟闻嗣孙黎维祁之弟黎维袖先从山西奔至宣光，因镇城为贼占踞，带领从人意欲奔投都竜，中途被贼截回，至今尚无下落。而宣光所属之归化、大蛮等府州，俱尚并未从贼，且现集兵众图复宣光，人情尚俱爱戴黎氏。"等语。

臣查自开化至都竜四站，由都竜而至宣光镇城，询称尚有十六站，相距道远。今宣光镇城虽为阮贼所有，而所属归化、大蛮等府州官民人心思旧，多有聚集兵民图帮黎氏，并无更变。是此时沿边一带汛卡等处更宜加严防守，在汛兵弁分外操练，加意奋扬兵威，庶于该国纠集恢复更为得力。

臣现将在城官兵逐日校阅，俟阅竣一二日内，即前赴边隘各汛，亲加查验。仍凛遵圣训，严饬在防将备督率弁兵勤加操练，会哨巡察，务期声势联络，以壮边威而资堵御。

所有安南陪臣起程出口缘由，理合恭折具奏，伏祈皇上睿鉴。谨奏。

朱批：知道了。

（《宫中档乾隆朝奏折》第六十九辑，第 392 ~ 393 页）

2902　云南巡抚谭尚忠《奏报滇省本年乡试八十四岁之岁贡袁旻榜发未曾中式缘由折》

乾隆五十三年九月初五日

云南巡抚臣谭尚忠跪奏：为恭折奏闻，仰祈圣鉴事。

窃照云南省本年戊申八月预行己酉正科乡试，臣于应试诸生内，见有琅盐井学岁贡袁旻一名，现年八十四岁，踊跃观光，三场完卷，先经臣附片奏闻，仍俟发榜后，查明曾否中式，再行具奏在案。

兹于九月初一日揭晓，该生袁旻未曾中式。伏惟我皇上寿考作人，汇征叶吉，胶庠耆耇，莫不渥被天恩，得遂穷经夙愿。该生袁旻年逾八旬，精神矍铄，尚能从事棘闱，历试三场，如期完卷，实属儒林嘉瑞，尤为盛世庥征。所有滇省本年乡试八十四岁之岁贡袁旻榜发未曾中式缘由，理合恭折奏闻，伏乞皇上睿鉴。谨奏。

朱批：有旨谕部。

（《宫中档乾隆朝奏折》第六十九辑，第 407 ~ 408 页）

2903　云贵总督富纲、云南巡抚谭尚忠《奏请以易门县知县刘际时调补蒙自县知县缺》

乾隆五十三年九月初十日

云贵总督臣富纲、云南巡抚臣谭尚忠跪奏：为调补要缺知县，仰祈圣鉴事。

窃照临安府属蒙自县，地广民稠，事繁于昔，且所管之金钗铜厂年额较重，办运为难，非部选初任人员所能办理。经臣等具折奏请改为繁难要缺，在外调补。兹准部议覆准，所有蒙自县缺，应即遴员请调。

臣等公同藩臬两司逐加遴选，查有易门县知县刘际时，年四十八岁，陕西绥德州人，由举人考补教习，期满引见，奉旨以知县用，选授今职，乾隆四十五年四月到任，五十二年……厂务均所熟悉，历俸已逾三年，其任内参罚亦在十案以内，并无展参违碍。相应奏恳圣恩，准以刘际时调补蒙自县，实于厂务、地方多有裨益。所遗易门县员缺例，得以试用人员补用。查有拣发候补知县杜钧，年五十一岁，江西新建县人，由进士选授云南楚雄县知县，乾隆三十八年十一月到任，因承缉逃兵限满不获，部议降调，遵例捐覆，拣发云南，于乾隆四十六年三月到滇，历署恩安等州县印务，均能办理妥协。该员明白小心，办事勤慎，以之请补易门县知县，亦属人地相宜。照例试看，如果称职，另请实授。

再刘际时系现任知县请调知县，杜钧系捐复候补知县请补知县，衔缺相当，均毋庸送部引见。谨另缮刘际时参罚清单，合词恭折具奏，伏祈皇上睿鉴。谨奏。

朱批： 该部议奏。

（《宫中档乾隆朝奏折》第六十九辑，第454~455页）

2904　云贵总督富纲、云南巡抚谭尚忠《奏请以永善县知县邵伦清升授威远同知折》

乾隆五十三年九月初十日

云贵总督臣富纲、云南巡抚臣谭尚忠跪奏：为烟瘴边要同知乏员调补，恭恳圣恩俯准升用，以裨地方事。

窃照请升普洱府分防威远同知之马龙州知州谢景标业经病故，所遗威远同知员缺，仍应照例在外拣调。伏查该厅地处临边，幅员广阔，所辖民户大半悉属猓夷，必得老城明练、能耐烟瘴之员方克资其抚驭。

臣等公同藩臬两司逐一拣选，现任同知内，或到任未久，或人地不宜，实无堪以调补之员。惟查有昭通府属永善县知县邵伦清，年五十三岁，江苏常熟县人，由进士选授江西弋阳县知县，调繁南城县，丁忧服满，拣发云南，于乾隆四十六年正月到滇，题补今职，四十七年六月到任。该员才情干练，办事认真，在滇亦复年久，于边势夷情皆所熟悉，历俸已满五年，任内降罚俸银，除完解咨部外，其余参罚俱尚未准部覆，以之升授威远同知，洵能胜任。惟承缉无名凶贼降一级留任之案，尚有展参处分，与请升之例不符。但此外并无堪膺是选之员，而威远为临边要缺，未便略有迁就。

臣等再四商酌，谨遵人地相需之例，合无仰恳圣恩，俯准以邵伦清升授威远同知，不特该员感深图报，自必益加奋勉，而于边要地方亦可收得人之效。仍将降级留任之案照例带于新任，扣满年限，另请开复。如蒙俞允，俟部覆至日，给咨送部引见，恭候钦定。所遗永善县员缺，滇省现有应补人员，另容遴员请补。谨合词恭折具奏，伏祈皇上睿鉴。谨奏。

朱批：该部议奏。

（《宫中档乾隆朝奏折》第六十九辑，第455～456页）

2905　云贵总督富纲《奏报滇黔两省秋收分数折》

乾隆五十三年九月初十日

云贵总督臣富纲跪奏：为恭报滇黔两省秋收分数，仰慰圣怀事。

窃照云贵二省本年七月以前雨水田禾情形，节经臣缮折奏闻在案。查自八月至今，晴雨极为调匀，稻谷借资长养，甚于农功有益。察看田稻，靡不颗株茂密，粒满穗长，且今夏雨勤水足，即山头地角亦俱栽种无遗，较往岁更为普遍。节届寒露，正当收获之时，据各州县具报秋成分数，自八九分以至十分不等，洵属丰稔。其气候较暖之处，业已收割将竣。此外各属现亦陆续刈获，月内俱可一律登场。至黔省各属节据具报，秋来旸雨合宜，与滇省大概相似。查核开报收成，通计九分有余，亦极丰稔。此皆仰赖圣主鸿福庇佑，是以边徼之区屡获岁丰。至今年两省米价，本不为昂，兹当秋稼告登，市粮益见充裕，现卖价值业已较减，往后日逐减落，自更可期。

户庆盈宁，民夷乐业情形，倍征熙皞。理合恭折具奏，仰慰圣怀，伏祈皇上睿鉴。谨奏。

朱批：欣慰览之。

（《宫中档乾隆朝奏折》第六十九辑，第456～457页）

2906　云贵总督富纲《奏报边外安南近日情形折》

乾隆五十三年九月十六日

云贵总督臣富纲跪奏：为边外安南近日情形，仰祈圣鉴事。

窃臣前抵开化查阅营伍，当将探闻安南宣光镇城为贼占据，其所属之归化、大蛮等府州尚未从贼缘由，于九月初四日，缮折奏闻在案。

臣于阅毕存城官兵后，即赴边关查看，所设汛卡布置俱属严密，在汛兵弁操练勤奋，声势亦甚联络，近边一带民情极为宁贴。昨据安南都竜土目黄文溙具禀，大蛮州目麻允敏纠集兵众图复宣光，六月内与贼兵攻占，未能得胜。该土目现在聚集兵马，俟收割粮足，尚欲发兵往助麻允敏，以期克复。又据保胜屯土目黄文韬禀报，现在集兵聚粮，并谴属黄文林密赴义安、宜春等处探听嗣孙黎维祁下落，即率兵前往，协同剿贼各等语。

臣查都竜、保胜即系宣光所属之渭川、水尾二州，均与开化地方接壤，今该土目等各能眷怀故主，志切同仇，集兵往攻贼寇，殊堪嘉尚，当即各给印谕鼓励，并将臣现在领兵驻边为彼声援详悉示知，以壮其胆，使之益加奋勉，毋生退缩，并令将剿贼情形及嗣孙实在踪迹探听明确，据实驰禀，除俟覆到，另行具奏。

再提臣乌大经自粤西回滇，前抵开化。现在边境备兵，自应会同筹办，且使外夷风闻，知督提同驻边城，兵必进剿，于声势更为壮盛。惟必须印信，以资办公。臣已咨会署提督窦瑸，速将印信委员赍送，赴开交乌大经接收。其窦瑸本任鹤丽镇及署镇之维西协地方，均属紧要，并令该镇将速回本任，以专职守。合并声明。臣谨恭折具奏，伏祈皇上睿鉴。谨奏。

朱批：知道了。

（《宫中档乾隆朝奏折》第六十九辑，第525～526页）

2907　云贵总督富纲《奏报遵旨办理檄谕安南边境夷目缘由折》

乾隆五十三年九月十六日

云贵总督臣富纲跪奏：为遵旨酌筹办理，恭折覆奏，仰祈圣鉴事。

乾隆五十三年九月十五日，臣在开化，接准大学士伯和珅字寄："八月二十七日，奉上谕：据孙士毅奏，安南土酋阮岳已逃往广南旧巢，伊弟阮惠尚占据黎城。另发檄文，专办阮惠一人，贼党闻知，益加惶惧。但侦探该国嗣孙总无下落，恐将来阮惠退出黎城后，日久故智复萌，竟为篡夺安南之计。现在确探嗣孙弟兄消息，或已被阮姓戕害。即遵前旨，即密调广东兵数千名，派委镇将，赴太平关一带预备进剿。若滇省蒙自一路得人督办，则声威盛大，贼势愈孤等语。已另谕孙士毅，将一切应办机宜详悉指示矣。滇省蒙自一路与安南接壤，该处夷目等或为阮姓所用，将要隘地方潜行占据，亦未可定。自应一面檄谕各夷目等，一面派兵驻札边境，遥为粤省帮助声势。但孙士毅节次所谕该国土酋及镇目等檄文，俱辞严义正，甚为得体。恐富纲办理此事，应用檄文未必能如孙士毅之措辞得当，现令军机大臣拟写檄稿发去，该督接到后即遵照，多为誊写檄谕，各该处夷目等务令遍行知悉。现在富纲查边，就近往彼调度，当率领勇往晓事镇将，酌带官兵驻札边境，声言现在会同粤省两路进兵，一俟粤省大兵进发，即克期会同协剿，俾夷目等闻风震慑，知天朝大兵云集，务欲复立黎姓，自必仍思戴旧，则阮姓之势愈孤，不难迅速蒇事。将此由六百里加紧传谕富纲，并谕孙士毅知之。朕又思阮岳、阮惠现闻大兵克期进讨，自必恐惧惕息。但穷寇莫追，或阮氏兄弟自度万无生全之路，转思负隅阻固，未免办理稍稽时日。现已于檄文内，作为富纲之意，令阮岳、阮惠熟思利害，如果悔罪自新，投至滇省边界，或可仿照从前该国黄公瓒之例，奏明贷其一死，量予安插。如此恺切传谕，阮岳、阮惠希冀生全，自行投出，更属易办。但孙士毅一路仍当益加严厉声罪致讨，令阮岳、阮惠震慑兵威，自知罪在不赦，则伊等正在窘迫，一得富纲檄谕，自必速思改图。该督等务宜慎密办理，不可稍露端倪。仍着将接奉此旨如何遵办及曾否得有安南信息，各即行据实驰奏。钦此。”钦遵。寄信前来，并寄檄谕安南夷目檄稿一件。臣跪诵之下，仰见皇上矜恤外藩，至周极渥。

伏查安南阮岳，贼势虽猖，及闻粤西调兵声援，即已逃回广南旧巢。若于滇省备兵驻边，扬言进剿，为粤西遥助声势，诚如圣谕，更可闻风震慑。但官兵驻札，必须要隘处所声息能通，兼于大兵可以久驻，即需会合进剿，亦须径捷，方为妥善。臣查临安、蒙自一路，虽与该国兴化地方接壤，但由临安至其交界已有二十余站，而自边至兴化镇城，相距路程并经过地方及道路远近，迄今差探，尚无的实路程。即内地自府城以至黑江交界，中隔三江，俱系八猛夷人地方，且烟瘴甚盛，江水虽系下流，向无船只往来，亦不知通达何处。该国陪臣前在广西，只知有蒙自一路，而不知有开化之马白出边者，缘开化未曾设府以前，原系土司地方，于康熙六年始行设立郡治，开设马白关口。自口由宣光以达黎城，约计虽有二十余站，然较之蒙自出边，实为近便。即气候亦较平和，且离广西口外该国之高平、谅山等处较近，将来即或进兵，亦未便舍近趋远。

臣此次来开，留心体察，提臣乌大经现亦由粤西回滇，前至开化。臣与其再四讲求，悉心商酌，所有备剿官兵，均应于马白边境屯驻，庶为扼要得力。查开化、临安、广南三处防边，原驻兵丁并此次添拨共兵二千名，已足三千之数，于巡防堵御已属周密，若备供会合进剿，似尚觉不敷。臣现于开、临二镇及所属营分战兵内再拨调二千名，务挑精壮勇健，并令多拨鸟枪、弓箭，以期得力。派委开化镇总兵孙起蛟统领，前赴马白屯驻，在边督率将弁每日操演枪炮，大张声势，扬言不日会合进剿，以寒贼胆。臣另于督、抚、提三标及附近各镇协营再行密备数千，以资续调。通计滇省派备兵数已有一万余名，足可以壮声威。臣一面咨会孙士毅，如或必须进剿，俟其酌定日期，知会到日，即便进发。仍俟所调官兵全数到边之后，臣与提臣轮赴边关，亲加查察，以臻严肃。

至蒙恩饬发檄稿，臣即照缮多张，钤用印信，分发该国之宣光、兴化所属各府州县，遍行知悉，无论已未从贼处所，广为传发，令其激发天良，去逆效顺。如阮岳弟兄闻声畏惧，希冀生全，悔罪投出，臣即遵旨再行奏闻。

臣惟凛遵圣训，督率镇将勤加操练，严密防查，毋使稍有疏懈。仍慎密妥办，不致稍露端倪。除将边外近日情形另折陈奏外，所有遵旨办理缘由，谨恭折由驿具奏，伏祈皇上睿鉴。谨奏。

朱批：即有旨谕。

（《宫中档乾隆朝奏折》第六十九辑，第526～529页）

2908　云贵总督富纲《奏报探得安南嗣孙黎维祁下落及办理缘由折》

乾隆五十三年九月十八日

云贵总督臣富纲跪奏：为奏闻事。

窃照安南内讧，前经臣添拨兵丁，挑派勇干将备，带领分赴沿边各汛协力巡防。昨臣亲至边关查察，据安南兴化道水尾州之保胜屯土目黄文韬禀报，探知黎维祁现在义安、宜春地方，已遣亲属黄文林亲往查探。现在集兵聚粮，以图剿贼等情。臣即给谕鼓励，谕令探有确实，即行具覆，经臣附折奏闻在案。

兹据开化镇总兵孙起蛟报："据派防河口汛守备刘瑄转据黄文韬禀称，土目前次差探嗣孙黎维祁之黄文林，于九月初九日回屯，据称嗣君前在宜春驻札，于八月内又被蛮寇追逐，奔转山东道华封县，在京北谅山夹界之地。文林密至华封，叩见先锋官仪忠侯，领见内侍亲臣，询知嗣君现在彼处，号召各道纠集兵力，思图恢复，并接仪忠侯来信，令土目将兵协助。土目叨为黎氏臣庶，自当竭忠图报，惟本年四月间，因嗣君二弟黎维袖在宣光镇号召会剿，土目当集本处官兵前往，会同各州人马与贼攻战，奈力不能敌，黎维袖仍被贼截回，土目复被杀败，只得退回，另图进取。但宣光、兴化二处所属各府州多有被贼占据阻隔，土目现在集兵聚粮，一俟足备，即探听前往助剿。"等语。

臣查安南贼寇阮岳闻风震慑，业已逃回旧巢，让出黎城，惟嗣孙尚无下落。今黄文韬禀据黄文林面见先锋官及内侍亲臣，则所称嗣孙黎维祁驻札山东道华封之处，似甚确凿。但查孙士毅前次寄臣安南图本，只有京北、谅山二处，并无山东道字样。今土目黄文韬既称该处与京北、谅山二处夹连，是华封县果有其地，自离粤西边外较近，孙士毅必能早得信息。但臣现在未准知照，应即飞咨孙士毅，如果嗣孙在彼，自可就近踪迹。现今该国谅山镇潘启德统率七州人马，加以嗣孙现有之众，且蒙皇上饬令粤、滇两省添调官兵驻边协助，则其声势愈大，人心归向愈坚，自更易于蒇事。臣现在飞咨两广督臣孙士毅查照，一面饬令该土目黄文韬再行确探近日剿贼情形，据实速覆。再谕黄文韬上紧集兵办粮，亲率往助嗣孙，不得少存畏缩。

臣仍饬督在防镇将严密防守，随时差探边外情形，另行据实具奏外，所有据禀安南嗣孙黎维祁下落及臣办理缘由，谨会同提臣乌大经恭折由驿具奏，伏祈皇上睿鉴。谨奏。

朱批：好。知道了。

（《宫中档乾隆朝奏折》第六十九辑，第548～549页）

2909　云南巡抚谭尚忠《奏报乾隆五十三年滇省秋成分数折》

乾隆五十三年九月二十四日

云南巡抚臣谭尚忠跪奏：为恭报秋成分数，仰祈圣鉴事。

窃照云南通省禾稻杂粮，现届刈获登场，行据布政使李承邺将各属所报收成分数查明，开单呈送前来。

臣逐一确核，中甸等一十八厅州县，高下俱收成十分；永北等三十九厅州县州判，低处收成十分，高阜收成九分；思茅等二十八厅州县州判县丞，高下俱收成八分，合计通省秋收，实获九分有余。至沿边各土司地方所种禾稻杂粮，据报收成亦得八分有余，远近均称丰稔。伏念滇省僻处万山，不通舟楫，全借本地所产，俾资闾阎生计。今春麦豆丰登，民食已敷接济。自夏徂秋，复仰叨圣主鸿福，雨旸时若，多稼如云，因之通省收成实得九分有余。边农乐利，户庆盈宁，堪以远慰慈怀。除一面饬司造册详报，照例另疏具题外，所有乾隆五十三年云南省秋成分数，合先开列清单，恭折奏闻，伏乞皇上睿鉴。谨奏。

朱批： 欣慰览之。

（《宫中档乾隆朝奏折》第六十九辑，第595～596页）

2910　云南巡抚谭尚忠《奏报特参疏防绞候人犯一名越狱脱逃之署吏目、知州，请旨革职，分别拿问、留缉折》

乾隆五十三年九月二十四日

云南巡抚谭尚忠跪奏：为特参疏防绞候人犯一名越狱脱逃之署吏目、知州，请旨革职，分别拿问、留缉，以儆玩纵事。

窃照囹圄重地，理宜严密防范。该管有狱各官遇有公出，尤当严饬吏卒加谨巡防，难容稍涉疏玩。讵有管狱官、署罗平州吏目顾锡圭，有狱官、署罗平州知州王庆鳌者，该州监禁绞犯严义一名，因与林陈有之妻林氏通奸，被本夫奸所捉获，登时戳死奸妇。该犯逃后被获，供认奸情属实，依例拟绞监候。接准部覆，已入乾隆五十三年秋审缓决之犯。今据该署州王庆鳌禀称："本年八月十八日前赴师宗县审办命案，带印公出，据署吏目顾锡圭具报，该犯严义于八月二十一日半夜时候，由监所空地拧脱脚镣手杻，撬开监墙脱逃。当即赶回勘明，现在分头勒缉务获另报。"等情。

臣查严义系拟绞监候重囚，该署吏目顾锡圭职司狱务，漫不经心，以致越狱脱逃，固属罪有应得。该署州王庆鳌虽于越狱之日因公他出，但不严饬典狱官役加意防守，致有疏虞，亦未便因其带印公出，谨照常例参处。随一面开明逃犯年貌、事由，径檄邻省交界各属暨滇属各厅州县上紧协拿，并分咨各省通缉，以期速获究报，一面批司详揭请参。去后，兹据署按察使杨以湲会同布政使李承邺、迤东道恩庆，转据该管曲靖府知府常德揭报前来。专折参奏，请旨将署罗平州吏目事沾益州吏目顾锡圭革职拿问，以便提同刑禁人等，严审有无贿纵及宽松刑具各情弊，从重按拟治罪。署罗平州事拣发知州王庆鏊，应请即行革职，留于该地方协缉，以示惩儆。其例有处分之该管各上司，俟究明禁卒有无贿纵，再行开参。除饬司委员前往摘署罗平州印捕事务，查明王庆鏊任内经手仓库钱粮有无未清另报外，臣谨会同云贵总督富纲合词恭折具奏，伏乞皇上睿鉴训示。谨奏。

朱批：即有旨。

（《宫中档乾隆朝奏折》第六十九辑，第596～597页）

2911　云贵总督富纲《奏报安南夷目禀请号令集兵剿贼及现在酌筹办理情形折》

乾隆五十三年九月二十八日

云贵总督臣富纲跪奏：为安南夷目禀请号令集兵剿贼及臣酌筹办理情形，仰祈圣鉴事。

窃臣钦奉谕旨，督同镇将带兵驻边，扬言会合粤西定期进剿，当将酌调附近镇营兵数及照缮檄文遍发安南夷目，并保胜、都竜两处夷目集兵办粮缘由，节经具折，由驿驰奏在案。

兹据开化镇总兵孙起蛟禀报："前次办送出口探听嗣孙消息之陪臣阮廷枚遣目投禀至关，据称：蒙委员护送出口，随由都竜前进，闻宣光为贼占据，前路不通，尚未前进。今见总督传谕本国镇目檄文，仰蒙大皇帝发兵，会期讨贼，俾嗣孙早得复国。廷枚惟有望北叩头，恭谢天恩。至宣光虽为贼寇占据，而所属官兵尚多念旧，但人心散漫不齐，必得专人提调，方可纠集。廷枚查有原管宣光协镇黄文桐，前为贼蛮拘困，今黄文桐与大蛮州麻允敏约会诱杀贼人，现在脱身奔出。其人明白可靠，伊子黄文漆、黄文潢并南山土目黄金提，亦俱怀念黎氏。今廷枚与黄文桐号召附近各土目，纠集兵民会攻宣光，恳请各给号令，俾众踊跃急公，人心奋发。"又据保胜屯夷目黄文韬禀称："土目奉到檄文，不胜感激，当即四处张挂，遍行传发，见者无不踊跃奋发。土目为黎氏臣庶，何敢推诿？总缘本处兵少粮缺，兼前次被贼杀败，一时未能办齐。现在幸有清波县土目阮迪俊弟兄愿来协助，若再得天朝赐给号令，庶可并力齐心，呼应更灵。"各等情。并据都竜夷目黄文漆亲身到关，叩请号令前来。

臣即传至行寓，面加详询。据称："宣光一镇又名三岐，为进攻黎京必经之地。今宣光现有贼寇屯兵拦截，必得先攻宣光，方可前进。目父黄文桐原同嗣孙二弟黎维袖在宣光把守，不料蛮贼赶到，人多势众，占夺宣光，将目父拘困，又截回黎维袖解往黎京，不知下落。昨因大蛮州麻允敏要复宣光，目父谎诱贼寇夜至山箐，约会麻允敏里应外合，才得脱身。现同麻允敏商议添调兵马，协力再行会剿。”余与阮廷枚所禀相同。

臣查宣光、兴化二处业已为贼占据，其所属府州，惟水尾、大蛮、渭川、保乐等处尚未从贼，虽俱眷念故主，奈独力难成，未免意存观望。今奉到臣前发檄文，又知臣与提督统兵驻边，遂各踊跃奋兴。若更得仰借天朝威势，号令督率，更可易于集事。今阮廷枚等既有此请，自当助以声威。（**夹批：**是。）且阮廷枚系亲随黎母之臣，现又不能前进，情愿会合附近土目等纠兵集众，先复宣光，再图进取。此时莫若令其督催调度，会同黄文桐等调集兵马，先行攻取宣光，并责成黄文韬纠集兵众，分攻兴化，以分贼势。如果两路兵力能齐，得复宣光、兴化，更可与粤西遥助声援。

臣与提臣乌大经再四商酌，不揣冒昧，即就近拨给阮廷枚、黄文桐、黄文韬等号令各一分，即交黄文漆赍往分交，并各给印谕，鼓励奋发，齐集兵勇，力图恢复，勿得稍有畏缩。（**夹批：**是。）果能迅速蒇功，许以奏请大皇帝渥加恩赉。仍令将各有兵众若干，何时即可举行，据实禀覆。复又剀切面谕黄文漆，令其转为传述。该夷目听闻之下，连连叩头，欢抃踊跃而去。除俟该夷目等禀覆到日，另行具奏外，臣与提臣乌大经仍督饬镇将严密防查，不致略有疏懈，亦不敢稍涉张皇，致生事端。

再查都竜夷目黄文漆之父黄文桐，先于乾隆四十四年，因抗欠厂税，该国发兵擒拿，曾经咨请滇省协缉，当经前督臣李侍尧具折奏明。嗣据开化镇府探报，黄文桐业经国王免罪续用。臣因未准该国咨会，停缉差探之词不足凭信，仍饬该镇府照案缉拿。

臣昨面询陪臣阮廷枚，据称此事系辅政郑氏挟嫌倾害，并非黎王本意，其黄文桐前罪实系早经宽免，该国不知体例，是以未经呈请停缉等语，且黄文桐现在集兵图复宣光，颇为黎氏出力，自应停缉销案。（**夹注：**是。）合并陈明。

所有发给安南夷目号令缘由，谨会同提臣乌大经恭折由驿具奏，伏祈皇上睿鉴。谨奏。

朱批：即有旨谕。

（《宫中档乾隆朝奏折》第六十九辑，第648~650页）

2912　云南巡抚谭尚忠《奏报据情转达赛玙蒙恩赏给进士，恭谢天恩折》

乾隆五十三年九月二十八日

云南巡抚臣谭尚忠跪奏：为据情转达，恭谢天恩事。

窃臣钦奉上谕："据谭尚忠奏，云南石屏州举人赛玙，系雍正己酉科乡试中式，曾任四川知县，现年九十二岁，本年又届举行己酉科乡试之期，请重赴鹿鸣筵宴等语。赛玙系前己酉科中式举人，今重赴己酉科鹿鸣宴，洵属儒林盛事，尤宜特沛殊恩，用彰升平人瑞。赛玙着加恩赏给进士，并着俟年届百龄时，该省督抚再行奏闻，候朕另降恩旨，以示寿世作人，加惠耆龄至意。该部知道。折并发。钦此。"臣当即恭录上谕，饬司转行知照。

去后，兹据该进士赛玙呈称："窃玙南诏庸儒，西川下吏，备沐熙朝之化育，同游寿宇之康宁，赋鹿鸣于六十年前文科，倖列占鸿，渐于八千里外。盛典重逢，方偕多士以腾欢，载被恩光而与宴。乃蒙我皇上洪慈，远沛异数，特颁顿加，未遂之功名晚遇，仍忻得第，预假将来之岁月，期颐更许扬廷乡邦，共庆殊荣，梦想何曾敢及？玙惟有捧纶，泥首拜宠，铭心仰雁塔，以同升感愧，交萦于五夜，望龙墀而晋祝光华，永奉于万年。所有感激微忱，乞即据情转达天听。"等情前来。臣谨据情缮折代奏，恭谢天恩，伏祈皇上睿鉴。谨奏。

朱批：览。

（《宫中档乾隆朝奏折》第六十九辑，第652页）

2913　云南巡抚谭尚忠《奏报滇省地方情形折》

乾隆五十三年九月二十八日

云南巡抚臣谭尚忠跪奏：为奏闻事。

窃照云南地方本年自夏徂秋，仰叨圣主洪福，雨旸时若，通省稻谷收成实得九分有余，洵称丰熟，业经臣开单陈奏在案。霜降前后，天气晴多雨少，其已刈获登场者俱可及时晒晾，早贮仓箱。边隅获此稔岁，小民多有盖藏，莫不含哺鼓腹，共庆盈宁。现在纳禾甫毕，复皆翻犁，播种麦豆，以待春收。

时维九月，滇属州县正值开征新赋，臣恐不肖吏胥乘机浮收勒折，致累闾阎，先期刊示通颁，严切晓禁，并责成该管道府实力稽查，尚知怀刑畏法，无敢滋弊。各处市粮充足，出粜之价日臻平减，舆情熙皞，四境安恬，均堪远慰慈怀，理合恭折奏闻，并将八月分粮价另缮清单，敬呈皇上睿鉴。谨奏。

朱批：知道了。

（《宫中档乾隆朝奏折》第六十九辑，第653页）

2914　云贵总督富纲《奏报查阅开化等镇营官兵情形折》

乾隆五十三年十月初六日

云贵总督臣富纲跪奏：为查阅开化等镇营官兵，分别等次，恭折具奏，仰祈圣鉴事。

窃臣因安南内讧，亲赴开化、临安、广南沿边查察，就便校阅营伍。其附近之元江、新嶍、广西等营，各行调至镇，合同操演。

查沿边各汛，彼时原驻、增添共兵二千余名。臣于巡查时，俱就近逐一查验，兵俱强壮，鸟枪、弓箭、着靶成分均逾例定之数，弓力多在六力以上，配带器械均皆坚利，巡防操练亦属勤紧綦严，当即各加奖赏，并令带兵将备督率，勤练扬威，以壮声势。其开化、临元、广南三处存城官兵及调到之元江等营合同操演，臣留心阅看，阵式以及连环、枪炮、步伐、声势均能联络齐截，一切刀牌、杂技亦尚可观。鸟枪兵十名为一排，共打三十枪，其着靶者每排自十七八枪至二十一二枪不等。弓箭兵五名为一排，共射二十五箭，其着靶者每排均有十六七箭，核计例定成数，尚俱有增无减。内临元一镇及所属元江、新嶍二营暨开化镇属之广南、广西二营，均属二等。惟开化镇标鸟枪弓箭，统核计算，着靶成分较优，且步伐进止亦较齐捷，实堪列为一等。当将技优之兵逐加奖赏，密为存记，以备续调之需。其生疏者亦即当场责处，交该管营员勒限学习，务期一律纯熟。

至将备、千把、外委、员弁，弓马俱尚去得，询以行军纪律，亦能一一明晰。惟署广南营参将之开化镇都司萧汉成，因染患目疾，日久未痊。臣素知该都司人尚奋勉，营伍熟谙，屡经出师，平日办事亦尚勤勉，且年力亦未衰惫，若遽行勒休，未免可惜。但广南附近安南边界，现派备弁带兵驻防，营伍尤关紧要，未便仍令署理。随委臣标都司陈耀先速往署理，将该都司暂行给假，勒限两月，上紧调治，倘限满不能痊愈，再行勒令休致。

至各处汛塘兵丁，或臣便道亲看，或委员查验，兵俱强壮足数，技艺亦不生疏，点盘军械钱粮，俱系足数完整，马匹亦俱膘壮，并无缺额。臣仍谆饬各将备照前认真训练，俾兵技益底精纯，咸成劲旅，毋得稍有疏懈，致干参究外，所有臣阅过开化等镇、营官兵，谨分别等次，先行恭折具奏，伏祈皇上睿鉴。谨奏。

朱批：知道了。

（《宫中档乾隆朝奏折》第六十九辑，第692～693页）

2915　云贵总督富纲、云南巡抚谭尚忠《奏报戊申头起京铜依限开帮日期折》

乾隆五十三年十月初六日

云贵总督臣富纲、云南巡抚臣谭尚忠跪奏：为恭报戊申头起京铜依限开帮日期，仰祈圣鉴事。

窃照丁未年八起京铜，俱已如限兑发扫帮，节经臣等缮折奏闻在案。其戊申头运一起铜斤，例于本年八月开行，所有应需额铜，先经臣等派拨各厂预期办发，趱运泸店贮栈，并遴派委员，依次赴泸领兑。去后，兹据云南布政使李承邺详据泸店委员具报："戊申年头运一起正带京铜七十六万一千七百九十三斤零，于八月初一日开兑起，至八月二十九日，如数兑竣，运员建水县知县张星熠即于是日自泸州开行。"等情。详报前来。

除咨会沿途各督抚臣加紧催趱，迅速抵京，并咨明户、工二部外，查泸店现在存铜及各厂发运在途者为数充裕，臣等仍饬厂站各员照前赶办，迅速运泸，以裕供兑，一面饬令泸店委员，将未发七起铜斤依次逐月开兑运京，不致稍有懈延。所有戊申头起京铜依限开帮缘由，理合恭折奏报，伏祈皇上睿鉴。谨奏。

朱批：知道了。

（《宫中档乾隆朝奏折》第六十九辑，第693～694页）

2916　云贵总督富纲、云南巡抚谭尚忠《奏报委署道府印篆折》

乾隆五十三年十月初六日

云贵总督臣富纲、云南巡抚臣谭尚忠跪奏：为委署道府印篆，循例恭折奏闻事。

窃照大理府知府本著，于兼护迤西道任内，因所属永北同知监犯越狱，在疏防限外拿获，接准部议革职，所有道府印篆，均应委员署理。

臣等查迤西道杨以湲，前因臬司王懿德进京陛见，随委该道署理臬篆。今王懿德回任在即，杨以湲亦须退回本任，且迤西道承运宁台、大功两厂京铜，皆须由省转运寻甸，现在臬司审案无多，于京运尽可就近兼顾，所有迤西道印务，应令扬以湲先行管理，毋庸另委，既省将来一番交代，亦与运务有益。

至大理府印务，查有景东同知吴兰孙，才具明白，办事亦勤，堪以委署。除分檄饬遵外，所有委署道府印篆缘由，理合恭折具奏，伏祈皇上睿鉴。谨奏。

朱批：知道了。

（《宫中档乾隆朝奏折》第六十九辑，第694页）

2917　云贵总督富纲《奏报遵旨办理进剿安南情形折》

乾隆五十三年十月初九日

云贵总督臣富纲跪奏：为钦奉上谕，据实恭折覆奏事。

乾隆五十三年十月初八日，接准大学士伯和珅字寄："九月二十二日，奉上谕：据富纲奏，安南陪臣阮廷枚带领跟役，于八月二十七日抵开化。现据参将勒尔谨报，于九月初三日送至马白以外，即令该陪臣等自赴都竜，觅路前进。至沿边一带汛卡等处，更宜加严防守。在汛兵弁分外操练，加意奋扬兵威，现在严饬在防将备勤加操练等语。阮惠等逐主倡乱，现据孙士毅奏，现督官兵于各隘口严加防范，并令许世亨带领官兵三千名，直抵黎城，督率该国夷目潘启德等以次攻剿，务将阮惠及助逆人等悉行缚献，以绝根株。现在逆党陈名炳等俱能去逆效顺，贼众已成瓦解，将来大兵一到，自成破竹之势。如阮惠逃窜至云南蒙自等处边界，富纲惟当遵照前旨，作为己意，晓谕阮惠等，两广孙总督统率大兵进剿搜捕，必不能宽恕，尔等若能熟思利害，悔罪自行投出，当照从前办理该国黄公瓒之例，奏明贷以一死。如此明切晓谕，若阮惠希冀生全，自行投出，将其安插内地，则该国蠡贼既去，自得永远宁贴，可无后患。此则富纲之才尚可遵办者。至进剿事宜，富纲本人不谙习军旅，且有孙士毅调度剿办，亦不劳富纲筹酌也。将此由五百里传谕知之，并着将安南近日情形及阮惠有无信息之处据实覆奏。钦此。"钦遵。寄信前来。臣跪诵之下，仰见圣谟密运，为嗣孙弭患除凶，实属无微不至。

伏查安南首逆阮惠逃奔旧巢，势力业已穷蹙，且闻粤西大兵进剿，直捣黎城，无论怀忠趋义之人群情倍加感奋，即附从党恶亦必胆落心寒，各思保命，是阮惠之旦夕成擒，当可操券而定，即或相率潜逃，其逃窜之路，诚如圣谕，总不外于近云南一带地方。臣前发檄文，俱交该国近边未曾从贼之都竜、保胜等处夷目遍行张挂转递，计今已及一月，并密差往探情形。据云臣所发檄文张挂甚远，即贼人现踞之宣光、兴化等处，该土目等亦俱设法遣人张挂。此时，谅阮惠亦早当知悉，将来穷蹙无归，势必叩关乞命。但阮惠现在避匿富春地方，臣按图查看，该处系在黎城之南，相近海滨，而滇省通交各口均在黎城之极北，现在粤西官兵由谅山、高平一带进剿，则东北已为官兵阻截。查该国西北与南掌接壤，想此一路较为僻静，而南掌亦与滇省普洱府土境相通，从前黄公瓒投出时，即系由南掌至普洱府属之整法地方入口。此次阮逆逃窜，必避有兵之处，或亦由南掌投来，亦未可定。臣已密谕普洱镇道，于沿边一带留心查探，如阮惠由彼投来，务须详慎小心，妥为招纳，不许多带从人进口，飞速禀报，勿致轻率张皇，别滋事端。

至滇省边外夷目，从前人心不一，各怀观望，自接见前臣发檄文，多有感激奋兴，即有黄文韬等禀请号令，集兵剿贼，经臣一面给发，一面缮折奏闻在案。昨据该夷目等具禀，因九月中下两旬阴雨连绵，道路难行，且未得收刈粮食。现在上紧集兵聚粮，一俟齐备，即先行分路攻复宣光、兴化，情词尚为踊跃。臣俱给谕鼓励，毋致畏缩，此外别无动静。

臣惟有督饬镇将实力巡查防范，加意留心探听贼党消息，仍遵前奉谕旨，随时札商孙士毅妥协办理外，所有奉到谕旨及臣现在办理缘由，谨据实恭折由驿复奏，伏祈皇上睿鉴。谨奏。

朱批： 好，知道了。在汝所能不过如此，勿得贪功，别生枝叶。

（《宫中档乾隆朝奏折》第六十九辑，第722～724页）

2918　云贵总督富纲《奏报遵旨保举堪胜总兵之副将折》

乾隆五十三年十月二十四日

云贵总督臣富纲跪奏：为遵旨保举堪胜总兵之副将，仰祈圣鉴事。

窃臣接准兵部咨：乾隆五十三年七月十九日，奉上谕："向来各省副将人员，该督抚等于年终出具考语，只系照例办理，其名列一等者，不过供职勤慎，未必皆实在人材出众、堪胜总兵之员。现在记名应用总兵人员不敷简用，着各督抚及兼提督衔之巡抚，即于节次保列一等之副将内，详悉秉公察核，择其才具优长，训练有方，实胜专阃之任者俱行保举。钦此。"伏念总兵身膺专阃，责任綦重，苟非历练，才能有守有为，即难资其表率。臣敢不凛遵圣谕，秉公察核，详慎选举，以仰副皇上储材任使之至意？

查滇黔两省节次保列一等之副将，除蒙恩升用以及事故外，现在只有云南永昌协副将孝顺阿、贵州都匀协副将巴扬阿二员，经臣于五十一年保列一等，给咨引见，奉旨注册在案。查孝顺阿才具明白，熟悉营伍，办事、操防均能勤奋。巴扬阿才情历练，办事稳实，操防亦属严紧。该二员均堪胜总兵之任。至此外两省副将中，从前保送时，或因处分有碍，或因年例未符，未经保列一等者尚有一二出色之员。今蒙谕旨，令臣各保数人，臣不敢因前次未经保列，稍涉拘泥。

查臣标中军副将定住，才守兼优，晓畅营伍，曾经出师滇川，打仗奋勉，蒙恩赏带花翎，于边务夷情深为熟谙，且能遇事勇往，不辞劳瘁。前保列一等时，因该员于参将任内有革职留任处分，是以未经保送。今前案处分业已限满，经臣于本年八月内具折奏请开复，并将该员于副将中出色之处，据实陈明在案。又贵州铜仁协副将岱德，明白强干，办事奋勇，留心营伍，上年派令带领黔兵赴台，剿贼奋勉，仰蒙圣恩赏带花翎，并赏给巴图鲁名号。前保列一等时，因该员年例未符，是以未经保送。以上二员才具、办事，臣所素知，于专阃之职，洵能胜任。谨一并出具考语，附折声明，恭候钦定，并将各员年岁、履历另缮清单敬呈御览外，理合恭折具奏，伏祈皇上睿鉴。谨奏。

朱批： 知道了。

（《宫中档乾隆朝奏折》第六十九辑，第864～865页）

2919　云贵总督富纲《奏报查明滇省学政并无考试劣迹折》

乾隆五十三年十月二十四日

云贵总督臣富纲跪奏：为查明滇省学政并无考试劣迹，遵旨恭折汇奏事。

窃照乾隆五十三年四月初七日，奉上谕："学政按考各属地方，俱系督抚所辖，如果该学政有考试不公、贿卖生童等弊，各督抚耳目甚近，自无难访查得实。嗣后各督抚惟当益励廉隅，正己率属，遇学政有贪污实迹，指名纠参，并令于年终，将学政有无劣迹陈奏一次等因。钦此。"钦遵在案。

伏念学政职司文柄，棫朴作人，全在鉴拔公平，方可振兴庠序。若至营私贿卖，则行已有亏，何以励文风而端士习？臣查云南学政臣汪如洋，于乾隆五十二年三月到任，年余以来，凡遇该学政考试生童，臣俱留心密查，不特关防严紧，场规整肃，即所取名次，众口同声，咸称平允。嗣臣钦奉谕旨，复又随处体访，加意稽查，该学政持躬端谨，考试勤慎，去取公当，士论实为翕服，毫无訾议之处。臣蒙皇上高厚鸿慈，畀以总督重任，剔弊惩贪，责无旁贷，惟有恪遵圣训，益励廉隅，倍加谨饬，如查有学政贪污劣迹，即当据实纠参，断不肯略涉瞻徇顾忌，自取罪戾。

兹届岁底，所有查明滇省学政考试无弊缘由，臣谨恭折具奏，伏祈皇上睿鉴。谨奏。

朱批：知道了。

（《宫中档乾隆朝奏折》第六十九辑，第865~866页）

2920　云贵总督富纲《奏报滇省官员并无换帖宴会及门包押席、承办筵席等情形折》

乾隆五十三年十月二十四日

云贵总督臣富纲跪奏：为循例恭折汇奏事。

窃照前奉上谕："年终汇奏之件，如换帖宴会及门包押席、承办筵席等事，俱着并为一折，于年终汇奏等因。钦此。"钦遵在案。

伏思臣职任封疆，上司与下属名分攸关，全在体统相维，躬行实践，庶可饬官方而肃吏治。若略分言情，周旋结纳，则体制已乖，政务即难振作。至于偶有酬酢，尚欲取给下僚，甚或收受门包押席，致令属员有所挟持，以及官员无故上省，旷职废时，家人约束稍疏，乘间滋事，凡此弊端，皆为吏治之害。

臣蒙皇上天恩畀总督，以饬躬为率属之先，于前旨诸弊固已刻刻自防，即遇因公往来，所需夫马日食，臣俱自行发价雇备，亦不令家人与属员见面，一切传事禀话，责成巡捕，并令中军一体严查，以杜流弊。但恐久而生懈，陋习复滋，故时与抚臣留心体察，随处防闲。现在滇黔两省官常俱能恪遵功令，并无同官换帖，无故宴会及托故上省扣展公出日期之习。其司道等官亦无收受门包押席及令首府首县承值等事。除与两省抚臣督率司道照前实力查禁，一有违犯，即当据实参究，以肃官方。兹届年终，理合恭折汇奏，伏祈皇上睿鉴。谨奏。

朱批：实力为之，恐汝想不到。

（《宫中档乾隆朝奏折》第六十九辑，第866～867页）

2921　云贵总督富纲《奏报冬初官兵出汛日期折》

乾隆五十三年十月二十四日

云贵总督臣富纲跪奏：为冬初官兵出汛日期，仰祈圣鉴事。

窃照云南腾越、龙陵近边之杉木笼、干崖、三台山等处裁防设汛，每年于冬初选派弁员，带兵八百名分往驻巡，春深酌留弁兵三百名，余俱撤回差操，历年遵照办理。今春应撤应留官兵，经臣具折奏明，分别撤留在案。

查此项官兵，原为严防各关隘私贩出入，今缅甸虽已纳款输诚，而关禁未开，自应照旧防查，以杜透漏。向来官兵出汛，总在霜降前后为期，本年九月二十五日霜降，所有一切出汛事宜，臣先期照会腾越镇总兵刘之仁，于腾越、龙陵挑备战兵内如数选派，照旧遴委备弁带领，分赴杉木笼、干崖、三台山驻札防查，饬令于十月初三、初五、初七、初九等日分队起程，各俟抵汛后，照指定关卡分派驻守。仍责成龙陵协副将苏尔相专驻杉木笼，随时亲往各关游巡缉查，并令腾越镇州逐月轮往，稽查具报。其应撤原留弁兵，均令即回本营差操。臣仍不时遣员密往查察，勿致懈忽，以重边防。

所有冬初官兵出汛缘由，理合恭折具奏，伏祈皇上睿鉴。谨奏。

朱批：毋以无事疏懈。慎之！

（《宫中档乾隆朝奏折》第六十九辑，第867～868页）

2922　云贵总督富纲、云南巡抚谭尚忠《奏报贵州委员办运滇铜扫帮出境日期折》

乾隆五十三年十月二十六日

云贵总督臣富纲、云南巡抚臣谭尚忠跪奏：为贵州委员办运滇铜扫帮出境日期，循例奏闻事。

窃照各省委员赴滇采买铜斤，往来俱有定限。钦奉上谕：“嗣后到滇办运开行，着该抚具奏，如有无故停留贻误者，即行指名参究等因。钦此。”钦遵在案。

兹据云南布政使李承邺详称：“贵州委员、署麻哈州知州祝櫓良，领运万宝、金钗等厂高低正耗余铜三十七万九千四百八十斤零，以乾隆五十三年二月十三日领竣万宝厂铜斤之日起限，正展期限，除小建不计外，扣至本年八月二十七日届满。今该委员于九月二十四日，在平彝县地方全数扫帮出境，计逾期二十七日，例得免议。”等情。详情核奏前来。臣复查无异，除经飞咨贵州抚臣转饬接替催趱，依限运回宝黔局交收，以供鼓铸，并咨明户部外，所有贵州委员祝櫓良办运滇铜扫帮出境日期，理合恭折具奏，伏祈皇上睿鉴。谨奏。

朱批：览。

（《宫中档乾隆朝奏折》第七十辑，第13～14页）

2923　云南巡抚谭尚忠《奏报主试武闱事竣折》

乾隆五十三年十月二十六日

云南巡抚臣谭尚忠跪奏：为主试武闱事竣，恭折奏闻事。

窃照云南省本年戊申十月预行己酉正科武乡试，臣职任巡抚，遵例主厥试事。时值督臣富纲防边公出，调委曲寻协副将恩福来省，同考外场。臣就近派委迤东道恩庆为提调，护粮储道事、云南府知府蒋继勋为监视。自十月初三日起，连日公同校阅。外场先试马、步、箭，再试开弓、舞刀、掇石等项技勇，悉照新旧条例办理。其挑定双单好字号，均经密记，监射册内加谨封固，仍将应入内场诸生逐名印臂备验。初十日外场试毕，十三日点名入闱，扃试论策。臣亲率房考官四员，秉公阅卷，择其文理明顺，核与挑记弓马技勇相符者，如额取中武举单文辉等四十二名，即于十八日揭晓出闱。诸生历试内外各场，咸知恪守条规，并无怀挟顶替及夯号、喧哗之弊。除敬缮题名录另疏进呈外，所有臣主试武闱事竣缘由，理合恭折奏闻，伏祈皇上睿鉴。谨奏。

朱批：知道了。

（《宫中档乾隆朝奏折》第七十辑，第18～19页）

2924　云南巡抚谭尚忠《奏报乾隆五十三年分滇省民数、谷数折》

乾隆五十三年十月二十六日

云南巡抚臣谭尚忠跪奏：为钦奉上谕事。

窃照各省民数、谷数，定例于每岁仲冬缮写黄册，具折奏闻。其民数，例应分造民、屯丁口各一册进呈。

兹据云南布政使李承邺会同护粮储道事云南府知府蒋继勋详称："云南省岁报民数，除番界、苗疆户口向不造入外，所有乾隆五十三年分通省民、屯户口，各就原编保甲逐一确查，实在大小民人二百八十二万五百三十六丁口内，男丁一百四十七万四千三十四丁，妇女一百三十四万六千五百二口；屯民男妇六十八万九千七百四十四丁口内，男丁三十五万八百六十七丁，妇女三十三万八千八百七十七口。应存常平社仓米、谷、麦、荞、青稞一百七十二万七千九百二十石一斗八升二合二勺。"分案造册，详情具奏前来。臣逐加覆核无异，理合恭折奏闻，并将民屯丁口实在数目及存仓谷石总数分缮黄册三本，敬呈御览，伏祈皇上睿鉴。谨奏。

朱批：册留览。

（《宫中档乾隆朝奏折》第七十辑，第19~20页）

2925　云南巡抚谭尚忠《奏报甄别滇省教职、佐杂、年满千总折》

乾隆五十三年十月二十六日

云南巡抚臣谭尚忠跪奏：为循例汇奏事。

案照年终汇奏事件内，甄别教职、佐杂、年满千总三款，例应汇折，分单具奏。兹据云南布政使李承邺会同署按察使迤西道杨以湲，将云南省乾隆五十三年分甄别过俸满教职、佐杂，开单汇详前来。

臣查本年甄别教职内，初次俸满勤职留任者十员、循分供职留任者二员，二次俸满勤职留任者二员，循分供职留任者一员，三次俸满勤职留任者一员，未届俸满计参者三员，随时勒休者二员，已经初次俸满留任、未届二次俸满休致者一员。又甄别佐杂内，初次俸满留任者二员，二次俸满保荐者一员、留任者三员；已经初次俸满留任、未届二次俸满计参者一员；已经二次俸满留任、未届三次俸满计参者一员，未届初次俸满计参者三员，已经初次俸满留任、未届二次俸满随时参革者二员，随时勒休者一员，未届初次俸满随时参革者一员。至臣标两营千总四员，上次六年俸满，又届三年，曾经预保堪以留任者一员，此外并无年届六十以上，应予勒休千总。其俸满各员，俱经陆续验看，随时咨部在案。

所有乾隆五十三年分云南省甄别教职、佐杂及臣标年满千总，理合循例汇折具奏，并将甄别教职、佐杂分缮清单恭呈御览，伏乞皇上睿鉴。谨奏。

朱批：该部知道。

（《宫中档乾隆朝奏折》第七十辑，第20页）

2926 云贵总督富纲、云南巡抚谭尚忠《奏报遵旨派道府二员驰赴京局铸钱并恳恩准提净铁砂再行鼓铸，以验折耗实数折》

乾隆五十三年十月二十九日

云贵总督臣富纲、云南巡抚臣谭尚忠跪奏：为遵旨遴派道府二员带领铜匠四名驰赴京局铸钱，恭折覆奏，并恳恩准提净铁砂再行鼓铸，以验折耗实数，仰祈圣鉴事。

窃臣等接准大学士伯和珅字寄："乾隆五十三年九月二十八日，奉上谕：昨据户、工二部管理钱法衙门具奏，宝泉、宝源二局，自乾隆四十九年查办铁砂铜斤后，陆续挑出不堪鼓铸低铜共一百四十余万斤等语。特令军机大臣，带同滇省道员贺长庚眼同煎铸，并询据该监督等称，向例每罐用铜、锡、铅共二十七斤，铸钱四十枝，每枝钱四十四文，共应铸钱一串七百六十文。今将挑出低铜照例配用，宝泉局仅铸得整钱一百五十四文，宝源局仅铸得整钱二百四十文。就两局现在情形而论，其未成钱文之低铜几至十之八九，何至折耗如许之多？因思京中炉头、匠役鼓铸钱文，从中舞弊，势所不免，即监督等亦恐未能尽烛其情伪。但户、工二局自五十年后挑出低铜，积至一百四十余万之多，若遽行着落赔补，在炉头、匠役等必以为铜色低潮，而办铜之员又以为弊在铸局，且委员运到铜斤，如果不堪鼓铸，原准随时驳回，势必彼此互相推诿，不足以折服其心。着传谕富纲、谭尚忠，即委派经理厂务、钱局之道府二员，带领本省熟习铸钱匠役四名驰驿来京，赴户、工二局眼同鼓铸，如所铸钱文较本局多至几倍，则是京中炉头等铸钱积惯舞弊，即当重治其罪。若该省匠役所铸钱数亦与京中相仿，则是该省铜色本低，历来办铜之员不能辞咎。而所运铜斤至京交收时，该侍郎、监督等并不不验明是否足色，滥行兑收，亦有应得之咎，自当着落分别赔补，以示惩儆而昭平允。其道府带铜匠，即着速奏。将此由五百里谕令知之。钦此。"钦遵。寄信前来。臣等祗诵之下，仰见我皇上鉴空衡平，无微不至。交相感悚，莫可名言。当即往返札商，在于通省道府中，钦遵谕旨，遴得曾经办理厂务钱局之迤东道恩庆、永昌府知府宣世涛二员，挑选本省熟习铸钱匠役四名，填给堪合，饬委该道府带领铜匠克日起程，驰驿进京，赴户、工二局试铸钱文，伏候训示遵行。

臣等伏查，滇省岁办京铜，初用蟹壳，后因各处场地有不出羊毛松炭者，有该地山场采烧殆尽者，是以奏明半用紫板蟹壳，质薄纯净，紫板质厚，难免夹杂。自乾隆四十九年，京局查办铁砂铜斤之后，屡经臣等严饬办厂各员加意煎揭，并多派干员分驻陆运各店及泸州水次，专司挑验铜色，层层稽查，以昭慎重。今户、工二局复又挑出低铜，积至一百四十余万斤之多，推原其故，总缘铜中铁砂本非显露，即锤碎比对，只验裂口，其小块中有隐藏者殊难察出，是以由滇排验以及到京中兑收，均无从指办。而户、工两局鼓铸钱文，计日定卯，额铸钱数，又无暇将夹砂之铜溶净，入铸铜内既有夹杂，则倾镕之际阻碍汁道，钱文自不能完整。户、工二局铸得整钱一百五十四及二百四十文，亦势所必至者。

臣等再三斟酌，夹砂铜斤存积既多，自应倾炼，方得核实。若将此项低铜挑出色黑体厚者镕化数炉，用铅收砂，再行铸钱，则亏折实数可以概见，即按数着落厂员赔补，亦无可置辩。是以臣等不揣冒昧，据实附陈，仰恳圣慈，于委员带匠到京时，准令该匠役等自赴户、工二局，将低铜试煎提净，再铸钱文，亏短得有定数，即可饬令滇省承办各员分别赔补。

再钦奉谕旨，滇省道府带领铸匠四名。今臣等既请试煎，必须添带煎铜匠二名专任其事。

所有遵旨派委道府，带同匠役驰驿起程进京及臣等附陈管见缘由，理合恭折由驿具奏，伏祈皇上睿鉴。谨奏。

朱批：知道了。此一试，两处之弊皆明白矣。

（《宫中档乾隆朝奏折》第七十辑，第39～41页）

2927　云贵总督富纲《奏报遵旨筹办进兵事宜折》

乾隆五十三年十月三十日

云贵总督臣富纲跪奏：为遵旨筹办进兵事宜，先行恭折覆奏事。

乾隆五十三年十月二十八日，接准大学士伯和珅字寄："十月十四日，奉上谕：孙士毅奏安南紧要边境，大兵一经出关，不独逆匪暗中遣人密觇兵势，即关外效顺夷人亦必引领拭目，察听军声，仰求仍准许世亨以八千人进剿，二千人留后，俾外藩夷目人等震动恪恭，益觉畏怀等语。自当如此办理。前因孙士毅奏安南阮贼情形，似毋需多兵剿捕，是以谕令许世亨带兵三千名前往，以壮声势。续据该督奏，各关隘官兵，与其驻扎本境，暗为黎氏靡费钱粮，并须内地兵力护送嗣孙眷属出境，不如建竖旗鼓，出关进讨，捣穴擒渠，并自请于十月下旬带兵一万名出关督办。所见甚正当，已经降旨允准。想该督尚未接奉前旨，故有此奏。现在已届十月中旬，孙士毅所调之兵谅已陆续到齐，而该督节次所奏皆合机宜，指日统帅大兵出关进讨，惟盼捷音之速至。孙士毅益当奋勉，妥速蒇功，以期仰承渥眷也。本日，又据富纲奏，前次办送出口探听嗣孙消息之陪臣阮廷枚禀称，出口后由都竜前进，闻宣光为贼占据，前路不通，情愿会合附近土目黄文桐、黄金提、黄文韬等先复宣光，再图进取等语。阮廷枚系亲随该国眷属之人，现因不能前进，情愿会合附近土目等，纠集兵众，攻取宣光、兴化，不特可分贼势，更足与粤西遥为声援。富纲给与印谕鼓励，并将黄文桐咨缉之处停销，所办皆是。但云南、广西均与安南接壤，前令该二省于各关隘多派兵弁以壮该国声势。今粤西一路既经孙士毅带领大兵前进，而云南一路若仅令该土目等自行出力剿贼，恐伊等见内地按兵不动，无所依仗，又不免如潘启德等之心生观望，是此时云南一路亦不可不略为前进。但富纲于办理军务不及乌大经之熟悉。该督只须于边关一带弹压稽查，办送粮运，一得该国信息，随时具奏。其进剿一事，着派乌大经带兵三千名出关前进，并鼓励土目人等齐心剿贼，若能长驱直入，与孙士毅一路会合，固属甚善。倘道路辽远，一时不能会合，亦足为犄角牵掣之势，使贼首尾不暇相顾，成擒较易。乌大经并当遵照前旨，檄谕阮惠等，以孙总督现统大兵进剿，务在擒渠，一经拿获，万无生理。若能投至本提督军前，束身归命，本提督尚可代为奏请，贷其一线。孙士毅此时惟当专意进讨，倍加严励，使阮惠等势穷力蹙，别无生路可寻，庶接得乌大经檄谕，自必遵照来归，更属易于办理也。将此由六百里加紧各谕令知之，仍各将于何日带兵出关及作何剿办情形，迅速由驿覆奏，以慰廑注。钦此。”钦遵，寄信前来。臣跪诵之下，仰见圣谟广运，恢复安南全局，实属无微不到。

查粤西官兵现经两广督臣孙士毅统领出关，滇省边外附近土目亦已集兵聚粮，思图恢复。此时内地驻边官兵若仍防守不动，诚如圣谕，恐边外土目人等无所依仗，心生观望。自应遵旨带兵出关，相机协剿，俾该国土目人等咸知奋往，不敢少生退缩。

臣自驻边以来，悉心体察该国路径。自滇省出口后，必须先取宣光，方可与粤兵会合，而官兵一经出关，不但该国人心有所定向，并可先为粤西遥分贼势。臣蒙皇上训诲周详，敢不悉心筹办，期归妥善。

查阮贼逃奔旧巢，势已穷蹙，此时剿逆抚顺，原可毋需多兵。惟自马白出口至安南宣光镇，道里较远，其中道路丛杂，旁通斜出处所居多，大兵深进，均须察看紧要，酌留防堵，（**夹批：**此为最要。）庶无他虞，且如有占得地方，必须留兵看守，以待嗣孙差人接替及拨守粮储、安设台站，在在皆需兵力。臣与提臣乌大经悉心筹酌，必得仰恳天恩，俯准带兵五千名出关，方可敷用。计臣前次调拨沿边防守及续调驻边备剿之兵现有四千，内派防开化、临安、广南等处边隘二千名，现在皆散驻各汛，道路远近不一，抽调亦需时日，且汛卡亦属紧要，仍须另调拨补。除开化镇总兵孙起蛟现在带领屯驻马白兵二千名外，臣现拟于督、抚、提三标及城守、曲寻、武定等协营拨兵三千名。此皆臣前次密饬预为挑备，一切军械料理齐全，均可闻调即行，不致延误。

所需兵粮、人夫、马匹，臣先期饬令司道预为拨定，因未定进兵的期，是以尚未调集。臣现飞檄饬催。惟粤西官兵，昨准孙士毅咨会，于十二月二十八日业已出口，滇省官兵亦应赶紧进发。臣拟俟附近营分官兵到开，计足三千之数，即同现驻马白之二千名，共足五千名，即行带领出关，现在飞行催趱，迅速来开，约计总在十一月初十外均可齐聚到边，带领进发。臣另于昭通及大理城守、楚雄等镇营调兵二千，补足马白原驻二千之数，令总兵孙起蛟带领，屯驻边关，以为在后接续援应之用。至所需带兵将备，臣俱遴派曾经出师勇干将备，并调委署昭通镇总兵之副将定住作为奋勇头队，其余酌分起数带领前进。

至奉谕旨，令臣于边关一带弹压稽查，办送粮运，派乌大经带兵进剿，凛遵办理。（**夹批：** 如若果可驱使，早已用汝。无不妥，但遵前旨可也。）但臣满洲世仆，受恩最重，虽于军旅之事未曾身历，然臣蒙恩擢任总督，管理营伍，时与历练将备留心讲求，于行军各事亦略知大概，且军行粮饷及办送军装皆系文员经理，臣在军营就近督催饬办，似较提臣呼应更灵，且遇事得与提臣妥商酌办，更于军行有裨，即该国情形，臣亦得就近随时奏报。

臣谨仰恳鸿慈，准臣与提臣乌大经一同带兵出关，（**夹批：** 不可。）益深感激。臣俟所调官兵一到，立即统领起程，与提臣戒励将士，约束官兵，并鼓励该国土目人等齐心剿贼，或能与孙士毅会合前进，或于宣光一路互为犄角，俾掣贼势。臣随时察看情形，相机办理，仍于出关后再行遍发传檄，详悉晓谕，示以顺逆利害，俾效顺者更坚其心，从逆者亦足以解其势，并遵照前旨，檄谕阮惠，使之乞命来归，早为蒇事。

再开化河口汛外之保胜屯土目黄文韬前愿集兵自效，嗣因病身故。其子黄荣安经臣谕令接手承办，亦甚奋勉。但保胜之外系属兴化，现为贼据，大兵前赴宣光，所经之处多与兴化相通，难保无旁出滋扰。臣现调临元镇总兵陈大绂屯驻河口，带领现在汛兵六百名防御扬威，督令黄荣安迅速带兵攻取兴化，使贼寇无暇他顾，于军行更无稽滞矣。

再此次滇省进兵，一切军需及办运夫粮，必得大员经理。但省城亦属紧要，且一切铜盐诸务均须抚臣谭尚忠在省督催办理。臣现檄调藩司李承邺前来，会同署迤南道永慧督办夫粮台站事务。该司历练勤明，料理可期无误。合并声明。

除一切军需动用悉照部定例款支发，事竣核实造销，并俟官兵出关另行具奏外，所有奉到谕旨及现在筹办缘由，谨恭折由驿具奏，伏祈皇上睿鉴。谨奏。

朱批： 即有旨谕。

（《宫中档乾隆朝奏折》第七十辑，第44～47页）

2928　云贵总督富纲《奏报开化镇左营都司萧汉成患病难痊，请旨勒休，并恳圣恩俯准升署遗缺折》

乾隆五十三年十一月初六日

云贵总督臣富纲跪奏：为都司患病难痊，请旨勒休，并恳圣恩俯准升署遗缺，以裨营武事。

窃照云南开化镇左营都司萧汉成染患目疾，日久未痊，臣因其年力未衰，且平日办事亦尚勤勉，当即给假两月，饬令上紧调治，倘仍不能痊愈，再行勒令休致，经臣于查阅武折内奏闻在案。兹两月之限已将届满，查验萧汉成目疾尚未能愈，实难望其就痊，应请旨将都司萧汉成勒令休致。所遗员缺，例应俟部文至日，分别请补。

但查开化壤接安南，营伍本属紧要，况现值官兵进剿，一切带兵及防守边隘正需干员差委，应即遴员补用，以重职守。查有臣标左营守备施缙，年三十七岁，陕西定边县人，由行伍出师缅甸，递升广南营守备，乾隆五十一年十二月领札任事，调补今职。该员办事奋勇，营伍谙练，凡遇差委，无不实心认真。此次臣带至开化，常令出口，密探边外情形及稽查边关，均能详细妥速。现复派委带兵进剿，洵属守备中出色之员。以之请升开化镇左营都司，现在进兵之际，可期得力。惟该备历俸未满三年，与例稍有未符。合无仰恳天恩，俯念边营现在需员，准将守备施缙升署开化镇左营都司，在该员自必益加勇往，而于营伍亦多裨益。如蒙俞允，仍令照例扣足前俸，另请实授，并俟事竣，给咨该员，赴部引见。

臣为边营急需干员起见，谨会同提臣乌大经合词恭折具奏，伏祈皇上睿鉴。谨奏。

朱批：该部议奏。

（《宫中档乾隆朝奏折》第七十辑，第125～126页）

2929　云贵总督富纲《循例奏报滇省设法收缴鸟枪情形折》

乾隆五十三年十一月初六日

云贵总督臣富纲跪奏：为滇省设法收缴鸟枪，循例恭折汇奏事。

窃照民间私藏鸟枪，前奉谕旨："饬令实力查禁，年终汇奏一次等因。钦此。"

臣查滇省旧有鸟枪，业于乾隆四十七八九等年，共收缴过九百二十七杆。迨五十及五十一二等年，均无报解，节经臣按年缮折奏闻在案。

查滇省民夷防御虎狼，虽皆利用弩箭，原不专恃鸟枪，且已查缴多年，自应稀少。然三年之中竟无报缴处所，或系各属因循怠忽，致有疏漏，并有日久懈弛，复行私造。臣又严切通行，并刊示遍发，务令家喻户晓，俾无隐匿。兹届五十三年汇奏之期，据署臬司杨以湲详据各属申报，并无呈缴之家，此外亦无违禁私造之事等情前来。除再饬各属广行晓示，设法查缴，务期尽净，并责成该管文武实力稽查，毋致日久懈弛，以杜流弊。至本年通省命盗案内，亦无失察私藏鸟枪应行议处之员。合并声明。

所有五十三年分滇省设法收缴鸟枪缘由，理合恭折具奏，伏祈皇上睿鉴。谨奏。

朱批：览。

（《宫中档乾隆朝奏折》第七十辑，第126页）

2930 云贵总督富纲《奏报乾隆五十三年分甄别过云贵两省年满千总及候补武举难荫人员折》

乾隆五十三年十一月初六日

云贵总督臣富纲跪奏：为甄别云贵两省年满千总及候补武举难荫人员，循例汇奏事。

窃照甄别年满千总及候补武举难荫各员，均应年终汇折具奏。

今乾隆五十三年分，云贵两省年满各项千总，臣先后饬调考验，详加甄别，共计二十一员，内保送者八员，留任者五员，调回内地者一员，军政卓异、咨部换扎者一员，前经预保注册、今已掣升者一员，尚未得缺、今仍留候掣者二员，前经俸满保送、今已题升者一员，初次六年俸满、勒休者二员，随时勒休斥革者二员。尚有滇省千总马显、王尚宣、周仁、萧论、黄达、浦林、罗一诚七员，黔省千总郑士交、张升爵、马占奎、陈凡四员，已届俸满，未及考验，应归入下年甄别。

至云贵两省，并无分发学习世职人员，所有候补千把总、尚未得缺之武举门诏堂等三十二名及难荫胡源等九名，亦经陆续调取考验，俱系年壮，技可堪以留营候补。除分饬该管各镇将勤加训练，遇有缺出，照例轮送拔补，倘有怠惰偷安，随时即予斥革，不敢稍有姑容，以昭劝惩。所有乾隆五十三年分甄别过云贵两省年满千总及候补武举难荫人员，理合分缮清单，恭呈御览，伏乞皇上睿鉴。

再照滇省千总九十七员，本年届应甄别者十九员，除未经考验外，实甄别过十二员，内勒休者一员，其余十一员，才技均尚去得，实在无可勒休之员。又滇省难荫陈策，于甄别后，已经缘事咨部斥革。黔省候补武举吴庚云，于甄别后，业经拔补把总。合并陈明。谨奏。

朱批：该部知道。

（《宫中档乾隆朝奏折》第七十辑，第127页）

2931 云贵总督富纲、云南巡抚谭尚忠《奏请以布政司库大使徐统藩升署文山县知县折》

乾隆五十三年十一月初六日

云贵总督臣富纲、云南巡抚臣谭尚忠跪奏：为边要知县遴调乏员，恭恳圣恩俯准升署，以裨地方事。

窃照云南文山县知县屠述濂，业经臣等奏蒙恩准升署腾越州知州，所遗文山县员缺，例应在外拣调。查文山系开化府附郭首邑，地接安南，幅员广阔，整治已属不易，且现值官兵出关协剿安南贼寇，一切军需差务较繁，必须精明干练之员方可资其治理。

臣等于通省知县内逐加遴选，非现居紧要，即人地不宜，实无堪以调补之员。惟查有布政司库大使徐统藩，年四十岁，浙江钱塘县人，由监生捐盐大使，签掣云南，于乾隆四十一年四月到滇，题补盐库大使，四十四年六月到任，年满实授，经前督臣福康安奏升平彝县知县，因历俸未满五年，经部议驳，旋即丁忧回籍，服阕，赴部补授今职，于五十三年正月到任。查该员才具干练，办事勤奋，从前曾经历署通判、提举、知县印务，均能办理裕如，于边势夷情亦所熟悉。前后两任俸次已满五年，参罚亦在十案以内，以之升署文山县知县，洵能胜任。相应恭恳圣恩，准将徐统藩升署文山县知县，不独该员感深图报，自必倍加奋勉，而要缺得人，于边圉差务均有裨益。

再徐统藩系藩库大使请升知县，应俟部覆至日，给咨送部引见。如蒙俞允，仍照例于任内扣限二年，另请实授。臣等彼此札商，意见相同。谨另缮该员参罚清单，合词恭折具奏，伏祈皇上睿鉴。谨奏。

朱批：该部议奏。

（《宫中档乾隆朝奏折》第七十辑，第128页）

2932　云贵总督富纲、云南巡抚谭尚忠《奏报戊申头运二起京铜依限开帮日期折》

乾隆五十三年十一月初六日

云贵总督臣富纲、云南巡抚臣谭尚忠跪奏：为戊申头运二起京铜依限开帮日期，仰祈圣鉴事。

窃照戊申年头运一起铜斤，于本年八月依限发运京，业经臣等缮折奏闻在案。其头运二起，应于九月接续开行。

兹据云南布政使李承邺详据泸店委员申报："戊申年头运二起正带京铜七十六万一千七百九十三斤零，于九月初二日开兑起，至九月二十八日如数兑竣，运员、署河西县知县董枢即于是日自泸州开行。"等情。详报前来。除咨会沿途各省督抚臣加紧催趱，迅速抵京，并咨明户、工二部查照，一面饬令厂站各员照前赶办，运泸供兑，并令泸店委员速将未发六起铜斤依次逐月开兑运京，不致稍有懈延外，所有戊申头运二起京铜依限开帮缘由，理合恭折具奏，伏祈皇上睿鉴。谨奏。

朱批：好。知道了。

（《宫中档乾隆朝奏折》第七十辑，第129页）

2933　云南巡抚谭尚忠《汇奏滇省乾隆五十三年动用钱粮工程报销已未完结各案折》

乾隆五十三年十一月初六日

云南巡抚臣谭尚忠跪奏：为循例汇奏事。

窃照直省一切动用钱粮及工程报销已未完结案件，例应各该督抚于岁底汇折具奏。兹据布政使李承邺将云南省动用钱粮及工程报销已未完结各案开报前来。

臣查云南省近年动用钱粮及工程报销各案，截至乾隆五十三年岁底，共计八案，内已经接到部覆准销完结者六案，尚未完结者二案，此中已遵部驳，行令造册，详情题咨，尚未接准部覆者一案，其余一案，现饬承办之员遵照部驳，详晰声叙，应俟造报到日，即行核咨。所有云南省乾隆五十三年分动用钱粮工程报销已未完结各案，理合分晰，缮具清单恭折奏闻，伏祈皇上睿鉴。谨奏。

朱批：该部知道。

（《宫中档乾隆朝奏折》第七十辑，第136页）

2934　云南巡抚谭尚忠《汇奏乾隆五十三年分滇省并无官员换帖宴会与上省扣展公出日期等六款折》

乾隆五十三年十一月初六日

云南巡抚臣谭尚忠跪奏：为循例汇奏事。

窃照年终汇奏事件内，官员不准换帖宴会与上省扣展公出日期，并各衙门不许收受门包及押席银两，派委属员承办筵席暨革坐省家人名目，以上六款，皆属事例相近，臣谨钦遵谕旨，汇为一折具奏。

伏查外省官员彼此换帖，动称愚兄愚弟，洵属仕途陋习。其同僚相见，偶然宴会，以通物我之情，原为礼所不废。惟上司与下属，名分攸关，不宜宴会频频，互滋狎玩之渐。若夫庆典年节，开筵演戏，是非常有，所费亦属无几，总应出资自办，何得派委属承值？既慷他人之慨，且开要结之门。至督抚衙门随带在署家人，不过供其役使，凡遇传事禀话，俱有中军、巡捕传禀，岂容家人与属员交接，需索门包？如因留待属员饭食，任由家人巧取押席银两，其事尤可鄙笑。他如州县官遇有紧要事件，偶赴省城，事毕即回，原无庸扣展公出日期，致稽案牍。其有借称面禀公事，数数上省，固启钻营奔竞之端，即或派拨家人常川坐省，名为听差，实则窥探消息，更何以杜夤缘结纳之风？凡此诸弊，均为吏治之害。

臣与督臣富纲平日时刻留心稽查，并嘱司道一体查访，尚无前项情弊。但有治人无治法。臣身任封疆，有考察群吏之责，惟当正己率属，严行饬禁，以期仰副圣主整肃官方之至意。兹届乾隆五十三年分汇奏之期，理合循例汇折具奏，伏祈皇上睿鉴。谨奏。

朱批：知道了。

（《宫中档乾隆朝奏折》第七十辑，第136~137页）

2935　云贵总督富纲、云南巡抚谭尚忠《奏请将已革大理府知府本著开复折》

乾隆五十三年十一月初八日

云贵总督臣富纲、云南巡抚臣谭尚忠跪奏：为奏明请旨事。

窃照云南大理府知府本著于前护迤西道任内，因永北直隶厅盗犯同时越狱，逃脱五名，旋经拿获二名，格杀二名，尚有一名未获，部议照贿纵例革职。奉旨："疏脱监狱重犯之该管知府本著，着照部议革职。钦此。"行旨到滇。

查该府本著现在兼护迤西道篆，除分别委员接署道府印务，勒令离任外，臣等应俟本著交代清楚，给咨起程归旗，何敢复有妄渎？惟查此案，该管上司疏防越狱之限，扣至本年二月初四日，四个月届满，因尚有一名未获，是以按限开参。嗣据报未获逃盗王有义一名，续于六月初一日拿获，经臣等提省审明正法，一面奏闻在案。是本著疏脱重犯五名，已于八个月内全行拿获。只缘开参在先，全获在后，致干革职。

伏闻近奉新例，重犯越狱，参革玩纵之有狱、管狱各官，勒限留于该地方协缉十年，如所限十年期内能将正犯全行拿获，该督抚给咨送部引见，请旨开复。此在参革留缉者尚得自新有路。今本著系以知府委护巡道，疏脱所属直隶厅盗犯越狱五名，甫逾半年，即亦全行拿获，且审非禁卒贿纵，核其缘事情节，犹有可原。

查本著系满洲正黄旗举人，历任四川州县，调办云南金川军务，由资州直隶州卓异，推升大理知府，到任已阅七载，居官廉明，办事详妥，颇得民心，督率所属各厂办运京铜，调剂有方，铜运迅速。滇中铜务最为紧要，全在知府董理无误，而通省知府中熟悉堪任者不可多得。本著革职处分，事属因公，且疏脱越狱重犯现已全获，若竟予废弃，似觉人才可惜。此时进剿安南阮贼，正在需人差遣，已派赴开化办理军务，容俟事竣，援例给咨送部引见。可否准其开复，恭候钦定。如蒙俞允，并请仍发云南补用，则该员感激天恩，自必倍加奋勉出力，而边方得一熟谙知府，既足以裨吏治，尤于铜政大克有济。

臣等往返札商，意见相同。不揣冒昧，谨合词恭折具奏，伏祈皇上睿鉴训示。谨奏。

朱批：该部议奏。

（《宫中档乾隆朝奏折》第七十辑，第166～167页）

2936　云南巡抚谭尚忠《汇奏查明通省城垣情形折》

乾隆五十三年十一月初八日

云南巡抚臣谭尚忠跪奏：为查明通省城垣情形，遵旨汇奏事。

案准部咨，钦奉上谕："各省城垣是否完固，着于每年岁底汇奏一次。钦此。"又工部议奏："嗣后各省城垣，于年终汇奏折内，将急修、缓修各情形逐一分晰声叙。如果必不可缓、实系应行急修之工，即令确估工料，具奏兴修，于次年汇奏折内，将已经奏办缘由据实声明。"等因在案。今乾隆五十三年分云南通省城垣，据布政使李承邺转据各道、府、州确勘，分别完固、修补，复核详报前来。

臣查滇省各府、厅、州、县及佐杂各处，通共砖石土城九十一座内，大关等厅、州、县城垣七十八座，均属完固；元江、嶍峨、广西、安宁、保山、文山、太和、永平、云州、鹤庆、陆凉、南宁、昆明原坍、续坍城垣十三座内，保山县城垣一座，原经奏明，俟腾越城堡修竣，再行勘办。今勘估该县城工，需费繁重，例支铜息银两所存无几，已奏请俟藩库铜息充裕再行办理，应请暂列缓修；至历年列入缓修之元江、嶍峨、广西、安宁、文山、太和、永平、云州、鹤庆、陆凉、南宁、等州县城垣十一座，应仍概请缓修，此中，元江州土城一座，业经迤南道议覆，官民情愿捐资修复，毋庸改建砖石，应俟兴修之时，照议办理；又昆明县急修城垣一座，现在饬取估册详题，一面照例于公件项下节年酌留岁修银内动支办理；其余各属砖石、土城现俱完好。仍责成该管道、府，督令地方官留心查勘，加意保护，遇有些小坍塌，随时鸠工修补，以期巩固而资捍卫。

所有乾隆五十三年分云南通省城垣情形，理合缮具清单，恭折汇奏，伏乞皇上睿鉴。谨奏。

朱批：知道了。

（《宫中档乾隆朝奏折》第七十辑，第168页）

2937　云南巡抚谭尚忠《奏报滇省各属旧有去思德政等碑均已扑毁折》

乾隆五十三年十一月初八日

云南巡抚臣谭尚忠跪奏：为遵旨奏闻事。

窃照外省官员，无论去任、在任，建立去思德政等碑，于吏治官方大有关系。钦奉谕旨："通行饬禁，并令将制造衣伞、脱靴等事一并禁止，每年岁终奏闻。钦此。"历经钦遵办理在案。

伏查云南省城暨外郡各属旧有去思德政等碑，自奉旨查办之后，均已扑毁无遗。臣会同督臣富纲，不时留心查察，现任、去任文武各官并无违禁立碑，亦无百姓制造衣伞、脱靴等事。兹届乾隆五十三年应奏之期，据布政使李承邺具详前来，理合遵旨恭折奏闻，伏祈皇上睿鉴。谨奏。

朱批：览。

（《宫中档乾隆朝奏折》第七十辑，第168～169页）

2938　云南巡抚谭尚忠《汇奏乾隆五十三年分滇省各项改修、缓修船只及估变物料数在二百两以下折》

乾隆五十三年十一月初八日

云南巡抚臣谭尚忠跪奏：为循例汇奏事。

窃照各项改修、缓修船只及估变物料数在二百两以下者，例应于年底汇折，分单具奏。兹届乾隆五十三年分汇奏之期，据云南布政使李承邺具详前来。

臣查保山县潞江渡裁存渡船四只，遇有损坏，酌以二年一修，动支租折银两办理，现在报销未结，应请缓修。又禄丰县星宿河添置渡船四只，原未定有修理年限，现在船身完固，应请缓修。又罗平州江底河渡船一只、丽江府金江阿喜渡船一只，历系三年一修，所需工料，俱于官庄租息银内支用，汇册报销。查前项渡船二只，均于五十一年甫经修理完固，正在限内，毋庸估修。所有乾隆五十三年分滇省改修、缓修船只，理合循例汇折具奏，并另缮清单敬呈御览。

再查乾隆五十三年分，滇省并无估变衙署房屋物料数在二百两以下之案。合并声明，伏乞皇上睿鉴。谨奏。

朱批：览。

（《宫中档乾隆朝奏折》第七十辑，第169页）

2939　云贵总督富纲《奏报酌定官兵起程出关日期及现在办理情形折》

乾隆五十三年十一月十一日

云贵总督臣富纲跪奏：为酌定官兵起程出关日期及现在办理情形，仰祈圣鉴事。

窃照安南内讧，钦奉谕旨，令滇省进兵前往协剿。臣当将筹办进兵事宜，并恳恩准臣与提臣一同带兵出关缘由，于十月三十日缮折，由驿具奏在案。所有派调官兵各项，臣节次严檄催调，并专弁赍令驰催。兹臣标兵丁一千名分起来开，现在业已到动。其云南抚标及城守等营，亦皆衔尾起身，总在十六七内可以到齐。其较远营分，如大理、昭通之兵，计离开化约有二十余站，到来尚需时日。

臣查粤西官兵业已出口进剿，滇省自应迅速进发，督令各土目鼓勇直前，应可稍分贼势。若俟各兵到齐，始行进发，未免太迟。今臣与提臣乌大经公同商酌，择于十一月十三日，带领臣标先到兵一千名起程，前赴马白，（**夹批：**汝不宜去，即于接壤地方照应一切。）同该处屯驻之二千名，一共三千，即分队带领出关，计期不过本月十七日，均可前进。仍酌留将备在开，俟提标等处兵二千名到齐，亦即带领前赴马白，接续出口，不致迟误。至所需口粮，最关紧要。（**夹批：**系汝应亲自督办者，稍有不善，汝罪戾矣！）臣通盘核计，于文山县及附近之阿迷、蒙自、建水、宝宁等州县拨米二万四千石，分设站夫运送，已敷三月之需。现在分檄飞催，迅速滚运，并交藩司李承邺驻开督催，源源供运，以资军食。

再查安南宣光、兴化所属各处，除都竜、保胜、大蛮、清波等处未经从贼外，其余各处所，或为贼占据，或暗地附从。此次大兵前赴宣光，所经之处，多与贼境相通。现又剀切檄谕，令其及早改图，前至军营纳款自效。（**夹批：**有旨谕乌大经矣。）倘若官兵出关之后，伊等仍不悛改，悔罪来归，即当以次剿除，先行廓清后路，庶可前进无虞。臣自当与提臣相机妥办，随时据实具奏，断不敢稍有轻率，上廑圣怀。

再据广南府土同知侬世昌具禀，备练一千名，土富州沈毓栋备练五百名，情愿随往剿贼。臣查土练技艺虽不及官兵之精熟，而登高越险、设伏搜山可资得力。臣即谕令作速管领赴边，以备拨用，其应给盐菜口粮，照例支发。

所有酌定官兵起程日期，谨会同提臣乌大经恭折具奏，伏祈皇上睿鉴。谨奏。

朱批：已有旨了。

（《宫中档乾隆朝奏折》第七十辑，第 209 ~ 210 页）

夹片：再臣等自马白过赌咒河，即属安南都竜地界，当有该处头目率领黄文桐幼子四人，年俱自十五六岁至六七岁，在道旁跪接。据称，黄文桐现在宣光带兵攻贼，其子黄文溙已解粮赴黄文桐处，是以未及前来一同迎谒。臣等查其情词，因大兵入其境内，颇形恭顺。当用好言慰抚，并谕以大兵入尔国地方，秋毫不犯，令其传谕该国民人，不须惊慌躲避，各予赏赉，欣跃而去。（**夹批：**好。）查都竜为官兵必经之所，今该处头目人等一闻臣等入境，即至界首祗迎，情殷效顺，则都竜地方，官兵行走可以放心。理合附片奏闻。谨奏。

朱批：好。知道了。

（《宫中档乾隆朝奏折》第七十辑，第 210 页）

2940　云南巡抚谭尚忠《奏报乾隆五十二年滇省盐课全完折》

乾隆五十三年十一月二十四日

云南巡抚臣谭尚忠跪奏：为盐课全数征完，年清年款，恭折奏闻事。

窃照滇省岁征盐课钱粮，例应于次年奏销时查明完欠，分晰具奏。

兹据云南布政使李承邺会同盐法道杨有涵详称："各属应征乾隆五十二年分盐课、薪本盈余等银四十二万六千一百四十九两零，又奏销五十一年盐课案内借发各井五十二年薪食银三十五万八千六百九十九两零，又续借本款薪食银五万六千九百八十八两零，俱经照数征解全完，年清年款。"分案造具细册，详请题销前来。臣逐加覆核无异，除分别缮疏具题外，所有乾隆五十二年盐课全完缘由，理合会同云贵总督臣富纲恭折奏闻，伏乞皇上睿鉴。谨奏。

朱批：好。知道了。

（《宫中档乾隆朝奏折》第七十辑，第398页）

2941　云南巡抚谭尚忠《奏报滇省地方得雪情形折》

乾隆五十三年十一月二十四日

云南巡抚臣谭尚忠跪奏：为奏闻事。

窃照云南省城一带于十月二十三日得沾时雪情形，业经臣恭折具奏，并声明各属是否同时得雪，容俟陆续报到，再行汇陈在案。嗣据首府所属之昆阳、嵩明等州县及曲靖、澄江、楚雄、武定、广西等府州属禀报，十月二十二三等日，先后得雪，积厚一二寸不等。序逢小雪，远近咸沾渥泽，洵为预兆农祥。十一月初旬以来，天气晴和，间得微雨，二麦、蚕豆借以滋长，高原下隰弥望青葱，从此日暄雨润，一律调匀，来岁春收可占丰稔。各处市粮充裕，粜价称平。民情欢悦，景象盈宁。臣谨恭折奏闻，仰慰圣怀，并将十月分粮价另缮清单，敬呈皇上睿鉴。谨奏。

朱批：知道了。

（《宫中档乾隆朝奏折》第七十辑，第398页）

2942　云贵总督富纲、云南提督乌大经《敬陈官兵出口情形及酌筹分路前进缘由折》

乾隆五十三年十一月二十七日

云贵总督臣富纲、云南提督臣乌大经跪奏：为敬陈官兵出口情形及酌筹分路前进缘由，仰祈圣鉴事。

窃臣等统领官兵于十一月二十日由马白出口日期，业经缮折奏闻在案。缘关外地方多系密箐深林，坡岭陡窄，大队必须攀援，鱼贯而进，行走需时，每日约走三四十里不等，未能迅速。臣等连日进发，于二十三日至都竜城，即安南渭川州地方，土目黄文桐住居之所，当有头目阮富琫率领土目、黄文桐幼子四人及男妇老幼于道旁跪接，咸称蒙大皇帝发兵剿贼，縻费钱粮。今入本国，官军秋毫不犯，不独黎民永矢衔结，即安南举国臣民亦莫不顶颂大皇帝圣寿无疆，其感激欢忭实出至诚。并据阮富琫禀称："黄文桐现与大蛮州南山城土目及陪臣阮廷枚督兵攻取宣光，其长子黄文漆已解粮赴黄文桐处，尚有次子黄文潢、黄文溱、黄文洐，俱带土兵数十名分驻要隘防守，是以未及前来迎谒。"等语。臣等逐一慰谕，并择其中年老者量加赏赉，均各欣跃而去。

臣等因都竜歧路错杂，与近边贼屯多有相通之处，因停住两日，详细查察。该处可通兴化、陆安地方，有谷寿、达蒙等处，然道路俱远且杂，不能处处安兵。即于都竜留兵二百，派干练守备一员，带领千把驻扎防守，兼护粮台，足可放心。其自都竜至宣光，则有东西两路可通，中至安边地方，归总该处，为兴化、宣光往来必经之道，实属要区。此时大队官兵自应全赴安边，既可以占扼要，而黄文桐等现在往取宣光，并可助其声势，使之心坚胆壮，鼓勇直前。但查东路至安边尚有三百余里，前途险窄更甚，若大队均由此前进，不特拥挤难行，转需时日，兼之西路多有旁通贼屯处所，尤须察看筹办，免致他虞。

臣等悉心商酌，拟将现在官兵分两路前进，派委署昭通镇定住带兵二千，由东路直抵安边，以壮黄文桐等声势。臣等带兵三千，由西路前进，俾兴化贼匪闻风震慑，不敢窥视。臣等现于拜折后，即带兵由都竜起程，催趱行走，计初二三可抵安边。除俟到彼会合，再将作何办理之处妥酌具奏外，所有臣等酌筹分路进兵缘由，谨合词恭折由驿具奏，伏祈皇上睿鉴。谨奏。

朱批：即有旨谕。

（《宫中档乾隆朝奏折》第七十辑，第432~433页）

2943 云贵总督富纲、云南提督乌大经《奏报官兵暂住安边，听候粤西知会再行前进缘由折》

乾隆五十三年十二月初七日

云贵总督臣富纲、云南提督臣乌大经跪奏：为官兵暂住安边，听候粤西知会再行前进缘由，仰祈圣鉴事。

窃臣等出口后，察知安边地处扼要，当派署昭通镇定住带领头队官兵先行到彼占据，臣等亦于本月初五日赶抵安边，连日详细察探，悉心筹画。

查安边至宣光及由宣光至黎城，虽相距各有十余站，道路亦甚险峻，但宣光实为通达黎城要区。今该处已经土目黄文桐等率众克获，官兵自应到彼驻扎，更可掣分贼势，且接两广督臣孙士毅来札，以粤兵已过市球江，连获胜仗，将抵富良江，因江面稍宽，恐有耽延，令臣乌大经作速带兵前进，以分贼势。则滇兵自当遄赴，以助声援。臣富纲即将所带官兵悉交臣乌大经带领，一面将安边以外应设粮站赶紧安设，俾资兵食。正在料理起程间，适据土目黄文桐亲至军营禀称："土目会同大蛮、平恒土目麻允敏等攻复宣光。兹探闻，十一月十八日，粤西天兵进到沙铺，攻剿蛮寇，至十九日夜，贼徒溃散，克复黎城，嗣孙于二十二日业经复位。蛮寇从水路逃走，天朝水师在海口等处攻打，蛮寇败走"等语。臣等当将黄文桐面加奖赏，并谕以宣光虽经尔各土目攻复，但所属各处有无贼人余党藏匿，尔应速回，仍同各土目严密搜拿，务须尽净，并安抚居民，小心看守，以俟尔国王差人前来办理，并将奖赏麻允敏、麻福坪、黄金提等赏号，令其带回分赏，以示鼓励。

至粤兵攻获黎城及嗣孙复位之处，现在虽未准孙士毅知会，但该土目情词凿凿，且核其所报日期，即在粤西攻得市球江之后，看来似非无因。粤西官兵既已渡江，收复黎城，此时滇兵诚如圣谕，毋庸深进。

臣等再三商酌，现在暂住安边，再听两广督臣孙士毅知会，另行请旨外，所有官兵暂住安边候信缘由，谨合词恭折具奏，伏祈皇上睿鉴。谨奏。

朱批：是。即有旨谕。

（《宫中档乾隆朝奏折》第七十辑，第537～538页）

夹片：再臣前因办理边防，檄调署昭通镇定住到边差委，是以该镇事务，暂委东川营参将张玉龙就近代办。今已派定住随同提臣乌大经前赴黎城，往回尚需时日。昭通接壤川黔，地属紧要，自应专员署理。查昭通本缺，已奉旨将鹤丽镇总兵窦瑸调补，其所遗员缺，以马天琪补授在案。应令窦瑸先赴昭通镇调任，所有鹤丽镇印务，查有维西协副将德克进布堪以委署，其副将事务，即委该协都司德兴就近兼护。除分檄饬遵外，理合附片奏闻。谨奏。

朱批：知道了。

（《宫中档乾隆朝奏折》第七十辑，第539页）

夹片：再臣昨至安边，探闻宣光尚有水路可达黎城，但未知能否办船通运，必得妥人料理，庶冀有济。当有广东客民何建九、杨天锡情愿前往，设法雇办船筏。臣传至营盘面询，伊等向在安边、宣光一带往来贸易，熟悉地方夷情，且本年四月十月间，曾纠集义民，自备资粮，会同土目往剿宣光，虽未成功，而资本亦因而销耗，情既可悯，今又自愿往办船筏，以通黎城粮运，尤为急公。臣原拟俟办有成效，再行奏请奖赏。但创事之初，量为鼓励，该客民等办事自必益加踊跃，于事益有裨益。臣随各给额外、外委顶带，令其与委员同赴宣光赶办船筏，使之感激欢欣，自可望其得力。所有臣办理缘由，合并附片奏闻。谨奏。

无朱批。

（《宫中档乾隆朝奏折》第七十辑，第539页）

2944 云贵总督富纲、云南提督乌大经《奏报官兵拿获探信匪贼及河口土目具报杀贼情形折》

乾隆五十三年十二月初七日

云贵总督臣富纲、云南提督臣乌大经跪奏：为官兵拿获探信贼匪及河口土目具报杀贼情形，仰祈睿鉴事。

窃臣等昨于初三日，在南山城之马郎河，将土目黄文桐等具报攻复宣光及官兵经过土目地方办理情形，恭折奏闻在案。

臣等发折后，赶紧行走，于初五日行抵安边，有黄文桐四子现带土兵百余名把守，以防贼寇。臣等查安边地方较大，系宣光、兴化归总大路，山高河阔，甚为险要，且道路庞杂，林深箐密。臣等于扎营后，酌派将备，带兵四路放卡巡防，并于山深箐密之处带兵搜查。兹据都司永舒禀称：“昨奉派带兵过河搜查，至夜，见有数十人藏于密林之内，形迹甚属诡谲，当即上前捉捕，擒获二人，余俱窜入深林，越岭逃匿。”

臣等当将擒获二贼详细讯问，据供：“一名慎武，系安南南昌县人，一名球武，系安南上福县人，向在黎城贸易。因阮寇攻破黎京后逼迫顺从，今年四月内，随同伪司马、威武侯杨文漆攻得宣光，即同宣光旧镇范如璲及陆安州土目刘仲淳驻守宣光。因带来广南贼兵不多，又将宣光百姓逼勒多人，一同驱使。数月以来，虽有附近土目常来攻夺，人俱不多。杨文漆又逼勒我等上前抵御，是以贼能守拒，不甚畏惧。昨十一月初间，闻大南关有官兵出口，贼已胆怯。嗣又闻云南亦有官兵进剿，贼心更慌。所带红帽贼有限，留着守城，是以差我等十八人前来密探。昨至此处，见大兵业已到来，我等因从贼后，打扮不同本地人一样，不敢出去，藏躲林内，欲俟夜深，越岭潜回报信，不期被大兵捉住。我等因被逼从贼，实不敢与大兵抗拒。”臣等查慎武、球武本系安南国民，始既被逼从贼，今复为贼驱使，胆敢潜赴军营密探消息，情节甚为可恶，立予正法本不为枉，但该贼捉捕之时，尚未敢与官兵拒捕，且此等小丑，即加诛戮，于事亦无足重轻。况前奉谕旨，有示知阮岳穷蹙来归滇省，尚有纳降之举，今一获贼党即从严办，恐其闻风畏惧，致滋裹足。臣等愚见，将此二贼暂为监禁，俟事竣之日，再行酌量办理。（**夹批：**是。）

又据臣等派委带兵屯驻河口之参将哈国祥等禀报，据保胜屯土目黄荣安报称："土目奉命带兵攻复兴化，前因目父甫经物故，人心未免懈散，是以土目未能前进。今闻大兵业已出关，众心更加踊跃。土目当即纠众，进攻柏灵、镇河一带，贼匪败逃，杀死十人，将首级呈验，并称兴化贼匪亦俱逃窜"等语。臣等查滇省边外一带，贼匪占据处所，惟宣光、兴化二镇地方较大。今宣光业经黄文桐等克复，而兴化蛮寇俱震慑潜逃，其所属从贼之处势力更单，无可倚恃，业已闻风解散，是滇省近边土境贼匪俱已肃清。

现在嗣孙业经复国，臣等仍札饬该土目黄荣安等，以兴化贼众业已逃散，该土目等仍应率兵将所属地方有无余贼潜藏，务须搜查尽净，听候嗣孙派员接替，勿致稍有疏懈外，所有官兵捉获贼匪及土目杀贼缘由，理合恭折具奏，伏祈皇上睿鉴。谨奏。

朱批：知道了。

（《宫中档乾隆朝奏折》第七十辑，第539~541页）

2945　云南巡抚谭尚忠《遵旨覆奏督办粮运情形折》

乾隆五十三年十二月初十日

云南巡抚臣谭尚忠跪奏：为钦奉上谕，恭折覆奏事。

窃臣于乾隆五十三年十二月初九日，承准大学士公阿桂、大学士伯和珅字寄："乾隆五十三年十一月二十七日，奉上谕：富纲奏，择于十一月十三日带兵一千名起程前赴马白，同该处屯驻之二千名，即分队，亲自带领出关，计期不过本月十七日均可前进等语，已于折内详悉批示矣。前据富纲恳请与乌大经一同带兵出关，业经降旨，令在边关一带弹压稽查，毋庸亲自前往。此旨想富纲尚未接到，是以复有此奏。朕思行军之道，事权贵有专属，今既将剿捕安南贼匪一事专交孙士毅经理，若又令富纲带兵出关，则同系总督，职分相等，非若以乌大经以提督带兵，应受孙士毅节制调度者可比。设彼此各不相下，于军务大有关系。富纲此时断不宜前去，于何处接奉此旨，即于该处回至接境地方，照应一切。现在军营所需口粮，业经该督拨米两万四千石，分设站夫运送，已敷三月之用。但由马白至宣光一路道途遥远，必需源源接济，以资军食。此系富纲应亲自督办之事，若稍有迟误缺乏，惟该督是问，恐不能当此重戾也。至富纲，既屡次恳请带兵前往，恐谭尚忠闻知，又欲前赴开化督办粮饷，则省会重地最关紧要，督抚俱经远出，地方要务转致无人料理，轻重更属失宜。着传谕谭尚忠，不可因富纲有此请出关之奏，遽而轻离省会，致有贻误。又据富纲奏，安南宣光一带，除都竜、保胜等处，其余俱已从贼，大兵经过之处，多与贼境相通等语。并着乌大经奋勇督率官兵及土目人等，将贼匪屯聚之处痛加剿杀，廓清道路，使大兵长驱径进。仍以慎防后路为要，与孙士毅会合夹攻，以期一举蒇事。将此由六百里加紧传谕富纲等，并谕孙士毅知之。仍将近日进剿得胜情形随时迅速驰奏，以慰廑念。钦此。”钦遵。寄信前来。臣敬聆之下，仰见我皇上慎重地方，谆谆训示之至意。

伏念臣蒙恩备员巡抚，责在封疆，前因督臣富纲有请与提臣乌大经一同带兵出关之奏，地方一切事件及铜盐诸务，均须臣驻扎省城，查催办理。况开化军行总汇，已调有藩司李承邺会同署迤南道永慧在彼经管，臣毋庸再往开化，以致远离省会，有误地方。惟兵行饷随，最关紧要。督臣既请出关，原拨兵米二万四千石，虽已敷三月之用，而自马白至宣光一路道途遥远，必须源源运送，以资军食。臣准咨后，即派委员弁，分路严催趱运，现由马白粮台逐站滚运出口，随营供支。续又酌派各属仓粮预备接济者，臣已飞檄饬知，俟拨运文到，即行起运。其口内口外运送军装、粮石、安设台站，所需人夫、马牛，俱经分别催办解往。至先后调拨本省各标、镇、协、营兵丁，路由省城者，臣即催令迅速前往，不由省城者，分差标弁，各持令箭查催，不使稍有停留，并出示严禁，不许沿途骚扰。此时早皆妥速抵边，分别屯防、出征。

至省城标营，攸关通省领袖，今已调兵一千六百名，其余在伍之兵，更须加意整顿，以壮营伍。臣于亲标及城守营兵丁，严饬将备日逐演习，并面谕督标将备一体勤加操练，勿因督臣远出，少有松懈，庶兵丁营伍益觉整肃，或有续调，更足为进剿之用。

今督臣富纲暂住安边地方料理一切，接奉此次谕旨，谅已诸事妥协，即可转至关口弹压稽查，督办粮运。臣在省专理地方事务，而与督臣咨会派拨夫粮等事亦得协力催趱，以利军行，断不敢略存歧视，致滋迟误。

所有臣奉到上谕钦遵缘由，理合恭折由驿覆奏，伏乞皇上睿鉴。谨奏。

朱批：览奏俱悉。

（《宫中档乾隆朝奏折》第七十辑，第575～577页）

2946　云贵总督富纲《奏报遵旨酌筹办理军粮及弹压边关等事宜折》

乾隆五十三年十二月十一日

云贵总督臣富纲跪奏：为遵旨酌筹办理，恭折奏覆事。

乾隆五十三年十二月初十日，接准大学士公阿桂、大学士伯和珅字寄：“本年十一月二十四日，奉上谕：前令乌大经带兵五千名，由马白一路出口，与孙士毅遥为声援，以分贼势，不必为深入之举，惟听孙士毅知会，以作进止，业经降旨谕知乌大经遵照矣。兹据孙士毅奏，黎维禶禀内有阮惠留家臣在黎城帮同镇抚之语，恐阮惠已从富春潜赴黎城抗拒，亦未可定。应与滇省官兵两路夹攻，可期弋获等语。孙士毅现已带领大兵分路进剿，若阮惠妄思抗拒，潜至黎城，正是就我樊笼而来，弋获更为省事。此时乌大经自应带领滇省官兵，迅速由宣光一带进攻，与粤兵两路夹击，使贼人首尾不能相顾，方为妥善。着传谕乌大经，即奋勇督率兵丁及土目人等收复宣光、兴化等处，与孙士毅会合，以期迅速蒇事。至乌大经既已带兵深入，道里辽远，所有接济粮饷、递送文报及弹压边关一带事宜，并着富纲遵照前旨妥协办理。进兵后路粮饷，屯兵接应，如有续得该国信息，并着随时驰奏，以慰廑注。将此六百里加紧各传谕知之，并将孙士毅原折抄寄乌大经阅看。钦此。”钦遵。寄信到臣。

伏查滇省官兵，臣于十一月二十日统领出口，行至安远地方，据土目黄文桐禀报，探有嗣孙黎维祁复国之信，当将暂住安边缘由，于十二月初七日缮折具奏在案。嗣准两广督臣孙士毅来札，以黎城业经克复，于十一月二十二日，遵旨敕封黎维祁为安南国王，并令滇兵探路前进，会捣贼巢，并将奏报折稿录寄前来。仰见皇上德威远播，睿算无遗，是以所向披靡，肤功速奏。臣恭听捷音，欢忭莫可名状。兹荷圣明训示，自当恪遵办理。

查滇省至广南贼巢，臣详核绘图，细加察访，应由宣光至黎城方可前进。即准孙士毅续信，亦谓必得有黎城会合，舍此无路可通。是滇省官兵只可直赴黎城，则所需军粮，自应由此路设站运送。臣因此次滇兵节奉谕旨，为粤西遥助声援，不必深入，故只于马白至安边分设十一台。继因尚未得有攻复黎城之信，诚恐尚须略微前进，又将安边至宣光应设十四台夫粮赶紧预备。今粤师已得黎城，嗣孙亦经复国，只此阮逆在逃，尚烦师旅，自应迅速遄赴，会捣贼巢，以期早为蒇事。臣现将安边至宣光十四台接续安设，其宣光至黎城尚有十余站，若俟安设台站，官兵再行前进，未免需时。臣现赶办人夫二千名，裹粮一千石赶赴宣光，随同官兵直赴黎城，庶可迅速。然必得接续滚运，方可源源供支。

臣闻宣光至黎城，有水路可通，但现在有无船只，此地未能得知。臣已派员，率领义民何建九、杨天锡等驰赴宣光雇觅船支，或砍扎竹筏，若此路水运可通，更可省安台之费，而日食军粮更可源源运抵黎城。一面檄谕土目黄文桐等协同料理，并派署楚雄府知府陈孝升驻扎宣光，专司收发，另派游击固宁阿带兵三百名督催守御，又于安边适中之平恒地方驻兵二百名，派拨千备管领，以资来往防护。是由云南出口以达黎城四十站，俱已筹备，不误供运。惟自黎城以达广南，程途更远。据孙士毅折内声明，尚应安设五十余台。此时若由滇省集夫到彼安设，固须旷日持久，且滇省正佐各官，除办运京铜及专司紧要厂运之员，已属有限，即现在所设四十台已不敷用，并将丁忧人员俱添派差委，尚觉不敷。今再增五十三台，必须派调黔省官员，往返更需时日，则黎城以外若由滇省设站运粮，不独骤难集事，而相隔路遥，亦难照料，难保必无贻误。论理，嗣孙已经复国，官兵口粮，应由该国王备办。但业经孙士毅查明，该处鲜有积贮，购办尚难，自不能取资彼国。如粤西粮运充裕，同属国家钱粮，就近关支，亦无不可。而孙士毅奏报粤西粮运情形亦属竭蹷。臣再四筹酌，自黎城至广南一路，粤西业已分设台站，请将滇省之粮运至黎城，交粤西台员带运，计滇兵每日食米约需七八十石，在粤西，就现有台站带运尚易，而滇兵亦可一到即行，不独师行得以迅速，而省此另起炉灶，帑项亦不致虚糜。至滇兵背负裹带粮夫两千名，一抵黎城，夫已空闲，即可交粤西添拨帮运。臣已面嘱提臣乌大经，并飞咨孙士毅酌筹办理。

至前蒙恩准，带兵五千名出口，原以两千为防堵之用。今宣光一带道路已通，臣与提臣乌大经商酌，似可毋庸全带，以期行军轻捷。兹提臣乌大经挑带三千二百名，即于十二日，由安边起程。其余兵数，除留防都竜、南山城五百名及现在分拨宣光、平恒五百名外，尚存八百名，即为屯防援应之需。前次头队官兵原派署昭通镇定住管领，该员久经行阵，办事实心，今仍令定住领带头队，随同提臣前往，可期得力。其开化镇总兵孙起蛟，仍留驻边关，督办本境防务，以重地方。至军营粮饷，必得专员支放。臣选派蒙化同知朱锦昌随营前往，足资经理。

再广南府土同知侬世昌，备练一千名，自愿随营效力，前经附折奏明。自出口以来，凡遇坡岭溪涧难行之处，该土司即率练兵，或砍伐竹木，或搭桥扎筏，俾官兵安稳前行，办理甚为奋勉。而所带之练，亦俱强壮。臣并交提臣乌大经一同带往，俾资效用。

再宣光地方，业经土目黄文桐等领众攻获，即兴化蛮寇亦俱闻风逃窜，臣已节次奏闻。今提臣领兵前进，可无他虞。惟到处密箐深林，难保无余匪潜匿之事。臣仍酌带官兵，凛遵圣谕，于边关一带来往稽查，督饬各土目严密搜捕，务期净尽，并催运粮饷，以资军营接济外，所有奉到谕旨及臣办理缘由，理合恭折由驿具奏，伏祈皇上睿鉴。谨奏。

朱批：看来进剿广南竟属不必，早有旨矣。

（《宫中档乾隆朝奏折》第七十辑，第585～588页）

夹片：再臣在大理，接准广西抚臣孙永清咨会，安南国土酋阮岳等逞兵为乱，该国王眷属避难内投等情。臣查滇省开化、广南、临安三府地方，与安南之宣光、兴化二处境界相通，向于开化沿边分设马达等十三汛、白石头等十五卡，广南分设普梅等三汛、郎海等三十卡，临安分设斗母阁等二汛、头道桥等三卡，派拨兵练常川驻巡，尚为严密。该二处虽离安南较远，地居偏僻，但该国现值内讧，近边一带此时虽无动静，而关卡巡防尤应更加严密，以防窜越。（**夹批：**是。）臣当经就近会同提臣乌大经，驰檄开化、临安等镇府，督饬驻汛弁员，带领兵练，不动声色，实力防查，如有匪徒窜入，立即擒拿解究，毋许稍有懈忽，或系被难逃避，投入内地，即当详加查明，妥协办理。仍谆饬该镇、府务须镇静妥办，不得稍涉张皇外，所有臣准咨饬办缘由，理合附片奏闻。谨奏。

朱批：早有旨谕汝矣。以汝之才，只可谨守边防，不可张皇生事见长。

（《宫中档乾隆朝奏折》第七十辑，第588页）

2947　云贵总督富纲《奏报遵旨筹办饷源并接济官兵情形折》

乾隆五十三年十二月十三日

云贵总督臣富纲跪奏：为钦奉谕旨，恭折奏覆事。

乾隆五十三年十二月十二日，接准大学士公阿桂、大学士伯和珅字寄："本年十一月二十七日，奉上谕：富纲奏，择于十一月十三日，带兵一千名起程前赴马白，同该处屯驻之二千名，即分队，亲自带领出关，计期不过本月十七日，均可前进等语，已于折内详悉批示矣。前据富纲恳请与乌大经一同带兵出关，业经降旨，令在边关一带弹压稽查，毋庸亲自前往。此旨想富纲尚未接到，是以复有此奏。朕思行军之道，事权贵有专属。今既将剿捕安南贼匪一事专交孙士毅经理，若又令富纲带兵出关，则同系总督，职分相等，非若乌大经以提督带兵，应受孙士毅节制调度者可比。设彼此各不相下，于军务大有关系。富纲此时断不宜前去，于何处接奉此旨，即于该处回至接境地方，照应一切。现在军营所需口粮，业经该督拨米两万四千石，分设站夫运送，已敷三月之用。但由马白至宣光一路道途遥远，必须源源接济，以资军食。此系富纲应亲自督办之事，若稍有迟误缺乏，惟该督是问，恐不能当此重戾也。至富纲，既屡次恳请带兵前往，恐谭尚忠闻知，又欲前赴开化督办粮饷，则省会重地，最关紧要，督抚俱经远出，地方要务转致无人料理，轻重更属失宜。着传谕谭尚忠，不可因富纲有自请出关之奏，遽而轻离省会，致有贻误。又据富纲奏，安南宣光一带，除都竜、保胜等处外，其余俱已从贼，大兵经过之处，多与贼境相通等语。并着传谕乌大经奋勇督率官兵及土目人等，将贼匪屯聚之处痛加剿杀，廓清道路，使大兵长驱径进。仍以慎防后路为要，与孙士毅会合夹攻，以期一举蒇事。将此由六百里加紧传谕富纲等，并谕孙士毅知之。仍将近日进剿得胜情形随时迅速驰奏，以慰廑念。钦此。"钦遵，寄信到臣。仰见睿虑周详，无微不至。

伏查宣光、兴化，前俱为贼占据，嗣臣遵旨调兵出关，督饬各土目，率众攻剿，已将宣光克复，其兴化蛮寇亦即畏慑逃窜，节经臣缮折奏闻在案。嗣于安边地方，钦奉谕旨，令提臣乌大经作速带兵前进，并准两广督臣孙士毅来信，以粤师已得黎城，令滇兵前往会合，攻捣广南贼穴。臣查安边至黎城，必须由宣光取道，当将安边至宣光应设粮台接续分设。而宣光至黎城尚有十余站，初因滇兵无须深进，此路台站尚未筹及。但兵贵迅速，不便俟设站后再行，致有迟滞。臣随赶办夫米，尾随官兵前进，虽沿途无虞乏食，而此后接济急需筹备。探闻宣光尚有水路可达黎城，复派知府陈孝升带同义民何建九等驰赴宣光，设法赶办船筏，以资运送而省劳费，并将办理一切情形，于十一日具折由驿驰奏。

提臣乌大经于十二日带兵起程，天气晴爽，于军行甚为有益。至臣节奉圣训，令驻边关督办。臣因滇省至黎城道路险远，兵粮尤关紧要，其自安边至宣光台站夫粮，现在赶紧安设，而宣光至黎城水运，俟知府陈孝升到彼，方可放心。一面飞催藩司李承邺等赶办夫粮，源源运送，以资转输接济。臣渥荷主恩，断不敢以军粮要务稍有轻忽贻误，自取咎戾。容俟宣光水运办有章程，可以运送黎城，不误兵食，臣即遵旨回驻边关接境地方，督办一切。

再查省会重地，最关紧要，且有铜盐诸务，均须抚臣在省就近查办。是以臣于出口之先奏明，檄调藩司前至开化，并札会抚臣谭尚忠驻省照料。兹恭诵谕旨，益仰圣主垂念至周至切，抚臣谭尚忠自当钦遵办理。

所有臣奉到谕旨及现在办理情形，谨恭折覆奏，伏祈皇上睿鉴。谨奏。

朱批：今既撤兵，不费尔等劫劬矣。即有旨谕。

（《宫中档乾隆朝奏折》第七十辑，第627～629页）

2948 云南巡抚谭尚忠《以加恩赏给袁旻举人据情代为恭谢天恩折》

乾隆五十三年十二月二十一日

云南巡抚臣谭尚忠跪奏：为据情恭谢天恩事。

窃臣钦奉上谕："据谭尚忠奏，琅盐井学岁贡袁旻，年八十四岁，三场完竣，未经中式等语。袁旻年逾八旬，精神矍铄，踊跃观光，实为儒林嘉瑞。袁旻着加恩赏给举人，准其一体会试，以示朕寿世作人，加惠耆龄至意。钦此。"遵即饬知。去后，兹据该举人袁旻呈称："窃旻遐徼寒儒，耄年贡士，曾观旗于泮壁，愧滞青衿，效击壤于康衢，欢随白发。恭逢帝世作人之盛，寿宇宏开。窃幸熙朝登俊之隆，文场载入际泰，则初心尚壮，才疏而点额奚辞，何期特被鸿慈，竟使偕登虎榜。数十载桂香甫掇，造命自天，八千春嵩祝同呼衔恩，何地临风渥首，瞻北阙以惭惶。择日束装，望南宫而踊跃。所有感激下忱，转恳据情代谢。"等因前来。据此，理合缮折代为恭谢天恩，伏乞皇上睿鉴。谨奏。

朱批：览。

（《宫中档乾隆朝奏折》第七十辑，第710页）

2949　云南巡抚谭尚忠《奏报戊申年二运一起京铜依限开帮日期折》

乾隆五十三年十二月二十日

云南巡抚臣谭尚忠跪奏：为戊申年二运一起京铜依限开帮日期，仰祈圣鉴事。

窃照戊申年头运两起京铜于本年八月九月依限自泸开帮，节经臣与督臣富纲汇折奏闻在案。其二运一起京铜，应于十月内接续开行。兹据云南布政使李承邺详据泸店委员申报："戊申年二运一起正带京铜七十六万一千七百九十三斤零，自十月初二日开兑起，至十月二十七日兑竣，运员、新兴州知州阚崇德即于是日自泸开行。"等情前来。

时值督臣富纲远赴边关办理安南军务，臣覆查无异，除咨会沿途各督抚臣加紧催趱，迅速抵京，并咨明户、工二部查照，一面飞饬厂站各员照前赶办，运泸供兑，并令泸店委员迅将未发五起铜斤依次兑发，按月开行一起，毋致稍有懈延外，所有戊申年二运一起京铜依限开帮缘由，臣谨会同云贵总督臣富纲恭折具奏，伏乞皇上睿鉴。谨奏。

朱批：览。

（《宫中档乾隆朝奏折》第七十辑，第710～711页）

2950　云南巡抚谭尚忠《遵旨陈奏学政官箴折》

乾隆五十三年十二月二十一日

云南巡抚臣谭尚忠跪奏：为遵旨陈奏学政事。

乾隆五十三年四月初七日，奉上谕："学政按考各属地方，俱系督抚所辖，如果学政有考试不公、贿卖生童等事，各督抚耳目甚近，自无难访查得实。或竟有操守平常，被学政挟其短，遂不得不联为一气，互相弥缝，或惟知瞻徇私情，罔顾公义，于各省吏治学校甚有关系。嗣后，各督抚惟当益励廉隅，正己率属，设遇学政有贪污实迹，即应指名纠参，并令督抚于年终，将学政等有无劣迹陈奏一次等因。钦此。"钦遵在案。

伏念臣渥蒙圣恩，简畀封圻重任，分宜洁己奉公，为通省属员表率。臣自问拘谨自守，从不敢败检营私，以冀上酬恩遇，不至为学政挟持所短，以致学政劣迹亦意存顾忌，不敢列入弹章。此区区愚诚，借以仰副主知者。

查云南学政汪如洋，系浙江人，于上年三月内由京到滇。臣外任年久，与之素不相识。该学政莅任以来，历试各属岁考，并于秋间乡试录遗，臣随时随地留心察访，关防严而场规肃，阅卷悉出亲裁，去取共称公允，士论翕然，且该学政以鼎甲第一名授职修撰，视学滇中，人极体面，边隅士子深为悦服，并无丝毫他议。臣备员巡抚，惟有凛遵训谕，自励廉隅，如遇学政有贪污实迹，断不敢稍存瞻顾，自取重咎。

兹届年终，谨将臣平日访查学政并无劣迹缘由，遵旨具折陈奏，伏乞皇上睿鉴。谨奏。

朱批：览。

（《宫中档乾隆朝奏折》第七十辑，第711~712页）

2951 云贵总督富纲《奏报滇兵已赴黎城及现在办理情形折》

乾隆五十三年十二月二十九日

云贵总督臣富纲跪奏：为滇兵已赴黎城及现在办理情形，仰祈圣鉴事。

窃照提臣乌大经钦遵谕旨，带领滇兵于本年十二月十二日自安边起程，前赴黎城，臣即赶办夫粮，分别设台裹带，以资军食，当经缮折奏闻在案。兹准提臣乌大经来信，于二十一日已抵宣光，并称接到两广督臣孙士毅札会，令赴黎城会合，因安抚该处夷众，停住三日，即于二十五日遄行前进，约月底即可赶到会合等语。

查宣光至黎城，虽尚有十余站，而一路贼匪已净，并并无阻滞，自可克期遄行。所需兵粮，现系人夫裹带，尾随而进，沿途无虞乏食，但必得源源运送，方可接济到彼。日需口粮，臣前闻宣光水路可达黎城，当派妥干员弁前往查办，并经附折奏明。兹据该委员等禀报："宣光向有船只，尽为贼匪烧毁，并载物而逃，无可雇觅。随率同义民何建九及土目黄文桐等赶扎竹筏，招集熟谙水手载运前行。该义民及土目黄文桐等办理均属奋勉，且扎筏工料以及撑驾水手，俱系从优给价，丝毫不累该国，人情尤为感激踊跃，是以两三日内，即已扎成多只，现尽已到粮石，业经开运，无虞迟阻。其游击固宁阿亦带兵到彼，择地扎营屯驻，足资弹压防护。"等情。

查马白出口至宣光，共设粮台二十五处，道险站多，挽输不易。今宣光至黎城已得水路运送，既于兵食不误，又可省安台站十数处，节省实多。惟宣光以内陆运各台，目下虽源源滚运，但边外地方皆系崇山密箐，路极陡险，兼之溪涧环绕，道路易于冲决。兹于本月二十五六七等日，连朝阴雨，路甚泥泞，臣不时派员来往查催，尚无迟误。今粤师已得黎城，嗣孙业经复国，蒇事在即，将来撤兵所需口粮，亦必须早为筹办。

兹安边以外宣光、兴化所属各处，自官兵出口以后，贼匪俱逃窜无踪。其从前避匿夷民，节经臣出示招抚，现已陆续归农，夷情极为宁帖。今宣光水运已通，只在上游供运充裕，即可源源接济。现在安边，臣派委原任大理府知府本著、署顺宁府朱绍曾专司催趱，并派副将松阿里带兵驻扎，弹压稽查，足资料理。臣拟于正月初，即自安边起程，沿途查看道路情形，妥为料理，并催办内地粮运，即遵旨回驻边关，督办一切。

所有办理缘由，臣谨恭折具奏，伏祈皇上睿鉴。谨奏。

朱批：知道了。

（《宫中档乾隆朝奏折》第七十辑，第775～777页）

2952　云贵总督富纲《奏报驻扎安边办理接济粮运折》

乾隆五十四年正月初三日

云贵总督臣富纲跪奏：为遵旨恭折覆奏事。

乾隆五十四年正月初一日，接准大学士公阿桂、大学士伯和珅字寄："五十三年十二月十六日，奉上谕：昨据孙士毅奏，粤西一路官兵屡次克捷，于十一月二十日收复黎城，勅封黎维祈为国王。此事大局已定，于天朝字小存亡之道实为尽善尽美，已足蒇事。业降旨将孙士毅晋封公爵，并赏给红宝石帽顶，以示酬庸。又谕知孙士毅，如贼匪远扬，即应照会乌大经，以便同时撤兵。富纲等自因未接屡降之谕旨，又未得收复黎城信息，故有此奏。着传谕乌大经，于途次务加小心防范，并探听孙士毅信息，以为进止，断不可稍涉冒昧。富纲接奉前旨，如已回至都竜则已，如尚未转回，不拘何处接奉此旨，即停止前进，拣择宽厂扼要处所，带兵屯驻，为乌大经声援，并稽查粮台后路，以防贼人抄截。此为最要，将此由六百里加紧传谕富纲等并孙士毅知之。仍将接奉此旨后如何遵照妥办情形，各行迅速覆奏等因。钦此。"

又于正月初二日，接准大学士公阿桂、大学士伯和珅字寄："十二月十八日，奉上谕：富纲等拜发此折时，自尚未接准孙士毅知会，计此时早经得有收复黎城之信。阮惠既逃回广南，若滇省官兵复由宣光前赴黎城，道路转属迂折。着传谕乌大经，即照孙士毅咨会，带兵径赴广南一路，与粤兵遥为声援，仍探听孙士毅信息，以为进止，不可稍涉冒昧。至安边一带，既属扼要处所，富纲自当在彼驻扎，接济粮运并防范后路，以为乌大经之声援。将此由六百里加紧传谕富纲等，并谕孙士毅知之。仍各将近日办理情形迅速覆奏。钦此。"钦遵。寄信前来。

查粤师收复黎城，臣于安边地方，接准两广督臣孙士毅知会，令滇兵觅路往捣广南贼穴。臣察知滇省至广南必须由黎城前进，舍此无路可通。臣即赶办夫粮，分别设台裹带，以资军食，提臣乌大经亦即带兵于十二月十二日起程，由宣光一路遄赴黎城，节经缮折奏闻在案。

伏思嗣孙黎维祁遭阮逆篡逐，不克自振，仰荷皇上兴继为怀，特命孙士毅督兵进剿。今黎城已复，并敕封黎维祁为安南国王，实属圣朝字小存亡、千古未有之盛典。臣恭诵谕旨，益仰皇上至圣至明。计此时乌大经已抵黎城，孙士毅自应妥筹指办，计出万全，乌大经谅不致有冒昧轻进之事。

至滇省口外一带，自宣光克复之后，贼匪俱已逃窜。兹臣在安边驻扎已及一月，留心查察，各该土目地方实属照常安静。但提臣乌大经远赴黎城，撤回迟速尚未准到知会，且滇省台多站远，将来提臣撤兵回滇，亦必须沿途有所接应，方为妥善。所有分驻安边各处官兵，仍应照旧驻防，俟提臣撤兵有信，再行陆续撤退，俾声势联络，亦昭慎重。

至粮运，此时尤关紧要。查自马白出口至宣光，业已设台滚运，即宣光至黎城亦经扎筏，由水路运送。臣现又赶办余粮数百石，仍由水路运赴黎城，以备旋兵裹带之需。俟回至宣光，仍就台支食，并将粮台按站卷撤，均不致稍有缺误。

再现在连日阴雨，路甚泥泞，臣已加派兵夫，分往各站帮同稽催运送，以期妥善无误。所有现在办理情形，谨遵旨恭折由驿具奏，伏祈皇上睿鉴。谨奏。

朱批：知道了。

（《宫中档乾隆朝奏折》第七十辑，第795～797页）

夹片：回安南国陪臣阮廷枚，同安南海郡公黎维裿、给事黎春倞，奉该国王差遣，由黎城前至臣行营谒见。据称该国王黎维祁仰蒙大皇帝再造鸿恩，得以复国，实深感激。今知大人领兵驻边，特具文禀，遣令国王宗亲黎维裿等前来候谢等语。臣当将皇上种种恩施千古未有，此后该国王惟当振作自强，励精图治，仰承大皇帝高厚天恩，详悉谕知。该陪臣等惟有连连叩首，预祝大皇帝圣寿无疆，其感激敬畏之心实出至诚。臣随酌加优赏，并缮给该国王复文，即交来使赍回，以答其敬事天朝之意。除将该国王来禀及臣回复照会文稿一并抄录，恭呈御览外，理合附片奏闻，伏乞睿鉴。谨奏。

朱批：览。

（《宫中档乾隆朝奏折》第七十辑，第797页）

2953　云贵总督富纲《奏报办理筹办官兵口粮情形折》

乾隆五十四年正月初六日

云贵总督臣富纲跪奏：为遵旨恭折覆奏事。

乾隆五十四年正月初四日，接准大学士公阿桂、大学士伯和珅字寄：“五十三年十二月十九日，奉上谕：孙士毅当遵照前旨，酌量情形，或略进兵，巡其边界，代黎维祁画定疆域，设立卡汛，妥为安顿。谕令该国王振作自强，并派该国有能为可恃之人率领士兵人等严密防守，以御外侮。孙士毅即撤兵回粤，不可遽由黎城撤回，致贼知我虚实。

其滇省一路，仍一面知照富纲、乌大经，以便同时并撤。至现在孙士毅固不必统兵深入，但据奏该国从贼地方接到檄文，多已纷纷投出，而阮岳、阮惠兄弟又不相能，若孙士毅竟驻扎黎城，不为进取之势，恐贼匪窥探官兵不复进讨，未免观望迁延。朕意：目下孙士毅宜略为前进，乌大经亦带兵赴广南一路，遥为粤西声援，仍探听孙士毅信息，以为进止。将此由六百里加紧各谕令知之，仍各将办理情形迅速覆奏等因。钦此。”钦遵，寄信前来。臣跪诵之下，仰见皇上睿谟密运，至圣至明，于戡定安南全局实属无微不至。

查提臣乌大经带领滇兵，于十二月十二日由安边起程，前赴黎城，计此时业已到彼，孙士毅自必遵旨妥筹，知会乌大经查照办理。至滇省口外粮站，俱已安设停妥，其自宣光至黎城水运，亦俱扎筏载粮，接续前进，官兵日食所需，足可供支无缺。臣现在仍在安边督催赶运，速赴宣光，除按日递运以供黎城官兵日食外，并筹办余粮，以备旋兵裹带来宣之用。但滇兵撤回迟速，尚未准孙士毅知会。臣现将一切俱行严密办理，官兵进止，不稍预露端倪，所有撤兵信息，毫不令该国各土目得知，致滋观望。（**夹批**：好。）现惟督饬水陆各站照前迅速挽运，以裕兵食。其分驻各处将备，臣俱照旧饬令实力巡查弹压，不特提臣乌大经现在黎城，可以借资援应，即随后撤兵回滇，而沿途声势亦得有所联络，俾昭慎重。昨臣已将办理情形缮折奏报，兹复钦奉圣谕，谨再恭折由驿具奏，伏祈皇上睿鉴。谨奏。

朱批：知道了。

（《宫中档乾隆朝奏折》第七十辑，第816～817页）

2954　云贵总督富纲《奏报接提臣乌大经来札，办理撤兵事宜折》

乾隆五十四年正月十二日

云贵总督臣富纲跪奏：为奏闻事。

窃臣驻扎安边，因近日边外地方阴雨连旬，恐误粮运，是以仍驻安边，派员往来督查催趱。兹于本年正月十一日亥刻，接到提臣乌大经来札，并抄寄折稿，知安南贼匪复占黎城，臣实不胜惊骇痛恨。

查滇兵，业经乌大经奏明，带领回驻安边，此时已过宣光，相距黎城道路既远，现在粤西官兵此时能否重整即进，自应再为听信。但提臣乌大经所带之兵仅止三千余名，即连分驻安边各处防兵而计，亦止五千之数，兵力亦觉单薄，且孤悬边外，道路丛杂，以现在情形而论，实有不能放心之处。且沿途各土目从前本多从贼，因知官兵进剿，始行孝顺，现在虽未露行迹，此后若闻贼氛复炽，难保其不生更变，是安边亦不宜久为屯驻。（**夹批**：是。）

臣再四筹酌，此时竟不若将所有官兵暂行全撤进口。（**夹批：**好。）现在飞咨乌大经，作速带兵撤回，并将宣光以内台站随兵按站卷撤，勿稍迟滞。所有余粮，即令人夫负送随行，不致遗弃。再查都竜路通兴化、山西，实为后路要区，臣前经过都竜时，即留兵二百名在彼防守，曾经附折奏明。此时大兵回关，后路更宜严密。现又驰札开化镇总兵孙起蛟，挑备屯防马白兵数百名，带赴都竜驻巡弹压，以防后路。臣俟乌大经回至安边，即一同起程，将官兵人夫妥为照料，全数撤回关内，恭候圣训。

所有臣接信办理缘由，谨恭折由驿具奏，伏祈皇上睿鉴。谨奏。

朱批：知道了。

（《宫中档乾隆朝奏折》第七十辑，第861～862页）

2955　云贵总督富纲《奏报滇省官兵全数进口日期折》

乾隆五十四年正月二十五日

云贵总督臣富纲跪奏：为滇省官兵全数进口日期，仰祈圣鉴事。

窃照提臣乌大经带领官兵、土练由富良江撤回，并拟暂撤回关缘由，经臣于正月十二日自安边缮折由驿奏闻在案。嗣乌大经带领兵练于正月十七八等日回抵安边，臣当即照料，并将留防屯驻兵丁归队，即于十九日自安边分起起程，沿途整旅行走，甚为平稳，其军台、粮站一切员弁、夫马、米石及护台官兵亦俱逐站卷撤，今于正月二十四五等日，与开化镇总兵孙起蛟带领屯驻都竜兵一千名，一同全数整旅进关。

再此次滇兵自富良撤回，往返已行四千余里，即边外屯防台站兵弁亦因阴雨炎湿，内多疲乏染病。臣逐一查验，此等兵丁即留驻边关，亦属无益，拟即先行遣令回营休息调养，其余官兵尚俱强壮，现俱屯驻马白，严行防范。臣仍督饬沿边各隘卡原驻弁兵实力巡防，勿致稍有疏懈。至土练一千名，即交该管土同知侬世昌领回归农。

再提臣乌大经由白河市先赴黎城，随从兵丁、千把内有效力武举一员、外委一员、兵数十名，因过江拥挤，迷路落后，现在尚未到齐，（**夹批：**或有他故乎？不可掩饰。）俟其到关，即查明归伍。合并声明。

所有官兵全行进口缘由，谨会同云南提督臣乌大经合词恭折具奏，伏祈皇上睿鉴。谨奏。

朱批：知道了。

（《宫中档乾隆朝奏折》第七十一辑，第101页）

2956　云南巡抚谭尚忠《汇奏乾隆五十三年分滇省命盗案已未审结、盗窃案已未拿获、承缉窃案记功记过、拿获寻常案犯等四款折》

乾隆五十四年正月二十五日

云南巡抚臣谭尚忠跪奏：为循例汇奏事。

窃照年终汇奏事件内，命盗案已未审结、盗窃案已未拿获、承缉窃案记功记过、拿获寻常案犯等四款，例应并折，分单具奏。兹据云南按察使王懿德分晰开单，详送前来。

臣查云南省乾隆五十三年分各属新报承审命盗案共八十六件，连旧案十八件，共一百零四件，内已结新旧案九十一件，未结新案十三件，核计均在审限之内，现在饬催审办，并未逾违。新报盗劫、抢夺及窃盗拒捕之案共十一起，内已全获者四起，获犯二十八名，获破一起，获犯二名，未获一名，全未获者六起。旧盗案未满四参之限者十五起，内获破十起，获犯五十五名，未获二十七名，全未获者五起。已满四参之限者四十九起，内获破二十六起，获犯一百二十六名，未获一百二十六名，全未获者二十三起。以上未获各案，现照新例，分别已满、未满参限，另行造册，开列专、兼、统辖各职名，咨送军机处及吏、刑等部核议。

至地方官承缉窃案记功、记过，例应统计一年内报窃之案，获不及半者，每五案记过一次，拿获及半之外复有多获者，每五案记功一次。今查昆明等十四州县，一年内报窃三十二案，昆明县报窃十三案，全获十二案，例得记功，承缉文职系署昆明县事永善县知县邵伦清。其余各州县已未拿获窃案皆不及记功、记过之数，应毋庸议。除将未结命盗各案饬司上紧查催，依限审结，其未获盗窃各案，仍令各该管文武严行查拿务获究报外，臣谨循例汇折具奏，并分案开例清单恭呈御览，伏乞皇上睿鉴。

再查乾隆五十三年分滇省各属并无拿获寻常案犯例应归入年终汇奏、分别等差议叙之案，是以未经开单附陈。合并声明。谨奏。

朱批：知道了。

（《宫中档乾隆朝奏折》第七十一辑，第104～105页）

2957　云南巡抚谭尚忠《奏报乾隆五十三年分滇省藩库实存银数并盘查各属仓库无亏折》

乾隆五十四年正月二十五日

云南巡抚臣谭尚忠跪奏：为循例汇奏事。

窃照年终汇奏事件内藩库实存银数、盘查各属仓库二款，例应汇折具奏。

兹据云南布政使李承邺详称："滇省藩库实存银数，乾隆五十三年分截至岁底止，现存银一百一十八万二千九百七十三两零，内存留经费并办公等银四十九万九千六百三十六两零；又封贮急需等银四十八万五千三百四十二两零，内除拨备开化总局办理军需银三十万两，俟奉拨军需银两至日即行归款外，实存银一十八万五千三百四十二两零；又已经报部酌拨、尚未准覆拨用银一百一十五万三千五百一十两零，内借放铜本银四十五万两，又借放兵饷银一十五万两，又拨备武职各员养廉并各营公费等银五万六千九百五十九两零，三共除银六十五万六千九百五十九两零，俟部酌拨及奏销核实，照数拨还归款，实存银四十九万六千五百五十一两零；又尚未报拨银一千四百四十二两零。至各属仓库钱粮及各井盐款，先经详明，循照往例，截至本年八月底止，责令该管道府州实力盘查。"旋将所属仓库钱粮逐一盘明，均无亏空，具结报司，并准盐法道盘查井属盐款无亏，具结移送，由司汇核通详前来。

时值督臣富纲远在边关，臣覆加确查无异，除盘查无亏，印结先已咨部，其藩库实存银数细册，现在送部外，伏思各属仓库钱粮丝毫皆关帑项，今虽据各道府州逐一盘明，结报无亏，臣与督臣仍当不时密查，倘有侵那情弊，即行据实参究，并将盘查不实之该管上司一并严参办理，断不敢稍存回护，自取其咎。所有乾隆五十三年分滇省藩库实存银数，理合另缮清单，并将盘查各属仓库无亏缘由，会同云贵总督臣富纲循例汇折具奏，伏乞皇上睿鉴。谨奏。

朱批：知道了。

（《宫中档乾隆朝奏折》第七十一辑，第 105～106 页）

2958　云南巡抚谭尚忠《奏报滇省雨雪情形折》

乾隆五十四年正月二十五日

云南巡抚臣谭尚忠跪奏：为奏闻事。

窃照云南省城并外郡各属于上年十二月十二日复沾雪泽情形，经臣汇折陈奏在案。嗣于二十五六等日，省城连得大雪，积厚三四寸至六七寸不等。首府所属之嵩明、宜良等州县暨迤东、迤西、迤南之曲靖、澄江、东川、广南、丽江、楚雄、大理、临安、武定等府州属，节据报到同时得雪，积厚亦与省城相仿。岁钥将更之际，重逢六出飞花，洵卜农祥，预兆献岁发春，风和日暖，民物极其恬熙。正月初十及十一、十六等日，迭沛时雨，入土优渥。甫交春令，获此应候膏霖，尤于二麦蚕豆大有裨益。

省中乃五方杂处之地，每届年底，粮价最易增昂。所幸去秋收成倍稔，户有盖藏，均各乘时出粜，以资度岁之需。市集粜价仍称平减，各属开报亦复相同。现在舆情乐业，四境敉宁。臣谨恭折奏闻，仰慰圣怀，并将上年十二月分通省米粮时价另缮清单，敬呈皇上睿鉴。谨奏。

朱批：欣慰览之。

（《宫中档乾隆朝奏折》第七十一辑，第106~107页）

夹片：再此次缅甸贡使回国，臣先期连奉廷寄谕旨二道："着俟该贡使过境时，止宜饬属照例支给丰盈，俾其安静出境，所有一切筵宴及演戏、加赏等事，俱可不必预备。并着晓谕该贡使等，初次进京时，以天朝凡遇外藩入贡，经过地方，于贡使例皆得优为款待，及事竣回国及寻常朝贡，惟照例应付，此系历来定例，将此明切晓谕等因。钦此。"当即移行，遵照办理在案。嗣据迤南道贺长庚等于十二月二十七日护送该贡使细哈觉控等到省，臣于次早接见该贡使等，备述觐圣沾恩，情词极其欣感。臣复遵奉皇上指示，明切晓谕。该贡使等亦知天朝款待外藩自有定例，不敢妄思优厚。惟时逢岁暮，夫役多半回家过年，且前途迤西一带站长径杂，一切扛担均关御赐之物，更宜倍加慎重。遂留该贡使等在省度岁，饬令昆明县照例支给丰盈，俾无缺乏。新正初二日，臣仍委贺长庚带同原派武员护送起程，经过各属悉系随到随即应付，极为安静妥速。兹据贺长庚禀报："正月十六日，该贡使等已抵顺宁，交明该地方文武，酌派妥员转送至耿马土司，即令该土司亲送口外，听其回国。"等语。除俟报到出口日期再行具奏外，合先附片奏闻。

至奉旨查明原遣吉林等处摆夷尚存之则列等六人，发回缅国，系在该贡使等出京之后，臣已将奉到恩旨面向告知，令其先行归告国长，以示天朝怀柔绥戢有加无已之至意，该贡使等无不同声称颂。仍俟摆夷到滇，即行派员转送出关。合并陈明。谨奏。

朱批：览。

（《宫中档乾隆朝奏折》第七十一辑，第107~108页）

2959　云南巡抚谭尚忠《汇报乾隆五十三年分滇省起解遣犯、接递别省遣犯及由新疆改发内地到配安插遣犯情形折》

乾隆五十四年正月二十五日

云南巡抚臣谭尚忠跪奏：为循例汇奏事。

窃照本省起解遣犯、接递别省遣犯及由新疆改发内地到配安插遣犯有无逃脱，并各省通缉逃遣已未拿获之处，例应年终汇折具奏。

兹据云南按察使王懿德详称："云南省乾隆五十三年分发遣新疆犯妇林高氏等十六名口，业经严饬文武员弁小心管解出境，并无在途逃脱。至别省应发新疆改发滇省安插脱逃遣犯江玉友一名，已经贵州省拿获，审明正法。又节年在配脱逃未获遣犯李连先等十五名，现在缉拿。再本年奉准各省咨缉脱逃遣犯，除已经拿获，咨滇停缉外，计有未获者十二名口，现在缉拿。又各省历年通缉逃遣，均已查照军机处议奏，陆续造册咨滇，共计未获二百四十三名口，现在汇造细册详咨。"并据声明，云南省地非冲途，并无接递别省遣犯过境等情，分案造册，详情核奏前来。

臣覆查无异，除册咨送军机处暨刑部查核，一面严饬各地方官将本省、外省未获新旧逃遣一体实力侦缉，务期按名弋获，照例办理外，所有乾隆五十三年分云南本省起解遣犯与别省由新疆改发云南安插遣犯，查明有无脱逃，及各省通缉逃遣已未拿获缘由，理合恭折汇奏，伏乞皇上睿鉴。谨奏。

朱批：知道了。

（《宫中档乾隆朝奏折》第七十一辑，第168页）

2960　云贵总督富纲《奏报春雨应时、豆麦长发情形折》

乾隆五十四年二月初七日

云贵总督臣富纲跪奏：为春雨应时、豆麦长发情形，仰祈圣鉴事。

窃照云贵两省上年冬雪普沾，土膏湿润，民间所栽各项春种均得借以长养，入春以后，尤宜雨泽沾霈，庶与农功有裨。兹查滇省开化府地方，于本年正月下旬，或间日一雨，或绵密经宵，不疾不徐，入土极为深透。察看豆麦杂粮，俱已葱郁可观。今得此应时膏泽，更可发荣畅茂，则春收丰稔又可预卜。并据附近各属具报，得雨日期大概相同，其较远处所虽尚未报到，而此次雨势甚浓，看来沾被必广。再查黔省各属禀报，正月上中两旬均得雨一二次不等，二麦、春荞乘时长发。

臣稽核两省开报粮价，尚属平减。民夷乐业，地方亦极安静，均堪仰慰慈怀。理合恭折奏闻，伏祈皇上睿鉴。谨奏。

朱批：欣慰览之。

（《宫中档乾隆朝奏折》第七十一辑，第194页）

2961 云贵总督富纲、云南巡抚谭尚忠《奏报戊申二运二起京铜依限开帮折》

乾隆五十四年二月初七日

云贵总督臣富纲、云南巡抚臣谭尚忠跪奏：为戊申二运二起京铜依限开帮，仰祈圣鉴事。

窃照戊申年头运两起及二运一起铜斤，俱已如限兑发运京，节经臣等缮折奏闻在案。其二运二起，应于乾隆五十三年十一月开行。

兹据云南布政使李承邺详据泸店委员申报："戊申二运二起共该正带铜七十六万一千七百九十三斤零，于十一月初二日开兑起，至十一月二十九日，俱已如数兑发完竣，运员、署晋宁州知州萧鸿翰即于是日由泸州开帮前进。"等情。详报前来。除咨会沿途各督抚臣转饬上紧催趱，迅速送京，并分咨户、工二部查照外，伏查戊申年八起铜斤业已解运四起，其余四起铜斤，臣等已饬厂站各员照前赶办发运，以裕泸兑，并饬泸店委员作速按起兑发开行，勿致稍有迟误。所有戊申二运二起京铜依限开帮日期，理合恭折具奏，伏祈皇上睿鉴。谨奏。

朱批：好。知道了。

（《宫中档乾隆朝奏折》第七十一辑，第195页）

2962 云贵总督富纲、云南提督乌大经《奏报遵旨查明关外宣光一路黄文桐等土目情形折》

乾隆五十四年二月十二日

云贵总督臣富纲、云南提督臣乌大经跪奏：为遵旨查明，迅速恭折覆奏事。

乾隆五十四年二月十一日，接准大学士公阿桂、大学士伯和珅字寄："本年正月二十八日，奉上谕：滇省官兵现在是否已全数入关，着富纲、乌大经迅速具奏。又宣光一路有土目黄文桐等跟同官兵剿贼，乌大经撤兵之后，该土目等现在何处？此时既已撤兵，该土目等来投与否，原可置之不论，但朕欲知该处情形，是以询及，并着富纲等查明，迅速据实覆奏。将此由六百里加紧各行传谕知之等因。钦此。"钦遵。寄信前来。

臣等伏查，滇省官兵于正月二十五日全数进关，当即缮折由驿驰奏，想已仰邀睿鉴。至土目黄文桐等，前次请发号令集众自效光景，颇为奋勉。但其所集之众数本不多，且恐夷情难测，是以滇兵前赴黎城时，臣等只令该土目等驻扎宣光，保守各自地方隘口，并未带同前进。迨官兵撤回进关，经由各该目地方，俱尚安静恭顺。臣等进关后，复行差探，黄文桐现在尚驻守宣光，其余麻允敏等俱各回自守。

查马白之外，即系黄文桐所驻之都竜地方，该土目家在近边，情殷内顾，或不敢遽尔反复。但边外各土目，从前因力不敌，本多附贼，继因大兵出关，始行效顺，其向后有无变更，终难凭信。（**夹批：**此不必问矣。）臣等惟有凛遵圣训，督饬将备实力巡防，以肃边境。

再旬日以来，节据各关隘驻防将备禀报，近有广西军营兵弁因迷路错走来滇投首者，共计把总二员，兵五百五十六名，田州土练二十五名。臣富纲逐一讯明籍贯、营分，俱系由富良江撤退之时错行路径，误走赴滇，自应遣令即速回粤。臣富纲现在给与照票，捐给口粮，即交该管弁目分起带领，咨送粤西，分别查收办理。仍饬各关隘留心查察，如有续至兵练，亦即照此一体办理外，所有查明边外各土目现在情形，谨遵旨恭折据实由驿具奏，伏祈皇上睿鉴。谨奏。

朱批：知道了。

（《宫中档乾隆朝奏折》第七十一辑，第231～232页）

2963　云贵总督富纲《奏报口外拿获改遣逃犯，审明办理折》

乾隆五十四年二月十二日

云贵总督臣富纲跪奏：为口外拿获改遣逃犯，审明办理，仰祈圣鉴事。

臣昨自安边撤兵回关，因口外道路错杂，每于扎营处所，专派弁兵留心查察。嗣至都竜金竹坪地方，据武定营守备皂保、台员试用州叛张德基禀报，带同兵役拿获面有刺字内地遣犯一名高三，即高月友，讯系湖南省解滇安插元江州改遣人犯，在配脱逃。臣因无卷可稽，一面将该犯派员严行管解，押带进口，一面札饬臬司检查原卷呈送。兹臣将各关隘边防事务料理停妥，回至开化，并据臬司送卷前来。

随率同藩司李承邺、署迤南道永慧亲加研审，缘高三即高月友，系湖南益阳县人，因窃赃满贯，问拟绞候，秋审缓决减等，停发新疆，改发云南极边烟瘴充军，安插元江直隶州，于乾隆四十年九月二十五日到配。该犯因在配穷苦，于四十四年三月初六日乘间潜逃，由文山县大平子僻路出口，逃至安南国都竜厂佣趁谋生。五十四年正月二十一日，高三即高月友挑肉出卖，路过金竹坪，先经守备皂保见而盘诘，适台员张德基踵至，即率兵役协同拿获。臣提卷亲讯，供认不讳，究无逃后行凶为匪，亦无知情窝留之人。细验该犯面刺“窃盗改遣”四字，虽已用药烂去，而字迹尚存，且核之罪犯原案脱逃月日及年貌、箕斗，均相符合，其为逃遣高月友无疑。

查高三即高月友，系行窃满贯，拟绞减军，应发新疆，改发内地之犯，胆敢在配脱逃，潜赴外域窜匿多年，今经拿获，未便稍稽显戮。臣于审明后，即委开化府知府吴超、开化镇中军游击什格，将该犯押赴市曹处斩讫，（**夹批**：是。）一面咨会各省查照停缉。其配所看守人役，讯无贿纵情弊，前已照例拟结，毋庸再议。失察该犯偷越出口之地方文武职名，另行查取，送部议处。至此案首先盘获逃遣职名，系武定营守备皂保，协同拿获职名，系委管粮台试用州判张德基，合并声明，听候部议。除另缮供单敬呈御览外，所有审办拿获改遣逃犯缘由，谨会同云南巡抚臣谭尚忠恭折具奏，伏祈皇上睿鉴。谨奏。

朱批：览。

（《宫中档乾隆朝奏折》第七十一辑，第233~234页）

夹片：臣前奏官兵全数进口折内，声明提臣乌大经先赴黎城，于转回时有跟随之武举外委、兵丁等迷路落后未到。兹奉朱批："或有他故乎？不可掩饰。钦此。"查此项兵丁，系先跟提臣前赴黎城，因撤回时过桥拥挤，行走落后，迨全队官兵自宣光撤至安边时，沿途即有陆续赶到者。昨武举冯振先又带兵五十八名，从粤西镇南关进口回滇，嗣又有从滇省关隘进口兵丁数名。臣逐一细问，俱因不识彼处路径，以致错走落后，并无别故，沿途亦未遇贼。臣查验各该兵所执器械，悉属完整，并未遗弃。臣随酌量给赏，饬令归营，核计实只有五十七名未到。现在据报续有到关者，臣俟随到，即讯明遣回归伍，断不敢稍存掩饰，致蹈重谴。今奉谕旨垂问，理合附片奏闻。谨奏。

朱批：览。

（《宫中档乾隆朝奏折》第七十一辑，第301页）

2964　云贵总督富纲、云南巡抚谭尚忠《再奏请以南宁县知县刘垲升补中甸同知折》

乾隆五十四年二月二十一日

云贵总督臣富纲、云南巡抚臣谭尚忠跪奏：为极边要缺同知遴调乏员，再行恭恳圣恩俯准升用，以裨地方事。

窃照云南丽江府分防中甸同知员缺，该处接连西藏，远在极边，一切抚驭番夷，稽查商贩，必得老成明干之员方克资其整治。前因乏人调补，经臣等会折奏请，以曲靖府属南宁县知县刘垲升授。接准部议，因该员有盐引未完，降俸二级，督催二案，又罚俸二十三案，与例不符，行令另选合例之员题调等因。

臣等复与藩臬两司于通省同知内详加遴选，非现居要缺，即人地不宜，实无合例堪调之员。惟有南宁县知县刘垲，年四十四岁，顺天通州副榜，加捐知县，拣发云南，乾隆四十三年正月到滇，题署今职，四十五年十二月到任，试俸期满实授。该员才情明练，办事安详，且在滇年久，熟悉风土夷情，历俸已逾五年，其罚俸各案续据完解外，现在未完只有六案，已在十案以内。惟督催民欠盐课二案，虽经照例分摊着赔，未据全数完解，尚未题请开复，与请升之例仍稍未符。但该员于中甸同知，实属人地相宜，此外又无合例堪以胜任之员。臣等彼此札商，要缺不便久悬，合再恭恳圣恩，准以刘垲升补中甸同知，则极边要区可收得人之效。如蒙俞允，仍俟部覆至日，给咨引见，恭候钦定。其所遗南宁县知县一缺，滇省现有应补人员，另容拣员请补，谨开具该员参罚清单，合词恭折具奏，伏祈皇上睿鉴。谨奏。

朱批：着照此请行。该部知道。

（《宫中档乾隆朝奏折》第七十一辑，第303页）

2965　云贵总督富纲、云南巡抚谭尚忠《奏报戊申三运一起京铜依限开帮日期折》

乾隆五十四年二月二十一日

云贵总督臣富纲、云南巡抚臣谭尚忠跪奏：为戊申三运一起京铜依限开帮日期，仰祈圣鉴事。

窃照戊申头二两运四起铜斤，俱已如限兑发运京，节经臣等缮折奏闻在案。其三运一起，例应乾隆五十三年十二月接续开行。

兹据云南布政使李承邺详据泸店委员申报："戊申三运一起共该正带铜七十六万一千七百九十三斤零，于十二月初一日开兑起，至十二月二十八日，俱已全数兑清，运员、署楚雄县事试用知县漆炳文即于是日开行前进。"等情。详报前来。

除飞咨沿途督抚臣一体上紧催趱，迅速抵京，并咨户、工二部外，查戊申八起京铜业已兑发五起，其余三起铜斤，先俱发运赴泸。臣富纲因远在开化防边，专派文武大员前往督趱，臣谭尚忠亦就近委员不时稽催，务使挽输迅速，依次兑发，如限开行，毋许稍有迟误外，所有戊申三运一起京铜依限开帮缘由，理合恭折具奏，伏祈皇上睿鉴。谨奏。

朱批：好。知道了。

（《宫中档乾隆朝奏折》第七十一辑，第304页）

2966　云南巡抚谭尚忠《奏报遵旨查明滇省各属现在查无蠹役私设班馆、擅置刑具等弊缘由折》

乾隆五十四年二月二十七日

云南巡抚臣谭尚忠跪奏：为遵旨具奏事。

窃臣于乾隆五十三年十二月二十九日，接准部咨："内阁抄出，九月初八日，奉上谕：台湾府县差役胆敢私设班馆，擅置刑杖、桚指等件，勾党盘踞，肆恶殃民，其情节实属可恶。此等蠹役扰害良善，于吏治民生大有关系。台湾既查有此弊，恐各省亦有所不免。着传谕各督抚，务严饬问刑衙门，将班房等项名目永行禁革，以除奸蠹而绝弊端。如有任令差役等设立班馆、私置刑具各情事，一经发觉，不特将纵容之地方官从重治罪，并将失察之上司一并严加议处，决不姑贷。仍着年终奏闻有无此弊等因。钦此。"当即钦遵，檄司饬查。去后，兹据云南按察使王懿德移行查覆，由司汇核，详情具奏前来。

臣查滇省僻处边隅，民情素称淳朴，各府厅州县狱讼不繁，所设差役较少。臣与督臣平日留心体访，尚知畏官守法，易于约束。现在通行确查，如台湾之蠹役私设班馆、擅置刑具，种种肆恶殃民，并无此弊。但若辈良莠不齐，难保无日久玩生之事。臣惟有钦遵谕旨，随时严饬问刑衙门，将班房等项名目稽查禁革，永绝弊端，不敢因现无此弊，稍存懈忽。如有阳奉阴违，任令蠹役作奸舞弊，一经发觉，即将纵容之地方官及失察之该上司一并严参，分别从重治罪议处。除嗣后遵旨于年终奏闻外，所有滇省各属现在查无蠹役私设班馆、擅置刑具等弊缘由，理合先行恭折具奏，伏乞皇上睿鉴。谨奏。

朱批：仍应时常留心。

（《宫中档乾隆朝奏折》第七十一辑，第338～339页）

2967　云南巡抚谭尚忠《奏报滇省雨水情形折》

乾隆五十四年二月二十七日

云南巡抚臣谭尚忠跪奏：为奏闻事。

窃照滇省地方本年立春前后雨旸麦豆情形，经臣于正月二十五日具折陈奏在案。滇中届逢春令，每日多风，朝起暮息，麦性最喜风翻，甚合其宜。惟山高土燥之区，又须间沾雨润，始为两得。今云南省城自二月初旬以来，一旬之内得雨二三次不等，膏泽所施恒多在夜，入土极其深透。正当惊蛰节后春分节前，雷乃发声，地气尤皆通泰，不特麦苗滋长芃茂，而蚕豆都已扬花，更臻繁盛。

臣出郊察视，高原下隰弥望青葱，春收可占丰稔。外郡各属报到得雨情形，核与省城大概相仿，其有气候较早者，麦已含苞吐穗，豆则次第结实，转瞬成熟登场，足供春耕先助。市卖粮价在在称平，民情宁谧，均堪远慰慈怀。理合恭折奏闻，并将正月分通省米粮时价另缮清单，敬呈皇上睿鉴。谨奏。

朱批：欣慰览之。

（《宫中档乾隆朝奏折》第七十一辑，第339～340页）

夹片：再缅甸贡使细哈觉控等到滇，臣遵旨将外藩贡使事竣回国款待定例明切晓谕，一面仍委迤南道贺长庚送至顺宁，就近派员转交耿马土司亲送口外缘由，业经附片奏闻，并声明俟报到出口日期，再行具奏在案。兹据顺宁文武禀报："耿马土司罕朝瑷亲带土舍护送该贡使等前进，于二月初五日抵滚弄江，交明木邦头目渗广猛等接护出口，即由木邦土司转送回国，一路均极安静。"等语。所有据报缅甸贡使出口日期，合再缮片附陈。谨奏。

朱批：览。

（《宫中档乾隆朝奏折》第七十一辑，第340页）

2968　云贵总督富纲《奏报查阅马白等各关隘宁谧缘由折》

乾隆五十四年三月初二日

云贵总督臣富纲跪奏：为沿边关隘现在情形，仰祈圣鉴事。

窃照开化府地方，东、西、南三面皆与安南夷境接壤，在在可通，向于沿边一带设立十三汛，驻兵防守。臣因原驻之兵每汛自数十名至百余名不等，未免单薄，当于撤回官兵内挑留三千六百名，以二千名屯防马白总口，以四百名留驻开化，余俱分拨各要汛，派勇干将备带领，协同驻巡。所有河口、藤条诸要隘，臣俱顺道亲往查明，将情形缮折奏闻在案。其余如附近开化之马达、牛羊各汛，广南之架村、木腊等卡，形势尤为紧要。臣回抵开化后，或行亲往，或派干练将备逐处察看，一切操练巡防俱能实力经理。即临安府属沿边各卡，臣亦令该镇营添派弁兵，严密巡查，并派员不时分往稽察，现俱小心防范，断不致稍有疏虞。臣自入口以来，节次遣人密赴边外察探，该处夷民安堵如常，各土目亦别无动静，边圉极为宁谧。

至藩司李承邺，臣前奏调至开化督办夫粮，今兵已撤回，粮运事竣，且臣亦经进口，省城诸事俱属紧要，如己酉京铜及钱粮各项奏销，均为目前应办要务。臣现拟令该司回省稽催办理，免致延误。再拨添开化各汛防兵所需口粮，上年冬间，皆查照腾越出汛兵丁之例，每名每日折给银二分，以资日食。今留防兵丁自应一体支给。

查马白现有供运台站存米及口外各站撤回余粮，先俱存贮马白。臣悉心筹酌，与其挽运回城，多滋脚费，莫若即将此项存米支给现在留防兵丁，以抵折色，既可省运回脚费，又可免兵丁买食之繁。现在防兵，每名每日俱改给米一升，将应给银二分按数扣存，酌量发交原解州县具领，采买归款，核之现卖市价，亦属有盈无绌。统俟防务事竣，即行停止。合并声明。所有查阅各关隘宁谧缘由，谨恭折具奏，伏祈皇上睿鉴。谨奏。

朱批： 览。

（《宫中档乾隆朝奏折》第七十一辑，第 376 页）

2969　云贵总督富纲《奏报遵旨节次讯过粤西官兵到滇行走道路情形折》

乾隆五十四年三月初九日

云贵总督臣富纲跪奏：为钦奉谕旨，迅速恭折覆奏事。

乾隆五十四年三月初八日，接准大学士公阿桂、大学士伯和珅字寄："本年二月二十六日，奉上谕：富纲奏有广西军营兵弁因在安南迷路，走赴滇投首者，共计把总二员、兵五百五十六名、田州土练二十五名，现讯明籍贯、营分，遣令回粤。至土目黄文桐，尚驻守宣光，其余麻允敏等俱各回自守。该土目家在近边，不敢遽而反复，其向后有无变更，终难凭信等语。贼匪如果有心拦截，则粤西迷失弁兵岂能绕道至滇？是阮匪虽至黎城滋扰，于官兵尚不敢肆行伤害。但不知此项官兵赴滇时系由何路行走，所过该处夷民情形若何？如尚未遣令回粤，着富纲向其详细询问，令该弁兵等据实说出，勿稍隐饰，迅速奏闻。如已回粤，即着福康安、孙士毅等详询具奏。其边外土目人等从前因力不能敌，本多附贼，继见大兵出关，始行效顺，将来有无变更，亦可不必过问。至粤西官兵，前据孙士毅等奏，进关者已有五千余名。此折系二月初十日奏到，迄今已及两旬，曾否又有续出官兵，并着福康安、孙士毅等即行详晰查询，据实具奏。至粤省迷失官兵，贼匪不敢拦截加害，得绕至滇省进口。看此情形，阮惠尚知畏惧，断不敢复至边境滋事。所有滇省马白等关隘，只须照旧时应贮兵数安设巡防，饬令加意查察。其前调协防之兵，应遵照昨降谕旨陆续减撤，转不必安设多兵，示贼以怯。即粤西镇南关一带，亦惟当振作声势，扬言待时进讨，使贼心怀震慑，俟其敬谨，差人叩关吁恳，再行相机筹办。节次所降谕旨甚明，福康安具奏到日，朕自当详细指示，俾遵照妥办也。将此由六百里加紧各传谕知之。富纲折着抄寄福康安等阅看，并令加紧速奏。钦此。”钦遵。寄信到臣。

除滇省马白各隘卡留防兵丁，臣凛遵昨奉圣训，酌定日期，分别陆续徐撤，现将办理情形另折陈奏外，查广西军营弁兵赴滇投首之把总二员、兵五百五十六名、田州土练二十五名，系自本年正月十六七日，即有陆续来安边投到之人。嗣臣带兵进口之后，每日俱有续到者，或数名一起，或二三十名一起。臣即将投到之兵逐一讯明籍贯、营分，并将其既已退出，因何不向粤西南关投回，及沿途一切情形向其询问。据称：“彼时在黎城与贼打仗，奈因贼势愈多，致被冲散，俱抢过富良江桥。因有安南百姓一同拥挤，将桥踏沉，不能行走，多有顺江西岸向北行走至山西、兴化一路，由河口投进，亦有抢过江桥，因错走路径，顺江东岸北行。即至宣光、安边，由藤条、马白投进，并有已至谅山地界，亦因迷途，由广南隘口投进者。至在黎城退撤过桥之时，贼匪虽多，皆遥放枪炮，尚不敢近前截杀，是以我等俱得走出，沿途亦无贼匪追赶。至一路村寨，皆知我等系天朝之兵，不敢拦截，并有因断粮，给与食物及指引道路之处。”等语。臣以该弁兵虽系一面之词，但先后所供大概相同，尚无别项情节，并有恳求赏给照票，速赴南关投到，以备差操。是以臣随到即分起给发照票，并饬沿途支给口粮，照料前赴粤西南关归伍。嗣接孙士毅移会，已抵军营。此后复有粤兵十三名、田州土练二名投到，俱经臣讯明，照前给票，遣回粤西在案。

臣查粤兵撤退之际，抢桥过渡，彼时贼势众多，如果有心拦截，诚如圣谕，粤兵岂能绕道退出？则贼匪不敢肆行伤害官兵，实由畏惧天威。臣察探边外情形，都竜一带地方并无贼匪，想亦断不敢来边滋扰，并闻现在阮惠有遣人前赴镇南关孙士毅处纳表乞降之信。

现在滇省，臣惟严饬在汛将弁严密防范巡查，诸宜镇静，不得张皇，少形懦怯。此后遇有续到粤兵，亦即照前遣令回营。如讯有别项情节，再行具奏外，所有臣节次讯过粤西官兵到滇行走道路情形，谨据实恭折具奏，伏祈皇上睿鉴。谨奏。

朱批：知道了。

（《宫中档乾隆朝奏折》第七十一辑，第416~418页）

2970　云贵总督富纲《奏报遵旨酌量情形，裁撤沿边官兵情形折》

乾隆五十四年三月初九日

云贵总督臣富纲跪奏：为遵旨筹酌办理，恭折具奏，仰祈圣鉴事。

乾隆五十四年三月初八日，接准大学士公阿桂、大学士伯和珅字寄：“本年二月二十三日，奉上谕：富纲奏，现于马白屯兵二千名，并添拨各要汛一千二百余名，此外临安、广南二府各汛卡亦添拨弁兵，一体严防。就目下情形而论，现有官兵已足敷巡防之用，似可不必添调。至开化镇兵，除拨防各汛外，存城兵只有二三百名，似觉过少，现留督、抚两标兵四百名，以便就近弹压等语。所办过怯，已于折内批示。粤西甫经退撤之时，或贼匪即乘机滋扰，尚未可知。今局已大定，谅此广南小丑亦断不敢侵犯天朝边界。目下马白等处兵丁不但不应添调，并前此调驻之兵亦应徐撤。乃富纲又将督抚两标兵四百名留存驻扎，办理未免张皇，失之怯懦。着传旨申饬，并着该督速将此项留存兵丁饬令回伍。其各关隘处所，止须照旧时兵数分布驻扎，令其小心巡防。所有前调协防之兵，亦着酌量情形，陆续减撤。再滇省与缅甸交界之杉木笼等处，向亦驻兵巡守，现在缅甸抒诚纳款，其沿边一带亦可毋须多兵驻扎。并着富纲酌量情形，奏明减撤。将此由五百里传谕知之。钦此。”钦遵。寄信前来。臣跪诵之下，曷胜惶悚。

伏查临、开、广三府通交处所，惟开化府属汛卡最多，向来原拨开化本镇兵八百余名，于各汛卡分防，常川驻守。昨官兵撤回进口，其时边外局势未定，是以酌留官兵分驻关隘，并因开化府城为各边适中之地，酌留督、抚标兵四百名，以备就近添防之用。今一月以来，臣不时差探，近边一带并无贼匪动静，地方俱为宁谧。是不特留驻郡城之兵应行遣回，即留防各汛卡兵丁，诚如圣谕，亦可陆续徐行减撤。臣悉心筹酌，先将留驻郡城督抚标兵四百名，即令原管备弁带领，起程归伍。其暂留拨防关隘兵三千二百名内，除开化本镇兵一千二百，仅有别标、镇、营兵二千名，亦应遵旨陆续徐撤，遣令回营。臣现就各关隘之最要、次要，先将留防兵丁酌定日期，陆续徐撤。其汛卡内有地居紧要，如马白、藤条、河口等汛，即于该镇本标兵内酌拨协防，责成该镇总兵孙起蛟率同将备实力巡查，免致疏懈。将来应行全撤时，再将添防兵丁一体撤回开化本城，以备差操，亦不致大有劳费。

至提臣乌大经前因马白驻兵较多，在彼统驻弹压。今防兵既已减撤，该处只留开化本镇兵丁，总兵孙起蛟带领巡防，足资料理，且迤西地方辽阔，相离开化甚远，提督有稽查营伍、考核弁兵之责，乌大经即可带领提标兵回赴大理。臣拟暂留开化，将应撤官兵照料全竣之后，酌看情形，如无应办要件，亦即回省办事。现仍督饬沿边文武于通交关隘加意巡防，不得稍露张皇，亦不得因官兵已撤，稍为大意。

至腾越、龙陵之杉木笼、干崖、三台山等处，每年于冬初派拨员弁，带兵八百名，分往驻汛巡查，春深，酌留杉木笼兵二百名，干崖兵一百名，余俱撤回，节年遵照办理。今缅甸业已抒诚纳款，诚如圣谕，亦可毋须多兵，自应减撤。兹正值撤防之候，业据腾越镇总兵刘之仁禀报，遵照往例，将应撤官兵五百名，于二月二十日及三月初二等日分起撤回。臣查杉木笼等处应撤之兵已经撤回，现留弁兵仅三百名，尚需稽查私贩，此时概行全撤，沿边地方似乎少觉疏旷。应请将本年留防兵三百名暂留一季，容臣酌量情形，通盘计算，详细妥议，于本年出汛前再行具奏，请旨遵照办理。臣惟有仰遵圣训，诸事留心，不敢稍涉张皇，亦不敢少存轻率，以期仰副皇上训诲成全之至意。

所有奉到谕旨及臣现在办理缘由，理合恭折具奏，伏祈皇上睿鉴。谨奏。

朱批：览奏俱悉。

（《宫中档乾隆朝奏折》第七十一辑，第418~420页）

2971 云贵总督富纲、云南巡抚谭尚忠《奏请以督标右营游击百福升署广南营参将折》

乾隆五十四年三月十二日

云贵总督臣富纲跪奏：为边要参将遴调乏员，恭恳圣恩俯准升署，以裨营伍边防事。

窃照云南广南营参将德克登布，钦奉谕旨，补授广西平乐协副将，所遗系极边夷疆要缺，例应在外拣调。查广南系属专营，幅员辽阔，且与安南夷境接壤，近边汛卡现需严密巡防，一切控驭弹压，尤须干员经理，必得精明强干、熟悉边情之员方克资其整顿。

臣于通省参将内详加遴选，非现居要缺，即人地不宜，实无堪以补调之员。惟查有臣标右营游击百福，年五十岁，正蓝旗满洲，由前锋校拣发云南，以守备补用，于乾隆三十五年十二月到滇，题补昭通镇守备，历升今职，于五十三年七月领札到任。该员才技兼优，晓畅营伍，前曾出师，此次随臣在边，往来口外，凡遇差委，无不出力向前，且于开广边势夷情更为熟悉，亦无违碍参罚，以之升授广南营参将，洵能胜任。惟历俸未满二年，与请升之例稍有不符。但员缺实在紧要，而此外又遴调乏人。臣再四筹酌，合无仰恳天恩，准以游击百福升署广南营参将，则要地得人，于营伍、边防均有裨益。如蒙俞允，百福甫于上年三月引见，回滇未满三年，毋庸送部引见，仍照旧扣足前俸，另请实授。

其所遗臣标右营游击亦属紧要，应即遴员请补。查有候补游击玉柱，年四十三岁，正黄旗满洲，由副护军参领拣选引见，奉旨发往云南，以游击委用，于五十一年三月到滇。该员明白干练，弓马优娴，历经委署参将、游击事务，均能妥协。此次派令带兵前赴安南，甚属奋勉。到滇已逾二年，应请即以玉柱补授臣标右营游击，人地实属相宜。该员系拣发来滇以游击补用，今请补游击，衔缺相当，毋庸送部引见。合并声明。臣谨会同云南提督臣乌大经恭折具奏，伏祈皇上睿鉴。谨奏。

朱批：该部议奏。

（《宫中档乾隆朝奏折》第七十一辑，第440~441页）

2972 云贵总督富纲、云南巡抚谭尚忠《奏请将庸迂不职之边要同知勒休折》

乾隆五十四年三月十二日

云贵总督臣富纲、云南巡抚臣谭尚忠跪奏：为庸迂不职之边要同知，请旨勒休，以肃官方事。

窃照开化府同知万廷石，性本迂缓，人复平常。臣等因年力尚强，屡加训饬，令留心奋勉，冀以克称其职。兹臣富纲在开化办理边防随时察看，不特该员遇事庸钝，即询以应办事件，亦俱应对茫然。是志已委靡，实难望其振作。同知本有督捕之责，该同知专管马白税口，臣就近查其所办之事，亦有丛脞，且现在一应稽查弹压，尤关紧要，未便因其别无劣迹，稍事姑容，致滋贻误。并据该管道府揭报，由藩臬两司具详前来。相应请旨，将开化府同知万廷石勒令休致，以肃官方。所有印务，先已委员接署，除饬查明有无经手未清，另行核办。

至所遗同知员缺，应归部选。但滇省现有应补人员，另容遴选请补，合并声明，伏祈皇上睿鉴。谨奏。

朱批：该部知道。

（《宫中档乾隆朝奏折》第七十一辑，第441页）

2973 云贵总督富纲、云南巡抚谭尚忠《奏请以昭通府属分防威信州判赵煜宗升署保山县知县折》

乾隆五十四年三月十二日

云贵总督臣富纲、云南巡抚臣谭尚忠跪奏：为边要知县亟需干员，恭恳圣恩俯准升署，以裨地方、厂务事。

窃照云南保山县知县王彝象，接准部咨："钦奉上谕：福建汀州府知府员缺，着张采五补授，所遗员缺，着王彝象补授。钦此。"等因。除委员署理，饬令王彝象交代清楚，速赴新任外，所有保山县员缺，例应在外调补。该县系永昌府附郭首邑，远处边徼，地广事繁，且兼管之银铜各厂尤须妥员经理，苟非精明强干，熟谙地方、厂务之员难以胜任。

臣等与藩司李承邺、臬司王懿德再四遴选，通省知县，或人地不宜，或参罚有碍，求其堪膺是选者实乏其人。惟有昭通府属分防威信州判赵煜宗，年四十五岁，顺天三河县人，由拔贡朝考，就职直隶州州判，拣发来滇，补授姚州普淜州判，乾隆四十三年十二月到任，丁忧回籍，服满来滇，咨补南安州碍嘉州判，五十一年六月到任，调补今职。该员才具明敏，办事实心。臣等因其在滇有年，熟谙厂务，节经委管香树坡、万宝、义都各铜厂，并署理易门县印篆，不特地方庶务料理裕如，而各厂年额铜斤俱能有盈无绌，实为佐杂中出色之员，以之请升保山县知县，洵足资其治理。虽任内有降二级留任一案，已据报遣人赴部，照例捐复，此外未完罚俸亦在十案以内。即威信州判，应扣夷疆边俸。但甫经准调，尚未到任，均无违碍。惟碍嘉州判历俸未满五年，与例稍有未符。谨遵人地相需之例，专折奏恳皇上天恩，俯念员缺紧要，准以赵煜宗升署保山县知县，在该员感深图报，自必倍加奋勉，而要地得人，实于边圉、厂务均有裨益。

如蒙俞允，照例扣满年限，另请实授。仍俟部覆至日，给咨送部引见，恭候钦定。其所遗威信州判一缺，另容拣员咨部调补。臣等为要缺需员起见，往返札商，意见相同。谨开具赵煜宗参罚清单，恭折具奏，伏祈皇上睿鉴。谨奏。

朱批：该部议奏。

（《宫中档乾隆朝奏折》第七十一辑，第441～442页）

2974　云贵总督富纲《奏报雨水豆麦情形折》

乾隆五十四年三月二十五日

云贵总督臣富纲跪奏：为雨水豆麦情形，仰祈睿鉴事。

窃照云贵两省入春后雨勤水足、豆麦长发情形，业经臣缮折奏闻在案。

查滇省各属地方，春分前后旸雨调匀，土膏湿润，甚于农功有益。开化、临安一带气候较暖，蚕豆业已成熟，收割将竣，颗粒饱绽，洵称丰稔。兹于三月二十及二十一二三等日，或阵雨经时，或缠绵终夜，远近普沾，极为优渥，不特二麦得此滋培，愈见颖垂实茂，即新出谷秧获沾膏泽，亦觉秀发可观。现在上紧翻犁，将次即可栽插。

臣已札饬各州县，速将春收分数查明，据实开报，另行确核具奏外，至黔省各属节据禀报晴雨合宜，二麦杂粮一律茂盛。两省粮价虽有高下不齐，尚无昂贵之处。春收在即，民情倍形熙皞，沿边关卡亦极宁谧，均堪仰慰慈怀。臣谨恭折具奏，伏祈皇上睿鉴。谨奏。

朱批：欣慰览之。

（《宫中档乾隆朝奏折》第七十一辑，第534页）

夹片：再查臣在边外驻扎，连日阴雨，而天气甚暖。兹接据省城及各属禀报，于十二月二十五六等日得雪，积厚一二寸至三四寸不等。滇省正当豆麦发荣之际，得此雪泽滋培，更可借资长养，于农功实有裨益。臣接阅禀报，不胜欣庆，谨附片奏闻，仰慰圣怀。谨奏。

朱批：览。

（《宫中档乾隆朝奏折》第七十一辑，第534页）

2975　云贵总督富纲、云南巡抚谭尚忠《奏报戊申三运二起京铜依限开帮日期折》

乾隆五十四年三月二十五日

云贵总督臣富纲、云南巡抚臣谭尚忠跪奏：为戊申三运二起京铜依限开帮日期，仰祈圣鉴事。

窃照戊申年头二运四起及三运一起铜斤，业俱如限兑发送京，节经臣等缮折奏闻在案。其三运二起，应于本年正月开行。

兹据云南布政使李承邺详据泸店委员申报："戊申三运二起共需正带铜七十六万一千七百九十三斤零，于正月初四日秤兑起，至正月三十日，俱已全数兑竣，运员、署寻甸州知州王序端即于是日自泸州开帮前进。"等情。

除飞咨经由沿途督抚臣一体上紧催趱，迅速抵京，并咨户、工二部外，查滇省年解正加八起京铜，今戊申正运六起，俱经依期兑发，仅止加运二起铜斤，所需运员先经遴委赴泸，臣等已饬该委员等作速依次领兑，接续运行，不致延误。所有戊申三运二起京铜依限开帮缘由，理合恭折具奏，伏祈皇上睿鉴。谨奏。

朱批：好。知道了。

（《宫中档乾隆朝奏折》第七十一辑，第534～535页）

2976　云贵总督富纲、云南巡抚谭尚忠《奏报浙江委员办运滇铜扫帮出境日期折》

乾隆五十四年三月二十八日

云贵总督臣富纲、云南巡抚臣谭尚忠跪奏：为浙江委员办运滇铜扫帮出境日期，循例奏闻事。

窃照各省委员赴滇采办铜斤，往来俱有定限。钦奉上谕："嗣后到滇办运开行，着该抚具奏，如有无故停留贻误者，即行指名参究等因。钦此。"钦遵在案。

兹据云南布政使李承邺详称："浙江委员、定海县知县严承夏领运白羊金钗等厂高低正耗余铜三十七万三千八百一十二斤零，内除沿途磕碰折耗铜二千二百六十八斤外，实领运正耗铜三十七万一千五百四十四斤零，以乾隆五十三年五月二十五日领竣力苏箐等厂铜斤之日起限，扣至五十四年二月初八日届满。今该委员于三月初四日全数运抵宝宁县属剥隘地方，扫帮出境，计逾限二十六日，未及一月，例得免议。"等情。详请核奏前来。

臣等覆查无异，除飞咨广西、湖南、湖北、江西暨浙江各抚臣转饬接替催趱，依限运回供铸，并咨明户部外，所有浙江委员严承夏办运滇铜扫帮出境日期，理合恭折具奏，伏乞皇上睿鉴。谨奏。

朱批：览。

（《宫中档乾隆朝奏折》第七十一辑，第559~560页）

2977　云南巡抚谭尚忠《奏报遣犯在配逃脱折》

乾隆五十四年三月二十八日

云南巡抚臣谭尚忠跪奏：为遣犯在配脱逃，循例奏闻事。

窃照乾隆三十六年三月内，钦奉上谕："脱逃遣犯自必潜归本籍，即应查明各乡贯，迅速移知本省，严行缉拿。而经过各省分亦当知照，一体协缉，仍一面奏闻。"等因，钦遵在案。

兹据代办大理府弥渡通判事、署赵州知州赵希充详称："安置改遣军犯邓亚发，即邓瑞祥，系广东顺德县人，因在南海县屡次行窃何三兴等家衣物案内，审依积匪猾贼例，改发云南极边烟瘴充军，左面刺'积匪猾贼'四字，右面刺'改遣'二字，乾隆五十三年三月初七日到弥渡配所，今于五十四年二月十五日，潜约另案实发烟瘴军犯卢亚志乘间同逃，旋于二十三日拿获军犯卢亚志一名，其遣犯邓亚发一名，现在严缉未获。"等情。详报到臣。

除飞咨该犯邓亚发逃回本籍应行经过各省分及原籍地方一体根查协缉，并通饬滇属文武暨邻省交界州县严密截拿，务期速获办理，一面饬将现获另案军犯卢亚志一名，提同看守人役，讯明起意同逃及有无贿纵情弊，分别议拟，另行咨部核结。其在逃遣犯邓亚发一名，如届限无获，取具疏脱各职名，照例详参外，所有改遣军犯邓亚发即邓瑞祥在配脱逃缘由，理合循例恭折奏闻，伏乞皇上睿鉴。谨奏。

朱批：知道了。

（《宫中档乾隆朝奏折》第七十一辑，第562~563页）

2978　云贵总督富纲、云南巡抚谭尚忠《奏请将力难称职知县勒休折》

乾隆五十四年四月初八日

云贵总督臣富纲、云南巡抚臣谭尚忠跪奏：为知县力难称职，请旨勒休，以重地方事。

窃照知县一官身膺民社，必须振作有为，始足以资治理。

臣等查有河西县知县黄佾者，福建举人，大挑一等，分发云南以知县试用，补授今职。该员在滇年久，从前办事尚知黾勉，近来经理诸务每形迟钝，精神亦不能贯注。臣等屡加训饬，毫无振作。似此力难称职之员，未便因无别项劣迹，稍事姑容，致滋贻误。兹据司、道、府等揭报前来，相应会折具奏，请旨将河西县知县黄佾勒令休致，以重地方。

其所遗河西县知县，系专简之缺，应归部选。滇省现有分发一等举人，另容照例请补，一面饬查该员经手各项有无未清，再行核办。合并陈明，伏乞皇上睿鉴训示。谨奏。

朱批：该部知道。

（《宫中档乾隆朝奏折》第七十一辑，第 619 ~ 620 页）

2979　云南巡抚谭尚忠《奏报滇省豆麦收成分数折》

乾隆五十四年四月初八日

云南巡抚臣谭尚忠跪奏：为恭报麦豆收成分数，仰祈圣鉴事。

窃照云南省二麦、蚕豆现届刈获登场，据布政使李承邺将各属所报收成分数汇单呈送前来。臣逐一确核，内麦豆并种之蒙化等一十八厅州县，高下俱收成十分；镇沅等十州县州判，低下收成十分，高阜收成九分；永北等二十六厅州县县丞，高下俱收成九分；大关等一十五厅州县，低下收成九分，高阜收成八分；只种二麦之中甸等一十一厅州县州判，低下收成九分，高阜收成八分；只种蚕豆之思茅一厅，低下收成九分，高阜收成八分。合计通省收成，实得九分有余。至沿边各土司地方所种麦豆，据报收成合计八分有余，远近均称丰稔。

伏念滇省僻处万山，不通舟楫，全借本地所产，俾资闾阎生计。二麦、蚕豆虽非稻谷可比，而丰收见告，足为民食接济之需。边农乐利，莫不含哺鼓腹。尽力西畴，堪以远慰慈怀。除一面饬司造册详报，照例另疏具题外，合先开列清单，恭折奏闻，伏乞皇上睿鉴。谨奏。

朱批：欣慰览之。

（《宫中档乾隆朝奏折》第七十一辑，第 620 ~ 621 页）

2980 云贵总督富纲《奏报留防卡隘官兵全数撤竣及边关宁谧情形折》

乾隆五十四年四月十六日

云贵总督臣富纲跪奏：为留防卡隘官兵全数撤竣及边关宁谧情形，仰祈圣鉴事。

窃臣前奉谕旨，令将留防边隘官兵陆续徐撤，当将钦遵办理缘由缮折奏闻在案。

查开化沿边各隘，共留别标、镇、协营兵二千名，经臣定以每兵百名作为一起，按日行走，视各关隘之最要、次要，先后依次撤退。兹自三月初十日起至四月初二日止，业已全数撤竣。臣妥协照料，分遣归营，并于撤兵之后，复遣人密赴关外一带详细察探，该处夷情安堵，各土司亦别无动静，边境甚为宁谧。

现在各卡隘，除旧有防兵八百余名外，臣于最要之马白、藤条二处，各拨开化本镇兵二百名，以资协防，责成该镇总兵孙起蛟督率备弁，实力巡防操练，勿致疏懈。又委粮储道永慧暂行驻边稽查弹压，该道随臣办理边务，诸事熟悉，可期得力。

臣细察情形，边关已无应办要事，随于官兵全撤之后，即自开化起程，兹于四月十三日，回抵省城。除仍饬沿边各文武加意查察，固不得日久懈弛，亦毋许稍涉张皇，总期严密镇静，以壮声势，而肃边防。所有官兵全撤回营各缘由，理合恭折具奏，伏祈皇上睿鉴。谨奏。

朱批：知道了。

（《宫中档乾隆朝奏折》第七十一辑，第662～663页）

2981 云贵总督富纲《奏报查阅普洱镇官兵技艺及沿途地方情形折》

乾隆五十四年四月十六日

云贵总督臣富纲跪奏：为查阅普洱镇官兵技艺及沿途地方情形，仰祈睿鉴事。

窃照滇省营伍，上年轮值查阅。前臣赴开化、临安、广南查办边务时，当将临安、开化二镇及所属之元江、新嶍、广南、广西等营就便阅看，分别等次，缮折奏闻在案。

查迤南各处，尚有普洱一镇未曾校阅。兹边务已竣，臣于回省之便，将普洱镇所属三营同调集附近汛兵，逐一悉心查验，年力均属强壮，各项技艺亦俱可观。即乌枪、弓箭按排施演，其着靶之数，各能逾于例定成分，间有一二不能悉合成式，臣俱当场指驳，交该管员弁勒限学习，并将技优之兵各予奖赏，以示鼓励。一切军械钱粮查无短缺，马匹亦膘壮足额。臣谆饬各将备照前勤练，务使一律精纯，咸成劲旅。至九龙江一带，地近外夷，最为紧要，该镇总兵朱射斗照例于春深带兵往查，甫经事竣回营。据称各土司咸知自卫疆域，于所管各隘严密访查，尚无疏懈，边圉甚属宁贴。

再臣由开化、普洱回省，所经沿途州县地方，留心察看，蚕豆已经收割完竣，二麦亦多有成熟，本年节候略迟，约计月底即可登场，粒满穗长，极为畅茂。据各属具报春收分数，自八九分至十分不等，通计九分有余，洵称丰稔。大田正在翻犁，兹立夏前后又得透雨数次，不特稻秧愈加秀发，而高下田畴均有积水，可资栽插。农情欣跃，闾里恬熙。省城晴雨均调，麦收在即，粮价日平，地方亦极宁静。除一切应办事件现在分别查催，上紧办理外，所有阅过普洱镇营伍及沿途雨水春收各缘由，臣谨一并恭折具奏，伏祈皇上睿鉴。谨奏。

朱批：欣慰览之。

（《宫中档乾隆朝奏折》第七十一辑，第 663～664 页）

2982　云贵总督富纲、云南巡抚谭尚忠《奏报委护道篆折》

乾隆五十四年四月十六日

云贵总督臣富纲、云南巡抚臣谭尚忠跪奏：为委护道篆，循例恭折奏闻事。

窃臣等接准部咨，钦奉上谕："王懿德着补授陕西布政使，所遗云南按察使员缺，着贺长庚补授。钦此。"

查贺长庚现任云南迤南道，该员伴送缅甸贡使自京旋滇，复令转送出口，事竣来省，尚未回赴本任。今蒙圣恩补授按察使，应即在省接印任事，俾王懿德作速交卸，前赴新任。所有迤南道印务，应须委员署理。查普洱府知府全保，虽到任甫经半年，但由顺宁府调补，于边情本所熟悉，且办事亦觉勤奋。迤南道驻扎普洱府城，即令全保就近兼护，可期无误。除檄行遵照外，所有委护道篆缘由，理合恭折具奏，伏祈皇上睿鉴。谨奏。

朱批：知道了。

（《宫中档乾隆朝奏折》第七十一辑，第 664 页）

2983　云贵总督富纲《奏报膏泽应时、大田及时栽插折》

乾隆五十四年四月二十四日

云贵总督臣富纲跪奏：为膏泽应时、大田及时栽插，仰慰圣怀事。

窃照滇省春收丰稔及黔省二麦畅茂情形，业经臣缮折奏闻在案。节届小满，栽插正殷，尤宜雨泽沾足，俾资灌溉。兹云南省城入夏以后时沛甘霖，日有阵雨，虽久暂不一，而入土深透，积水盈畴，甚与农功有益。近河田亩业已栽种齐全，即高阜之区现亦上紧赶插，随后俱可完竣。似此膏泽应时，洵属农祥预兆。并据各州县具报得雨日期，核与省城大概相似，一律普被，而临、开所属尤为沾足。上年秋稼本丰，今又值麦豆稔收，市粮充裕，价值称平。至黔省麦收，虽较滇省略迟，而节据各属禀报旸雨合宜，二麦极为茂盛，其留种稻田亦俱乘时栽插，市卖粮价间有涨落不齐，并无昂贵之处。

两省民夷乐业，闾里恬熙，边关亦极宁谧。均堪仰慰慈怀，理合恭折具奏，伏祈皇上睿鉴。谨奏。

朱批：欣慰览之。

（《宫中档乾隆朝奏折》第七十一辑，第738页）

2984　云贵总督富纲、云南巡抚谭尚忠《奏报边要道缺需员，恭恳圣恩简放折》

乾隆五十四年四月二十四日

云贵总督臣富纲、云南巡抚臣谭尚忠跪奏：为边要道缺需员，恭恳圣恩简放，以重地方事。

窃照云南迤南道管辖两府、两直隶州，多系壤接边境，在在夷疆，且驻扎之普洱府逼近外域，控驭抚绥尤为紧要，必得老成练达之员方克资其整理。

前因迤南道贺长庚因公降调，当将楚雄府知府龚敬身奏请升授。旋值该守具报丁忧，此外乏员补用，经臣等会折恭请简放。嗣奉谕旨："贺长庚着从宽仍留迤南道之任。钦此。"钦遵在案。兹贺长庚复蒙皇上天恩，补授云南按察使，所有迤南道员缺，又须另行选补。

臣等复与藩臬两司于通省道员及应升知府内再四拣选，非现居紧要，即人地不宜，实无相宜堪以调补之员。惟有仍恳圣恩简放，庶要缺不致久悬，而治理得人，更于边圉多所裨益。理合恭折具奏，伏祈皇上睿鉴。谨奏。

朱批：有旨谕部。

（《宫中档乾隆朝奏折》第七十一辑，第739页）

2985　云贵总督富纲、云南巡抚谭尚忠《奏报戊申加运一起京铜依限开帮日期折》

乾隆五十四年四月二十四日

云贵总督臣富纲、云南巡抚臣谭尚忠跪奏：为戊申加运一起京铜依限开帮日期，仰祈圣鉴事。

窃照戊申年正运六起铜斤，业俱如期兑发送京，节经臣等缮折奏闻在案。其加运一起，例应本年二月开行。

兹据云南布政使李承邺详俱泸店委员申报：“戊申年加运一起共需正耗铜九十四万九百九十一斤零，于二月初一日称兑起，至二月二十九日，俱已如数兑竣，运员、署马龙州事沾益州知州朱士鳌即于是日自泸州开行前进。”等情。

除咨会经过沿途督抚臣一体上紧查催，迅速抵京，并咨明户、工二部外，伏查戊申八起京铜业已兑发七起，仅需加运二起铜九十余万斤，臣等已饬泸店委员作速开兑，接续起行，以副三月扫帮之限。所有戊申加运一起京铜依限开帮缘由，理合恭折具奏，伏祈皇上睿鉴。谨奏。

朱批：好。知道了。

（《宫中档乾隆朝奏折》第七十一辑，第739页）

2986　云南巡抚谭尚忠《奏报督臣事竣回省，拟期入觐折》

乾隆五十四年四月二十四日

云南巡抚臣谭尚忠跪奏：为督臣事竣回省，拟期入觐，奏请圣鉴事。

窃臣于上年八月内奏请陛见，奉到朱批：“且俟之。钦此。”并奉上谕：“富纲现驻开化一带地方督饬将弁防守关隘，尚不能即时回省。谭尚忠系该省巡抚，地方一切事件须人办理，此时且不必前来陛见，俟安南事竣，富纲回省后再行奏请来京瞻觐，未为迟也。”等因。钦遵在案。

兹督臣富纲遵旨将开化一带留防关隘官兵徐行全撤，事竣回省。臣承办秋审案件，悉经按册核定，会同督臣亲鞫，现在缮本拜发。惟此后尚有地丁等项奏销，例应按限盘查具题，且今岁届逢恩科乡试，又须次第举行，皆臣分内应办之事。臣谨俟科场办理完竣，照例将巡抚印务移交督臣富纲兼署，即行起程进京瞻觐天颜，跪聆圣训。合先恭折陈奏，伏乞皇上睿鉴。谨奏。

朱批：知道了。

（《宫中档乾隆朝奏折》第七十一辑，第741～742页）

2987　云贵总督富纲、云南巡抚谭尚忠《奏参短缺承变官项之州牧，请旨各革职审办折》

乾隆五十年四月二十七日

云贵总督臣富纲、云南巡抚臣谭尚忠跪奏：为参短缺承变官项之州牧，请旨革职审办，以肃功令事。

窃照州县承变入官之项，理应随变随解，如遇离任，更应归库流交，难容丝毫短缺。

讵有前署宾川州知州陶棻者，查该州有原任江苏丰县知县胡宁父子揽捐山东元圣庙奉祀生执照，寄回原籍卖银牟利，先经臣富纲参革审拟，并查抄家产，估变入官。其应留滇变价者，已据照估，先后变获衣物、田房各价共银三千七百六十余两，一任频催，并不随时批解。迨至离任，又无存库移交，明有侵亏那用情弊。兹据接任知州禀经该管知府转报司道等详揭前来。相应专折会参，请旨将前署宾川州事、罗平州知州陶棻革职，以便严审，是侵是那，分别按拟，究追治罪。

该员卸署宾川州，未回罗平州本任。除饬司委员严加看守，一面查封各任所资财，并咨原籍江苏抚臣转饬查封家产，一并备抵完项外，所遗罗平州知州员缺，虽应归部选，但滇省现有应补人员，另容照例办理。臣等谨合词具奏，伏乞皇上睿鉴训示。谨奏。

朱批：该部知道。

（《宫中档乾隆朝奏折》第七十一辑，第761页）

2988　云南巡抚谭尚忠《奏报本年滇省秋录事宜折》

乾隆五十四年四月二十七日

云南巡抚臣谭尚忠跪奏：为奏闻事。

窃照秋录大典，民命攸关。臣职司刑谳，敢不准情酌理，期无枉纵，仰副圣主矜慎之至意？

伏查滇省本年秋审，旧事一百八十三起，人犯一百八十四名口，内原拟情实未至十次，照例仍请情实者八名；又调奸致妇自尽情实一次未勾，照例改入缓决者一名，仍拟缓决者一百七十五名口，俱毋庸另行置论。其新事，已准部覆，应入者五十起，人犯五十一名口；又情罪重大，原题声明赶入者一起，人犯一名，共新事五十一起，人犯五十二名口，均经升任臬司王懿德会商定拟，分晰造册呈送。臣逐加详核，所拟尚皆得当，间有迹疑似者，签驳再议，务使情与罪符，胥归平允。通计新事情实十起，人犯十一名，缓决四十一起，人犯四十一名口。除离省窎远者照例由道审转，例应解省会勘者，臣与督臣富纲率同司道亲鞫，汇疏具题外，所有本年秋录事宜，臣谨恭折奏闻，伏乞皇上睿鉴。谨奏。

朱批：知道了。

（《宫中档乾隆朝奏折》第七十一辑，第764页）

2989　云贵总督富纲、云南巡抚谭尚忠《奏请以宝宁县知县刘大鼎升授普洱府分防威远同知折》

乾隆五十四年五月十五日

云贵总督臣富纲、云南巡抚臣谭尚忠跪奏：为边要同知需员，恭恳圣恩俯准升用，以裨地方事。

窃照普洱府分防威远同知，地临边境，汉少夷多，兼有烟瘴，必得老成明练、熟谙夷情之员方克资其整治。是以遇有缺出，例应在外拣调。臣等前因乏员调补，当经会折具奏，请将永善县知县邵伦清升用。昨准部议，因该员任内有承缉不力，降级留任，限年缉拿之案，与请升之例不符，行令另选合例人员调补等因。

臣等复与藩臬两司于通省同知内逐加遴选，或现居要缺，或人地不宜，固无堪以调补之员，即应升州县中求其合例堪膺是选者亦不可多得。惟查有广南府属宝宁县知县刘大鼎，年五十七岁，安徽亳州人，由监生捐县丞，分发湖北，补授荆州府经历，丁忧服满，拣发云南，于乾隆三十六年十一月到滇，咨补云南府经历，调补师宗县、邱北县丞，奏请升署宝宁县知县，引见，奉旨准其升署，于四十五年二月到任，期满实授。嗣因边俸限满三年，题请优叙，加一级，五十二年大计卓异，题准部覆，上年边俸又满三年，例应加衔，在任候升，业经题报在案。

该员才具明练，办事安详，且久任夷疆，于边情亦甚熟悉，以之升授威远同知，洵属人地相宜。任内虽有承缉丰耀邦被贼抢夺一案，四参限满无获，将职名咨参，应降一级调用，但有加级，例得抵销。此外未完降罚俸银数在十案以内，并无违碍。相应恭恳圣恩，俯念要缺需员，准以刘大鼎升授威远同知，则治理得人，实于边圉要地多有裨益。如蒙俞允，仍俟部覆至日，给咨送部引见，恭候钦定。其所遗宝宁县员缺，另容拣员调补。谨缮该员参罚清单，合词恭折具奏，伏祈皇上睿鉴。谨奏。

朱批：该部议奏。

（《宫中档乾隆朝奏折》第七十一辑，第870～871页）

2990　云贵总督富纲、云南巡抚谭尚忠《奏报戊申京铜全数依限扫帮日期折》

乾隆五十四年五月十五日

云贵总督臣富纲、云南巡抚臣谭尚忠跪奏：为戊申京铜全数依限扫帮日期，仰祈圣鉴事。

窃照戊申年正运六起及加运一起铜斤，俱已如限兑发解京，节经臣等缮折奏闻在案。其加运二起，应于本年三月扫帮。

兹据云南布政使李承邺详据泸店委员申报："戊申年加运二起共需正耗铜九十四万九百九十一斤零，自三月初一开兑起，至三月二十八日止，业俱如数兑发完竣，运员、署恩安县事试用知县李玉溪即于是日自泸州开行前进。"等情。

除飞咨沿途督抚臣一体上紧催趱，迅速抵京，并咨明户、工二部外，伏查戊申年八起京铜，虽俱依限扫帮，而己酉新铜必须接续运泸，预为贮栈，庶无误八月开帮之限。臣等已先期严饬厂员，督率丁夫上紧采煎、发运，现在源源出厂，官民颇为踊跃。即东川、寻甸各路承运铜斤，亦俱随到随行，挽输迅速。臣等仍不时稽查催趱，勿使略有松懈，致滋贻误。

再查各厂所产，矿质高低不一，因之铜色亦间有参差。臣等恐各厂员只图报获数多，而省工煎炼，不能一律纯净，现在时加严谕，务须加工煎炼，毋少疏懈。并派府、厅一员驻扎泸州，挑提纯净，监同收发。今己酉年额运京铜，派委临安府知府刁玉成前往挑验办理。合并声明。所有戊申八起京铜依限扫帮缘由，谨合词恭折具奏，伏祈皇上睿鉴。谨奏。

朱批：好。知道了。

（《宫中档乾隆朝奏折》第七十一辑，第871～872页）

2991　云贵总督富纲、云南巡抚谭尚忠《奏报通海等州县地震，起程前往查办折》

乾隆五十四年五月十九日

云贵总督臣富纲、云南巡抚臣谭尚忠跪奏：为奏闻事。

本年五月十四日戌正后，云南省城地微震动，顷刻即止。臣等随即委员分赴城乡查勘，并无损坏房屋，一面驰札近省各属确查。去后，兹于十七八等日，先后据通海、宁州、河阳、江川等州县具报，均于十四日戌亥二时连次地震，初时甚重，后即轻减，城垣、官署、仓监、祠宇俱有坍坏臌裂，城乡居民糟旧房间多有震倒，人口亦有伤毙，现在分头确查抚恤。其在监人犯，立时防护，并无损失，现俱另屋收禁，拨役严防等情。又据河西县禀报："十四日戌刻，地震数次，摇倒城垛三十余处，近城民居尚无伤损。惟东乡之小街子等村寨动势较重，房墙多有震坍以及伤毙人口，现在往查另报。"各等情。

臣等查乾隆二十六年滇省新兴、江川二州县，二十八年江川、通海、宁州、河西、建水等五州县地震，均仰蒙皇上加惠边氓，于常例赈恤银谷之外加倍赈给，并将五州县应纳二十八年条、公等项加恩蠲免。此次地震，复系通海、宁州、河西、江川、河阳等州县，而附近州县虽亦禀报同日微动，俱不甚重，并无倒塌房屋、伤毙人畜。惟通海等五州县，地境毗连，情形较重，看来与二十八年大约相同。小民仓猝被灾，诸多艰窘，自应仰体皇上念切民依，查明照例先行抚恤，以免失所。

查迤西道杨以湲办事实心，现在因公来省。臣等即先委该道及署临安府陈孝升、署澄江府孔继炘，并遴派在省干练之印佐各员，酌带银两，先行分头驰往，督同该地方官赶紧确查，按照向例，震倒瓦房每间给银五钱，草房三钱；压毙大口每口给银一两五钱，小口五钱；压伤，不论大小，每人给银五钱；现存被灾各户，大口给谷一石，小口五斗之数，分别赈恤，俾资接济。臣等因省垣重地，督抚未便同时并出，臣谭尚忠现需趱办奏销，与藩司李承邺在省办理。臣富纲带同粮道永慧即自省起程，轻骑前往，督率各委员逐处亲查，按户查明，分别散给，不令假手吏胥，务期详细确实，毋滥毋遗，俾被灾各户不致一夫失所，以仰副皇上轸念灾黎之至意。

除俟查办清楚，另行分析具奏外，所有通海等州县地震及臣富纲起程前往查办，臣谭尚忠留省办事缘由，谨恭折由驿驰奏。

再查日来省城并未再动，即附近地方亦无报有续动之处，民情甚为宁贴。合并声明，伏祈皇上睿鉴。谨奏。

朱批：有旨谕部。

（《宫中档乾隆朝奏折》第七十二辑，第24~25页）

2992　云贵总督富纲《敬陈雨水栽插情形折》

乾隆五十四年五月二十八日

云贵总督臣富纲跪奏：为敬陈雨水栽插情形，仰祈圣鉴事。

窃照云贵两省今年入夏后雨水栽种情形，业经臣缮折奏闻在案。

查近河田亩先俱乘时栽竣，惟高阜之区尚须积水，以资栽种。兹云南省于五月中下两旬连得膏泽，极为优渥，不特山田积水充盈，现已一律栽竣，其已种田禾得此沾濡，更获长养之益。即臣现在查勘所经之江川、通海等县，目击禾苗长发，四野青葱，并未因地震有误栽插。其被灾各户业已领得银谷，咸各得所，莫不感仰皇仁，共深顶颂。

臣因时届青黄不接，市粮或有短缺，并即酌量出粜，以资接济，闾阎极为宁贴。至黔省各州县，节据具报于芒种前后叠沛甘霖，田水充足，秋禾俱已栽插。现在各属粮价虽有长落不齐，然较之往年时值，尚不为昂。两省民夷乐业，沿边关隘亦甚宁谧，均堪仰慰慈怀。理合恭折具奏，伏祈皇上睿鉴。谨奏。

朱批：览奏俱悉。

（《宫中档乾隆朝奏折》第七十二辑，第105页）

2993　云贵总督富纲、云南巡抚谭尚忠《奏报委署知府印篆折》

乾隆五十四年五月二十八日

云贵总督臣富纲、云南巡抚臣谭尚忠跪奏：为委署知府印篆，循例恭折奏闻事。

窃照临安府知府刁玉成委赴泸店监兑己酉年运京铜斤，业经臣等附折奏明在案。所遗员缺，应须委署。查有澄江府知府陈孝升，前经委署楚雄府篆，今已交卸，尚未回赴本任，所有临安府印务，即委该员前往署理。

至澄江府篆，前本有员署理，毋庸另委。除檄行遵照外，所有委署府篆缘由，理合恭折具奏，伏祈皇上睿鉴。谨奏。

朱批：知道了。

（《宫中档乾隆朝奏折》第七十二辑，第105～106页）

2994　云贵总督富纲、云南巡抚谭尚忠《奏报广西、江西委员办运滇铜扫帮出境日期折》

乾隆五十四年五月二十八日

云贵总督臣富纲、云南巡抚臣谭尚忠跪奏：为广西、江西委员办运滇铜扫帮出境日期，循例奏闻事。

窃照各省委员赴滇采办铜斤，往来俱有定限。钦奉上谕："嗣后到滇办运开行，着该抚具奏，如有无故停留贻误者，即行指名参究等因。钦此。"钦遵在案。

兹据云南布政使李承邺详称："广西委员候补同知缪永垣，领运万宝、白羊、金钗等厂高低正耗余铜二十八万四千八百五十斤零，除沿途磕碰折耗铜一千九百九十三斤零，实运铜二十八万二千八百五十六斤零，以乾隆五十三年五月十一日领竣白羊等厂铜斤之日起限，正展限期，扣至五十四年二月初七日届满。今该委员于四月初六日全数运抵宝宁县剥隘地方扫帮出镜，除扣患病日期外，尚在限内，并未逾违。又江西委员余干县知县高凤翥，领运金钗、万宝等厂高低正耗余铜三十三万七千四百二十斤零，内除沿途磕碰折耗铜一千七百二十八斤，实运铜三十三万五千六百九十二斤零，以乾隆五十三年四月二十七日领竣宁台厂铜斤之日起限，扣至五十四年正月二十七日届满。今该委员于四月二十日全数运抵宝宁县剥隘地方扫帮出境，除扣患病日期外计逾限十日，例得免议。”等情。详情核奏前来。

臣等覆查无异，除飞咨经过之广东暨广西、江西各抚臣转饬接替催趱，依限运回供铸并咨明户部外，所有广西委员缪永垣、江西委员高凤翥办运滇铜扫帮出境日期，理合恭折具奏，伏乞皇上睿鉴。谨奏。

朱批：昨为此交议，以实行之。

（《宫中档乾隆朝奏折》第七十二辑，第106~107页）

2995 云贵总督富纲、云南巡抚谭尚忠《请留办铜得力之降调阿迷州知州文都，恭恳圣恩俯准捐复原级，留滇补用折》

乾隆五十四年五月二十八日

云贵总督臣富纲、云南巡抚臣谭尚忠跪奏：为请留办铜得力之降调知州，恭恳圣恩俯准捐复原级，留滇补用事。

窃照滇省年办铜一千数百万斤，以供京外之需，最关紧要，一切督丁、煎采、随宜调剂，全在管厂之员妥协经理，庶冀出矿丰旺，额铜无缺。然求其熟悉铜务，又能实心任事者，每不多得。兹查有阿迷州知州文都，年四十二岁，镶白旗满洲，由国子监助教中式举人，保送同知，引见记名，拣发云南差遣委用，乾隆五十一年四月到滇，补授阿迷州知州，于五十三年七月到任。该员因署中家务需人，将送眷来滇之族弟达宏阿开为胞弟，请留任所帮办家务，经理本管旗分，查明具奏，部议降一级调用，例应赴部另补。臣等何敢渎请？但查阿迷州监管狮子、他腊二厂，岁办铜五十余万斤，额数较重，采办维艰。自文都经管以来，集丁督采，调剂有方，厂势日有起色。若此时一经另易，必致群情懈散，有堕前功。是以臣等准到部文，仍令该员照旧管办，以期毋误。

伏查从前因公降调之知府孔继炘、知县萧霖，均经臣富纲会同前抚臣刘秉恬奏蒙俞允，捐复原级，留滇补用在案。今知州文都降级之案虽非因公，而请留族弟帮办家务，究与别项劣迹有间。合无仰恳圣恩，准其循例捐复所降一级，即在云南藩库照数完纳，仍留滇省补用。在该员感深图报，自必倍加奋勉，而厂地得人，办铜多所裨益。

臣等为铜务需员起见，谨合词恭折具奏，伏祈皇上睿鉴。谨奏。

朱批：有旨谕部。

（《宫中档乾隆朝奏折》第七十二辑，第107页）

2996　云南巡抚谭尚忠《奏报滇省地方情形折》

乾隆五十四年五月二十八日

云南巡抚臣谭尚忠跪奏：为奏闻事。

窃照滇省地方本年立夏前后雨水秧苗情形，经臣于四月二十七日缮折陈奏在案。兹届五月，正交芒种节候，省城一带甘澍频施，极为优渥。远近各属所报大约相同，田有积水，农人莫不及时翻犁，分秧栽插，早者都已莳竣，迟者夏至以后总可插完，从此宜晴宜雨，一律调匀，又卜秋成丰稔。惟十四日戌刻，省城地微震动，俄而即止，并无妨碍。正在飞札近处饬查，旋据通海、宁州、河西、江川、河阳等州县陆续禀报同时地震，各有坍倒房屋，伤毙人口，察其情形之重，与二十八年地震无异。

臣面同督臣富纲商酌，先行遴委道府等员携带银两，分投驰赴确查，照例抚恤。督臣因臣现有趱办奏销等事，留驻在省，当即一面起程前往办理，一面会折由驿奏明。此外附近州县虽据报同日地亦微震，俱无损伤房屋、人口。只此通海等五州县境壤毗连，情形较重。臣等惟有仰体皇仁，分别赈济，俾灾黎均沾实惠，各得其所。除俟督臣查办清楚，另行分晰具奏外，现在通省地方宁谧，民情悦豫，臣谨一并恭折奏闻，并将四月分粮价另缮清单，敬呈皇上睿鉴。谨奏。

朱批：览奏俱悉。

（《宫中档乾隆朝奏折》第七十二辑，第108～109页）

2997　云贵总督富纲《奏报查明通海等州县地震情形，分别筹办折》

乾隆五十四年闰五月初七日

云贵总督臣富纲跪奏：为查明通海等州县地震情形，分别筹办，仰祈圣鉴事。

窃照临安府属之通海、宁州、河西，澄江府属之江川、河阳等五州县，于本年五月十四日戌亥二时地震。臣据报，即商同抚臣谭尚忠，先委迤西道杨以湲、知府陈孝升、孔继炘及在省之干练正佐各员，赍带银两，分头驰赴查勘。臣带同粮储道永慧亦即起程亲往勘办，当将办理缘由缮折奏闻在案。

臣思五州县同时地震，情形较重，现在值大雨时行，被灾各户露宿堪悯，若俟臣逐处查明，挨次分散，恐需时日，未免缓不济急，当令粮道永慧并添委云南府知府蒋继勋、原任大理府知府本著、蒙化同知朱锦昌星夜分往各处，会同各该道府分赴城乡，按户确查，将应给银两先行照例分别给散，俾灾黎得以赶紧修葺房间，早获栖止。

兹臣先由江川、通海，次至宁州、河西、河阳五州县，逐一留心察勘。该州县地皆接壤，绵亘数百里，其被灾情形轻重不等，内惟江川、河阳、通海为重，然亦城乡不同。江川、通海城内重于各乡，河阳则乡村较重。至宁州、河西，城内虽亦稍轻，其乡村间有甚重处所。总计五州县被震乡村，不过十之二三，即以本处而论，亦只一隅偏灾。至该州县民房，类皆筑土墙垣，木料细小，其年久糟朽者率皆坍倒倾斜。据士民佥称，此次地震与乾隆二十八年相仿，幸而时甫定更，人未睡熟，多即奔避，是以伤毙人口较二十八年为数尚少。

随据该道府将查明城乡被灾户口及给过银数开单呈送，核计江川县城乡内外共坍倒瓦房三千一百八十六间、草房五千五百六十三间，压毙男妇大口一百四口、小口七十一口，压伤男妇大小共一百九十四口，现存被灾各户，男妇九千二百七十九口、小口四千一百九十四口。河阳县坍倒瓦房二千二百九十八间、草房一千一百五十二间，压毙男妇大口六十二口、小口三十七口，压伤男妇大小共六十七口，现存被灾各户，男妇大口一千九百四十二口、小口六百六十四口。通海县坍倒瓦房二千一百四十二间、草房八百三十三间，压毙男妇大口八十九口、小口七十一口，压伤男妇大小共六十七口，现存被灾各户，男妇大口二千三十五口、小口九百二十五口。宁州坍倒瓦房一千三百九十八间、草房一千二十七间，压毙男妇大口九十四口、小口六十七口，压伤男妇大小共一百三十三口，现存被灾各户，男妇大口一千八百三十四口、小口四百三十八口。河西县坍倒瓦房一千三百九十八间、草房八百二十间，压毙男妇大口八十九口、小口四十五口，压伤男妇大小共六十五口，现存被灾各户，男妇大口八百九十九口、小口五百四口。以上震倒房间及压伤人口，先俱照例分别给散银两，通共赈给银九千零九十五两。臣按照开单各户，遍赴城乡，逐处抽查，数俱符合，并无遗滥。并面加查询，所给银两俱系所派道府委员及该管地方官亲身给散，照数领获，毫无短少，并无胥役从中克减情弊。其应给各处现存灾户，每大口谷一石、小口五斗，共需谷一万九千三百五十一石五斗。仍令该道府厅督同地方官各于本处仓存动支，亲行给散，毋许假手吏胥，致有克扣。如应需赈谷数多，常平额贮不敷支放，照例每石折给银五钱。前项所动仓谷，俟秋成，照例动支铜息银两买补归款。

数日以来，臣往来察看，各户坍倒房间已有赶紧修复，并搭盖窝铺，陆续宁居，并无露宿之患。灾黎感仰皇上厚泽深仁，咸已得所，莫不焚香叩首，共颂皇恩。

该州县地方近复得有透雨，即被灾各户亦俱分身栽插，田禾现在青葱长发，可望有秋。臣恐青黄不接之际，市粮或有短缺，复又酌量出粜，以资接济，民情甚为宁贴。此外，附近处所虽有微动之处，据报并无坍倒屋宇、伤损人口之事。

至各处城垣、衙署、仓廒、监狱，悉系建自远年，无案可稽。二十八年地震案内虽有修葺处所，为时已久。此次地震，除河西县衙署尚属完固，仅倒塌城墙一丈七尺，垛口三十余个，需费无几，饬令该县自行修补外，惟通海县四门城楼全行坍倒，所有卷洞歪斜、臌裂，并倒塌、臌裂城身五十丈三尺、垛口六百六十六个。宁州之东西城楼亦俱全塌，并倒塌、臌裂炮台九处、城身八百二十八丈三尺、垛口八百九十一个。其江川、河阳二处城楼、城身、垛口，亦俱有震倒、裂斜之处。然皆腹里地方，尚非急资捍卫，应入年终汇奏案内分别缓急办理。现将木石、砖块饬令各该州县好为检收，其倾斜处所并令先行拆卸，免致续坍。

至仓廒、监狱，该州县等因关紧要，先将坍倒房墙赶紧捐资修葺，克日可期工竣，毋虞霉变疏失。所有印捕衙署及学官、汛弁署房，多已倒塌过半，现存者亦俱欹侧损坏，工费较繁，力难措办。而衙署为莅事亲民之所，未便稍有迁就。查州县吏目、典史例得借廉修署，分限扣还。惟此次坍坏过多，例借银两不敷修葺。臣再四筹酌，相应仰恳圣恩，准照例借银数加倍借给，其扣还限期亦照原限加展，俾免拮据。至教职并无养廉，并无借项修署之例，自应准其动项修葺。臣现饬藩司委员确勘，将必须修复房间撙节估计，另行分别办理。

再查各该州县境内塘汛兵房，除损裂未坍者归入岁修案内修葺外，其坍倒汛署、塘房，为弁兵防查之所，亦属紧要。千把例无借廉修署，并令藩司委员确估，动项兴修，以资栖息。除将赈给银谷各数另行详晰造册，咨部核销外，所有勘明通海等州县地震情形及分别酌办缘由，谨会同云南巡抚臣谭尚忠恭折由驿具奏。

再据宁州民人王文绣等呈报，有田三百余亩，逼临海岸，因地震动，水势上泛，致被冲刷等情。现饬该管府州亲往确勘，是否属实，查明有无粮额，另行照例办理。臣于拜折后即起程回省。合并陈明，伏祈皇上睿鉴。谨奏。

朱批：览奏俱悉，余有谕旨。

（《宫中档乾隆朝奏折》第七十二辑，第149～152页）

2998　云贵总督富纲《奏报委署总兵印篆折》

乾隆五十四年闰五月初八日

云贵总督臣富纲跪奏：为委署总兵印篆，循例恭折奏闻事。

窃照云南昭通镇总兵窦瑸奏请陛见，钦奉朱批："于安南事完时起身来。钦此。"兹据该镇详请委员接署，以便交卸起程等情前来。

臣查滇省开化各关隘添防官兵俱已全撤归伍，近边一带甚属宁谧，自应钦遵谕旨，令窦瑸交卸起程。所有昭通镇印务，查有东川营参将兼三等男爵张玉龙，谙练营伍，办事认真，前曾委令该员代护昭通镇篆，料理均能妥协，此次昭通镇印务，仍令张玉龙前往署理，可期无误。除分檄饬遵，并将东川营参将员缺另委专员署理外，所有委署镇篆缘由，理合恭折具奏，伏祈皇上睿鉴。谨奏。

朱批：知道了。

（《宫中档乾隆朝奏折》第七十二辑，第162页）

2999　云贵总督富纲、云南巡抚谭尚忠《奏请以奉旨发滇以知县补用之施廷良补授昆明县知县折》

乾隆五十四年闰五月初八日

云贵总督臣富纲、云南巡抚臣谭尚忠跪奏：为恭恳圣恩，请补首邑知县，以裨地方事。

窃照云南昆明县知县吴大雅，业经臣等会疏，题请升授镇沅直隶州知州，部覆议准。所遗系兼四繁缺，例应在外拣补。

查昆明系省会首邑，民稠地广，事务纷繁，且时有发审事件，非精明干练之员弗克资其治理。臣等公同藩臬两司于通省现任知县内逐一拣选，非人地不宜，即参罚有碍，实无堪调之员。惟查有奉旨发滇以知县补用之施廷良，年三十七岁，江苏元和县人，由监生捐府经历，分发云南，咨署云南府经历，乾隆四十四年二月到任，年满实授，嗣因丁忧回籍，服满，前赴福建台湾军营效力，派赴南北两路，搜拿逸匪奋勉，经将军福康安奏请，以知县仍发云南酌量补用，俟补官日送部引见。奉旨："施廷良准其发往云南，以知县用。钦此。"于乾隆五十四年四月到滇。

该员才具优长，办事明敏，前次在滇历经委署知县、提举及昆明县印务，一切均能裕如，以之补授昆明县知县，实属人地相宜。相应奏恳圣恩，准以施廷良补授昆明县知县，则驾轻就熟，于省会地方可收得人之效。如蒙俞允，仍俟部覆至日，遵照原奏，给咨送部引见，恭候钦定。

再施廷良系发滇以知县补用，今请补知县，衔缺相当，毋庸另开参罚。合并声明。谨会同恭折具奏，伏祈皇上睿鉴。谨奏。

朱批：该部议奏。

（《宫中档乾隆朝奏折》第七十二辑，第163页）

3000　云贵总督富纲《奏报委署副将印篆折》

乾隆五十四年闰五月二十六日

云贵总督臣富纲跪奏：为委署副将印篆，循例恭折奏闻事。

窃照云南永昌协副将孝顺阿，于保举总兵案内，经臣奏明堪胜总兵。接准部覆，行令给咨送部引见。

查该副将现无应办事务，自应委员署理，以便该员交卸赴部。查有候补副将松阿里，前曾委署永昌协篆，此次仍委该员署理，可期无误。除檄饬遵照外，所有委署副将印篆缘由，谨恭折具奏，伏祈皇上睿鉴。谨奏。

朱批：知道了。

（《宫中档乾隆朝奏折》第七十二辑，第 351 页）

3001　云贵总督富纲《奏报候补游击孚兰泰患病回旗调养折》

乾隆五十四年闰五月二十六日

云贵总督臣富纲跪奏：为候补游击患病回旗调养，仰祈圣鉴事。

窃照定例：副将以下守备以上各官，年力未衰，平日居官尚好，一时患病者，该督抚委员验看确实，准其回籍调理，病痊补用等因。

兹据候补游击孚兰泰呈称："游击系镶黄旗满洲，现年七十岁，由户部笔帖式承袭二等轻车都尉兼世管佐领，由印务章京保送，奉旨发往云南以参将补用，于乾隆三十八年正月到滇，补授东川营参将。因疏防安插土目之跟役脱逃，部议降一级调用。复经奏明，留滇以游击补用，尚未得缺。自应竭力奋勉，听候差遣。缘上年委署临元镇都司任内，因巡查江外边卡，染受潮湿，今春以来不时举发，遂致手足麻木，艰于骑射，现已交卸回省。不敢恋栈误公，呈请回旗调理。"等情。当经照例饬委不同旗之臣标右营游击百福亲验，据报孚兰泰患病属实，出具印结，由中军副将定住加详报前来。

臣查候补游击孚兰泰，年虽七十，平日尚属健壮，且营伍勤练，办事奋勉，在滇年久，历次委署参将、游击、都司事务，均能妥协。今染患潮湿，手足麻木，不能骑射，自应准其回旗调理。该游击系未经得缺之员，将来病痊之后若照例仍发原省补用，究恐年力渐衰，无益营伍。查孚兰泰本身兼有世职，若留旗当差，尚堪供职，应俟该员病痊引见，恭候钦定。除给咨该员回旗，并将印结咨送部、旗查办外，理合恭折具奏，伏祈皇上睿鉴。谨奏。

朱批：知道了。

（《宫中档乾隆朝奏折》第七十二辑，第 352～353 页）

3002 云贵总督富纲、云南巡抚谭尚忠《奏报乾隆五十三年分滇省各厂办获铜数折》

乾隆五十四年闰五月二十六日

云贵总督臣富纲、云南巡抚臣谭尚忠跪奏：为恭报戊申年各厂办获铜数，仰祈圣鉴事。

窃照滇省新旧大小铜厂每年办获铜斤数目，例应会核奏报。兹据云南布政使李丞邺查明，乾隆五十三年分，各厂共办获铜一千一百五十三万二千九十七斤零，造册详报前来。

臣等检齐各该厂月报清折，逐一确核，内汤丹、碌碌、大水、茂麓四厂获铜四百九十三万七千九百八十四斤，宁台等二十八厂获铜四百九十一万六百八十八斤零，大功等十三厂获铜一百六十五万八百五十三斤零，后所山等二厂获铜三万二千五百七十一斤，通计获铜一千一百五十三万二千九十七斤零，较年额多办铜九十三万二千一百八十五斤零。

除照例入于各厂考成案内分晰，题咨查议外，所有乾隆五十三年分各厂办获铜数，理合恭折奏闻，并另缮清单敬呈御览，伏祈皇上睿鉴。谨奏。

朱批：知道了。

（《宫中档乾隆朝奏折》第七十二辑，第 353 ~ 354 页）

3003 云贵巡抚谭尚忠《奏报滇省地方情形折》

乾隆五十四年闰五月二十六日

云贵巡抚臣谭尚忠跪奏：为奏闻事。

窃照滇省地方本年夏至节前得雨栽禾情形，经臣于五月二十八日缮折陈奏在案。兹当夏五逢闰，自初旬以来，省城一带连得甘澍，高原下隰积水充盈，已栽之禾发荣滋长，未栽之禾插莳齐全。臣出郊周视，田无旷亩，弥望青葱。远近各属报到情形，核与省城大概相仿。从此日暄雨润，一律攸宜，今岁秋成又可豫占丰稔。

至临安、澄江两府属之通海、宁州、河西、江川、河阳等五州县猝被地震之处，逐加确查，照例分别赈济，灾户咸沾实惠，无不安居乐业，庆幸再生，感戴天慈，同声颂佛。臣已会同督臣富纲，将查办抚恤得所缘由驰折具奏。

现在通省民情熙皞，粮价称平，边宇宁谧。理合一并奏闻，仰慰圣怀，并将五月分米粮时价另缮清单，敬呈皇上睿鉴。谨奏。

朱批：欣慰览之。

（《宫中档乾隆朝奏折》第七十二辑，第 356 页）

3004 云贵总督富纲《奏报临元镇总兵陈大绂病故，请旨简放，并委署镇协印务》

乾隆五十四年六月初二日

云贵总督臣富纲跪奏：为恭报总兵病故，请旨简放，并委署镇协印务，仰祈圣鉴事。

窃照云南临元镇总兵陈大绂，于上年冬间，经臣奏明调赴开化，驻防河口，本年二月内事竣撤回。该镇复于本境所管各边卡亲往查阅，始行回署，染受湿热，致患脾泄，然尚照常办事，并无贻误。兹据临元镇中军游击杨忠具报，该镇总兵陈大绂于闰五月十四日复冒风寒，病势渐重，医药罔效，于二十四日病故等情。

查临元为近边要镇，所遗员缺必须迅速委署，以免旷误。查臣标中军副将定住，前曾委署该镇印务，于一切营伍、地方均甚熟悉，此次仍委该员前往署理，並委臣标右营游击百福就近兼署，臣标中军副将均堪无误。除分檄饬遵外，所有临元镇员缺，仰恳圣恩简员补放。臣谨恭折循例由驿具奏，伏祈皇上睿鉴。谨奏。

朱批：即有旨谕。

（《宫中档乾隆朝奏折》第七十二辑，第375～376页）

3005 云贵总督富纲、云南巡抚谭尚忠《奏报特参任催罔应之经征知县折》

乾隆五十四年六月初十日

云贵总督臣富纲、云南巡抚臣谭尚忠跪奏：为特参任催罔应之经征知县，以儆堕玩事。

窃照滇省岁征盐课，例有奏销定限，必须随时完解，方能赶赴无误。

讵有禄劝县知县袁筠者，该县额征乾隆五十三年盐课银八千五十余两，自开征以来，仅解过银一千六两有零，尚欠银七千四十余两，屡经盐道札檄交催，臣等复又径行檄饬，该县既不陆续完解，且无只字禀覆。现在奏销期近，似此任催罔应，若非已征在官，侵那不解，何致堕欠如许？滇省当清查告竣之后，事涉钱粮，总宜加意惩创，以杜后亏。此而不特予参办，将来尤效成风，必致以完作欠，弊窦丛生。

兹据各司道暨该管直隶州揭报前来，相应专折奏参，请旨将禄劝县知县袁筠革职，以儆堕玩。除一面委员星往摘印署理，严查前项未完盐课银两，如系已征在官，侵那不解，即行按例究办外，臣等谨合词具奏，伏乞皇上睿鉴训示。谨奏。

朱批：该部知道。

（《宫中档乾隆朝奏折》第七十二辑，第476页）

3006　云贵总督富纲《奏报膏泽频沾、田禾畅茂情形折》

乾隆五十四年六月初十日

云贵总督臣富纲跪奏：为膏泽频沾、田禾畅茂情形，仰祈圣鉴事。

窃照云贵两省今夏旸雨合宜，禾苗及时栽竣，业经臣缮折奏闻在案。滇省小暑前后，每旬得雨二三次，入土深透，业已足资长养。兹六月初旬以来，省城地方甘霖频沛，凡高阜、平原莫不沾润优渥，积水充盈，更于农功有益。

臣诣郊察看，早栽之禾已经含苞，其迟种者亦俱芃芃茂发，从此雨水调匀，本年秋成又可预卜丰稔。并据各州县具报得雨日期，均与省城大概相仿。目下虽届青黄不接，而上年秋稼本丰，今岁豆麦又得丰收，是以市粮充裕，价值称平。

至通海等五州县地震被灾各户，经臣奏明亲往确查，循照乾隆二十八年之例分别赈恤得所，业已感颂皇仁。昨奉谕旨，复施额外天恩，加倍给赈，并蠲免五十四年条、公钱粮。仰见皇上惠恤边黎有加无已之至意，当即恭录恩旨，驰发该州县遍行张挂晓示，一面檄行藩司李丞邺，并委原办之粮储道永慧、迤西道杨以湲，各带银两，率领前委查办正佐各员分路前往，督同该管府州县按户亲身给散，俾沾实惠，不得假手吏胥，致有克减。臣与抚臣仍不时留心查察，务使灾民均沾实惠，不致少生弊窦。其应免条公等项，亦照二十八年之例，查明被灾各户，内有应完粮赋者，方予蠲免。此外毋许丝毫影射，以杜冒混。除俟该司道等查报至日，再行核实具奏。

再查黔省各属，节据禀报雨勦水足，田禾借获滋培，极为长发，秋成有望，市卖粮价并无过昂之处。

两省民夷乐业，气象恬熙，边圉亦甚宁谧，均堪仰慰慈怀。理合恭折奏闻，伏祈皇上睿鉴。谨奏。

朱批：欣慰览之。

（《宫中档乾隆朝奏折》第七十二辑，第477～478页）

3007　云南巡抚谭尚忠《奏谢钦赐〈御制皇明试马图〉、〈太常仙蝶诗墨刻〉折》

乾隆五十四年六月初十日

云南巡抚臣谭尚忠跪奏：为恭谢天恩事。

窃臣赍折弁回，敬捧钦赐《御制明皇试马图》《太常仙蝶诗墨刻》各一卷到臣。当即出郊跪迎至署，望阙叩头谢恩祗领讫。

伏惟我皇上思深保鉴，化洽纤微，贶太乙以承威敬，岂同于驭，索占庶征，以顺叙祥。每见于来宾，御秘苑而示精摹，企容台而欣上瑞，爰溯有唐之际，何忘无斁之规。逐电追风，讵比赵霖，泼墨流珠，歕玉空教。韩干挥毫，不缘画骨之堪轶前人，直以驰心之允箴奕代。仰渊衷于游艺，乐茂对于群生，马行地而无疆，广大已包乎。易蝶应时，而献瑞翻飞，不类于庄。乃从礼院之间，忽睹仙踪之异。今既逢于蛰户，犹看栩栩而来种，将溯于钧天群讶，翩翩以集光，依日月漫擬金钱，玉屑之姿迹绘旗常。即是率舞来仪之盛，斯更钦恩覃乎化育，故能显嘉应于蜎蠕者也！臣恭披锦轴，敬绎璇章陈图而凛前车，原不等宣和，志古体物而超大造，岂徒为卿寺增辉。愿珍什袭之藏，永宝三希之秘。所有臣感佩微忱，理合缮折恭谢天恩，伏乞皇上睿鉴。谨奏。

朱批：览。

（《宫中档乾隆朝奏折》第七十二辑，第 483 页）

夹片：再查临元一镇，管辖地方辽阔，且所属之三江八猛，在在毗联外域，营伍边防最关紧要，苟非老成干练能耐烟瘴者，难资其表率。在圣明简放之员，自必妥干有为，臣又何敢妄渎圣聪？但恐初到之员人地生疏，不服水土，于该处边情未能熟习，不得不预为筹计。

臣查定住，年四十五岁，镶黄旗满洲，由护军蓝翎长出师缅甸，复由云南调赴金川，节次打仗带伤，蒙恩赏戴花翎。金川凯旋，历升健锐营副参领，以参将拣发云南，前督臣福康安保列一等，升授龙陵协副将，调补臣标中军副将。上年遵旨保举总兵案内，经臣具折保奏，堪胜总兵。因旋兵归营，在在均须料理，且委赴各标营查验归伍官兵军装等项，尚未给咨送部引见。臣查定住才情练达，晓畅营伍，操守结实，人颇正路，且在滇十有余年，于各边关形势、夷情无不熟悉深晓。其临元镇印务，该员前曾署理，于彼处情形尤为熟谙。惟此系请旨简放之缺，且该员预保总兵，亦未经引见，是以未敢冒昧专折奏请。此次所出临元镇总兵员缺，可否仰邀皇上逾格天恩，即以定住补授，俾得展其所长，而滇省复得一熟练总兵，不但营伍边防可期得力，即遇有应办事件，臣亦可得臂指之效，于事实多裨益。臣为临边要镇起见，不揣冒昧，谨附片密陈，仰恳天恩，伏祈皇上睿鉴。谨奏。

朱批：览。

（《宫中档乾隆朝奏折》第七十二辑，第 484 页）

3008　云贵总督富纲、云南巡抚谭尚忠《奏报缅目遣人到关领回赏还土夷及现在办理情形折》

乾隆五十四年六月十九日

云贵总督臣富纲、云南巡抚臣谭尚忠跪奏：为缅目遣人到关领回赏还土夷及现在办理情形，恭折奏闻事。

窃照蒙恩赏还缅甸獛夷孟五等四名，前据老官屯头目渺蕴禀报，候该国长信到，即差人到关请领，并臣等派员前往酌办缘由，业经奏蒙圣鉴在案。

兹据腾越镇总兵刘之仁，委员蒙化同知朱锦昌，腾越州知州屠述廉会禀："闰五月二十六日，据铁壁关外委艾佩、陇川土司多朝惠报称，有老官屯节盖也素觉探、拔孟罕二名，随人二十五名，于二十四日到关，请领赏还夷人。职等当即会同前往，于二十八日到关，面见来目，详加询问。据称伊二人系老官屯头目渺蕴管下，节盖、渺蕴前奉镇州札，谕令来关请领赏还本国夷人四名，当即差人前赴阿瓦请示王子，俟得王子来谕，云'上年遣细哈觉控等前往天朝进贡，蒙大皇帝恩准鉴纳，赏赐许多珍奇物件，并恩待我国遣去头目，感戴已深。今又蒙大皇帝赏还我国孟五等四人，天朝如此施恩，实是感激不尽。即着渺蕴差人请领，是以差我等前来叩关领人。'等语。职等随向来目探询该国情形，据也素觉探等称：'我等不过老官屯头目渺蕴手下小头人，阿瓦的事不能悉知。但来时只闻我们头目渺蕴说，天朝大皇帝待我国如此优厚，我国王子将来必要遣人前来叩谢大皇帝天恩，还要求开关，照旧通商。并闻渺蕴说，国王现在备办贡物，此时正值雨水瘴大，秋冬瘴消，方可差人前来。'等语。职等因告以大皇帝，圣德如天，恩加万国，尔国王昨岁既已遣使投诚进贡，大皇帝鉴尔国恭顺诚敬，是以施恩优赏，并加恩来使，尔等皆属目睹。况明年恭逢大皇帝八旬万寿，普天同庆，万国来朝，尔国长果能虔诚，实心敬谨，遣使赍表前来，自然转禀督抚大人代尔具奏。大皇帝自必加恩，不但准令开关通商，即尔国长恳请天朝封号，夸耀邻国，大皇帝亦自必格外加恩。尔等可回告渺蕴，转禀王子，毋庸疑惑。复据来目云，称该国人皆愚蠢，实不知天朝体制。容俟回去，将吩咐之言告知大万渺蕴，转禀王子等语。察看来目，虽系老官屯小头人，而其欢感踊跃情形实出真诚。当将来目人等分别优赏，俱各欢欣叩谢，并将獛夷孟五、者朵、拉喀、波浦四名交给收领，护送出关，相应禀报。"等情。

臣等查缅甸国长孟陨去岁遣使纳贡，蒙皇上恩准投诚，优加赏赉，孟陨欢欣感戴，欲遣使进表谢恩，自属应有之事。即请开关通商，虽系来目听闻之语，而臣等细度情形，该国虽地土瘠薄，出产无多，而棉花等物皆借中国销售，一经通商，该国即可抽税获利，系于该国有益之事，孟陨自无不情愿。况天朝封号，更可借以守御国土，夸耀邻封。想孟陨断无不欣羡乐从。此次来人未曾言及，或系该国不知体制，抑系渺蕴未曾告知来目，均未可知。但缅人素性疲缓，兼之边外现值雨大瘴盛，大约冬间瘴消，路干之后，自必有信。

再查现在老官屯头目渺蕴，系该国可以办事之人。臣等细加探访，渺蕴因去岁细哈觉控进京，皇上加恩优赏，回国时孟陨因其能事，又放大头目，渺蕴颇深羡慕，自必乐于成事，不致观望疑阻。

臣等仍密谕该镇州及委员朱锦昌随时察探，不露端倪，得有信息，立即禀报，臣等即当专折奏闻。或该国遣使赍表叩关，亦即凛遵前奉谕旨，一面星驰奏报，一面委员伴送，起程赴京，断不致少有稽延。

所有缅目到关领回还人各缘由，谨合词恭折由驿具奏，伏乞皇上睿鉴。谨奏。

朱批：知道了。

（《宫中档乾隆朝奏折》第七十二辑，第617～619页）

3009　云贵总督富纲、云南巡抚谭尚忠《奏覆钦遵谕旨办理加赈情形折》

乾隆五十四年六月十九日

云贵总督臣富纲、云南巡抚臣谭尚忠跪奏：为钦遵谕旨办理加赈情形，恭折覆奏事。

乾隆五十四年六月十四日，接准部文："本年闰五月二十五日，内阁奉上谕：前据富纲奏，云南通海等五州县于五月十四日连次地震，亲往查办。业降旨，令该督确实妥办，照乾隆二十八年江川等处地震之例赈给，并将应纳条、公等项一体蠲免矣。兹据查明，通海等五州县城垣、官署俱有坍坏，民居并多倒塌，间有伤毙人口之处，共赈银九千九十余两，需谷一万九千三百五十余石，各于本处仓存内动支，如有不敷，照例折银五钱等语。此次通海等处同时地震，情形较重，小民仓猝被灾，殊堪轸悯，若仅每石折银五钱，为数尚少，恐不敷买食。着再施恩，加倍折银一两，所有已经散给者，仍即按数补发。该督抚当不时查察，督同所属如数补给，毋任官吏从中稍有克扣侵渔，务使灾民均沾实惠。其坍塌房屋、伤毙人口，仍照二十八年之例为抚恤。该督抚其率属加意稽查，实力办理，以副朕惠恤灾黎有加无已至意。至各州县及佐杂等衙署坍塌，例给银两不敷修葺，并着准其加倍借给，展限扣还，以示体恤。该部即遵谕速行。折并发。钦此。"钦遵，咨会前来。

伏查通海等五州县同时地震，当经臣富纲亲往查勘，循照乾隆二十八年之例分别抚恤，被灾各户咸深感颂。嗣蒙天恩浩荡，特颁谕旨加倍给赈，并蠲免五十四年条、公钱粮。臣等当即恭录恩旨，驰发各州县遍行张挂晓示，一面檄令藩司李承邺，并委原办之粮储道永慧、迤西道杨以湲各带银两，率领前委查办，正佐各员分路前往，督同该管府州县，按照原散户口，逐处亲身给散，不得假手吏胥，致有克减。其应免钱粮，亦照二十八年之例，查明被灾各户，内有应完粮赋者方予蠲免，此外不得丝毫影射，以杜冒混。兹复荷鸿慈，虑及折谷价银不敷买食，复令加倍折散。仰见皇上如天之仁，实属无微不至。

查通海、河西、河阳、宁州四州县皆系放给本色谷石，惟江川因存仓存谷石不敷，是以放给七成，本色三成折色。今既蒙恩旨，自应只将江川折放三成谷价银找给，共应银一千七百六两四钱，委员赍交原散各员，作速查明，如数补给，毋许短少遗漏。

至所需加赈谷石，查二十八年俱系以五钱折放。此次复蒙特恩，于例赈之外一律加倍赈恤，并又蠲免钱粮，闾阎已属宽裕。所有应需加赈谷石，自应仍照二十八年之例，全行以五钱折放，亦可省将来买补之繁。臣等仍不时严加查察，务使灾民均沾实惠。如有吏胥人等从中克扣侵蚀等弊，立即严参究办，不敢稍事姑容，以仰副圣主惠恤灾黎有加无已至意。其倒塌衙署、营房，饬令藩司委员勘估，造册详送，核实咨部，分别加倍借支养廉及动支公项，赶紧修葺完固，以资栖息。

再查被灾各户于领获正赈银谷之后，俱即赶修房屋，宁居得所。今又叠荷殊恩加赈蠲赋，并倍给折谷银两，俾生计益臻饶裕。小民感仰皇上覆载生成，莫不焚香顶祝，欢声雷动。现据士民具呈，吁请代谢天恩。除另行缮疏具题，并俟该司道散赈事竣，将动用银谷各项及应免钱粮实数分晰造册题报外，所有奉到谕旨钦遵办理缘由，谨合词恭折具奏，伏祈皇上睿鉴。谨奏。

朱批：知道了。

（《宫中档乾隆朝奏折》第七十二辑，第619~621页）

3010　云贵总督富纲、云南巡抚谭尚忠《奏报遵旨酌令提臣先行进京陛见及委署提镇、副将印篆缘由折》

乾隆五十四年六月十九日

云贵总督臣富纲、云南巡抚臣谭尚忠跪奏：为钦遵谕旨，酌令提臣先行进京陛见及委署提镇、副将印篆缘由，仰祈圣鉴事。

本年六月十六日，接准大学士伯和珅字寄："闰五月初二日，奉上谕：本日，据乌大经奏请来京陛见，又据谭尚忠奏称俟科场办理完竣，即行起程进京瞻觐等语。滇省地处边陲，最关紧要。虽目下地方无事，边隅宁谧，而督抚提督大员究不可轻离该省，即同时奏请陛见，亦须留二人在彼，方可令一人来京。着传谕富纲等公同商酌。现在谭尚忠尚有承办秋审奏销等件，本年文武乡试又须次第举行，自应暂缓起程，先令乌大经来京陛见。计乌大经自京回滇，谭尚忠应办诸事俱已完竣，即可于十月内武闱事竣后起程进京也。将此各谕令知之。钦此。”钦遵，寄信前来。臣等跪诵之下，仰见皇上睿虑周详，无微不至。

伏查提臣乌大经上年已蒙恩准陛见，因值驻防开化，未及起程。今各边关极为宁谧，通省营伍亦无应办要事。臣等公同商酌，自应钦遵圣谕，令乌大经先行赴阙，仰觐天颜，叩聆训诲。计其回滇之时，一切奏销以及文武乡试俱可办理完竣，臣谭尚忠即可交卸起程，不致贻误。所有提督印务应须迅速委署。

惟查滇省总兵六员内，昭通镇总兵窦琸现在进京陛见，临元镇总兵陈大绂患病身故，业经臣富纲具折奏明；又鹤丽镇总兵马天骐甫经到滇，通省营伍情形不能悉知，未便委署提督重任；至普洱镇总兵朱射斗、开化镇总兵孙起蛟，虽均堪委署，但朱射斗本年春防事竣，原应进京陛见，因同城之迤南道员缺尚未奉旨简放，边地熟手乏人，仍须该镇在彼督率料理，是以尚未遴员奏委，此时朱射斗亦难令其遽行离卸；开化逼临边域，彼处情形，孙起蛟较为熟悉，现在虽无应办要件，而一切防查弹压亦必得熟手料理；此外，惟有腾越镇总兵刘之仁，明白谨慎，办事谙练，即委该镇署理提篆，且提督驻扎之大理地方相距腾越不远，仍可就近照察。

其所遗腾越镇印务，本属紧要，且现有应办事件，尤须妥干人员接署。查督标中军副将定住，前因临元镇员缺需人，业已委令往署。该员前经出师缅甸，又曾任龙陵协副将，于彼处边势夷情更所熟谙。虽临元亦属要镇，究系附近省城，臣富纲亦可就近照料，改委定住往署腾越镇篆，似更妥协。其临元镇印务，另委楚雄协副将色楞额前往接署，并委候补参将勒尔谨往署楚雄协副将印务，各专责成而重营伍。除移行遵照外，所有臣等遵旨办理及委署提镇、副将印篆缘由，谨附折具奏，伏祈皇上睿鉴。谨奏。

朱批：知道了。

（《宫中档乾隆朝奏折》第七十二辑，第622～623页）

3011 云贵总督富纲《敬陈雨水田禾情形折》

乾隆五十四年六月二十八日

云贵总督臣富纲跪奏：为敬陈雨水田禾情形，仰祈圣鉴事。

窃照云贵两省今夏雨水调匀，禾苗及时长发，节经臣缮折奏闻在案。时届立秋，正田禾含苞抽穗之际，尤借雨润日暄，方足以资长养。兹云南省城，六月中下两旬以来，或间日一雨，或三两日得雨一次，甚为合宜。

臣诣郊察看，高下田禾均极畅茂，其栽种较早者业已吐穗扬花，且本年雨泽应时，不特平原地土广种无遗，即山头地角亦莫不随宜种植，葱郁可观。从此旸雨一律均调，又可卜秋成丰稔。并据各属具报得雨日期，均与省城大概相似。而气候较暖之普洱、元江等府州，禾稻已将次结实，据报情形极为茂盛，喜溢三农，民情倍形熙皞。闾阎知丰收可必，各将余粮出售，市卖米价均属称平。

至黔省各州县，据报每旬得雨二三次不等，积水盈畴，禾苗甚获滋培，秋成可望。稽核所报粮价，虽有长落不齐，尚无过昂之处。民苗乐业，各边关亦极宁谧，均堪仰慰慈怀。理合恭折奏闻，伏祈皇上睿鉴。谨奏。

朱批：欣慰览之。

（《宫中档乾隆朝奏折》第七十二辑，第706～707页）

3012　云贵总督富纲《为耆民寿逾百龄，奏请旌表，以昭人瑞折》

乾隆五十四年六月二十八日

云贵总督臣富纲跪奏：为耆民寿逾百龄，恭折奏请旌表，以昭人瑞事。

钦惟我皇上庆锡延洪，泽溥无量，历五十四年之久，化日舒长。届八旬万寿之期，太和翔洽，嵩呼隐跃，合万国以胪欢天保，罄宜遍群黎而锡福。惟大君之有庆，斯上寿之同臻。

臣查有大理府属太和县耆民赵世望，生于康熙二十八年己巳，届今乾隆五十四年己酉，现年一百一岁，赋性淳良，持躬谨悫，沐三朝之雨露以养，以恬度百岁之春秋，而康而寿；殚勤笔墨期颐而视听未衰，课读生徒大耋而精神弥健，孙曾绕膝，萃同堂五世之祥，耕凿含哺，叨千载一时之遇。此皆由我皇上惠心元吉，施覆帱于敷天，久道化成，被湛恩于率土，是以九隆三竹共上春台，洱海苍山咸登寿宇，洵属熙朝之瑞应，宜叨盛世之旌扬。除取具册结另行送部外，谨恭折奏闻，伏祈皇上睿鉴。谨奏。

朱批：有旨谕部。

（《宫中档乾隆朝奏折》第七十二辑，第707～708页）

3013　云贵总督富纲、云南巡抚谭尚忠《奏报盘查滇省司道各库银两实存无亏折》

乾隆五十四年六月二十八日

云贵总督臣富纲、云南巡抚臣谭尚忠跪奏：为循例盘查具奏事。

窃照司道库贮钱粮，例应于奏销时督抚亲往盘查，缮折奏闻。兹届奏销乾隆五十三年钱粮之期，行据云南布政使李承邺、粮储道永慧造册，详送前来。

臣等检查册案，核明应存确数，亲赴司道各库按款点验，抽封弹兑，实盘得布政司库存贮正、杂各款银一百万一千七百五十一两零，又铜务项下工本、运脚及节省等银三十四万八千八百六十六两零；粮储道库存贮米价、河工等银三十一万五千一百三十四两零，均与册开实存数目相符，并无那移亏缺情弊。除另疏题报外，所有盘查司道各库银两实存无亏缘由，臣等谨循例恭折具奏，伏乞皇上睿鉴。谨奏。

朱批：览。

（《宫中档乾隆朝奏折》第七十二辑，第 708 页）

3014　云贵总督富纲、云南巡抚谭尚忠《奏报江苏、陕西两省委员办运滇铜扫帮出境日期折》

乾隆五十四年六月二十八日

云贵总督臣富纲、云南巡抚臣谭尚忠跪奏：为江苏、陕西两省委员办运滇铜扫帮出境日期，循例奏闻事。

窃照各省委员赴滇采办铜斤，往来俱有定限。钦奉上谕："嗣后到滇办运开行，着该抚具奏，如有无故停留贻误者，即行指名参究等因。钦此。"钦遵在案。

兹据云南布政使李承邺详称："江苏委员常熟县知县何廷凤领运宁台、万宝等厂正余高铜五十万五千斤，除沿途磕碰折耗铜四千七百三十五斤，实运铜五十万二百六十五斤，以乾隆五十二年十月二十一日领足万宝厂铜斤之日起限，扣至五十三年十一月十七日届满。今该委员于本年闰五月初二日全数运抵宝宁县属剥隘地方扫帮出境，已在限外。其逾期之处，缘该委员往来催运铜斤，沿途染瘴，行至弥勒县属之竹园村，患病难起，委验属实。五月二十日始行医痊，押运前进，迟延有因，并非无故逗留。又陕西委员武功县知县黄景略领运宁台、金钗等厂高低正耗余铜三十八万一千六百九十斤内，除沿途磕碰折耗铜三千四百八十七斤，实领运铜三十七万八千二百三斤，以乾隆五十三年十月二十四日领竣大美厂铜斤之日起限，扣至五十四年七月二十一日限满。今该委员于本年闰五月十七日全数运抵宝宁县属剥隘地方扫帮出境，正在限内，并未逾违。"各等情。先后详请核奏前来。

臣等逐加覆查无异，除飞咨该委员等经过之广西、湖南、湖北、江西、安徽、河南、江苏、陕西各抚臣转饬接替催趱，依限运回供铸，并咨明户部外，所有江苏委员何廷凤、陕西委员黄景略办运滇铜扫帮出境日期，理合恭折具奏，伏乞皇上睿鉴。谨奏。

朱批：览。

（《宫中档乾隆朝奏折》第七十二辑，第709页）

3015　云南巡抚谭尚忠《奏报乾隆五十三年分额征钱粮全完折》

乾隆五十四年六月二十八日

云南巡抚谭尚忠跪奏：为查明钱粮全完，循例奏闻事。

窃照各省每年完欠钱粮，例应于奏销时分晰查明，据实具奏。兹据云南布政使李承邺会同粮储道永慧，将乾隆五十三年分额征钱粮数目详请核奏前来。

臣查滇省乾隆五十三年分应征民、屯条丁米折等银二十一万三千三百一十五两零，又实征商牲税课等银一十万五千一两零，又应征税秋六款等麦、米、荞并条银改米二十万七千三百七十三石零，内征收本色麦三千五百一十六石零，本色米一十三万四千四百八十九石零，折色米、荞六万九千三百六十七石零，各折不等，该折征银六万八千六十六两零，俱经征收全完。除缮造细数黄册并将例应议叙各官职名另疏具题外，臣谨开列简明清单，恭折奏闻，伏乞皇上睿鉴。谨奏。

朱批：览。

（《宫中档乾隆朝奏折》第七十二辑，第712页）

3016　云南巡抚谭尚忠《奏报乾隆五十三年分滇省耗羡、公件等项银两收支、动存数目折》

乾隆五十四年六月二十八日

云南巡抚谭尚忠跪奏：为核实耗羡、公件，循例奏闻事。

窃照滇省耗羡、公件等项充公银两，例应于奏销时随同地丁核实具奏。兹据云南布政使李承邺将乾隆五十三年分耗羡、公件等项银两收支动存数目详请核奏前来。

臣查旧管银二十万九千六百五十二两零，新收条编、耗羡、公件、溢额、商税、牙帖、官庄租折税款、心红纸张、奏销饭食、裁减养廉、各厂归公铜价等银一十七万六千二百六十八两零，管收共银三十八万五千九百二十一两零，开除支给养廉、公费等银一十七万九千四百六十七两零。实在存库银二十万六千四百五十四两零。除将收支动存各款数目造具清册送部外，臣谨另缮黄册，并开列简明清单恭折奏闻，伏乞皇上睿鉴。谨奏。

朱批：览。

（《宫中档乾隆朝奏折》第七十二辑，第712～713页）

3017　云贵总督富纲《奏报遵旨裁撤驻边防兵，酌设塘汛折》

乾隆五十四年七月初四日

云贵总督臣富纲跪奏：为遵旨裁撤驻边防兵，酌设塘汛，以资巡察而节冗费事。

窃照腾越之杉木笼、干崖，龙陵之三台山等处，每年冬初，派拨员弁，带兵八百名分往驻防，春深，留屯杉木笼兵二百名，干崖兵一百名，余俱撤回归伍，历系遵照办理。本年三月，钦奉谕旨：缅甸输诚纳款，沿边一带毋须多兵驻扎，令臣酌量减撤。其时正值撤防，经臣奏明，将本年应留官兵三百名暂留一季，另行详细酌议具奏。仰蒙圣鉴，并以从前有江西、湖广人偷至缅地，此等奸民应不时留心严密稽查。圣虑高深，无微不至。

伏查杉木笼等处拨兵驻防，原为查截私贩及奸民偷越边境而设。今缅甸国长孟陨感荷鸿慈帱覆，上年遣使纳款输诚，极为恭顺。迨贡使自京回缅，该国长益深感颂，倾心内附，则此日边情迥非昔比，其沿边关卡，诚如圣谕，不必多兵驻守，以示天朝宽大深仁。况每年派防兵练，共需口粮及往回军装、夫价各项，年约支销银七八千两，尤为不值。惟是现在关禁未开，一切往来货贩尚须稽查，且内地奸民从前竟有偷越出境为该国主事之人，现今虽无其事，而防微杜渐，查察仍宜严密。将来即蒙皇上格外施恩，准令通关，其出入稽查亦未便稍有松懈，且附近杉木笼等处，从前地旷民稀，今二十年来，居民渐多，平日借有防兵保护，耕凿相安，今若将防兵一旦尽撤，此等百姓未免孤悬心怯。

臣与抚、提二臣及腾越镇州并熟谙边情之将备等，数月以来悉心讲求，此项戍兵既已裁撤，必需于扼要之区酌量改设专汛，拨兵，令强干备弁带领常驻，各支本分粮饷，毋庸另给口粮，不特节省糜费，而责守益专，较之轮换班兵防查，更可得力。仍令腾越镇每月派拨将备前赴各汛稽查、操练一次，该镇于春秋两季亲往巡视，臣亦不时差员密往查察，务期边防照旧整肃，不得因裁防设汛，视若泛常，致有疏懈。兹臣详加体察，就形势之夷险，地方之广狭，与原有汛塘之远近疏密，将应裁应设一切事宜悉心筹酌，分晰胪列，敬为我皇上陈之。

一停止出防官兵，设立专汛，以期经久也。

查龙陵之三台山，向派防兵一百名。该处虽系通缅要口，但附近之大关、二关、黑龙潭、臭水田、大坪地、象达等处，向拨该协兵丁二三十名至五十名不等，派弁带领，常川驻守，声势已属联络。今防兵虽撤，其原有汛兵足资防范，毋庸另于三台山设汛外，惟杉木笼在腾越州城之东南，距腾越镇分驻之南甸营尚有一百五十里，逼近陇川土司，过此一百数十里方至虎踞、天马、铁壁等关，实为东南一路咽喉；又干崖在南甸营之西南，相隔一百余里外，踞铜壁、巨石、万仞等关一二百里，为西南一路扼要之区。此两路相距镇营既远，查察难周，且陇川、干崖、盏达各土司年来仰借防兵声势，夷境安恬，必须于此两路设汛驻兵，方足以资控驭而严稽查。今拟于杉木笼设立专汛，拨南甸营千总、外委各一员，带勇健兵一百五十名前往驻守。至干崖，地势平衍散漫，又邻近土司寨落，未便于此设汛。查离干崖以内之暮福地方，复岭重岗，较为扼要。该处原有臣前奏请添设一汛，南甸营把总一员，兵五十名，今拟增添额外外委一员，兵七十名，亦于南甸营内派拨移驻。再相近之夹象石地方，山势更险，实为暮福屏幛，应于此处另设一卡，即在暮福汛内抽拨额外外委一员，带兵三十名驻卡巡哨。又盏西地方路通神护关及古永、止那、滇滩、明光等隘，向拨腾越镇右营外委一员，带兵三十名常川驻守。惟该处地方辽阔，不敷巡察，今拟于盏西以外之等榜要口添设一汛，驻把总一员，兵七十名，亦于腾越镇右营内如数拨出。以上各汛增设弁兵，均于本年冬初，令其携眷前往分驻，各支本分粮饷，毋庸另给口粮。其原定每年派拨防兵，亦于本年冬初概行停止。如此量为裁改，不特费多节省，且于边防控制亦有裨益。

一酌增塘递，以通声息也。

查自南甸营至杉木笼一百五十里，向只设沙冲口、杨柳河、龙抱、蛮令、喇崃等五塘。此皆峻岭崇山，相离不便过远，兼之安塘兵数亦有多寡参差，从前每年出防原属暂驻，今既设立专汛，务须声气联络。今拟于二台坡、水草坝、章班箐、分水岭四处各设一塘，每塘安兵十名，并于杨柳河塘原兵三名之外加添七名，亦足十名之数。此项增设塘兵，均于南甸营拨往。其杉木笼以外原设之蛮龙、火烧寨二塘，应即裁汰。又自腾越州城至盏西一路，仅设缅箐、坡头二塘，每塘安兵三名，道路险远，兵亦稍单。今拟于猛蚌、弄光二处添设二塘，与缅箐、坡头每塘各安兵五名，均于原设缅箐汛兵五十名内拨往分驻，则各塘星罗棋布，于声势更为联络。至干崖一路，既于暮福、夹象石分设汛卡，所有夹象石以外原设之弄掌、遮木、盏达三塘已成闲旷，并应裁汰，以省兵力。

一各关隘弩手、土练口粮银两，应一体停支也。

查各土司向拨土目六名、弩手土练四百九十六名，分驻七关八隘，与官兵协力巡查，每名每日照防兵之例折给口粮银二分，年需银三千五百余两。此项弩手、土练，均系各土司募充自卫，给有公田，其防查关隘原系分所当然。从前大兵甫撤，拨兵出防，折给土练、弩手日费，本属格外优恤。今防兵口粮银两业请停止，则弩手、土练亦应停给口粮。所有近边一带关隘，皆责成各该管土司照旧派拨土目，带领弩手、土练分驻巡查，仍造具花名清册呈送镇州备核，并令附近各汛弁按月稽察具报，倘有短缺懈忽，立即据实禀请参究。

一额设抚夷，应令土目承充，以便约束也。

查乾隆三十五年，经略大学士公臣傅恒奏明，设立抚夷二十名，给与外委顶戴，支食马兵钱粮，督率弩手防查关隘，每名又日给口粮米八合三勺，遇有事故，原定由土司举送腾越镇州验详，给照承充。在彼时大兵甫撤，关禁初严，土司人役未可倚恃，选择熟悉夷情之汉人充应，期收实效，立法原为至当。但弩手本系土司所属之人，而以汉人管领统率，已觉不相联属，且现在防兵业请裁撤，诚恐伊等在边，恃有外委顶戴，不受土司钤束，反有掣肘。臣查抚夷专事防边，诚不可少。惟防兵既撤之后，不便仍令汉人承充，转于公事无益。请嗣后俱令土司于所管属目之内拣选明白强干者举报充当，只给土外委顶戴，毋庸给与钱粮食米。如果防守认真、边圉宁谧，各该管土司每至年终据实详报镇州，给与奖赏，以示鼓励。倘有偷安疏懈，该土司随时责革具报，另选举充，毋许姑息贻误，并干参究。在土目得有顶戴荣身，既足以资弹压，而抚夷职事归隶土司，呼应更灵，巡防益可整肃。

一额设台站马匹，应须酌量裁留也。

查永昌、普洱两路原设台马七百二十八匹，乾隆四十五年，经钦差尚书和珅、前督臣舒常会折奏明，裁去五百匹，酌留二百二十八匹，永为定额在案。今缅甸输诚，边防已撤，从前所留马匹原可一并裁汰。惟迤西之腾越、龙陵，迤南之普洱，俱属沿边，距省各有一千数百里，向未设有驿站。如有紧要公文，若令铺递，未免稽迟，自应酌量裁留，以期迅速。查前次每站留马四匹，尚觉过多。今除杉木笼以外之陇川、弄燕、虎踞关三处，原安马十二匹全应裁撤外，其余各站，应请每站酌留二匹。又普洱至省，每站向亦设马四匹，该处亦有边防事件，每站应一体留马二匹，连永昌一路，通共留马一百八匹，以备递送紧要文件，其余仍由塘铺赍递。所有裁汰马一百二十匹，饬令各该州县变价解缴，以节冗费。至各土司文报，原应自行专人赍交台站转递，仍饬各该土司照旧办理，毋许迟误。

一汛署兵房应行建给，并酌裁营额马匹，以资工费也。

从前驻防官兵皆系轮替更换，故只搭盖窝棚，以供栖息。今既改设专汛，移兵常驻，并令携眷前往，自需建给署房，俾有栖止。即军装、火药房间以及各塘之官厅、哨楼、烟墩、照墙、界牌各项，均应建设，方可裨军实而壮观瞻。前项移驻弁兵，本营虽有余存房屋可以拆卸移建，但腾越跬步皆山，道远费重，不若就近采办新料建造，一切工费尤多节省。臣饬令该镇州撙节确估，共计应建千总署房一所，把总署房一所，外委署房三所，兵房三百六十一间，军装火药房十二间，各塘官厅二十一间，哨楼七座，烟墩二十一座，照墙七座，界牌十四座，约共估需银一万四百余两。查腾越镇现设马兵五百二十三名，按额兵三千名、马一步九而计，则余马二百二十三匹，既与通省营制不符，且边地水草恶劣，易于伤毙，多设马匹亦非所宜。现在该镇防兵既撤，亦无多用马匹之处。应请裁去马二百二十三匹，改设步兵二百二十三名，以合马一步九之数，计每年可节省草干等银四千一百四十余两。即以此项马干为建盖营房工费，只需三年，所省之银尽数敷用，往后即可按年报拨充公，既不须另动帑项，而工费有资，兼多节省，实于营制、兵房两有裨益。现饬该管永昌府督同腾越州撙节确估造册，另委大员覆勘结报，再行核实题请兴建，一面饬查移驻各兵，如有遗存官建房屋，同裁汰各塘房确估变价，报充公用。

以上各条，臣与抚臣谭尚忠、提臣乌大经再四商确，意见相同。是否允协，谨合词恭折具奏，伏祈皇上睿鉴。谨奏。

朱批：军机大臣议奏。

（《宫中档乾隆朝奏折》第七十二辑，第771~776页）

3018 云贵总督富纲《再请以督标右营游击百福升署广南营参将折》

乾隆五十四年七月初四日

云贵总督臣富纲跪奏：为边营要缺参将乏员调补，再行恭恳圣恩俯准升署，以裨营伍边防事。

窃照云南广南营参将一缺，地处夷疆，为粤西入滇门户，且壤接外域，一切控驭巡防责任綦重，非精明强干、熟悉边情之员弗克资其整饬。前因该营参将德克登布升任遗缺，遴调乏员，经臣专折具奏，请以臣标右营游击百福升署，其所遗之缺，并请将候补游击玉柱补授在案。兹准部文，以百福历俸未满二年，与例不符，行令拣选合例人员补用。百福既不准升署，其玉柱请补遗缺之处亦毋庸议等因前来。

臣随于通省参将内复又悉心拣择，除现居边要缺分外，余皆人地不宜，实无堪以调补之员。臣与提臣乌大经复往来札商，惟游击百福才技兼优，营伍熟练，前次随臣赴边，往来口外，于开化、广南一带边势夷情尤为熟悉，因游击任内历俸未满二年，与请升之例稍有未符。但人地实在相需，而此外又实无堪调之员，边营要缺，未便久悬。

臣再四筹酌，惟有再恳皇上天恩，俯准以游击百福升署广南营参将，仍俟扣足前俸，另请实授，庶要地得人，于营伍边防均有裨益。如蒙俞允，所遗臣标右营游击，仍以候补游击玉柱请补，洵能胜任。

臣为边要专营需员起见，谨再缮折奏恳天恩，伏祈皇上睿鉴。谨奏。

朱批：该部议奏。

（《宫中档乾隆朝奏折》第七十二辑，第776~777页）

3019　云贵总督富纲、云南巡抚谭尚忠《奏报湖北委员办运滇铜扫帮出境日期折》

乾隆五十四年七月二十七日

云贵总督臣富纲、云南巡抚臣谭尚忠跪奏：为湖北委员办运滇铜扫帮出境日期，循例奏闻事。

窃照各省委员赴滇采办铜斤，往来俱有定限。钦奉上谕："嗣后到滇办运开行，着该抚具奏，如有无故停留贻误者，即行指名参究等因。钦此。"钦遵在案。

兹据云南布政使李承邺详称："湖北委员、南漳县知县李继孟领运万宝、宁台等厂正耗余高铜二十万八千斤，除沿途折耗铜一千七百五十斤，实运铜二十万六千二百五十斤。以乾隆五十三年六月初三日领足万宝厂铜斤之日起限，扣至本年二月十三日届满。今该委员于六月初六日全数运抵剥隘地方扫帮出境，已在限外。其逾期之处，缘该委员在途患病，不能起行，委验属实。闰五月二十日，始行医痊，押运前进，迟延有因，并非无故逗留。"等情。详情核奏前来。

臣等覆查无异，除飞咨经过之广西、湖南、湖北各抚臣转饬接替催趱，依限运回供铸，并咨明户部外，所有湖北委员李继孟办运滇铜扫帮出境日期，理合恭折具奏，伏乞皇上睿鉴。谨奏。

朱批：览。

（《宫中档乾隆朝奏折》第七十三辑，第118～119页）

3020　云贵总督富纲、云南巡抚谭尚忠《奏请以业经俸满保荐之临安府经历王刚升补文山县知县折》

乾隆五十四年七月二十七日

云贵总督臣富纲、云南巡抚臣谭尚忠跪奏：为恭恳圣恩升补边要知县，以裨地方事。

窃照云南文山县知县，系开化府附郭首邑，庶务较繁，且近临边境，有防查关隘之责，实属紧要。前因该县知县屠述濂蒙恩升署腾越州知州，其所遗员缺，并无合例相宜堪调之员。经臣等会折具奏，请以大使徐统藩升署。兹准部议，以徐统藩任内无荐举卓异应升之案，与例不符，行令另选合例之员具题等因。

臣等复与藩臬两司于通省知县内逐一遴选，非现居边要，即人地不宜，实无堪以调补之员。惟查有业经俸满保荐之临安府经历王刚，年四十五岁，安徽阜阳县贡生，捐府经历即用，选授今职，乾隆四十二年六月到任，四十四年十一月告病，回籍调理痊愈，坐补原缺，五十年十月到任，三年期满，销去试字，前后接算，扣至本年五月，历俸已满六年，业经臣等另疏保题在案。该员才具妥练，办事实心，节经委署马龙、宾川各州印务，均能妥协无误，且在滇省有年，于边势夷情亦所熟悉，任内参罚亦无违碍。先因该员历俸未满，是以前次未经奏请。今已俸满保荐，与请升之例相符。相应仰恳天恩，准以经历王刚升补文山县知县，在该员感深图报，自必倍加奋勉，而边要地方亦可收得人之效。如蒙俞允，仍俟部覆至日，给咨送部引见，恭候钦定。所遗临安府经历员缺，滇省现有应补人员，另容拣员咨补。谨开具该员参罚清单，合词恭折具奏，伏祈皇上睿鉴。谨奏。

朱批：该部议奏。

（《宫中档乾隆朝奏折》第七十三辑，第119～120页）

3021 云贵总督富纲、云南巡抚谭尚忠《奏请以澄江府知府陈孝升调补永昌府知府折》

乾隆五十四年七月二十七日

云贵总督臣富纲、云南巡抚臣谭尚忠跪奏：为遵旨拣调边要知府，仰祈圣鉴事。

窃臣等接准部咨，钦奉上谕："云南迤南道员缺，着宣世涛补授。其永昌府知府员缺紧要，着该督抚于通省知府内拣选一员调补，所遗员缺，着春贵补授。钦此。"

伏查永昌府地处极边，界联外域，兼有管理银铜各厂之责，最为紧要，非老成干练之员实难资其表率。臣等公同藩臬两司于通省知府内详加遴选，查有澄江府知府陈孝升，年五十四岁，浙江海盐县贡生，由直隶延庆州大计卓异，奉旨升授广东潮州府知府，因公降调，捐复，选授云南楚雄府知府，调繁东川府，复缘事革职，经前督臣福康安奏蒙恩准捐复，留滇补用，复经臣富纲奏补澄江府知府，于乾隆五十一年二月到任。该员才具优长，办事勤干，在滇十有余年，于一切边情、厂务均所熟悉，以之调补永昌府知府，洵能胜任。合无仰肯圣恩，准以陈孝升调补永昌府知府，实于边要地方可收得人之效。其所遗澄江府知府员缺，遵旨即以春贵补授。

再陈孝升现任知府，请调知府，衔缺相当，毋庸送部引见。谨合词恭折具奏，伏祈皇上睿鉴。谨奏。

朱批：着照所请行。该部知道。

（《宫中档乾隆朝奏折》第七十三辑，第120～121页）

3022 云南巡抚谭尚忠《奏报乡试场前查办事宜折》

乾隆五十四年七月二十七日

云南巡抚臣谭尚忠跪奏：为乡试场前查办事宜，恭折奏闻事。

窃照云南省本年己酉八月，届逢恩科乡试，我皇上寿世作人，特举宾兴大典，例应巡抚监临场务。

臣遵例于八月初六日带印入闱，为期已近，现将一切应审应题事件赶紧办理，以免稽滞。至贡院，乃抡才重地，防范最当周密，诚恐各堂所或有墙屋不固及号舍内预将文字埋藏之事，臣亲诣查勘，并将各号舍刨验数处，均属完善无弊。向来场内间有巡更巷道毗连号舍之处，上年已遵新例，概用墙垣截断作为空地，禁止在场人役往来行走，无从勾通舞弊，现在一律整齐，足昭严肃。复于贡院前后左右，相度形势，随宜安设堆拨，会同督臣富纲，预为派定各标营官兵临期分驻巡查，并遴委府厅等员于开考之日，在外围严行巡察，以资防范。

其科场一切积弊，历有明禁，与新奉例禁者，俱经逐条胪列，大张晓谕，遍示通衢，俾作奸犯科之人触目警心，咸知畏法敛迹。仍先期选派干员驻宿贡院，搜检抬运什物夫役，以杜夹带透漏。除俟入闱后监临三场完竣，再将闱中情形钦遵原奉谕旨覆奏外，所有场前查办事宜，合先恭折奏闻，伏乞皇上睿鉴。谨奏。

朱批：知道了。

（《宫中档乾隆朝奏折》第七十三辑，第123页）

3023 云贵总督富纲、云南巡抚谭尚忠《奏报委署知府印篆折》

乾隆五十四年八月初四日

云贵总督臣富纲、云南巡抚臣谭尚忠跪奏：为委署知府印篆，循例恭折奏闻事。

窃照云南永昌府知府宣世涛，钦奉恩旨升授迤南道，所遗员缺，业经臣等遵旨拣选，请将澄江府知府陈孝升调补，缮折具奏在案。

查永昌地处边要，今既请以陈孝升调补，自应即令该员先行往署，以专职守。再临安府知府刁玉成委赴泸店监兑京铜，所遗印务，前经奏明，檄委陈孝升署理，兹令该员先赴永昌调任，其临安府篆自应先行委员署理。查有龙陵同知和费颜，办事稳妥，堪以委署。除分檄饬遵外，所有委署知府印篆缘由，理合恭折具奏，伏祈皇上睿鉴。谨奏。

朱批：知道了。

（《宫中档乾隆朝奏折》第七十三辑，第159页）

3024 云贵总督富纲《敬陈雨水禾稻情形折》

乾隆五十四年八月初四日

云贵总督臣富纲跪奏：为敬陈雨水禾稻情形，仰祈圣鉴事。

窃照云贵两省本年自夏徂秋旸雨合宜，田禾畅茂，节经臣缮折奏闻在案。兹查滇省地方，自七月以来，每旬得雨二三次不等，极为调匀。正当稻谷升浆结实之际，得此雨润日暄，更于农功有益。臣诣郊查看，高下田禾莫不颖实穗长，芃芃畅茂，其早栽处所业已渐次成熟，颗粒尤见饱满。刻下已届秋分，约出月初，即可陆续刈获。丰收在即，喜溢三农。

今秋恭值举行万寿恩科，士子踊跃观光，纷纷云集，较之往年人数为多。臣恐宵小匪徒匿迹其间，鼠窃为害，即派拨员弁兵役于城厢内外留心查察，并于贡院禁地，专派干练将备带兵设卡，分段巡查。昨于八月初一日，臣复会同抚臣谭尚忠亲至号舍，逐处搜检，并无埋藏字迹，其周围墙垣栅栏悉属高厚坚固，尚为严密。今正副考官冯集梧、刘锡五已俱于本月初二日到省。臣虽例不入闱，而场外一切防范更宜严肃，惟当督饬文武，加意防查弹压，以期镇静而襄盛典。再据黔省各属禀报旸雨情形，核与滇省大概相似，稻谷俱已升浆结实，丰稔可期。

两省市卖粮价虽间有长落不齐，尚无过昂之处。民夷乐业，边关亦极宁谧。理合一并奏闻，仰慰慈怀，伏祈皇上睿鉴。谨奏。

朱批：知道了。

（《宫中档乾隆朝奏折》第七十三辑，第159~160页）

3025 云贵总督富纲、云南巡抚谭尚忠《再请以威信州判赵煜宗升署保山县知县折》

乾隆五十四年八月二十六日

云贵总督臣富纲、云南巡抚臣谭尚忠跪奏：为边要知县遴调乏人，再行恭恳圣恩俯准升署，以裨地方事。

窃照云南保山县，为永昌府附郭首邑，远处边徼，地广事繁，兼有经管银铜各厂，必须干练之员方可资其治理。前因该县知县王彝象升任遗缺调补乏员，经臣等会折具奏，请以昭通府属威信州判赵煜宗升署。兹接准部议，以该员并无荐举卓异之案，历俸未满五年，与例不符，行令另选合例之员调补等因。

臣等复公同藩臬两司于通省知县内逐加拣择，非现居要缺，即人地不宜，求其合例堪调而又熟谙厂务之员，实乏其选。惟有威信州判赵煜宗，年四十五岁，顺天三河县人，由拔贡朝考就职直隶州州判，拣发来滇，历补普洱、磗嘉等州判，调补今职。该员才具明敏，办事实心，凡遇委差，无不认真奋勉，且在滇有年，熟练厂务，节经委管香树坡、万宝、义都各铜厂，俱能设法调剂，督丁采办，使年额铜斤有盈无绌。现署易门县印篆，诸事井井，克著循声，洵属佐杂中出色之员。其历任参罚尚在十案以内，并无违碍。惟历俸未满五年，任内亦无荐举，与请升之例不符。但现在人地实在相需，臣等再四筹酌，惟有再恳皇上天恩，俯准以赵煜宗升署保山县知县，则要地得人，于边圉、厂务均可期有裨益。如蒙俞允，照例扣满年限，另请实授。仍俟部覆至日，给咨送部引见，恭候钦定。

臣等为要缺需员起见，不揣冒昧，再行恭折奏恳圣恩。除将该员参罚另缮清单敬呈御览外，伏祈皇上睿鉴。谨奏。

朱批：即有旨。

（《宫中档乾隆朝奏折》第七十三辑，第303～304页）

3026　云贵总督富纲、云南巡抚谭尚忠《奏报查出井盐搀和硝石，请旨将该管不职之琅井提举革审折》

乾隆五十四年八月二十六日

云贵总督臣富纲、云南巡抚臣谭尚忠跪奏：为特参井盐搀和硝石，该管不职之提举请旨革审，以肃盐务事。

窃照琅井年煎额盐二百五十余万斤，配拨新兴、建水等六州县行销。向因该井卤汁淡薄，盐色较他井稍次，更宜煎熬纯净，发运行销，于民食、课款庶无贻误。

臣等近闻新兴等州县因盐味带苦，有碍民食。此非州县疏销不力，必系井灶营私。臣等遂遣人密赴该井访察，如何滋弊，何以忽有味苦之盐？兹据访得琅井附近地方产有一种硝石，味稍带咸，而体质颇重。近日该井灶户暗将硝石搀和煎熬，图添分两，以致盐井味苦，销售稽迟。查行销盐斤，全在煎熬纯净，若一涉搀和，不特有碍民食，而盐苦难销，必致课款迟堕，所关实非浅鲜。

查督灶稽煎，乃提举之专责。今琅井盐斤竟敢搀和硝石，滋弊营私，该管提举方润岂竟漫无觉察，其中难保无通同故纵情弊，必须参革究审，方可水落石出。兹据盐法道会同藩臬两司详揭前来，相应请旨将琅井提举方润革职，以便提同各灶户，彻底严审，分别究拟。除委员驰往摘印署理，查明经手钱粮有无未清，另行核办外，臣等谨合词恭折具奏，伏祈皇上睿鉴。谨奏。

朱批： 即有旨谕。

（《宫中档乾隆朝奏折》第七十三辑，第304～305页）

3027　云贵总督富纲《奏报旸雨应时、田禾丰稔情形折》

乾隆五十四年八月二十六日

云贵总督臣富纲跪奏：为旸雨应时、田禾丰稔，仰祈圣鉴事。

窃照云贵两省本年秋分以前雨水田禾情形，节经臣缮折奏闻在案。兹届稻谷成熟之际，尤宜雨润日暄，俾资长养。查滇省八月上中两旬晴雨得宜，极为调匀，于农田大有裨益。臣诣郊察看，秋禾俱将次黄熟，颖实穗长，颗粒饱绽，现已次第刈获，约九月中均可全数登场。各属秋成分数，虽未据报齐全，而近省州县已经报到者自八九分至十分不等，洵属丰稔。

至黔省，秋来晴雨亦极合宜，禾稻均属畅茂，统俟各属将收成分数开报至日，另行分晰具奏。现在市卖粮价业已日减，随后新谷全登，价值更可减落。两省民夷乐业，气象怡熙。

本年八月，恭值举行万寿恩科，多士观光云集。臣于场试之前，会同抚臣逐细察看。臣并专派将备，带领兵丁在于近地设卡稽巡，以昭严密。兹三场已竣，内外俱属镇静。其应试诸生内，查有昆明县增生汤祚昌，年八十四岁，通海县附生钱大有，年八十一岁，精神步履均皆康健，妥协完场，足征寿世嘉祥。除俟发榜后查明有无中式，会同抚臣谭尚忠另行具奏外，合并恭折奏闻，伏祈皇上睿鉴。谨奏。

朱批： 欣慰览之。

（《宫中档乾隆朝奏折》第七十三辑，第305页）

3028　云贵总督富纲、云南巡抚谭尚忠《奏报广西委员办运滇铜扫帮出境日期折》

乾隆五十四年八月二十六日

云贵总督臣富纲、云南巡抚臣谭尚忠跪奏，为广西委员办运滇铜扫帮出境日期，循例奏闻事。

窃照各省委员赴滇采办铜斤，往来俱有定限。钦奉上谕：“嗣后到滇办运开行，着该抚具奏，如有无故停留贻误者，即行指名参究等因。钦此。”钦遵在案。

兹据云南布政使李承邺详称：“广西委员、署南宁府同知事候补通判汪应绶领运金钗、宁台等厂高低正耗余铜二十六万六百六十三斤零，除沿途磕碰折耗铜一千八百二十四斤外，实领运铜二十五万八千八百三十九斤。以乾隆五十三年十二月二十四日领竣金钗厂铜斤之日起限，连闰扣至本年六月十五日届满。今该委员于七月初十日全数运抵宝宁县属剥隘地方扫帮出境，计迟延二十五日，逾期不及一月，例得免议。”等情。详情核奏前来。

臣等覆查无异，除飞咨广西抚臣转饬沿途地方官接替催趱，依限运回宝桂局以供鼓铸，并咨明户部外，所有广西委员汪应绶办运滇铜扫帮出境日期，理合恭折具奏，伏乞皇上睿鉴。谨奏。

朱批：览。

（《宫中档乾隆朝奏折》第七十三辑，第 306 页）

3029　云南巡抚谭尚忠《恭奏监临场务情形折》

乾隆五十四年八月二十六日

云南巡抚臣谭尚忠跪奏：为恭奏监临场务情形，仰祈圣鉴事。

案照乾隆四十五年九月内，钦奉上谕：“乡试为抡才大典，欲拔真才，先清弊窦。嗣后各省巡抚，凡遇大比之年，必须实力稽查，慎密防闲，务令闱中积弊肃清，士子怀刑自爱，庶足以甄别人才，振兴士习。并令于每科引此旨覆奏着为例。钦此。”

今云南省本年八月举行己酉恩科乡试，蒙钦点正考官翰林院编修冯集梧、副考官翰林院检讨刘锡五来滇主司试事。臣职任监临，派委粮储道永慧为提调，楚雄府知府张谦吉为监试，共勷闱务。当此抡才大典，臣敢不实力稽查，慎密防闲，以期弊绝风清，仰副我皇上寿世作人之至意？凡场前一切事宜及应禁积弊，均经臣预为查办，于七月二十七日缮折奏闻在案。

臣于八月初六日，循例入闱，应用内外帘官，就通省科甲出身州县等员内调取居官谨饬者先期扃试，入闱后即将内外帘并各项执事分别派定，搜检各员随带行李、家人、吏役以及誊录、对读、号军人等，令其各归各所，并督率提调、监视等员，将试卷及弥封各号戳随意搀搅，眼同外帘各官分手戳印，不假吏胥之手，以杜联号换倩等弊。初八日起，头、二、三场点名入闱，应试士子按期齐集听点，鱼贯而入，层递严搜。臣亲驻龙门，督同复检。滇中士习淳朴，尚知怀刑自爱，并无夹带之弊。随令各学教官逐名指认明确，给领试卷，派员押送归号，亦无顶名冒替、易号喧哗等事，场规极其肃静。十六日，三场试竣，每场墨卷，除违式贴出外，一切合式之卷，臣督令外帘各官上紧誊录完毕，详加对读，照式点句勾股，于二十日全数封送内帘分校，即于是日出闱回署。其场内事务，遵例交提调、监试二员董率办理，并委臣标、署中军参将成善驻宿贡院门外巡逻稽查，以昭严肃。

除出闱日期另疏题报外，所有臣监理场务情形，理合恭折具奏，伏乞皇上睿鉴。谨奏。

朱批：览。

（《宫中档乾隆朝奏折》第七十三辑，第 307～308 页）

夹片：再今岁乡试，乃我皇上八旬万寿开科，诚亘古稀逢之盛典。边庠多士云集观光，倍增踊跃。臣于逐场点名时，见应试诸生内庞眉皓首、奋志棘闱者不一而足，其中查有昆明县学增生汤祚昌，现年八十四岁，通海县学附生钱大有，现年八十一岁。该生等齿逾耄耋，犹皆精神矍铄，历试三场，妥协完卷，洵为寿宇祥征。容俟榜发，查明曾否中式，再行具奏，恭请圣鉴。合先附片奏闻。谨奏。

朱批：览。

（《宫中档乾隆朝奏折》第七十三辑，第 309 页）

3030　云贵总督富纲、云南巡抚谭尚忠《奏报耄龄应试诸生榜发未中折》

乾隆五十四年九月初三日

云贵总督臣富纲、云南巡抚臣谭尚忠跪奏：为耄龄应试诸生榜发未中，恭折奏闻事。

窃照云南省本年八月举行己酉恩科乡试，臣谭尚忠循例入闱监临，臣富纲在外稽查场务。因应试诸生内，查有昆明县学增生汤祚昌，现年八十四岁，通海县学附生钱大有，现年八十一岁，踊跃观光，三场完卷，业经臣等附折奏闻，并声明俟榜发曾否中式，再行会奏在案。

兹于九月初一日揭晓，臣等会同入闱，拆卷填榜，该二生俱未中式。

伏惟我皇上八旬万寿，特举抡才大典，汇征叶吉，皓首寒儒莫不渥被天恩，得遂穷经素愿。该生汤祚昌、钱大有年跻耄耋，犹能康强赴试，妥协完场，际今寿宇宏开，一人有庆，艺林耆耇奋志如初，洵征盛世嘉祥，聿著边庠上瑞。所有滇省本年乡试八十以上增生汤祚昌、附生钱大有二名榜发俱未中式缘由，臣等谨合词恭折具奏，伏乞皇上睿鉴。谨奏。

朱批： 候有旨。

（《宫中档乾隆朝奏折》第七十三辑，第353页）

3031 云贵总督富纲《奏报估变裁遗备弁衙署折》

乾隆五十四年九月十一日

云贵总督臣富纲跪奏：为估变裁遗备弁衙署，循例恭折奏闻事。

窃照云南永昌协分驻缅宁之守备、把总各一员，先经臣奏明撤回永昌府城办理营伍，将鹤丽镇右营守备移驻缅宁，就近归隶顺云营管辖在案。所有裁遗守备、把总衙署，均应估变充公。

行据鹤庆州、缅宁通判造具估册呈送，核因估价短少，节经驳饬加增，并委该管道府查验督办。去后，兹据布政使李承邺详据该厅州覆称："前项房屋均系细小松木，兼之建盖有年，一切料物多有朽坏，实难大为加增。今遵照指驳，逐件增估，连地基二十二亩三分零，共估银五百五两六钱一分八厘零，经该管道府覆勘结报，委系据实增估，并无捏饰。"由司核实，具详前来。

臣查缅宁把总署房十三间，建自乾隆十二年，除灰饰、匠工不能变价外，现估物料、地基银一百九十五两四钱四分七厘零，核与原用银数相等。又鹤丽镇右营守备署房二十六间二厦，建自康熙二十二年，其原用银数，因历年久远，无卷可稽，今就现有物料、地基，估银三百十两一钱七分一厘零，核之该处时价，尚无短少。既据该管道府勘明结报，并无捏饰情弊，应请准其照估，变解报拨充公。除将细册、印结及估变逾限职名一并咨部查议外，所有估变裁遗备弁衙署缘由，谨会同云南巡抚臣谭尚忠恭折具奏，伏祈皇上睿鉴。谨奏。

朱批： 该部知道。

（《宫中档乾隆朝奏折》第七十三辑，第404～405页）

3032 云贵总督富纲《恭报滇黔两省秋收分数折》

乾隆五十四年九月十一日

云贵总督臣富纲跪奏：为恭报滇黔两省秋收分数，仰慰圣怀事。

窃照云贵两省本年八月以前雨水、禾稻情形，节经臣缮折奏闻在案。滇省霜降前后天气晴融，间有雨泽。正当稻谷登场之际，得此煦培长养，颗粒尤见饱绽。兹据各属将秋成分数查明，开报前来。

臣逐一稽核，内高下田亩收成十分者二十厅州县；低下十分、高阜九分者四十厅州县；高下收成八分者二十五厅州县、州判、县丞，通省合计共获九分有余。其沿边各土司地方收成亦有九分，均属丰稔。现在刈获将竣，不过数日，即可一律全登。至黔省各属，近日旸雨调匀，甚于农功有益。据报收成，通计九分有余，亦极丰稔。

伏查滇黔跬步皆山，小民全资耕凿，比年屡获岁稔，俾得生计充裕，实赖圣主鸿福庇佑所致。目下新粮入市，各属米价均极平减，户庆盈宁，民情倍形熙皞。理合恭折具奏，仰慰慈怀，伏祈皇上睿鉴。谨奏。

朱批：欣慰览之。

（《宫中档乾隆朝奏折》第七十三辑，第405～406页）

3033　云贵总督富纲、云南巡抚谭尚忠《奏请以拣发委用直隶州知州涂梁调补顺宁府属云州知州折》

乾隆五十四年九月十一日

云贵总督臣富纲、云南巡抚臣谭尚忠跪奏：为请补烟瘴要缺知州，仰祈圣鉴事。

窃照云南顺宁府属云州知州范栩，三年边俸期满，例应撤回内地候升，业经臣等会疏题报在案。所遗员缺，例应在外调补。

该州地处夷疆，兼多烟瘴，必得老成明练之员方克资其治理。臣等公同藩臬两司于现任知州内逐加遴选，非现居要职，即人地不宜，或参罚有碍，实无合例堪调之员。

伏查定例，奉旨拣发补用之州县，无论题调、选缺，俱准酌量请补。兹查有拣发委用直隶州知州涂梁，年三十九岁，江西新城县人，由进士补授礼部主事，保举直隶州知州，引见记名，奉旨发往云南差遣委用，于乾隆五十三年五月到滇。该员才情勤敏，办事谨慎，现署新兴州篆，办理甚属裕如，且于边势夷情均能留心，以之借补云州要缺，实堪胜任，亦与定例符合。相应恭恳圣恩，准以涂梁补授云州知州，于临边要地可收得人之效。

如蒙俞允，该员系记名直隶州知州请补府属知州，衔大缺小，毋庸送部引见。再涂梁任内只有交代造册舛错咨参职名一案，此外并无参罚，毋庸另开清单。合并声明。臣等谨合词恭折具奏，伏祈皇上睿鉴。谨奏。

朱批：该部议奏。

（《宫中档乾隆朝奏折》第七十三辑，第406～407页）

3034　云贵总督富纲、云南巡抚谭尚忠《特参滥放运脚无着之署府折》

乾隆五十四年九月二十一日

云贵总督臣富纲、云南巡抚臣谭尚忠跪奏：为特参滥放运脚无着之署府，以肃功令事。

窃照滇省东、寻两路承运京铜预发运脚银两，久经奏明禁止，倘将来再有违犯，除着落赔补外，仍将该员严行参处等因。接准部议覆准，通行遵照在案。

讵有前署昭通府事、永北直隶同知谢洪恩者，（**夹批**：向在直隶，知之者。）承运豆沙关、黄草坪二店京铜，预放各脚户银五千余两，饬委云南府知府蒋继勋、东川府知府萧文言，会同接任昭通府知府敦柱彻底清查。据该府等禀覆："该员任内预放前项运脚银两，查明有着银八百余两，已如数追缴外，尚欠银四千二百余两，或系逃亡，或系赤贫，均属无可着追"等语。

臣等伏查，运铜脚价，久经奏明，不准预发。谢洪恩署事年余，预发无着银四千二百余两，既违例滥放于前，又不即赔补于后，其中难保无别有侵那情事，非参革审究，何能水落石出？兹据昭通府知府敦柱揭，由迤东道恩庆移经布政使李承邺、按察使贺长庚会揭前来。相应专折奏参，请旨将前署昭通府事、永北直隶同知谢洪恩革职，以便委员严审，是否实系滥放，有无侵那情事，从重按拟办理。

该员原籍安徽歙县，迁居湖北汉阳县，现又移住浙江嘉善县。除将任所资财查封，一面分咨安徽、湖北、浙江各抚臣查封原籍、寄籍家产一体备抵外，臣等谨合词具奏，伏乞皇上睿鉴。谨奏。

朱批：即有旨。

（《宫中档乾隆朝奏折》第七十三辑，第487~488页）

3035　云贵总督富纲、云南巡抚谭尚忠《奏报贵州委员办运滇铜扫帮出境日期折》

乾隆五十四年九月二十一日

云贵总督臣富纲、云南巡抚臣谭尚忠跪奏：为贵州委员办运滇铜扫帮出境日期，循例奏闻事。

窃照各省委员赴滇采办铜斤，往来俱有定限。钦奉上谕："嗣后到滇办运开行，着该抚具奏，如有无故停留贻误者，即行指名参究等因。钦此。"钦遵在案。

兹据云南布政使李承邺详称："贵州委员、丹江通判吴民秉领运万宝、金钗等厂高低正耗余铜三十五万二百八十九斤零，以乾隆五十四年六月初一日领竣万宝厂铜斤之日起限，除小建不计外，扣至本年十一月二十四日届满。今该委员于八月十六日由宣威州平彝县分运，扫帮出境，交省城、大定二局供铸，正在例限之内。"等情。详请核奏前来。

臣等覆查无异，除经飞咨贵州抚臣转饬各该地方官接替催趱，依限运回，分别交局兑收，以供鼓铸，并咨明户部外，所有贵州委员吴民秉办运滇铜扫帮出境日期，理合恭折具奏，伏乞皇上睿鉴。谨奏。

朱批：览。

（《宫中档乾隆朝奏折》第七十三辑，第488～489页）

3036　云贵总督富纲、云南巡抚谭尚忠《为嘉谷丰登、双岐献瑞，恭呈御览折》

乾隆五十四年九月二十七日

云贵总督臣富纲、云南巡抚臣谭尚忠跪奏：为嘉谷丰登、双岐献瑞，恭折进呈，仰祈圣鉴事。

窃照滇省本年秋稼登场，各属一律稔收，极为广遍。兹据迤西之蒙化等处禀报，本年秋收丰稔，颗粒充实，且多一茎双穗，并将双岐谷样送验前来。

钦惟我皇上圣德覃敷，化隆位育，惟仁寿光扬于稀古，斯庶物各献其庥和。查云南地方比年屡获岁丰，业已户庆盈宁，共乐太和翔洽。今蒙化等处复产嘉禾，一茎双穗，实为盛世嘉祥。此皆仰赖皇上鸿慈广被，以致民物咸熙。时逢大庆之将临，先效山呼于多岁。臣等欣庆之私，倍深抃跃，谨将双岐瑞谷另匣恭呈御览。理合恭折奏闻，伏祈皇上睿鉴。谨奏。

朱批：知道了。

（《宫中档乾隆朝奏折》第七十三辑，第543页）

3037　云贵总督富纲、云南巡抚谭尚忠《特参怠玩废弛、不职之署云南鹤庆州事嵩明州知州宋镳，请旨革职折》

乾隆五十四年十月初十日

云贵总督臣富纲、云南巡抚臣谭尚忠跪奏：为特参怠玩废弛、不职之知州，请旨革职，以肃官方事。

窃照知州一官，身膺民社，必须克慎克勤，尽心公事，方为无忝厥职。

讵有署云南鹤庆州事嵩明州知州宋镳者，貌似有才，性实玩愒。该员到任之初尚知奋勉，嗣因鹤庆州员缺紧要，委令署理。乃自到任之后，惟图安逸，并不办理公事，日在醉乡，以致地方政务渐行丛脞。臣等一有所闻，随即委员驰往接替，确查究办。该员离卸之后，自应将经手仓库钱粮等候新任核盘，交接清楚。乃各款尚未交明，辄自先行赴省，希图延混，经臣等立即派员押回查算，始据按款清交。虽其中尚无亏那别情，而交代重务竟敢视同儿戏，似此怠玩不职之员，若不参革示儆，无以昭法纪而饬官方。

兹据该管道府揭报，由藩臬两司具详前来。相应请旨将署鹤庆州知州宋镳革职，以肃吏治。该员已卸鹤庆州篆，尚未回嵩明本任。其嵩明州员缺，滇省现有应补人员，另容遴选请补。臣等谨合词恭折具奏，伏祈皇上睿鉴。谨奏。

朱批：该部知道。

（《宫中档乾隆朝奏折》第七十三辑，第654~655页）

3038 云贵总督富纲、云南巡抚谭尚忠《奏报己酉头起京铜依限开帮日期折》

乾隆五十四年十月初十日

云贵总督臣富纲、云南巡抚臣谭尚忠跪奏：为恭报己酉头起京铜依限开帮日期，仰祈圣鉴事。

窃照戊申年应运八起京铜，俱已依限兑发，节经臣等缮折奏闻在案。其己酉头运一起铜斤，例应本年八月开行。先经臣等将应需额铜派拨各厂赶紧办发，运贮泸店，并遴派委员依次赴泸领兑。去后，兹据云南布政使李承邺详据泸店委员具报："己酉年头运一起正带京铜七十五万四千五百九十九斤零，于八月初二日开兑起，至八月二十九日如数兑竣，运员、署太和县事易门县知县杜钧即于是日自泸州开行。"等情。详报前来。

查泸店存铜，计至八月底止，除兑发头运一起外，尚存二百五十万斤零，此后逐月开行，断可不致贻误。惟是京铜攸关鼓铸，运送固当迅速，而防护尤应小心。近来委运各员于沿途经过江湖，每有沉失之处。仰蒙皇上天恩，垂念滇省办铜不易，特降谕旨，令沿途督抚严饬所属，遇有运员申报沉溺，务须严密查验，据实参办。不但臣等仰感皇上体恤深仁无微不到，即厂运各员无不感激踊跃。

兹当己酉京铜开运之初，臣等惟有严饬该委员等沿途务须慎重小心，妥速运京，一面咨会沿途督抚臣加紧催趱，严密稽查，倘有运员捏报沉失及押运疏懈，立即就近严参究办，俾运员更加谨慎，庶可少免沉失。除咨明户、工二部查照外，所有已酉头起京铜依限开帮缘由，谨合词恭折具奏，伏祈皇上睿鉴。谨奏。

朱批：好。知道了。

（《宫中档乾隆朝奏折》第七十三辑，第 655 ~ 656 页）

3039 云贵总督富纲《敬陈地方旸雨情形折》

乾隆五十四年十月初十日

云贵总督臣富纲跪奏：为敬陈地方旸雨情形，仰祈圣鉴事。

窃照滇省地处炎方，向于稻谷登场之后，即须播种豆麦。立冬以前，各属秋稼业已收割完竣，正在翻犁种植。于九月二十及二十一二三等日，连得雨泽，甚于农功有益。今岁粮价本不为昂，此时又得新米接济，市粮充裕，价值日减，民情倍臻熙皞。

其黔省各属据报晴雨均调，与滇中大概相似，现亦翻犁大田，播种豆麦。稽核粮价，在在平减。民苗乐业，边关均极宁谧。

现在恭逢万寿恩科武闱乡试，各属武生云集省城，习练弓马，其中贤愚不一，易于撞骗招摇。臣先期出示晓谕，并专委云南府知府蒋继勋、署臣标中军副将百福严密查拿，倘有作奸滋弊，立即严究，以肃法纪。其外场所用硬弓，向由提调制备，弓力多有不准，且每力仅止一张，终日扳拉，至下半日，弓多疲软。此次臣预令营匠制造各力硬弓两分，校准弓力，派令备弁管理，轮替换用，俾轻重一律，以示均平。臣例应会同抚臣监看。臣惟有秉公持正，细心校阅，俟外闱逐一考试完竣，分别双好、单好字号，密移抚臣，以备内闱考试取中，仰副圣主慎选干城之至意。理合一并恭折奏闻，伏祈皇上睿鉴。谨奏。

朱批：览奏俱悉。

（《宫中档乾隆朝奏折》第七十三辑，第 656 ~ 657 页）

3040 云贵总督富纲、云南巡抚谭尚忠《奏报遵旨办理云南民人黄相武呈控州差刘国相等率众烧抢一案情形折》

乾隆五十四年十月二十二日

云贵总督臣富纲、云南巡抚臣谭尚忠跪奏：为接奉谕旨，钦遵办理缘由，先行恭折覆奏事。

乾隆五十四年十月二十一日，接准大学士公阿桂、大学士伯和珅字寄："本年十月初十日，奉上谕：都察院奏云南民人黄相武等呈控州差刘国相等率众烧抢一案，本应特派大臣前往审讯，因云南距京遥远，而黄相武等并未经在该省上司衙门申诉，是以不复派员前往，仍交该督抚审办。向来各省督抚于本省控案往往因一经审实，属员即有处分，意存袒庇。此系特交之件，该督抚断不可稍存回护。此案如果黄相武等所控属实，则刘国相以州差胆敢率领多人私拿平民，甚至焚烧房屋，抢夺妻女、什物，大干法纪，不可不严加惩治。但黄相武充当牌头、相约，亦恐非良善，或伊等另有犯案之处，因而驾辞耸听，亦未可定，其刁风更不可长。总之，黄相武所控焚抢情事，其虚实无难一验而得。如勘明房屋、人口俱在，其诬控即属显然。若果被焚抢，是所控得实，自应为之彻底根究。现在黄相武等已交部，照例解往到滇，尚需时日。着传谕富纲、谭尚忠，或于伊二人中酌拟一人亲赴该处，或派诚实可信道府大员前往详细查验，并提集卷证，先行研讯，一俟黄相武等解到，即可质讯明确，定拟具奏。富纲等不可意存袒护，致将来别经发觉，自干重戾也。将此由六百里谕令知之，都察院奏折并原呈供词均发交阅看。钦此。"钦遵。寄信前来。臣等当将发来都察院原奏并原呈供词详细阅看。

查黄相武等因防御贼盗，于本乡私充桩头、牌头，稽查盗贼，此乃守望相助，急公良民。而州差胆敢率领多人私自拘拿，甚至焚烧房屋，抢夺妻女、衣物，如果属实，不特逞凶肆恶之差役大干法纪，而该管知州并不查拿究明，系纵役殃民，其情尤为可恨。臣等仰蒙皇上天恩，畀以封圻重任，断不肯为此等不法官役意存袒护，自干重咎。此案吃紧关键全在烧抢一层，诚如圣训，无难一验而得。原可专派明干司道一员前往查勘虚实，自可立见。惟是滇省营伍上年轮应查阅，除迤西、迤南各标、镇、营业经臣富纲次第全已阅竣，先后奏闻，尚有迤东之东、昭各镇营因武闱在即，未经阅看，原拟武闱乡试事毕前往校阅，现今试事已竣，镇雄即有参将专营，亦应臣富纲亲身查阅，正在料理起程。兹公同商酌，臣富纲即就阅看镇雄营官兵之便亲往查勘，并严密体访，如有焚抢实迹及纵匿情弊，即先将该管知州严行参革，同案内有名应质各犯一并带省，俟原告黄相武等解到，其时富纲已可阅竣营伍回省，即当会同臣谭尚忠秉公确审，据实定拟具奏，不致稽迟。

所有奉到谕旨及臣等会商办理缘由，合先恭折由驿奏覆，伏祈皇上睿鉴。谨奏。

朱批：知道了。

（《宫中档乾隆朝奏折》第七十三辑，第771~772页）

3041　云南巡抚谭尚忠《奏报遣犯在配脱逃折》

乾隆五十四年十月二十日

云南巡抚臣谭尚忠跪奏：为遣犯在配脱逃，循例奏闻事。

案照乾隆三十六年三月内，钦奉上谕："脱逃遣犯自必潜归本籍，即应查明各乡贯，迅速移知本省严行缉拿，而经过各省分亦当知照，一体协缉，仍一面奏闻。"等因。钦遵在案。

兹据云南府属署呈贡县知县徐图南详报："安置遣犯潘亚巨，系广东广州府南海县人，因叠次抢窃区正元等家案内，审依积匪猾贼例，改发云南极边烟瘴充军，左面刺'积匪猾贼'四字，右面刺'改遣'二字，乾隆五十三年八月十六日到配，于五十四年九月二十日在配脱逃。"等情。详报到臣。

除飞咨该犯逃回本籍应行经过各省分及原籍、邻封一体追查协缉，并通饬滇属文武暨交界州县严密截拿，务期速获办理。如逾限无获，即将疏脱各职名照例查参外，所有改遣军犯潘亚巨在配脱逃缘由，理合循例恭折奏闻，伏乞皇上睿鉴。谨奏。

朱批： 该部知道。

（《宫中档乾隆朝奏折》第七十三辑，第773～774页）

3042　云南巡抚谭尚忠《汇奏甄别乾隆五十四年分滇省教职、佐杂、年满千总折》

乾隆五十四年十月二十日

云南巡抚臣谭尚忠跪奏：为循例奏闻事。

案照年终汇奏事件内甄别教职、佐杂、年满千总三款，例应汇折，分单具奏。兹据云南布政使李承邺会同按察使贺长庚，将云南省乾隆五十四年分甄别过俸满教职、佐杂开单，汇详前来。

臣查本年甄别教职内，初次俸满保荐者一员、勤职留任者五员、循分供职留任者九员，二次俸满循分供职留任者一员，三次俸满循分供职留任者一员，初次俸满休致者一员，已经初次俸满留任、未届二次俸满休致者一员，随时勒休者一员，未届俸满、随时勒休者四员。又甄别佐杂内，初次俸满保荐者二员、留任者十员，已届初次俸满参革者一员，已届二次俸满休致者一员，已经三次俸满留任、未届四次俸满随时参革者一员，未届俸满随时勒休者二员。至臣标两营千总四员，上次六年俸满，又届三年，曾经预保堪以留任者一员，此外并无年届六十以上，应予勒休者。其俸满各员俱经陆续验看，随时咨部在案。

所有乾隆五十四年分云南省甄别教职、佐杂及臣标年满千总，理合循例汇折，分缮清单具奏，伏祈皇上睿鉴。谨奏。

朱批：该部知道。

（《宫中档乾隆朝奏折》第七十三辑，第774~775页）

3043 云南巡抚谭尚忠《奏报主试武闱事竣折》

乾隆五十四年十月二十日

云南巡抚臣谭尚忠跪奏：为主试武闱事竣，恭折奏闻事。

窃照云南省武闱乡试，历系巡抚主试，总督监临。今本年十月，举行己酉恩科乡试，臣遵例主厥试事，派委粮储道永慧为提调，迤东道恩庆为监视。自十月初二日起，连日会同督臣富纲校阅外场，先试马、步、箭，再试开弓、舞刀、掇石等项技勇，悉照新旧条例办理。其中有弓马生疏、技勇软弱未能入选者，钦遵谕旨，于各名下注明，出示晓谕，使知被汰之故，自相愧勉思奋。

臣与督臣排定双单好字号，各自密记监射册内，加谨封固。外场试毕，复就彼此所记好字号比对，相同者密记，仍将应入内场诸生逐名印臂备验。十三日，点名入闱，扃试论策。臣亲率房考官四员秉公阅卷，择其文理明顺，核与挑记弓马、技勇相符者，如额取中武举汤占鳌等四十二名，即于十八日揭晓出闱。诸生历试内外各场，咸知恪守条规，并无怀挟顶替及易号喧哗之弊。除敬缮题名录另疏进呈外，所有臣主试武闱事竣缘由，理合恭折奏闻，伏乞皇上睿鉴。谨奏。

朱批：知道了。

（《宫中档乾隆朝奏折》第七十三辑，第775~776页）

3044 云贵总督富纲《奏报甄别云贵两省候补武举及难荫人员折》

乾隆五十四年十月二十七日

云贵总督臣富纲跪奏：为甄别云贵两省候补武举及难荫人员，仰祈圣鉴事。

窃照前奉上谕：“令将分发学习之世职各员，分别应留应革，就其现有人数，据实甄别等因。钦此。”钦遵在案。

臣查云贵两省并无分发学习世职人员，所有云南省候补把总已逾五年、三年尚未得缺之武举张光笏及难荫谭于礼、陈勛等三员，又贵州省候补千把总已逾年限、尚未得缺之武举杨斌、谢占鳌、马金瑞、张良吉、张良槐、冯振先、姚大成、刘宗高、李绍谟及难荫李国栋、贾文魁、周桂连、王璟等十三员，均经臣陆续调取考验，年力俱属强壮，弓马可观，并有与前次调验时较为长进者，堪以仍留候补。当即分饬该管各镇将勤加训练，遇有千把总缺出，照例输送拔补。倘有怠惰偷安以及技艺生疏，随时即予斥革，以昭惩劝而肃戎行。

谨将乾隆五十四年分甄别过云贵两省武举、难荫人员，分缮清单，恭呈御览，伏祈皇上睿鉴。谨奏。

朱批：该部知道。

（《宫中档乾隆朝奏折》第七十三辑，第809页）

3045 云贵总督富纲《奏报查明市年滇省官员无换帖宴会及门包押席、承办筵席等事折》

乾隆五十四年十月二十七日

云贵总督臣富纲跪奏：为循例恭折汇奏事。

窃照前奉上谕：“年终汇奏事件，如换帖宴会及门包押席、承办筵席等事，俱着并为一折，于年终汇奏等因。钦此。”钦遵在案。

伏思督抚身任封疆，藩臬共司考核，全在体统相维，躬行实践，庶可整饬官方。若略分言情，周旋结纳，则体制已乖，政务即难振作。至于偶有酬酢，尚欲取给下僚，甚或收授门包押席，致为属下有所挟持，以及官员无故上省，旷误职守，家人乘间滋事。凡此弊端，皆为吏治之害。臣蒙皇上天恩畀任总督，欲期率属，端在饬躬，故于前指诸弊，无刻不检束自防。所有在署家人亦留心严加约束，从不令与属员见面，每遇传事禀话，俱系责成巡捕，并令中军一体防查，以杜流弊。又恐日久玩生，复踵故辙，时与抚臣随处体察防闲，不遗余力。现在滇黔两省官常，俱能恪遵功令，并无同官换帖、无故宴会及托故上省扣展公出日期之习。其司道等官亦无收授门包押席暨令首府、首县承值等事。

除仍凛遵圣训，与两省抚臣督率司道，照前实力查禁，一有违犯，立即参究，断不敢以现无其事，略存疏懈。兹届岁底，理合恭折汇奏，伏祈皇上睿鉴。谨奏。

朱批：以实为之，不可久而懈。

（《宫中档乾隆朝奏折》第七十三辑，第809～810页）

3046 云贵总督富纲、云南巡抚谭尚忠《奏请以候补通判李焜补授普洱府分防他郎通判折》

乾隆五十四年十月二十七日

云贵总督臣富纲、云南巡抚臣谭尚忠跪奏：为请补烟瘴要缺通判，仰祈圣鉴事。

窃照云南普洱府分防他郎通判黄大鹤，三年边俸期满，例应撤回内地候升，业经臣等会疏题报在案。所遗他郎通判员缺，因地处临边，兼有烟瘴，是以例定在外拣选调补。

臣等公同藩臬两司于滇省现任通判内逐加选择，非现居边要，即人地不宜，求其才堪抚驭而能耐瘴者，实乏其人。惟查有候补通判李焜，年三十九岁，湖南醴陵县人，由贡生捐纳通判，分发贵州试用，历署平越、普安等州县印务，题署清江通判，乾隆四十一年二月到任，试署期满实授。四十四年拿获邻省盗犯首伙四名，奉旨加一级，纪录三次。经前督臣李侍尧奏蒙恩准，调补云南他郎通判，四十六年正月到任，报丁母忧回籍。因前署普安州任内运铅迟延，部议降二级调用，将加一级抵销，仍降一级调用。奉旨："李焜俟服满日，由原籍督抚出考，送部引见，再降谕旨。钦此。"嗣服满，赴部引见，奉旨："李焜仍发往云南以通判用，其降级之案带于新任。钦此。"五十三年十一月到滇。

该员才情干练，办事勤能，现署文山县经理，一切边防政务甚属井井，且前曾莅任他郎，于彼处风土夷情尤所熟谙。其历任参罚，除已经完解外，数在十案以内，并无违碍。以之补受他郎通判，洵能胜任。相应恭恳圣恩，准以李焜补授，庶边要地方可得收人之效。其前任降一级之案，照例带于新任，扣满年限，另请开覆。该员系候补通判请补通判，衔缺相当，毋庸送部引见。臣等谨合词恭折具奏，伏祈皇上睿鉴。谨奏。

朱批：该部议奏。

（《宫中档乾隆朝奏折》第七十三辑，第810～811页）

3047 云南巡抚谭尚忠《汇奏乾隆五十四年分滇省及估变物料数在二百两以下之案折》

乾隆五十四年十月二十七日

云南巡抚臣谭尚忠跪奏：为循例汇奏事。

窃照各项改修、缓修船只及估变物料数在二百两以下者，例应于年底汇折，分单具奏。兹届乾隆五十四年分汇奏之期，据云南布政使李承邺具详前来。

臣查保山县潞江渡裁存渡船四只，遇有损坏，酌以二年一修，动支租折银两办理。

自乾隆四十九年起至五十二年，共修二次。甫据该县汇册详咨，现在船身完固，应请缓修。又禄丰县星宿河添置渡船四只，原未定有修理年限，现在船身完固，毋庸估修。此外尚有罗平州江底河渡船一只、丽江府金江阿喜渡船一只，历系三年一修，所需工料，俱于官庄租米银内支用，汇册报销。查阿喜渡船一只，前于五十一年修理，今届应修之期，现在委员查办，又江底河渡船一只，前于五十一年修理，今届应修之期，已据该州勘明船身朽坏、渗漏，详请动支官庄银两修理工竣，现在完固。所有乾隆五十四年分滇省改修、缓修船只，理合开列清单，循例汇折具奏，伏乞皇上睿鉴。

再查滇省本年并无估变衙署房屋、物料数在二百两以下之案。合并声明。谨奏。

朱批：览。

（《宫中档乾隆朝奏折》第七十三辑，第 841 页）

3048　云南巡抚谭尚忠《奏报滇省乾隆五十三年盐课全完缘由折》

乾隆五十四年十月二十九日

云南巡抚臣谭尚忠跪奏：为盐课全数征完，年清年款，恭折奏闻事。

窃照滇省岁征盐课钱粮，例应于次年奏销时查明完欠，分晰具奏。

兹据云南布政使李承邺会同盐法道杨有涵详称："各属应征乾隆五十三年分盐课、薪本、盈余等银四十二万六千一百四十九两零；又奏销五十二年盐课案内，借发各井五十三年薪食银三十七万四千五百二十九两零；又续借本款薪食银六万九千八百七十三两零。俱经照数征解全完，年清年款，分案造具细册。"详请。题销前来。臣逐加覆核无异，除分别缮疏具题外，所有乾隆五十三年盐课全完缘由，理合会同云贵总督臣富纲恭折奏闻，伏乞皇上睿鉴。谨奏。

朱批：好。知道了。

（《宫中档乾隆朝奏折》第七十三辑，第 841 ~842 页）

3049　云南巡抚谭尚忠《奏报乾隆五十四年分滇省民数、谷数折》

乾隆五十四年十月二十七日

云南巡抚臣谭尚忠跪奏：为钦奉上谕事。

窃照各省民数、谷数，定例于每岁仲冬缮写黄册，具折奏闻。其民数，例应分造民屯丁口各一册进呈。

兹据云南布政使李承邺会同粮储道永慧详称："云南省岁报民数，除番界、苗疆户口向不造入外，所有乾隆五十四年分通省民屯户口，各就原编保甲逐一确查，实在大小民人二百八十五万六千七百一十九丁口内，男丁一百四十九万二千九百四十八丁，妇女一百三十六万三千七百七十一口；屯民男妇七十万八千九十六丁口，内男丁三十五万九千六百九十八丁，妇女三十四万八千三百九十八口；应存常平社仓米谷、麦荞、青稞一百七十二万六千五百四十石六斗八升七合六勺。"分案造册，详请具奏前来。臣逐加覆核无异，理合恭折奏闻，并将民屯丁口实在数目及存仓谷石总数，分缮黄册三本敬呈御览，伏乞皇上睿鉴。谨奏。

朱批：折留览。

（《宫中档乾隆朝奏折》第七十三辑，第842页）

3050 云南巡抚谭尚忠《奏报查明通省城垣情形折》

乾隆五十四年十月二十九日

云南巡抚臣谭尚忠跪奏：为查明通省城垣情形，遵旨汇奏事。

案准部咨，钦奉上谕："各省城垣是否完固，着于每岁年底汇奏一次。钦此。"又工部议奏："嗣后各省城垣，于年终汇奏折内，将急修、缓修各情形逐一分晰声叙，如果必不可缓、实系应行急修之工，即令确估工料，具奏兴修，于次年汇奏折内，将已经奏办缘由据实声明。"等因在案。今乾隆五十四年分云南通省城垣，据布政使李承邺转据各道州府确勘，分别完固、修补，复核详报前来。

臣查滇省各府厅州县及佐杂各处，通共砖石土城九十一座内，大关等厅州县城垣七十三座，均属完固；元江、嶍峨、广西、安宁、保山、文山、太和、永平、云州、鹤庆、陆凉、南宁、昆明等州县原坍城垣十三座。本年宁州、通海、江川、河阳、河西等州县地震，续坍城垣五座内，保山县城垣一座，原经奏明，俟藩库铜息充裕，再行办理，应请暂列缓修；又元江州土城一座，业经迤南道议覆，官民情愿捐资修复，毋庸改建砖石，应俟兴修之时，照议办理；又昆明县急修城垣一座，业经造册估报，动支岁修银两修理，尚未完工；至历年列入缓修之嶍峨、广西、安宁、文山、太和、永平、云州、鹤庆、陆凉、南宁等州县城垣十座，应仍概请缓修。其本年地震案内江川、通海、河阳所坍城垣三座，应请缓修；惟宁州城垣一座，酌于缓修之中，将来首先估办；又河西县城垣一座，业于赈恤案内奏明，饬令地方官照式修补，毋庸动项办理。其余各属砖石、土城现俱完好，仍责成该管道府督令地方留心查勘，加意保护，遇有些小坍塌，随时鸠工修补，以期巩固而资捍卫。

所有乾隆五十四年分云南通省城垣情形，理合开单汇奏，伏乞皇上睿鉴。谨奏。

朱批：览。

（《宫中档乾隆朝奏折》第七十三辑，第843页）

3051 云南巡抚谭尚忠《汇奏本年滇省官员无换帖宴会与上省扣展公出日期等六款情弊折》

乾隆五十四年十月二十九日

云南巡抚臣谭尚忠跪奏：为循例汇奏事。

窃照年终汇奏事件内，官员不准换帖宴会与上省扣展公出日期，并各衙门不许收受门包及押席银两，派委属员承办筵席暨禁革坐省家人名目，以上六款，皆属事例相近。臣谨钦遵谕旨，汇为一折具奏。

伏查外省官员彼此换帖，动称愚兄愚弟，洵属仕途陋习。其同僚相见，偶然宴会，以通物我之情，原为礼所不废。惟上司与下属，名分攸关，不宜宴会频频，致滋狎玩之渐。若夫庆典年节，开筵演戏，事非常有，所费亦属无几，总应出资自办，何得派委属员承值？既慷他人之慨，且开要结之门。至督抚衙门随带在署家人，不过供其役使，凡遇传事禀话，俱有中军、巡捕传禀，岂容家人与属员交接，需索门包？如因留待属员饭食，任由家人巧取押席银两，其事尤可鄙笑。他如州县官遇有紧要事件，偶赴省城，事毕即回，原无庸扣展公出日期，致稽案牍。其有借称面禀公事，数数上省，固启钻营奔竞之端。即或派拨家人常川坐省，名为听差，实则窥探消息，更何以杜夤缘结纳之风？凡此诸弊，均为吏治之害。

臣与督臣富纲平日时刻留心稽查，并嘱司道一体查访，尚无前项情弊。但有治人无治法。臣身任封疆，有考察群吏之责，惟当正己率属，严行饬禁，以期仰副圣主整肃官方之至意。兹届乾隆五十四年分汇奏之期，理合循例汇折具奏，伏乞皇上睿鉴。谨奏。

朱批：以实为之。

（《宫中档乾隆朝奏折》第七十三辑，第844页）

3052 云南巡抚谭尚忠《汇报乾隆五十四年分滇省动用钱粮工程报销已未完结各案折》

乾隆五十四年十一月初十日

云南巡抚臣谭尚忠跪奏：为循例汇奏事。

窃照直省一切动用钱粮及工程报销已未完结案件，例应各该督抚于岁底汇折具奏。兹据布政使李承邺将云南省动用钱粮及工程报销已未完结各案开报前来。

臣查云南省近年动用钱粮及工程报销各案，截至乾隆五十四年岁底，共计二案内，已经接到部覆准销完结者一案，尚未完结者一案，此案已遵部驳，行令将原案抄送，当饬承办之员遵照办理，应俟抄送到日，即行核咨。所有云南省乾隆五十四年分动用钱粮工程报销已未完结各案，理合分晰，缮具清单恭折奏闻，伏乞皇上睿鉴。谨奏。

朱批：览。

（《宫中档乾隆朝奏折》第七十四辑，第87页）

3053　云南巡抚谭尚忠《恭报寿民年届百龄，一堂五世，请旨旌表折》

乾隆五十四年十一月初十日

云南巡抚臣谭尚忠跪奏：为恭报寿民年届百龄，一堂五世，请旨旌表，以昭人瑞事。

据云南布政使李承邺详称："临安府蒙自县寿民杨添禄，生于康熙二十九年庚午，至乾隆五十四年己酉，现年一百岁，有子三，孙二，曾孙一，元孙三，取具各结，呈请旌表。"等情前来。钦惟我皇上轩图粲晏，瑞气浃于茅檐，庆宇延洪，祥风周于蔀屋，既太和之远洽，斯上寿之同登。

臣查蒙自耆民杨添禄者，赋性淳良，持躬谨饬。率长子而牵车服贾，不染尘嚣；携幼孙而策杖归农，弥形矍铄。沐三朝之雨露，以养以恬；臻百岁之春秋，而康而寿。膝下则兰枝并茂，阶前则椿树长荣。恭逢千载一时，禧增凤纪；喜及九隆三竹，福锡鲐颜。允宜叨盛世旌扬，诚足显熙朝瑞应。除册结送部外，臣谨恭折奏闻，伏乞皇上睿鉴。谨奏。

朱批：知道了。

（《宫中档乾隆朝奏折》第七十四辑，第88页）

3054　云南巡抚谭尚忠《奏报乾隆五十四年分云南省并无挖补〈通鉴纲目〉挖出字迹缘由折》

乾隆五十四年十一月初十日

云南巡抚臣谭尚忠跪奏：为遵旨汇奏事。

窃照乾隆四十八年八月二十日，奉到上谕："前因批阅《御批通鉴纲目续编》内发明广义各条，于辽金元三朝时事多有议论，偏谬及肆行诋毁之处，特交诸皇子及军机大臣量为删润改补，粘签呈览。现在将次办竣，陆续颁发。各该督抚等接奉颁发原书后，遵照抽改若干部，仍着于年终汇奏一次，以凭查核。钦此。"又于四十九年三月初三日，奉到上谕："《通鉴纲目续编》外间有翻刻之本，自当一体抽改铲销。着传谕各督抚，饬属留心访查，将翻刻之板片、书本，务须全行查出，一律改正。其挖出正本、翻本书内违悖字样，毋论一两页及二三行或数字，均着收存汇齐，送京销毁。钦此。"当经转饬遵办。

云南省乾隆四十八九，五十，五十一二等年，共抽改过御批《通鉴纲目续编》七部，陈仁锡等所刊《资治通鉴纲目续编》七十八部，均于年终汇折具奏，并将已挖出字迹咨送军机处销毁在案。兹届年终应奏之期，据布政使李承邺查明，云南等州县本年并无挖补《通鉴纲目》挖出字迹，无凭缴送，详请核奏前来。除再饬各属留心访查，务使外间流传之本全行更正，不致稍有遗漏外，所有乾隆五十四年分云南省并无挖补《通鉴纲目》挖出字迹缘由，理合恭折具奏，伏乞皇上睿鉴。谨奏。

朱批：览。

（《宫中档乾隆朝奏折》第七十四辑，第 89 页）

3055　云南巡抚谭尚忠《奏报各属旧有去思德政等碑均已扑毁折》

乾隆五十四年十一月初十日

云南巡抚臣谭尚忠跪奏：为遵旨奏闻事。

窃照外省官员，无论去任在任，建立去思德政等碑，于吏治官方大有关系。钦奉谕旨："通行饬禁，并令将制造衣伞、脱靴等事一并禁止，每年年终奏闻。钦此。"历经钦遵办理在案。

伏查云南省城暨外郡各属旧有去思德政等碑，自奉旨查办之后，均已扑毁无遗。臣复会同督臣富纲不时留心查察，现任去任文武各官并无违禁立碑，亦无百姓制造衣伞、脱靴等事。兹届乾隆五十四年应奏之期，据布政使李承邺具详前来。理合遵旨恭折奏闻，伏祈皇上睿鉴。谨奏。

朱批：以实为之。

（《宫中档乾隆朝奏折》第七十四辑，第 90 页）

3056　云贵总督富纲《奏报本年滇省设法收缴鸟枪折》

乾隆五十四年十一月十一日

云贵总督臣富纲跪奏：为滇省设法收缴鸟枪，循例恭折汇奏事。

窃照民间私藏鸟枪，前奉谕旨："饬令实力查禁，年终汇奏一次等因。钦此。"臣查滇省收缴旧有鸟枪，奉文之初，陆续共收过九百二十七杆，迨自乾隆五十年以后，均无报解，节经臣按年缮折奏闻在案。

查滇省民夷防御虎狼，虽皆利用弩箭，原不专恃鸟枪，且已查缴多年，自应稀少。然数年来竟无报缴处所，或系各属因循怠忽，致有疏漏，并恐日久懈弛，复行私造，臣又严切通行各地方文武实力查察，毋许稍有疏懈。兹届五十四年汇奏之期，据臬司贺长庚详据各属申报，并无呈缴之家，此外亦无违禁私造及命盗案内失察私藏鸟枪，应行议处之员等情前来。除再饬各属广为晓示，设法查缴，务期尽净，并严行查禁私造，以杜流弊外，所有五十四年分滇省设法收缴鸟枪缘由，理合恭折具奏，伏祈皇上睿鉴。谨奏。

朱批：览。

（《宫中档乾隆朝奏折》第七十四辑，第101～102页）

3057　云贵总督富纲、云南巡抚谭尚忠《奏报己酉头运二起京铜依限开帮日期折》

乾隆五十四年十一月十一日

云贵总督臣富纲、云南巡抚臣谭尚忠跪奏：为己酉头运二起京铜依限开帮日期，仰祈圣鉴事。

窃照己酉头起铜斤，于本年八月依限兑发，开帮运京，业经臣等缮折奏闻在案。其头运二起，应于本年九月接续开行。

兹据云南布政使李承邺详据泸店委员具报："己酉年头运二起正带京铜七十五万四千五百九十九斤零，于九月初二日开兑起，至九月二十八日，业经如数兑竣，运员、他郎通判黄大鹤即于是日自泸州开行前进。"等情。详报前来。

除咨会沿途督抚臣加紧催趱、稽查，迅速抵京，并咨明户、工二部外，查滇省每年应解八起京铜，今已兑发二起，其余六起应需铜斤，核计现存泸店及发运在途者，已足敷用，此后各起均可不致缺误。臣等仍饬厂站各员照前赶紧采办，源源趱运，以裕泸兑，毋许稍有懈延外，所有己酉头运二起京铜依限开行缘由，理合恭折具奏，伏祈皇上睿鉴。谨奏。

朱批：好。知道了。

（《宫中档乾隆朝奏折》第七十四辑，第102～103页）

3058 云贵总督富纲《密陈云贵两省提、镇、司、道、府考语折》

乾隆五十四年十一月十一日

云贵总督臣富纲跪奏：为密陈云贵两省提、镇、司、道、府考语，仰祈圣鉴事。

窃照前奉谕旨："着各省总督将该省提督是否胜任及总兵能否整顿营伍、防范地方，据实密奏。其两司、道、府贤否，亦着每年陈奏一次等因。钦此。"

伏思提督统辖戎行，总兵身膺专阃，即藩、臬、道、府，各有考核表率之司，责任均属綦重。况云南地处边徼，贵州亦在苗疆，尤须各勤职守，任事实心，庶于营伍、地方期有裨益。

臣蒙皇上天恩，畀任总督，数年以来，于两省大小文武，时刻留心体访，或于往来校阅之便，与之讲论，察看其莅任已久者，一切居官行政本所深悉，即黔省间有一二新任镇、道、知府尚未见面，然核其所办事件并迹其在任声名，亦俱得有梗概。就现在情形而论，两省提、镇以及司、道、知府，均能绥辑兵民，克供厥职，尚无贻误地方。但员数众多，人心不一，难保无不改弦易辙者。臣惟有凛遵训谕，加意稽查，倘有不守官箴，贻误公事，即当随时奏闻办理，断不敢略涉瞻徇，自干咎戾。谨据实出具考语，分缮清单恭呈御览，伏祈皇上睿鉴。谨奏。

朱批：折留览。

（《宫中档乾隆朝奏折》第七十四辑，第103页）

3059 云贵总督富纲《奏报甄别云贵两省年满千总折》

乾隆五十四年十一月十一日

云贵总督臣富纲跪奏：为甄别云贵两省年满千总，循例恭折汇奏，仰祈圣鉴事。

窃照绿营千总历俸六年为满，贵州苗疆千总历俸五年为满，例应随时考验甄别，于年底分晰汇奏。

今乾隆五十四年分云贵两省各项年满千总，均经臣陆续调验考校，详加甄别。云南省共计二十员内，保送者七员，留任者八员，前经预保尚未得缺仍留候掣者三员，初次俸满勒休者一员，前经俸满保送、今届三年勒休者一员，又随时斥革者一员。贵州省共计二十三员内，保送者三员；调回内地者二员；前经俸满保送、今届三年仍留候题者三员；前经预保，今届三年，仍留候掣者四员；前经俸满留任，今二次甄别及初次甄别，仍堪留任者八员；前经调回内地，今届三年，仍堪留任者一员；初次六年俸满留任者一员；勒休者一员；随时勒休者二员。以上保送、留任各员，臣俱分饬各该管镇将勤加训练、察看，倘有技艺生疏，操防懈忽，随时即予斥革，不敢稍有姑容，以肃营伍。兹届年底，谨将甄别各项千总分缮清单，恭折汇奏，伏祈皇上睿鉴。

再滇省千总姚国勋、宋明、田中金、董荣，桂奚顺五员，黔省千总陈廷玉一员，均届俸满，未及考验，应归入下年甄别。合并陈明。谨奏。

朱批：该部知道。

（《宫中档乾隆朝奏折》第七十四辑，第104页）

3060 云南巡抚谭尚忠《奏报学政差满，遵旨据实详细奏闻折》

乾隆五十四年十一月二十九日

云南巡抚臣谭尚忠跪奏：为学政差满，遵旨据实详细奏闻事。

窃照乾隆四十二年十一月内，钦奉上谕："直省督抚，嗣后于学政差满时，只将其在任考试声名若何，办事若何，据实具奏。"又于乾隆五十三年四月内，钦奉上谕："学政按考地方，俱系督抚所辖，耳目甚近，设遇学政有贪污实迹，即应指名纠参，并令督抚于年终将学政有无劣迹陈奏一次。"又于乾隆五十四年十月内，钦奉上谕："各督抚嗣后务须将学政考试实在有无弊窦及士子舆论是否翕服之处，据实详细奏闻，毋得稍有瞻徇各等因。钦此。"

臣查云南学政汪如洋，浙江人，由翰林院修撰奉命视学滇中，于乾隆五十二年三月内到任。上年新奉年终陈奏之旨，业将该学政考过各属并无劣迹缘由，奏蒙圣鉴在案。兹届差满之期，伏查该学政人体面，学问亦好，在任三年，历试通省岁科暨两次录遗，兼考拔贡。臣随时随处明察暗访，该学政场规严肃，去取公平，实无弊窦可指。士子悦服，舆论翕然。其平日办理本任事宜，不拘巨细，悉出亲裁，亦能详慎认真。此学政汪如洋在任考试声名、办事实在情形，臣不敢稍有瞻徇，代为粉饰。理合据实详细奏闻，伏乞皇上睿鉴。

再云南学政已蒙简放萧九成来滇，容臣留心访查，钦遵谕旨，于年终陈奏一次。合并声明。谨奏。

朱批：览。

（《宫中档乾隆朝奏折》第七十四辑，第291～292页）

3061　云南巡抚谭尚忠《奏陈两司道府贤否折》

乾隆五十四年十二月初四日

云南巡抚臣谭尚忠跪奏：为遵旨陈奏事。

案照钦奉上谕："两司道府贤否，着该督抚每年陈奏一次。钦此。"仰见我皇上澄叙官方、周咨博采之至意。

臣蒙恩畀任滇抚，封疆重寄，察吏为先。兹届应奏之期，谨将通省两司道府贤否，据实出具考语，另缮清单恭折陈奏，伏乞皇上睿鉴。谨奏。

朱批：折留览。

（《宫中档乾隆朝奏折》第七十四辑，第292页）

3062　云贵总督富纲《奏报查阅滇省昭通等镇营伍及顺阅黔省威宁镇官兵情形折》

乾隆五十四年十二月初四日

云贵总督臣富纲跪奏：为查阅滇省昭通等镇营伍及顺阅黔省威宁镇官兵情形，恭折奏请圣鉴事。

窃臣自省起程，前赴迤东之昭通各镇营阅看营伍，并查勘镇雄州民黄相武等控案缘由，业经奏明在案。嗣臣先至镇雄，勘明控案大概情形，随阅镇雄营官兵，即由昭通、东川、寻沾、曲靖各镇协营逐一校阅回省。因黔省威宁镇系顺道所经，其该镇所辖之毕赤、水城二营，相距不远，亦俱调至威宁合同操演。共计阅过两镇、一协、五营。臣每至一处，留心查看，兵俱足额强壮，阵势整齐，连环枪炮声势亦尚齐截，一切刀牌、杂技均有可观。其弓箭、鸟枪两项，着靶成分俱多于例定之数。内昭通一镇尤为出色，其余威宁等镇协营亦俱整肃，并无废弛。所有将千、把、外委马、步、箭均尚去得，询以行军纪律，亦能明晰。臣当将技艺最优之兵弁逐加奖赏，其管教弁目并予记名，遇有应

拔缺出，仅先拔补，以示激劝。内有技艺生疏者，亦即当场责处，饬交该管营员勒限学习，务期一律纯熟。至各处汛塘兵丁，或臣便道亲看，或委员分路查验，兵技尚不生疏，亦无老弱充数。应贮军械、钱粮，逐处盘点，皆系完整足数。马匹亦俱膘壮，并无缺额。

再省城督抚两标及城守营官兵，臣与抚臣谭尚忠先于十月二十四五六等日会同校阅，鸟枪着靶者，每排均在二十三四五枪以上，弓箭着靶者自二三箭至四五箭不等，核之定例，成数均在头等。即阵势、步伐、连环枪炮以及马上各项杂艺，俱能熟练。

伏思滇省地处极边，营伍最关紧要。臣惟凛遵圣训，督饬各该将备实力训练，随时讲求，俾兵技益底精纯，咸成劲旅，以仰副皇上谆谆训诫、修明武备之至意。所有阅过昭通等镇协营官兵缘由，理合恭折具奏，伏祈皇上睿鉴。谨奏。

朱批：行之以实，期之以久。

（《宫中档乾隆朝奏折》第七十四辑，第342～343页）

3063　云贵总督富纲《恭报瑞雪应时、丰年兆庆折》

乾隆五十四年十二月初四日

云贵总督臣富纲跪奏：为恭报瑞雪应时、丰年兆庆，仰祈圣鉴事。

窃臣奏明于十月二十八日由省起程，校阅迤东各镇协营官兵。兹于十一月二十九日回省，所有经过滇省之云南、曲靖二府并贵州之威宁州及回省经由昭通、东川各府属地方，臣逐一留心察看，平原、高阜俱已广栽豆麦，春荞乘时长发。复于十一月初七等日得有雪泽，虽旋下旋消，而土膏湿润，殊于农功有益。省城于二十七日先雨后雪，积厚四五寸，沾被甚为优渥，并据大理、楚雄等府属禀报，于十一月十五等日瑞雪缤纷，积厚三四寸不等，一切豆麦杂粮得此雪泽滋培，尤见荣发，实为应时之瑞。现尚彤云密布，其余各州县自必一律普沾。现在行查，俟覆到，另行具奏。至黔省各属，节据具报，于十月二十七八九、三十及十一月初一等日得雪一二寸不等，各项春种亦俱长发。

近年滇黔两省岁获丰稔，户有盖藏。刻下新粮入市，络绎而至，市米益臻充裕，价值日减。民夷乐业，闾巷恬熙，边关亦极宁谧，均堪仰慰慈怀。理合恭折具奏，伏祈皇上睿鉴。谨奏。

朱批：欣慰览之。

（《宫中档乾隆朝奏折》第七十四辑，第343～344页）

3064 云贵总督富纲《奏报滇省学臣差满回京折》

乾隆五十四年十二月二十日

云贵总督臣富纲跪奏：为滇省学臣差满回京，循例据实奏闻事。

窃照外省学臣差满，其在任声名若何，办事若何，例应督抚据实具奏。又学政考试有无劣迹，年终陈奏一次各等因。钦此。钦遵在案。

伏思学政职司文柄，全在拔取公平。若至营私舞弊，安望其教育人材、整齐学校？臣仰沐天恩，畀任总督，剔弊察奸，实有专责，且昨日复奉谕旨："务将学政考试实在有无弊窦及士子舆论是否翕服之处，据实详细奏闻，毋得稍有瞻循。"训谕谆谆，至严至切。臣固不敢少事瞻循，亦断不敢因人受过，自取咎戾。

伏查云南学政臣汪如洋，由翰林院修撰蒙恩简放来滇，于乾隆五十二年三月到任。该学政品甚端凝，人亦明练，三年以来历试通省岁科及考选拔贡、录遗等事，臣俱留心体察，不特场规整肃，关防严紧，且事无巨细，悉出亲裁，不假人手，凡所去取，咸称平允。臣复于查阅营伍之便，随处稽查体访。该学政考试勤慎，甄别公当，士论靡不翕服，声望颇佳，实在毫无弊窦。兹三年期满，该学政已于十二月十二日交卸，起程复命。所有学臣汪如洋在任声名、办事，理合据实恭折具奏，伏祈皇上睿鉴。

再新任学臣萧九成现亦到滇，容臣留心查察，再行据实奏闻。合并陈明。谨奏。

朱批：览。云南非作弊地也。

（《宫中档乾隆朝奏折》第七十四辑，第467～468页）

3065 云贵总督富纲、云南巡抚谭尚忠《奏报学政萧九成之子萧池计期不能赴京与考，据情代奏折》

乾隆五十四年十二月二十日

云贵总督臣富纲、云南巡抚臣谭尚忠跪奏：为据情代奏，仰祈圣鉴事。

窃准新任云南学政臣萧九成移称，"本学政亲子萧池，现年十九岁，本年恭应已酉恩科顺天乡试，由北皿官生中式第六十名举人。嗣本学政仰蒙恩命点视云南学政，于九月十六日自京起程，因滇南道里遥远，署中一切照料实无亲信可靠之人，是以将萧池带来任所，帮办家务，原拟不赴来年会试。兹于十二月初九日到滇，接阅邸抄，方悉本年十月十四日，奉上谕：'顺天乡试榜发后，按名严加覆试。但恐此次中式诸生于未经降旨之先多有出京回籍者，一时未能赶到，姑再宽期限，于明年二月初一日以前齐集京师，听候示期覆试。除实有父母事故不能赴考，取结报明外，如有托故不到者，明系意为规避，俱着革去举人，不准与试，以靖科场而示惩儆等因。钦此。'仰见皇上于整饬科场之中，仍示体恤矜全之意。自应将萧池迅速送京，依期随众覆试。惟云南省至京共计九十余站，此时已届年底，即使赶紧行走，势亦不能于明年二月前到京，实非有心规避。但应否送京听候补行覆试，未敢擅便，相应咨请，据情代奏。"前来。

臣等查学政萧九成之子萧池，现在实系随来任所。核其九月十六日携带出京之时，系在未奉覆试谕旨之前。今已时届年底，计至二月初一，仅只四十日，为期甚近。况该学政自雇脚力送京，计期断不能赶赴与考，是其迟误之处，尚非有意托故规避。但可否准其送京补行覆试之处，出自皇上天恩。谨据情恭折代奏，伏祈皇上睿鉴，训示遵行。谨奏。

朱批：已有旨。

（《宫中档乾隆朝奏折》第七十四辑，第469～470页）

3066　云贵总督富纲、云南巡抚谭尚忠《奏报贵州委员办运滇铜扫帮出境日期折》

乾隆五十四年十二月二十八日

云贵总督臣富纲、云南巡抚臣谭尚忠跪奏：为贵州委员办运滇铜扫帮出境日期，循例奏闻事。

窃照各省委员赴滇采买铜斤，往来俱有定限。钦奉上谕："嗣后到滇办运开行，着该抚具奏，如有无故停留贻误者，即行指名参究等因。钦此。"钦遵在案。

兹据云南布政使李承邺详称："贵州委员、署八寨同知候补通判萧志翊领运白羊、金钗等厂高低正耗余铜三十五万二百八十九斤零，以乾隆五十四年闰五月二十六日领竣金钗厂铜斤之日起限，扣至五十四年十一月二十二日限满。今该委员于十一月二十日由沾益州平彝县分运扫帮出境，运交省城、大定二局供铸，正在例限之内。"等情。详请核奏前来。

臣等覆查无异，除经飞咨贵州抚臣转饬各该地方官接替催趱，依限运回，分别交局兑收，以供鼓铸，并咨明户部外，所有贵州委员萧志翊办运滇铜扫帮出境日期，理合恭折具奏，伏乞皇上睿鉴。谨奏。

朱批：览。

（《宫中档乾隆朝奏折》第七十四辑，第522页）

3067　云南巡抚李湖《奏陈滇省司、道、府考语清单》

无日期

云南巡抚李湖跪奏：查滇省司、道、知府，除迤东道暨昭通、东川、顺宁、丽江四府均系暂署，临安府甫经到任外，谨将现任各员开具考语清单，恭呈御览。计开：

布政使王太岳：厚重质实，率属清严。

按察使图桑阿：悃愊愿悫，折狱详慎。

粮储道祝忻：明白果敢，勇于任事。

驿盐道沈荣昌：才识敏达，干练精明，虽甫经到任，而清理盐弊，俱能动中窾要，力振颓纲。

迤西道龚士模：在滇年久，熟悉边务。

迤南道唐扆衡：安详持重，与夷疆要缺相宜。

云南府知府永惠：才具明干，办公勤奋，洵属能事之员。

曲靖府知府纂煜：心地明晰，人亦勤慎。

澄江府知府孟钰：才具中平，能否称职，尚容察看。

广南府知府克色礼：诚实谨饬，不染虚浮之习。

开化府知府董世宁：在滇年久，熟习情形；持重老成，堪膺表率。

楚雄府知府陈孝升：才识明敏，办事奋勤。

大理府知府黄涛：奋勉办公，颇知勤慎。

永昌府知府贺长庚：才具开展，干练有为；治剧理繁，肆应优裕。

普洱府知府谈霞：安静不扰，于夷疆边地颇属相宜。

（《宫中档乾隆朝奏折》第七十四辑，第553～554页）

3068　云南巡抚李湖《奏陈滇省司、道、府考语清单》

无日期

云南巡抚李湖跪奏：查滇省各知府，除昭通、东川、临安、顺宁、丽江五府均系暂署外，谨将现任各员开具考语清单，恭呈御览。计开：

云南府知府永惠：才具明干，办公勤奋，洵属能事之员。

曲靖府知府纂煜：心地明晰，人亦勤慎。

澄江府知府孟钰：才具中平，能否称职，尚容察看。

广南府知府克色礼：诚实谨饬，不染虚浮之习。

开化府知府董世宁：在滇年久，熟悉情形；持重老成，堪膺表率。

楚雄府知府陈孝升：才识明敏，办事奋勤。

大理府知府黄涛：奋勉办公，颇知勤慎。

永昌府知府贺长庚：才具开展，干练有为；治剧理繁，肆应优裕。

普洱府知府谈霞：安静不扰，于夷疆边地颇属相宜。

（《宫中档乾隆朝奏折》第七十四辑，第554～555页）

3069 云贵总督富纲《奏陈滇省司、道、府考语清单》

无日期

云贵总督臣富纲跪奏：谨将云南省司、道、府等官密填考语，敬缮清单，恭呈御览。

布政使费淳，年四十六岁，浙江钱塘县进士，由刑部员外补授知府，历升今职。该司人品端谨，明白安详，率属公允，出纳详慎，询称藩司之任。

按察使许祖京，年五十岁，浙江德清县进士，由内阁侍读补授云南盐道，升授今职。该司老成谙练，细致勤明，办理案件尚属平允，克称臬司之任。

粮储道永慧，年五十六岁，镶黄旗蒙古举人，选授知县，历升今职。该道才情练达，办事认真，在滇年久，诸事熟谙。

盐法道杨有涵，年六十岁，江西清江县进士，由户部郎中补授云南顺宁府，升授今职。该道心地端醇，才情明练，办理盐务颇为认真。

迤东道特升额，年四十四岁，镶黄旗满洲，由户部员外补授云南开化府，升授今职。该道才情明练，办事勤奋，巡查率属，颇能实心，系有志向上之员。

迤西道杨以湲，年四十五岁，江西新城县进士，由御史补授今职。该道明敏谙练，办事勤能，率属巡查，均能整饬。

迤南道沈世焘，年五十四岁，浙江仁和县进士，由刑部郎中历任府道，调补今职。该道老成谨饬，心地淳正，办事稳练，率属有方。

云南府知府罗宏漳，年四十八岁，湖北公安县举人，由知县历任云南丽江府知府，调授今职。该府勤慎稳练，办事奋勉，率属镇静。

东川府知府萧文言，年四十六岁，江苏江都县人，由知州升署今职。该府才猷练达，强干有为，办铜熟谙，滇省知府中出色之员。

昭通府知府孙思庭，年五十一岁，直隶怀来县举人，由知县历升今职。该府老成谙练，守洁才明，整躬率属，颇为实心。

曲靖府知府巴尼珲，年五十五岁，正黄旗满洲，由中书历升户部郎中，补授今职。该府才情历练，办事勤明，率属实心。

永昌府知府宣世涛，年五十八岁，安徽含山县人，由监生捐县丞，历升知府，缘事革职，捐复留滇，请补今职。该府明白谙练，办事勤慎，率属有方。

大理府知府本著，年六十四岁，正黄旗满洲举人，由知县历升今职。该府诚实稳练，办事勤妥，克称表率。

署顺宁府知府景东同知曹湛，年四十九岁，安徽天长县贡生，捐知县，分发云南，历升今职。该员老干勤明，谨慎奋勉，办理厂务不辞劳瘁。

楚雄府知府龚敬身，年四十五岁，浙江仁和县进士，由内阁中书历升礼部郎中，补授今职。该府人品端严，办事勤慎，足资表率。

丽江府知府郭愈博，年五十岁，山西夏县贡生，捐纳知县，历升今职。该府朴实明练，办事实心，业已奏补今职，尚未准到部复。

普洱府知府嵇玫，年五十二岁，江苏无锡县人，由监生捐州同，历升云南景东同知，请升今职。该员明白历练，心地诚实，办事尚能勇往。

广南府知府宋成绥，年五十六岁，江苏长洲县人，由监生捐盐大使，历升云南丽江府，调补今职。该府诚实稳练，办事勤慎，克称职守。

澄江府知府陈孝升，年五十二岁，浙江海盐县人，由贡生捐知州，历升知府，缘事革职，捐复留滇，请补今职。该府才识明练，办事勤能，知府中可冀有为之员。

临安府知府刁玉成，年五十六岁，镶黄旗包衣汉军，由监生捐大理寺寺丞，历升知府，补授今职。该府才具明晰，安详勤奋，办事尚属留心。

候补知府吴超，年五十一岁，江苏山阳县贡生，由知州加捐知府，拣发来滇。该府才具明晰，办事勤奋，现在委赴泸店监兑京铜。

（《宫中档乾隆朝奏折》第七十四辑，第600～603页）

3070　云贵总督富纲《奏陈两省提督考语折》

无日期

云贵总督臣富纲跪奏：谨将滇黔两省提督密填考语，敬缮清单，恭呈御览。

云南提督鄂辉，年四十九岁，正白旗满洲，出师伊犁、乌什、金川，打仗带伤，由四川守备历升今职。该提督老成练达，纪律严明，措置镇静，办理一切营伍细致公当，官兵均皆畏服，实堪胜边要提督之任。

贵州提督保成，年五十一岁，正红旗满洲，由参领补授副将，历升今职。该提督精明谙练，畅达营务，约束严肃，办事认真，苗情熟谙，深得兵心，实堪胜苗疆提督之任。

（《宫中档乾隆朝奏折》第七十四辑，第605页）

3071 云贵总督富纲《奏报遵旨再行自议折》

无日期

云贵总督奴才富纲跪奏：为遵旨再行自议，据实覆奏事。

本年十一月十九日，奴才行抵滇省之马龙州，承准尚书和珅字寄："乾隆四十六年十一月六日，奉上谕：据陈辉祖等参奏台湾道俞成、同知史崧寿纵任书吏婪索，知府万帛前并不举报一案；又据杨魁参奏长汀县知县徐曰都、南平县知县秦为干等佥差不慎，致解审要犯脱逃一案，已明降谕旨，将各该员分别革审严处，并将富纲交部严加议处，陈辉祖交部议处矣。富纲前在福建巡抚任内，不过因其为巡抚已年余，未见其有大过，而又以无人，故用为总督。孰知因循疏纵，诸事废弛，一致于此！今经陈辉祖、杨魁节次查明参奏者已经数案，殊负朕委任之恩。若早经发觉，不特总督难以骤迁，即巡抚亦难胜任矣。前于诸罗、凤山两案，朕未治其罪，从宽交部议处，仅令自行议罪，尚不足以蔽辜。着传旨富纲，令其再行议罪，据实覆奏。至滇黔地处边陲，兼以铜盐诸务，均关紧要。富纲抵任后，若再不实力整饬，痛改前非，仍前玩愒，则是咎由自取。文绶之前车具在，朕必重治其罪，不能复为曲贷矣。将此由五百里谕令知之。钦此。"钦遵。奴才跪读之下，感激涕零，悚惧愧悔，无地自容。

窃奴才满洲微末，毫无知识，仰蒙皇上特达殊恩，由道员擢至巡抚，已属非分，而仅经年余，复用为总督，皇上天高地厚之恩，实属奴才梦想所不到。乃前于福建巡抚任内，诸罗、凤山两案办理疏纵，仰蒙恩宥，准将议罚银两于明年解交浙江，留备钱塘工之用，已出万幸。兹复有台湾道厅纵吏婪索，长汀等县佥差不慎，致解审要犯脱逃之事，废弛玩愒，屈指累累。奴才扪心回想，昏愦糊涂至于此极，实属有负委任隆恩，即将奴才革职，从重治罪，亦不足以蔽辜。乃蒙皇上施恩格外，仍令自议。奴才具有人心，自忖捐糜亦不能仰报鸿慈。除听候该部严加议处外，唯有仍恳皇上再施一线之恩，俯准奴才再罚交银三万两，俟前项银两解交浙江后，亦即上紧陆续交贮藩库，全完时再行奏明，请旨拨解。是虽不足赎罪愆于万一，而奴才感沐矜全。到任之后，钦遵圣训，痛改前非，整饬边陲，督催铜盐各务，务期诸事整顿。若再仍前玩愒，不独难逃圣主洞鉴，自取罪戾，即抚衷自问，亦岂尚有人心？所有奴才再行自议缘由，理合遵旨，据实由驿覆奏，伏祈皇上睿鉴。

再奴才已于十一月二十日行抵寻甸州地方，计程，于二十一日可以抵滇接印，合并陈明。谨奏。

朱批：览。

（《宫中档乾隆朝奏折》第七十四辑，第 605 ~ 606 页）

夹片：（无日期）臣富纲伏查缅匪梗化多年，皆由懵驳、赘角牙父子济恶，又其所用头目率多党怙不悛，以致贡款愆期，实堪愤懑。臣蒙皇上天恩，擢任云贵总督，自上年抵滇以后，即经检阅缅匪旧案，将节年所奉谕旨恭绎，复与抚臣刘秉恬、提臣海禄详细讲求，实惟严禁关隘、镇静持久为紧要关键。今据探称，赘角牙为其堂兄孟鲁所杀，其叔孟陨又杀孟鲁，自立为酋，并将赘角牙同恶之头人、土司大半杀逐，而悉用伊父甕藉牙旧人等语。现在缅地情形，必须察看虚实，以尽得其底里为至要。查孟陨等辗转相杀，究系因何情节，赘角牙所用头目何以任听调遣杀逐，竟无串谋报复、望关来投之人；而孟陨所用事者又系各何姓名，现在孟陨是否为众心所归，附其阿瓦及各处土夷曾否安帖，种种紧要情节，均须访探确实，斟酌情势，奏请训示。

臣思腾越距省尚远，现据探信之摆夷冒他波闷所禀，俱未详细。缅地既有更立之事，边关最为紧要，一应巡防及侦探事件，必得臣亲自料理，以期详慎敷实，而得信较为迅速。臣若即因此信特赴边关，未免觉露张皇。臣前经奏明秋间亲赴永昌、腾越巡查营伍，目下辛丑铜运已经全数扫帮，现与抚臣商定，拟先期会同提臣赴边周查关隘，考验、增补兵丁，酌筹汛防事宜，就近密访缅酋确实情形，与提臣相度机宜，妥协筹办，随时驰驿奏请圣训。谨附片具奏。

朱批：此非汝所能辑，不如静心待之为是。已有旨了。

（《宫中档乾隆朝奏折》第七十四辑，第 606 ~ 607 页）

附　录

1. 云贵总督尹继善《奏请以云南知府储之盘补授迤东道折》

乾隆元年正月二十日

（档号 04－01－12－0006－001；缩微号 04－01－12－001－2224）

2. 云贵总督尹继善《奏报滇省盐价较重，请免赢余，以资调剂折》

乾隆元年二月十二日

（档号：04－01－35－0441－005；缩微号 04－01－35－025－0519）

3. 云贵总督尹继善《敬陈停止捐纳、整顿科目折》

乾隆元年二月十三日

（档号 04－01－38－0059－019；缩微号 04－01－38－003－1506）

4. 加礼部尚书衔兼管国子监祭酒事杨名时《奏陈滇省公件流弊折》

乾隆元年三月二十七日

（档号 04－01－01－0003－017；缩微号 04－01－01－001－0942）

5. 云南巡抚张允随《奏请停老农、总吏之例折》

乾隆元年五月十三日

（档号 04－01－01－0001－019；缩微号 04－01－01－001－0156）

6. 云南总督尹继善《奏报奉旨补授云南总督谢恩折》

乾隆元年八月二十四日

（档号 04－01－12－0004－001；缩微号 04－01－12－001－1337）

7. 云南总督尹继善《奏报滇省秋成歉薄，恳恩免征缓征折》

乾隆元年十月初十日

（档号 04－01－22－0002－062；缩微号 04－01－22－001－0756）

8. 云南总督尹继善《奏报滇省雨水情形并奏报稍迟缘由折》

乾隆元年十月初十日

（档号 04－01－24－0002－004；缩微号 04－01－24－001－0421）

9. 云南总督尹继善《奏报云南乡试主考王峻、钟衡俱能矢公矢慎，但眼力甚属平常折》

乾隆元年十月初十日

（档号 04－01－39－0101－016；缩微号 04－01－39－016－1512）

10. 云南总督尹继善《奏报省城十月分及各属九月分米价折》

乾隆元年十月（无具体日期）

（档号 04－01－24－0002－054；缩微号 04－01－24－001－0660）

11. 云南总督尹继善《敬呈滇省各属十一月分米粮价值单》

乾隆元年十一月（无具体日期）

（档号 04－01－39－0101－016；缩微号 04－01－39－016－1512）

12. 云南巡抚张允随《请定滇省相验条例，以裨吏治民生折》

乾隆二年正月二十一日

（档号 04－01－01－0022－042；缩微号 04－01－01－004－2078）

13. 云南总督尹继善《奏报滇省各属春收丰稔及得雨情形折》

乾隆二年五月二十七日

（档号 04－01－24－0004－007；缩微号 04－01－24－001－1436）

14. 云南总督尹继善《奏报滇铜日旺，酌筹变通铜政事宜折》

乾隆二年五月二十七日

（档号 04－01－35－1227－013；缩微号 04－01－35－060－0187）

15. 总理事务王大臣庄亲王允禄等《奏议云南总督尹继善酌变铜政事宜折》

乾隆二年七月初十日

（档号 04－01－35－1227－013；缩微号 04－01－35－060－0194）

16. 云南总督尹继善《呈云南省城及各属八月分粮价单》

乾隆二年八月（无具体日期）

（档号 04－01－24－0005－017；缩微号 04－01－24－001－2069）

17. 大学士伯鄂尔泰等《奏报遵旨会议云督庆复等奏开凿东川府以上通川河道事宜，耗费虽繁，悉民久远，请动帑兴办折》

乾隆二年（无具体日期）

（档号 04－01－05－0083－015；缩微号 04－01－05－006－2067）

18. 云南巡抚张允随奏报《遵旨查明滇省从前及现今所行事件册结式样实与许容所奏相符，无庸仿行折》

乾隆三年三月初九日

（档号 04－01－01－0025－039；缩微号 04－01－01－005－0563）

19. 云南总督领侍卫内大臣承恩公庆复、云南巡抚张允随《密奏云南学政孙人龙留心整饬学校，请再留任折》

乾隆三年五月三十日

（档号 04－01－12－0011－090；缩微号 04－01－12－002－2575）

20. 云南总督领侍卫内大臣承恩公庆复《奏请敕部拣发笔帖式来滇翻译清字文书折》

乾隆三年六月二十五日

（档号 04－01－12－0011－045；缩微号 04－01－12－002－2361）

21. 云南总督领侍卫内大臣承恩公庆复《奏报荷蒙天语垂问谢恩折》

乾隆三年九月十八日

（档号 04－01－12－0011－117；缩微号 04－01－12－002－2705）

22. 云南巡抚张允随《奏覆奉旨宣读圣谕折》

乾隆四年四月二十八日

（档号 04－01－12－0014－091；缩微号 04－01－12－003－1269）

23. 云南总督领侍卫内大臣承恩公庆复《奏报孟连边夷感德，贡象输诚折》

乾隆四年三月二十九日

（档号 04－01－14－0005－019；缩微号 04－01－15－001－1444）

24. 云南总督领侍卫内大臣承恩公庆复《奏请陛见折》

乾隆四年三月二十九日

（档号 04－01－14－0005－049；缩微号 04－01－12－004－2703）

25. 云南总督庆复、云南巡抚张允随《奏报安南交贼于乾塘地方起事，现派员弁严守边隘，并咨告彼国王折》

乾隆四年五月十七日

（档号 04－01－01－0040－018；缩微号 04－01－01－007－0522）

26. 云南总督领侍卫内大臣承恩公庆复《奏报委用道员温而逊在滇候补无期，请召回于内省缺多地方试用折》

乾隆四年七月初一日

（档号 04－01－12－0015－082；缩微号 04－01－12－003－1822）

27. 云南总督庆复、云南巡抚张允随《奏报安南交贼投诚，边陲宁谧折》

乾隆四年七月初一日

（档号 04－01－01－0040－004；缩微号 04－01－01－007－0433）

28. 云南巡抚张允随《遵旨奏议刑部侍郎钟保条奏杜命盗之源及力行保甲等折》

乾隆四年七月二十六日

（档号 04－01－01－0035－024；缩微号 04－01－01－006－1291）

29. 大学士伯鄂尔泰《遵旨议奏云督庆复等陈请滇省广西局减炉铸运京钱事宜折》

乾隆四年九月初二日

（档号 04－01－35－1229－026；缩微号 04－01－35－00－0585）

30. 云南总督领侍卫内大臣承恩公庆复《奏报蒙恩加衔谢恩折》

乾隆四年九月十八日

（档号 04 -01 -12 -0016 -013；缩微号 04 -01 -12 -003 -2084）

31. 云南总督领侍卫内大臣承恩公庆复《密奏抚臣张择于九月二十一日起程赴京陛见折》

乾隆四年九月十八日

（档号 04 -01 -12 -0011 -119；缩微号 04 -01 -12 -003 -1822）

32. 云南总督领侍卫内大臣承恩公庆复《密奏署理云南按察使张坦熊任事尚属明晰折》

乾隆四年九月十八日

（档号 04 -01 -12 -0011 -119；缩微号 04 -01 -12 -002 -2713）

33. 云南总督领侍卫内大臣承恩公庆复、云南巡抚臣张允随《奏请将未经引见之云南道府各员分班赴京引见折》

乾隆四年十月初六日

（档号 04 -01 -12 -0016 -010；缩微号 04 -01 -12 -003 -2067）

34. 云南总督领侍卫内大臣承恩公庆复、云南巡抚臣张允随《奏请拣发佐杂人员来滇差委折》

乾隆四年十一月二十二日

（档号 04 -01 -12 -0017 -003；缩微号 04 -01 -12 -003 -2444）

35. 太子太保议政大臣领侍卫内大臣銮仪卫掌卫事吏部尚书协理户部事务管理户部三库事果敢公讷亲等《遵旨议奏云南总督庆复等筹议解运滇铜事宜折》

乾隆四年十二月二十六日

（档号 04 -01 -35 -1230 -008；缩微号 04 -01 -35 -060 -0669）

36. 云南巡抚张允随《奏请于边方武备设弩手，以利战守折》

乾隆五年三月二十五日

（档号 04 -01 -01 -0053 -036；缩微号 04 -01 -01 -009 -0276）

37. 云南巡抚张允随《奏请酌定滇省命案尸伤相验之法折》

乾隆五年三月二十五日

（档号 04 -01 -01 -0058 -035；缩微号 04 -01 -01 -009 -2271）

38. 云南巡抚张允随《奏请酌定独自侍养之条，以矜无告折》

乾隆五年三月二十五日

（档号 04 -01 -01 -0058 -055；缩微号 04 -01 -01 -009 -2424）

39. 云南总督庆复、云南巡抚张允随《遵旨覆奏滇省产煤处所早已听民开采折》

乾隆五年五月初七日

（档号 04 -01 -36 -0083 -033；缩微号 04 -01 -36 -004 -0220）

40. 云南总督庆复、云南巡抚张允随《详陈酌筹开修通川河道水利情形折》

乾隆五年闰六月十九日

（档号 04 -01 -30 -0341 -002；缩微号 04 -01 -30 -021 -2713）

41. 云贵总督庆复、云南巡抚张允随《密陈试看署理按察使张坦熊考语折》

乾隆五年闰六月十九日

(档号 04－01－12－0019－003；缩微号 04－01－12－004－0471)

42. 太子少保云南总督领侍卫内大臣承恩公庆复、云南巡抚张允随《奏请改定粮储道酌加之养廉银以补办公经费之不足折》

乾隆五年闰六月二十二日

(档号 04－01－36－0083－034；缩微号 04－01－36－004－0223)

43. 署贵州总督云南巡抚张允随《奏请敕开明斋戒之条，以肃祀典折》

乾隆五年九月二十八日

(档号 04－01－14－0006－002；缩微号 04－01－14－001－1645)

44. 署贵州总督事务云南巡抚张允随《奏请严窃盗再犯律例折》

乾隆五年九月二十八日

(档号 04－01－01－0059－030；缩微号 04－01－01－010－0242)

45. 大学士伯鄂尔泰等《奏报遵旨会议云督庆复等奏开凿东川府以上通川河道事宜，耗费虽繁，悉民久远，请动帑兴办折》

乾隆五年（无具体日期）

(档号 04－01－05－0083－015；缩微号 04－01－05－006－2067)

46. 太子少保云南总督领侍卫内大臣承恩公庆复《奏报边省题补教职请仍照旧例办理折》

乾隆六年二月初九日

(档号 04－01－12－0022－003；缩微号 04－01－12－004－1956)

47. 大学士鄂尔泰等《议奏云督庆复自行陈明从前未经查出木欺古夷寨多寨头人之处，请旨免议折》

乾隆五年（无具体日期）

(档号 04－01－05－0085－010；缩微号 04－01－05－006－2162)

48. 署理贵州总督印务云南巡抚张允随《奏请军中用夫画一办理折》

乾隆六年四月十五日

(档号 04－01－01－0065－004；缩微号 04－01－01－010－2262)

49. 云南总督公庆复、云南巡抚张允随《奏报开凿金沙江并修通川河道情形折》

乾隆六年六月十五日

(档号 04－01－05－0007－005；缩微号 04－01－05－001－1311)

50. 太子少保云南总督领侍卫内大臣承恩公庆复《奏报奉旨署理两广总督谢恩并请陛见折》

乾隆六年六月十五日

(档号 04－01－12－0023－066；缩微号 04－01－12－004－2793)

51. 署理云南总督云南巡抚张允随《奏报探获安南国内情形折》
乾隆七年二月十七日
（档号 04－01－01－0089－0915；缩微号 04－01－01－014－1326）
52. 署理云南总督云南巡抚张允随《呈安南境内情形单》
乾隆七年二月十七日
（档号 04－01－01－0089－017；缩微号 04－01－01－014－1335）
53. 署理贵州总督印务云南巡抚张允随《奏报遵旨议筹裁减滇省各标镇协营兵丁折》
乾隆七年五月二十四日
（档号 04－01－01－0079－009；缩微号 04－01－01－013－0057）
54. 署理云南总督印务云南巡抚张允随《奏请敕下黔川督抚帮同公平雇募匠役来滇以资巨工折》
乾隆七年五月二十四日
（档号 04－01－01－0084－005；缩微号 04－01－01－013－1721）
55. 署理云南总督印务云南巡抚张允随《奏报滇省应修关隘情形折》
乾隆七年七月初五日
（档号 04－01－01－0080－046；缩微号 04－01－01－013－0721）
56. 署理云南总督印务云南巡抚张允随《奏报开化、广南边外查有贼氛，已饬该文武严防折》
乾隆七年七月初五日
（档号 04－01－01－0080－047；缩微号 04－01－01－013－0730）
57. 署理云南总督印务云南巡抚张允随《奏报滇省制备盔甲、藤牌以实营伍折》
乾隆七年七月初五日
（档号 04－01－01－0082－012；缩微号 04－01－01－013－1171）
58. 署理云南总督印务云南巡抚张允随《奏报普洱山高站远，请将拨运兵粮循例折征银两折》
乾隆七年十一月十七日
（档号 04－01－01－0083－004；缩微号 04－01－01－013－1721）
59. 署理云南总督印务云南巡抚张允随《奏报乾隆三年五月至乾隆六年十二月底滇省实在共减除过僧道、尼僧数目折》
乾隆七年十一月十七日
（档号 04－01－01－0089－045；缩微号 04－01－01－014－1523）
60. 署理云南总督印务云南巡抚张允随《奏报署广南府知府陈克复现总理金沙江通川河道，请俟工竣后再行给咨送部引见折》
乾隆八年二月初十日

（档号 04－01－01－0098－023；缩微号 04－01－01－015－1631）

61. 署理云南总督印务云南巡抚张允随《奏报滇省乾隆七年减除僧道数目折》

乾隆八年二月初十日

（档号 04－01－01－0104－002；缩微号 04－01－01－016－1732）

62. 署理云南总督印务云南巡抚张允随《奏报遵旨筹画增强滇省与安南交界各关隘盘查，以靖边疆折》

乾隆八年闰四月初七日

（档号 04－01－01－0095－022；缩微号 04－01－01－015－0398）

63. 署理云南总督印务云南巡抚张允随《奏报借项开修安宁州渠坝，分年还款折》

乾隆八年闰四月初七日

（档号 04－01－01－0099－008；缩微号 04－01－01－015－1909）

64. 署理云南总督印务云南巡抚张允随《奏报曲靖府南宁等县被水成灾赈恤情形折》

乾隆八年六月初七日

（档号 04－01－01－0100－026；缩微号 04－01－01－016－0246）

65. 署理云南总督印务云南巡抚张允随《奏报大关通川河道开修工程情形折》

乾隆八年闰七月初七日

（档号 04－01－01－0099－007；缩微号 04－01－01－015－1902）

66. 云南总督兼管巡抚事张允随《奏报预筹昭通镇采买兵粮折》

乾隆八年八月初六日

（档号 04－01－01－0097－005；缩微号 04－01－01－015－1107）

67. 云南总督兼管巡抚事张允随《奏报敬筹开修金江下游各事宜折》

乾隆八年八月初八日

（档号 04－01－01－0099－038；缩微号 04－01－01－015－2078）

68. 云南总督兼管巡抚事张允随《奏报大关通川河道现在开修滩工及运发京铜数目折》

乾隆八年十二月二十日

（档号 04－01－01－0104－002；缩微号 04－01－01－016－0416）

69. 云南总督兼管巡抚事张允随《奏报滇省乾隆八年减除僧道数目折》

乾隆八年十二月二十日

（档号 04－01－01－0104－020；缩微号 04－01－01－016－1845）

70. 云南总督兼管巡抚事张允随《奏报开修金江下游工程情形并上游运铜数目折》

乾隆九年三月初五日

（档号 04－01－01－0114－040；缩微号 04－01－01－018－0689）

71. 云南总督兼管巡抚事张允随《奏报开化府属地方被火赈恤折》

乾隆九年四月初二日

（档号 04 -01 -01 -0107 -016；缩微号 04 -01 -01 -017 -0567）

72. 云南总督兼管巡抚事张允随《再报开修金江下游滩工情形折》

乾隆九年六月十六日

（档号 04 -01 -01 -0114 -039；缩微号 04 -01 -01 -018 -0679）

73. 云南总督兼管巡抚事张允随《奏报办理镇沅府属等地被水赈恤情形折》

乾隆九年九月二十八日

（档号 04 -01 -01 -0107 -037；缩微号 04 -01 -01 -017 -0708）

74. 云南总督兼管巡抚事张允随《奏报遵旨条对滇省教养成效折》

乾隆九年十一月十六日

（档号 04 -01 -01 -0106 -021；缩微号 04 -01 -01 -017 -0129）

75. 云南总督兼管巡抚事张允随《奏报接修金江下游滩工折》

乾隆九年十一月十六日

（档号 04 -01 -01 -0114 -038；缩微号 04 -01 -01 -018 -0674）

76. 大学士伯鄂尔泰等《遵旨议奏云督张允随奏请借项开修大关河道折》

乾隆九年（无具体日期）

（档号 04 -01 -05 -0084 -013；缩微号 04 -01 -05 -006 -2185）

77. 云南总督兼管巡抚事张允随《奏报借帑兴修东川水利折》

乾隆十年三月二十日

（档号 04 -01 -01 -0122；050；缩微号 04 -01 -01 -019 -1123）

78. 太子少保云南总督兼管巡抚事务张允随《奏报撤回贴防开化官兵日期折》

乾隆十年五月二十七日

（档号 04 -01 -01 -0120 -024；缩微号 04 -01 -01 -019 -0216）

79. 云南总督兼管巡抚事张允随《奏报车里宣慰司叛目之子潜逃至今未获，普洱镇总兵官崔善元应宽限或参处，请旨定夺折》

乾隆十年六月二十八日

（档号 04 -01 -01 -121 -034；缩微号 04 -01 -01 -019 -0773）

80. 太子少保云南总督兼管巡抚事务张允随《奏报大理府邓川州大邑等村被水，业已赈恤折》

乾隆十年九月二十日

（档号 04 -01 -01 -0124 -051；缩微号 04 -01 -01 -019 -1900）

81. 太子少保云南总督兼管巡抚事务张允随《续报勘修金江工程险滩折》

乾隆十一年闰三月初八日

（档号 04 -01 -01 -0134 -034；缩微号 04 -01 -01 -021 -0297）

82. 云南总督兼管巡抚事张允随《奏报酌拟变通办理军中匠役留营事宜，请旨遵行折》

乾隆十年十一月十七日

（档号 04－01－01－0121－040；缩微号 04－01－01－019－0810）

83. 太子少保云南总督兼管巡抚事务张允随《奏报将首倡邪教之腾越州逆犯杨鹏翼戮尸毁墓日期折》

乾隆十一年十一月十七日

（档号 04－01－01－0138－056；缩微号 04－01－01－021－2142）

84. 云南巡抚图尔炳阿《奏报奉旨申饬谢恩折》

乾隆十二年二月二十八日

（档号 04－01－12－0057－007；缩微号 04－01－12－010－1672）

85. 太子少保云南总督兼管巡抚事务张允随《具奏滇铜由赤水河运送所节省脚价应俟黔铅办有成规再为酌定折》

乾隆十二年三月初十日

（档号 04－01－01－0150－032；缩微号 04－01－1－023－0996）

86. 太子少保云贵总督张允随、云南巡抚图尔炳阿《奏请将临安、曲靖、武定三府知府对调折》

乾隆十二年六月初九日

（档号 04－01－12－0055－006；缩微号 04－01－12－010－0490）

87. 太子少保云贵总督张允随《奏报将王命、旗牌等移交图尔炳阿接受等情折》

乾隆十二年六月初九日

（档号 04－01－12－0055－011；缩微号 04－01－12－010－0517）

88. 太子少保云贵总督张允随、云南巡抚图尔炳阿《密陈云南学政沈慰祖考语折》

乾隆十二年六月二十八日

（档号 04－01－12－0055；缩微号 04－01－12－010－0913）

89. 太子少保云贵总督张允随、云南巡抚图尔炳阿《奏请敕部于候选州县内拣员来滇委用折》

乾隆十二年六月二十九日

（档号 04－01－12－0055－042；缩微号 04－01－12－010－0678）

90. 太子少保云贵总督张允随、云南巡抚图尔炳阿《奏请以葛庆曾借署云州知州折》

乾隆十二年八月初六日

（档号 04－01－12－0055－072；缩微号 04－01－12－010－0838）

91. 太子少保云贵总督张允随、云南巡抚图尔炳阿《奏请以徐柄升补东川府知府折》

乾隆十二年八月初二日

（档号 04－01－12－0055－082；缩微号 04－01－12－010－0892）

92. 云南巡抚图尔炳阿《奏覆谨遵圣训慎重办理奉到寄信钦传谕旨折》

乾隆十二年九月初五日

（档号 04 -01 -01 -0143 -026；缩微号 04 -01 -01 -022 -0741）

93. 云南巡抚图尔炳阿《奏报遵旨办理整饬戎行并抚标兵械现皆堪用折》

乾隆十二年九月初五日

（档号 04 -01 -01 -0148 -017；缩微号 04 -01 -01 -023 -0224）

94. 太子太保云贵总督张允随、云南巡抚图尔炳阿《奏请将原署广南府知府陈克复仍发滇补用折》

乾隆十二年九月十三日

（档号 04 -01 -12 -0056 -119；缩微号 04 -01 -12 -010 -1623）

95. 云南巡抚图尔炳阿《奏覆与督臣张允随等诫勉各道府，加意稽查仓库钱粮折》

乾隆十二年十月二十七日

（档号 04 -01 -01 -0150 -036；缩微号 04 -01 -01 -024 -0993）

96. 云南巡抚图尔炳阿《密陈司道以下各员考语折》

乾隆十二年十一月十六日（原档残损）

（档号 04 -01 -12 -0056 -028；缩微号 04 -01 -12 -010 -1171）

97. 云南巡抚图尔炳阿《奏报乾隆十二年分滇省民数、谷数折》

乾隆十二年十二月二十日

（档号 04 -01 -01 -0141 -03；缩微号 04 -01 -01 -022 -0263）

98. 云南巡抚图尔炳阿《奏明挑选技艺纯熟匠人入川铸造九节铜炮折》

乾隆十二年十二月二十日

（档号 04 -01 -01 -0148 -032；缩微号 04 -01 -01 -023 -1009）

99. 太子太保云贵总督张允随、云南巡抚图尔炳阿《奏请将元江府知事移驻因远地方折》

乾隆十三年三月二十五日

（档号 04 -01 -12 -058 -078；缩微号 04 -01 -12 -011 -2461）

100. 太子太保云贵总督张允随、云南巡抚图尔炳阿《奏报委布政使宫尔劝代办臬司印务折》

乾隆十三年六月初九日

（档号 04 -01 -12 -0061 -040；缩微号 04 -01 -12 -011 -1183）

101. 太子少保云贵总督张允随《奏报昆明、晋宁等州县被水赈恤情形折》

乾隆十三年九月十九日

（档号 04 -01 -01 -0158 -017；缩微号 04 -01 -01 -024 -1426）

102. 云南巡抚图尔炳阿《奏报昆明等处续被水淹，遵旨办理赈恤情形折》

乾隆十三年九月二十三日

（档号 04 -01 -01 -0158 -003；缩微号 04 -01 -01 -024 -1434）

103. 云南巡抚图尔炳阿《奏请陛见折》

乾隆十三年十一月十六日

（档号 04－01－12－0062－013；缩微号 04－01－12－011－1666）

104. 云南巡抚图尔炳阿《奏报谨遵圣训，不敢存挟制之心折》

乾隆十三年十一月十六日

（档号 04－01－12－0062－024；缩微号 04－01－12－011－1723）

105. 云南巡抚图尔炳阿《奏报遵旨查明乾隆十二年并十三年分滇省续收侯顶师碟僧道数目折》

乾隆十三年十二月十八日

（档号 04－01－01－0169－028；缩微号 04－01－01－025－2570）

106. 云南巡抚图尔炳阿《奏报遵旨严饬地方官协同武弁于各要隘地方查察，加意防范折》

乾隆十三年十二月十八日

（档号 04－01－01－0161－029；缩微号 04－01－01－024－2435）

107. 云南巡抚图尔炳阿《奏报遵旨拣选滇省道府十员赴川委用折》

乾隆十四年正月二十五日

（档号 04－01－01－0175－001；缩微号 04－01－01－026－1619）

108. 云南巡抚图尔炳阿《奏报准饬赴川运粮迤东道宋寿图等员迅速回任折》

乾隆十四年二月二十九日

（档号 04－01－0064－050；缩微号 04－01－12－012－0255）

109. 云南巡抚图尔炳阿《奏报滇省春禾茂盛情形折》

乾隆十四年二月二十九日

（档号 04－01－02－0043－002；缩微号 04－01－02－002－0353）

110. 太子少保云贵总督张允随《奏报遵旨查办参劾永昌府知府刘樵私税勒借、侵帑误公折》

乾隆十四年五月二十一日

（档号 04－01－01－0183－022；缩微号 04－01－01－027－1861）

111. 太子少保云贵总督张允随《奏报遵旨酌定滇省应修、缓修工程折》

乾隆十四年六月二十六日

（档号 04－01－01－0180－003；缩微号 04－01－01－027－0871）

112. 云南巡抚图尔炳阿《奏报覆奏金沙江工程一折奉旨申饬谢恩折》

乾隆十四年七月初二日

（档号 04－01－12－0066－062；缩微号 04－01－012－012－1320）

113. 云南巡抚图尔炳阿《奏报俟携资潜逃人犯参革永昌府知府刘樵之子刘天任解到后，

即行遵旨严讯折》
乾隆十四年九月二十五日
（档号 04 - 01 - 01 - 0182 - 029；缩微号 04 - 01 - 01 - 027 - 1924）

114. 云南巡抚图尔炳阿《奏报接署云贵总督印务日期折》
乾隆十四年十月初四日
（档号 04 - 01 - 01 - 0173 - 032；缩微号 04 - 01 - 01 - 026 - 1079）

115. 太子太保云贵总督张允随、云南巡抚图尔炳阿、云南学政何其濬《奏请将五华书院山长孙见龙送部引见折》
乾隆十四年十月初九日
（档号 04 - 01 - 01 - 0181 - 032；缩微号 04 - 01 - 01 - 027 - 1704）

116. 云南巡抚图尔炳阿《奏报遵旨访察云南学政何其濬实无循情作弊折》
乾隆十四年十月初十日
（档号 04 - 01 - 12 - 0067 - 098；缩微号 04 - 01 - 12 - 012 - 2105）

117. 云南巡抚图尔炳阿《奏报滇省开修河道预留核减银两业经归款折》
乾隆十四年十一月初八日
（档号 04 - 01 - 01 - 0179 - 003；缩微号 04 - 01 - 01 - 027 - 0402）

118. 云南巡抚图尔炳阿《奏报奉旨将本省侵亏人犯刘樵及戴朝冠正法折》
乾隆十四年十一月初八日
（档号 04 - 01 - 01 - 0128 - 016；缩微号 04 - 01 - 01 - 027 - 1825）

119. 云南巡抚图尔炳阿《密陈司道府厅州县各员考语折》
乾隆十四年十二月二十日
（档号 04 - 01 - 12 - 0064 - 050；缩微号 04 - 01 - 12 - 012 - 2196）

120. 云南巡抚图尔炳阿《奏请敕部拣选候补候选首领、杂职发滇差委折》
乾隆十四年十二月十六日
（档号 04 - 01 - 12 - 0068 - 007；缩微号 04 - 01 - 12 - 012 - 2234）

121. 云南巡抚图尔炳阿《奏报遵旨率属化导民夷，务期吏治整肃、民风驯谨折》
乾隆十四年十二月十六日
（档号 04 - 01 - 01 - 0141 - 024；缩微号 04 - 01 - 01 - 022 - 0147）

122. 广东巡抚岳濬《奏报蒙恩补授云南巡抚谢恩赴任折》
乾隆十五年二月初八日
（档号 04 - 01 - 12 - 0107 - 084；缩微号 04 - 01 - 12 - 018 - 2010）

123. 云南巡抚图尔炳阿《奏报滇省猝遇雷雨及五华山火药库、民房等项被灾情形，并分别修葺、赈恤等折》
乾隆十五年二月二十八日

（档号 04 -01 -10 -0013 -008；缩微号 04 -01 -10 -001 -0394）

124. 云南巡抚图尔炳阿《奏报奉旨调补安徽巡抚，恭谢天恩折》

乾隆十五年二月二十八日

（档号 04 -01 -12 -0072 -033；缩微号 04 -01 -12 -013 -0959）

125. 云南巡抚今调安徽巡抚降二级留任图尔炳阿《奏报遵旨查明五华山火药局实系雷轰情形折》

乾隆十五年五月二十八日

（档号 04 -01 -01 -0191 -036；缩微号 04 -01 -01 -028 -2012）

126. 云南巡抚今调安徽巡抚降二级留任图尔炳阿《奏报交卸关防并起程赴任日期折》

乾隆十五年六月初五日

（档号 04 -01 -12 -0074 -051；缩微号 04 -01 -12 -013 -1614）

127. 湖南巡抚开泰《奏报调补云南巡抚岳濬在赴任途中患病耽延折》

乾隆二十六年六月二十二日

（档号 04 -01 -12 -0108 -049；缩微号 04 -01 -12 -018 -2286）

128. 云贵总督硕色《奏报遵旨查明滇省五华山火药局遭遇雷轰及被损情形，并妥协修缮折》

乾隆十五年六月二十七日

（档号 04 -01 -01 -0191 -039；缩微号 04 -01 -01 -0282120）

129. 云贵总督硕色《奏报滇省本年豆麦收成分数折》

乾隆十五年六月二十七日

（档号 04 -01 -22 -0029 -009；缩微号 04 -01 -22 -005 -1553）

130. 云贵总督硕色《呈乾隆十五年云南省城六月分及通省五月分米粮时价单》

乾隆十五年六月二十七日

（档号 04 -01 -30 -0292 -020；缩微号 04 -01 -30 -018 -1678）

131. 云贵总督硕色《奏报带解两郊壇宇工程处铸造供器铜斤扫帮日期折》

乾隆十五年七月初八日

（档号 04 -01 -35 -1244 -014；缩微号 04 -01 -35 -060 -2756）

132. 云贵总督硕色《奏报滇省存库钱文日积，酌请加搭兵饷折》

乾隆十五年七月初八日

（档号 04 -01 -35 -1244 -025；缩微号 04 -01 -35 -060 -2782）

133. 云贵总督硕色《奏报云贵两省雨水禾苗情形折》

乾隆十五年八月初二日

（档号 04 -01 -22 -0029 -012；缩微号 04 -01 -22 -005 -1576）

134. 云贵总督硕色《奏报新任滇省盐驿道张惟寅有意包庇休致郭振仪亏缺盐斤折》

乾隆十五年八月初二日

（档号 04－01－35－0453－055；缩微号 04－01－35－025－2885）

135. 云贵总督硕色《奏报遵办滇省乡试各情形折》

乾隆十五年九月初三日

（档号 04－01－38－0068－023；缩微号 04－01－38－003－2820）

136. 云贵总督硕色《奏报云南亏空钱粮各案，请旨将布政使宫尔劝、昭通府知府金文宗革职审讯折》

乾隆十五年九月初三日

（档号 04－01－35－0715－051；缩微号 04－01－35－039－0332）

137. 贵州巡抚爱必达《奏报遵旨赴滇查办原任驿盐道郭振仪亏缺盐斤银两一案折》

乾隆十五年九月二十五日

（档号 04－01－35－0454－008；缩微号 04－01－35－025－2909）

138. 云贵总督硕色《奏报遵旨议覆滇省墩台、塘房、城垣发修等仍循旧例办理折》

乾隆十五年十月初三日

（档号 04－01－01－0192－019；缩微号 04－01－01－029－0129）

139. 云贵总督硕色《奏报查明上司擅令州县那移库项，着落分赔折》

乾隆十五年十月初三日

（档号 04－01－35－0715－055；缩微号 04－01－35－039－0346）

140. 云贵总督硕色《奏报酌议滇黔二省营马倒毙，应行买补及赔桩折》

乾隆十五年十月初三日

（档号 04－01－01－0191－011；缩微号 04－01－01－028－1947）

141. 云贵总督硕色《奏报遵旨拿获原滇抚图尔炳阿，交部定拟折》

乾隆十五年十一月初四日

（档号 04－01－01－0197－038；缩微号 04－01－01－029－1896）

142. 云贵总督硕色《奏报查议滇省仓谷粜价折》

乾隆十五年十一月初四日

（档号 04－01－35－1150－011；缩微号 04－01－35－056－2335）

143. 云贵总督硕色《奏报钦奉谕旨训诲谢恩折》

乾隆十五年十一月初四日

（档号 04－01－01－0197－037；缩微号 04－01－01－029－1890）

144. 贵州巡抚爱必达《奏报奉旨补授云南巡抚谢恩折》

乾隆十五年十一月初八日

（档号 04－04－12－0078－007；缩微号 04－04－12－014－0043）

145. 云贵总督硕色《特参滇省粮储道徐本倦亏欠铜厂帑本银两，请革职勒还折》

乾隆十五年十一月十七日

（档号 04－01－35－0087－003；缩微号 04－01－35－004－0567）

146. 云贵总督硕色《奏报查明煤七炭三可资鼓铸钱文及查禁剪边私销钱文折》

乾隆十五年十一月十七日

（档号 04－01－35－1245－026；缩微号 04－01－35－060－2899）

147. 云贵总督硕色《奏报云贵两省秋成分数折》

乾隆十五年十一月十七日

（档号 04－01－22－0030－029；缩微号 04－01－22－005－1974）

148. 云贵总督硕色《奏报云南十一月得雪情形折》

乾隆十五年十二月初二日

（档号 04－01－24－0059－012；缩微号 04－01－24－010－0067）

149. 云贵总督硕色、云南巡抚爱必达《奏报遵旨严拿原任布政使宫尔劝，收禁其家口，查办赀财折》

乾隆十五年十二月二十一日

（档号 04－01－01－0197－046；缩微号 04－01－01－029－1944）

150. 云贵总督硕色、云南巡抚爱必达《奏报查出禄劝多那铜厂营私舞弊情事折》

乾隆十六年正月二十二日

（档号 04－01－35－1246－005；缩微号 04－01－35－060－3231）

151. 云贵总督硕色《奏报昭通镇古寨汛兵赵奇才等不法伤人折》

乾隆十六年正月二十二日

（档号 04－01－01－0206－001；缩微号 04－01－01－030－1913）

152. 云贵总督硕色《奏报审明昭通镇分防古寨汛兵谢登科等纠众不法，按律定拟折》

乾隆十六年正月二十二日

（档号 04－01－01－0206－020；缩微号 04－01－01－030－2038）

153. 云贵总督硕色、云南巡抚爱必达《奏请以云南府知府徐绎升补粮储道折》

乾隆十六年正月二十二日

（档号 04－01－12－0080－010；缩微号 04－01－12－014－0736）

154. 云南巡抚爱必达《奏报通盘仓粮，奏请展限折》

乾隆十六年正月三十日

（档号 04－01－35－1150－033；缩微号 04－01－35－056－2404）

155. 云南巡抚爱必达《奏报将驿盐道郭振仪等按拟招解并清查积余银两折》

乾隆十六年正月三十日

（档号 04－01－35－0454－025；缩微号 04－01－35－025－2962）

156. 云南巡抚爱必达《奏报乾隆十四年已未完盐课等项银两折》

乾隆十六年二月二十八日

（档号 04－01－35－0454－026；缩微号 04－01－35－025－2970）

157. 云南巡抚爱必达《奏报凛遵训谕，恭谢天恩折》

乾隆十六年二月二十八日

（档号 04－01－12－0080－049；缩微号 04－01－12－014－0930）

158. 云南巡抚爱必达《奏报乾隆十五年二运、加运京铜扫帮日期折》

乾隆十六年二月二十八日

（档号 04－01－35－1246－012；缩微号 04－01－35－060－2956）

159. 云贵总督硕色《奏报滇省各属入春以来雨水春花苗情折》

乾隆十六年三月二十一日

（档号 04－01－40－0031－014；缩微号 04－01－40－005－1005）

160. 云贵总督硕色、云南巡抚爱必达《奏请以永北府知府岳安调补普洱府知府折》

乾隆十六年三月二十一日

（档号 04－01－12－0081－044；缩微号 04－01－12－014－1403）

161. 云南巡抚爱必达《奏报滇省废弛情形及现在办理折》

乾隆十六年三月二十二日

（档号：04－01－30－0485－006；缩微号 04－01－30－030－0217）

162. 云南巡抚爱必达《奏请旺厂设专员调剂缘由折》

乾隆十六年三月二十二日

（档号 04－01－35－1246－018；缩微号 04－01－35－060－3081）

163. 云南巡抚爱必达《奏报乾隆十六年头运京铜扫帮日期折》

乾隆十六年三月二十二日

（档号 04－01－35－1246－017；缩微号 04－01－35－060－2971）

164. 云贵总督硕色、云南巡抚爱必达《奏报遵旨审明原任布政使宫尔劝婪赃舞弊案，依律定拟折》

乾隆十六年五月十三日

（档号 04－01－13－0017－033；缩微号 04－01－13－001－1327）

165. 云贵总督硕色、云南巡抚爱必达《奏报遵旨严查原云南布政使宫尔劝赀财折》

乾隆十六年五月十三日

（档号 04－01－35－0716－033；缩微号 04－01－35－039－0457）

166. 云南巡抚爱必达《奏请以剑川州知州张泓调补黑盐井提举折》

乾隆十六年五月十六日

（档号 04－01－13－0087－019；缩微号 04－01－13－005－0782）

167. 云南巡抚爱必达《奏报乾隆十五年已未完新旧盐课折》

乾隆十六年五月十六日

（档号 04－01－35－0454－038；缩微号 04－01－35－026－0020）

168. 云贵总督硕色、云南巡抚爱必达《奏报滇省分别解京银两及在外估变宫尔劝家赀折》

乾隆十六年闰五月初六日

（档号 04－01－35－0716－046；缩微号 04－01－35－039－0496）

169. 云贵总督硕色《奏报查抄原云南巡抚图尔炳阿家产赀财折》

乾隆十六年闰五月初六日

（档号 04－01－35－0716－047；缩微号 04－01－35－039－0500）

170. 云贵总督硕色《奏报本年滇省豆麦收成分数折》

乾隆十六年闰五月十二日

（档号 04－01－23－0019－028；缩微号 04－01－23－001－2696）

171. 云贵总督硕色、云南巡抚爱必达《奏请定云南厂官处分、议叙章程折》

乾隆十六年闰五月十五日

（档号 04－01－35－1247－011；缩微号 04－01－35－060－3083）

172. 云贵总督硕色、云南巡抚爱必达《奏请于东川至昭通开路建桥、设立牛站，以速铜运折》

乾隆十六年闰五月十五日

（档号 04－01－23－0026－001；缩微号 04－01－23－002－0849）

173. 云南巡抚郭一裕《奏报滇省本年春收丰稔情形折》

乾隆二十二年四月初九日

（档号 04－01－23－0024－024；缩微号 04－01－23－002－0535）

174. 云南巡抚郭一裕《奏报钦差刘统勋到滇日期折》

乾隆二十二年五月十三日

（档号 04－01－01－0217－005；缩微号 04－01－01－031－2455）

175. 云贵总督恒文、云南巡抚郭一裕《奏请敕部拣员补放丽江府员缺折》

乾隆二十二年五月十三日

（档号 04－01－12－0085－059；缩微号 04－01－12－015－0703）

176. 云贵总督恒文、云南巡抚郭一裕《奏请将茂隆厂员杜时昌应追变尚未完银豁免折》

乾隆二十二年五月十六日

（档号 04－01－35－0717－041；缩微号 04－01－35－039－0665）

177. 刑部尚书刘统勋《奏报遵旨委员摘取恒文云贵总督印信，交贵州巡抚定长暂行署理折》

乾隆二十二年五月十八日

（档号 04－01－12－0085－062；缩微号 04－01－12－015－0715）

178. 刑部尚书刘统勋、贵州巡抚定长《奏报遵旨查审云南巡抚郭一裕参奏云贵总督恒文婪赃纵亲勒索各款折》

乾隆二十二年五月十八日

（档号 04－01－01－0217－013；缩微号 04－01－01－031－2494）

179. 江苏巡抚爱必达《奏报奉旨补授云贵总督谢恩并陈常、镇、扬三府雨水情形折》

乾隆二十二年六月十六日

（档号 04－01－13－0024－007；微缩号 04－01－13－001－1671）

180. 刑部尚书刘统勋、暂署云贵总督印务贵州巡抚定长《奏报遵旨详审郭一裕参奏恒文购金各款折》

乾隆二十二年六月十九日

（档号 04－01－01－0217－002；缩微号 04－01－01－031－2431）

181. 刘统勋、定长《奏报查封恒文家产约估银数折》

乾隆二十二年七月初七日

（档号 04－01－01－0217－006；缩微号 04－01－01－031－2459）

182. 刘统勋《奏报一俟领到朱批，即回京覆命折》

乾隆二十二年七月初七日

（档号 04－01－01－0214－028；缩微号 04－01－01－031－1548）

183. 刑部尚书刘统勋、暂署云贵总督印务贵州巡抚定长《奏报遵旨审明已革云贵总督恒文买金勒索一案，按律定拟折》

乾隆二十二年七月初七日

（档号 04－01－01－0217－062；缩微号 04－01－01－031－2778）

184. 刑部尚书刘统勋、暂署云贵总督印务贵州巡抚定长《奏报遵旨查封郭一裕任所资财折》

乾隆二十二年七月二十一日

（档号 04－01－01－0217－063；缩微号 04－01－01－031－2802）

185. 刑部尚书刘统勋、暂署云贵总督印务贵州巡抚定长《奏报审明原任云南巡抚郭一裕诱人犯法一案，按律定拟折》

乾隆二十二年七月二十一日

（档号 04－01－01－0217－065；缩微号 04－01－01－031－2833）

186. 刑部尚书刘统勋、暂署云贵总督印务贵州巡抚定长《奏报遵旨审明原任巡抚郭一裕购金制炉等折》

乾隆二十二年七月二十一日

（档号 04－01－01－0217－066；缩微号 04－01－01－031－2833）

187. 定长《奏报遵旨给还解任云南巡抚郭一裕任所资财并委员伴送、押解郭一裕、恒文进京折》

乾隆二十二年（无具体日期）

（档号 04－01－12－0086－014；缩微号 04－01－12－015－0992）

188. 新任云南巡抚刘藻《奏谢奉旨调补云南巡抚折》

乾隆二十二年八月初三日

（档号 04－01－12－0086－033；缩微号 04－01－12－015－1090）

189. 暂署云贵总督印务定长《奏报审明原任云贵总督恒文家人王佐等私自索银一案，按律定拟折》

乾隆二十二年八月十八日

（档号 04－01－01－0218－006；缩微号 04－01－01－032－0036）

190. 云贵总督爱必达《奏报遵旨办理滇黔课金不再在本地变价，一体搭解户部交纳折》

乾隆二十二年九月初三日

（档号 04－01－35－0546－003；微缩号 04－01－35－031－0474）

191. 云贵总督爱必达《奏报到任接印日期折》

乾隆二十二年九月十七日

（档号 04－01－12－0087－014；微缩号 04－01－12－015－1471）

192. 云南巡抚刘藻《奏报抵滇到任日期折》

乾隆二十二年九月十七日

（档号 04－01－12－0115－106；缩微号 04－01－12－020－0549）

193. 云南巡抚刘藻《奏报云南巡抚关防清汉篆文模糊，疏请改铸折》

乾隆二十二年九月十七日

（档号 04－01－01－0214－004；缩微号 04－01－01－031－1599）

194. 云贵总督爱必达《奏报滇黔两省收成大概情形折》

乾隆二十二年九月十七日

（档号 04－01－23－0024－002；微缩号 04－01－23－002－0431）

195. 湖广总督硕色《奏报钦差三泰等宣旨赐帛革职总督恒文自缢身故，办理事竣回京日期折》

乾隆二十二年十月初四日

（档号 04－01－01－0214－053；缩微号 04－01－01－031－1636）

196. 云贵总督爱必达、云南巡抚刘藻《奏报审明永北府土司高龙跃退婚抢银并张德昆捏造妖书一案情形折》

乾隆二十二年十月十二日

（档号 04 - 01 - 01 - 0227 - 017；微缩号 04 - 01 - 01 - 033 - 0077）

197. 云贵总督爱必达《奏报滇省栽插齐全折》

乾隆二十三年五月十三日

（档号 04 - 01 - 23 - 0031 - 041；微缩号 04 - 01 - 23 - 002 - 2166）

198. 云南巡抚郭一裕《奏报乾隆二十二年正运京铜自泸店开运日期折》

乾隆二十三年五月十三日

（档号 04 - 01 - 35 - 1249 - 030；缩微号 04 - 01 - 35 - 060 - 3279）

199. 云贵总督爱必达、云南巡抚刘藻《奏报遵旨酌定编审保甲、责成考核各条折》

乾隆二十三年五月二十八日

（档号 04 - 01 - 01 - 0219 - 021；微缩号 04 - 01 - 01 - 032 - 0608）

200. 云贵总督爱必达、云南巡抚刘藻《奏请以弥勒州知州王元爔升署开化府同知，遗缺以候补同知张再堪借补折》

乾隆二十三年五月二十八日

（档号 04 - 01 - 12 - 0090 - 018；微缩号 04 - 01 - 12 - 016 - 0464）

201. 云贵总督爱必达、云南巡抚刘藻《奏报丽江府被雹并抚恤情形折》

乾隆二十三年五月二十八日

（档号 04 - 01 - 02 - 0047 - 012；微缩号 04 - 01 - 02 - 002 - 1021）

202. 云南巡抚刘藻《奏报乾隆二十二年分滇省公件、耗羡等项收支、动存、管收、除在各款银两数目折》

乾隆二十三年五月二十八日

（档号 04 - 01 - 35 - 0897 - 006；缩微号 04 - 01 - 35 - 046 - 2774）

203. 云贵总督爱必达、云南巡抚刘藻《奏请以通海县知县余庆长调补太和县知县，遗缺以候补知县陈天龙补授折》

乾隆二十三年六月十五日

（档号 04 - 01 - 12 - 0090 - 018；微缩号 04 - 01 - 12 - 016 - 0664）

204. 云贵总督爱必达、云南巡抚刘藻《奏报审明建水州民人谭宗与杨氏通奸，谋死本夫情实，临审呼冤，殊属狡诈，请旨即行正法折》

乾隆二十三年六月十五日

（档号 04 - 01 - 01 - 0225 - 013；微缩号 04 - 01 - 01 - 032 - 2088）

205. 云南巡抚刘藻《奏报滇省乾隆二十二年分盐课完欠银两折》

乾隆二十三年七月十六日

（档号 04 - 01 - 30 - 0469 - 005；缩微号 04 - 01 - 30 - 028 - 2256）

206. 云贵总督爱必达《奏报顺宁府缅宁年需兵米仓存支放有盈请永停采买折》

乾隆二十三年七月二十四日

（档号 04－01－01－0224－021；微缩号 04－01－01－032－1783）

207. 云贵总督爱必达《奏报云贵两省本年秋成大概情形折》

乾隆二十三年九月十三日

（档号 04－01－23－0028－020；微缩号 04－01－23－002－1380）

208. 云贵总督爱必达《奏报黔省拨解滇省息银，酌量拨解、设法营运及另案办理折》

乾隆二十三年十二月十七日

（档号 04－01－01－0224－041；微缩号 04－01－01－032－1890）

209. 云贵总督爱必达《奏谢奉旨加太子少保衔折》

乾隆二十三年八月二十一日

（档号 04－01－12－0091－071；微缩号 04－01－12－016－1142）

210. 云贵总督爱必达、云南巡抚刘藻《奏报查办丽江府木保等处赈务情形折》

乾隆二十三年九月十一日

（档号 04－01－02－0047－017；微缩号 04－01－02－002－1055）

211. 云南巡抚刘藻《奏请于曲靖等处各就本地情形收贮谷荞折》

乾隆二十三年九月十一日

（档号 04－01－35－1155－010；缩微号 04－01－35－056－3245）

212. 云贵总督爱必达、云南巡抚刘藻《奏报云南驿盐道刘谦年老力衰，请准休致折》

乾隆二十三年九月二十一日

（档号 04－01－12－0091－045；微缩号 04－01－12－016－1006）

213. 云贵总督爱必达、云南巡抚刘藻《奏请以署景东府掌印同知陈秋元升署东川府知府折》

乾隆二十三年十月初十日

（档号 04－01－12－0091－007；微缩号 04－01－12－016－0825）

214. 云贵总督爱必达、云南巡抚刘藻《奏请以澄江府知府李承邺调补镇沅府夷疆要缺折》

乾隆二十三年十一月十八日

（档号 04－01－12－0092－025；微缩号 04－01－12－016－1302）

215. 云贵总督爱必达《奏报本年入冬后滇黔两省雨雪豆麦情形折》

乾隆二十三年十二月十七日

（档号 04－01－25－0073－035；微缩号 04－01－25－007－0160）

216. 云贵总督爱必达、云南巡抚刘藻《奏请以迤东道调补驿盐道，遵旨以福明安补授迤东道折》

乾隆二十四年正月初四日

（档号 04－01－12－0092－065；微缩号 04－01－12－016－1507）

217. 云贵总督爱必达《奏报滇黔两省得雪情形及云南省城雨水豆麦情形折》

乾隆二十四年正月二十四日

（档号 04 -01 -25 -0086 -039；微缩号 04 -01 -25 -008 -0177）

218. 云贵总督爱必达、云南巡抚刘藻《奏请以保山县知县龙廷栋升补镇沅同知，遗缺以试用知县陈廷献署理折》

乾隆二十四年二月十六日

（档号 04 -01 -12 -0093 -034；微缩号 04 -01 -12 -016 -1732）

219. 云南巡抚刘藻《奏请循例借项开修剑川州水利折》

乾隆二十四年二月十六日

（档号 04 -01 -05 -0026 -015；缩微号 04 -01 -05 -002 -1855）

220. 云南巡抚刘藻《奏报滇盐不敷行销，请添买粤盐以济民食折》

乾隆二十四年三月十四日

（档号 04 -01 -25 -0089 -037；微缩号 04 -01 -25 -008 -0762）

221. 云贵总督爱必达、云南巡抚刘藻《奏报通筹滇省铜务，以期丰旺折》

乾隆二十四年十二月初一日

（档号 04 -01 -36 -0088 -015；微缩号 04 -01 -36 -004 -0684）

222. 云贵总督爱必达、云南巡抚刘藻《奏报遵旨查明永顺镇总兵哈峻德婪赃勒索一案，按律定拟折》

乾隆二十四年十二月二十一日

（档号 04 -01 -16 -0039 -054；缩微号 04 -01 -16 -006 -1953）

223. 云南巡抚刘藻《奏报滇省乾隆二十四年分民数、谷数折》

乾隆二十四年十二月二十一日

（档号 04 -01 -35 -1158 -031；缩微号 04 -01 -35 -057 -0184）

224. 云贵总督爱必达、云南巡抚刘藻《奏报特参云南布政使傅靖玩误公务、负恩溺职，请革职处分折》

乾隆二十四年十二月二十七日

（档号 04 -01 -12 -0098 -047；微缩号 04 -01 -12 -017 -1354）

225. 云贵总督爱必达《奏请陛见折》

乾隆二十五年正月十九日

（档号 04 -01 -01 -0239 -060；微缩号 04 -01 -01 -034 -1112）

226. 云南巡抚刘藻《奏报酌定官员告病条例，敕部核议折》

乾隆二十五年正月十九日

（档号 04 -01 -12 -0099 -057；缩微号 04 -01 -12 -017 -1838）

227. 云贵总督爱必达、云南巡抚刘藻《奏请以昆明县知县张甄陶调补宝宁县知县，遗缺

以候补知县魏成汉补授折》

乾隆二十五年二月十八日

（档号 04－01－12－0099－022；微缩号 04－01－12－017－1654）

228. 云南巡抚刘藻《奏请陛见折》

乾隆二十五年二月二十二日

（档号 04－01－14－0030－026；缩微号 04－01－14－004－0131）

229. 云南巡抚刘藻《奏报遵旨筹酌运铜报销期限折》

乾隆二十五年二月二十二日

（档号 04－01－35－0899－021；缩微号 04－01－35－046－3026）

230. 云贵总督爱必达、云南巡抚刘藻《奏报滇省乾隆二十四年分动用钱粮及工程报销各案全完折》

乾隆二十五年三月十五日

（档号 04－01－35－0899－033；微缩号 04－01－35－046－3054）

231. 云贵总督爱必达《奏谢奉旨宽免折》

乾隆二十五年四月十五日

（档号 04－01－12－0101－052；微缩号 04－01－12－017－2358）

232. 云贵总督爱必达、云南巡抚刘藻《奏报遵旨查明滇省城垣次第兴修并酌定保护城垣章程折》

乾隆二十五年四月初二日

（档号 04－01－37－0018－008；微缩号 04－01－37－001－2044）

233. 云贵总督爱必达、云南巡抚刘藻《奏请以永昌府知府佛德调补元江府知府，遗缺以大理府知府王杲调补折》

乾隆二十五年四月二十二日

（档号 04－01－12－0101－036；微缩号 04－01－12－017－2272）

234. 云贵总督爱必达、云南巡抚刘藻《奏请滇省加卯鼓铸钱文调剂厂务折》

乾隆二十五年四月二十二日

（档号 04－01－35－1258－025；微缩号 04－01－35－061－0469）

235. 云南巡抚刘藻《奏报乾隆二十四年分滇省公件、耗羡等项收支、动存、管收、除在各款银两数目折》

乾隆二十五年五月二十八日

（档号 04－01－35－0721－011；缩微号 04－01－35－039－1087）

236. 云贵总督爱必达、云南巡抚刘藻《奏报遵旨议奏边缺守令外任分晰定例及本省情形折》

乾隆二十五年六月初二日

（档号 04－01－12－0102－046；微缩号 04－01－12－017－2611）

237. 云贵总督爱必达、云南巡抚刘藻《奏请以琅井提举年彭年调补黑盐井提举折》

乾隆二十五年六月十一日

（档号 04－01－12－0102－064；微缩号 04－01－12－017－2717）

238. 云南巡抚刘藻《奏报滇省乾隆二十四年分盐课完欠银两折》

乾隆二十五年七月二十二日

（档号 04－01－35－0461－013；缩微号 04－01－35－026－1040）

239. 云贵总督爱必达、云南巡抚刘藻《奏报开化要缺需员，循例奏请调补折》

乾隆二十五年八月十五日

（档号 04－01－12－0102－018；微缩号 04－01－12－017－2469）

240. 云南巡抚刘藻《奏谢汇奏囚粮舛错，奉旨宽免处分折》

乾隆二十五年八月二十一日

（档号 04－01－35－1159－027；缩微号 04－01－35－057－0309）

241. 云南巡抚刘藻《奏报本年滇省恩科乡试情形并出闱日期折》

乾隆二十五年九月十七日

（档号 04－01－38－0074－026；缩微号 04－01－38－004－0734）

242. 云南巡抚刘藻《奏报宁台山厂附近不产松树，仍请煎饼铜供铸折》

乾隆二十五年十月十九日

（档号 04－01－35－1259－029；缩微号 04－01－35－061－0593）

243. 云南巡抚刘藻《奏报本年滇省恩科乡试事竣情形折》

乾隆二十五年十月十九日

（档号 04－01－38－0075－025；缩微号 04－01－38－004－0822）

244. 云贵总督爱必达《奏陈滇黔两省文职贤否，分别填注考语折》

乾隆二十五年十一月初八日

（档号 04－01－23－0048－034；缩微号 04－01－23－003－2701）

245. 云贵总督吴达善、云南巡抚刘藻《因滇省积钱渐多，奏请循例添搭兵饷折》

乾隆二十六年十月初一日

（档号 04－01－03－0125－006；缩微号 04－01－03－004－1615）

夹片

乾隆二十六年十月初一日

（档号 04－01－35－0017－006；缩微号 04－01－35－001－2790）

246. 云贵总督吴达善、云南巡抚刘藻《奏报省城及附近地方地震情形并查办赈恤折》

乾隆二十六年十月十五日

（档号 04－01－13－0036－019；缩微号 04－01－13－002－0951）

247. 云贵总督吴达善《奏报校阅过滇省标营官兵情形折》

乾隆二十六年十月十五日

（档号 04－01－18－0013－060；缩微号 04－01－18－002－0829）

248. 云贵总督吴达善《呈乾隆二十八年云南省城十月分、通省各属九月分粮价单》

乾隆二十六年十月十五日

（档号 04－01－39－0094－005；缩微号 04－01－39－015－1032）

249. 云贵总督吴达善《奏请改无益之藤牌兵丁，以收实用折》

乾隆二十六年十一月十四日

（档号 04－01－01－0247－006；缩微号 04－01－01－035－0815）

250. 云南巡抚刘藻《奏请酌定赍送秋审本章之例折》

乾隆二十六年十二月初八日

（档号 04－01－01－0250－005；缩微号 04－01－01－035－1651）

251. 云贵总督吴达善《奏报遵办邻省收成互相知会折》

乾隆二十六年十二月初八日

（档号 04－01－22－0031－024；缩微号 04－01－22－005－2272）

252. 云贵总督吴达善、云南巡抚刘藻《奏请以富民县知县汪庚调补文山县知县，其遗缺以试用知县陈应瑄署理折》

乾隆二十六年十二月初八日

（档号 04－01－12－0110－040；缩微号 04－01－12－019－0201）

253. 云贵总督吴达善、云南巡抚刘藻《奏报拿获伪交阯匪犯，请旨正法折》

乾隆二十六年十二月初八日

（档号 04－01－01－0250－037；缩微号 04－01－01－035－1892）

254. 云南巡抚刘藻《奏呈滇省乾隆二十六年分民数、谷数折》

乾隆二十六年十二月十二日

（档号 04－01－36－1161－025；缩微号 04－01－36－057－0566）

255. 云贵总督吴达善、云南巡抚刘藻《奏报查明上年存钱数目并请搭放兵饷折》

乾隆二十七年正月二十八日

（档号 04－01－01－0253－013；缩微号 04－01－01－036－0086）

256. 云贵总督吴达善《奏报滇黔两省冬间雨雪情形折》

乾隆二十七年正月二十八日

（档号 04－01－25－0077－044；缩微号 04－01－25－007－1002）

257. 云贵总督吴达善《奏谢失察劳费累民，蒙恩未交部议处折》

乾隆二十七年三月十五日

（档号 04－01－12－0111－001；缩微号 04－01－12－019－0401）

258. 云贵总督吴达善《奏报遵旨筹办邻省铜铅过境饬属稽查折》

乾隆二十七年三月十五日

（档号 04－01－35－1264－002；缩微号 04－01－35－061－1071）

259. 云南巡抚刘藻《奏请将其应得封典貤赠曾祖父母折》

乾隆二十七年三月十六日

（档号 04－01－14－0034－010；缩微号 04－01－14－004－1294）

260. 云贵总督吴达善、云南巡抚刘藻《奏请以武定府知府傅圣补授昭通府知府，遗缺归部选折》

乾隆二十七年四月初七日

（档号 04－01－12－0112－113；缩微号 04－01－12－019－1394）

261. 云贵总督吴达善、云南巡抚刘藻《奏请循例拣发知府、同知、通判等员来滇差委折》

乾隆二十七年四月初七日

（档号 04－01－12－0112－125；缩微号 04－01－12－019－1459）

262. 云南巡抚刘藻《奏请陛见折》

乾隆二十七年四月初七日

（档号 04－01－12－0112－124；缩微号 04－01－12－019－1454）

263. 云贵总督吴达善、云南巡抚刘藻《奏请以路南州知州马元烈升署大关同知，遗缺以发滇委用知州王灏署理折》

乾隆二十七年五月二十日

（档号 04－01－12－0112－052；缩微号 04－01－12－019－1071）

264. 云南巡抚刘藻《奏报乾隆二十六年分滇省公件、耗羡等项收支、动存、管收、除在各款银两数目折》

乾隆二十七年五月二十日

（档号 04－01－35－0902－030；缩微号 04－01－35－046－3374）

265. 云贵总督吴达善、云南巡抚刘藻《奏请以鹤庆府知府尹侃调补元江府知府，其遗缺应归部选折》

乾隆二十七年闰五月十七日

（档号 04－01－12－0112－034；缩微号 04－01－12－019－0984）

266. 云南巡抚刘藻《奏谢疏忽稽查，蒙恩宽容折》

乾隆二十七年闰五月十七日

（档号 04－01－39－0094－008；缩微号 04－01－39－015－1086）

267. 云南巡抚常钧《奏陈东川局加铸钱文缘由折》

乾隆三十年五月二十二日

（档号 04－01－35－1265－013；缩微号 04－01－35－061－1227）

268. 云南巡抚常钧《奏呈滇省各属乾隆三十年九月分粮价单折》

乾隆三十年十月初二日

（档号 04-01-39-0095-021；缩微号 04-01-39-015-1714）

269. 云南巡抚常钧《奏报甄别滇省乾隆三十年分俸满佐杂人员折》

乾隆三十一年正月二十二日

（档号 04-01-12-0116-027；缩微号 04-01-12-020-0709）

270. 云贵总督刘藻、云南巡抚常钧《奏报蔑伦重犯未立正典刑，奉旨申饬，遵旨速办折》

乾隆三十一年正月二十二日

（档号 04-01-26-0004-032；缩微号 04-01-26-001-1587）

271. 云南巡抚常钧《奏报乾隆三十年分邻省委员办运铜斤数目暨出境日期折》

乾隆三十一年正月二十二日

（档号 04-01-35-1265-011；缩微号 04-01-35-061-1221）

272. 云南巡抚常钧《奏报查明乾隆三十年分滇省城垣完固折》

乾隆三十一年正月二十二日

（档号 04-01-37-0021-007；缩微号 04-01-37-001-2273）

273. 署理西安巡抚汤聘《奏报蒙恩调补云南巡抚，恭请陛见折》

乾隆三十一年二月初十日

（档号 04-01-12-0117-002；缩微号 04-01-12-020-1075）

274. 常钧《奏谢奉旨调补湖南巡抚折》

乾隆三十一年二月十九日

（档号 04-01-12-0117-051；缩微号 04-01-12-020-1335）

275. 云贵总督刘藻、云南巡抚常钧《奏报腾越州知州缺出，请以宜良县知县陈廷献升署，遗缺以发滇委用知县王诵芬署理折》

乾隆三十一年二月十九日

（档号 04-01-12-0112-034；缩微号 04-01-12-019-0984）

276. 云贵总督刘藻、云南巡抚常钧《遵例汇奏滇省三十年分已获未获盗窃各案总数折》

乾隆三十一年二月二十四日

（档号 04-01-01-0267-020；缩微号 04-01-01-037-0543）

277. 汤聘《奏报新任督臣杨宁、江苏按察使杨重英抵省并即赴永昌折》

乾隆三十一年三月初五日

（档号 04-01-12-0124-018；缩微号 04-01-12-021-2057）

278. 大学士管云贵总督杨应琚《遵旨暂留抚臣常钧在滇办事，俟新任抚臣汤聘到滇再赴新任折》

乾隆三十一年三月初八日

（档号 04－01－03－0027－016；缩微号 04－01－03－001－2057）

279. 云南巡抚常钧《循例汇奏滇省乾隆三十年分已未完结命盗各案数目折》

乾隆三十一年三月二十八日

（档号 04－01－01－0267－058；缩微号 04－01－01－037－0787）

280. 大学士管云贵总督杨应琚《奏报据情代奏孟艮应袭土司召丙赏给职衔令其暂管土务谢恩折》

乾隆三十一年四月十一日

（档号 04－01－12－0118－095；缩微号 04－01－12－020－2066）

281. 大学士管云贵总督杨应琚、新调湖南巡抚臣常钧《奏请将熟悉边情丁忧同知张遐龄仍留滇差遣折》

乾隆三十一年四月十八日

（档号 04－01－12－0118－014；缩微号 04－01－12－020－1619）

282. 大学士管云贵总督杨应琚《奏报滇黔两省本年三月以来雨水、田禾、粮价等情形折》

乾隆三十一年四月二十八日

（档号 04－01－25－0122－039；缩微号 04－01－25－010－1995）

283. 云南巡抚常钧《奏报交印起程前赴新任日期折》

乾隆三十一年五月初十日

（档号 04－01－12－0118－075；缩微号 04－01－12－020－1959）

284. 云南巡抚常钧《奏报准咨移获私用铜价陕省解员王志远、蒋瑞咨黔审办折》

乾隆三十一年五月初十日

（档号 04－01－01－0266－018；缩微号 04－01－01－037－0114）

285. 云南巡抚常钧《奏报乾隆三十年分滇省民、屯地丁钱粮全数征完折》

乾隆三十一年五月初十日

（档号 04－01－35－0017－045；缩微号 04－01－35－001－2900）

286. 云南巡抚常钧《奏报乾隆三十年滇省耗羡、公件等项收支、动存、管收、除在数目折》

乾隆三十一年五月初十日

（档号 04－01－35－0725－014；缩微号 04－01－35－039－1532）

287. 云南巡抚常钧《奏报乾隆三十一年分滇省豆麦收成分数及秋禾栽插情形折》

乾隆三十一年五月初十日

（档号 04－01－23－0059－043；缩微号 04－01－23－004－1802）

288. 云南巡抚常钧《奏呈滇省各属乾隆三十一年三月分粮价单折》

乾隆三十一年五月初十日

（档号 04－01－39－0096－025；缩微号 04－01－39－015－2209）

289. 大学士管云贵总督杨应琚《奏报自普洱回省暨兼署云南巡抚印务日期折》

乾隆三十一年五月十五日

（档号 04－01－35－1267－030；缩微号 04－01－35－061－1551）

290. 云南巡抚汤聘《奏报滇省本年十月以来雨水及地方情形折》

乾隆三十一年十月二十四日

（档号 04－01－25－0122－038；缩微号 04－01－25－010－1990）

291. 云南巡抚汤聘《奏报督臣杨应琚患病及星赴永昌察看折》

乾隆三十一年十月二十六日

（档号 04－01－12－0121－079；缩微号 04－01－12－021－0850）

292. 大学士管云贵总督杨应琚《奏报查核滇省土司、土目功过，酌请分别劝惩折》

乾隆三十一年十月二十七日

（档号 04－01－30－0129－007；缩微号 04－01－30－010－0435）

293. 云南巡抚汤聘《奏报甄别过滇省乾隆三十一年分俸满佐杂折》

乾隆三十一年十一月十五日

（档号 04－01－12－0121－017；缩微号 04－01－12－021－0532）

294. 云南巡抚汤聘《奏报甄别过滇省乾隆三十一年六年俸满教职情形折》

乾隆三十一年十一月十五日

（档号 04－01－12－0121－046；缩微号 04－01－12－021－0684）

295. 云南巡抚汤聘《奏报滇省乾隆三十一年分民数、谷数折》

乾隆三十一年十一月十五日

（档号 04－01－35－1163－046；缩微号 04－01－35－057－0905）

296. 大学士管云贵总督杨应琚《奏报奉到钦颁丹丸、荷包并转传谕旨加意调摄，身体渐愈谢恩折》

乾隆三十一年十一月二十七日

（档号 04－01－12－0121－024；缩微号 04－01－12－021－0620）

297. 云南巡抚汤聘《遵旨奏覆督臣杨应琚病体渐痊情形折》

乾隆三十一年十一月二十七日

（档号 04－01－12－0121－024；缩微号 04－01－12－021－0569）

298. 云南巡抚汤聘《奏呈滇省乾隆三十一年十月分粮价单折》

乾隆三十一年十一月（无具体日期）

（档号 04－01－39－0096－015；缩微号 04－01－39－015－2022）

299. 大学士管云贵总督杨应琚《奏报病体俯垂睿询谢恩折》

乾隆三十一年十二月初二日

（档号 04－01－12－0122－044；缩微号 04－01－12－021－1187）

300. 大学士管云贵总督杨应琚《遵旨奏明为官九省，无首县代赔情形折》

乾隆三十一年十二月十五日

（档号 04－01－35－0727－008；缩微号 04－01－35－039－1879）

301. 大学士管云贵总督杨应琚《奏报遵旨查明节次赏给为奴之人无生事、逃走情形折》

乾隆三十一年十二月十五日

（档号 04－01－30－0050－006；缩微号 04－01－30－004－2367）

302. 云南巡抚汤聘《遵旨奏报乾隆三十一年各省赴滇采办铜锡折》

乾隆三十一年十二月十五日

（档号 04－01－35－1268－010；缩微号 04－01－35－061－1507）

303. 大学士管云贵总督杨应琚、云南巡抚汤聘《奏报查明乾隆三十一年分滇省各城垣情形折》

乾隆三十一年十二月十五日

（档号 04－01－37－0022－034；缩微号 04－01－37－001－2447）

304. 大学士管云贵总督杨应琚《奏蒙恩垂询，再为恭报病体渐愈折》

乾隆三十一年十二月二十一日

（档号 04－01－12－0122－063；缩微号 04－01－12－021－1285）

305. 云南巡抚汤聘《遵旨覆报督臣病体向愈折》

乾隆三十一年十二月二十二日

（档号 04－01－12－0122－056；缩微号 04－01－12－021－1250）

306. 杨应琚、李时升《奏报奉旨努力筹办缅匪情形折》

乾隆三十一年十二月二十二日

（档号 04－01－12－0122－034；缩微号 04－01－12－021－1135）

307. 大学士管云贵总督杨应琚《奏陈钦赐福字等物并遣良医诊治谢恩折》

乾隆三十二年正月十四日

（档号 04－01－12－0123－060；缩微号 04－01－12－021－1679）

308. 大学士管云贵总督杨应琚、云南巡抚汤聘《奏请以候补知县朱一深、钟旭分别补授宜良、河西县知县折》

乾隆三十二年正月十四日

（档号 04－01－12－0123－073；缩微号 04－01－12－021－1742）

309. 大学士管云贵总督杨应琚、云南巡抚汤聘《奏报遵旨盘查滇省兴修保固其内城垣情形折》

乾隆三十二年正月十七日

（档号 04－01－37－0023－004；缩微号 04－01－37－001－2479）

310. 大学士管云贵总督杨应琚、云南巡抚汤聘《奏报临边要缺需员，请即改补折》

乾隆三十二年二月初九日

（档号 04－01－01－0273－007；缩微号 04－01－01－038－0069）

311. 大学士管云贵总督杨应琚《奏报奉旨指饬办理缅匪种种舛谬，自请交部议处折》

乾隆三十二年二月十五日

（档号 04－01－12－0123－013；缩微号 04－01－12－021－1427）

312. 云南巡抚汤聘《奏陈滇省铜厂现在情形折》

乾隆三十二年二月十六日

（档号 04－01－35－1268－029；缩微号 04－01－35－061－1549）

313. 云南巡抚汤聘《奏请改拨滇省钱局息银缘由折》

乾隆三十二年二月十六日

（档号 04－01－01－0270－036；微缩号 04－01－01－037－1774）

314. 阿桂、明德《奏报遵旨查明滇省并无借差抑勒闾阎情弊折》

乾隆三十三年十二月二十六日

（档号 04－01－08－0188－007；微缩号 04－01－08－008－1799）

315. 喀宁阿《奏报于许州途次奉旨补授云南巡抚谢恩折》

乾隆三十四年正月十二日

（档号 04－01－12－0127－003；微缩号 04－01－12－022－0283）

316. 阿里衮、阿桂、明德《奏陈滇省差务已办有头绪，酌遣邻省办差人员回任折》

乾隆三十四年正月十三日

（档号 04－01－12－0127－051；缩微号 94－01－12－022－0534）

317. 傅恒、阿桂《奏报代军营办事给事中刘秉恬奉旨补授鸿胪寺少卿谢恩折》

乾隆三十四年正月十三日

（档号 04－01－01－0284－001；微缩号 04－01－01－002－1265）

318. 阿桂、明德《奏报特参龙陵粮员署临安同知候补通判尹均霖欺公罔利、有心浮冒折》

乾隆三十四年正月二十一日

（档号 04－01－12－0127－083；微缩号 04－01－12－022－0699）

319. 阿桂、明德《奏请将已署蒙化府掌印同知贺长庚升署永昌府知府折》

乾隆三十四年正月二十二日

（档号 04－01－12－0127－032；微缩号 04－01－12－022－0435）

320. 云贵总督明德《奏报查明题拨铜本银两迟缓缘由折》

乾隆三十四年正月二十二日

（档号 04－01－35－1270－003；微缩号 04－01－35－061－1667）

321. 云贵总督明德《奏报遵旨查办赶运京铜事宜折》

乾隆三十四年二月初三日

（档号 04－01－35－1270－006；微缩号 04－01－35－061－1675）

322. 云贵总督明德《奏报前粮道罗源浩分赔积欠银两已完数目折》

乾隆三十四年二月初三日

（档号 04－01－35－0727－023；微缩号 04－01－35－039－1922）

323. 阿里衮、阿桂《奏报详询从缅甸脱回之把总崔直中等员并遵旨解京候询折》

乾隆三十四年二月初四日

（档号 04－01－01－0279－005；微缩号 04－01－01－038－2180）

324. 云贵总督明德《奏报酌派各提镇督喂马骡折》

乾隆三十四年二月初九日

（档号 04－01－03－0090－004；微缩号 04－01－03－003－2027）

325. 云贵总督明德《奏报遵旨查明滇省学政按试各属并无缴价情弊折》

乾隆三十四年二月初九日

（档号 04－01－38－0080－026；微缩号 04－01－36－004－1379）

326. 云贵总督明德《奏报接受督篆日期折》

乾隆三十四年二月初九日

（档号 04－01－12－0127－078；微缩号 04－01－12－022－0670）

327. 云贵总督明德《奏报乾隆三十三年分滇省城垣情形折》

乾隆三十四年二月十二日

（档号 04－01－37－0024－016；微缩号 04－01－37－001－2607）

328. 云贵总督明德《补报乾隆三十三年邻省办运铜锡数目及无盗卖情弊折》

乾隆三十四年二月十二日

（档号 04－01－35－1270－011；微缩号 04－01－35－061－1689）

329. 云贵总督明德《奏请拣发候选同知、通判、知州来滇差委折》

乾隆三十四年二月二十一日

（档号 04－01－12－0127－108；微缩号 04－01－12－022－0829）

330. 云贵总督明德《奏报新任抚臣喀宁阿到省及调藩司钱度来永昌办理军需局事务折》

乾隆三十四年二月二十一日

（档号 04－01－01－0278－006；微缩号 04－01－01－038－1732）

331. 云南巡抚喀宁阿《奏报抵省接印日期折》

乾隆三十四年二月二十二日

（档号 04－01－12－127－022；微缩号 04－01－12－0220－0382）

夹片

乾隆三十四年二月

（档号 04－01－35－1270－016；缩微号 04－01－35－061－1700）

332. 云贵总督明德《奏报滇省督办铜运情形折》

乾隆三十四年三月初四日

（档号 04－01－35－1270－018；微缩号 04－01－35－061－1703）

333. 明德《奏报奉旨训诲，敬沥下悃折》

乾隆三十四年三月初四日

（档号 04－01－12－0127－001；微缩号 04－01－12－022－0274）

334. 云贵总督明德、云南巡抚喀宁阿《奏请拣发佐杂人员来滇以资差委折》

乾隆三十四年三月初四日

（档号 04－01－12－0128－036；微缩号 04－01－12－022－1116）

335. 云贵总督明德《遵旨奏报圣询前折为何独有阿桂之名缘由折》

乾隆三十四年三月初四日

（档号 04－01－01－0278－018；微缩号 04－01－01－038－1805）

336. 云南巡抚喀宁阿《奏报遵旨协同督臣办理铜务折》

乾隆三十四年三月初九日

（档号 04－01－01－0276－018；微缩号 04－01－01－038－1114）

337. 傅恒、阿里衮、阿桂《奏报将染病黔兵撤回并挑选习知舟楫者拨补赴滇应用折》

乾隆三十四年五月二十六日

（档号 04－01－01－0279－010；微缩号 04－01－01－038－2205）

338. 暂署云贵总督、江苏巡抚明德《奏报自永昌至大理查看沿途禾苗及过兵、送马、收马等情形折》

乾隆三十四年五月二十九日

（档号 04－01－03－0090－005；微缩号 04－01－03－003－2036）

339. 暂署云贵总督、江苏巡抚明德《奏报滇省宁州吏目左普办铜出色，请破格升用折》

乾隆三十四年五月二十九日

（档号 04－01－36－0080－019；微缩号 04－01－36－004－0771）

340. 暂署云贵总督、江苏巡抚明德《奏报特参管宁台厂务罗次县典史胡绍周办铜舞弊，请旨革审折》

乾隆三十四年五月二十九日

（档号 04－01－36－0089－020；微缩号 04－01－36－004－0773）

341. 傅恒、阿里衮、阿桂《奏报接到广东办送避瘴药物阿魏，分给官兵缘由折》

乾隆三十四年六月初一日

（档号 04－01－01－0278－029；微缩号 04－01－01－038－1868）

342. 傅恒、阿里衮、阿桂《奏请饬令福建水师官兵迅速来滇折》

乾隆三十四年六月初一日

（档号 04－01－12－0276－030；微缩号 04－01－12－038－1176）

343. 暂署云贵总督、江苏巡抚明德《奏报特参嗜酒昏庸、废弛公务之永善县知县，以肃功令折》

乾隆三十四年六月初六日

（档号 04－01－12－0129－120；微缩号 04－01－12－022－2216）

344. 傅恒、阿里衮、阿桂《奏报军中试铸二千余斤大炮演放得力情形折》

乾隆三十四年六月初七日

（档号 04－01－01－0278－038；微缩号 04－01－01－038－1920）

345. 傅恒、阿里衮、阿桂《奏报滇省地方入夏以来雨水苗情折》

乾隆三十四年六月初七日

（档号 04－01－25－0145－006；微缩号 04－01－25－012－1046）

346. 云南巡抚喀宁阿《奏报遵旨查明云南各属无延请土司亲族在幕折》

乾隆三十四年六月十三日

（档号 04－01－12－0129－040；微缩号 04－01－12－022－1805）

347. 云南巡抚喀宁阿《奏报各起官兵及马骡过省数目及日期折》

乾隆三十四年六月十三日

（档号 04－01－01－0276－029；微缩号 04－01－01－038－1171）

348. 暂署云贵总督、江苏巡抚明德《奏报特参亏空铜价之威宁铜店委员五嶆通判马生龙，请旨革职严审折》

乾隆三十四年六月十六日

（档号 04－01－30－0480－007；微缩号 04－01－30－029－1956）

349. 云南巡抚喀宁阿《奏报酌筹动缺常平兵粮米谷，请于通省内变通一体采买，以实仓储折》

乾隆三十四年六月十三日

（档号 04－01－01－0278－031；微缩号 04－01－01－038－1878）

350. 调任云南巡抚喀宁阿《奏报交卸抚篆起程赴河南新任日期折》

乾隆三十四年六月十三日

（档号 04－01－01－0278－053；微缩号 04－01－01－038－2001）

351. 暂署云贵总督、江苏巡抚明德《奏请以镇南州知州李治升署蒙化府掌印同知折》

乾隆三十四年六月十六日

（档号 04－01－12－0129－036；微缩号 04－01－12－022－1783）

352. 暂署云贵总督、江苏巡抚明德《奏报特参委管碌碌厂委员、姚州知州邹永绥亏缺铜斤，请旨革职严审折》

乾隆三十四年六月十六日

（档号 04－01－36－0089－021；微缩号 04－01－36－004－0775）

353. 傅恒、阿里衮、阿桂、明德《奏呈喂养军需马匹不善，着落阿里衮等一体分赔折》

乾隆三十四年六月十九日

（档号 04－01－01－0277－048；微缩号 04－01－01－038－1589）

354. 暂署云贵总督、江苏巡抚明德《奏报滇省雨旸时若及办理调解军需马骡赴营应用折》

乾隆三十四年六月二十日

（档号 04－01－03－0127－006；微缩号 04－01－03－004－1712）

355. 傅恒、阿里衮、阿桂《奏请准明德以江苏巡抚衔暂留云南协同新任督臣阿思哈办理一切军需折》

乾隆三十四年六月二十三日

（档号 04－01－12－0129－037；微缩号 04－01－12－022－1788）

356. 傅恒、阿里衮、阿桂《奏报已铸成三千余斤大炮并演放得力折》

乾隆三十四年六月二十三日

（档号 04－01－01－0278－037；微缩号 04－01－01－038－1915）

357. 傅恒、阿里衮、阿桂、明德《奏报遵旨查明现存银数尽足敷用，毋庸拨解折》

乾隆三十四年六月三十日

（档号 04－01－01－0278－033；微缩号 04－01－01－038－1893）

358. 傅恒、阿里衮、阿桂《奏报查验湖广解送马骡不堪应用者甚多，请将陕省骡头解滇备补缺额并酌购驮牛充补折》

乾隆三十四年七月初八日

（档号 04－01－01－0277－053；微缩号 04－01－01－038－1625）

359. 调任云南巡抚喀宁阿《奏报审明浪穹县武生丁元甲传贴符词、藏匿妖书惑众案，按律定拟折》

乾隆三十四年七月十二日

（档号 04－01－38－0047－002；微缩号 04－01－38－003－0039）

360. 调任云南巡抚喀宁阿《奏报审拟福建水师兵丁兰廷波滋事行凶折》

乾隆三十四年七月十二日

（档号 04－01－18－0015－018；缩微号 04－01－18－002－1329）

361. 署云南巡抚革去顶带仍革职留任明德《奏报己丑年三运二起京铜开帮日期折》

乾隆三十五年二月二十三日

（档号 04-01-35-1272-014；微缩号 04-01-35-061-2086）

362. 署理云贵总督彰宝《奏报拟将滇省裁缺府缺王勋等派往黔省补用折》

乾隆三十五年二月二十七日

（档号 04-01-12-0135-042；缩微号 04-01-12-023-1919）

363. 署理云贵总督彰宝《奏报遵旨再为审明亏缺碌碌厂铜斤之参革知州邹永绥情形折》

乾隆三十五年二月二十七日

（档号 04-01-35-1274-018；缩微号 04-01-35-061-2097）

364. 阿桂、彰宝《奏报遵旨详查福建水师游击黄海带兵前往蛮暮尚无踪迹折》

乾隆三十五年三月初二日

（档号 04-01-01-0288-040；微缩号 04-01-01-039-2465）

365. 署理云贵总督彰宝《奏报特参昏庸溺职之赵州知州曹九韶，请旨革审折》

乾隆三十五年三月初二日

（档号 04-01-28-0003-088；缩微号 04-01-28-001-1254）

366. 阿桂、彰宝《奏报镶红旗跟役赵玺扭锁行窃、拒捕伤人，请旨正法折》

乾隆三十五年三月初二日

（档号 04-01-01-0291-063；微缩号 04-01-01-040-0986）

367. 阿桂、彰宝《奏报分驻各处官兵染病损伤员数折》

乾隆三十五年三月初二日

（档号 04-01-01-0298-003；微缩号 04-01-01-041-0104）

368. 署理云贵总督彰宝《奏报遵旨查办用过、尚存军器、马匹、箭枝、铅药等情形折》

乾隆三十五年三月初七日

（档号 04-01-01-0287-010；微缩号 04-01-01-039-1885）

369. 署理云贵总督彰宝《奏报滇省新改营制各缺，分别酌拟繁简折》

乾隆三十五年三月初七日

（档号 04-01-01-0285-015；缩微号 04-01-01-039-1448）

370. 署理云贵总督彰宝《奏报军务已竣，酌拟裁撤军台、驿站马匹折》

乾隆三十五年三月初七日

（档号 04-01-01-0289-004；缩微号 04-01-01-040-0023）

371. 署理云贵总督彰宝《奏报遵旨细酌藩司钱度可代明德综核销算滇省军需报销案，明德可赴黔省任事折》

乾隆三十五年三月初十日

（档号 04-01-01-0287-014；缩微号 04-01-01-039-1911）

372. 署云南巡抚革去顶带仍革职留任明德《奏请将派赴滇省办差之张昌仍回四会县原任折》

乾隆三十五年三月十三日

（档号 04-01-12-0130-078；微缩号 04-01-12-023-1949）

373. 署云南巡抚革去顶带仍革职留任明德《奏请裁撤汤丹铜厂通判折》

乾隆三十五年三月十三日

（档号 04-01-36-0089-025；微缩号 04-01-36-04-0787）

374. 署云南巡抚革去顶带仍革职留任明德《奏报遵旨审明已革罗次县典史胡绍周短少铜斤一案，按律定拟折》

乾隆三十五年三月十三日

（档号 04-01-36-0089-026；微缩号 04-01-36-004-0790）

375. 署云南巡抚革去顶带仍革职留任明德《奏报乾隆三十四年分滇省新旧盐课等项银两征完、未完数目折》

乾隆三十五年三月十三日

（档号 04-01-35-0464-030；微缩号 04-01-35-026-1555）

376. 署云南巡抚革去顶带仍革职留任明德《奏报乾隆三十四年分滇省城垣情形折》

乾隆三十五年三月十三日

（档号 04-01-37-0026-011；微缩号 04-01-37-001-2842）

377. 署理云贵总督彰宝《奏报遵旨查明护军富尔素哈被害及镶红旗护军萨灵阿在虎踞关失踪折》

乾隆三十五年三月二十日

（档号 04-01-01-0288-036；缩微号 04-01-01-039-2474）

378. 署理云贵总督彰宝《奏报拿获违禁贩卖边外夷盐人犯，审明定拟折》

乾隆三十五年三月二十日

（档号 04-01-35-0464-031；缩微号 04-01-35-026-1557）

379. 署理云贵总督彰宝《奏报派兵设卡，严禁汉奸偷越出口赴缅折》

乾隆三十五年三月三十日

（档号 04-01-01-0286-005；缩微号 04-01-01-039-1615）

380. 署理云贵总督彰宝、署理云南巡抚明德《奏请以保山县知县徐名道署理昭通府分防鲁甸通判折》

乾隆三十五年四月初七日

（档号 04-01-12-0136-042；微缩号 04-01-12-038-0788）

381. 署理云贵总督彰宝《奏报查明滇省近年缺铜原委并筹酌办理情形折》

乾隆三十五年四月初七日

（档号 04-01-35-1275-003；缩微号 04-01-35-061-2158）

382. 署理云贵总督彰宝《奏报滇省文职边俸各缺今昔不同，情形各异，酌请更定繁简，

以裨吏治折》

乾隆三十五年四月十三日

（档号04－01－12－0136－113；缩微号04－01－12－023－2849）

383. 署理云贵总督彰宝《奏报特参玩视兵差、屡催罔应之劣员，请旨革职折》

乾隆三十五年四月十三日

（档号04－01－12－0136－036；缩微号04－01－12－023－2451）

384. 署理云贵总督彰宝《奏请挑选熟练兵丁拨补滇省沿边营伍折》

乾隆三十五年四月十九日

（档号04－01－35－1278－017；微缩号04－01－35－061－2478）

385. 署理云南巡抚诺穆亲《奏报刍议酌改考场用笔颜色折》

乾隆三十五年十二月十八日

（档号04－01－38－0083－020；微缩号04－01－38－004－1665）

386. 署理云南巡抚诺穆亲《奏报乾隆三十五年分滇省估变衙署、仓库等项折》

乾隆三十五年十二月十八日

（档号04－01－35－0731－039；微缩号04－01－35－039－2469）

387. 署理云南巡抚诺穆亲《奏报查办黑白二井亏缺薪本、盐斤之原委折》

乾隆三十五年十二月二十日

（档号04－01－35－0465－032；微缩号04－01－35－026－1696）

388. 署理云南巡抚诺穆亲《奏报江西委员办运铜斤逾限缘由折》

乾隆三十五年十二月二十二日

（档号04－01－35－1278－005；微缩号04－01－35－061－2452）

389. 署理云贵总督彰宝《奏报滇省黑白二井亏缺薪本、盐斤实情折》

乾隆三十五年十二月二十五日

（档号04－01－35－0465－036；缩微号04－01－35－026－1708）

390. 署理云贵总督彰宝《奏报筹画永昌驻防满营官兵口粮情形折》

乾隆三十五年（无具体日期）

（档号04－01－01－0287－047；缩微号04－01－01－039－2173）

391. 署理云南巡抚诺穆亲《奏报特参滇省管宁台山厂务、晋宁州知州赵秉锟玩视厂务，请旨革审折》

乾隆三十六年正月初十日

（档号04－01－36－0090－001；微缩号04－01－36－004－0823）

392. 署理云南巡抚诺穆亲《奏报滇省乾隆三十五年十二月、三十六年一月瑞雪情形折》

乾隆三十六年正月初十日

（档号04－01－25－016－034；微缩号04－01－25－013－2621）

393. 署理云南巡抚诺穆亲《奏报特参永平县教谕刘同干预公事，请旨革职折》

乾隆三十六年正月十四日

（档号 04－01－26－0005－017；微缩号 04－01－26－001－1999）

394. 署理云南巡抚诺穆亲《奏报陕省运铜委员逾限并亏少运费，请旨革职严审折》

乾隆三十六年正月十四日

（档号 04－01－35－1278－028；微缩号 04－01－35－061－2505）

395. 署理云贵总督彰宝《奏请酌停滇省生息，筹款充赏折》

乾隆三十六年正月十七日

（档号 04－01－01－0299－003；缩微号 04－01－01－041－0324）

396. 署理云贵总督彰宝《奏报查明裁改广南府及宝宁县缺后情形，仍请复旧制折》

乾隆三十六年正月十七日

（档号 04－01－01－0295－001；缩微号 04－01－01－040－2244）

397. 署理四川总督印务署湖南巡抚德福《奏报奉旨署理云贵总督谢恩折》

乾隆三十六年正月二十七日

（档号 04－01－12－0141－016；微缩号 04－01－12－024－2289）

398. 署理云贵总督彰宝《奏报拿获投递匿名揭帖人犯陈献琛，按律定拟折》

乾隆三十六年二月初六日

（档号 04－01－01－0304－007；缩微号 04－01－01－041－1884）

399. 阿桂、彰宝《奏报遵旨会查总理铜务罗源浩参款情形折》

乾隆三十六年二月十二日

（档号 04－01－36－0090－002；微缩号 04－01－36－004－0826）

400. 阿桂、彰宝《奏报会查滇省参革通判程之章、巡检孙焯应赔厂欠银两由小厂各员摊赔酌减折》

乾隆三十六年二月十二日

（档号 04－01－36－0090－003；微缩号 04－01－36－004－0836）

夹片

乾隆三十六年二月十二日

（档号 04－01－01－0298－005；微缩号 04－01－01－041－0113）

401. 署理云南巡抚诺穆亲《奏报署理元谋县知县杜履泰才不胜任，请改补教职折》

乾隆三十六年二月十六日

（档号 04－01－12－0141－063；微缩号 04－01－12－024－2535）

402. 署理云南巡抚诺穆亲《奏报沾益州知州缺出，请以陆凉州知州汪懋均调补，其遗缺以拣发委用知州费嘉绍补授折》

乾隆三十六年二月十六日

（档号 04－01－12－0142－064；微缩号 04－01－12－024－2537）

403. 署理云南巡抚诺穆亲《奏报浙江、湖北、福建委员办运铜斤逾限缘由折》

乾隆三十六年二月十六日

（档号 04－01－35－1279－003；微缩号 04－01－35－061－2530）

404. 署理云南巡抚诺穆亲《奏报乾隆庚寅年二运第一起京铜开运日期折》

乾隆三十六年二月十六日

（档号 04－01－35－1279－004；微缩号 04－01－35－061－2352）

405. 署理云南巡抚诺穆亲《奏报奉旨审拟已革提标中军参将胡光及已革大理城守营都司董承煊纵亲冒考案件折》

乾隆三十六年三月初八日

（档号 04－01－38－0083－033；微缩号 04－01－38－004－1699）

406. 署理云贵总督彰宝《奏报奉旨进京陛见并俟署督臣德福到永昌后即行交代起程折》

乾隆三十六年二月二十三日

（档号 04－01－12－0141－044；缩微号 04－01－12－024－2434）

407. 署理云贵总督彰宝《奏为遵旨酌议滇省铜厂预防工本、扣缴余铜折》

乾隆三十六年二月二十三日

（档号 04－01－25－0166－034；微缩号 04－01－25－013－2621）

408. 署理云南抚诺穆亲《奏报乾隆辛卯年头运第一起京铜开帮日期折》

乾隆三十六年十月二十日

（档号 04－01－30－0481－006；微缩号 04－01－30－029－2170）

409. 署云贵总督彰宝《奏请于永昌府属腾越、保山二州县及新设龙陵厅加买仓粮缘由折》

乾隆三十六年十月二十七日

（档号 04－01－35－1168－035；缩微号 04－01－35－057－1595）

410. 署理云南巡抚诺穆亲《奏报乾隆三十六年分滇省民数、谷数折》

乾隆三十六年十一月初六日

（档号 04－01－35－0021－002；微缩号 04－01－35－002－0425）

411. 署理云南巡抚诺穆亲《奏报循例甄别乾隆三十六年分俸满佐杂人员折》

乾隆三十六年十一月初六日

（档号 04－01－12－0146－053；微缩号 04－01－12－025－2189）

412. 署理云南巡抚诺穆亲《奏报循例甄别乾隆三十六年分俸满六年教职人员折》

乾隆三十六年十一月初六日

（档号 04－01－12－0146－051；微缩号 04－01－12－025－2177）

413. 署理云南巡抚诺穆亲《奏报酌改运员违例多装、沉溺铜斤处分折》

乾隆三十六年十一月初六日

（档号 04－01－35－1280－018；微缩号 04－01－35－061－2787）

414. 署理云南巡抚诺穆亲《奏呈乾隆三十六年十月分粮价单》

乾隆三十六年十一月初六日

（档号 04－01－25－0171－024；微缩号 04－01－25－014－1241）

415. 署理云南巡抚诺穆亲《奏报将奏折并入火牌赍进，奉旨申饬，感激愧悔折》

乾隆三十六年十一月十七日

（档号 04－01－12－0146050；微缩号 04－01－12－025－2172）

416. 署理云南巡抚诺穆亲《奏报钦奉奉旨，凡有逸盗拒伤兵役从重定拟折》

乾隆三十六年十一月十七日

（档号 04－01－01－0303－039；微缩号 04－01－01－041－1739）

417. 署云贵总督彰宝《奏请以永北直隶厅同知佛尼勒升补顺宁府知府折》

乾隆三十六年十一月二十四日

（档号 04－01－12－0146－033；缩微号 04－01－12－025－2090）

418. 署云贵总督彰宝《奏报近期缅匪并无信息，会同海澜察等谨慎办理折》

乾隆三十六年十二月初四日

（档号 04－01－01－0297－050；缩微号 04－01－01－041－0080）

419. 署云贵总督彰宝、署理云南巡抚诺穆亲《奏请以马龙州知州李鹄升署元江直隶州知州，以王灏署理马龙州知州折》

乾隆三十六年十二月初九日

（档号 04－01－12－0147－034；微缩号 04－01－12－025－2486）

420. 署理云南巡抚诺穆亲《奏报乾隆三十五年分及三十一年以来旧欠盐课等银两数目折》

乾隆三十六年十二月初九日

（档号 04－01－35－0466－021；微缩号 04－01－35－026－1804）

421. 署理云南巡抚诺穆亲《奏请于永昌设局鼓铸，以疏边厂壅积铜斤折》

乾隆三十六年十二月初九日

（档号 04－01－35－1282－029；微缩号 04－01－35－061－2830）

422. 署理云南巡抚诺穆亲《奏报福建委员解运滇铜逾限缘由折》

乾隆三十六年十二月初九日

（档号 04－01－35－1282－009；微缩号 04－01－35－061－2836）

423. 署理云南巡抚诺穆亲《奏请以罗平州知州耀德升署广西直隶州知州，遗缺以试用委用知州文爊署理折》

乾隆三十六年十二月初九日

（档号 04－01－12－0147－078；微缩号 04－01－12－025－2698）

424. 署理云南巡抚诺穆亲《奏报乾隆辛卯年二运一起京铜开帮日期折》

乾隆三十六年十二月初九日

（档号 04－01－35－1292－011；微缩号 04－01－35－061－2841）

425. 署云贵总督彰宝《奏报署理云南巡抚诺穆亲为人廉静，但拘谨太过，据实奏闻折》

乾隆三十六年十二月十九日

（档号 04－01－12－0147－049；微缩号 04－01－12－025－2558）

426. 署云贵总督彰宝《奏报边关安静，并无贼匪信息折》

乾隆三十六年十二月十九日

（档号 04－01－01－0297－051；缩微号 04－01－01－041－0085）

427. 署云贵总督彰宝《奏报酌定军需火药章程折》

乾隆三十六年十二月十九日

（档号 04－01－01－0299－050；缩微号 04－01－01－041－0626）

428. 署云贵总督彰宝《奏报今冬拟派人员密往关外探察贼情折》

乾隆三十六年十二月二十四日

（档号 04－01－01－0297－050；缩微号 04－01－01－041－0080）

429. 署云贵总督彰宝《奏报遵旨明白回奏马骡留滇并未起解川省折》

乾隆三十七年正月二十日

（档号 04－01－01－0308－023；缩微号 04－01－01－042－0464）

430. 云南巡抚李湖《奏报奉旨署理云南巡抚谢恩折》

乾隆三十七年正月二十一日

（档号 04－01－12－0148－052；缩微号 04－01－12－026－0274）

431. 署理云南巡抚诺穆亲《奏报验看奉文截取建水县举人台宸辅人才平庸，难膺民社之任，请改补教职折》

乾隆三十七年正月二十日

（档号 04－01－23－0080－026；缩微号 04－01－23－005－2203）

432. 云南巡抚李湖《奏报宁台厂铜改拨省局鼓铸，仍照原例加耗报销折》

乾隆三十七年九月初十日

（档号 04－01－35－1295－034；缩微号 04－01－35－0611－3189）

433. 云南巡抚李湖《奏报估变省城铜店折》

乾隆三十七年九月初十日

（档号 04－01－35－0736－039；缩微号 04－01－35－039－3052）

434. 云南巡抚李湖《奏报滇属八月下旬雨水田禾情形并楚雄府属被水民舍、城垣、桥座情形折》

乾隆三十七年九月初十日

（档号 04－01－25－0182－036；缩微号 04－01－25－015－0309）

435. 云南巡抚李湖《奏报查勘滇省盐井情形折》

乾隆三十七年十月十二日

（档号 04－01－35－0467－023；缩微号 04－01－35－026－1964）

436. 云南巡抚李湖《奏参败坏盐法之黑井提举吴璲，请旨革职折》

乾隆三十七年十月十二日

（档号 04－01－35－0467－024；缩微号 04－01－35－026－1967）

437. 云南巡抚李湖《奏报前署抚臣拟请于保山县设局鼓铸钱文，请毋庸置议折》

乾隆三十七年十月十二日

（档号 04－01－35－1286－008；缩微号 04－01－35－061－3228）

438. 云南巡抚李湖《奏报查明动支恩赏银两情形折》

乾隆三十七年十月十二日

（档号 04－01－01－0310－023；缩微号 04－01－01－042－0954）

439. 云南巡抚李湖《奏报滇属九月以来雨水苗情并市米价值折》

乾隆三十七年十月十二日

（档号 04－01－23－0085－005；缩微号 04－01－23－005－2746）

440. 云南巡抚李湖《奏报查明被冲楚雄府城垣及黑井道桥等项，筹款兴修折》

乾隆三十七年十月十二日

（档号 04－01－37－0031－002；缩微号 04－01－37－002－0268）

441. 署云贵总督彰宝《奏报今岁出防官兵分布情形折》

乾隆三十七年十月十八日

（档号 04－01－01－0308－020；缩微号 04－01－01－042－0447）

442. 云南巡抚李湖《奏报秋审情实误拟缓决，蒙圣主不加议处，仅传旨申饬谢恩折》

乾隆三十七年十月二十二日

（档号 04－01－01－0312－032；缩微号 04－01－01－042－1458）

443. 署云贵总督彰宝《奏报迤东道缺出，请旨简放折》

乾隆三十七年十一月初九日

（档号 04－01－35－1169－028；缩微号 04－01－35－057－1731）

444. 署云贵总督彰宝《奏报边地丰收、谷价平减，再请酌买仓粮折》

乾隆三十七年十一月初九日

（档号 04－01－35－1169－029；缩微号 04－01－35－059－1734）

445. 云南巡抚李湖《奏报遵旨查明滇省经管各营兵米情形，请仍循旧例办理折》

乾隆三十七年十一月二十九日

（档号 04－01－01－0310－025；缩微号 04－01－01－042－0965）

446. 云南巡抚李湖《奏报滇省乾隆三十六年分新旧盐课等项银两完欠数目折》

乾隆三十七年十一月二十九日

（档号04－01－35－0467－034；缩微号04－01－35－026－1996）

447. 云南巡抚李湖《奏请于军需银内动支采买兵粮，以裕兵糈折》

乾隆三十七年十一月二十九日

（档号04－01－19－0017－023；缩微号04－01－19－001－0755）

448. 云南巡抚李湖《奏报滇省三十七年分头运第一起京铜开帮日期折》

乾隆三十七年十一月二十九日

（档号04－01－35－1285－031；缩微号04－01－35－061－3168）

449. 云南巡抚李湖《奏报因不谙成式，未将司道姓名考语汇列知府名单之前奏报，蒙恩训诲折》

乾隆三十七年十二月初四日

（档号04－01－12－0154－055；缩微号04－01－12－026－2626）

450. 云贵总督彰宝、云南巡抚李湖《奏呈滇省藩臬两司履历、考语清单折》

乾隆三十八年（无具体日期）

（档号04－01－13－0043－017；缩微号04－01－13－002－2074）

451. 云贵总督彰宝、云南巡抚李湖《奏报遵旨办理滇省各属过兵运粮地方缓征钱粮折》

乾隆三十七年十二月初五日

（档号04－01－35－0022－020；缩微号04－01－35－002－0594）

452. 云南巡抚李湖《奏报勘明滇省乾隆三十七年分各属城垣情形折》

乾隆三十七年十二月初七日

（档号04－01－37－0031－021；缩微号04－01－37－002－0312）

453. 署云贵总督彰宝《奏报乾隆三十七年滇省边防情形折》

乾隆三十七年十二月初八日

（档号04－01－03－0029－017；缩微号04－01－03－001－2295）

454. 云南巡抚李湖《奏报遵旨查明从前官盐难于运行缘由折》

乾隆三十七年十二月初十日

（档号04－01－35－0467－036；缩微号04－01－35－026－2001）

455. 云南巡抚李湖《奏报查勘滇省各铜厂情形折》

乾隆三十七年十二月初十日

（档号04－01－01－0316－040；缩微号04－01－01－042－2639）

456. 署云贵总督觉罗图思德、云南巡抚李湖《奏请以元江直隶州知州宋惠绥升署普洱府知府折》

乾隆三十九年十一月十一日

（档号 04－01－12－0161－059；缩微号 04－01－12－028－0707）

457. 署云贵总督觉罗图思德、云南巡抚李湖《奏请拣员补放迤南道缺折》

乾隆三十九年十一月十一日

（档号 04－01－12－0161－060；缩微号 04－01－12－028－0714）

458. 云南巡抚李湖《奏报查办陕西客商在滇省定买铁刀数百把折》

乾隆三十九年十一月二十六日

（档号 04－01－01－0328－015；缩微号 04－01－01－044－0775）

459. 云南巡抚李湖《奏请酌给移驻边地巡检俸廉工食折》

乾隆三十九年十二月初一日

（档号 04－01－35－0915－031；缩微号 04－01－35－047－1369）

460. 云南巡抚李湖《奏报督缉逃兵不力，蒙恩从宽革职留任谢恩折》

乾隆三十九年十二月初一日

（档号 04－01－01－0329－041；缩微号 04－01－01－044－1244）

461. 云南巡抚李湖《奏报乾隆三十九年分头运第二起京铜开帮日期折》

乾隆三十九年十二月初一日

（档号 04－01－35－1291－035；缩微号 04－01－35－062－0130）

462. 云南巡抚李湖《奏报查明乾隆三十九年滇省估变加增署房及并无应变船只折》

乾隆三十九年十二月初一日

（档号 04－01－35－1384－028；缩微号 04－01－35－064－2466）

463. 云南巡抚李湖《奏报查明三十九年分巡抚及司道衙门所延幕友并无违例情形折》

乾隆三十九年十二月十一日

（档号 04－01－38－0087－034；缩微号 04－01－38－004－2094）

464. 云南巡抚李湖《奏报盘查滇省各属仓库钱粮折》

乾隆三十九年十二月十五日

（档号 04－01－35－1172－023；缩微号 04－01－35－057－2072）

465. 云南巡抚李湖《奏报拟绞改流犯土舍赵焕妻龙氏援例代夫捐银赎罪折》

乾隆四十年正月十六日

（档号 04－01－01－0347－015；缩微号 04－01－01－046－1074）

466. 署云贵总督觉罗图思德、云南巡抚李湖《奏报筹酌莽缅大举案内核减长支未完银两，分别追缴公摊折》

乾隆四十年正月十六日

（档号 04－01－01－0335－025；缩微号 04－01－01－045－0140）

467. 云南巡抚李湖《奏报滇省乾隆三十九年分办获铜斤数目并请将新旧各厂一体考核折》

乾隆四十年正月十六日

（档号 04-01-36-0091-020；缩微号 04-01-36-004-1000）

468. 云南巡抚李湖《奏报查核汤丹等厂工本折》

乾隆四十年正月十六日

（档号 04-01-36-0091-021；缩微号 04-01-36-004-1004）

469. 云南巡抚李湖《奏报滇省三十九年分二运第一起京铜开帮日期折》

乾隆四十年正月十六日

（档号 04-01-35-1292-017；缩微号 04-01-35-062-0173）

470. 云南巡抚李湖《奏陈滇省吏治情形折》

乾隆四十年正月十六日

（档号 04-01-12-0163-061；缩微号 04-01-12-028-1616）

471. 云南巡抚李湖《奏报广西委员办运京铜扫帮出境日期折》

乾隆四十年正月二十八日

（档号 04-01-35-1292-019；缩微号 04-01-35-062-0177）

472. 云南巡抚李湖《奏报滇省低铜存积渐多，酌请设炉鼓铸折》

乾隆四十年二月二十八日

（档号 04-01-35-1293-012；缩微号 04-01-35-062-0223）

473. 云南巡抚李湖《奏报遵旨办理陕西客商在滇省定买铁刀情形折》

乾隆四十年二月二十八日

（档号 04-01-01-0333-006；缩微号 04-01-01-044-2218）

474. 云南巡抚李湖《奏报乾隆三十九年分二运第二起京铜开帮日期折》

乾隆四十年二月二十八日

（档号 04-01-35-1293-013；缩微号 04-01-35-062-0225）

475. 云南巡抚李湖《奏报四川委员办运锡斤扫帮出境日期折》

乾隆四十年二月二十八日

（档号 04-01-35-1293-014；缩微号 04-01-35-062-0232）

476. 革任云南巡抚带布政使衔李湖《奏报奉旨革职谢恩折》

乾隆四十年三月初十日

（档号 04-01-12-0164-050；缩微号 04-01-12-028-2156）

477. 革任云南巡抚带布政使衔李湖《奏报奉旨赔补前督臣彰宝名下应追银两已未完银数折》

乾隆四十年三月初十日

（档号 04-01-12-0164-032；缩微号 04-01-12-028-2063）

478. 革任云南巡抚带布政使衔李湖《奏报遵旨交卸抚篆前赴四川军营折》

乾隆四十年三月二十五日

（档号 04－01－01－0336－003；缩微号 04－01－01－045－0281）

479. 调署云南巡抚裴宗锡《奏陈滇省各府厅州属乾隆四十年九月分粮价单》

乾隆四十年十月（无具体日期）

（档号 04－01－35－0028－014；缩微号 04－01－35－002－1331）

夹片

乾隆五十一年三月二十二日

（档号 04－01－35－1323－027；缩微号 04－01－35－062－2808）

480. 云贵总督富纲、云南巡抚刘秉恬《奏报遵旨遴选现署顺宁县印务之腾越州州判甘士谷管理宁台厂铜务折》

乾隆五十一年四月十二日

（档号 04－01－36－0093－031；缩微号 04－01－36－004－1255）

481. 云南巡抚刘秉恬《奏报乾隆五十一年分滇省各属豆麦收成分数折》

乾隆五十一年五月初八日

（档号 04－01－23－0104－016；缩微号 04－01－23－006－2764）

482. 云贵总督富纲、云南巡抚谭尚忠《奏报遵旨秉公审明镇雄州民黄相武等京控州差刘国相等焚物抢钱一案，按律定拟折》

乾隆五十五年正月初十日

（档号 04－01－01－0431－032；缩微号 04－01－01－056－0248）

483. 云南巡抚谭尚忠《循例汇奏乾隆五十四年分滇省新旧盗窃命案数目折》

乾隆五十五年正月二十六日

（档号 04－01－12－0233－019；缩微号 04－01－12－038－1509）

484. 云贵总督富纲、云南巡抚谭尚忠《奏请以宾川州知州张大本升署蒙化直隶厅同知折》

乾隆五十五年正月二十六日

（档号 04－01－12－0223－032；缩微号 04－01－12－038－1572）

485. 云南巡抚谭尚忠《奏报滇省本年正月得雪情形并上年十二月粮价折》

乾隆五十五年正月二十六日

（档号 04－01－25－0272－037；缩微号 04－01－25－021－0351）

486. 云贵总督富纲、云南巡抚谭尚忠《奏报遵旨审拟云南永北直隶同知谢洪恩前在署昭通府复知府任内滥放运脚银折》

乾隆五十五年二月十六日

（档号 04－01－12－0223－002；缩微号 04－01－12－038－1416）

487. 云贵总督富纲、云南巡抚谭尚忠《奏报滇省委员督运湖北故员王子温承运铜斤扫帮出境日期折》

乾隆五十五年二月十六日

（档号 04 - 01 - 35 - 1325 - 031；缩微号 04 - 01 - 062 - 3012）

488. 云贵总督富纲、云南巡抚谭尚忠《奏请以记名同知法克晋补授永北直隶厅同知折》

乾隆五十五年二月二十二日

（档号 04 - 01 - 12 - 0223 - 102；缩微号 04 - 01 - 12 - 038 - 1925）

489. 云贵总督富纲、云南巡抚谭尚忠《奏报遵旨筹画云南通省分次轮免钱粮折》

乾隆五十五年二月二十七日

（档号 04 - 01 - 35 - 0029 - 010；缩微号 04 - 01 - 35 - 002 - 1455）

490. 云贵总督富纲、云南巡抚谭尚忠《奏请以晋宁州知州叶道治调补黑盐井提举折》

乾隆五十五年二月二十七日

（档号 04 - 01 - 12 - 0223 - 103；缩微号 04 - 01 - 12 - 038 - 1930）

491. 云南巡抚谭尚忠《奏报滇省雨水粮价情形折》

乾隆五十五年二月二十七日

（档号 04 - 01 - 25 - 0272 - 035；缩微号 04 - 01 - 25 - 021 - 0342）

492. 云贵总督富纲、云南巡抚谭尚忠《奏报琅井灶户煎盐掺和硝石一案，审明定拟折》

乾隆五十五年三月十二日

（档号 04 - 01 - 35 - 0474 - 045；缩微号 04 - 01 - 35 - 026 - 2911）

493. 云贵总督富纲、云南巡抚谭尚忠《奏报云南禄劝县参革知县袁筠于限内催清盐课，请予开复折》

乾隆五十五年三月二十五日

（档号 04 - 01 - 35 - 0474 - 046；缩微号 04 - 01 - 35 - 026 - 2915）

494. 云贵总督富纲、云南巡抚谭尚忠《奏报浙江委员办运滇铜扫帮出境日期折》

乾隆五十五年三月二十五日

（档号 04 - 01 - 35 - 1326 - 008；缩微号 04 - 01 - 35 - 062 - 3063）

495. 云贵总督富纲、云南巡抚谭尚忠《奏报酌派赴京叩祝万寿各员并委署所遗员缺折》

乾隆五十五年三月二十九日

（档号 04 - 01 - 14 - 0046 - 065；缩微号 04 - 01 - 14 - 006 - 0540）

496. 云贵总督富纲、云南巡抚谭尚忠《奏报藩司李承邺降调遗缺，请以迤西道杨以湲署理折》

乾隆五十五年三月二十九日

（档号 04 - 01 - 12 - 0223 - 113；缩微号 04 - 01 - 12 - 038 - 1022）

497. 云贵总督富纲、云南巡抚谭尚忠《奏报滇省各属绅士恭谢皇上蠲免钱粮，据情代奏折》

乾隆五十五年三月二十九日

（档号 04－01－35－0029－016；缩微号 04－01－35－002－1481）

498. 云贵总督富纲、云南巡抚谭尚忠《遵旨奏报云南整顿私铸小钱折》

乾隆五十五年四月二十日

（档号 04－01－35－1326－024；缩微号 04－01－35－062－3104）

499. 云南巡抚谭尚忠《奏报滇省五十五年分二麦、蚕豆收成分数折》

乾隆五十五年四月二十五日

（档号 04－01－23－0112－019；缩微号 04－01－23－007－0838）

500. 云南巡抚谭尚忠《汇奏滇省乾隆五十五年秋审情形折》

乾隆五十五年四月二十五日

（档号 04－01－01－0431－026；缩微号 04－01－01－056－0192）

501. 云贵总督富纲、云南巡抚谭尚忠《奏报江苏委员办运滇铜扫帮出境日期折》

乾隆五十五年四月二十五日

（档号 04－01－35－1326－031；缩微号 04－01－35－062－3129）

502. 云贵总督富纲《奏报抚臣谭尚忠进京陛见，照例接署抚篆折》

乾隆五十五年四月二十八日

（档号 04－01－12－0224－051；缩微号 04－01－12－038－2296）

503. 云南巡抚谭尚忠《奏报遵旨进京瞻觐祝厘，恭报交印起程日期折》

乾隆五十五年四月二十八日

（档号 04－01－12－0223－019；缩微号 04－01－12－038－2128）

504. 云贵总督兼署云南巡抚富纲《奏请以曲靖府同知刘大祺署理广南复知府折》

乾隆五十五年五月十六日

（档号 04－01－12－0224－043；缩微号 04－01－12－038－2253）

505. 云贵总督兼署云南巡抚富纲《奏报滇省己酉年八运京铜依限扫帮日期折》

乾隆五十五年六月初二日

（档号 04－01－35－1327－021；缩微号 04－01－35－062－3212）

506. 云贵总督兼署云南巡抚富纲《奏报易门县耆民周璻寿逾百龄，请旨旌表折》

乾隆五十五年六月二十日

（档号 04－01－01－0430－036；缩微号 04－01－01－055－2506）

507. 云贵总督兼署云南巡抚富纲《奏报乾隆五十四年分滇省大小各厂办获铜斤数目折》

乾隆五十五年六月二十六日

（档号 04－01－35－1327－035；缩微号 04－01－35－062－3244）

508. 云贵总督兼署云南巡抚富纲《奏请将办铜出力之管宁台厂员甘士谷循例加衔折》

乾隆五十五年六月二十六日

（档号 04－01－35－1327－036；缩微号 04－01－35－062－3246）

509. 云贵总督富纲、云南巡抚谭尚忠《奏报广东委员办运滇铜扫帮出境日期折》

乾隆五十五年六月二十六日

（档号 04-01-35-1327-034；缩微号 04-01-35-062-3242）

510. 云贵总督兼署云南巡抚富纲《奏报滇省乾隆五十四年分地丁等项钱粮征收全完折》

乾隆五十五年六月二十八日

（档号 04-01-35-0029-04；缩微号 04-01-35-002-1554）

511. 云贵总督兼署云南巡抚富纲《奏报滇省乾隆五十四年分耗羡、公件等项银两收支、动存数目折》

乾隆五十五年六月二十八日

（档号 04-01-35-0753-031；缩微号 04-01-35-040-1536）

512. 云贵总督兼署云南巡抚富纲《奏报动用云南局存余钱收买小钱折》

乾隆五十五年七月十八日

（档号 04-01-35-1328-009；缩微号 04-01-35-062-3274）

513. 云贵总督兼署云南巡抚富纲《奏报以澄江府知府春贵委署楚雄府知府折》

乾隆五十五年七月十八日

（档号 04-01-12-0225-041；缩微号 04-01-12-039-0233）

514. 云贵总督兼署云南巡抚富纲《奏报滇省官民欢庆皇上八旬万寿情形折》

乾隆五十五年八月十二日

（档号 04-01-14-0046-096；缩微号 04-01-14-006-0705）

515. 云贵总督兼署云南巡抚富纲《奏报宝宁县属那郎寨生员刘恭顺被盗案已获首伙各犯，严审定拟折》

乾隆五十五年九月初二日

（档号 04-01-01-0433-044；缩微号 04-01-01-056-0904）

516. 云贵总督兼署云南巡抚富纲《奏请以云南府同知朱绍曾升授顺宁府知府折》

乾隆五十五年九月初七日

（档号 04-01-12-0224-032；缩微号 04-01-12-039-0876）

517. 云贵总督兼署云南巡抚富纲《奏报滇省乾隆五十四年分盐课全数征完，年清年款折》

乾隆五十五年九月二十八日

（档号 04-01-35-0475-007；缩微号 04-01-35-026-2938）

518. 云贵总督兼署云南巡抚富纲《奏报滇省乾隆五十五年秋成分数折》

乾隆五十五年九月二十八日

（档号 04-01-28-0009-026；缩微号 04-01-28-002-0726）

519. 云南布政使费淳《奏陈办运京铜章程四款折》

乾隆五十五年十月二十日

（档号 04－01－35－1329－020；缩微号 04－01－35－062－3381）

520. 暂署云贵总督印务云南巡抚谭尚忠《奏报遵旨查抄革职督臣特成额任所赀财折》

乾隆五十五年十月二十六日

（档号 04－01－35－0752－007；缩微号 04－01－35－040－1337）

521. 云贵总督富纲《奏报交卸抚篆日期折》

乾隆五十五年十一月初二日

（档号 04－01－12－0227－062；缩微号 04－01－12－039－1600）

522. 云南巡抚谭尚忠《奏报陛见后回滇接印日期折》

乾隆五十五年十一月初五日

（档号 04－01－12－0227－069；缩微号 04－01－12－039－1634）

523. 云南巡抚谭尚忠《奏报乾隆五十五年分滇省民数、谷数折》

乾隆五十五年十一月初五日

（档号 04－01－01－0427－008；缩微号 04－01－01－055－1414）

524. 云南巡抚谭尚忠《汇奏乾隆五十五年分滇省动用钱粮及工程报销已未完各案折》

乾隆五十五年十一月初十日

（档号 04－01－35－0928－037；缩微号 04－01－35－047－2755）

525. 云南巡抚谭尚忠《恭报寿民寿妇五世同堂，请旨旌赏，以昭人瑞折》

乾隆五十五年十一月二十日

（档号 04－01－71－0430－002；缩微号 04－01－01－055－2330）

526. 云南巡抚谭尚忠《恭报寿民寿妇年届百龄，请旨旌赏，以昭人瑞折》

乾隆五十五年十一月二十九日

（档号 04－01－71－0428－024；缩微号 04－01－01－055－1845）

527. 署理云贵总督印务云南巡抚谭尚忠《奏报届当大计，照例于巡抚本任出具考语折》

乾隆五十五年十二月十九日

（档号 04－01－12－0227－069；缩微号 04－01－12－039－1721）

528. 云贵总督富纲《恭呈云贵两省提督、总兵考语折》

乾隆五十年（无具体日期）

（无档号）

529. 云南巡抚谭尚忠《恭报寿民年逾百岁，五世同堂，请旨旌赏，以昭人瑞折》

乾隆五十六年正月十一日

（档号 04－01－01－0437－035；缩微号 04－01－01－056－1939）

530. 云南巡抚谭尚忠《奏报遵旨汇奏滇省五十五年分盗案罚赔赃银情形折》

乾隆五十六年正月二十八日

（档号 04 -01 -01 -0441 -028；缩微号 04 -01 -01 -057 -0611）

531. 云南巡抚谭尚忠《奏报筹画收买滇省各属小钱章程折》

乾隆五十六年二月初六日

（档号 04 -01 -35 -1331 -017；缩微号 04 -01 -35 -062 -3538）

532. 云南巡抚谭尚忠《奏报滇省严查私铸小钱情形折》

乾隆五十六年二月二十五日

（档号 04 -01 -35 -1331 -017；缩微号 04 -01 -35 -062 -3538）

533. 署理云贵总督印务云南巡抚谭尚忠《遵旨奏报南掌国、缅甸贡使出入滇省，俱按成规办理折》

乾隆五十六年三月二十日

（档号 04 -01 -01 -0437 -052；缩微号 04 -01 -01 -056 -2028）

534. 云南巡抚谭尚忠《奏报滇省五十六年分二麦、蚕豆收成分数折》

乾隆五十六年四月二十四日

（档号 04 -01 -23 -0114 -013；缩微号 04 -01 -23 -007 -1115）

535. 云南巡抚谭尚忠《汇奏滇省乾隆五十七年分秋审情形折》

乾隆五十六年四月二十四日

（档号 04 -01 -01 -0443 -011；缩微号 04 -01 -01 -057 -1186）

536. 云南巡抚谭尚忠《奏报滇省雨水粮价折》

乾隆五十六年五月二十四日

（档号 04 -01 -25 -0281 -027；缩微号 04 -01 -25 -021 -1696）

537. 云贵总督富纲、云南巡抚谭尚忠《奏报滇省委员办运滇粤铜盐互易铜斤扫帮出境日期折》

乾隆五十六年五月二十四日

（档号 04 -01 -35 -1332 -031；缩微号 04 -01 -35 -063 -0112）

538. 云贵总督富纲、云南巡抚谭尚忠《奏请以烟瘴三年俸满撤回内地即升之广南府卓异经历王汝琰升补平彝县知县折》

乾隆五十六年五月二十八日

（档号 04 -01 -12 -0230 -020；缩微号 04 -01 -12 -040 -0725）

539. 云南巡抚谭尚忠《奏报解审发回斩犯在途脱逃，部议降调，奉旨从宽降级留用谢恩折》

乾隆五十六年六月二十四日

（档号 04 -01 -12 -0231 -076；缩微号 04 -01 -12 -040 -1377）

540. 云南巡抚谭尚忠《循例奏报滇省五十五年分耗羡、公件等项银两收支、动存数目折》

乾隆五十六年六月二十八日

（档号 04－01－35－0755－016；缩微号 04－01－35－040－1744）

541. 云南巡抚谭尚忠《奏报乾隆五十五年分滇省额征钱粮全完折》

乾隆五十六年六月二十八日

（档号 04－01－35－0030－028；缩微号 04－01－35－002－1642）

542. 云贵总督富纲、云南巡抚谭尚忠《奏报宝宁县斩犯中途脱逃，遵旨审拟具奏折》

（档号 04－01－28－0009－031；缩微号 04－01－28－002－0766）

543. 云贵总督富纲、云南巡抚谭尚忠《奏报湖北委员办运滇铜扫帮出境日期折》

乾隆五十六年七月二十八日

（档号 04－01－35－1333－017；缩微号 04－01－35－063－0184）

544. 云贵总督富纲、云南巡抚谭尚忠《奏报广西委员范滢接运故员赵之璧采办滇铜扫帮出境日期折》

乾隆五十六年八月二十八日

（档号 04－01－35－1333－017；缩微号 04－01－35－063－0184）

545. 云南巡抚谭尚忠《奏报滇省五十六年分秋成分数折》

乾隆五十六年九月二十四日

（档号 04－01－23－0114－021；缩微号 04－01－23－007－1363）

546. 云贵总督富纲、云南巡抚谭尚忠《奏报陕西、广东委员办运滇铜扫帮出境日期折》

乾隆五十六年九月二十四日

（档号 04－01－35－1334－011；缩微号 04－01－35－063－0257）

547. 云贵总督富纲、云南巡抚谭尚忠《奏报滇省乾隆五十五年分盐课全数征完，年清年款折》

乾隆五十六年十月二十五日

（档号 04－01－35－0477－003；缩微号 04－01－35－027－0227）

548. 云南巡抚谭尚忠《奏报呈进秋审黄册内所拟缓决不当，奉旨申饬不加严遣谢恩折》

乾隆五十六年十月二十九日

（档号 04－01－01－0443－005；缩微号 04－01－01－057－1131）

549. 云南巡抚谭尚忠《奏报滇省九月以来晴雨应时折》

乾隆五十六年十月二十九日

（档号 04－01－25－0284－036；缩微号 04－01－25－021－2282）

550. 云南巡抚谭尚忠《汇奏乾隆五十五年滇省动用钱粮及工程报销已未完各案折》

乾隆五十六年十一月初六日

（档号 04－01－35－0930－020；缩微号 04－01－35－047－2919）

551. 云南巡抚谭尚忠《据情代奏仰恳贻封折》

乾隆五十六年十一月十九日

（档号 04－01－12－0234－022；缩微号 04－01－12－040－2586）

552. 云南巡抚谭尚忠《奏报查明滇省学政萧九成考试公平、立品端正，并无考试劣迹折》

乾隆五十六年十一月十九日

（档号 04－01－12－0234－073；缩微号 04－01－12－040－2846）

553. 云南巡抚谭尚忠《汇奏两司、道、府贤否考语折》

乾隆五十六年十一月十九日

（档号 04－01－12－0234－074；缩微号 04－01－12－040－2951）

554. 云南巡抚谭尚忠《奏报奉旨因公降革留任准予开复谢恩折》

乾隆五十六年十二月二十四日

（档号 04－01－12－0230－015；缩微号 04－01－12－040－0699）

555. 云南巡抚谭尚忠《汇奏滇省五十六年分盗案罚赔赃银情形折》

乾隆五十七年正月二十九日

（档号 04－01－01－0449－017；缩微号 04－01－01－058－0459）

556. 云贵总督富纲、云南巡抚谭尚忠《奏报浙江委员办运滇铜扫帮出境日期折》

乾隆五十七年二月二十八日

（档号 04－01－35－1335－016；缩微号 04－01－35－063－0368）

557. 云贵总督富纲、云南巡抚谭尚忠《奏请以楚雄县知县徐俊德调补蒙自县知县，遗缺以试用知县台弼请补折》

乾隆五十七年三月二十四日

（档号 04－01－12－0237－025；缩微号 04－01－12－041－0941）

558. 云贵总督富纲、云南巡抚谭尚忠《奏报湖北委员办运铜斤扫帮出境日期折》

乾隆五十七年三月二十四日

（档号 04－01－30－0482－034；缩微号 04－01－30－029－2538）

559. 云南巡抚谭尚忠《奏报滇省五十七年分二麦、蚕豆收成分数折》

乾隆五十七年四月二十八日

（档号 04－01－23－0116－035；缩微号 04－01－23－007－1567）

560. 云贵总督富纲、云南巡抚谭尚忠《奏报酌定滇省办运粤盐报销限期折》

乾隆五十七年四月二十八日

（档号 04－01－35－0477－043；缩微号 04－01－35－027－0338）

561. 云南巡抚谭尚忠《汇奏滇省乾隆五十七年秋审情形折》

乾隆五十七年四月二十八日

（档号 04－01－01－0447－008；缩微号 04－01－01－057－2377）

562. 云贵总督富纲、云南巡抚谭尚忠《奏请以前署永昌府篆腾越州知州屠述濂再署折》
乾隆五十七年闰四月二十八日
（档号 04－01－12－0238－025；缩微号 04－01－12－041－1304）

563. 云南巡抚谭尚忠《奏报滇省芒种节前后雨水情形及四月分粮价折》
乾隆五十七年五月二十八日
（档号 04－01－25－0287－040；缩微号 04－01－25－021－2824）

564. 云贵总督富纲、云南巡抚谭尚忠《奏报黔省委员办运滇铜扫帮出境日期折》
乾隆五十七年四月二十八日
（档号 04－01－35－1335－033；微缩号 04－01－35－063－0407）

565. 云南巡抚谭尚忠《奏报滇省五十六年分耗羡、公件等项银两收支、动存数目折》
乾隆五十七年六月二十八日
（档号 04－01－35－0755－016；缩微号 04－01－35－040－1744）

566. 云南巡抚谭尚忠《奏报乾隆五十六年分滇省额征钱粮全完折》
乾隆五十七年六月二十八日
（档号 04－01－35－0031－028；缩微号 04－01－35－002－1778）

567. 云南巡抚谭尚忠《奏报查明滇省壬子科乡试场前事宜折》
乾隆五十七年七月二十八日
（档号 04－01－38－0099－031；缩微号 04－01－38－005－0886）

568. 云南巡抚谭尚忠《恭报监临场务情形、出闱日期折》
乾隆五十七年八月二十七日
（档号 04－01－38－0100－013；缩微号 04－01－38－005－0948）

569. 云南巡抚谭尚忠《奏报滇省五十七年分秋成分数折》
乾隆五十七年九月十五日
（档号 04－01－23－0114－021；缩微号 04－01－23－007－1363）

570. 云贵总督富纲、云南巡抚谭尚忠《奏报查明滇省本年乡试有耆龄应试诸生，三场完竣折》
乾隆五十七年九月十六日
（档号 04－01－38－0100－023；缩微号 04－01－38－005－0973）

571. 云南巡抚谭尚忠《奏报滇省壬子科武闱乡试事竣折》
乾隆五十七年十月二十日
（档号 04－01－38－0101－007；缩微号 04－01－38－005－1023）

572. 云南巡抚谭尚忠《据实覆奏迟报滇省秋成分数缘由折》
乾隆五十七年十月二十日
（档号 04－01－23－0114－021；缩微号 04－01－23－007－1153）

573. 云南巡抚谭尚忠《奏报滇省本年九月以来雨水调匀、粮价平减及武闱乡试情形折》

乾隆五十七年十月二十日

（档号 04-01-23-0115-022；缩微号 04-01-23-007-1357）

574. 云贵总督富纲、云南巡抚谭尚忠《奏报滇省乾隆五十六年分盐课全数征完，年清年款折》

乾隆五十七年十月二十八日

（档号 04-01-35-0478-018；缩微号 04-01-35-027-0398）

575. 云南巡抚谭尚忠《奏报滇省入冬以来地方情形折》

乾隆五十七年十月二十八日

（档号 04-01-23-0115-024；缩微号 04-01-23-007-1368）

576. 云南巡抚谭尚忠《奏报乾隆五十七年分滇省民数、谷数折》

乾隆五十七年十一月初五日

（档号 04-01-01-0448-031；缩微号 04-01-01-058-0207）

577. 云南巡抚谭尚忠《奏报查明学政萧九成在任考试声名、办事情形折》

乾隆五十七年十一月十二日

（档号 04-01-38-0101-020；缩微号 04-01-38-005-1048）

578. 云贵总督富纲、云南巡抚谭尚忠《奏报广西委员办运滇铜扫帮出境日期折》

乾隆五十七年十一月十二日

（档号 04-01-35-1337-035；缩微号 04-01-35-063-0602）

579. 云贵总督富纲、云南巡抚谭尚忠《奏请以丽江井盐大使卢峋升补平彝县知县折》

乾隆五十七年十一月二十五日

（档号 04-01-12-0241-014；缩微号 04-01-12-042-0078）

580. 云南巡抚谭尚忠《奏报滇省本年十一月雨雪情形折》

乾隆五十七年十一月二十五日

（档号缺）

581. 云南巡抚谭尚忠《奏呈两司、道府考语折》

乾隆五十七年（无具体日期）

（档号缺）

582. 暂护云南巡抚布政使费淳《奏报滇省银铺无弊情形折》

乾隆五十八年十月初二日

（档号 04-01-35-0758-004；缩微号 04-01-35-040-2069）

583. 暂护云南巡抚布政使《费淳奏报奉旨暂行护理抚篆谢恩折》

乾隆五十八年十月二十五日

（档号 04-01-12-0245-087；缩微号 04-01-12-043-0421）

584. 暂护云南巡抚布政使费淳《奏报乾隆五十八年分滇省民数、谷数折》

乾隆五十八年十一月初三日

（档号 04－01－35－1185－015；缩微号 04－01－35－062－3381）

585. 暂护云南巡抚布政使费淳《循例奏报乾隆五十八年滇省动用钱粮工程报销已未完结各案折》

乾隆五十八年十一月十二日

（档号 04－01－35－0933－009；缩微号 04－01－35－047－3201）

586. 暂护云南巡抚布政使费淳《奏报乾隆五十八年滇省查无违禁立去思德政碑折》

乾隆五十八年十一月十二日

（档号 04－01－01－454－020；缩微号 04－01－01－058－2184）

587. 云贵总督富纲、暂护云南巡抚布政使费淳《奏请以试用知县李景曾补用大姚县知县折》

乾隆五十八年十一月二十九日

（档号 04－01－12－0246－053；缩微号 04－01－12－043－0773）

588. 暂护云南巡抚布政使费淳《奏报滇省各属得雪日期及地方情形折》

乾隆五十八年十一月二十九日

（档号 04－01－25－0301－032；缩微号 04－01－25－022－2277）

589. 暂护云南巡抚布政使费淳《奏报乾隆五十八年滇省并无私设班馆、擅置刑具等弊折》

乾隆五十八年十二月二十二日

（档号 04－01－01－0459－008；缩微号 04－01－01－059－1413）

590. 云贵总督富纲、暂护云南巡抚布政使费淳《奏请以试用知县张宝和补授永善县知县折》

乾隆五十九年正月二十一日

（档号 04－01－12－0247－054；缩微号 04－01－12－043－1228）

591. 暂护云南巡抚布政使费淳《奏报本年正月以来雨水及地方情形折》

乾隆五十九年正月二十九日

（档号 04－01－24－0078－040；缩微号 04－01－24－012－2412）

592. 暂护云南巡抚布政使费淳《奏报乾隆五十八年滇省命盗案未获赃银着落地方官罚赔折》

乾隆五十九年正月二十九日

（档号 04－01－01－0462－035；缩微号 04－01－01－059－2096）

593. 暂护云南巡抚布政使费淳《奏报乾隆五十八年分滇省拿获寻常逃犯及新旧命盗各案已未审结数目折》

乾隆五十九年正月二十九日

（档号 04－01－01－0464－005；缩微号 04－01－01－059－2460）

594. 云贵总督富纲、暂护云南巡抚布政使费淳《奏报新任丽江府知府樊士鉴尚无到滇日期，请先以借补腾越州知州吴继善署理折》

乾隆五十九年二月二十八日

（档号 04－01－12－0247－012；缩微号 04－01－12－043－1022）

595. 暂护云南巡抚布政使费淳《奏报乾隆五十九年分滇省各属豆麦收成分数折》

乾隆五十九年三月二十八日

（档号 04－01－23－0123－036；缩微号 04－01－23－007－2760）

596. 暂护云南巡抚布政使费淳《奏报乾隆五十九年滇省办理秋审折》

乾隆五十九年四月二十六日

（档号 04－01－01－0463－008；缩微号 04－01－01－059－1894）

597. 暂护云南巡抚布政使费淳《奏报滇省各属五月以来雨水情形折》

乾隆五十九年五月二十八日

（档号 04－01－25－0304－036；缩微号 04－01－25－022－2773）

598. 暂护云南巡抚布政使费淳《奏报乾隆五十八年滇省钱粮征收全完折》

乾隆五十九年六月二十九日

（档号 04－01－35－0032－041；缩微号 04－01－35－002－1940）

599. 暂护云南巡抚布政使费淳《奏报乾隆五十九年滇省耗羡、公件等项银两收支、动存数目折》

乾隆五十九年六月二十九日

（档号缺）

600. 福康安、费淳《奏报审明李伏杀死一家三命案，按律定拟折》

乾隆五十九年七月初十日

（档号 04－01－26－0014－056，微缩号 04－01－26－003－2157）

601. 暂护云南巡抚布政使费淳《奏报查明甲寅恩科乡试场前事宜折》

乾隆五十九年七月二十八日

（档号 04－01－38－0103－006；缩微号 04－01－38－005－1227）

602. 暂护云南巡抚布政使费淳《奏报乾隆五十九年分滇省各属秋成分数折》

乾隆五十九年八月二十七日

（档号 04－01－23－0125－019；缩微号 04－01－23－008－0208）

603. 暂护云南巡抚布政使费淳《奏报滇省甲寅恩科乡试耄龄诸生踊跃观光，三场完竣，均未中试折》

乾隆五十九年九月二十二日

（档号 04－01－38－0103－021；缩微号 04－01－38－005－1259）

604. 福康安《奏报暂带川北道杨揆同赴滇省查办钱法折》

乾隆五十九年十月三日

（档号 04－01－01－0462－019，微缩号 04－01－01－059－1981）

605. 福康安《奏报办理滇黔二省钱法事宜折》

乾隆五十九年十月初九日

（档号 04－01－25－0313－037；缩微号 04－01－25－023－0865）

606. 福康安、费淳《奏报仍委候补同知甘士毅署理顺宁府知府折》

乾隆六十年五月初三日

（档号 04－01－12－0251－032；缩微号 04－01－12－044－0672）

607. 新授云南巡抚江兰《奏报奉旨超补云南巡抚谢恩折》

乾隆六十年五月初七日

（档号 04－01－12－0251－066；缩微号 04－01－12－044－0837）

608. 新调江苏巡抚费淳《奏报奉旨调补江苏巡抚谢恩折》

乾隆六十年五月二十五日

（档号 04－01－12－0251－030；缩微号 04－01－12－044－0661）

609. 福康安、费淳《奏请以广南府分防普听经历傅鼐升署宁洱县知县折》

乾隆六十年五月二十八日

（档号 04－01－12－0251－031；缩微号 04－01－12－044－0667）

610. 新调江苏巡抚费淳《奏报遵旨交卸抚篆、驰赴新任折》

乾隆六十年六月二十日

（档号 04－01－12－0253－066；缩微号 04－01－12－044－1879）

611. 福康安、江兰《奏报恭逢乡科周甲，举人重遇鹿鸣，请广皇恩，一体与宴，以昭盛典折》

乾隆六十年六月二十六日

（档号 04－01－38－0105－008；缩微号 04－01－38－005－1398）

612. 云南巡抚江兰《奏报滇省乾隆五十九年分应征钱粮全数征完折》

乾隆六十年六月二十八日

（档号 04－01－35－0033－032；缩微号 04－01－35－002－2042）

613. 福康安、江兰《奏报曲靖府悬缺暂委该府同知熊爵勋署理折》

乾隆六十年八月二十二日

（档号 04－01－12－0253－026；缩微号 04－01－12－044－1683）

614. 云南巡抚江兰《奏报搜出入围家人误带刻本文章，讯明据实参奏折》

乾隆六十年八月二十二日

（档号 04－01－38－0105－016；缩微号 04－01－38－005－1413）

615. 福康安、江兰《奏请以现任顺宁县知县加同知衔甘士谷升署思茅同知折》

乾隆六十年八月二十五日

（档号 04－01－12－0253－027；缩微号 04－01－12－044－1687）

616. 福康安、江兰《查明本年滇省乡试有未第耆生，恭折奏闻折》

乾隆六十年九月二十二日

（档号 04－01－38－0105－032；缩微号 04－01－38－005－1444）

617. 云南巡抚江兰《奏报遵旨查明滇省粮价实在情形，据实覆奏折》

乾隆六十年九月二十八日

（档号 04－01－22－0039－035；缩微号 04－01－22－007－0197）

618. 云南巡抚江兰《奏报滇省乾隆五十九年分盐课、薪本等银全数征完折》

乾隆六十年十月初六日

（档号 04－01－35－0481－019；缩微号 04－01－35－027－0804）

619. 云南巡抚江兰《奏报滇省学政李传熊差满，密陈考语折》

乾隆六十年十月二十四日

（档号 04－01－12－0254－099；缩微号 04－01－12－044－2502）

620. 勒保《奏报到任接印日期并恭谢天恩折》

乾隆六十年十二月初八日

（档号 04－01－12－0254－040；缩微号 04－01－12－044－2231）

621. 云南巡抚江兰《遵旨覆奏滇省小钱实已依限收缴净尽，及现在查剔缺边漏风钱文缘由折》

乾隆六十年十二月十二日

（档号 04－01－35－1349－026；缩微号 04－01－35－063－1648）

夹片

（档号 04－01－35－1349－028；缩微号 04－01－35－063－1655）

夹片

（档号 04－01－35－1349－029；缩微号 04－01－35－063－1656）

夹片

（档号 04－01－05－0082－005；缩微号 04－01－05－006－1845）